2016

Report on the Development of China's Strategic Emerging Industries

中国战略性新兴产业发展报告

中国工程科技发展战略研究院

科学出版社
北京

内 容 简 介

本书是中国工程科技发展战略研究院面向社会公众和决策人员的年度研究报告。本书首先分析了当前我国战略性新兴产业的发展情况和政策取向，然后围绕战略性新兴产业七个领域若干重点方向的发展现状、重点技术、发展趋势、战略布局等进行了介绍。同时，本书对“十二五”以来我国战略性新兴产业培育与发展的相关政策进行分析，并从商业模式创新、人才与消费政策创新、创新生态系统、创新扩散等视角分析了战略性新兴产业发展的创新规律和政策需求。最后，本书介绍了产业成熟度理论，为研究战略性新兴产业提供可参考的方法。

本书有助于社会公众了解中国战略性新兴产业发展的总体情况以及各领域发展态势和改革走向，可供各级领导干部、有关决策部门和产业界及社会公众参考。

图书在版编目（CIP）数据

中国战略性新兴产业发展报告．2016 / 中国工程科技发展战略研究院编．—北京：科学出版社，2015

ISBN 978-7-03-045999-2

Ⅰ.①中… Ⅱ.①中… Ⅲ.①新兴产业－产业发展－研究报告－中国－2016 Ⅳ.① F279.244.4

中国版本图书馆 CIP 数据核字（2015）第 246153 号

责任编辑：马 跃 徐 倩 / 责任校对：张海燕
责任印制：肖 兴 / 封面设计：无极书装

科学出版社 出版

北京东黄城根北街16号
邮政编码：100717

http://www.sciencep.com

北京通州皇家印刷厂 印刷

科学出版社发行 各地新华书店经销

*

2016年1月第 一 版 开本：787×1092 1/16
2016年1月第一次印刷 印张：35
字数：685 000

定价：156.00元

（如有印装质量问题，我社负责调换）

中国工程科技发展战略研究院简介

2008 年 6 月，胡锦涛同志在两院院士大会上指出，中国工程院是国家的科学技术思想库，要继续团结带领全国科技界更加积极主动地参与决策咨询，为国家宏观决策提供科学依据。2011 年 4 月，胡锦涛同志在庆祝清华大学百年校庆大会上讲话指出，高校要深入开展政策研究，积极发挥思想库和智囊团作用。为贯彻落实胡锦涛同志的指示精神，中国工程院与清华大学强强联合，创新体制机制，整合优势资源，于 2011 年 4 月联合成立了中国工程科技发展战略研究院。

中国工程科技发展战略研究院坚持高层次、开放式、前瞻性的发展导向，围绕工程科技发展中的全局性、综合性、战略性重大课题开展理论研究、应用研究与政策咨询。战略研究院积极推动自然科学与社会科学相结合，发挥工程院的院士和清华大学中青年学者的智力优势，努力建成全球一流的战略决策思想库，为我国工程科技发展提供战略咨询。

编　委　会

顾问：

徐匡迪　周济　潘云鹤　林念修　干勇　邱勇　陈清泰
朱高峰　杜祥琬　胡怀邦

编委会主任：

邬贺铨

编委会副主任：

钟志华　王礼恒　屠海令　綦成元　贾晓军　薛澜

编委会成员（以姓氏笔画为序）：

马永生　卢秉恒　叶奇蓁　任志武　刘友梅　苏竣　吴澄
吴曼青　岑可法　周守为　孟伟　郝吉明　柳百成　殷瑞玉
翁史烈　栾恩杰　高文　唐启升　黄其励　屠海令　彭苏萍
程京　谢克昌　谭天伟

工作组（以姓氏笔画为序）：

王秀芹　王振海　王崑声　韦结余　孔德婧　刘朋　刘晓龙
许冠南　李应博　杨扬　杨榕　沙勇　张振翼　周源
钟晨　洪志生　徐彬　黄萃　崔剑　谭遂　魏亿钢

序　言

今后一个时期，新一轮科技革命和产业变革与我国加快转变经济发展方式形成历史性交汇，党中央、国务院高瞻远瞩、审时度势，做出了实施创新驱动发展战略、培育和发展战略性新兴产业的重大战略决策。2015 年 5 月，习近平总书记在华东 7 省市党委主要负责同志座谈会上强调，要加快改造提升传统产业，着力培育战略性新兴产业，构建现代产业发展新体系。李克强总理在 2015 年政府工作报告中也明确提出，新兴产业和新兴业态是竞争高地，要实施高端装备、信息网络、新能源、生物医药等重大项目，把一批新兴产业培育成主导产业。

在党的第十八届中央委员会第五次全体会议公报中也明确指出，必须把发展基点放在创新上，形成促进创新的体制架构，塑造更多依靠创新驱动、更多发挥先发优势的引领型发展。实施网络强国战略，实施“互联网 +”行动计划，发展分享经济，实施国家大数据战略。构建产业新体系，加快建设制造强国，实施《中国制造2025》，实施工业强基工程，培育一批战略性产业，开展加快发展现代服务业行动。

当前，以互联网技术为核心，包括生物、新能源、智能制造、新材料等技术的新一轮科技革命和产业变革正在孕育兴起，新兴产业如雨后春笋般茁壮成长。回顾世界发展史，历次科技革命都伴随着新一轮的产业变革，伴随着国际产业分工格局的调整和各国竞争力的变化。面对新一轮科技革命和产业变革，为在国际分工格局调整中占据优势地位，主要发达国家纷纷从国家战略层面加快推进新兴产业发展。美国实施再工业化战略，两度推出国家创新战略；欧盟提出地平线 2020 计划；日本制定新增长战略，发布创建最尖端 IT 国家宣言。俄罗斯、印度、巴西等主要新兴经济体，立足于本国比较优势，布局新兴产业，希望走出一条“差异化发展”的追赶道路。可以说，战略性新兴产业正在成为全球创新的“主赛场”，成为各主要国家抢占新一轮科技和经济发展制高点的必争之地。

“十三五”时期，我国发展仍处于可以大有作为的重要战略机遇期。经济发展进入新常态，新老产业和发展动能转换正处在接续关键期，战略性新兴产业的蓬勃发展，正在成为经济持续健康发展的新动力。“十二五”时期，我国战略性新兴产业实现跨越式发展，产业增加值增速是同期国内生产总值增速的两倍以上，占国内生产总值的比重达到 8% 左右，一批关键技术研发取得突破，助推新的投资消费热点不断涌现，对稳增长、调结构、惠民生发挥了重要作用。同时，也要看到，当前战略性新兴产业的发展活力还有待进一步释放，对经济社会发展的支撑引领作用还需进一

步强化，特别是对新业态的支持、服务、监管、规范都亟须加强，必须狠抓相关政策措施的落地，充分释放各类人才创新的积极性、主动性，不断增强我国新兴产业的国际化发展能力。为此，我们要加大工作力度，着力破解新兴产业发展中的难题，按照“创新要实、市场要活、政策要宽”的总体要求，着力创造有利于新兴产业发展的良好生态环境，使创新型企业不断涌现，形成一批具有国际竞争力的产业集群，将战略性新兴产业发展成为新兴支柱产业，努力实现经济发展方式的转变。

实施创新驱动发展战略、推动新兴产业发展，需要汇众智、聚众力，这其中，智库研究提供的信息参考、科学咨询和决策支撑作用日显重要。中国工程院和清华大学长期关注创新驱动发展战略研究以及科学决策问题，联合成立了中国工程科技发展战略研究院，致力于为国家战略决策提供高水平智库服务。受国家发展和改革委员会的委托，在国家开发银行的大力支持下，中国工程科技发展战略研究院组织开展了战略性新兴产业培育和发展的战略咨询研究，为战略性新兴产业的政策制定提供决策支撑。2013 年以来，中国工程科技发展战略研究院连续发布 2013 ～ 2015 年三个年度的《中国战略性新兴产业发展报告》，社会各界反响积极热烈，获得专家学者、政府官员、行业从业人员等多方好评。

2016 年是“十三五”开局之年，为持续提供客观、科学、及时的信息和决策参考，基于“十三五”战略性新兴产业培育与发展重大战略研究咨询项目的相关研究成果，中国工程科技发展战略研究院编撰形成了《中国战略性新兴产业发展报告2016》。该报告总结了“十二五”期间我国战略性新兴产业的发展经验和存在问题，分析了各领域重点技术的发展趋势和产业布局，梳理了战略性新兴产业的区域发展、模式创新、产业成长、政策环境等最新情况，展望了“十三五”期间战略性新兴产业的发展趋势。希望《中国战略性新兴产业发展报告 2016》继续为广大关心、支持和参与战略性新兴产业发展的读者提供高质量、有价值的研究成果和信息参考。

我们相信，在党中央、国务院的坚强领导下，在全社会的共同努力下，按照“四个全面”战略布局，“十三五”期间，我国战略性新兴产业一定能够获得长足的发展，取得更大的成绩，为实现“两个一百年”奋斗目标、实现中华民族伟大复兴的中国梦做出更大贡献！

国家发展和改革委员会　徐绍史
中国工程院　周　济
清华大学　邱　勇
国家开发银行　胡怀邦

目　　录

综合篇

节能环保产业篇

新一代信息技术产业篇

生物产业篇

高端装备制造产业篇

新能源产业篇

新能源汽车产业篇

新材料产业篇

政策篇

方法篇

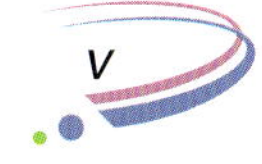

综合篇

第 1 章

当前战略性新兴产业发展情况与政策取向

战略性新兴产业发展部际联席会议办公室

【内容提要】2015 年，在全球经济复苏缓慢、国内经济面临较大下行压力的局面下，我国战略性新兴产业保持了近年来的良好发展态势，集聚了一批经济发展新动能，成为引领经济平稳增长的重要支撑，在促进经济结构转型升级方面发挥了积极作用。与此同时，战略性新兴产业仍面临着一些制约产业快速发展的突出问题，未来，需要继续把战略性新兴产业作为稳增长、稳投资、稳就业的发展重点，并通过加快启动实施一批重大行动举措、全面强化金融支持、深化重点领域改革等政策措施，促进战略性新兴产业发展壮大。

我国战略性新兴产业近年来持续保持较快增长，成为支撑经济增长的主要动力和投资、消费热点。但同时，产业发展仍面临体制机制束缚、融资较难等问题。当前，我国经济正处于新旧产业和发展动能转换接续关键期。需要进一步加大改革力度，采用市场化支持方式，推动新兴产业加快发展。

1.1 当前战略性新兴产业运行情况

（1）当前战略性新兴产业成为支撑经济增长的主要动力。2015 年上半年战略性

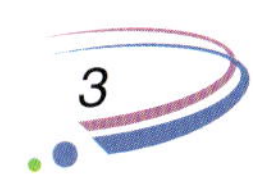

新兴产业实现较快发展，战略性新兴产业重点行业收入和利润增速均超过 10%。其中工业部分收入增长是同期工业总体收入增速的 5 倍以上，工业部分利润同比增长超过 15%，而 2015 年上半年工业总体利润负增长 0.7%。战略性新兴产业已成为填补传统产业下滑“空缺”、实现稳增长的中流砥柱。

（2）当前战略性新兴产业成为投资消费热点。战略性新兴产业凭借优异的表现成为我国当前投资和消费的热点。2015 年上半年九大类重点战略性新兴产业固定资产投资为全国城镇固定资产投资增速的 1.5 倍。其中，互联网和相关服务投资增长超过 50%，生态保护、资源循环利用等领域投资增速也超过 20%。健康消费、信息消费、绿色消费成为拉动消费的主要增长点。2015 年上半年限额以上企业医药产品零售额累计达 3 679.7 亿元，同比增长 14.5%，比同期社会消费品零售总额增速高 4.1 百分点。2015 年上半年 4G 手机出货量达 1.95 亿部，同比增长 3.8 倍；新能源汽车销售 7.27 万辆，同比增长 2.4 倍。

（3）当前战略性新兴产业下一步发展后劲较足。第二季度对 1 000 余家战略性新兴产业企业的调查显示，战略性新兴产业企业家信心指数和行业景气指数均维持在较高区间。调查中 47.2% 的企业对自身经营状况持乐观态度，较第一季度提升 5.1 百分点；53.5% 的企业对所在行业景气状况持乐观态度，较第一季度提升 5.8 百分点。37.5% 的企业表示当季投资状况较第一季度上升，47.2% 的企业表示当季研发投入状况较第一季度上升，分别较第一季度提升 10 百分点和 12.3 百分点。

1.2　面临的突出问题

（1）管理创新跟不上产业发展步伐。战略性新兴产业领域创新活跃，现有管理方式不适应的情况还大量存在。在生物领域，企业密集反映新药和医疗服务准入问题突出。一是目前有上万种药品排队候审。二是我国在基因检测等新型医疗手段方面具备较强技术实力，但目前还难以在全国范围内推广应用。三是在一些省级招标中，医疗器械国内和进口分组招标，导致自主创新产品受到不公平待遇。在新能源领域，光伏市场转好，但光伏生产被列入产能过剩行业，企业难以融资。同时，企业反映光伏补贴拖欠情况增多。风电弃风现象长期存在，2015 年 1 ～ 6 月全国弃风电量 175 亿千瓦时，同比增加 101 亿千瓦时，平均弃风率 15.2%，同比上升 6.8 百分点。

（2）融资难题亟待解决。直接融资比重小，主要依靠银行贷款来间接融资是新兴产业融资难的主要原因。从 2015 年年初到 6 月底，21 家主要银行机构新增贷款余额 1 304 亿元，远远不能满足同时间段战略性新兴产业万亿元投资需求，且增速低于同期金融机构人民币贷款余额增速。2015 年第二季度对 1 000 家左右的战略性新兴产业典型企业的调查中，企业反映融资难是当下最为关注的问题。调查显示，2015 年第二季度战略性新兴产业的资金运行景气指数低于 2014 年年底水平，并且融资景

气指数较第一季度有所下滑。

（3）市场环境仍需完善。从海外市场看，中国新兴产业全球化发展环境不容乐观。例如，2014年年末，美国公布第二起对华光伏双反案裁决，根据美方裁决，中国企业需交税率大幅上升，尤其是此前通过借道中国台湾避税的模式也被堵死，这将对中国光伏出口造成较大打击。从国内看，知识产权保护力度不足已经成为影响创新产业发展的重要因素，如深圳迈瑞等企业反映创新型医疗器械等产品经常被抄袭，同时维权成本高，影响企业创新积极性。

此外，充分利用全球创新资源来弥补自身技术短板，也成为战略性新兴产业进一步发展的必要条件，急需加大相关工作力度，加速国际化创新体系建设。

1.3　政策措施导向

当前，国际产业分工格局正加快调整，加快产业结构向中高端转型任务迫切。战略性新兴产业是产业结构升级的主要方向，也是新的经济增长点，直接关系到经济发展的提质增效。在当前经济下行压力加大的背景下，要把发展战略性新兴产业作为稳增长、稳投资、稳就业的发展重点，进一步采取措施，加快发展。

（1）加快启动实施一批重大行动举措。加快论证，启动实施新型医疗惠民、新能源、空间基础设施建设等一批重大行动举措，培育一批新增长点，引领经济社会发展。

（2）全面强化金融支持。一是支持符合条件的企业债权融资，在战略性新兴产业集聚区开展股权众筹融资试点。二是通过相关税收优惠政策，进一步发展天使投资、创业投资和产业投资基金。三是推进股票市场注册制改革，设立战略新兴板。四是拓宽企业间接融资渠道，探索建立贷款风险补偿机制，引导金融机构加大对新能源等行业的支持力度。支持政策性银行加快业务创新，促进投保贷联动。

（3）深化重点领域改革。落实《中共中央　国务院中关于深化体制机制改革加快实施创新驱动发展战略的若干意见》，推进全面创新改革试验区、张家口新能源综合应用试点等工作，使新兴产业集聚区成为突破体制机制障碍的先行军。建立便捷高效的新药和医疗器械审批监管方式。加快低空空域开放试点，解决新能源领域弃风弃光问题，改进互联网、金融、环保、文化、教育等领域的监管，实行更开放更合理的准入政策。加快制定出台信用体系、众筹等领域相关法规和制度。

（4）强化需求侧政策引导。一是在国际规则允许范围内，加大对战略性新兴产业产品和服务的政府采购力度。二是加强充电设施、宽带网络、基因测序服务体系等的建设。三是通过融资租赁、保险补偿等方式促进首台套、首批次产品与服务的推广应用。

（5）加强国际合作。一是建立国际化研发体系，实施新兴产业全球创新网络计划，大力引导企业在全球研发优势地区设立研发机构。二是研究发布战略性新兴产业国际化指数，推动利用全球资源。三是通过建设一批新兴产业海外基地，设立国际合作机构、国际化创投基金和并购基金等方式，加强重点国家新兴产业领域国际合作，在更高层次上实现开放发展。

审稿：任志武

第 2 章

经济下行背景下战略性新兴产业持续引领新的增长点发展

国家信息中心

【内容提要】目前，中国经济发展进入新常态，经济增速下行和转型升级压力加大，但战略性新兴产业部分上市公司业绩实现逆势上涨，培育了一批新的增长点，支撑了经济增长保持在合理区间。本章主要从分析 A 股上市公司情况看出，战略性新兴产业企业已经成为重要组成部分，并成为支撑上市公司总体业绩发展的重要力量。2015 年第一季度，战略性新兴产业上市公司保持了良好发展态势，增速达 16.0%，大幅高于上市公司总体增长水平。同时，诸多利好政策刺激战略性新兴产业上市公司重点领域高速增长，呈现全面发展格局。未来，在龙头企业引领、创新投入增强以及资本市场资金持续支持的带动下，战略性新兴产业上市公司有望保持强大发展后劲，为推动我国经济结构迈向中高端目标发挥更加重要和鲜明的引领带动作用。

2014 年 A 股上市公司中共有 844 家战略性新兴产业企业，2015 年第一季度新增 19 家，达 863 家，占上市公司总数的 32.4%，比 2014 年年底提升 0.9 百分点。战略性新兴产业上市公司在创业板、中小板、主板分别有 278 家、246 家及 339 家，占比分别达到了 64.8%、33.1% 及 22.8%。2015 年第一季度，战略性新兴产业上市公司在经济下行压力增大的背景下继续保持增长势头，增速明显高于上市公司总体，重点产业业绩均表现良好，呈现全面发展格局。此外，近年来战略性新兴产业上市公司研发投入持续提升，领军企业不断涌现，显示出强大的发展后劲，将在未来发展中继续发挥更加重要的引领带动作用。

2.1 战略性新兴产业上市公司发展快、效益好

1. 战略性新兴产业上市公司业绩逆势上涨

2015 年第一季度，中国经济依然面临较大的下行压力，第一季度国内生产总值（GDP）增速降至 7.0%。受经济下滑拖累，上市公司整体经营业绩表现不佳，第一季度营收增速仅为-0.01%，较上年同期下滑了 7.01 百分点。与此同时，作为经济发展新力量的战略性新兴产业上市公司经受住市场的考验，业绩表现良好，成为支撑总体发展的重要力量。2015 年第一季度，战略性新兴产业上市公司实现营收 4 449.6 亿元，同比增长 16.0%，较上年同期提升 5.1 百分点，且连续 10 个季度保持两位数高速增长，而上市公司总体持续下滑，仅维持个位数增长（图 2.1），两者增速差逐年加大。2015 年第一季度，战略性新兴产业上市公司实现利润总额达 366.7 亿元，同比增长 26.0%，较上年同期大幅提升 10.4 百分点，且上升趋势明显，增速达上市公司总体利润增速的 5 倍以上（图 2.2）。

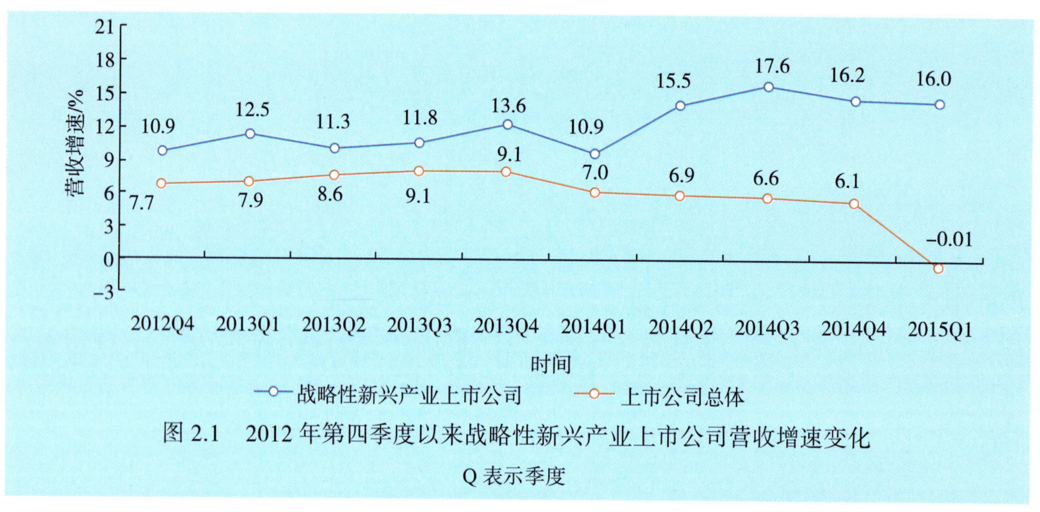

图 2.1 2012 年第四季度以来战略性新兴产业上市公司营收增速变化

Q 表示季度

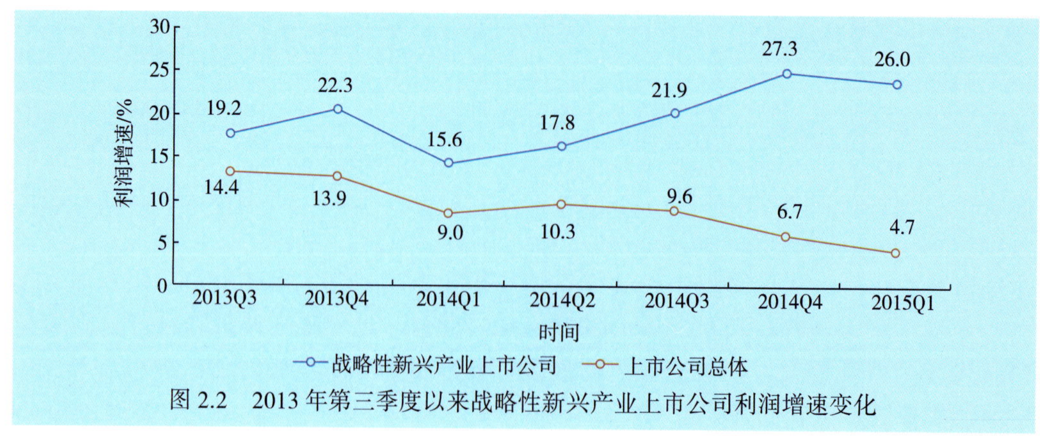

图 2.2 2013 年第三季度以来战略性新兴产业上市公司利润增速变化

2. 战略性新兴产业上市公司呈现全面发展格局

自 2014 年以来，战略性新兴产业营收均实现逆势增长，重点产业业绩表现良好，呈现全面发展格局。具体来看，节能环保产业在利好政策带动下迎来快速增长，营收增速持续扩大，2015 年第一季度达到 27.7%（图 2.3），较 2013 年增速翻番，居于七大产业首位；信息消费爆发式增长支撑了新一代信息技术产业营收持续快速增长，2015 年第一季度其营收增速达 18.6%，与 2014 年基本持平，较 2013 年提升 6.7 百分点；在轨道交通装备、航空航天等领域带动下，2015 年第一季度高端装备制造产业营收增长 17.5%，较 2014 年略微下滑，但增速仍列第三位；新能源产业实现较快增长，2015 年第一季度营收增速为 12.1%，但受风电产业业绩下滑的影响，增速较 2014 年下滑 8.4 百分点；生物及新材料产业实现平稳较快增长，2015 年第一季度营收增速分别为 10.6% 和 10.2%。

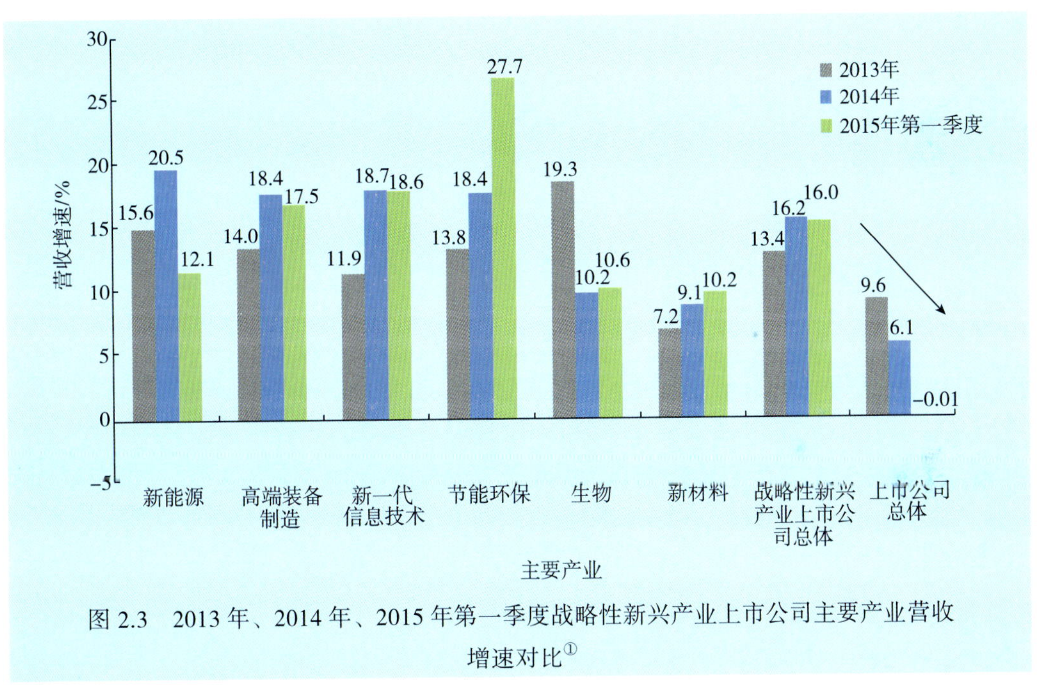

图 2.3　2013 年、2014 年、2015 年第一季度战略性新兴产业上市公司主要产业营收增速对比①

2.2　战略性新兴产业上市公司发展后劲足

1. 领军企业不断涌现，产业带动作用明显

近年来，战略性新兴产业上市公司中领军企业不断涌现，形成一批在世界范围

① 新能源汽车上市公司样本代表性不足，故未列出营收增速。

内具有较强影响力的领军企业。2014 年战略性新兴产业上市公司中当年营收超过 50 亿元（全部上市公司营收前 25%）的公司数达到 132 家，比 2013 年增加 15 家。部分企业已成为行业内世界顶级企业。例如，金风科技是全球市值最大的独立风电设备供应商，建有亚洲最大的风电场；中集集团打造的第七代超深水半潜式钻井平台，达到了世界海洋工程装备制造领域的最先进水平；华为、中兴等公司智能手机出货量跻身世界前列，在全球通信产业界树立起中国品牌。

2. 研发投入大幅提升，积蓄产业发展后劲

2014 年以来，战略性新兴产业上市公司进一步增加研发投入，强化创新驱动，提升自主创新能力，增强发展后劲。2014 年战略性新兴产业上市公司平均研发投入达到了 1.39 亿元，较 2013 年提高了 25.2%，平均研发强度（占公司营收的比重）达到了 4.24%，明显高于上市公司总体平均 1.03% 的水平。具体来看，共有 342 家战略性新兴产业上市公司研发强度超过了 5%，这些企业的数量超过战略性新兴产业上市公司总数的 40%。

2.3 战略性新兴产业上市公司发展将步入提速期

1. 投资规模加速攀升

战略性新兴产业利润丰厚，发展前景很好，因此战略性新兴产业上市公司固定资产投资也保持了快速增长态势，2015 年第一季度末，战略性新兴产业上市公司固定资产净值达 9 730 亿元，较上年同期增长 20.6%，增速明显高于上市公司总体 10.7% 的增长水平。2011 年以来，固定资产净值逐年攀升（图 2.4），平均增长率达到 20.9%。

2. 增发募资加速扩张

近年来，战略性新兴产业企业成为资本追逐的热点，相关上市公司通过增发募集资金实现加速扩张。2014 年共有 137 家战略性新兴产业企业实施增发（图 2.5），占同期实施增发上市公司总数的 36.1%。2015 年第一季度共有 54 家战略性新兴产业企业实施增发募集资金，占同期实施增发上市公司总数的 45.0%，提升了 8.9 百分点。

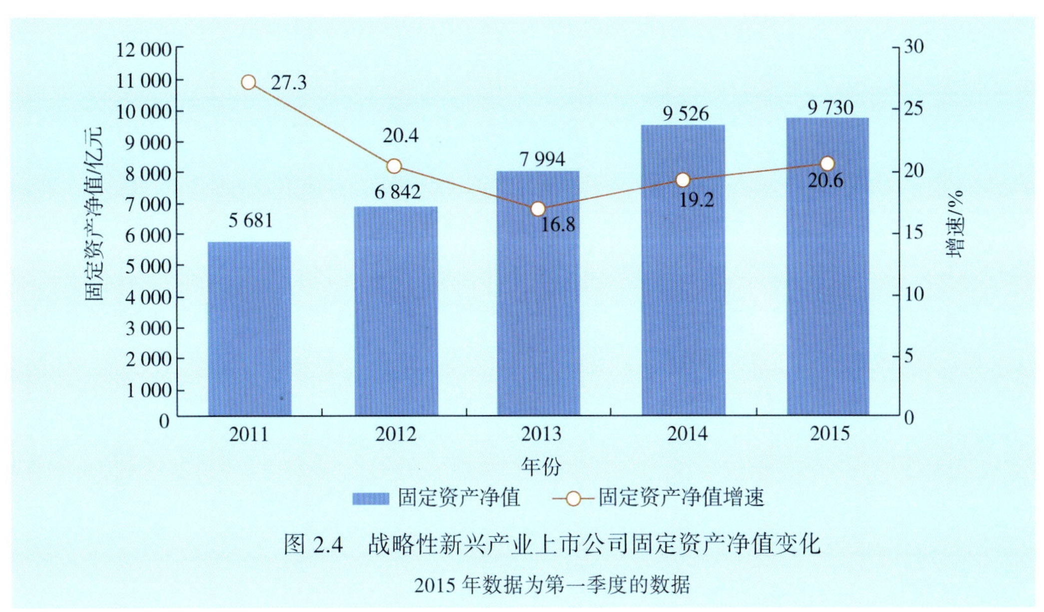

图 2.4　战略性新兴产业上市公司固定资产净值变化

2015 年数据为第一季度的数据

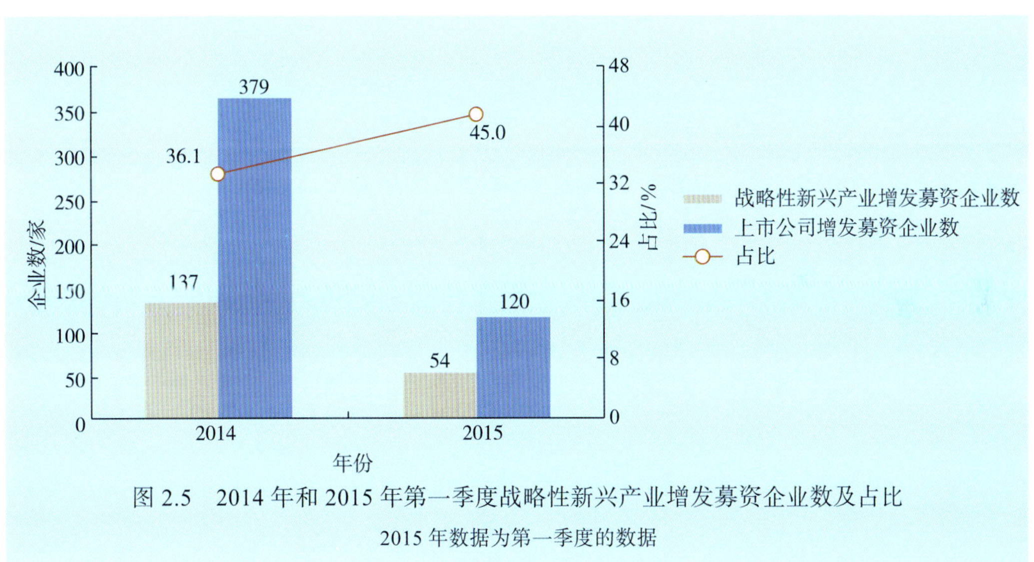

图 2.5　2014 年和 2015 年第一季度战略性新兴产业增发募资企业数及占比

2015 年数据为第一季度的数据

审稿：杜　平

节能环保产业篇

2015年4月，中共中央、国务院出台了《中共中央 国务院关于加快推进生态文明建设的意见》，其中一则重要任务就是要大力发展节能环保产业，加快培育新的经济增长点。节能环保产业作为七大战略性新兴产业之一，分为节能产业、环保产业和资源循环利用产业三个重点方向。在2012～2015年的《战略性新兴产业发展报告》中，根据节能环保产业发展热点，选取适当的产业方向，以不同的角度、不同的深度进行论述和分析，保证其关注度和创新性。在《中国战略性新兴产业发展报告2013》中，首次对“环保产业”和“资源循环利用产业”进行了战略分析；在《中国战略性新兴产业发展报告2014》中，对细分重点领域“大气污染防治产业”“‘城市矿产’开发利用产业”进行了论述和分析；在《中国战略性新兴产业报告2015》中，提出了“节能产业”和“环保产业”的“十三五”发展战略。

作为“十二五”的总结之年和“十三五”的开局之年，节能环保产业领域在《中国战略性新兴产业发展报告2016》中，根据新的形势和新的要求，以及对未来五年的总体判断，选取“建筑节能产业”“环保产业市场分析”和“资源循环利用产业”三个重点领域进行深入研究，分述如下。

（1）建筑节能产业：建筑能耗已经与工业耗能、交通耗能成为中国三大主要耗能产业，建筑能耗仅次于工业能耗，呈现逐年上升趋势，建筑节能已成为中国实施能源节约战略的重要环节，是“十三五”节能产业发展的重点和管理部门关注的焦点。因此，建筑节能产业一章把脉该产业发展存在的问题和发展环境，明确了建筑节能产业的发展趋势，提出了“十三五”期间建筑节能产业的发展战略。

（2）环保产业市场分析：加速推进环保产业的市场化，实现市场在资源配置中的决定性作用，是推动整个产业发展的关键和必然趋势，但环保产业在高速发展的过程中仍存在一些服务市场份额偏低、融资体系尚不健全、市场有效需求不足等市场问题。“十三五”是环保产业转型升级、继续加快市场化进程的关键时期，因此，环保产业市场分析一章从市场角度，借助产业组织理论SCP①范式对环保产业进行分析。

（3）资源循环利用产业：“十三五”期间，产业面临新的形势和新的需求。例如，原材料、劳动力成本上涨较快，主要资源产品价格持续下跌；利用互联网构建三平台一系统等创新型商业模式不断涌现；大型央企进军资源循环利用产业，“央企＋民企”的企业发展模式出现。因此，资源循环利用产业一章结合国内外的新形势、新动态，站在全局性和经济引领等战略高度，调整重点领域，全面把握“十三五”整体发展方向。

① SCP中S代表structure，即市场结构；C代表conduct，即市场行为；P代表performance，即市场绩效。

第 3 章

建筑节能产业

孟 伟 裴莹莹 罗 宏 吕连宏 冯慧娟 王 晓 路超君

【内容提要】建筑节能已成为中国实施能源节约战略的重要环节，建筑节能产业更是“十三五”节能产业发展的重点。本章系统论述了建筑节能产业的概念及范畴，梳理了产业发展现状与发展环境，分析了产业发展存在的问题，明确了“十三五”期间的发展趋势，并将低辐射镀膜玻璃行业和被动式低耗能建筑的发展作为案例进行分析，提出了促进中国建筑节能产业发展的政策建议。

3.1 建筑节能产业的概念及范畴

建筑节能是指在保证建筑舒适性和功能性的基础上，采用节能型的技术、工艺、设备、材料和产品，提高能源效率，实现节约能源[1]。建筑节能产业涉及面较广，范围较大，主要包括节能环保的节能建材产业、建筑高效照明产业、节能型暖通空调产业、可再生能源利用产业和建筑节能服务产业等。建筑节能服务产业在建筑节能事业发展中占有重要地位，建筑节能服务产业是指建筑节能服务提供者为业主的建筑采暖、空调、照明、电气等用能设备提供检测、设计、融资、改造、运行和管理的节能活动，是以降低建筑能耗，提高用能效率为目的，提供服务与管理的经济活动的总和。目前，智能建筑是建筑节能服务的主要形式[2]。建筑节能产业具体范畴见图 3.1。

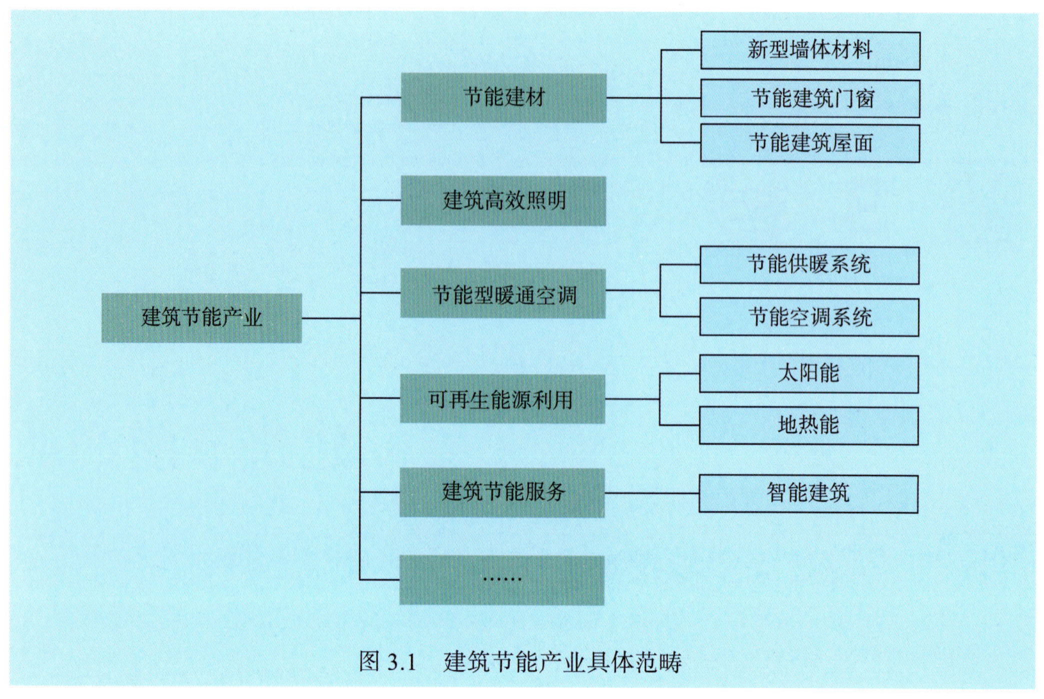

图 3.1　建筑节能产业具体范畴

3.2　建筑节能产业发展状况

3.2.1　国内外发展现状

1. 国际现状

建筑业是高耗能产业，全球 40% 的能源消耗来自于建筑物的能耗。建筑节能的理念在全球范围内已达成广泛共识。各国通过设立行业标准与实行福利资助等形式，全方位辅助或强制推行建筑节能产业发展。截止到 2012 年，全球绿色建筑产值已超过 3 000 亿美元，其中亚洲建筑节能市场发展速度最快，其次是东欧和中东的新兴市场。

1）美国

美国建筑耗能在总能耗中占重要比例，其建筑每年消耗能源折合约 3 500 亿美元。美国政府十分重视建筑的节能和环保，出台了《能源政策和节能法案》、《国家绿色建筑标准》、《新建筑物设计节能标准》、《太阳能供暖降温房屋的建筑条例》和《节约能源房屋建筑法规》等相关法律法规，对节能建筑进行了相关规定。另外，美

国对新建节能建筑实施减税政策，凡在《国际节能标准》基础上节能 30% 以上和 50% 以上的新建筑，每套房可以分别减免 1 000 美元和 2 000 美元。目前，美国在建筑中开发新能源、材料再生利用的技术方面，处于世界领先地位。美国将光能转化成电能的应用是非常普遍的。美国的绿色建材产业和节能建筑装备产业居于世界前列，其中美国绿色建筑产值占全球的 30% 以上[3]。

2）欧洲

欧洲各国也将建筑节能列为政府工作重点，英国出台了《建筑法规》、《建筑能效法规》、《建筑材料法规》、《建筑能效法规（能源证书和检查制度）》和《零碳建筑标准》等法律法规和标准规范。英国在节能建筑中采取的主要技术包括节能墙体、屋面及门窗技术、太阳能技术和改进供热系统技术等，尤其是被动式太阳房技术，被英国广泛推广。德国出台了一系列经济激励政策，如德国信贷机构推出了“二氧化碳减排项目”和“二氧化碳建筑改建项目”，对节能项目提供低息贷款。此外，中小企业在投资节能领域也享受政府的特别贷款。近年来，德国的太阳能利用技术一直保持世界领先水平；同时，在政府的推动下，天然气和太阳能等清洁能源、可再生能源，在住宅供暖市场上得到越来越普遍的应用。

3）日本

日本政府高度重视建筑节能的发展，在日本《节能法》、《建筑材料再生利用法》、《地球温暖化对策推进法》及《促进住宅品质保证法》中均对建筑节能进行了相关规定。此外，日本还实施了严格的建筑节能计划书制度、能源服务公司低利息贷款制度等，为建筑节能产业的发展提供了良好的政策环境。同时，日本充分结合当地的自然资源和气候条件，广泛应用技术成熟的太阳能光伏发电、太阳能建筑一体化、屋面绿化等技术，最大限度地实现建筑节能。2012 年在建筑节能装备领域，日本产值约占全球的 25%，代表企业有小松、日立建机等。

2. 国内现状

（1）建筑节能技术和产品被广泛重视，建筑节能成效显著呈现递进性和波次性。

2009 ～ 2013 年，新增建筑节能面积呈现递进性和波次性。 截止到 2013 年年底，全国新建建筑设计阶段和施工阶段执行节能强制性标准的比例均达到 100%。“十二五”前三年累计新增节能建筑面积 39.1 亿平方米，共形成 3 600 万吨标准煤的节能能力；截止到 2013 年年底，北方采暖地区既有居住建筑节能改造面积共计 2.24 亿平方米，夏热冬冷地区既有居住建筑节能改造面积 1 175 万平方米。“十二五”前三年累计完成改造面积 6.2 亿平方米；截止到 2013 年，全国累计完成公共建筑能源审计 10 000 余栋，对 5 000 余栋建筑进行了能耗动态监测；可再生能源应用方面，2009 ～ 2013 年太阳能光热建筑累计应用面积和浅层地热能热泵技术累计应用建筑面积呈持续上涨趋势，截止到 2013 年，分别达到 27 亿平方米和 4 亿平方米，江苏、安徽、山东、浙江、宁夏 、海南、湖北、深圳等地区全面强制推广太阳能热水系统。

江苏、山东、陕西、湖北、河南、宁夏、内蒙古、浙江等地区设立专项资金或通过减免税费来支持可再生能源建筑应用；截止到2013年年底，全国共有1 446个项目获得了绿色建筑评价标识，新增绿色建筑面积超过了1.6亿平方米[4～8]。2009～2013年建筑节能成效见表3.1和图3.2。

表3.1　2009～2013年建筑节能成效[4～8]

年份	新增节能建筑面积/亿平方米	新增节能建筑面积可形成节能能力/万吨标准煤	新增能耗动态监测/栋	太阳能光热建筑累计应用面积/亿平方米	浅层地热能热泵技术累计应用建筑面积/亿平方米	新增绿色建筑评价标识项目/个	新增绿色建筑面积/万平方米
2009	9.6	900	110	11.79	1.39	—	—
2010	12.2	1 150	1 129	14.8	2.27	112	1 300
2011	13.9	1 300	537	21.5	2.4	241	2 500
2012	10.8	1 000	1 760	24.6	3	389	4 094
2013	14.4	1 300	1 140	27	4	704	8 690

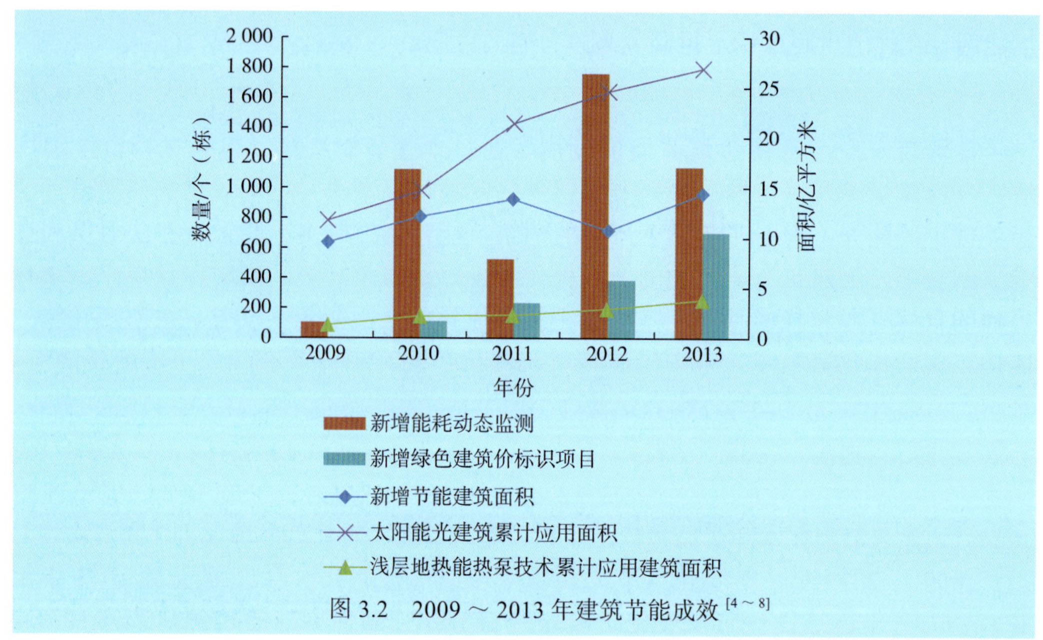

图3.2　2009～2013年建筑节能成效[4～8]

（2）产业法律法规逐步完善，政府财税扶持力度不断加强。

近年来，中国制定和实施了多项建筑节能相关的重要法规和政策。法律法规主要包括《中华人民共和国可再生能源法》、《中华人民共和国节约能源法》（简称《节能法》）、《民用建筑节能条例》、《国家机关办公建筑和大型公共建筑节能专项资金管理暂行办法》、《关于加强国家机关办公建筑和大型公共建筑节能管理工作的实施意见》、《公共机构节能条例》和《"十二五"建筑节能专项规划》。

同时，河北、山西等13个省（自治区、直辖市）制定了专门的建筑节能地方法规，11 个省（自治区、直辖市）制定了节约能源及墙体材料革新方面的地方法规，27 个省（自治区、直辖市）出台了建筑节能相关政府令，其中河北制定并实施了《被动式低能耗居住建筑节能设计标准》，是中国首部地方性被动式居住建筑节能标准，也是世界范围内继瑞典之后的第二本关于被动式房屋的标准。

在财政税收方面，2013 年中央财政和地方财政大力安排补助资金，分别为 112 亿元和 75 亿元，用于支持北方采暖地区既有居住建筑供热计量及节能改造、公共建筑节能监管体系建设、可再生能源建筑应用等工作。其中，北京、内蒙古、吉林、江苏、青岛等地对建筑节能的投入力度较大。在标准制定方面，天津、上海等地分类制定了绿色建筑评价和公共建筑能耗限额标准；同时居住建筑和公共建筑节能设计、既有建筑节能改造、新型建筑材料及产品、绿色施工等多个领域的标准不断健全。

（3）建筑节能服务业发展迅速，逐渐成为建筑节能产业新的经济增长点。

近年来，中国的节能服务业发展迅猛。2005 ～ 2013 年，节能服务业总产值和合同能源管理项目投资额逐年大幅上涨，2013 年与 2012 年相比，节能服务业总产值和合同能源管理项目投资额增长幅度分别达到 30.38% 和 33.12%[9]，见图 3.3。合同能源管理项目分布于工业、建筑、交通等各大用能领域，目前主要有工业锅炉、高低压变频器、余热回收利用、建筑暖通空调 (heating，ventilation and air conditioning，HVAC) 系统、配电系统、发光二极管（light emitting diode，LED）路灯系统等业务类型，其中约有 2/3 的项目与建筑节能有关。

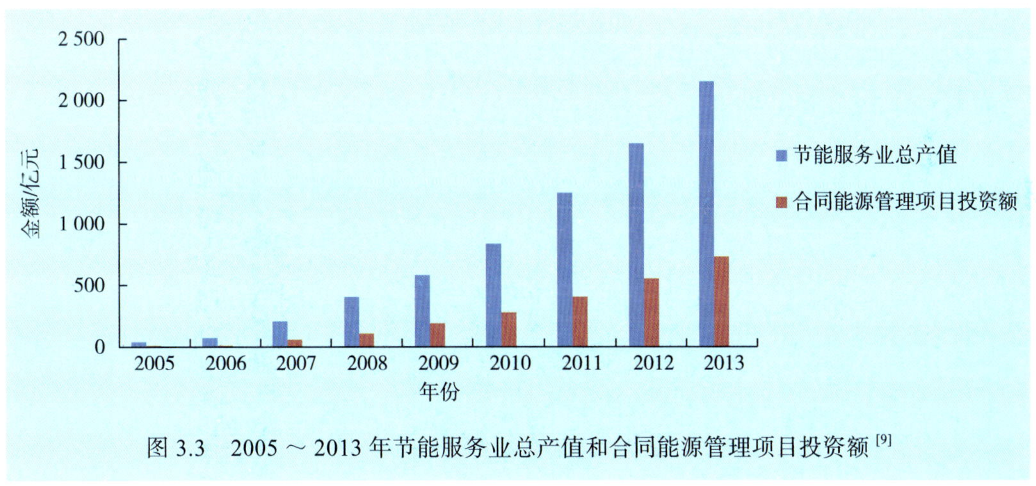

图 3.3　2005 ～ 2013 年节能服务业总产值和合同能源管理项目投资额[9]

目前，建筑节能服务业发展迅速，国务院于 2008 年制定的《民用建筑节能条例》中提出“各级人民政府应当积极培育民用建筑节能服务市场，健全民用建筑节能服务体系”的要求，为建筑节能服务市场的培育提供了法律保障。2012 年年底，全国从事节能服务的企业达 4 175 家，备案的节能服务公司达 2 339 家，其中涉及建筑节能服务业务的公司约占 70%[10]。据前瞻产业研究院统计，2008 ～ 2012 年，中国建筑节能服务业产值从 139.4 亿元提高到 552.2 亿元，期间的复合增长率达到 41.57%，2012 年建筑节能服务业产值占整个节能服务业产值的 33.4%；建筑节能服务业合同能源管理项目投资额从 8.58 亿元提高到 68.88 亿元，其间的复合增长率达到 68.49%，2012 年建筑节能服务业合同能源管理项目投资额占整个合同能源管理项目投资总额的 12.4%，在既有建筑节能领域，合同能源管理从业公司主要针对公共和商业建筑，从事照明、空调和供热节能工作 [11]，见图 3.4。建筑节能相关项目的类型主要是节能效益分享型和能源费用托管型。建筑节能服务公司主要分布在华北地区和华东地区，其中华北地区的节能服务公司主要集中在北京，华东地区主要集中在上海 [12]。

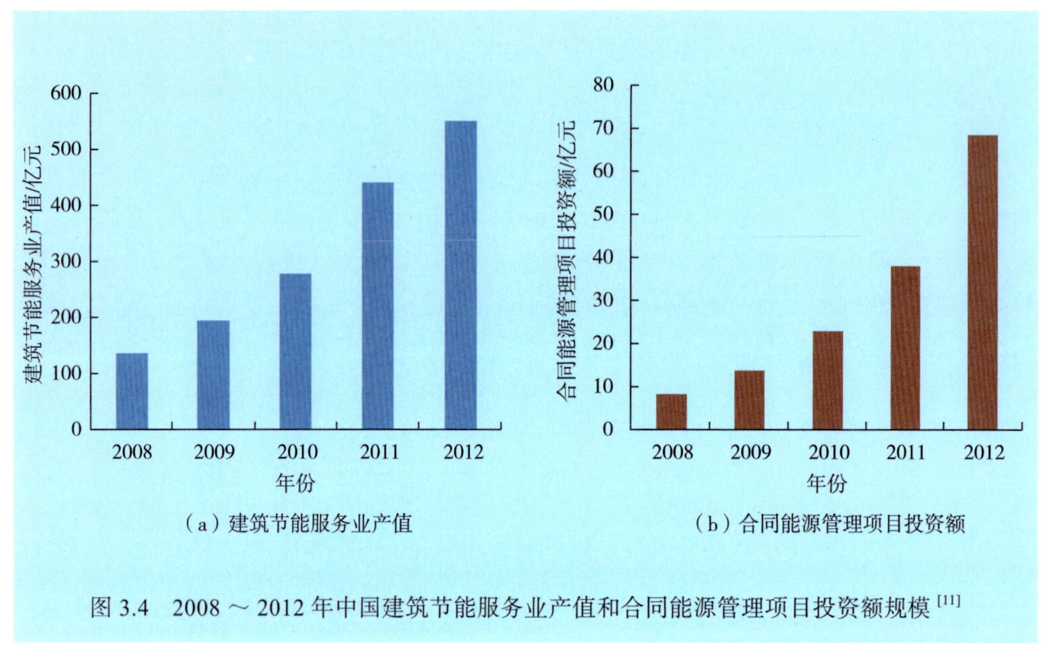

图 3.4 2008 ～ 2012 年中国建筑节能服务业产值和合同能源管理项目投资额规模 [11]

（4）建筑节能产业研发能力得到加强，技术专利申请数量呈阶梯状上升态势。

“十二五”期间，建筑节能技术和产品的研发得到加强，特别是在建筑外墙、屋顶和门窗的保温隔热及采暖系统等方面，许多科技成果已经转化为生产力，使建筑围护结构的保温隔热性能和供热采暖系统的效率得到大幅度提高，建筑节能产业化取得长足进步。2001 ～ 2012 年，中国建筑节能技术处于快速发展期，建筑节能专利技术申请数量呈现阶梯状上升的趋势，尤其是 2012 年，建筑节能产业专利申请数量达到 351 项，同比增长 58%，趋势见图 3.5。同时，从建筑节能产业技术专利申请的分布来看，截止到 2013 年 5 月，建筑节能产业专利技术申请数量排在前三位的分别为一般构造（不限于墙）、覆盖或衬里和建筑物的墙，申请数量分别为 262 项、155 项和 151 项，超过申请专利数量的 50%[13]。从技术专利申请数量排在前三位的专利领域来看，墙体节能的专利领域是建筑节能产业技术发展的热点，2012 年中国建筑节能产业专利申请领域和类别见图 3.6。

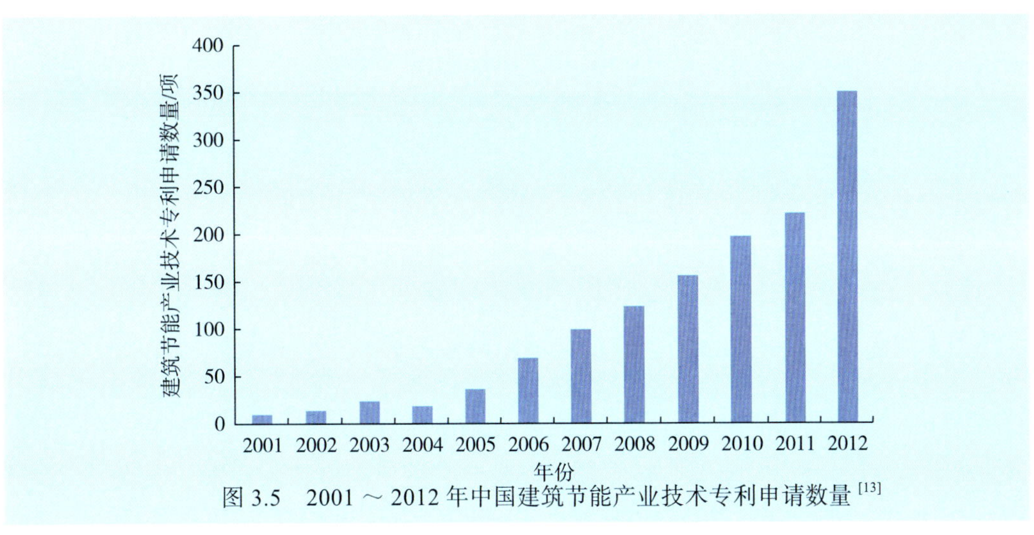

图 3.5　2001 ～ 2012 年中国建筑节能产业技术专利申请数量 [13]

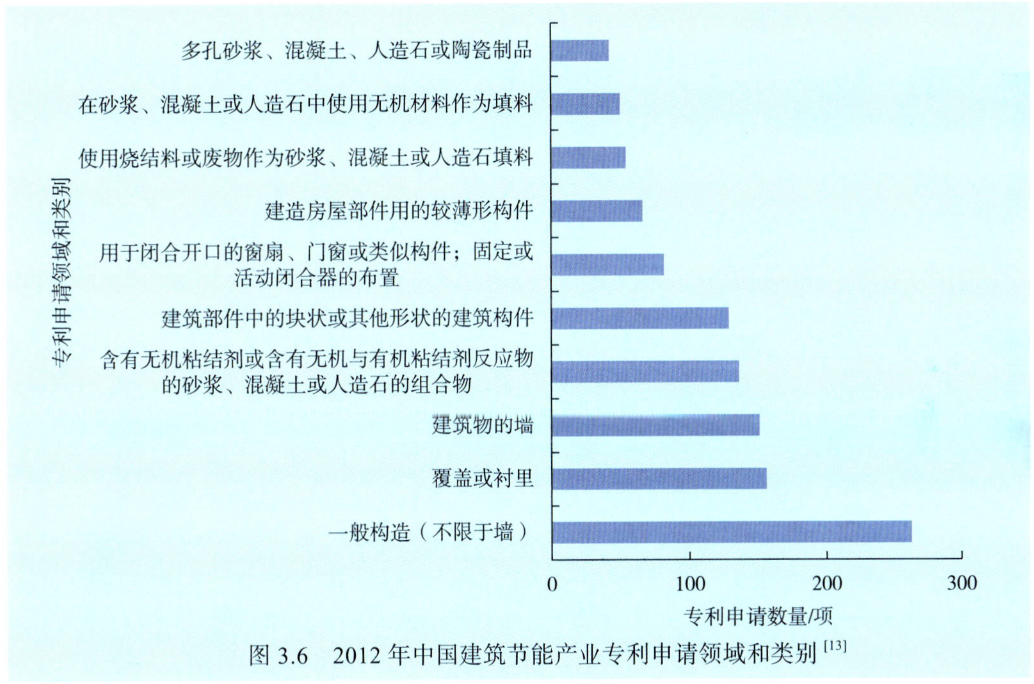

图 3.6　2012 年中国建筑节能产业专利申请领域和类别 [13]

3.2.2　关键装备和产品

1. 节能建材

节能建材主要包括用于满足建筑围护结构节能的保温隔热材料、优质墙体材料、屋面材料和门窗材料及化工厂制造的建筑部品及部件等 [14]。绿色建材行业作为建材工业的新兴行业正逐步在中国兴起，2012 年，绿色建材约占建筑业用材的 10%，产业规模约为 3 500 亿元，到 2015 年年底，绿色建材占建材工业比重有望提高到 25%，比 2012 年至少增加 10 百分点。截止到 2013 年年底，中国已经规划和开发了

15 个以绿色建材为主要创新产业的园区，主要包括都江堰绿色建材生产基地、长沙宁乡开发区新型绿色建材生产基地等 [15]。

1）新型墙体材料

新型墙体材料是指具有保温、隔热、轻质、高强、节能、利废等特点的材料，按照材料用途分类可分为砖、块、板三大类。随着中国墙体材料的革新和节能建筑的推广，新型墙体材料已被国家发展和改革委员会（简称国家发改委）、科学技术部（简称科技部）、工业和信息化部（简称工信部）、商务部、国家知识产权局共同制定的《当前优先发展的高技术产业化重点领域指南》列入高技术产业发展重点，2011 年，《国家发展改革委关于印发“十二五”墙体材料革新指导意见的通知》中，对新型墙体材料的发展提出了新的要求。2012 年 9 月，《国家发展改革委办公厅关于开展“十二五”城市城区限制使用粘土制品　县城禁止使用实心粘土砖工作的通知》中提出“2015 年，全国 30% 以上的城市实现‘限粘’、50% 以上县城实现‘禁实’”的目标 [16]。新型墙体材料得到了较快的发展，1987 年新型墙体材料产量为 184.5 亿块标砖，2010 年上涨至 4 700 亿块标砖，增长了 20 多倍，2015 年将达到 5 700 亿块标砖。新型墙体材料在墙体材料总量中的比例也将由 1987 年的 4.58% 上升到 2015 年的 65%[4～9，17]。

目前国内常用的新型墙体材料包括陶粒混凝土砌块、普通混凝土砌块、加气混凝土砌块、灰砂砖、烧结页岩砖、烧结空心砖、粉煤灰砖、纸面石膏板、玻璃纤维增强水泥空心轻质隔墙条板、无石棉硅钙板等。中国大约有 20% 的墙体材料是使用工业废渣生产的新型墙体材料。中国建成了一批具有国际先进水平的新型墙体材料生产线，包括利废空心砖生产线、小型混凝土空心砌块生产线、轻型板材生产线、全煤矸石半硬塑或硬塑挤出生产线等，其中纸面石膏板生产线最大生产规模已达到 6 000 万平方米 / 年。

2）建筑门窗和屋面节能技术及装备

在建筑节能门窗方面，目前应用较广的门窗节能设备主要包括硬质聚氯乙烯、铝木复合、铝塑复合、玻璃钢等节能门窗材料，以及中空玻璃、镀膜玻璃和真空玻璃等节能玻璃。中国门窗市场为塑钢窗占据低端市场；断桥铝合金门窗占据高端市场，玻璃钢门窗份额较小 [18]。2010 年中国门窗厂家超过 1 万家，塑料门窗年加工能力达 7 亿平方米，年应用量在 4.5 亿平方米以上，占各类建筑门窗 50% 以上。同时，全国年产玻璃 840 万吨 (约合 6 亿平方米)，其中节能镀膜玻璃 64 万吨 (约合 4 300 万平方米)，占 7.6%；年产中空玻璃 36 万吨 (约合 2 400 万平方米)，占 4.3%，比例普遍偏低 [19]。2012 年，中国使用建筑节能玻璃面积 13.80 亿平方米，形成节能标煤能力 6 390 万吨 [20]。

在建筑节能屋面方面，高效保温材料保温屋面、架空型保温屋面、找坡结合型保温屋面、倒置型（外）保温屋面、种植屋面等是目前较为先进的节能屋面技术。尤其是采用轻质高强、吸水率低的挤塑型聚苯板作为保温隔热层的倒铺层面，保温隔热效果非常显著。

2. 暖通空调

1）供暖系统节能技术及装备

供暖方式是以不同的地理位置、能源资源和经济水平为依据选取的。丹麦、芬兰、瑞典等北欧国家和地区采暖方式世界领先，以热电联采暖方式为主；加拿大主要应用电采暖方式；英国和东欧国家俄罗斯主要采用集中供暖方式。中国主要采用的是集中供暖、天然气采暖、中央空调系统供暖等方式，北方地区普遍采用集中供暖的方式。集中供暖系统由热源、热力管网和供热自动控制装置组成。目前在中国应用较多的供暖节能技术和设备如下：采用玻璃棉或聚氨酯作为保温材料包覆供热管网，以提高管网的保温效率，减少管网补水；设置自力式流量限制器等水利平衡设备，以消除系统失调，避免大流量小温差运行；广泛在新建建筑中应用室温调控装置和热计量装置，以实现节能。

2）空调系统节能技术及设备

在蓄能技术方面，空调蓄冷系统在美国和日本已经相当普及，应用于不同的建筑，其中冰蓄冷空调占据主导地位，超过 80%，水蓄冷和共晶盐蓄冷所占比例较小，部分蓄冷空调兼具了蓄热功能。目前，中国的水蓄冷和冰蓄冷空调已经建成和正在施工的工程有几百个，并形成了区域供冷系统，主要分布在 20 个省（自治区、直辖市）。清华同方开发的闭式外融冰蓄冷设备和系统，以及杭州华源自主开发的导热塑料盘管蓄冷设备和技术，都具有世界先进水平；同时，以电锅炉为核心设备的蓄热空调系统也随着中国用电峰谷差的加大及峰谷电价的推行发展起来[21]。

在变频技术方面，风机、水泵变频已经是空调系统普遍采用的节能技术。2014 年变频空调零售额占比已经达到 62%，比上年同期上涨 4%。近年来，变频空调能效结构不断优化，继能效标准从制冷季节能源效率（seasonal energy efficiency ratio，SEER）到全年能耗水平 (annual performance factor，APF）转换之后，能效等级开始实现 APF 三级向二级的提升[22]，此外，用二氧化碳浓度控制新风量，采用全热交换器进行新排风能量交换的变风量空调系统已经在北京、上海、广州等大城市高档办公楼开始采用。

在永磁技术方面，永磁系统在中央空调领域也展现出极强的替代优势。基于永磁变频传动系统的中央空调可实现节能 40%。自 2009 年启动研发以来，中车株洲电力机车研究所（简称株洲所）成功研制了世界上第一套中央商用空调永磁高速直驱系统，成为国内外唯一一家中央空调永磁驱动系统的供应商。截止到 2015 年 4 月底，株洲所永磁系统在中央空调上已应用 400 多套。

3. 建筑高效照明产品及装备

近几年，澳大利亚、美国、欧盟等国家和地区相继出台了建筑照明节能的标准，均采用照明功率密度来评价建筑照明节能的效果。中国于 2004 年颁布了《建筑照明设计标准》(GB50034—2004)，标志着中国第一部关于建筑照明节能设计标准的出台，首次将常用场所的照明功率密度限值作为强制性条文执行。另外，中国先后颁布了普通照明用自镇流荧光灯、普通照明用双端荧光灯、普通照明用单端荧光灯、高压钠灯、金属卤化物灯等的能效标准。

目前应用较为广泛的建筑照明节能的技术包括选择优质高效的光源、选择高效灯具及节能器件、采用智能化照明。在选择优质高效的光源方面，细管径荧光灯在室内场所中广泛应用；紧凑型荧光灯是目前替代白炽灯最适宜的光源，现在广泛被国内的重点工程采用；显色指数达到 70 ～ 90 的白光 LED 越来越多地被应用在建筑照明领域，但是白光 LED 还要克服平面型光源出现点状光斑及混色不均匀等技术问题。在选择高效灯具及节能器件方面，国内技术较为成熟，目前多选用多平面反光镜定向射灯、蜗蛹翼配光灯具、块板式高效灯具等。建筑智能照明控制技术复杂，目前智能灯光节电器、多重感应及控制器等智能化建筑照明技术主要依靠美国和澳大利亚等国家的企业，国内企业存在一定差距。

4. 建筑领域中可再生能源技术及装备

可再生能源利用是建筑节能的主要方式，主要包括太阳能、风能、生物质能和地热能等。目前，中国积极推进可再生能源在建筑领域的应用，出台了一系列政策法规，如《建设部、财政部关于推进可再生能源在建筑中应用的实施意见》、《可再生能源发展专项资金管理暂行办法》和《关于加快推进太阳能光电建筑应用的实施意见》等。

1）太阳能技术及装备

太阳能在建筑中的应用主要包括太阳能光热应用技术和太阳能光电应用技术。目前，中国已经是太阳能热水器、太阳能光伏产品最大的生产国，太阳能热水器的安装面积居于世界首位，截止到 2010 年，中国建筑中应用的太阳能热水器面积达 17 100 万平方米，太阳房 2 000 万平方米，太阳能光伏发电 256 兆瓦、320 百万千瓦时 [23]，预计到 2015 年，全国住宅用太阳能热水器约有 2.32 亿立方米的拥有量，普及率将达到 20% ～ 30%[24]；同时，随着分布式光伏发电应用的推广，国内市场迅速启动，中国将成为继德国之后光伏装机量全球第二大国。

2）热泵技术及装备

在热泵技术方面，主要包括空气源（风冷）热泵、地热源热泵 (地下水水源热泵、土壤源热泵) 和污水源热泵。空气源热泵冷热水机组自 20 世纪 90 年代初开始，已经得到广泛应用，空气源热泵是取缔燃煤锅炉的最佳应用。目前欧盟等国家和地区已经将空气源热泵列入可再生能源范围，并给予相应的政策支持。地热源热泵技术在国内外已经得到了广泛应用，目前已经进入成熟的商品化、市场化阶段。2015 年全国地热供暖面积将达到 5 亿平方米，地热发电装机容量将达到 10 万千瓦，地热能年利用量将达到 2 000 万吨标准煤，到 2020 年地热能开发利用量将达到 5 000 万吨标准煤，将形成地热能资源评价、开发利用技术、关键设备制造、产业服务等比较完整的产业体系[23]。污水源热泵在中国是一个较为新兴的产业，目前应用比较多的集中供暖和中央空调领域，且主要集中在中国北方地区，南方地区应用很少。

5. 智能化节能建筑技术及装备

智能建筑是目前节能建筑领域发展的一个重要产业。目前，国外智能建筑占新建建筑的比例较高，2012 年，美国智能建筑占新建建筑的比例为 70%，日本为 60%，中国仅为 26% 左右。2013 年，中国智能建筑占新建建筑的比例达到 34.12%。中国建筑智能化领域市场规模在 2005 年首次突破 200 亿元，2006 年达到 238.5 亿元，2009 年达到 435 亿元，到 2012 年市场规模达到 861 亿元，年增长率超过 40%，呈阶梯状快速增长[25]。智能建筑的常用的最基本子系统由系统集成中心、设备管理自动化系统、信息通信系统、办公自动化系统、防火自动化系统、安全保卫自动化系统及综合布线构成。目前，中国已经建成了上海金茂大厦和广州中信大厦等一批智能化程度较高的智能大厦。

3.2.3 产业链与产业环境

1. 建筑节能产业链

建筑节能产业是一个跨行业、跨领域、涵盖面广的综合性产业，与信息、化工、新能源等产业密切相关。建筑节能产业的产业链上游主要是产品和设备的生产企业，企业类型主要包括节能建材、可再生能源技术和装备、建筑高效照明技术和装备、节能型暖通空调等；中游主要是产品的销售、工程实施及相关服务；下游主要是公共建筑、工业建筑、居民建筑和商业建筑等建筑用能终端用户。其中，建筑节能服务业包括节能建筑咨询、检测、培训审计、评估等业务，可整合节能建筑产业的技术、产品、资金、服务等资源，为整个建筑节能产业链提供综合服务。建筑节能产业的链式结构如图 3.7 所示。

2. 产业环境

1）建筑能耗持续增加，大气污染约束加强

目前，建筑能耗已经与工业能耗、交通能耗成为中国三大主要耗能产业，建筑能耗仅次于工业能耗，呈现逐年上升的趋势，截止到 2012 年建筑能耗为 6.90 亿吨标准煤，约占社会总能耗的 20%[26]。再加上建筑材料生产过程中的能耗，在社会总能耗中占比将高达 35% 左右，如图 3.8 所示。据估算，按照目前的趋势发展，到 2020 年中国建筑能耗将达到 10.9 亿吨标准煤。截止到 2012 年，中国城镇建筑中节能建筑的比重还不到 25%，每年新建建筑仅有 4% 采取了能源效率措施，与国外相比，单位面积建筑能耗比发达国家高出 2 ～ 3 倍。另外，根据国际能源署（International Energy

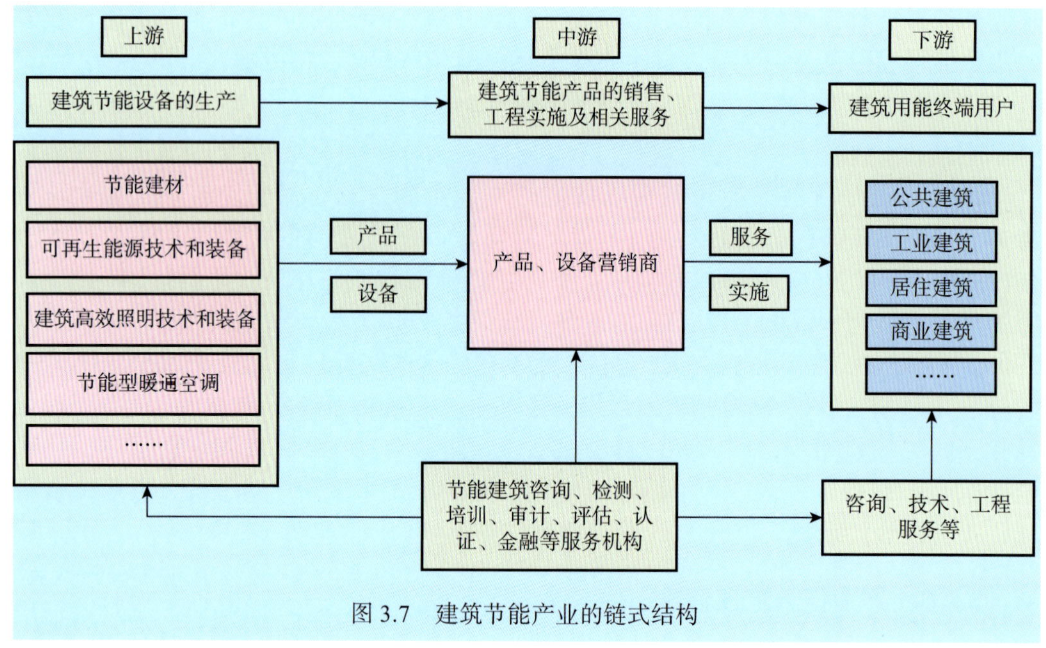

图 3.7　建筑节能产业的链式结构

Agency，IEA）的研究，建筑用能对气候变化影响也较为严重，35% ～ 40% 与能源相关的二氧化碳排放来自于建筑领域[27]。可见，大力发展建筑节能迫在眉睫。

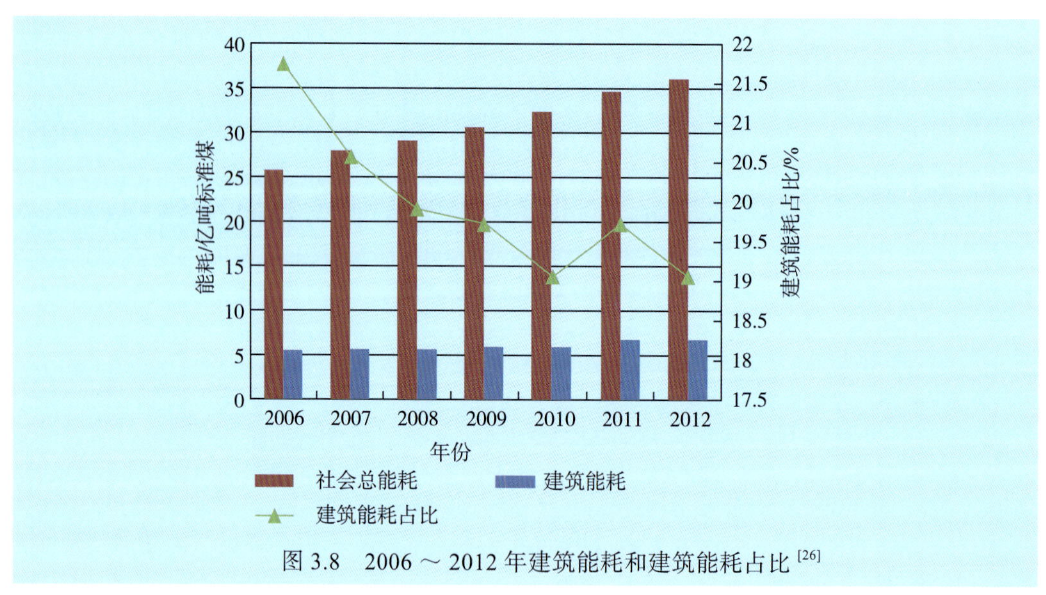

图 3.8　2006 ～ 2012 年建筑能耗和建筑能耗占比[26]

2）建筑面积快速增长，建筑节能产业市场容量持续扩展

中国正处于城镇化的快速发展时期，建筑总量持续增长，2012 年中国民用建筑面积达到 558 亿平方米[28]，同时，每年新建建筑竣工面积 16 亿～ 20 亿平方米，超过所有发达国家年建成建筑面积的总和，而其中 95% 都为高能耗建筑，每年新增建

筑中节能建筑也只占 3% ～ 5%。按照此建筑面积的增长速度预测，到 2020 年全国高耗能建筑面积将累计增加到 700 亿平方米，将加剧能源危机，因此亟须发展建筑节能产业来抑制高耗能建筑的发展[29]。另外，国家加大了对建筑节能的投资力度。根据《“十二五”建筑节能专项计划》要求，完成农村节能改造、新建建筑节能、既有居住建筑节能改造、公共建筑节能改造、新建可再生能源与建筑一体化节能等项目，总共需要约 1.4 万亿元的市场规模，2011 ～ 2015 年的建筑节能产业的市场容量分别为 3 396 亿元、2 046 亿元、2 957 亿元、2 968 亿元和 2 980 亿元。可见，节能建筑产业的市场前景广阔。

3.3　问题及趋势分析

3.3.1　问题分析

（1）建筑节能专门法存在空白，基于实际能耗的建筑能耗限额标准缺失。

《节能法》下辖尚无建筑节能的专项法律，存在专门法的空白。虽然相关配套的现行行政法规有国务院出台的《民用建筑节能条例》（2008 年）、《公共机构节能条例》（2008 年）、《公共建筑节能标准》等，但是这些法规、标准中只有总的要求和使用的局限范围，缺少技术细节和可操作的标准，这使各地区执行效果不明显。例如，目前中国提出的“节能 50%”的建筑节能设计标准主要是在假定某一特定工况前提下，通过采用节能措施，与某一参照能耗水平比较达到的节能效果，但是通常在实际运行过程中，实际工况与假设不符，因此这种估算是不准确的。建筑的实际用能数据才是最直接、最清楚的评价标准，但是目前针对不同气候条件、不同建筑类型实际状况的建筑能耗限额标准缺失，不利于建筑节能的发展。同时，中国现在缺乏科学统一的建筑节能评价体系，无法对建筑能耗进行准确判断，也无法检验实施建筑节能项目后的节能效果，这影响了法律法规及标准的制定和执行。法律法规中缺乏对违规企业进行严重处罚的规定。

（2）市场化手段尚不健全，建筑节能经济政策滞后。

推动建筑节能发展的财政、税收、金融等经济激励政策不健全，尚未制定类似于发达国家对太阳能建筑实行补助等专门的税收、金融优惠等政策，现行的冬季取暖费收费标准尚未与住宅建筑的节能挂钩；部分经济政策缺乏实施细则，政策之间缺乏协调机制，可操作性小，导致建筑单位缺乏实施建筑节能的主动性和能动性。例如，虽然 2012 年国家出台了高星级绿色建筑财政奖励政策，但缺乏具体实施细则，开发商并没有真正享受到奖励政策带来的实惠。据相关资料测算，当住宅建筑节能 30% 以上时，要增加造价 3% ～ 6%，当节能 50% 时，造价增加可达 6% ～ 11%。增加了节能建筑造价，却缺乏经济调控的激励措施，这使建筑单位缺少实施建筑节能的主动性和能动性。

（3）产业链低端化，高端技术与产品自主创新能力和自给率不足。

中国房屋建造及住宅产业粗放型的经营，造成建筑节能产业链上的企业过于分散，集约化程度低，难以形成产业链的横向、纵向耦合，进而技术通用性和配套性差；中国建筑节能技术研究机构和队伍比较分散，技术和产品的研发资金比较缺乏，造成节能材料和产品的生产相对落后，新型节能材料、技术和产品发展缓慢，关键技术转化为实际生产力效率较低。室内新风系统、热量回收系统、中央吸尘系统等高效节能产品大多数还处于仿制水平，产业自主创新能力匮乏；同时，建筑节能市场存在信息不对称现象，在建筑能耗测评、能耗标识、能耗审计等方面，还没有系统的、相互配套的管理制度，缺乏相应的市场准入制度及奖励和惩罚措施。

（4）整体与区域建筑节能服务解决方案缺乏，服务项目单一化。

目前，建筑节能服务市场尚未完全形成，该产业的集中度不高，公司的整体实力相对偏弱。注册资金低于500万元的公司超过半数以上。同时，建筑节能服务项目仍较为简单，很多节能项目还停留在更换节能灯等简易服务上。多数承包方不具备全产业链的服务能力，节能诊断、方案设计、项目实施和后期维护等业务环节出现脱节现象。整个区域的建筑节能服务更是缺乏，目前尚不能对整个园区进行建筑节能的设计、诊断和方案设计。

3.3.2 趋势分析

1. 节能建材

大力推广适合于不同气候条件的墙体材料复合制品，产品性能向轻质、高强、多功能复合化发展。重点发展无机保温材料与有机绝热材料无间隙复合材料，开发有机树脂复合装饰材料等具有装饰层面的轻质绝热复合板材，开发外墙保温复合板材，开发承重保温装饰三种功能耳朵复合砌块，推广轻质多孔、轻质空心砖及其专用砖筑抹面砂浆；利用工业废渣生产墙体材料，实现资源循环利用。充分利用煤矸石、粉煤灰、脱硫石膏、磷石膏等工业废弃物资源，重点发展蒸汽加气混凝土、煤矸石烧结空心砖、石膏砌块等墙体材料[30]。大力推广应用铝合金节能门窗、玻璃节能门窗、铝塑复合门窗等节能建筑门窗，推广应用超薄基板玻璃、特种石英玻璃、中空玻璃、真空玻璃和镀膜玻璃等节能玻璃。加快发展屋面保温材料、屋面绿化、蓄水屋面和浅色坡屋面等屋面节能技术和产品。

2. 节能型暖通空调

重点发展低温地板辐射供热方式和远红外辐射供热设备；大力推广应用具有良好流量调节性能和定量显示环路流量的平衡阀及其平衡调试时使用的专用智能仪表；重点推广应用冰蓄冷及区域供冷技术、水蓄冷技术、电锅炉蓄热系统等蓄能技术；重点研究变制冷剂流量、变流量、变风量、变频和低温送风空调技术和设备；鼓励将装载永磁同步变频热泵离心机的中央空调作为其高端产品推向市场；大力发展冷热电三联供技术及排风余热回收技术；加快研究和发展热回收式新风预处理系统、除湿式新风预处理系统、独立新风系统、蒸发冷却新风空调集成系统、冰蓄冷低温送风系统等暖通空调新技术[31, 32]。

3. 建筑高效照明产品

大力推广应用建筑智能照明控制技术和装备，如红外控制开关、超声波控制开关节能装置，感应及控制装置，开光灯时序控制器，通过检测环境光强自动开光照明设备的昼光感知器，可以自动检测室内人体温度开关灯的热感开关装置，结合中央监控系统进行楼宇群控式照明的整体控制系统，通过动态调光控制实现照明装置自动关闭系统等；重点推广高效光源，如LED灯、新型无汞荧光灯、金属卤化物灯、高压钠灯和无极灯等，鼓励高效节能电光源（高、低气压放电灯和固态照明产品）技术开发、产品生产及固汞生产工艺应用，加快发展更多的高频放电灯、直流荧光灯、高频感应灯、微波灯等寿命更长、显色性更好、光效更高的光源产品；重点推广和研发采用具有光通维持率高、配光合理、耐腐蚀、密封性高等特性的高效节能照明灯具；积极推广和应用双功率电感镇流器和高频电子镇流器等高效节能照明电器附件产品[33]。

4. 建筑领域中可再生能源技术和装备

在节能建筑中重点发展和推广地下浅层能量技术和设备，如地下换热器技术、地下传热强化技术、地下换热系统布控技术等；加快对地下水源热泵、空气源热泵、土壤源热泵及污水源热泵技术和设备的研发，并根据不同的区域特点加以推广应用；发展工业余热和城市废水余热回收利用技术，加快研发建筑低浊性废水余热回收热交换设备，如低温回收技术和流体负荷分配优化技术等；大力推广和应用太阳能利用技术和设备，鼓励开发被动式太阳能采暖、太阳能吸收式制冷、太阳能吸附式制冷、太阳能喷射式制冷等太阳能采暖、制冷和通风技术和装备，重点开发适应建筑集成的新型太阳能固面集热共性技术；优化地热能、太阳能、余热能及季节性长期蓄能和日间短期蓄能等集成的复合能源系统，提高组建与建筑一体化程度，构建新型复合能源与建筑集成热泵供热系统[34]。

5. 建筑节能服务

重点发展建筑节能合同能源管理，大力推进节能诊断、节能项目设计、合同谈判与签署、项目融资、采购施工调试、运行保养和围护等服务，建立“一站式”综合服务平台，为国家机关办公楼、大型公共建筑、公共设施和学校等实施节能改造；重点发展大型公共建筑能耗监测平台；鼓励采用合同能源管理等多种融资模式支持可再生能源建筑应用；通过实施节能量奖励、专项补助资金、税收优惠等政策促进节能服务业发展；通过建立绿色建筑基金或建筑节能基金等方式建立建筑节能融资平台；大力发展第三方节能量审核评价及建筑能效测评等中介机构；重点发展智能建筑行业，实现设备管理自动化系统、信息通信系统、办公自动化系统、防火自动化系统、安全保卫自动化系统等智能化系统和设备国产化，实现智能控制技术、物联网技术、三网融合技术和共享城市云端信息服务技术与智能建筑相结合。

3.4 案例分析

1. 低辐射镀膜玻璃产业

建筑上常用的节能玻璃有普通中空玻璃、低辐射镀膜玻璃和真空玻璃等，其中低辐射镀膜玻璃具有良好的隔热节能效果和成熟的制造技术，因此在市场上被广泛接受。

截止到目前，发达国家的公共建筑和民用建筑普遍使用低辐射镀膜玻璃。在欧洲80%的中空玻璃使用低辐射（low emissivity，Low-E）镀膜玻璃，美国3/4的居民住宅和1/3的公共建筑采用低辐射镀膜玻璃。欧美发达国家和地区低辐射镀膜玻璃的生产能力占世界总量的90%[35]。中欧和北欧及南欧部分国家和地区（意大利）在建筑法规中规定新增建筑要使用低辐射镀膜玻璃，部分国家还规定建筑翻新时也必须使用低辐射镀膜玻璃。

目前，中国高度重视低辐射镀膜玻璃的研究，秦皇岛耀华玻璃股份有限公司的“耀华”牌低辐射镀膜玻璃形成批量生产并开始投放市场，标志着中国低辐射镀膜玻璃从单一的离线生产阶段进入了在线和离线共同生产的阶段，也标志着中国低辐射镀膜玻璃生产技术进入国际前列。2010年，中国低辐射镀膜玻璃行业销售收入达到190.47亿元，同比增长23.1%，预计到2020年销售收入将超过400亿元，行业处于高速成长的阶段；同时中国低辐射镀膜玻璃行业具有巨大的市场需求，2010年，中国低辐射镀膜玻璃行业需求达到3.28亿平方米，同比增长了48.6%，预计到2020年，需求将超过8亿平方米[36]，具有巨大的市场空间。中国低辐射镀膜玻璃行业销售收入及需求现状和发展趋势如图3.9所示。

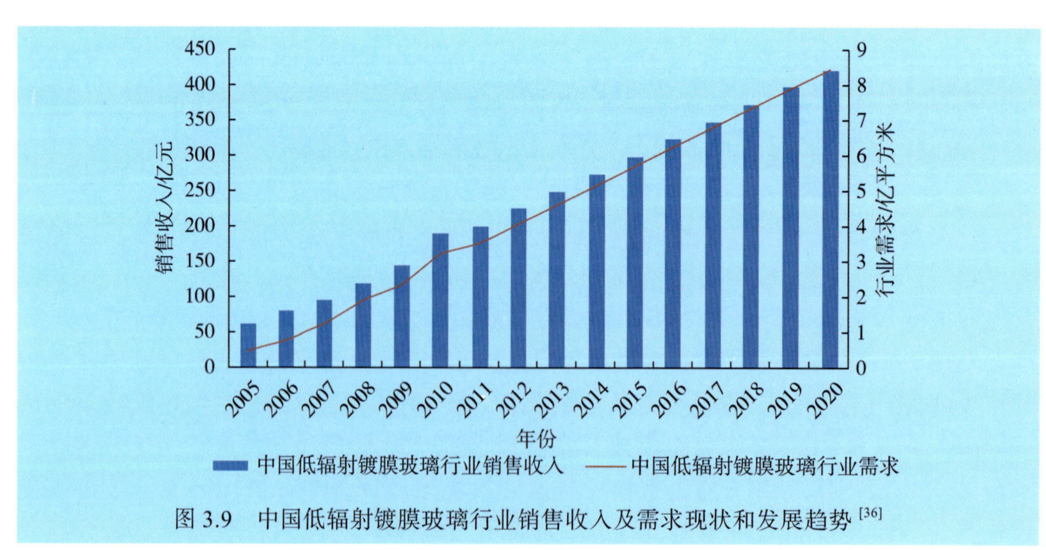

图3.9　中国低辐射镀膜玻璃行业销售收入及需求现状和发展趋势[36]

2. 被动式低能耗建筑

被动式低能耗建筑主要是指不依赖于自身耗能的建筑设备，完全通过建筑自身的空间形式、围护结构、建筑材料与构造的设计来实现建筑节能的方式。它不需要传统意义上的工人或制冷系统，建筑物基本的热需求或冷需求由新风系统提供，其设计、施工标准均远高于普通建筑标准，其最显著的优点是高效的保温隔热性能。目前，示范项目主要分布在寒冷和严寒气候区，并已逐步扩展到夏热冬冷和夏热冬暖气候区。

2013 年 1 月，河北秦皇岛“在水一方”国家被动房示范项目通过住房和城乡建设部（简称住建部）和德国专家的验收，这标志着中国首个被动房示范项目的建设成功。被动房建设过程中采用了围护结构极好的保温隔热措施、无热桥设计、极佳的气密性设备、高效的热回收空气系统、节电的楼宇设备、太阳能和可再生能源利用设备，在高保温、高气密性的前提下，太能光、做饭、洗澡、热体散热等零星热源均可回收，这些热量基本可以达到室内舒适的温度要求。经测试，节能效果十分显著，该示范项目供暖能耗每平方米可节约 34.68 千瓦时，每年能节约标煤 998 吨、节约制冷采暖费用 198 万元，减排二氧化碳 2 595 吨，节能效率高达 92%[37]。

被动式房屋的推广将大大缓解中国城市化进程中的能源和温室气体减排压力，同时在解决南方地区集中供暖、推动产业转型升级方面也将大有作为，被动式低耗能建筑是未来房屋建设的重点发展方向。

3.5 促进建筑节能产业发展的政策建议

（1）补充《节能法》和《中华人民共和国建筑法》（简称《建筑法》）中关于建筑节能的相关规定；完善建筑节能相关信息的统计工作，完善不同类型建筑的能耗限额标准，构建建筑全寿命周期的节能标准体系。

积极修改完善相关法律，在《节能法》中补充关于建筑节能的具体内容，把建筑的终端能源消耗纳入其中，认真调查总结建筑开发、设计、施工和监理等部门在实践中规避法律制裁、违反节能标准的各类行为，使之体现于法条之中，详尽责任主体的法律责任。在《建筑法》中应当把建筑节能领域单独列为一章，对建筑节能强制性标准和建筑节能质量管理等做出相关规定；完善节能建筑相关信息统计工作，按照用途，加强建筑节能能源计量；现行的节能标准主要涉及建筑设计阶段，应加强对全寿命周期节能过程（如设计、施工、检测、竣工验收、运行维护等）的控制与评价标准的制定，尤其是竣工验收阶段的具体节能效果考核标准亟须出台；完善和健全不同区域不同类型建筑的能耗限额标准，在节能目标实施途径上，呈现由基于建筑各个部位性能要求向基于整个建筑总体能耗控制的方向转变。

（2）加快推进公共建筑的节能量交易和碳排放权交易等市场化模式，推进建筑节能合同能源管理模式，设立建筑节能奖惩机制，发挥政府资金引导作用。

健全能效交易机制，建立建筑能耗监测系统，加强对中国既有建筑的能量监测、验证，搭建公共建筑节能量交易和碳排放交权交易平台；在建筑节能领域大力推行合同能源管理模式，积极推进建筑节能服务业发展，为用户提供节能诊断、融资改造和改造后运营维护等“一条龙”服务；建议国家建立中央财政预算建筑节能政府基金，鼓励建立“可再生能源发展”、“既有建筑节能改造”、“城市热网改造”和“建筑合同管理”等专项基金；建立建筑能耗定额制度，特别是对大型公共建筑和商业建筑，按照建筑面积限定每年的能耗定额指标，依据奖惩机制对超定额耗能建筑进行处罚，对能耗低的建筑予以奖励。例如，对于超出定额部分累进加倍收取电费，增加其经营成本，以经济手段激发节能改造需求。增收的电费列入绿色建筑基金或建筑节能基金，用于奖励超低能耗建筑或绿色建筑；设立二氧化碳排放税、建筑垃圾税、建筑能源消费税等税收制度，遏制能源、资源浪费的建筑的建造和使用；通过债务融资、租赁融资、债券等方式拓宽建筑节能产业融资渠道，同时将节能量或节能率作为抵押，根据项目的投资和盈利额进行融资。

（3）着重提升中小企业的竞争力，整合资源，努力培育世界一流龙头企业，探索“混合所有制”模式，走国民共进的新型商业模式。

集聚资源不断增强中小企业的科技和市场竞争力；完善中小企业的研发机构，增加政府对中小企业的技术研发的支持力度，为中小企业提供充足、可靠和稳定的资金保障；构建中小企业公共服务平台，为中小企业提供相关信息及技术服务，探索激励中小企业创新的机制，进一步提高其创新活力，激发其创新活力，强化其技术创新优势；推动优势企业实施强强联合、跨区域兼并重组、境外并购和投资合作；促进国际一流龙头企业的涌现，提高国际竞争力；同时建筑节能产业并不是垄断行业，国资、民资、外资都将参与其中，未来将实现国资引领的三资融合，建筑节能将央企的品牌和技术优势与民企的活力相结合，在产业内形成完整成熟的产业链条，可以有效促进节能环保产业结构的转型升级，积极探索“混合所有制”模式，走国民共进的新型商业模式。

（4）积极开展建筑节能领域基础科学研究，推进政产学研联盟建设，健全产品技术的成果转化推广应用机制。

组织对建筑节能领域的关键共性技术、技术集成创新等领域的研究，引导发展适合国情且具有自主知识产权的节能建筑领域的新材料、新技术，如重点发展被动式低能耗建筑等；强化科研、高校和企业之间横向联合，积极建立产业联盟及政产学研联盟；建立健全节能建筑科技成果推广应用机制、技术验证评估方法和信息平台等建筑节能技术成果转化体系，支撑建筑节能产业发展。

（5）注重建筑节能的环境保护，大力发展绿色建筑，推动与大数据、互联网、建筑模块化等信息产业的融合，实现绿色建筑的互联网化和智能化。

注重建筑节能的环境保护，积极开展绿色建筑行动，在新建建筑和既有建筑改造中，重视绿色规划，积极引导企业建设绿色建筑，进一步扩大“被动式低能耗建筑”、“农村农房节能改造”、“农村中小学可再生能源建筑应用”和“新型节能材料与结构体系应用”等绿色建筑示范工程；加强大数据、互联网、建筑模块化等信息化产业与绿色建筑相融合，实现设计、标识、施工、运营、产品的互联网化和智能化，对绿色建筑的设计、施工、调试、运行全过程的监督和用户参与。

参考文献

[1] 龙惟定 . 建筑节能与建筑能效管理 . 北京：中国建筑工业出版社，2005.

[2] 杨华君 . 中国建筑节能服务市场研究 . 天津大学硕士学位论文，2006.

[3] 陆余华 . 国内外建筑节能行业界定、发展规模与现状分析 . 工程建设与设计，2010，9：6-7.

[4] 住房和城乡建设部 . 关于 2009 年全国住房城乡建设领域节能减排专项监督检查建筑节能检查情况通报，2010.

[5] 住房和城乡建设部 . 关于 2010 年全国住房城乡建设领域节能减排专项监督检查建筑节能检查情况通报，2011.

[6] 住房和城乡建设部 . 关于 2011 年全国住房城乡建设领域节能减排专项监督检查建筑节能检查情况通报，2012.

[7] 住房和城乡建设部 . 关于 2012 年全国住房城乡建设领域节能减排专项监督检查建筑节能检查情况通报，2013.

[8] 住房和城乡建设部 . 关于 2013 年全国住房城乡建设领域节能减排专项监督检查建筑节能检查情况通报，2014.

[9] 中国工程科技发展战略研究院 . 中国战略性新兴产业发展报告 2015. 北京：科学出版社，2014.

[10] 张明顺 , 张晓转 , 吴川 . 建筑合同能源管理现状及发展建议 // 中国城市科学研究会，中国绿色建筑与节能专业委员会，中国生态城市研究专业委员会，等 . 第九届国际绿色建筑与建筑节能大会论文集，2013.

[11] 于震，吴剑林，徐伟 . 建筑节能领域合同能源管理 . 建设科技，2011，4：32-35.

[12] 孙鹏程 . 建筑节能服务发展管理研究 . 天津大学博士学位论文，2007.

[13] 前瞻产业研究院 .2015 年中国建筑节能行业现状及其前景预测分析，2014.

[14] 曾令荣 , 张彦林 . 关于节能建筑材料发展的战略思考 .21 世纪建筑材料，2011，8：78-79.

[15] 徐振强 . 我国绿色建材产业政策研究与产业园区发展特征探析 . 科技促进发展，2014，10（3）：121-126.

[16] 申晋益 , 董事尔 , 黄秋爽 . 我国现代节能墙体材料的革新与发展趋势 . 建筑经济，2015，36（6）：82-85.

[17] 原材料工业司 . 建材工业“十二五”发展规划，2011.

[18] 绍高峰 . 我国节能建筑技术与政策现状及“十三五”展望 . 砖瓦世界，2015，2：7-16，19.

[19] 韩文科，张建国，谷立静，等 . 绿色建筑中国在行动 . 北京：中国经济出版社，2013.

[20] 黄晓研 , 万正先，彭春燕 . 建筑节能玻璃在我国未来的发展前景 . 玻璃，2013，264（9）：38-41.

[21] 戴兴学 . 蓄能空调的应用现状与发展趋势 . 日用电器，2011，10：42-44.

[22] 苏宁 .2015 年中国空调行业白皮书，2015.

[23] 住房和城乡建设部 . 关于促进地热能开发利用的指导意见，2013.

[24] 国家经贸委资源节约与综合利用司 .2000—2015 年新能源和可再生能源产业发展规划，2000.

[25] 前瞻产业研究院 . 2013—2017 年中国智能建筑行业发展前景与投资战略规划分析报告，2013.

[26] 清华大学建筑节能研究中心 . 中国建筑节能年度发展研究报告 2014. 北京 ：中国建筑工业出版社，2014.

[27] 张建国，谷立静 . 我国绿色建筑发展现状、挑战及政策建议 . 中国能源，2012，34：19-24.

[28] 住房和城乡建设部科技发展促进中心 . 建筑领域煤炭消费总量控制研究，2015.

[29] 徐永铭 . 国内外建筑节能现状及发展 . 徐州工程学院学报，2005，20（3）：71-73.

[30] 曹万智 . 新型墙体材料的特性及发展趋势 . 砖瓦，2012，(11) ：81-86.

[31] 黄成锋 . 探析建筑设计中暖通空调节能技术的应用 . 江西建材，2014，149（20）：12.

[32] 赵玉璐 . 浅谈供热采暖节能技术的应用 . 建筑科学，2013，（5）：224.

[33] 赵东来，胡春雨，柏德胜 . 我国建筑节能技术现状与发展趋势 . 建筑节能，2015，42（3）：116-121.

[34] 高青 . 可再生能源利用与建筑节能融合技术 . 长春工业大学学报，2007，（S1）：146-149.

[35] 李建梅 . 我国建筑节能玻璃发展前景及对策建议 . 建材世界，2014，35（4）：49-53.

[36] 尚普咨询 . 中国 LOW-E 玻璃现状和发展趋势研究，2011.

[37] 胡莹，赵静野 . 秦皇岛“在水一方”被东方采暖季舒适度研究 . 建设科技，2014,（1）：72-75.

第 4 章

环保产业市场分析

薛　婕　罗　宏　周景博　李宝娟　裴莹莹　冯慧娟　杨占红

【内容提要】环保产业被确立为中国战略性新兴产业，并作为中国未来经济引擎的主要动力之一，在经济新常态下如何发展备受瞩目。本章基于产业组织理论 SCP 范式的分析视角，从环保产业的市场结构、市场行为和市场绩效三个维度分析了环保产业的市场环境和发展现状，并将宜兴作为重点案例进行分析，剖析了环保产业发展存在的问题和“十三五”期间的发展趋势。最后，提出了完善中国环保产业市场的政策建议。

4.1　相关概念

4.1.1　环保产业细分行业及范围

环保产业是一个跨产业、跨领域、跨部门，与其他产业相互交叉、相互渗透的综合性产业，涵盖领域较广。依据《2011 年全国环境保护及相关产业基本情况调查方案》对环保产业的调查范围的界定和分类，本章将环保企业分为核心环保行业和相关环保行业两大类，其中核心环保行业包括环境保护产品的生产经营和环境服务，环保相关行业包括资源循环利用产品生产经营和环境友好产品的生产经营，见表 4.1。核心环保产业以更为直接的方式服务于环境污染治理，是中国现阶段解决环境问题的主要手段，因此也是现阶段环保产业的发展重点。本章侧重讨论核心环保行业。

表 4.1 环保产业细分行业及范围

细分行业		范围
核心环保行业	环境保护产品的生产经营	环保设备、材料和药剂、环境监测仪器仪表的生产经营
	环境服务	污染治理服务及环境保护设施运营服务和环境工程建设服务等环境服务活动
相关环保行业	资源循环利用产品的生产经营	资源综合利用产品等的生产经营
	环境友好产品的生产经营	节能、节水、有机产品等环境友好型产品的生产经营

4.1.2 SCP 范式

传统产业经济学研究产业绩效和绩效影响因素是基于哈佛大学梅森和贝恩等的著名“SCP 范式”。该范式把产业分解成特定的市场，并按照市场结构 (structure)、市场行为 (conduct)、市场绩效 (performance) 三个方面的内容对产业进行分析 [1]。市场结构 (市场集中度、产品差异化程度、市场供需和市场进入退出壁垒等) 决定市场行为 (包括价格、R&D、投资、广告等)，行为产生市场绩效 (效率、利润率和技术创新等)。市场绩效也称市场效果，是指产业市场运行的效率，它是以市场结构为基础，反映由市场行为形成的产业资源配置、技术进步和产业规模经济实现程度等方面达到的现实状态 [2]。市场绩效反映了在特定的市场结构与市场行为条件下市场运行的效果，是对一个市场为消费者提供利益所取得的成果的度量 [3]。本章借鉴 SCP 范式的分析视角，全面分析环保产业的市场结构、市场行为及市场绩效，找出产业发展的存在问题，并试图给出环保产业发展的市场研判和未来发展的政策建议。

4.2 市场结构分析

4.2.1 市场集中度

目前中国环保产业整体集中度还很低，CR4 仅为 19.02%，CR8 为 26.39%，按照贝恩对市场结构的分类，我国环保产业整体属于竞争型市场 [4]。但在核心环保行业的细分领域中，固废处理处置产品、噪声与震动控制产品和资源循环利用产品生产设备行业的集中度较高，达到了寡占型市场的分类。

中国环保产业细分行业及核心环保行业细分领域市场集中度具体见表 4.2 和表 4.3。

表 4.2 2011 年环保产业细分行业市场集中度 单位：%

集中度	环保产业整体	环境保护产品	环境服务	资源循环利用产品	环境友好产品
CR4 值	19.02	11.82	11.07	5.71	29.13
CR8 值	26.39	16.99	15.08	9.00	40.42

资料来源：2011 年全国环境保护及相关产业基本情况调查

表 4.3 2011 年核心环保行业细分领域市场集中度 单位：%

集中度	环境保护产品生产经营						环境服务		
	水污染治理产品	大气污染治理产品	固废处理处置产品	噪声与震动控制产品	环境监测仪器设备	资源循环利用产品生产设备	污染治理及环境保护设施运行服务	环境工程建设服务	环境咨询服务
CR4 值	14.40	21.63	52.79	42.64	28.06	39.48	10.30	14.54	25.86
CR8 值	18.99	29.31	64.56	60.74	42.79	50.69	16.82	22.96	36.83

资料来源：2011 年全国环境保护及相关产业基本情况调查

4.2.2 环保产品差异化分析

环保产品差异化是环保企业根据消费者的偏好进行生产，与其他企业的产品形成区别以构建本产品的独特优势从而降低本产品的可替代性。产品差异化越大，替代性越弱，市场垄断程度越强。本章从技术角度分析了中国环保产品差异化程度如下[5, 6]。

1. 水处理行业

中国水污染防治的常规工艺技术水平与国际基本同步，各类技术设备目前已有工程应用，实现国产化。在生活污水处理领域，活性污泥法及其衍生技术作为主流的处理工艺，其对污染物处理十分有效，被其他技术替代的可能性很小。在工业废水处理领域，因行业各异、水质不同，需针对性地采取不同的技术工艺，为满足更高的排放标准要求，原有的一些落后废水处理技术存在被新技术工艺替代的可能，有很大的技术创新空间。

2. 大气治理行业

在袋式除尘技术，电除尘技术和电-袋组合技术开发应用方面，已经取得广泛应用，并取得良好的运行效果。但一些关键部件、配套产品的加工性能等与国外仍有差距；在脱硫技术领域，已发展了石灰石 / 石灰-石膏法、氨法等十多种烟气脱硫工艺技术，具备 30 万千瓦火电机组自主知识产权的烟气脱硫主流工艺技术。在脱硝方面，目前火电厂主要采取的是选择性催化还原脱硝技术，该技术已成熟，除催化剂的载体需依靠进口外，技术设备已经国产化。在机动车尾气净化方面，汽油汽车及摩托车等大部分采用国内技术产品，但柴油车污染控制处于快速发展阶段，技术设备处于发展应用前期。在有机废气、恶臭污染治理等方面，起步较晚，仍有很大的技术创新突破空间。

3. 固废处理行业

固废分为三类，即生活垃圾、工业固废和危险废物，处理过程包括收集、分类、运输、拣选、综合利用和最终处置。固废的处理处置已形成相对固定的技术方法。工业固废及危险废物，除可资源化利用的之外，一般采用填埋、焚烧、深井灌注和深海处置；城市生活垃圾则主要采用填埋、焚烧和堆肥技术处置。固废处置的技术方法通常依固废种类、性质、处理成本等选取，每种处置技术各有其应用领域，出现被新技术替代的可能性较小。

4. 土壤污染修复行业

中国土壤污染修复行业需求巨大，目前，主要采用生物修复中的植物修复技术和物理修复中的固化稳定化、热解析等技术，技术成熟度、稳定性、处理效率都不高，修复形式主要以工程体现，采用挖 + 填埋的方式，且市场不规范，仅处于示范阶段。土壤修复技术研究起步较晚，发展空间大。

5. 环境监测设备制造行业

目前，中国环境监测设备生产制造行业的国产环境监测仪器的质量和技术水平有了明显的提高，但仍缺乏核心技术，许多领域监测设备依靠国外进口，如温室气体在线监测设备、灰霾在线监测设备、废气中气态汞在线监测设备、废气中低量程的 SO_2 与 NO_x 在线监测设备、便携式应急监测仪器、便携式快速分析仪器及有毒有害气体泄漏监测仪器等。

综上，中国环保产业在生活污水处理、除尘脱硫脱硝和固废处理处置方面的主流技术已经基本形成，产品差异化程度不大，但在工业污水处理、有机废气、恶臭污染控制、土壤污染修复、在线监测设备和应急监测设备等领域自主设备开发不足，产品和技术对进口依赖大，对市场壁垒和市场绩效的影响较为明显。

4.2.3 市场供需分析

从全行业看，环保产业的产业链上游主要是钢铁、有色、电力、化工、电子元器件等行业，下游主要包括市政以及钢铁、电力、水泥、冶金、化工等工业行业。环保行业的部分需求方同时也是供给方，上、下游行业重叠比较明显。

从上游环保产业原材料供给角度分析，钢铁、有色等上游行业为环保行业产品生产及工程实施等提供原材料，其价格波动将直接影响环保行业的成本，进而对环保行业的细分行业的利润产生影响。能源与大宗原材料价格上涨、人工成本上升，都会增加环保行业的营运成本，从而对其盈利造成冲击。环保产品生产的主要原材料钢铁、有色金属等国内市场供应量充足，而且部分原料产品近几年存在产能过剩局面，供给方的议价能力相对较弱[6]。

从下游环保产业产品和服务市场需求角度分析，中国环保产业可划分为三种类型的市场，分别是服务于公共部门的环保产业市场，作为生产性服务的环保产业市场和服务于个人和家庭的环保产业市场[7]。在服务于公共部门的环保产业市场中，政府是环保产业的需求主体，同时也是环保产业政策的制定者和产业发展的推动者，拥有很强的购买力和议价能力。在作为生产性服务的环保产业市场中，高污染、高耗能企业是环保产业的需求主体，国家环保标准、目标约束及监管力度的加强，将进一步提升环保产业下游高污染、高耗能工业企业的治污减排需求。在服务于个人和家庭的环保产业市场中，公众是环保产业的需求主体，随着公众环境意识的日益提高，对环境质量的需求越来越多，一方面对政府形成压力，公众通过投票并支付税金，使政府提供公共物品和服务；另一方面个人和家庭选择饮用水净化器、室内空气净化器，防止辐射和噪声等环境保护产品越来越多，扩大了环保产业市场需求。

4.2.4 环保产业的进入壁垒

产业内企业的数量和规模分布是影响市场绩效的重要因素，进入壁垒是决定企业数量和规模分布的决定性力量[8]。中国环保产业的进入壁垒主要有制度、资本、技术和区域垄断等。

制度壁垒：从事总承包业务的环保企业，需取得工程设计资质证书；从事环保设施运营的企业，如污水处理、固废处理等行业需取得相应的运营资质，并审核相关资质和经营年限；从事报废汽车和固废回收利用的企业，需取得以城市为单位的行政许可和以省份为单位的转运联单。这些资质或许可证等制度形成了初始的行业准入壁垒。

资本壁垒：环保设施建设的前期投资相当大，并且后期运营过程中设备折旧和技术研发投入也较大。近年来环保工程项目的业务模式逐渐采用工程总承包（engineering procurement construction，EPC）的方式。环保公司在开展具体总承包业务时，需向业主开具投标保函、履约保函，同时在设备采购及施工环节还需垫付资金。如果环保工程要求采用建设经营转让（build-operate-transfer，BOT）或建设拥有经营转让（build-own-operate-transfer，BOOT）等业务模式，环保企业需要对工程进行投资，这就要求环保企业具备一定的资本和融资能力[6]。

技术壁垒：环保行业包括各子行业所开展的环保工程，工程设计和实施的非标准化程度高，相应地对总承包方的设计能力和工程经验要求也就高。随着排放标准要求的不断提高，治理技术朝着高端化方向发展，技术壁垒将淘汰一批不具备深厚技术基础和技术发展潜力的企业。

区域垄断壁垒：环保行业具有比较明显的区域特点，尤其在公共服务领域，由于地方保护主义的存在，国内环保领域存在严重的市场分割现象，因此环保企业难以跨区经营，普遍规模不大。

这些壁垒的叠加，提高了环保产业的准入门槛。由于中国环保产业存在重复建设和过度竞争的问题，规模经济没有充分发挥作用，市场效率较低，保持适度的进入壁垒可确保环保企业获得较高的盈利能力，从而提高中国环保产业市场绩效。

4.3 市场行为分析

SCP 范式下的市场行为就是企业在市场上为了赢得更大利润和更高市场占有率所采取的战略性行为。环保产业的市场结构决定了环保企业采取的市场行为，对现有的市场结构下中国环保企业的市场行为具体分析如下。

4.3.1 价格竞争

中国环保产业的大部分行业市场集中度低，企业间竞争激烈，环保产品具有较高的需求价格弹性和交叉价格弹性，因此环保企业应当重视产品定价等对自身竞争能力的影响。针对不同的环保产业需求市场，企业采取不同的价格竞争策略。

在服务于公共部门的环保产业市场中，提供公共设施和服务所需的资金由政府部门承担，其实质来源是企业和个人的税收。当涉及大型环境公共设施时，如污水处理及固废的收集和集中处理系统，政府部门制定税收标准的依据一般是按运行成本收费。在私人资本进入时，为了能有效控制成本，在政府干预下，往往按照运行成本加上“合理的利润”收费，所以投资这一领域的收益通常是可预期的，企业对价格的影响力比较有限。在作为生产性服务的环保产业市场中，环保企业面向的高污染、高耗能企业有着不同的动机和行为模式，受到环境规制和执法力度等外部因素影响很大。在市场信息不对称的情况下，污染企业出于利己动机，存在偷排、少排的道德风险，这样可能会减少环保市场的实际需求，增加环保企业的经营成本。在服务于个人和家庭的环保产业市场中，完全依托市场竞争，在一般情况下，价格由市场的供求关系决定[7]。

4.3.2 兼并重组

根据发达国家的经验，环保企业要在未来的市场中获得竞争优势，可以采取两种策略：一是走集成化路线，这比较符合有资本优势或知识技术优势的企业，企业应该以资本为纽带，通过兼并或重组，提升为客户提供综合性解决方案的能力；二是由产品型向服务型发展，这种路线比较适合传统的制造企业，通过兼并重组来提升服务能力。目前，从全球环保上市龙头企业发展历程看，持续并购是其成为行业龙头的共同途径。从并购内容来看，都选择进行全产业链价值链延伸扩张，实现业务种类和范围的延伸，进入新的区域市场甚至海外市场；从并购窗口来看，这些龙头企业在发展过程中会持续进行系列的并购，尤其会抓住行业监管升级，以及危险废物处置管理标准带来的有利时机，加速并购扩张。

中国环保企业也按照发达国家的路径，通过兼并重组整合优势资源，逐渐发展形成环保龙头企业。根据对中国上市公司环保资产整合的统计，2012 年、2013 年和 2014 年（截至 2014 年 11 月底）环保行业并购项目分别为 17 个、39 个和 47 个，资金规模分别为 12 亿元、155 亿元和 190 亿元。从发展趋势看，中国环保行业并购在加速，市场在集聚；从并购领域来看，2014 年依旧以较成熟的水务和固废为主，达总资金规模的 53%，非环保企业的跨界收购达总资金规模的 25%[9]。

4.3.3 模式和技术创新

创新是企业获得竞争优势的动力，近年来，环保产业出现的许多创新活动，主要是商业模式创新和技术创新。商业模式创新主要是为了突破资本壁垒，在相关领域，已经积累了一些可以借鉴的经验，如一些企业为了帮助政府部门解决资金问题，采取 EPC、BT（build-transfer，即建设转让）、BOT、BOOT 等模式。同时，环保产业作为一种高新技术产业，对于技术有着极高的依附性，为了突破产业技术壁垒，环保企业必须通过技术创新，不断推出新产品，满足消费者需求，从而降低产品和服务的价格，使企业在竞争中获得优势。

4.4 市场绩效分析

4.4.1 环保产业整体市场绩效分析

1. 规模结构效率

产业的规模结构效率从产业内规模经济效益实现程度的角度来考察资源的利用状态。规模经济效益的实现程度通常用达到或接近经济规模的企业数量占整个产业数量的比例来表示。尽管中国环保行业处于高速发展阶段，但是环保企业数量多，规模小，规模效益不明显。2011 年，全国环境保护相关产业从业单位有 23 820 个，其中营业收入超过 4 亿元的大型企业有 767 个，占全部环保产业企业数的 3%，营业收入在 2 000 万元至 4 亿元的中型企业有 7 742 个，占全部环保产业企业数的 33%，营业收入在 300 万元至 2 000 万元的小型企业有 9 989 个，占全部环保产业企业数的 42%，营业收入小于 300 万元的微型企业有 5 322 个，占全部环保产业企业数的 22%。其中环保上市公司有 402 家，占全部环保企业数的 1.68%。环保产业及细分行业规模占比见表 4.4。

表 4.4 2011 年环保产业及细分行业规模占比 单位：%

项目	企业规模营业收入 Y/ 万元	大型 $Y \geqslant 40\ 000$	中型 $2\ 000 < Y \leqslant 40\ 000$	小型 $300 \leqslant Y < 2\ 000$	微型 $Y<300$
环保产业	企业数占比	3.22	32.50	41.94	22.34
	收入占比	75.57	21.39	2.75	0.29
环境保护产品	企业数占比	1.72	31.87	49.47	16.94
	收入占比	43.33	47.47	8.44	0.76

续表

项目	企业规模营业收入 Y/ 万元	大型 Y ≥ 40 000	中型 2 000 < Y ≤ 40 000	小型 300 ≤ Y< 2 000	微型 Y<300
资源循环利用产品	企业数占比	0.77	16.18	43.98	39.07
	收入占比	37.71	45.28	14.67	2.34
环境友好产品	企业数占比	4.37	47.24	38.55	9.84
	收入占比	53.42	42.87	3.49	0.22
环境保护服务	企业数占比	9.48	35.91	41.02	13.59
	收入占比	90.48	8.80	0.66	0.26

资料来源：2011 年全国环境保护及相关产业基本情况调查

规模经济带来规模效应，企业规模大更有利于适应社会化大生产和专业化分工，更有利于现代化的生产管理和技术开发。环保企业的规模可以用从业人数、营业收入和资产总计三个指标表示。中国环保产业各细分行业规模绩效指标值见图 4.1。由图 4.1 可见，在环保产业各细分行业中，资源循环利用产品生产经营类企业的资产总计指标依次大于环境友好产品、环境保护服务和环境保护产品；环境友好产品生产经营类企业的从业人数和营业收入远大于资源循环利用产品、环境保护产品和环境保护服务。总体看，核心环保企业规模远小于相关环保企业。

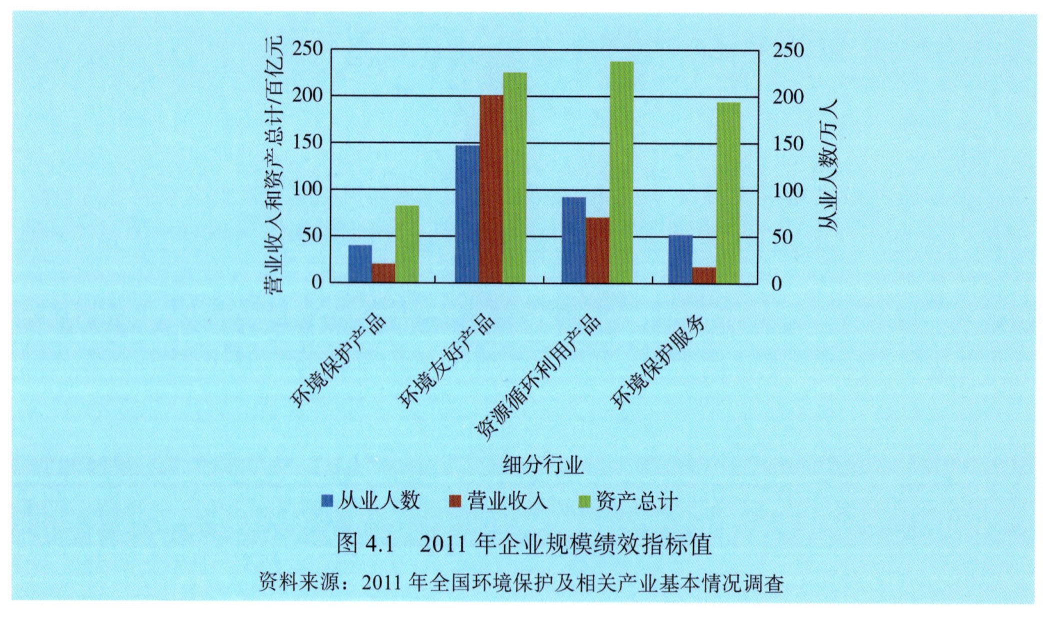

图 4.1　2011 年企业规模绩效指标值

资料来源：2011 年全国环境保护及相关产业基本情况调查

2. 资源配置效率

环保产业的资源配置效率可由环保产业主营业务利润率指标评价。由图 4.2 可得，中国环保产业主营业务利润率从高到低分别为环境保护服务、环境保护产品、环境友好产品和资源循环利用产品。总体看来，核心环保行业的主营业务利润率指标值高于相关环保行业，环境保护服务的主营业务利润率高于其他细分行业。

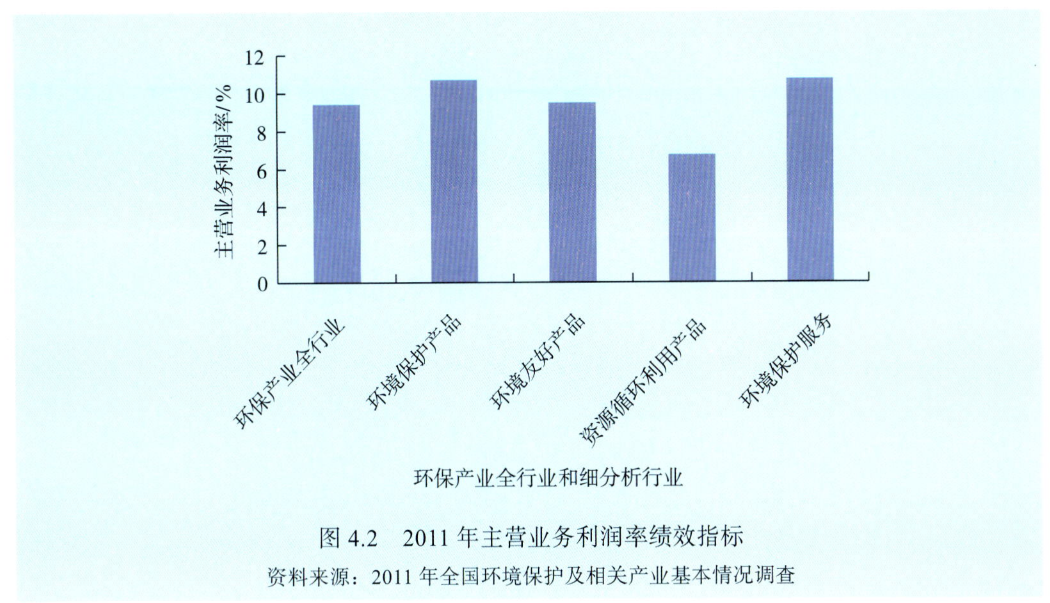

图 4.2　2011 年主营业务利润率绩效指标

资料来源：2011 年全国环境保护及相关产业基本情况调查

将上述环保产业利润率指标与其他行业企业经济绩效指标标准值相比较，分析环保企业在全行业的经济绩效水平。通过对比可看出环保产业全行业、环境保护产品生产经营企业、环境友好产品生产经营企业和环境保护服务业的主营业务利润率指标值均在国有企业全行业平均值附近，资源循环利用产品生产经营企业的主营业务利润率指标值最低，略低于国有企业全行业平均值，见图 4.3。环境保护服务业的主营业务利润率高于国有企业服务业的主营业务利润率良好值，见图 4.4。

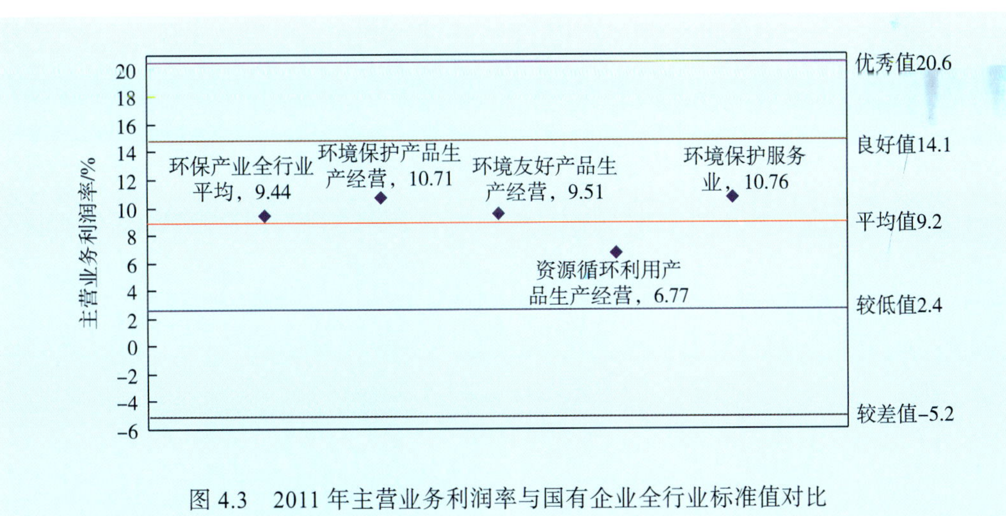

图 4.3　2011 年主营业务利润率与国有企业全行业标准值对比

资料来源：2011 年全国环境保护及相关产业基本情况调查和《企业绩效评价标准值》(2012 年)

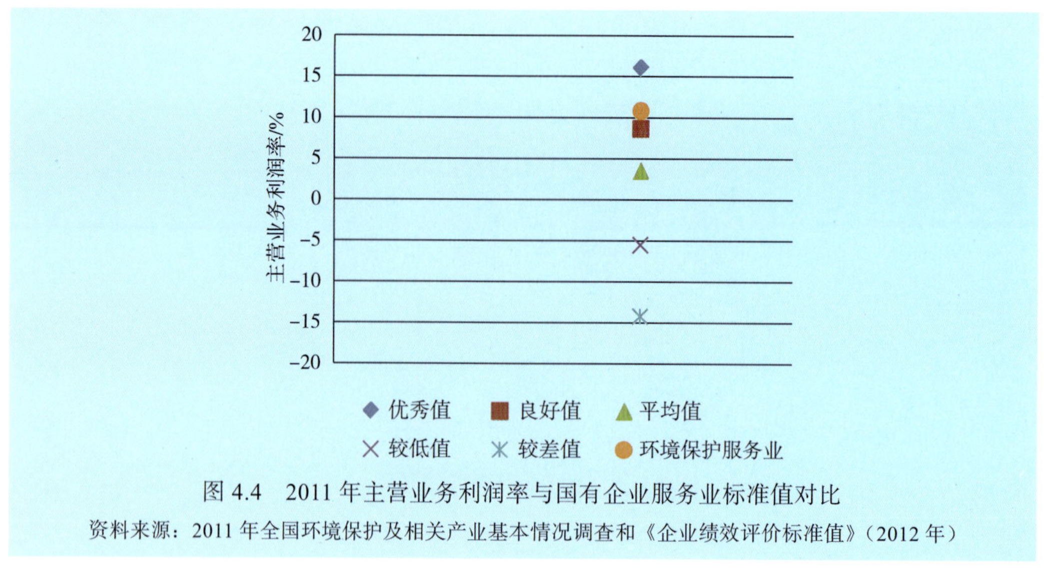

图 4.4　2011 年主营业务利润率与国有企业服务业标准值对比

资料来源：2011 年全国环境保护及相关产业基本情况调查和《企业绩效评价标准值》（2012 年）

3. 技术进步

从整体看，2011 年，全国 23 820 个环境保护相关产业从业单位中共计 2 825 个单位研发了环境保护相关产业技术 3 698 项，实现工业化生产技术 2 081 项，获得发明专利 6 728 个，实用新型专利 14 233 个[10]。环境保护相关产业有研发活动的企业（研发资金投入不为零）占 11.8%，略高于中国工业企业有研发活动的企业占比（10% 左右）[11]，在中国核心环保产业中，有研发活动的企业占 15.6%，高于相关环境保护产业。环境保护相关产业技术研发数及获专利数占比情况见图 4.5。

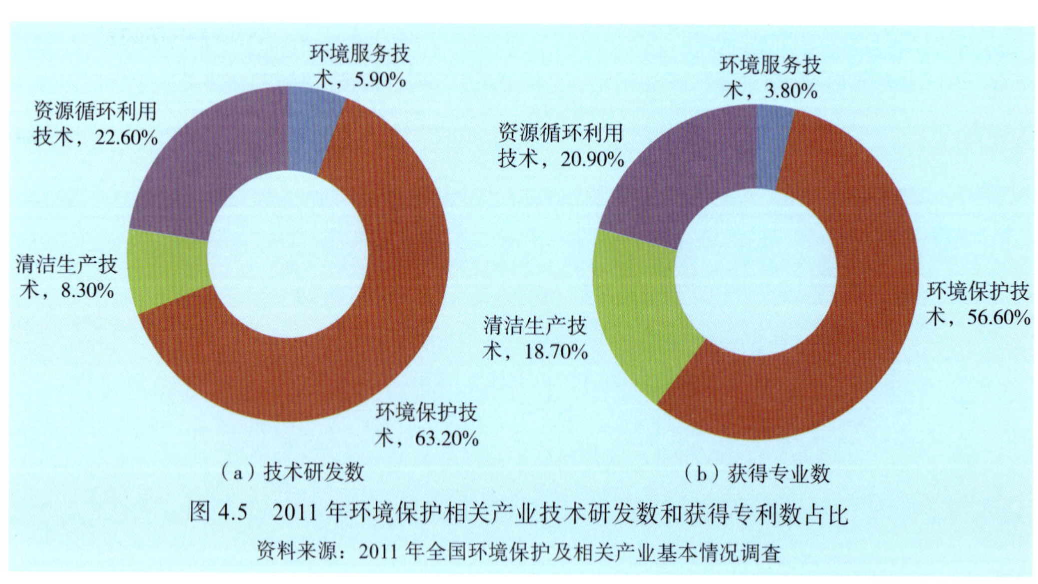

图 4.5　2011 年环境保护相关产业技术研发数和获得专利数占比

资料来源：2011 年全国环境保护及相关产业基本情况调查

环保产业技术进步也可由环保产业研发投入强度指标侧面反映。由图 4.6 可知，

在研发资金投入方面，环境保护服务业的研发资金投入强度约为 7%，环境保护产品生产经营企业研发资金投入强度约为 4.6%，均远高于环境友好产品和资源循环利用产品生产经营企业；在研发人员投入方面，环境保护产品生产经营行业的研发人员投入强度最大，超过 10%，远高于其他细分行业。

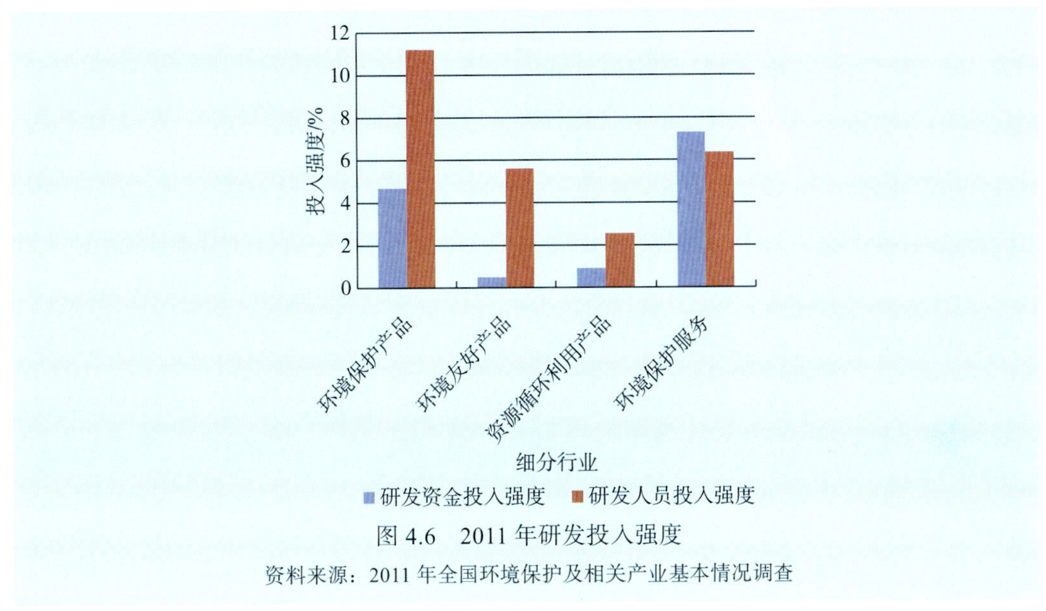

图 4.6 2011 年研发投入强度

资料来源：2011 年全国环境保护及相关产业基本情况调查

4. 综合结论

从规模结构效率绩效看，中国环保产业大型企业数占比较低，规模效率不明显。从资源配置效率绩效看，环保产业全行业的主营业务利润率指标值略高于国有企业全行业平均值，环境保护服务业的主营业务利润率高于国有企业服务业的主营业务利润率良好值，环境保护服务业绩效优于全行业和其他细分行业。从技术进步绩效看，2011 年有研发能力的企业仅占 11%，与其他工业企业的平均研发水平近似，对技术依赖性强的环保产业来说研发投入仍不足。

4.4.2 重点发展区域绩效分析

1. 重点发展区域概况

中国环保产业的空间分布呈现一带一轴的总体分布特征，本部分将环渤海区域、长三角区域、珠三角区域和中部沿江发展轴定义为环保产业重点发展区域。各重点区域的环保产业发展优势和特色差异明显[12～14]。中国环保产业重点发展区域主要涵盖地区及环保产业特色见表 4.5。

表 4.5 重点发展区域主要涵盖地区及环保产业特色

重点发展区域	主要地区	区域环保产业特色
环渤海区域	北京、天津、河北、辽宁、山东	技术开发转化和人力资源优势明显
长三角区域	上海、江苏、浙江	起步早，发展基础好，是中国环保产业最为聚集的地区
珠三角区域	广州、深圳、珠海、佛山	重点发展技术密集、资金密集、人才密集的环境服务业等
中部沿江发展轴	重庆、陕西、安徽、湖南、湖北	重点发展环保装备制造业

2. 规模结构效率

重点发展区域环保产业规模占比如图 4.7 所示。由图 4.7（a）可知，重点区域的环境保护产品生产经营行业规模占比区域差异化显著。长三角区域由于环保产业发展起步早，基础最为良好，是中国环保产业最为聚集的地区，长三角区域的环境保护产品生产经营行业在从业人数、营业收入和资产总计上占有绝对优势，分别占全国的 39%、43% 和 64%；环渤海区域和中部沿江发展轴规模其次；珠三角区域规模最小，从业人数、营业收入和资产总计分别占全国的 3%、2% 和 1%。由图 4.7（b）可知，珠三角区域的环境保护服务行业规模占比较小与其在环境保护生产经营行业规模占比一致，中部沿江发展轴的资产总计占比较高，约占全国的 50%，环渤海区域由于技术和人才优势，从业人数和营业收入规模略高于其他重点区域，长三角区域在环境保护服务行业占比不如在环境保护产品行业优势明显。

重点发展区域环保企业平均规模对比见图 4.8 和图 4.9。由图 4.8 可知，在环境保护产品生产经营行业，中部沿江发展轴的环保企业平均从业人数和营业收入最高，长三角区域环保企业平均资产总计最高，接近 2.5 亿元，而珠三角区域环保企业的企业规模指标各项均值均低于全国平均水平。由图 4.9 可知，环境保护服务行业重点发展区域企业平均从业人数和平均营业收入除中部沿江发展轴略低于全国平均水平，其余区域都高于全国平均水平，中部沿江发展轴的资产总计平均值远高于其余地区和全国平均水平。

3. 资源配置效率

由图 4.10 可知，在环境保护产品生产经营行业，除长三角区域主营业务利润率略低于全国平均水平外，其余地区均高于全国平均水平，其中，中部沿江发展轴的主营业务利润率最高，接近 15%，高于 14.1% 的国有企业全行业标准值的良好值。在环境保护服务行业，环渤海区域和珠三角区域的经济效益指标均优于全国平均水平，环渤海区域的主营业务利润率最高，为 12.08%，远超过 8.6% 的国有企业服务业标准值的良好值，长三角区域主营业务利润率最低，仅为 6.59%，也超过了 3.5% 的国有企业服务业标准值的平均值。

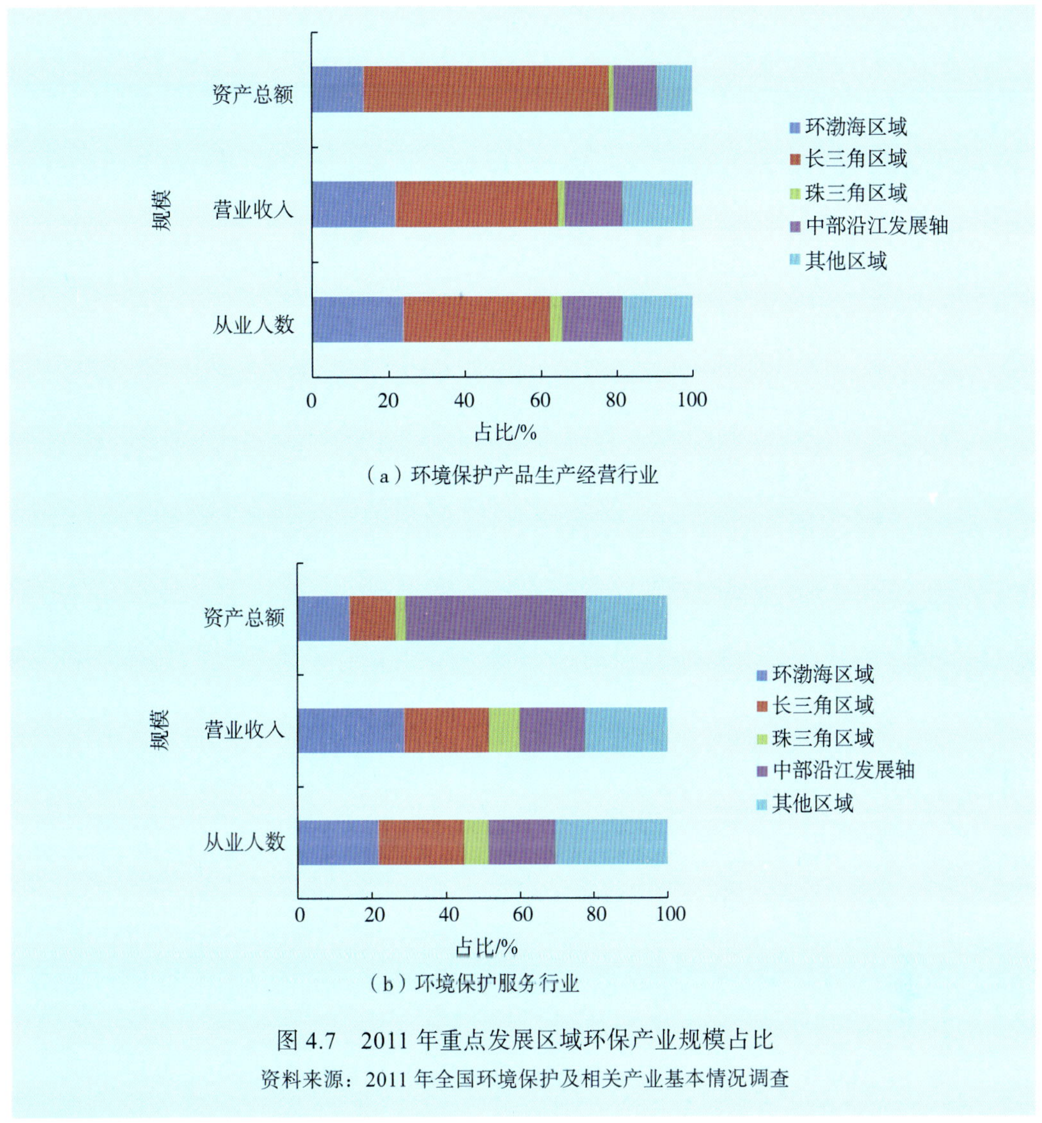

（a）环境保护产品生产经营行业

（b）环境保护服务行业

图 4.7　2011 年重点发展区域环保产业规模占比

资料来源：2011 年全国环境保护及相关产业基本情况调查

由上可知，重点发展区域的环保产业经济效益指标整体优于全国平均水平，也达到了国有企业全行业标准值的平均值以上，但行业规模最大的长三角区域规模效益并不明显，经济效益指标低于其他重点发展区域。

4. 技术进步

重点发展区域研发投入指标对比如图 4.11 所示。由图 4.11（a）可知，在环境保护产品生产经营行业，珠三角区域和环渤海区域的研发人员投入强度高于全国，珠三角区域和中部沿江发展轴的研发资金投入强度略高于全国，重点发展区域的研发投入优势不是很显著。特别是长三角区域，研发资金投入低于全国和其他重点发展区域。长三角区域作为中国环保产品的发源地和集聚地是无可置疑的，但也可能因为长期的优

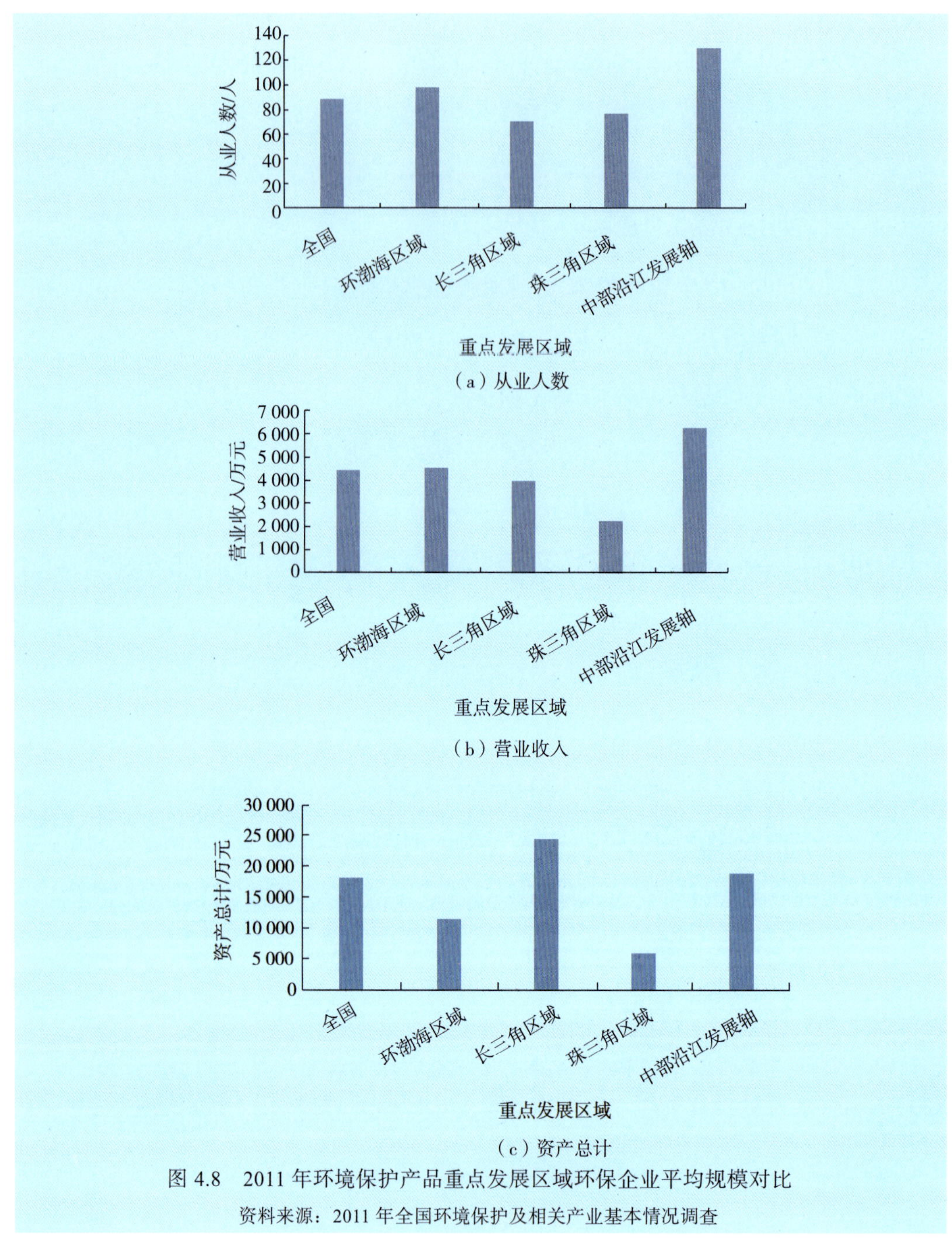

（a）从业人数

（b）营业收入

（c）资产总计

图 4.8　2011 年环境保护产品重点发展区域环保企业平均规模对比

资料来源：2011 年全国环境保护及相关产业基本情况调查

势地位，在研发方面的投入还不够，需要注意保持未来发展的潜力。由图 4.11（b）可知，在环境保护服务行业，重点区域研发资金投入强度均低于全国平均水平，珠三角区域的研发人员投入强度最高，为 8.88%，而研发资金投入强度仅为 1.95%，研发人员投入和研发资金投入不匹配。

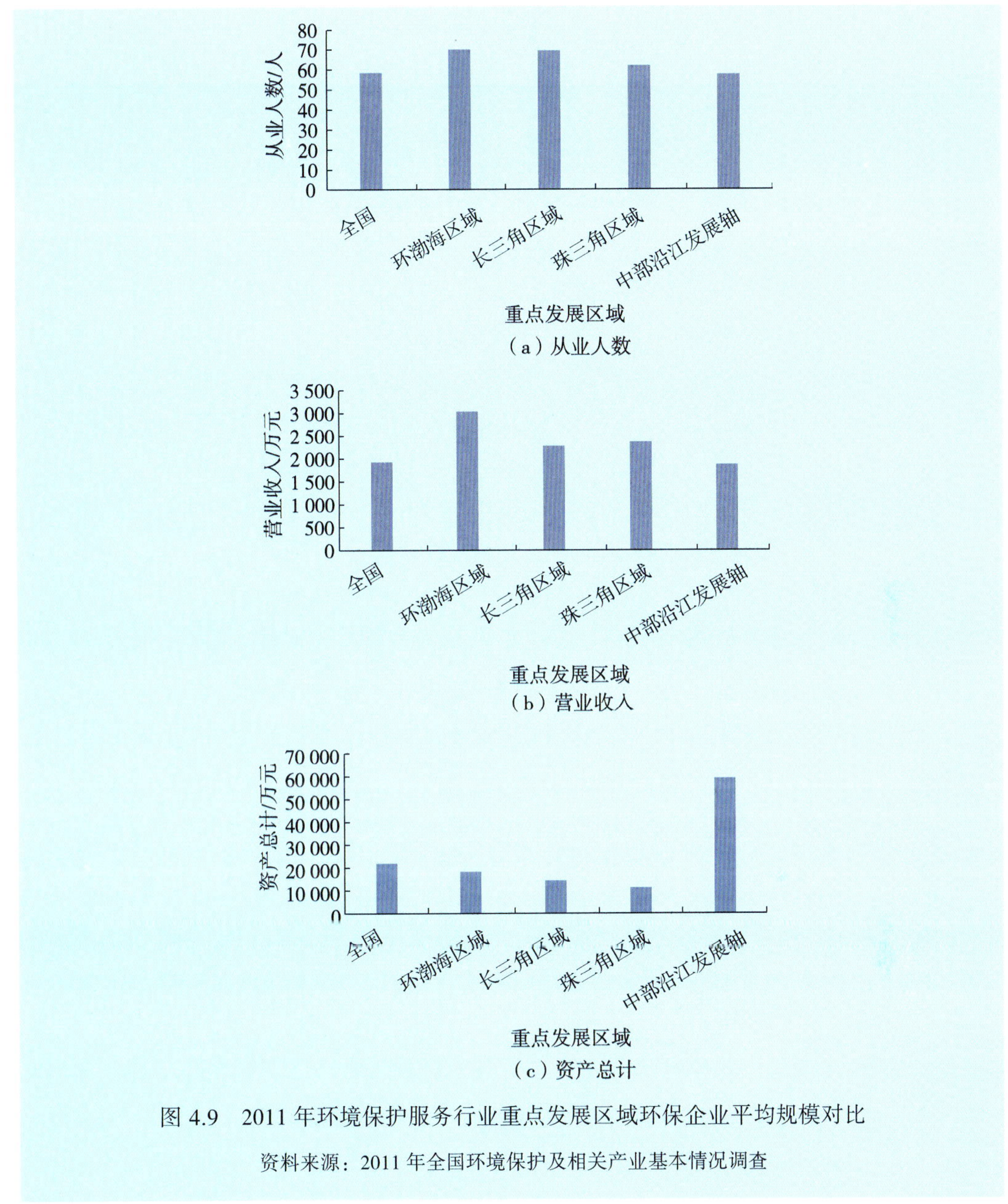

图 4.9　2011 年环境保护服务行业重点发展区域环保企业平均规模对比

资料来源：2011 年全国环境保护及相关产业基本情况调查

5. 综合结论

长三角区域是中国环保产业最为聚集的地区，发展起步早，产业规模大，其环境保护产品生产经营行业规模指标远高于其他区域。但是产业规模大，不代表产业质量好，长三角区域环保产业经济效益较低，发展潜力不足，环境保护服务行业相对于环境保护产品生产经营行业发展较滞后。因此，该区域发展环保产业不仅要扩张规模，更要保证产业质量，提高经济效益，提升技术水平和优化产业结构。

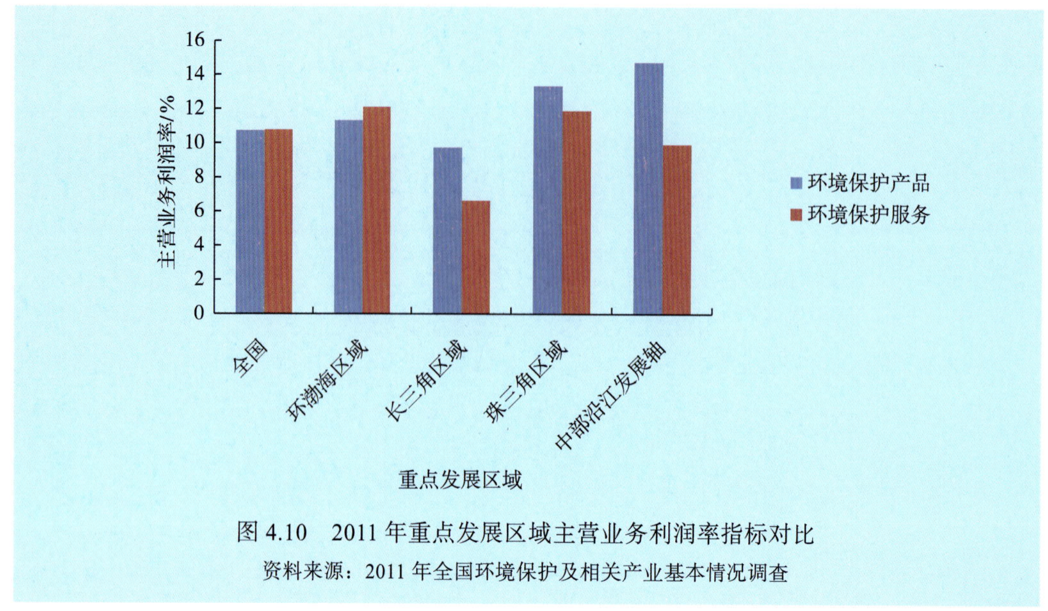

图 4.10　2011 年重点发展区域主营业务利润率指标对比

资料来源：2011 年全国环境保护及相关产业基本情况调查

环渤海区域技术开发转化和人力资源优势明显，在环境保护服务行业规模指标高于其他区域，经济效益指标中主营业务利润率最高；在环境保护产品生产经营行业的规模占比仅次于长三角区域。环渤海区域内，北京是中国北方环保技术开发转化中心，天津是北方重要的循环经济城，山东、辽宁在环保技术和装备方面具备优势，该区域环保产业整体发展较均衡，未来应保持发展优势，大力发展综合环境服务业。

中部沿江发展轴环保产业规模和环渤海区域相近，在环境保护产品生产经营行业经济效益指标中主营业务利润率最高，接近 15%，研发资金投入强度略高于全国平均水平，但相较于环渤海区域，中部沿江发展轴在人力资源和技术转化上不占优势，在保持环保装备制造优势的基础上应大力发展环境保护服务业，促进区域环保产业结构升级。

珠三角区域环保产业在重点发展区域中规模占比最小，但经济效益较高，发展潜力也较强，未来在继续保持现有发展潜力和经济效益的优势上可适当扩大产业规模。

4.4.3　重点案例分析——宜兴

1. 宜兴环保产业概况

宜兴被誉为中国“环保之乡”，其环保产业的发展参与和见证了中国环保产业发展的全过程。宜兴环保产业起步于 20 世纪 70 年代，经过近 40 年的发展，已成为拥有 1 500 多家环保企业、3 000 多家配套企业、10 万多名从业人员的环保产业聚集区。

宜兴已形成环保科技研发→环保装备制造→环保物流配送→环保售后服务→环保信息咨询的完整产业链，环保产品涉及水、声、气、固、仪及配套产品 6 大类、200

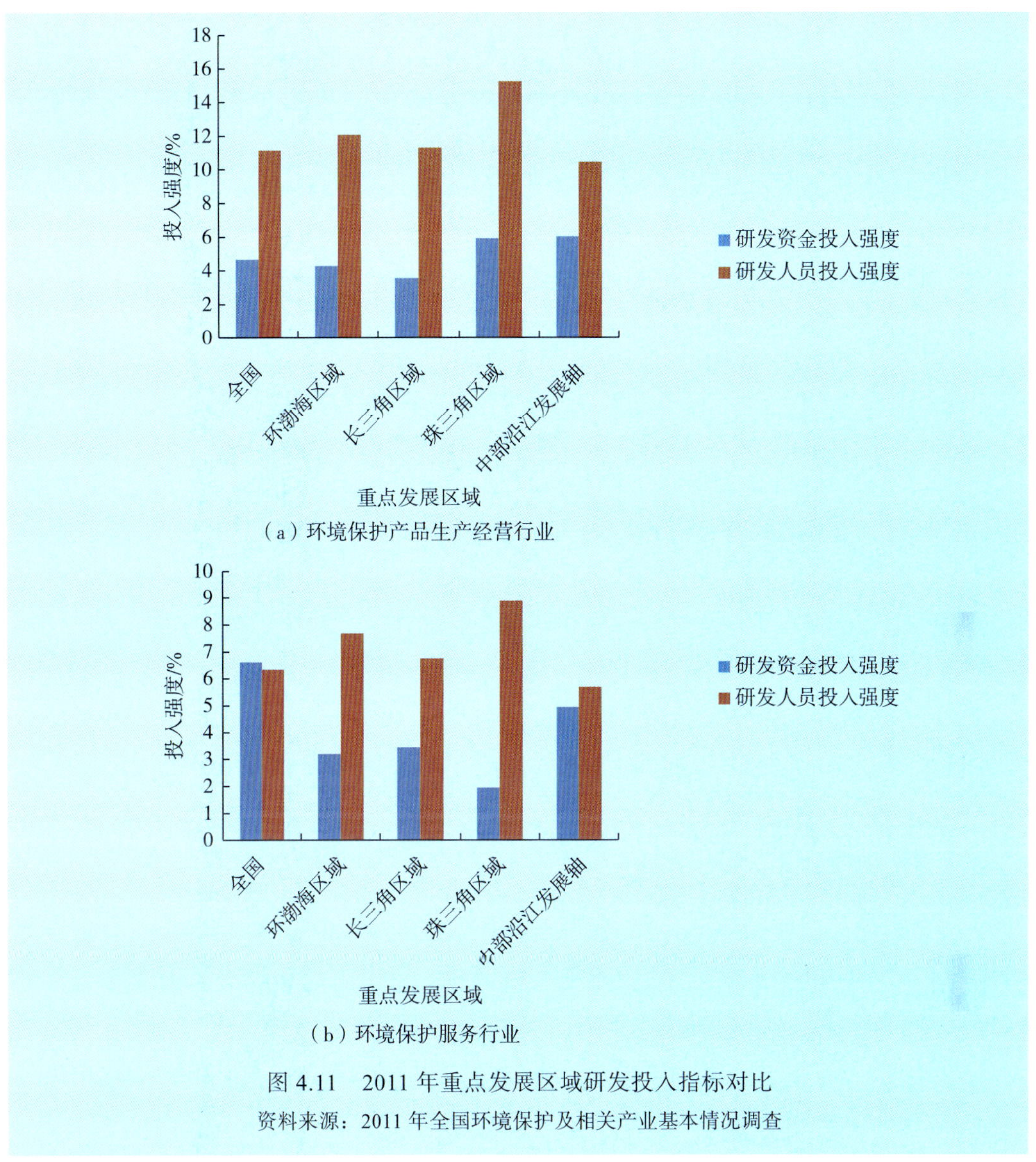

（a）环境保护产品生产经营行业

（b）环境保护服务行业

图 4.11　2011 年重点发展区域研发投入指标对比

资料来源：2011 年全国环境保护及相关产业基本情况调查

多个系列、2 000 多个品种，以给水、排水、循环水、污水处理等为主，国内 40% 的市场份额在宜兴，水处理装备配套率达 98%。

宜兴参与 2011 年环保产业普查的环保单位共 1 053 家，其中企业 1 047 家。宜兴环保企业以小、微企业为主，占比 90.5%；中型企业 87 家，占比 8.3%；大型企业只有 13 家。宜兴环保产业有较长的发展历史，是中国最早自发发展起来的环保产业聚集区，从企业性质看，目前内资企业在数量上仍占绝对优势，2011 年占比 97.8%。

2. 绩效分析

2011 年宜兴环保产业企业绩效评价结果如表 4.6 所示。从企业规模看，按从业人数，环境保护产品生产经营是宜兴最主要的环保产业领域，占比 87%，其次是资源循环利用产品、环境保护服务和环境友好产品，占比依次为 12.6%、6.0% 和 5.7%；从营业收入看，环境保护产品生产和经营占比最高，为 74.4%，其次是环境友好产品，占比 13.4%，环境保护服务和资源循环利用产品占比为 8.1% 和 4.1%。从主营业务利润率看，环境保护产品和环境保护服务两个领域绩效表现优于环保相关产业。从研发能力看，环境保护产品在研发人员投入强度上高于其他行业，这也反映出作为传统的环保产品生产基地，宜兴企业对环保产品技术创新的重视。

表 4.6　2011 年宜兴环保产业企业绩效评价结果

企业规模	从业人员数 / 万人	营业收入 / 亿元	主营业务利润率 /%	研发资金投入强度 /%	研发人员投入强度 /%
宜兴	4.152 8	206.84	13.80	—	6.69
环境保护产品	3.613 1	153.82	13.92	—	7.47
环境保护服务	0.250 4	16.83	16.03	8.02	1.47
环境友好产品	0.237 1	27.77	7.73	—	4.45
资源循环利用产品	0.0522	8.42	4.21	—	4.11

资料来源：2011 年全国环境保护及相关产业基本情况调查

比较宜兴与全国、江苏的环保产业企业绩效。从规模看，宜兴环保产业从业人数占全国 1.3%，营业收入占 0.7%；从盈利能力看，宜兴各项指标都远超过全国均值，研发人员投入强度略高于全国平均水平。

在环境保护产品生产与经营领域，全国约 1/4 的环保产业规模在江苏，江苏约 1/3 的环保产业在宜兴，全国 9.1% 的环保从业人员和 7.7% 的营业收入都在宜兴。从主营业务利润率看，江苏主营业务利润率略低于全国平均水平；宜兴主营业务利润率指标显著高于全国平均水平，也高于江苏。但从研发能力看，江苏和宜兴在环保产品方面的投入都低于全国平均水平。可见，宜兴作为中国环保产品发源地和集聚地是毋庸置疑的，但也可能因其长期的优势地位，在研发方面的投入还不够，需要注意保持未来发展的潜力。在环境保护服务领域，宜兴的规模优势并不明显。宜兴环境保护服务行业从业人员占全国的 0.5%，占江苏的 5.1%，营业收入占比更低。从主营业务利润率看，宜兴环境保护服务业远超过全国平均水平，也高于江苏平均水平。在研发能力上，宜兴研发资金投入高于全国平均水平，但低于江苏，人员投入强度则远低于全国和江苏平均水平。在环境友好产品和资源循环利用产品两个领域，宜兴的规模、盈利能力和研发能力优势都不突出，部分指标还低于全国平均水平。

综上，宜兴环保产业企业绩效的平均水平高于全国平均水平，具体而言，环保产品生产经营的规模、利润率水平均高于全国平均水平，但需要增加研发投入强度以保证未来继续发展的潜力；环境保护服务领域利润率绩效表现较好，但规模和研发投入都有待提高；在环境友好产品和资源循环利用产品领域，宜兴没有明显优势。从宜兴环保产业市场绩效的分析结果看，作为中国环保产品的发源地和集聚地，宜兴的优势仍然基本体现在环境保护产品方面，而在环境保护服务领域等环保产业的新兴领域和未来的主流领域，宜兴环保产业企业的绩效表现并不突出。

3. 经验与启示

宜兴环保产业的发展历程可以说是中国环保产业发展历程的一个缩影，在其发展的近 40 年间积累了一些可供其他区域借鉴的经验。

在发展的过程中抓住了政策和市场机遇。环保产业是政策导向型产业，受政策的影响很大，新的环保政策的颁布催生了市场需求，区域环保产业只有在发展的历史阶段抓住政策和市场机遇才能发展壮大。

打造环保产业园区。宜兴环保科技工业园（简称宜兴环科园）于 1992 年 11 月经国务院批准设立，是当时中国唯一一个以发展环保产业为特色的国家高新技术产业开发区，同时也是科技部和环保部共同管理和支持的单位，受到国家与地方政府的重视与大力支持。

重视技术、产学研、国际交流和人才培养等各类平台的建设。区域环保产业在起步后想要继续发展壮大和升级转型离不开各类平台建设。宜兴环科园近年来投资 100 多亿元，规划建设了 200 万平方米的包括环保科技大厦、科技孵化园、国际环保展示中心、人才培训基地、人才公寓、大学科技园等各类功能性载体，启动国家环保装备检验检测中心、环保物联网中心、2011 协同创新中心、中宜环保联合大学等一批高端平台建设。

转型升级，做大做强。企业间从恶意竞争向组建联盟、相互合作转型；技术领域从纯环保设备技术向节能环保、清洁技术转型，从单一水处理为主向气、声、固、仪和资源利用全方位转型；从单一装备向系统集成发展；从制造业向服务业转型；从末端处理向全生命周期过程监管转型；从供销型向技术型转型。

4.5 市场研判

4.5.1 问题分析

1. 产业集中度较低

中国环保产业集中度较低（CR4 仅为 19.02%，CR8 为 26.39%），竞争分散，而市场过度分散制约了行业的技术进步及服务的集约化。环保领域投资大、周期长、专业性强，需要资金雄厚、技术先进、管理科学的大型环保企业。相对于发达国家的环保龙头企业，如威立雅等，中国环保行业缺乏真正的龙头企业。提高产业集中度有助于整合行业资产、提升行业整体技术水平，从而支撑并带动整个产业发展。

2. 服务业市场份额偏低

中国的环保产业处于成长期，环境服务业市场份额偏低。截至 2011 年年底，中国共有环境服务业企业 8 820 家，占全部环保企业总数的 37%；环境服务业企业的年营业收入 1 706.8 亿元，仅占环保企业营业收入总额的 5.5%；环境服务业企业年营业利润 183.6 亿元，仅占环保企业营业利润总额的 6.6%。环境服务业的高速发展，是环保产业发展获得突破的关键点，环境服务业比重增大标志着环境产业走向成熟。中国环保设施运营业、环保咨询业和环保技术服务业仍不成熟，缺少大型、综合性环境服务企业。在发达国家环境产业中，服务业比重占到 50% ~ 60%，与发达国家相比，中国环境服务业的社会化、专业化、市场化程度均有待进一步提高。

3. 市场有效需求不足

由前面的分析可知，政府和高污染、高耗能企业是环保产业的需求方，且环保产业需求变化在很大程度上取决于政策环境。针对全社会高污染、高耗能企业的激励和约束政策不完善，企业节能减排动力不足，导致作为生产性服务的环保产业市场有效需求不足。另外，虽然公众环境意识日益提高，对环境物品的需求也日益增加，但针对服务于个人和家庭的环保产业市场需求还有很大的挖掘空间。

4. 企业创新能力不足

目前，中国环保产业企业中仅有 11% 左右的企业有研发活动，技术创新能力不足。环保企业普遍缺乏对产业发展有重大带动作用的关键和共性技术，自主创新能力弱，拥有自主知识产权和核心竞争力的企业少，产品和服务的附加值低，对产业链拉动效果不明显，低端制造业的特点在环保行业体现得较为明显。例如，中国水务企业在大型工程设备制造上实力尚可，但对于一些细致高档的产品、专用设备等，制造短板明显。

5. 投融资体系尚不健全

长期以来，环境企业的融资方式在探索中逐步向多元化发展，但总体来看，融资渠道仍以传统的商业银行贷款为主。然而以商业银行为主导的间接融资利率高、周期短，难以适应环境项目收益低、周期长的特点。融资渠道不畅已经成为中国环保企业可持续发展的主要瓶颈，各级政府财力有限，企业债券和股市融资的门槛过高，民间资本参与环保投资市场的方式和途径仍处于摸索阶段，资金投入严重不足，现有资金支持和融资渠道难以满足资金量需求庞大的环保产业。

4.5.2 趋势分析

1. 环保产业利好政策频出，市场有效需求将进一步释放

环保产业需求变化在很大程度上取决于政策环境。新环保法下，依法治污、严

格执法已成为“新常态”，环保产业的市场需求将进一步释放。除了新环保法，排污权交易正在逐渐完善，《中华人民共和国环境保护税法（征求意见稿）》发布，环境税呼之欲出，以及 PPP（public-private-partnership，即公私合营）模式、第三方治理等新业态的推行，行业机制和模式正在发生根本性转变。随着大气污染行动计划和水污染防治行动计划相继出台，土壤污染防治行动计划正在加快推进，这三项行动计划将带来大量的环保投资，环保产业下游的市场需求将出现大规模增长。

2. 环境服务业市场份额不断增大，推动环保产业走向成熟

2011 年，中国环境服务的从业单位数、从业人数、营业收入、营业利润均较 2004 年大幅增加，其中营业收入年平均增长速度达到 30.5%，远远高于同期 GDP 年平均约 16.7%（按名义价格计算）的增速，体现出这个领域高速发展的态势[13]。环境服务需求日益综合和深化，对环境产出要求日益明确，为环保产业的升级和转型带来良机。未来综合环境服务业会逐渐成为环保产业的主流业态。环境综合服务业凭借其专业化的运营能力，既可以在深度上使环境产业链得到延伸，也可以在广度上不断探索新的环境服务领域，发掘更多的环境市场需求。因此，随着环境服务业的不断发展，中国环保产业由成长期逐渐过渡到成熟期。

3. 市场集中度逐步提高，综合性环保行业巨头主导市场

环保产业集中度的持续提升具有其内生的驱动诱因，是行业发展的必然趋势。从服务能力上看，环保行业是技术和资本驱动型行业，行业集中度的提升会驱动龙头企业规模实力不断提升，从而有更强的实力去提供优质服务。从发达国家环保产业发展经验看，发达国家环保产业集中度非常高，形成综合性的大型企业主导市场。在市场经济日趋完善的背景下，随着中国环保行业并购的持续，中国环保产业集中度进一步提升，形成主要依靠大型综合性环保行业巨头为主的行业发展格局。

4. 在互联网冲击下，环保产业将面临新的挑战和机遇

2015 年 7 月，国务院印发《关于积极推进“互联网 +”行动的指导意见》，这是推动互联网由消费领域向生产领域拓展，加速提升产业发展水平，增强各行业创新能力，构筑经济社会发展新优势和新动能的重要举措。从现状来看，“互联网 +”尚处于初级阶段，环保产业各领域对如何实现“互联网 +”都在积极论证与探索，以互联网、大数据、云计算为代表的“互联网＋”或颠覆环保产业的未来。有效借力“互联网＋”，是中国环保产业实现转型升级的一种有效方式，而如何借力，如何在互联网浪潮的冲击下完成转型升级，对于环保企业和整个产业来说，既是机遇也是挑战。

5. “走出去”条件日益完备，中国环保产业将逐渐走向国际市场

面对环保市场的全球化发展和国内环保基础设施建设市场趋于饱和的态势，越

来越多的环保企业随之调整发展战略，将目光投向国际市场。商务部、环保部等部门提出实施战略性新兴行业企业“走出去”战略，使中国环保产业具备“走出去”的政策条件；同时，中国环保产业发展已初具规模，众多拥有自主品牌、核心技术及知识产权技术装备的大型环保企业已积累了丰富的建设运营经验，这使中国环保产业已经具备了“走出去”的硬件条件。另外，国际经济大环境也为中国环保企业进入国际市场创造了良好条件与机遇。

4.6 政策建议

4.6.1 营造公平竞争的市场环境

加强节能环保产品的质量监管力度，强化标准标识管理，出台相应的产品检测方法与机构管理办法，形成有效的产品标准体系及质量检测体系；加强环境服务的价格监管，防止恶性竞争；加强固定资产投资项目节能评估和审查；在环保部污染治理运行设施许可行政审批取消、上市公司环保核查取消后，加强对市场的监管，突出行业管理；建立完善、公平、透明的市场规则体系，整顿和规范环保市场秩序，严格环保执法监督检查，制定违规处罚机制，形成反向约束。促进公平竞争、有序竞争，为节能环保产业发展创造公平、健康的市场环境。

4.6.2 加快市场化进程

进一步加快市场化进程，发挥市场在资源配置中的决定性作用，积极吸收社会资本，加快有关环境污染第三方治理政策的制定及相关环保产业政策的修改，推动第三方治理。完善环保基础设施和火电厂烟气脱硫特许经营等市场化服务模式。积极推广政府与社会资本合作模式，鼓励民间资本以独资、控股、参股等方式投资建设污水、垃圾处理等市政公用设施。建立吸引社会资本投入环保市场化机制，优先在城镇污水处理、污水处理厂网一体、污泥处理处置、供水厂网一体、垃圾处理、地下综合管廊等方面的新建、改扩建和运营项目中加大 PPP 机制的推广力度。引导政府和污染企业积极采购环境服务，扩大国内环境产业的市场需求。

4.6.3 优化技术创新环境

环保技术研发以研发单位自有资金为主，2011 年政府投入仅占 7.9%。未来应加大政府投入以支持环保产业研发活动。继续完善环保产业技术创新体系，包括建立以企业为主体、科研院所和大专院校参与、产学研用结合的技术创新体系；充分发挥国家科技重大专项、科技计划专项资金等的作用，加大环保产业关键技术攻关力度；开展环境技术评价-验证制度，建立新技术、新产品示范推广转化应用机制，加快环保技术的产业化进程；加强技术国际合作，培养科技创新、工程技术高端人才。

4.6.4 积极实施中国环保产业“走出去”战略

加强政策引导，完善中国环保产业“走出去”政策保障体系，简化审批手续；完善中国环保产业“走出去”重点领域标准并将其国际化推广；搭建中国环保产业“走出去”公共服务平台，包括中国对外经贸合作谈判机制推动、海外投资担保、技术交流、业务培训等；建立中国环保产业“走出去”信息渠道，加强国内外政府、企业、银行间相关信息的沟通与共享；通过对外援助为中国环保企业“走出去”创造更多的市场机会。

参考文献

[1] 泰勒尔 . 产业组织理论 . 马捷译 . 北京：中国人民大学出版社，1997.

[2] 杨学津 , 刘明 . 基础产业市场绩效的评价与衡量 . 首都经济贸易大学学报，2000，(4)：17-20.

[3] 王俊豪 . 现代产业经济学 . 北京：经济科学出版社，2004.

[4] 杨公朴 , 夏大尉 . 现代产业经济学 . 上海：上海财经大学出版社，2005.

[5] 中国工程科技发展战略研究院 . 中国战略性新兴产业发展报告 2015. 北京：科学出版社，2014.

[6] 中国产业信息网 .2014 年中国环保产业五力模型分析 .http://www.chyxx.com/industry/201411/291245.html，2014-11-04.

[7] 李碧浩 . 基于 SCP 模型的节能环保市场分析研究 . 中国环保产业，2014，(4)：34-40.

[8] 杨公仆 . 产业经济学 . 上海：复旦大学出版社，2005.

[9] 李春莲 . 新环保法实施在即 2015 年行业并购整合再提速 . 证券日报，2014-12-30

[10] 环境保护部环境规划院，中国环境保护产业协会 . 第四次全国环境保护相关产业综合分析报告，2014.

[11] 成力为 , 戴小勇 . 研发投入分布特征与研发投资强度影响因素的分析——基于我国 30 万个工业企业面板数据 . 中国软科学，2012，(8)：152-165.

[12] 常杪 , 杨亮 , 王世汶 . 中国节能环保产业发展区域性分布特征研究 . 环境保护，2013，(21)：26-28.

[13] 环境保护部，国家发改委，国家统计局 . 2011 年全国环境保护相关产业状况公报，2014.

[14] 中国电子信息产业发展研究院，赛迪顾问股份有限公司，北京赛迪经智投资顾问有限公司 . 中国环保产业地图白皮书（2011 年），2011.

审稿：孟　伟

第 5 章

资源循环利用产业

孟　伟　杨占红　罗　宏　冯慧娟　薛　婕　曹　宝

【内容提要】资源循环利用产业是中国国民经济的重要组成部分，是战略性新兴产业的重点发展方向，对于解决中国经济发展与资源约束、环境保护以及产业结构升级之间的矛盾、建设生态文明具有重要意义。本章系统论述了资源循环利用产业的概念及范畴，梳理了产业的发展状况与发展环境，分析了产业发展存在的问题，深入剖析了重点领域的发展现状和“十三五”期间的发展趋势，并将武汉格林美资源循环有限公司（简称格林美）作为重点案例进行分析，提出了促进中国资源循环利用产业发展的政策建议。

5.1　资源循环利用产业的概念及范畴

资源循环利用产业是指根据资源的成分、特性和赋存形式，对自然资源和废弃物等进行综合开发、流通、加工利用、科技研发、信息服务和设备制造等经济活动的集合，通过各环节的共同作用达到发挥资源的多种功能、对资源反复回收利用，使其不断转化为社会所需物品，是集经济效益、社会效益、环保效益于一体的新型产业[1～4]。资源循环利用产业覆盖循环经济三原则中的“再利用和资源化”两大领

域，是循环经济的核心。

节能环保产业作为七大战略性新兴产业之一，分为高效节能产业、先进环保产业和资源循环利用产业三个重点方向[5, 6]。本章在以往研究成果的基础上，结合发展趋势及产业发展需求等，将资源循环利用分为再生资源回收利用、矿产资源综合利用、产业固废综合利用、再制造、生活垃圾资源化利用及水资源综合利用等。资源循环利用产业的范畴见图 5.1。

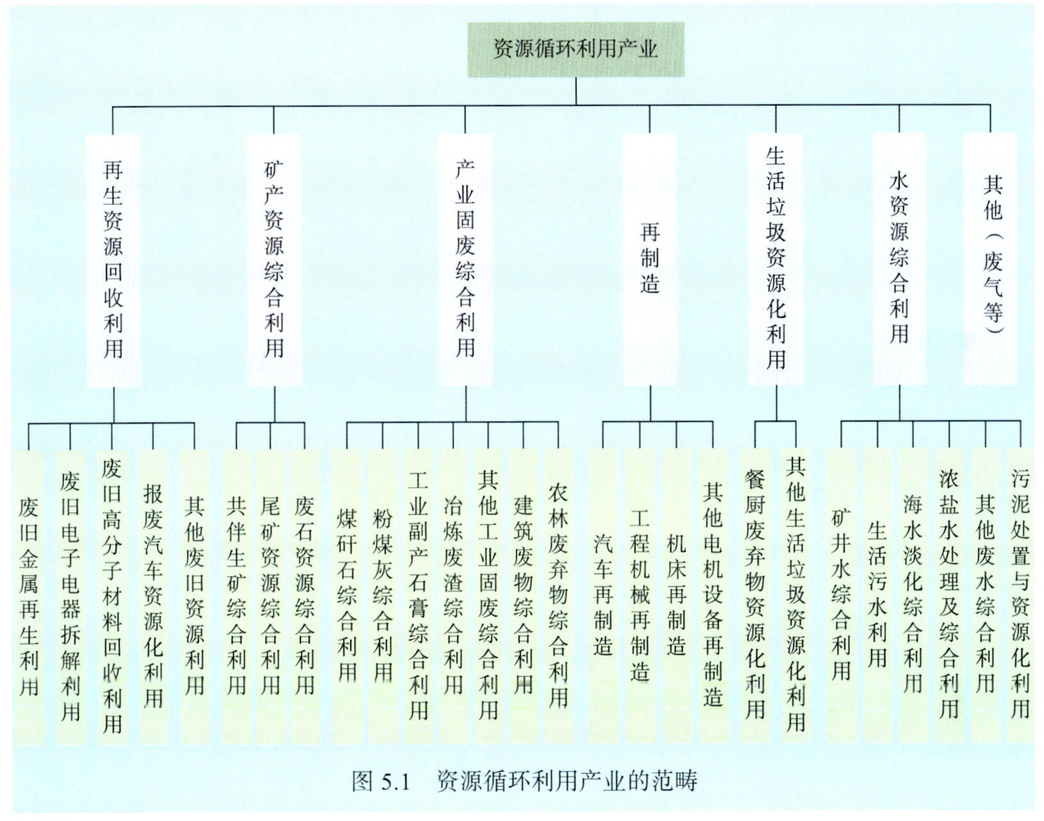

图 5.1 资源循环利用产业的范畴

再生资源是相对原生资源而言的，俗称废旧物资，是指在社会生产和生活消费过程中产生的，已经失去原有全部或部分使用价值，经过回收、加工处理，重新获得使用价值的各种废弃物[7]，如废旧金属、报废电子产品、报废机电设备及其零部件、废造纸原料、废轻化工原料、废玻璃等。

对于矿产资源综合利用，本章主要是从节约资源、保护环境的角度对共生、伴生矿进行综合开采、利用，对矿产资源生产过程中的废弃物，如尾矿、废石等，进行综合利用和治理。

产业固废综合利用主要是指对“三产”在生产过程中产生的固体废弃物进行回收、加工处理，以作为资源进行综合利用，主要包括粉煤灰、煤矸石、工业副产石膏、冶炼渣等工业固废、建筑垃圾、农林废弃物等。

再制造是指将废旧汽车零部件、工程机械、机床等进行专业化修复的批量化生产过程，再制造产品达到与原有新品相同的质量和性能。再制造是循环经济“再利用”的高级形式[8]。

生活垃圾资源化利用主要是针对进入末端垃圾清运后，进行最后处理处置的生活垃圾。因生活垃圾范围广泛，在本章中，源头可分类进行回收利用的部分已归入再生资源，为避免冲突，本部分仅指最终清运处理处置的垃圾，资源化主要包括制备能源、肥料和饲料等。

水资源综合利用主要包括矿井水、污水处理厂处理废水等的综合利用及海水淡化。

5.2 产业发展状况分析

5.2.1 国内外状况

1. 国际状况

随着对节约资源、保护环境的重视，发展循环经济已成为抢占新一轮经济和科技发展制高点的重大战略，发达国家纷纷加快部署，采取立法和财税支持等多种手段，推动再生资源回收等行业快速发展，如欧盟提出将在未来几年重点发展低碳产业与循环经济，到2020年实现主要金属和建筑材料基本由再生资源提供。再生资源产业已成为全球发展最快的产业之一，2010年规模年均产值已达1.8万亿美元，产值年均增长率在15%左右，据预测，2030年再生资源回收利用在全球原料供应量的比重将由2013年的30%大幅提高到60%～80%[9]。以美国为例，2009年，美国再生资源产业规模已达2 400亿美元，超过汽车行业，成为美国最大的支柱产业。此外，欧盟、日本等国家和地区在再生资源产业方面的发展也一直处于世界领先水平，已经建立起比较成熟的废旧物资回收网络和交易市场[10]。在技术领域，发达国家掌握着核心技术，创新能力强，主要从事高附加值终端产品。

再生资源方面，废旧金属低能耗清洁工艺已在发达国家和地区普遍应用，意大利开发的COS-MELT倾动炉火法技术，可直接利用废杂铜精炼生产高品质的低氧光亮铜杆，显著提高再生铜利用水平和质量[11]；废旧电子电器产品回收体系相对完善，智能分选与清洁提取技术已在欧美国家和地区及日本的再生资源企业中大规模应用；开发清洁高效的梯级利用技术和高值化利用技术，逐步实现废旧高分子材料全生命周期利用。

产业固体废物方面，金属废渣清洁选冶工艺得到普遍应用，资源化方式主要是瞄准有价成分的高值利用；工业副产石膏产生量较小，资源化方式主要是替代天然石膏，基本已经形成成熟、稳定的综合利用技术体系；欧盟国家和地区每年的建筑垃圾资源化利用率达到50%，韩国、日本已经达到了97%左右[11]。

城市生活垃圾方面，利用垃圾制备燃气的技术在欧洲得到快速推广，德国已建有55个城市生活垃圾处理与生物质燃气利用工程，不仅满足工程自身能源供给，而且正逐步形成对交通车辆和居民小区燃气利用的供给能力。

再制造方面，再制造产业已深入汽车、压缩机、电子电器、机械设备、办公用品、轮胎、墨盒、阀门等多个工业领域。在美国所有的再制造行业中，汽车再制造业是规模最大的。欧洲主要工业化国家和地区的一些大企业都相继开展了再制造，德国奔驰汽车公司在汽车的整个寿命周期都体现回收利用的概念，从设计开始就注重汽车的可回收性，到报废时可再拆卸回收利用。

欧美国家和地区污泥厌氧消化制生物质燃气技术及成套设备已相当成熟，并已大规模应用。

2. 国内状况

1）产业规模逐步扩大，综合效益显著增加

2013 年，中国资源综合利用产值达到 1.3 万亿元，工业固体废弃物综合利用量为 20.59 亿吨，利用率达到 62.3%；农作物秸秆年利用量约 6.4 亿吨；废钢铁、废有色金属、废塑料、废轮胎、废纸、废弃电器电子产品、报废汽车、报废船舶、废玻璃、废电池十大类别的再生资源回收总量约为 2.33 亿吨，回收总值为 6 421.4 亿元；矿产资源利用水平总体较好，部分重点大型露天煤矿、露天铁矿开采回采率达到 95% 以上，部分矿山铜矿、铅矿、锌矿等有色金属矿的选矿回收率达到 80% 以上 [12，13]。

通过综合利用废钢铁、废有色金属等再生资源，与使用原生资源相比，2013 年可节约 2.5 亿吨标准煤、减少废水排放 170 亿吨、减少二氧化碳排放 6 亿吨、减少固废排放 50 亿吨。但与国际先进水平比较，中国废物资源化的效率还有很大的提升空间，如据美国 2010 年统计，每年回收利用社会废物再生资源达到 1.25 亿吨，规模与中国基本相同，但单位废物资源化产值是中国的 4 倍 [11]。

2）结构比例不均衡，产业分布特征明显

根据环境保护部（简称环保部）等组织调查的有关资源循环利用产品的有关数据，在 2011 年经国家、省级资源综合利用认定的全国资源循环利用产品生产经营中，再生资源回收利用产品销售收入最高，产业“三废”综合利用产品从业单位数最多，见表 5.1 和图 5.2[14]。在“三废”综合利用产品销售收入中，工业废物综合利用产品占比最高，达到 69.00%，详见图 5.3。

表 5.1　2011 年资源循环利用产品生产经营情况

类别	从业单位数 / 个	销售收入 / 亿元	销售利润 / 亿元	出口合同额 / 亿美元
矿产资源综合利用产品	603	575.9	75	1.6
产业“三废”综合利用产品	3 948	2 799.1	267.8	5.3
再生资源回收利用产品	2 608	3 626.6	131.4	25.3
合计	7 138	7 001.6	474.2	32.2

注：因部分单位从事多种资源循环利用产品生产经营活动，故从业单位数与分项加和不等

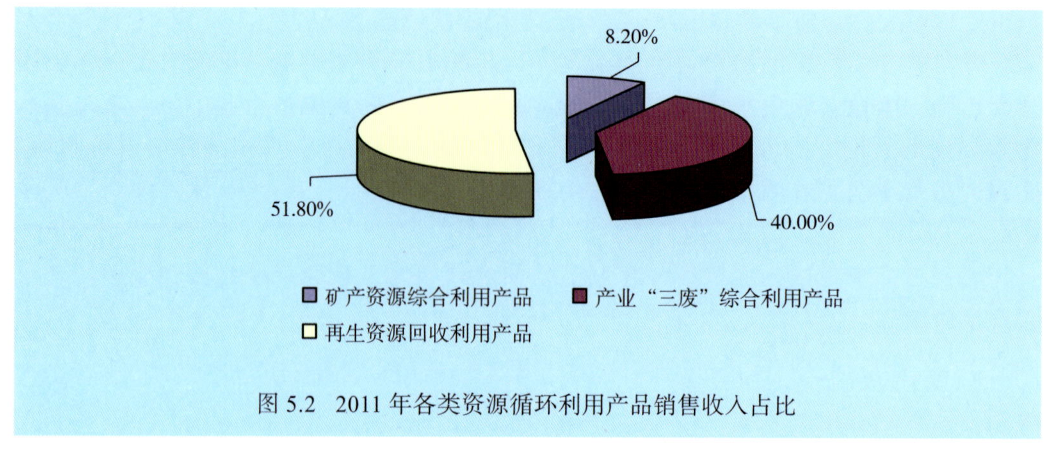

图 5.2　2011 年各类资源循环利用产品销售收入占比

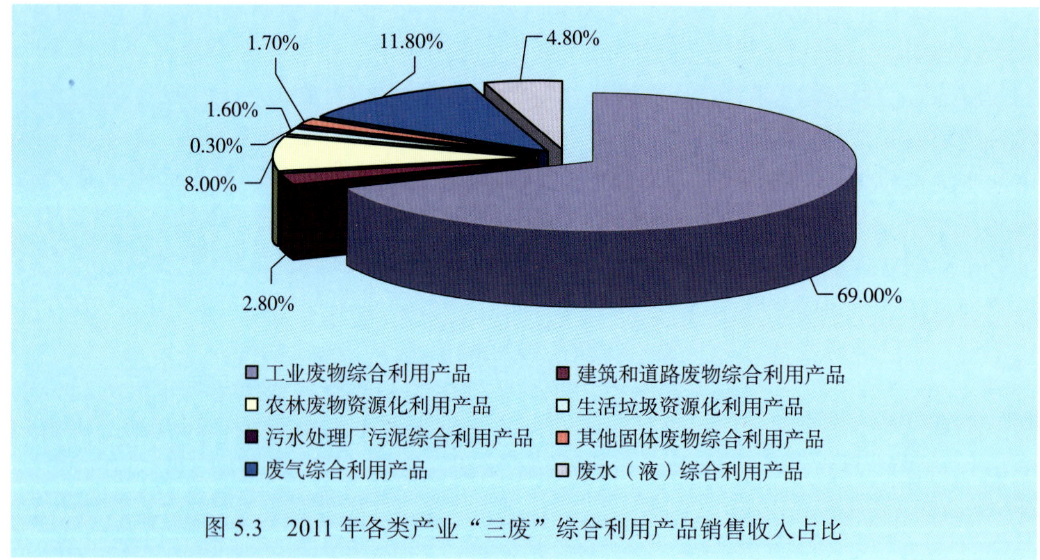

图 5.3　2011 年各类产业“三废”综合利用产品销售收入占比

资源循环利用产业的分布上，空间分布方面，除西藏自治区外，在全国各省（自治区、直辖市）及新疆生产建设兵团均有分布。2011 年，资源循环利用产品销售收入最高的是浙江，超过了 1 000 亿元，其次分别为江苏、广东和河南三个省，均超过 500 亿元，超过 100 亿元的有江西等 14 个省（自治区、直辖市）[14]；行业分布方面，主要分布在 57 个国民经济行业大类中，销售收入最高的是非金属矿物制品业、废弃资源综合利用业、造纸和纸制品业，均超过了 1 000 亿元，其次为有色金属冶炼和压延加工业、黑色金属冶炼等行业。

3）技术水平显著提高，部分关键技术得以突破

经过多年发展，开发了一批用量大、成本低、经济效益好的综合利用技术与装备，资源循环利用产业的各项产品和技术与国际先进水平的差距不断缩小，技术水平进展显著。2013 年，资源综合利用领域国家科技支撑计划、“863”计划共立项 4 项，安排国拨经费 1.2 亿元，全面推进资源综合利用科技创新体系建设[12]，废旧金

属、废塑料、废橡胶、矿产资源、产业废物等的综合利用技术均取得重大突破。例如，“863”计划项目典型尾矿资源清洁高效利用技术及装备研究与示范取得了多项技术突破，全尾矿废石骨料高性能混凝土预制件生产技术和全尾矿废石骨料预拌泵送混凝土生产技术取得关键突破并大范围推广应用，高压立磨等部分大型成套设备制造实现国产化，并达到国际先进水平。

4）试点示范递次增加，推广力度增强

近年来，中国循环经济从理论到实践取得了重大的进展，制定并实施了循环经济促进法、循环经济发展战略及近期行动计划，开展循环经济试点示范建设，中央财政设立了循环经济专项资金，组织开展园区循环化改造，城市矿产示范基地建设，推进再制造产业化发展，出台了投融资支持政策，发布了一批循环经济典型模式的案例等。截止到 2015 年 6 月，批准挂牌国家级生态工业示范园区 31 个，批准建设国家级生态工业示范园区 66 个；已分两批开展国家循环经济示范试点工作，试点范围涉及重点行业（企业）产业园区、重点领域及省市，共计 175 家单位，已通过 150 家。

为推动循环经济的发展，中国将园区循环化改造示范试点、国家“城市矿产”示范基地建设和餐厨废弃物资源化利用和无害化处理试点等作为循环经济重大工程，针对不同类别开展资源循环利用产业。截止到 2015 年 6 月底，累计确定了五批 100 个循环化改造示范试点园区、六批 49 个国家“城市矿产”示范基地和五批 100 个餐厨废弃物资源化利用和无害化处理试点城市（区），这些示范企业和园区作为重要载体促进了产业集聚和产业链发展，提高了资源产出效率。

5.2.2　关键产品及重点技术分析

目前，中国资源循环利用产业的关键产品，因角度不同，分类有所不同，本部分根据领域专家意见及研究需要，对再生资源、矿产资源、生活垃圾、产业固体废物、再制造、水资源综合利用等进行分别阐述。

1. 再生资源回收利用

再生资源是资源循环利用产业的重要组成部分，是发展循环经济的重点，大力开展再生资源回收利用是缓解资源瓶颈约束的有效途径。近年来，再生资源的主要品种均取得稳步增长，截止到 2014 年年底，全社会再生资源回收企业达 10 多万家，从业人员超过 1 800 万人，十大品种再生资源回收总量约为 2.45 亿吨，回收总值为 6 446.9 亿元，见表 5.2[13, 15]。产业装备水平得到快速发展，主要关键技术均取得一定突破，目前各项技术设备部分实现国产化，但在高效性、高附加值和无害化方面与国外发达国家和地区仍有差距。

表 5.2　2008 ～ 2014 年再生资源主要品种回收情况

序号	名称		单位	2008 年	2009 年	2010 年	2011 年	2012 年	2013 年	2014 年
1	废钢铁	大型钢铁企业	万吨	7 060	7 620	8 310	9 100	8 400	8 570	8 830
		其他行业		—	—	—	—	—	6 510	6 400
2	废有色金属		万吨	196	361	405	455	530	666	798
3	废塑料		万吨	900	1 000	1 200	1 350	1 600	1 366.2	2 000
4	废纸		万吨	3 128	3 423	3 695	4 347	4 472	4 377	4 419
5	废旧轮胎		万吨	314.3	306.9	334.7	329	370.3	375	430
	其中：翻新			—	—	—	—	—	50	50
6	废电子电器		万台	9 670	12 129	12 317	16 058	8 264	11 430	13 583
			万吨	259.7	280	284.3	370.6	190.7	263.8	313.5
7	报废汽车		万辆	45.9	41.1	93.4	114.23	114.78	187.5	220
			万吨	165	147	276	183	200	276.7	322
8	报废船舶		艘	162	442	286	317	340	351	142
			万吨	69.4	323	187	225.2	255	250	109
9	废玻璃		万吨	—	—	—	—	—	849	855
10	废电池（铅酸除外）		万吨	—	—	—	—	—	9.3	9.5
合计（重量）			万吨	12 092.4	13 460.9	14 692	16 359.8	16 018	23 513	24 486

注：资料来源于《再生资源回收体系建设中长期规划（2015—2020）》和《中国再生资源回收行业发展报告（2015）》；废有色金属自 2013 年起将热镀锌渣、锌灰、烟道灰、瓦斯泥灰中回收的废锌数量纳入统计范围

（1）废旧金属再生利用。目前，废旧金属低能耗清洁工艺已在发达国家和地区普遍应用。中国废钢铁已在全国范围内形成与工业发展相适应的加工配送工业化体系，建成了 1 000 马力功率以上废钢铁破碎生产线 40 余条 [12]，技术工艺已逐步向资源能源消耗及环保约束等方面改进。有色金属方面，全自动废金属预处理技术设备、再生铜低能耗精炼除杂、再生铝双室反射炉低烧损熔炼、再生铅富氧熔炼技术和富氧燃烧等技术和装备领域实现了产业化，取得了良好的经济和环境效益。

（2）废旧电子电器资源化利用。中国已进入电子电器产品的快速更新与淘汰期，2014 年“四机一脑”报废量约 13 583 万台 [13]，虽然废旧电子电器产品拆解利用技术研究已有一定基础，但产业化不足，迫切需要突破废旧家电低成本破碎与高效分选一体化装备、贵重金属清洁分离与提取技术、非金属材料高值化利用技术及二次污染控制技术等关键技术与装备，支撑废旧电子电器拆解产业升级。

（3）废旧高分子材料高值利用。中国废橡胶粉碎改性、废塑料回收利用等技术研发均取得了一定进展，清洁的、利用废旧橡胶生产再生胶技术已取得应用和推广，胶粉改性沥青及做防水材料技术均取得重大进展；同时，在塑料精准识别分离、废旧塑料高值利用等方面获得较大进展。2013 年，建成了 3 条废气高分子制备工程材料示范生产线和 10 万吨胶粉改性沥青生产线 [12]。

2. 矿产资源综合利用

矿产资源综合利用主要包括共伴生矿回收率和综合利用率的提高、尾矿和废石的利用等，尾矿包括金属尾矿和非金属尾矿。近年来，中国矿产资源综合利用水平不断得到提升，矿产资源总回收率和共伴生矿产综合利用率稳步提高，2013 年大型矿山有色金属矿种选矿回收率达到 85%，共伴生元素利用不断增多，金、银、硫、钼回收率分别达到 66.7%、71.4%、76.7% 和 47.0%。尾矿产生及利用量均不断提高，但整体水平仍较低，2013 年尾矿利用率为 18.9%，见图 5.4 和表 5.3[12]。尾矿目前的利用方式主要有从尾矿中回收有价组分、生产建筑材料、充填矿山采空区及其他途径利用（图 5.5）。2013 年，尾矿和废石综合利用年产值达到 936 亿元，但废石利用率较低，金属采矿废石总产生量为 49.47 亿吨，综合利用量为 4.68 亿吨，利用率不足 10%[12]。

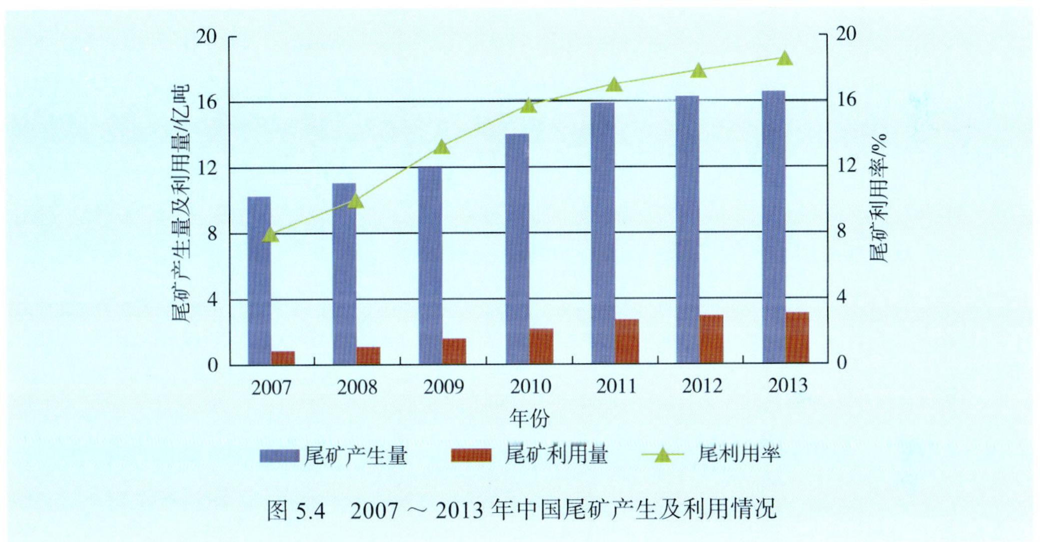

图 5.4　2007 ～ 2013 年中国尾矿产生及利用情况

表 5.3　近年来中国主要尾矿产生情况统计表　　单位：亿吨

种类	2009 年	2010 年	2011 年	2012 年	2013 年	总计
铁尾矿	5.36	6.34	8.06	8.21	8.39	36.36
黄金尾矿	1.74	1.89	2.01	2.12	2.14	9.9
铜尾矿	2.56	3.05	3.07	3.17	3.19	15.04
其他有色金属尾矿	1.12	1.33	1.34	1.36	1.38	6.53
非金属尾矿	1.14	1.32	1.33	1.35	1.39	6.53
合计	11.92	13.93	15.81	16.21	16.49	74.36

资料来源：《中国资源综合利用年度报告（2014）》

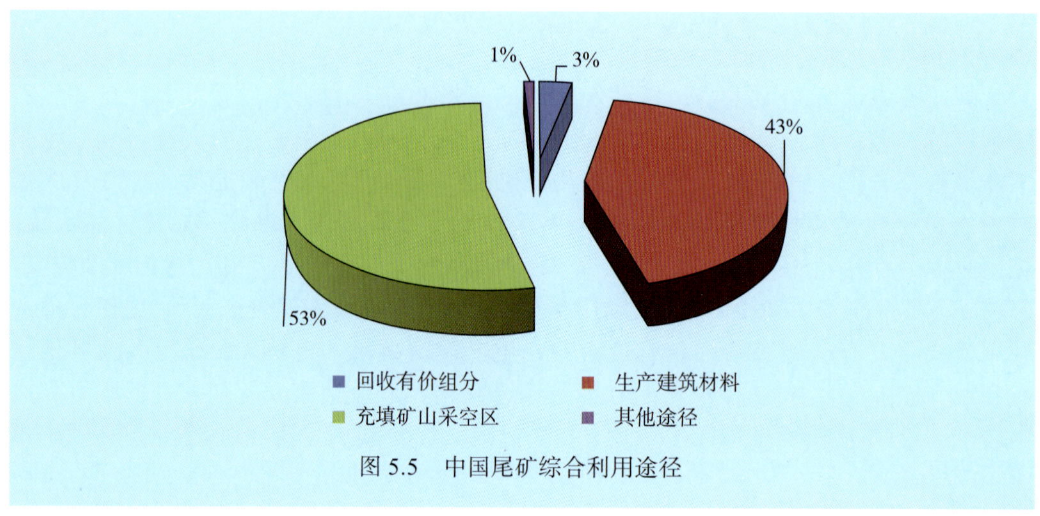

图 5.5　中国尾矿综合利用途径

技术方面，近年来中国矿产资源综合利用技术取得较大进步，开采新技术不断突破，部分重要矿产资源采选及综合利用技术达到或接近世界先进水平，如发明了磁团聚重选新工艺、铁矿反浮选技术等新工艺技术，研制出磁团聚重选机、高压辊磨机等新设备，一次采全高的综合机械化开采技术、细磨-细筛-磁选、粗粒抛尾、细筛-磁选-反浮选等工艺技术已实现工业化应用，显著提高了选矿效率和资源回收利用水平；同时，在铁锰尾矿有价组分提取、有色金属尾矿有价组分高效分选回收、石墨尾矿有价组分回收、尾矿制备新型建筑材料等方面取得较大技术突破，完成尾矿大规模代替水泥原料用于制造水泥技术、锰尾矿硫酸和微生物联合浸出技术中试等均取得突破。

3. 生活垃圾资源化利用

2013 年，全国设市城市生活垃圾清运量为 1.72 亿吨，无害化处理能力为 49.3 万吨 / 天，城市生活垃圾无害化处理量为 1.54 亿吨，无害化处理率为 89.5%。生活垃圾处理处置方式主要为卫生填埋、焚烧和堆肥，所占比例见图 5.6。2013 年，中国垃圾焚烧发电装机容量达 280 万千瓦，年发电量约 135 亿千瓦时，年利用垃圾量 3 300 多万吨 [12]。

（1）垃圾制备燃气。近年来，随着清洁能源战略的实施，城市生活垃圾制备燃气技术开发与应用得到了高度重视，研制出堆肥反应器沼气脱硫装置和全自动沼气内部微氧脱硫装置，臭气排放在线监测与智能控制平台建设初具规模，但在混合垃圾分选技术、生活垃圾湿式和干法厌氧消化技术等方面仍缺乏系统化研究，标准化和系列化的成套装备主要依赖进口 [11, 12]；同时，水泥窑无害化协同处置和资源化利用生活垃圾技术尚需进一步完善。

（2）垃圾焚烧发电。中国研制的大型垃圾炉排焚烧炉成套装备已实现国产化，但受垃圾分类不完善、焚烧废气二噁英等制约，垃圾焚烧发电技术需进一步完善，

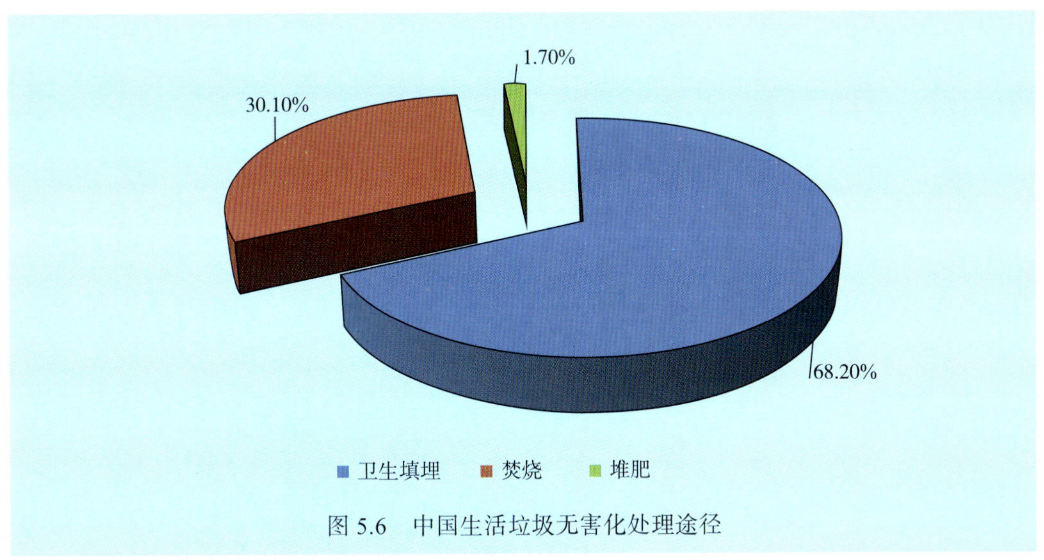

图 5.6 中国生活垃圾无害化处理途径

提高垃圾焚烧效率，降低二次污染等。

（3）餐厨废弃物处理。餐厨废弃物的产量大，目前资源化利用和无害化处理主要为饲料化、肥料化、能源化三个方向，餐厨废弃物好氧堆肥技术、发酵生物制氢技术、生产生物柴油技术、提炼油类制品及发电供热等技术正在不断创新发展，餐厨废弃物资源化利用技术正在向成熟化迈进。

4. 产业固体废物综合利用

2013 年，中国工业固体废物利用量达 20.59 亿吨，利用率达 62.3%；建筑垃圾产生量约 10 亿吨，综合利用量仅 5 000 万吨，利用率仅 5%；农林废弃物中，秸秆可收集量约 8.3 亿吨，综合利用率为 77.1%，林业三剩物及次小薪材产生量为 2.1 亿吨，综合利用率为 95%，畜禽养殖废物产生量约 38 亿吨，处理率约 42%[12]。2013 年中国主要产业固体废物产生及利用情况见图 5.7。近年来，中国工业固体废物综合利用技术水平不断提高，粉煤灰、煤矸石、工业副产石膏等领域中获得 1 000 多项国家发明专利授权，一批重大共性关键技术取得突破，综合利用先进适用技术得到推广应用，高压立磨等部分大型成套设备制造实现国产化，并达到国际先进水平。

（1）粉煤灰资源化利用。近年来，粉煤灰资源化利用技术研发得到高度重视，已在生产水泥、混凝土、墙体材料及筑路、农业和提取矿物等方面取得了一定成效，综合利用不断向精细化、高技术化发展。例如，高铝粉煤灰提取氧化铝和铝硅合金技术已在局部地区实现产业化生产；以粉煤灰为主要原料作为胶结充填采矿的主要材料已取得关键技术突破和产业化应用。但总体上，中国粉煤灰资源化技术仍以低端建工建材利用为主，市场效益不显著，迫切需要加快粉煤灰资源化基础理论和技术研发，推动由传统建工建材利用为主向多组分协同提取、制备复合材料、控制污染与生态利用等技术方向发展[11]。

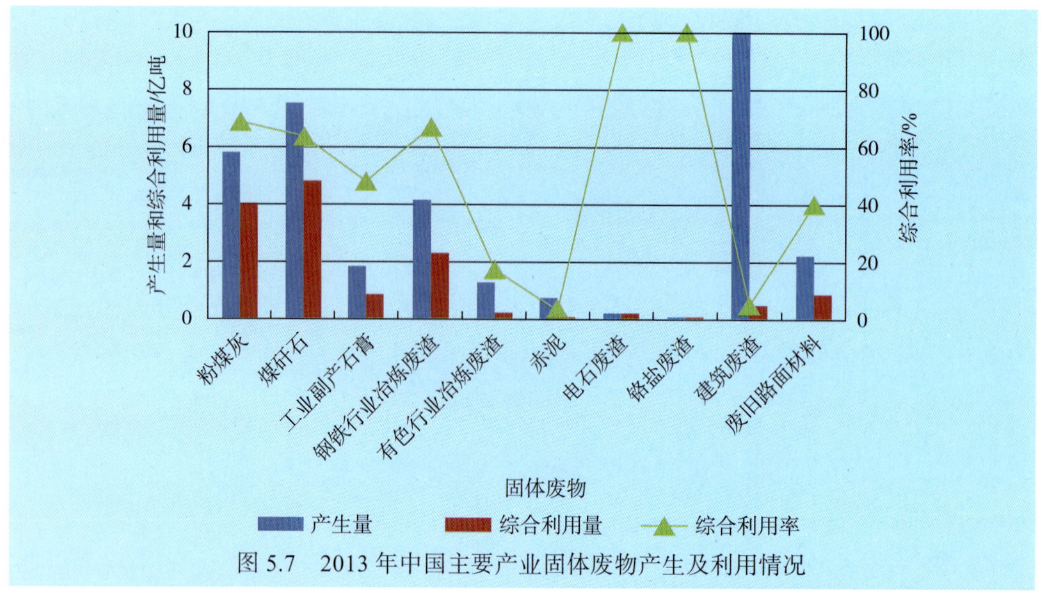

图 5.7　2013 年中国主要产业固体废物产生及利用情况

（2）煤矸石资源化利用。2013 年，中国煤矸石产生量约 7.5 亿吨，综合利用量 4.8 亿吨，综合利用率为 64%，煤矸石、煤泥等综合利用发电机组总装机容量达 3 000 万千瓦，发电量超过 1 600 亿千瓦时。煤矸石综合利用量中用于发电的占比约为 32%，用于生产建材的占比为 12%，其他用于填坑筑路、土地复垦及塌陷区回填等[12]。煤矸石资源化利用技术不断提高，单机 600 兆瓦超临界循环流化床发电机组已投入运行，煤矸石发电-高铝粉煤灰深度脱硅-莫来石制备-白炭黑生产等特色资源化产业链已形成。

（3）金属废渣综合处置。金属废渣主要有钢铁冶炼废渣和有色金属冶炼废渣，2013 年，钢铁冶炼废渣产生量为 4.16 亿吨，综合利用率为 67%，其中高炉渣综合利用率为 82%，钢渣为 30%。相较而言，2013 年有色金属冶炼废渣综合利用率较低，为 17.5%，赤泥利用率为 4%[12]。目前，钢铁行业冶炼废渣主要用于水泥、路基料及钢渣砖等各种建材制品生产，同时新的领域不断开拓，以提高附加值，如钢渣矿渣复合粉的生产和应用取得关键技术突破。因铝土矿品位降低，2013 年赤泥累计堆存量已达 3 亿吨，赤泥资源化利用得到重视，年处理 30 万吨赤泥砂化脱水制备水泥铁质校正剂中试完成，赤泥胶凝材料、赤泥基多孔蜂窝材料、赤泥固硫剂、赤泥塑料等技术均取得突破[12]。

（4）工业副产石膏综合利用。2013 年，工业副产石膏产量 1.84 亿吨，其中脱硫石膏 0.755 亿吨，磷石膏 0.7 亿吨，其他 0.380 8 亿吨；综合利用率 48.1%，其中高硫石膏 72%，磷石膏 27%[12]。目前，中国利用工业副产石膏生产建材的技术水平与国外先进水平差距不大，已突破脱硫石膏和磷石膏制备水泥缓凝剂、纸面石膏板等核心技术，实现了工业化应用，以此利用副产石膏占总量的 96%。副产石膏综合利用情况受地区影响较大，京津冀、珠三角及长三角等地区综合利用率高，西南、西北等地区相对较低，而大型磷化工企业集中在西南地区，导致其综合利用率较低。

（5）建筑垃圾资源化利用。2013 年建筑废渣产生量约为 10 亿吨，其中拆除建筑产生的建筑废渣约为 7.4 亿吨，建筑施工产生的建筑废渣约为 2.6 亿吨。建筑废渣综合利用量仅为 5 000 万吨，综合利用率仅为 5%[12]。欧盟国家和地区每年的建筑垃圾资源化利用率达到 50%，韩国、日本已经达到了 97% 左右。建筑垃圾可制成再生骨料，生产建筑制品，或直接用于道路基层和底基层等，目前多个省市已开展建筑垃圾资源化工作。

（6）农林废物综合利用。2013 年，中国农林废弃物综合利用量大幅上升，原料化、能源化技术得到较快发展。生物质发电装机容量达到 850 万千瓦，年发电量约 370 亿千瓦时，其中，热电联产超过 100 万千瓦，生物质成型燃料年利用量约 800 万吨，折合标煤约 400 万吨 [12]。目前，秸秆主要用于还田；林业三剩物及次小薪材主要用于造纸、生产人造板、养殖食用菌和生物质能源化利用等方面；畜禽养殖废弃物主要用于生产沼气等；同时，海洋与水产品废物利用实现较快发展，主要用于生产海鲜调味品、饲料、高档陶瓷制品、工艺品等。

5. 再制造

目前，汽车、工程机械、大型机电设备等进入报废高峰期，2011 年报废汽车超过 400 万辆，预计 2020 年汽车报废量将超过 1 300 万辆，中国机床保有量达到 800 万台左右，役龄 10 年以上的传统旧机床占 50% 左右，机床再制造市场潜力巨大，但截至目前，中国再制造尚未规模化开展。

技术方面，一些科研单位在汽车零部件、工程机械、机床等再制造技术研发方面取得了显著进展，汽车发动机、变速箱、电机等再制造技术已经初步满足产业化需求，初步形成了拆解破碎机械化及多级分选技术相结合的资源化工艺路线，基本改变了传统的粗放拆解模式。

6. 水资源综合利用

2013 年，全国新增矿井水利用量为 2 亿立方米，矿井水利用量达 44 亿立方米 / 年，利用率达 65%；全国新增海水淡化能力 16 万吨 / 日 [12]；城镇污水设施处理能力已达到 1.49 亿立方米 / 日，再生水利用量达 38.6 亿立方米。

（1）废水处理技术。目前矿井水处理技术基本成熟，可以满足产业化、规模化发展需要，主要的工艺方法有混凝沉淀法、中和法、电渗析法和反渗透法。海水淡化主要分为蒸馏法和膜法两大类，目前因成本太高，其规模化发展受到影响。污水处理技术主要向深度、高效和成套化发展，利用途径主要为景观用水、绿化等，工艺技术水平与国际基本同步。

（2）污泥处置与资源化利用。城镇污水处理厂污泥及工业污泥中含有大量的有机质及氮、磷、钾等营养成分，以及重金属、病原微生物等有毒有害物质，主要处理方式为堆肥、干化焚烧、生产建材等，近年来，开展了一些污泥厌氧发酵生产生物质燃气、水泥窑和电厂协同处置污泥等技术研发与工程示范。

5.2.3 产业链及产业环境

1. 产业链

本部分将资源循环利用产业分为再生资源、矿产资源、生活垃圾、产业固废、再制造和水资源综合利用等部分，其中再生资源、产业固废、生活垃圾等循环利用主要以废弃物为原料，通过回收、加工再生等，将废弃物转变为再生资源，应用到生产生活中，与一般的产业链相比，属于“逆向”产业链。再制造是指对废旧零部件、工程机械、机床等进行修复和改造，使产品达到新产品质量和性能，进而加以使用的过程。水资源综合利用仅是指针对各种废水的处理，达到使用标准后继续利用的过程，产业链相对较为简单。

再生资源产业是资源循环利用产业的重要组成部分，本部分以再生资源产业为例，来描述其“逆向”产业链运行机制（图 5.8）。再生资源产业链主要包括回收、资源化加工和利用三个主要环节[16]。

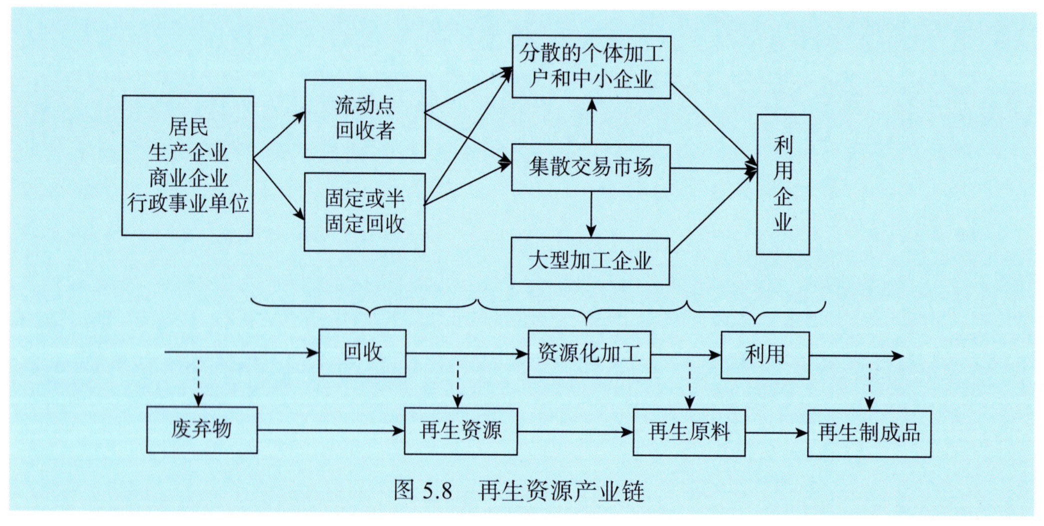

图 5.8 再生资源产业链

废旧物资的回收是再生资源产业链条上的第一个环节。由回收者从废弃物产生源回收，再转卖给专业回收者或直接出售给集散交易市场中的商户，从中赚取购销差价。整个过程以市场交易的方式实现。此环节使废弃物从社会生产、消费的各个领域的分散状态变得相对集中。

资源化加工处于产业链的中游，是再生资源产业链上的桥梁和纽带，是将回收来的各种废旧物资，采用一定的技术手段，通过物理、化学处理，经过分类、分拣、清洗、拆解、破碎等初加工和深加工的生产性活动，得到可被生产企业进行生产利用的原料（即再生资源中间产品）的过程。

再利用是再生资源产业链的下游，是生产加工企业利用部分或全部再生原料通过生产性活动生产最终产品的过程。

2. 产业环境

1）经济新常态下形势严峻

2014 年，中国经济发展进入新常态，受国内外市场环境影响，资源循环利用产业主要资源价格持续下跌，加上原材料、劳动力成本上涨较快，行业发展环境日益严峻。以再生资源为例，重型废钢铁平均采购价第一至第四季度平均价格分别为 2 470 元 / 吨、2 360 元 / 吨、2 260 元 / 吨和 2 050 元 / 吨，2014 年全年平均价格为 2 290 元 / 吨，比 2013 年下降 350 元 / 吨，降幅 13.3%[13]。受经济下行压力影响，生产企业减少再生资源消耗，使再生资源回收加工企业经营规模缩减，产能无法全部释放，经济效益下滑，再生资源回收加工量减少。大批中小企业处于停产或半停产状态，一些大型企业的开工率也不足 60%。据调查 2014 年京津冀 17 家大型废钢铁加工企业回收加工量大幅减少，其中 4 家企业全年停止废钢铁经营业务。目前，再生资源回收企业盈利情况不断恶化，再生资源回收行业在艰难运行。

2）资源瓶颈制约不断加大

当前，中国优质资源短缺，重要战略资源对外依存度日益加大，现有主要矿产资源人均储量和占有量大大低于世界平均水平，据测算未来 5 ～ 10 年，中国 45 种主要矿产中，有 19 种矿产将出现不同程度的短缺，铁、铜、钾等战略金属资源仍将保持较高的对外依存度 [11]。随着工业化、城镇化进程加快，资源消耗量将有增无减，资源瓶颈愈发突出，对国家经济安全构成严重威胁。废物资源化已经成为有效缓解战略资源短缺矛盾的重要途径。近年来中国资源循环利用产业规模逐步扩大，但与世界主要发达国家相比，产品仍处于国际资源大循环产业链的低端，且再利用产品附加值低，利用规模与水平仍有很大的提升空间，迫切需要通过技术创新大幅度提升资源产出水平和附加值，支撑循环经济较大规模发展战略目标的实现，保障国家战略资源供给安全。

3）产业政策体系不断完善

为进一步推进资源循环利用，近年来中国积极发布和调整各项法规政策。2014 年修订发布的《中华人民共和国环境保护法》，明确提出要“促进清洁生产和资源循环利用”，近年来陆续发布的相关政策包括《循环经济发展战略及近期行动计划》、《废物资源化科技工程“十二五”专项规划》和矿产资源、大宗固废、金属尾矿等领域的“十二五”规划，其他领域或环节的政策有《关于推进再制造产业发展的意见》、《关于建立完整的先进的废旧商品回收体系的意见》和《再生资源回收体系建设中长期规划（2015—2020）》等，并出台了《金属尾矿综合利用先进适用技术目录》和《重要资源循环利用工程（技术推广及装备产业化）实施方案》等技术装备性政策。同时，产业财税政策亦不断加强，如 2012 年出台的《废弃电器电子产品处理基金征收使用管理办法》，截至 2015 年年中，四批 106 家企业已先后进入废弃电器电子产品处理基金补贴企业名单，而随着《废弃电器电子产品处理目录（2014 年版）》的实施，纳入基金补贴范围的产品由过去的5种扩充到14种；2015年新出台的《资源综合利用产品和劳务增值税优惠目录》，主要针对资源利用企业开展优惠措施。

4）创新型回收利用模式不断涌现

“互联网”思维成为公众讨论热点后，信息传播速度加快，资源循环利用产业通过嫁接互联网进行升级改造，不仅可有效减少行业中间环节或有效利用信息物流等资源，使信息更加透明化，还有助于降低企业经营成本，提高资金使用效率。企业利用信息业和物流业的发展，不断创新回收模式，如格林美采用回收箱、回收超市相结合的废旧电池多渠道回收模式；深圳淘绿信息科技有限公司将互联网思维融入传统回收行业，构建了专注于再生资源行业（废旧手机）的回收服务第一平台，是集线上回收交易平台、二手商城平台、拆解物交易平台、积分系统于一体的三大平台一个系统。在日常生活中，通过手机APP模式回收废旧物品现象逐步扩大，如格林美以“回收哥”为形象主体，开展“互联网+分类回收”业务，采用O2O（online to offline，即线上到线下）方式，利用手机APP、微信和网站实现居民、政府、企业共享共用的循环生活方式；同时，“央企+民企”携手模式出现在资源循环利用产业，如葛洲坝与大连环嘉在再生资源领域的合作，将推动产业发展，促进龙头企业的出现。

5.3 问题及趋势分析

5.3.1 产业发展面临的问题分析

1. 核心部件加工技术水平低，自主创新能力不足

技术的研发、推广及装备的产业化不足，已成为制约资源循环利用产业规范化、规模化发展的重要因素。第一，行业内的科技人员比重远低于其他行业，操作工人缺乏技术培训；第二，除少数企业技术和装备较先进、环境保护设施较完善外，大多数从业主体设备简陋、技术落后，专业化水平较低，产业化能力不足，这在一定程度上影响资源的利用率，并导致精深加工能力差；第三，创新能力不足，先进技术和装备依赖进口。与世界主要发达国家相比，中国废物资源化仍处于国际资源大循环产业链的低端，且再利用产品附加值低，利用规模与水平仍有很大的提升空间，迫切需要通过技术创新大幅度提升废物综合利用率与资源产出水平，支撑循环经济较大规模发展战略目标的实现，保障国家战略资源供给安全。

此外，管理制度不完善，技术研发和推广的促进机制不健全，产学研衔接不紧密，相关技术、装备标准和产品标准建设相对滞后，产业规范化发展程度低，难以支撑先进技术、装备的推广应用。

2. 政策未形成合力，经营规范化程度低

近年来，各部门、各级政府出台了一系列促进产业发展的政策措施，但由于缺乏统筹性和系统性设计，政策没有形成合力。例如，2011 年再生资源回收行业增值税优惠政策取消后，各省份的增值税地方留成返还比例不一致，导致各地企业的实际税负不一样，企业不能公平竞争，影响产业健康有序发展。2015 年新出台的《资源综合利用产品和劳务增值税优惠目录》增加了对再生资源类的税收优惠，但仅针对产品和劳务的利用，缺乏对回收环节的政策激励机制，回收行业依然存在财税政策支持弱、企业用地难、回收车辆进城难等问题。同时，由政策造成的产业制约现象依然存在，如《报废汽车回收管理办法》规定“五大总成”等禁止进入市场交易，这导致再制造产业难以发展。此外，资源循环利用技术激励措施力度不够，政策尚未在上下游形成系统，合力作用难以发挥，且产生各环节经营规范化程度低等问题。

标准化、规范化的运作流程尚未形成，回收、运输、储存、加工、利用各环节协作配套不够，造成低水平的过度竞争，未充分发掘资源的各项价值，在经济利益的驱动下，导致各种资源的低水平加工利用和环境污染。

3. 各方责任不清晰，监管执法难度大

资源循环利用产业各领域均存在不同程度的管理职能混乱现象。例如，再生资源领域，回收体系管理部门是商务部，利用系统为国家发改委，技术体系为工信部，污染控制为环保部，各职能部门管理交叉或衔接不够，导致各方责任不清晰，监管执法难度大。同时，相关法律规范不完善，针对回收环节的专门性法律文件仅有一部 2007 年发布的部门规章《再生资源回收管理办法》，法律效力低、覆盖范围窄。生产、利用环节的相关法律法规中，也缺乏鼓励资源循环利用的较为系统的规定。除对废弃电器电子产品初步建立起生产者责任制度以外，其他品种尚未明确相关制度要求，政府、企业、个人各方责任义务也未划分清楚，废物产生者、回收者、加工改造者、利用者等的相关责任尚未明确。

法律法规体系不健全，造成无法可依，或者行业监管政出多门、职权分散，导致市场经营分散，对无照经营、技术落后、环保不达标或根本没有任何环保设施的小企业和小作坊有效监管执法难度大，致使不规范企业依靠低环保成本抢占市场，出现“劣币驱逐良币”现象。

4. 产业集中度低，规模化全链条生产不足

2013 年，资源循环利用产业各领域依然以社会化个体为主，具有一定规模的企业较少，如工业固废处理利用企业平均产值不到 2 000 万元，再生资源回收总量的 80% 属于中小企业，“夫妻店”和“小作坊”企业数量众多，资源循环利用产业缺乏具有较强市场竞争力的跨区域、跨省份且具有现代管理制度和经营组织方式的大型专业化企业集团，企业资源整合能力差，行业小、散、差的特点明显，企业上下游

联系不紧密，产业链条不完整。

此外，多数企业对优质废旧资源的加工利用水平差，分拣加工产生的产品附加值低，产品结构单一，科技含量少，增值水平低，同质化现象明显，规模化、覆盖全产业链的生产企业不足。

5. 资源化发展不均衡，存在二次污染现象

资源循环利用产业覆盖多种废旧资源，企业出于逐利考虑，对经营品种和经营范围“利大抢干，利小不干”。例如，对于废钢铁等废旧物资，企业争抢回收，资源化利用较为彻底，但对于废玻璃、废塑料、废软包装类等低值可回收利用废旧资源，则出现无人愿干的现象，导致各项废旧物资回收率和加工利用率均差异较大，造成大量可用资源无人问津，资源浪费严重。产业区域发展亦不平衡，发达地区较为完善，不发达地区则发展滞后。

同时，资源循环利用产业在拆解、清洗、加工利用等环节，均存在二次污染现象，如对金属回收依然未完全杜绝酸浸等污染重的加工方式，加工方式的粗放也带来二次浪费，使产业存在较大的环境风险。

5.3.2 “十三五”期间产业发展趋势分析

1. 产业规模发展趋势

“十三五”期间，中国环保政策逐步完善，资源循环利用产业环境进一步优化，市场化进程加快，2015 年资源循环利用产业总产值将超过 2 万亿元，预计到 2020 年将超过 3 万亿元。受经济增速放缓的影响，部分再生资源价格将出现波动，部分传统资源循环利用企业经营将出现困难，一些具有创新型商业模式的资源回收与利用企业不断出现，企业间的兼并重组将进一步加快。同时，“互联网 +”思维将给资源循环利用产业注入新的活力，逐步利用物联网、大数据开展信息采集、数据分析、优化逆向物流网点布局，跟踪废物流向，行业性、区域性、全国性的产业废弃物和再生资源在线交易系统将逐步形成。技术方面，将不断实现向全过程清洁化、提高资源回收利用效率，以及提高产品附加值、智能化、深度化发展。全国资源循环利用产业规模发展趋势示意图如图 5.9 所示。

2. 重点方向发展态势

1）再生资源回收利用

完善再生资源回收利用体系的建设，推动再生资源回收利用产业规范化、规模化和产业化发展。废旧金属重点突破专业化、智能化分选拆解、清洁冶炼及二次污染控制技术与装备，开发高品质再生利用产品，支撑废旧金属保级或升级利用。电子电器以“四机一脑”及废手机、小家电等为重点，在拆解、分类基础上，集成优化

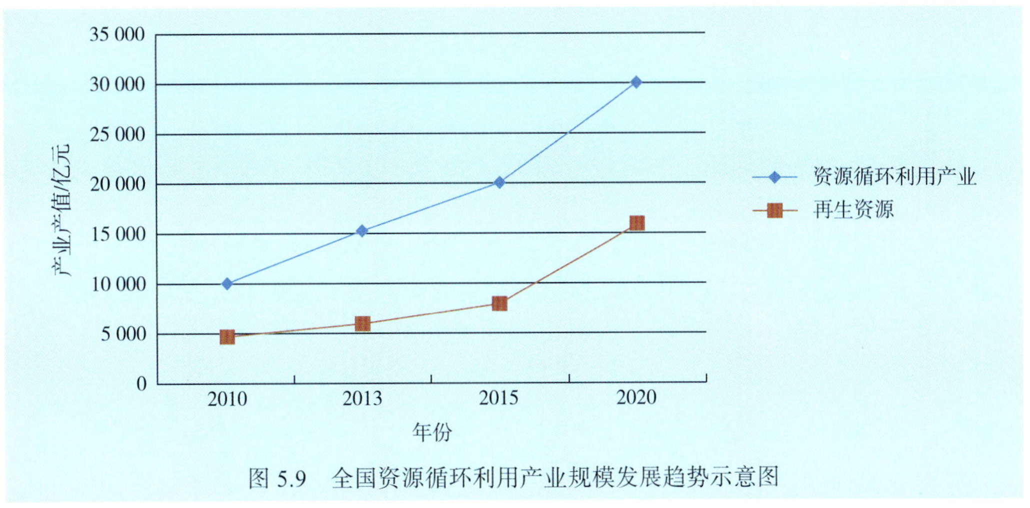

图 5.9　全国资源循环利用产业规模发展趋势示意图

稀贵金属提取、有色金属再生、废塑料高值化利用等关键技术与设备，形成系列装备和成套技术[17]。废旧高分子材料主要开发清洁高效的分级利用技术和高效分离、复合改性、高端材料制备关键技术与装备，实现废旧高分子材料全生命周期利用。鼓励废旧资源回收加工利用企业集聚发展，延伸产业链，加快培育再生资源龙头企业，鼓励通过兼并、重组、联营等方式，加快行业整合力度，提高产业集中度。

2）城镇生活垃圾资源化利用

重点突破生活垃圾分类回收、均质预处理、有机垃圾厌氧消化、填埋气体提纯与燃气利用、垃圾高效能源转化及二次污染控制等关键技术与装备，继续推进水泥窑无害化协同处置和资源化利用生活垃圾。加快餐厨废弃物资源化利用技术研发，大力推进餐厨垃圾源头油水分离与在线监控技术，在开展高效制沼气与提纯净化的同时，加快发展利用餐厨垃圾生产饲料、餐厨废油催化制备生物柴油深加工等技术与装备，开展餐厨废弃物和其他有机可降解垃圾联合处理。加快研制标准化、系列化、智能化的生活垃圾处理与能源化装备及安全控制系统。

3）产业固体废物综合利用

重点发展煤矸石、粉煤灰、冶炼渣、工业副产石膏和赤泥等工业固体废物综合利用，重点突破废物中多种组分梯级提取与高值利用，以及建材中规模化消纳关键技术，研发废物多产业循环利用技术模式，发展毒害性物质控制技术与装备，形成规模化与资源化利用集成技术体系，提高资源化产品市场效益，提高各类废物的综合利用率，特别是赤泥、有色行业冶炼废渣等利用率较低的固体废物。培育和扶持固体废物综合利用专业化、现代化企业和资源综合利用企业集群。针对废混凝土、废砖瓦、建筑渣土等建筑垃圾，重点突破建筑废物分类与再生、资源化利用，以及再生混凝土高性能化等关键技术[11]，2013 年中国建筑垃圾利用率仅为 5%，欧盟国家和地区达到 50%，韩国、日本已经达到 97% 左右，因此需要努力提升中国建筑垃圾利用率。

4）再制造

重点发展大型装备、汽车与工程机械等废旧机电产品及零部件的再制造，积极推动达到使用寿命的零部件通过再制造达到新产品标准，并将其使用到新产品上，突破废旧及机电产品核心零部件再制造技术和设备。重点研发废旧发动机解体技术、先进表面预处理技术、缺陷、疲劳和损伤部件测评技术，以及等离子、激光熔覆、热喷涂等先进表面工程技术和后加工技术，提升再制造技术装备水平，实现规模化、产业化。探索航空发动机、汽轮机再制造技术。实施生产者责任延伸制度，建立再制造产品质量保障体系和销售体系，促进再制造产品生产与售后服务一体化。建立再制造旧件回收、产品营销、溯源等信息化管理系统和建立旧件逆向回收体系。

5）矿产资源综合利用

重点在能源矿产、金属矿产和非金属矿产三大领域开展矿产资源综合利用工作。重点研发尾矿金属梯级提取技术，提高尾矿中有价组分回收利用总量。加快研发伴生非金属资源制备高强度结构材料技术，提高非金属资源利用效率及利用总量。推进新型尾矿充填胶结材料制备及采空区充填技术，完善尾矿制备耐火和保温材料技术，实现大规模制造水泥等建筑材料，产业化水平提升。开展特色废物资源原位协同利用技术、多产业链接共生利用技术等研发，形成大型资源基地废物多产业循环利用技术集成示范与模式[11]。

6）水资源综合利用

加快技术进步，提高矿井水利用技术装备水平，为矿井水利用规模化、产业化、信息化发展奠定基础。支持高矿化度水的资源化利用，推进高矿化度水利用技术与装备研发与升级，扩大再生水的应用。推广废水深度处理技术，提升废水重复利用率。加大共性海水淡化技术及电水联产海水淡化模式的推广力度，推动海水淡化技术创新和装备升级，降低海水淡化成本，培育一批集研发、生产、集成和服务于一体的海水淡化产业基地。污泥资源化方面，重点突破污泥低成本干化预处理、多产业协同处理、高效厌氧消化、生物质能回收、有机质资源化利用、热解能源回收、二次污染控制等技术与设备[18]，强化技术集成，建立完整的污泥处置与能源化技术创新链，大幅度提高污泥资源化利用率，降低建设运行成本。

5.4　重点案例——格林美

5.4.1　案例简介

格林美，即格林美股份有限公司，总部设在深圳。公司的主营业务是回收利用废旧电池、电子废弃物等废弃资源循环再造高技术产品，成立于 2001 年，2006 年

12 月改制为股份制企业，2010 年 1 月登陆深圳证券交易所中小企业板，注册资金 28 979.109 万元，截至 2014 年年底净资产近 43 亿元，在册员工 5 000 余人，是国有风险资本、国家创新基金投资的国家级高技术股份公司。

格林美致力于电子废弃物、废旧电池等“城市矿产”的循环利用与循环再造产品的研究与产业化，被先后授予国家循环经济试点企业、全国循环经济工作先进单位、国家技术创新示范企业、规划“城市矿产”示范基地，2011 年，格林美“建设有效的回收体系，对电子废弃物和废旧电池等进行深度资源化为特征的再生利用企业循环经济发展模式”入选国家 60 个循环经济典型模式案例，2012 年 3 月格林美被授予国家循环经济教育示范基地，为中国政府首批向社会和世界开放的 9 家循环经济企业之一。

格林美已在湖北武汉、湖北荆门、江西、河南、天津、江苏泰兴、江苏扬州等地建成八大循环产业园，构建了废旧电池与钴镍钨稀有金属废物循环利用、报废电子电器循环利用与报废汽车循环利用三大核心循环产业群，年处理废弃物总量 100 万吨，循环再造钴、镍、铜、钨、金、银、钯、铑、锗、稀土等 20 多种稀缺资源以及新能源材料、塑木型材等多种高技术产品，形成完整的稀有金属资源化循环产业链。

5.4.2 重要启示

（1）信息化管理比较完善。格林美的处理基地已经建成覆盖全过程、精准控制的信息监控体系。建有存储时间超过 3 年的信息控制系统，每个处理基地设有 300 个控制点，重要控制点设置双头控制，覆盖回收、储运、拆解与处置的全过程，做到全程感知、全面覆盖的时空监控系统。

（2）网络覆盖广。多年来，格林美通过废旧电池回收箱、电子废弃物回收超市、3R 循环消费社区连锁超市等多层次回收体系，建成 20 000 多个回收网点，覆盖广东、江西、湖北、河南、天津等省（自治区、直辖市）100 多个县市。

（3）重视先进技术研发。积极开展电子废弃物、废旧电池等废弃资源循环利用的关键技术研究，2014 年建立了包括 500 余项专利、110 余项国家和行业标准的核心技术与专利体系，创立了电子废弃物绿色再造的低碳资源化模式，建立了线路板回收、废塑料回收、铜锡金属回收的完整技术产业链，先后 5 次列入国家“863”计划。对技术装备的重视，使企业装备先进、技术工艺完善、资源化水平高，基本能实现“无排放、无噪声、无粉尘”的绿色拆解，创新低碳化、完整化资源模式。

（4）重视国际交流和合作。不断引进国外先进理念与技术，是中德、中日循环经济合作的交流基地。

（5）制度管理与内控管理体系完善。格林美已形成有组织、有制度、有核查和纠错的完善管理体系。同时，现场环境管理先进，是电子废弃物处理领域国家向社会指定开放的国家循环经济教育示范参观点。

5.5 促进产业发展的政策建议

1. 完善产业规制，强化行业标准，营造公平竞争市场环境

完善产业规制，明确产业界限、经营活动规范、产业主体的权利和责任等，进一步落实生产者责任延伸制度。理顺各管理部门责权范围，避免交叉管理，减少监管漏洞，积极探索再生资源回收体系、城市垃圾清运体系两网合一，促进协同发展。完善产业信息统计，强化标准管理，加强回收、分类、分拣加工、运输储存、利用、污染控制技术等基础类和通用类标准的制定和衔接，形成有效的回收标准体系和质量检测体系，如制定废塑料国家统一的分类标准及检测方法，加强回收、加工、利用各环节的准入标准、技术标准和产品标准的衔接等。修订已不适应现阶段发展要求的政策，如修订禁止报废汽车废旧部件进入市场交易的规定等。加强执法，整顿和规范市场秩序，建立完善公平透明的市场规则体系，制定违规处罚机制，形成反向约束。

2. 鼓励核心技术攻关，加强资源的清洁高效利用，强化科技转化能力

不断推进和完善资源循环利用产业技术创新体系，确保产业发展的生命线。建立以企业为主体、市场为导向、科研院所和大专院校参与、产学研用结合的技术创新体系。加大资源循环利用产业关键部件核心技术的攻关力度，特别是提高附加值、清洁高效的梯级利用等方面的核心技术。建立与国际接轨，适合中国国情的资源循环利用新技术、新产品示范转化推广应用机制，推动资源循环利用产业化进程。推动研发平台、技术转化平台、科技公共服务机构为企业技术创新服务，各研发检测机构向企业开放，提升企业持续创新能力。

3. 培育龙头企业，鼓励央民企合作模式，打造具有国际影响的企业

鼓励各类资本进入资源回收、分拣和加工利用领域，积极推进跨地区、跨行业、跨所有制的资产重组，鼓励央企等进入本领域，借鉴葛洲坝大连环嘉合作模式，促进产业集聚和整合，打造中国资源循环利用产业世界500强企业。鼓励大型龙头企业以连锁经营、特许经营等现代组织方式整合中小企业和个体经营户。加大各类资源回收加工及利用企业的对接，鼓励上下游企业建立战略合作，促进回收与利用的有效衔接，鼓励有实力的企业开展供应链管理，形成部分重点品种上建回收网络、中连物流、下接利废产业的产业链，拓宽企业发展空间，稳定和保障再生资源供应。推进老旧工业园的循环化改造，促进资源循环利用产业集聚形态的升级，探索资源循环利用产业集聚新模式。

4. 加大财税金融扶持，转变支持方式，提高利废企业竞争力

健全资源回收利用成本及收益的合理分摊机制，使财政、税收、价格等方面的政策发挥市场机制，提高废物综合利用企业及产品的市场竞争力。增加废旧物资回收环节的增值税优惠，使部分大型回收企业或利废企业能够抵扣进项税，平衡税负与优惠政策，逐步扩大增值税优惠范围，如报废汽车除冶炼金属及钢铁外的其他部件。制定和完善财税政策，提高资金使用效率，逐步由现金型补贴政策转向信用额度支持政策。加强惩罚性税收政策，推进资源税费征收与综合利用水平相挂钩、资源补偿费征收与储量消耗挂钩，减少资源浪费和低值利用。落实和完善支持资源回收利用体系建设的用地政策，不断提高土地节约集约利用水平，对圈地而不用或者好项目无地可用的现象进行整改。

5. 完善产品标识，提高公众对再生产品的认识，引导绿色消费

充分运用媒体优势，倡导绿色低碳、环保健康、循环利用的生产生活方式，强化环保意识，营造全社会重视和支持再生产品利用的良好氛围。鼓励使用资源循环再生产品，强化政府绿色采购制度，将资源循环再生产品列入采购清单，示范带动绿色消费。利用互联网、APP 等信息现代化优势，广泛推介各类废物回收利用产品质量及用途，消除公众和企业使用资源循环再生产品疑虑，减少一次性用品生产和消费。完善资源循环再生产品标识，给予公众充分的知情权和选择权。宣传推广废物资源回收利用的废料来源、工艺程序、产品用途等，提高全社会对资源回收利用产品的认识水平。

参考文献

[1] 陈德敏 . 资源循环利用论——中国资源循环利用的技术经济分析 . 重庆大学博士学位论文，2004.

[2] 蒋正华 . 经济发展的必然选择——全国人大常委会副委员长蒋正华在首届中国再生资源论坛上的讲话 . 有色金属再生与利用，2004，（12）：14.

[3] 程会强 . 建设有中国特色的再生资源回收利用体系 . 再生资源与循环经济，2011，4（9）：9-10.

[4] 中国工程科技发展战略研究院 . 中国战略性新兴产业发展报告 2013. 北京：科学出版社，2012.

[5] 国务院 .“十二五”国家战略性新兴产业发展规划，2012.

[6] 国务院 .“十二五”节能环保产业发展规划，2012.

[7] 商务部，国家发改委，公安部，等 . 再生资源回收管理办法，2007.

[8] 国家发改委，科技部，工信部，等 , 关于推进再制造产业发展的意见，2010.

[9] 温宗国 . 再生资源产业发展的战略思考与对策建议 . 再生资源与循环经济，2014，7（11）：15-20.

[10] 刘文革，董瑞青．世界节能环保产业发展动态与思考．中国能源报，2011-11-07.
[11] 科技部，国家发改委，工信部，等．废物资源化科技工程“十二五”专项规划，2012.
[12] 国家发改委．中国资源综合利用年度报告（2014），2014.
[13] 商务部．中国再生资源回收行业发展报告（2015），2015.
[14] 环保部，国家发改委，国家统计局．2011 年全国环境保护相关产业状况公报，2014.
[15] 商务部，国家发改委，国土资源部，等．再生资源回收体系建设中长期规划（2015—2020 年），2015.
[16] 冯慧娟．资源再生产业“园区”研究．中国人民大学博士学位论文，2008.
[17] 中国工程科技发展战略研究院．中国战略性新兴产业发展报告 2014. 北京：科学出版社，2013.
[18] 中国工程科技发展战略研究院．中国战略性新兴产业发展报告 2015. 北京：科学出版社，2014.

新一代信息技术产业篇

目前，从世界范围来看，信息技术产业无疑已成为最具技术变革性的领域。不断涌现的新技术、新产品、新服务、新模式甚至新理念不但从技术内部构建了一体化的创新生态链，还迅速渗透至人类智力和产业发展的各个领域，并正在引发新一轮的变革式浪潮。2008年国际金融危机后，新一代信息技术产业与通信技术加快融合，以移动互联网、智能终端、大数据、云计算为代表的新兴信息技术成为新一轮信息技术产业的发展重点和方向——移动终端和基于大数据的社交服务是信息网络领域发展最快的产业，因此移动化、应用化和智能化是信息技术产业的新趋势。信息服务产业及其产生的海量数据，通过大数据的数据挖掘、分析技术及分布式存储技术等产生了多方位的价值，为其他产业提供服务支撑，展现了广阔的潜在前景。基于信息服务数量增加、创新技术和商业模式的出现，云计算正在重塑IT（information technology，即信息技术）产业格局，使IT能力成为继自然能源供给之外又一新的生产因素。可以说，这一轮信息技术革新浪潮，正以传统产业难以比拟的增量效应、乘数效应和技术外溢效应向其他领域的产品和服务中实现高渗透，根本性地改变了后工业时代人类的生产和生活方式，深刻影响着人类社会的发展进程。

从全球范围看，目前ICT（information and communication technology，即信息和通信技术）产业正处于快速发展时期。其中，2011~2013年包括计算机硬件、企业软件、IT服务、电信设备、电信服务在内的软件与信息技术业的全球支出均保持稳定增长态势。根据Gartner预测，2015年全球IT支出的规模为3.5万亿美元①。

从分行业来看，目前移动互联网及其应用已成为最活跃的创新领域和驱动ICT产业的最强力量，这不仅表现为移动设备、移动互联网上网人数及移动互联网流量的持续高速增长②，其更重要的贡献在于移动互联网所衍生的创新技术发展模式对ICT产业核心技术平台/体系的颠覆、互联网应用服务体系与商业模式的重建及以开放和开源为主流的发展模式。可以说，移动互联网主导的以“开源技术、开放体系”为特征的技术产业发展模式，正在推动产业形成纵向整合的生态系统②。

而集成电路、大数据技术及其应用、可穿戴设备依托于移动互联网的高渗透、智能化等特点，不断向人类智力和各个产业领域蔓延。受移动终端设备需求激增和ARM（advanced RISC machine，即进阶精简指令集机器）开放授权模式，集成电路产业的格局正在发生变化。当前，集成电路芯片制造业已迈入后摩尔定律时代。探索新原理、新材料和器件与电路的新结构向着纳米、亚纳米及多功能化器件方向发展，集成电路芯片技术向不断缩小的方向继续发展是未来趋势。而ARM以开放式的内核授权和架构授权两种模式主导了移动芯片体系架构的发展，并正对服务器等新

① 2015年全球IT支出下滑（较2014年减少5.5%）主要受美元升值影响，若以固定汇率计算则将增长2.5%。

② 2015年1月，全球接入互联网的移动设备总数超过70亿台，而作为最主要的移动终端设备，2014年智能手机全球出货量达12.86亿部，同比增长28.0%。与之相应地，移动互联网流量则保持每年两倍及以上的速度增长。我国移动互联网市场表现抢眼。2014年移动互联网市场规模为2 134.8亿元，同比增长115.5%。这一方面得益于智能手机和其他移动智能终端的普及和应用，另一方面则是由移动互联网衍生的应用服务成为信息消费的市场发力点，展现了广阔前景。

领域产生影响。

伴随互联网应用和海量数据出现及开源主导模式，大数据技术及其产业价值正被提升至前所未有的高度。目前，大数据产业正在向以数据生产、流通和利用为核心的各个产业渗透。互联网行业、交通、零售、金融、医疗卫生等能够产生海量数据的领域，正在探索和布局大数据应用。但总体来说，无论是基于大数据的各类技术（存储技术、并行计算、分析技术等），还是应用都处于初级发展阶段且“阶梯式”发展格局，即理念普及快于数据应用，数据孤立隔离明显，只有少数领军企业或行业应用。总体来看，大数据产业生态尚未构建，技术尚存在很大突破空间，大数据服务及应用市场前景广阔，但在数据相关法律问题方面还存在很多空白和模糊之处。

新一代信息技术创新和产业融合的同时，带来了日益严重的信息和网络空间安全问题。随着新兴信息技术开源性、交融性和复杂性不断提高，终端安全、核心网络安全及内容安全等进一步延伸和扩展，过多依赖国外技术、产品和服务使我国面临的信息安全风险严峻。同时，尚未建立起安全可控的技术体系，也使我国存在较大的信息安全隐患。

总体来说，新一代信息技术产业是当前国际新一轮产业竞争和抢占经济科技制高点的战略先导领域，不仅可以形成规模巨大的新兴增长点，而且构建了传统产业转型升级和其他战略性新兴产业发展的关键基础设施，是发展基于数据和知识的新兴支柱产业的重要抓手，是实现科技创新实力、国家整体竞争及经济社会发展的动力引擎。

第 6 章

移动互联网及其大数据产业

高　文　朱文武　陈山枝　吴　飞　刘天喜　王新兵　翟文军

【内容提要】移动互联网是我国“互联网 +”行动的重要载体之一，正成为大数据主要来源，也是互联网创新型服务的主要平台。本章主要阐述了移动互联网及其大数据产业所涵盖的移动终端芯片、无线移动网络、移动大数据商业模式和服务，分析了其现状、趋势和挑战，并提出了相关政策建议。

在信息时代，移动互联网是大数据的最佳载体之一。由于移动互联网上的大数据由社会群体创造，因此移动互联网史无前例连接着数据背后的个体和群体，并成为给其提供实时快捷服务的渠道。

当前，移动互联网已悄然进入社会生活，成为推动大众创业和万众创新的基础创新平台，对人类社会生活、工作和商业等领域润的影响已从量的积累发展到质的转变。2014 年 2 月习近平总书记亲自挂帅成立了中央网络安全和信息化领导小组，统筹国家信息化建设及网络安全保障工作的领导，目标是加快将我国从网络大国建设为网络强国，这为推进各种信息网络（尤其是移动互联网）建设提供了难得的机遇。2015 年 7 月和 8 月国务院发布了《关于积极推进“互联网 +”行动的指导意见》及《促进大数据发展的行动纲要》等文件，旨在利用大数据这一基础性战略资源，探索、引领和构建服务创新模式。为了推动移动互联网及其大数据产业的发展，需要研究包括通信信号处理芯片在内高端器件及其测试测量等关键技术，解决我国在移动互联网终端自主研发能力不足和产业控制力不强的问题；需要提高异构网络之间融合能力，特别是提升移动互联网传输效率，以为终端接入提供便利；需要提升对移动互联网所承载大数据的深度处理能力，从大数据中挖掘出人类群体社会生活模式和商业规律，扭住大数据浅层应用向大数据深度应用跃变这一根弦，促进大数据智慧服务产业健康发展。

本章主要围绕移动互联网及其大数据产业所涵盖的移动终端芯片、无线移动网络、移动大数据商业模式和服务等内容展开，介绍其范畴、现状、趋势和挑战。

6.1　移动互联网及其大数据产业的概念及范畴

移动互联网是以移动网络为主，以各类无线接入及其他接入网络为辅的互联网。众所周知，移动互联网已成为众多实时便捷服务平台，是承载大数据的最佳载体。更进一步，移动互联网所承载的创新服务与大数据连接着其背后的人类群体，以无时无刻不在进行的信息沟通来准确捕获个体和群体需求，反映个体和群体的生活、工作和经济等社会活动，催生了众多大数据服务的新业态和新模式。

移动互联网及其大数据产业是新一代信息社会中信息系统、智能技术和互联网服务自然融合所得到的结果，纵观移动互联网及其大数据产业的发展历程可以发现，目前已经形成了若干重要技术领域和重要产业生态群。

移动互联网主要的技术领域包括移动互联网通信及处理芯片技术、移动互联网终端技术、移动互联网接入及网络技术、移动互联网大数据及应用服务技术及移动互联网测试测量技术。

移动互联网与其承载的大数据结合在一起，催生了移动支付、移动社交、位置服务等产业群。例如，《移动互联网产业发展报告（2014—2015）：走向融合和纵深发展的移动互联网产业》[1] 指出，2014 年我国移动互联网市场总规模首次突破 2 000 亿元大关，达到 2 134.8 亿元，平均每天就有近 10 万个移动互联网应用产品，通过终端平台入口接入移动互联网。中国在国家“互联网＋”战略的支持和鼓励下，预计 2015 年，移动互联网市场的增速仍将保持近 80% 的高速增长，中国移动互联网及其所衍生出来的互联网金融、交通旅行、在线教育等应用服务，已经成为推动我国新常态下经济增长的生力军，总市场规模有望突破 4 000 亿元。

6.2 移动互联网及其大数据产业发展现状分析

6.2.1 总体现状分析

1. 全球移动互联网产业加速发展

2014年，随着智能终端的快速普及，移动互联网用户和数据流量持续高速增长，全球移动互联网产业规模仍然呈现高速增长的态势。爱立信 *Ericcson mobility report*[2] 数据显示，截至2014年年底，全球智能手机用户数从2013年年底的18亿人增长到26亿人，且仍将保持15%的年均增长率，智能手机用户平均数据流量更是从2013年的750MB/月增长到1 050MB/月，增长率达30%。Digital-Capital 数据[3]显示，2014年全球移动互联网产业规模约为2 670亿美元，其中移动电子商务占比70%，消费者应用占比11%，企业级移动占12%，移动广告占6%；预计到2017年，移动互联网产业整体规模将增长到6 960亿美元，是2014年的两倍多。

移动互联网产业经历了数年的高速发展之后，从芯片、操作系统，到应用商店、浏览器等平台型生态系统垄断格局基本形成，横跨全行业的平台型模式机会收窄。其中ARM架构形成绝对垄断产业生态，移动操作系统则是Android和iOS占据95%以上的市场份额，应用商店领域谷歌的Google Play和苹果的App Store无论是应用数量还是应用收入均远超其他平台，浏览器领域的Chrome和Safari等浏览器市场份额也处于明显的优势位置。移动操作系统在主导移动互联网平台型产业生态的作用十分明显。

随着移动互联网产业的大发展，移动终端芯片已经超越PC（personal computer，即个人电脑）芯片成为集成电路产业发展主流和最为重要的增长力量。但是，产品迭代速度过快、竞争加剧、利润下滑等因素，加上排名靠前的终端企业如苹果、三星、华为等均大量采用自研芯片，移动终端芯片产业加速整合、产业集中度进一步提升。例如，德州仪器（TI）、英伟达（Nvidia）、博通（Broadcom）等许多知名集成电路企业先后退出移动芯片产业，而英特尔在采用了巨额补贴却仍然未能在移动芯片领域实现大的突破后加速并购。可以预见，移动芯片产业领域的整合和集中仍将继续。

2. 移动互联网应用及大数据服务新模式

2014年，随着全球资本市场的持续回暖，软件产业收到资本追捧，其中移动互联网成为投融资的热点。Digi-Capital 的数据[3]显示，2013年7月至2014年6月，全球移动互联网领域的并购金额高达470亿美元，同比增长400%，除去Facebook并购WhatsApp的190亿美元，仍有280亿美元，其中消息类应用达41亿美元，手机游戏达50亿美元，金融、移动电子商务分别有23亿美元和19亿美元。

2015 年 4 月 22 日，福布斯中文版以 2014 年移动端收入为主要指标，发布了“中国移动互联网络 30 强”，其中腾讯、百度、阿里分别占据榜单前三名。在这一榜单中，腾讯以 221.71 亿元的移动收入占据第一位。BAT（Baidu-Alibaba-Tecent，即百度–阿里–腾讯）三家公司移动端总收入超过榜单中另外 27 家的总和，而且其中近一半的公司分属于 BAT 生态圈。

其中，移动游戏继续成为移动互联网中最具盈利能力的服务模式。电子商务公司则成为移动互联网创新服务模式中突起的异军，阿里、京东、唯品会分列榜单第三位、第四位和第五位。2014 年“双 11”当天，阿里集团天猫及淘宝移动端交易额占比达到了 42.6%，无线移动端这一新型服务体验，已成为电商 PC 端渠道的补充，正在成为带来新用户、拓展新品类的新的增长引擎。

鉴于移动互联网已成为创新服务重要渠道，传统公司纷纷调整自身业务逻辑和商业模式，主动对接移动互联网。例如，2015 年年初以提供商旅服务为切入点的携程网 APP 激活量达到 2 亿次，移动端单日交易额峰值超过 3 亿元；2015 年 7 月全球最大的一站式移动交通平台滴滴快的公司目前专车日订单超过 300 万个，覆盖超过 80 个城市；小米公司这一硬件厂商也名列 2015 年福布斯中国移动互联网网络 30 强，2015 年 2 月，其小米操作系统 MIUI 已拥有 1 亿个全球联网激活用户，成为移动互联网内容的重要提供者。

2015 年是移动互联网应用及大数据服务新模式向纵深发展的年份，其中移动数据流量、智能终端、在线用户及 App 应用均迅猛发展。从整个产业来看，各大生态系统的垂直整合愈演愈烈、软件与硬件版本的短周期升级、用户需求的不断变化、移动智能终端边界的持续延伸都表明移动互联网与大数据服务产业的市场规模和空间前景广阔。随着平台型机会的收窄，移动应用新崛起的企业更多的是在垂直领域（细分领域）具有领先优势的企业，一些出行、医疗、教育、餐饮等与生活密切相关的细分应用纷纷涌现，如《华尔街日报》的“十亿美元俱乐部”名单显示，估值较高的新兴企业明显集中在垂直类电商、游戏等细分领域。

移动互联网能更方便、更快捷、更准确地收集不同个体 / 群体根据不同来源（平台和设备）产生不同类型（如文本或图像等）数据，呈现跨媒体特点。这些跨媒体数据刻画了用户位置、移动轨迹、偏好兴趣、社交往来、购买支付等信息，从而反映了客观世界中群体生活、工作和经济模式与规律。由于移动互联网这一载体不仅连接海量数据，而且连接广泛群体，2015 年 O2O 跨界服务这一互联网创新服务模式成为热点，其完成了线上与线下的融合。随着中国智能手机网民用户规模不断壮大，已经超过 6 亿人，O2O 这一创新服务模式可对跨越多个界限的传统领域服务进行有机整合，为用户提供宽频段、高满意度的服务行为和服务模式，预计中国 O2O 市场规模在 2015 年将获得空前发展机遇。

3. 我国移动互联网产业链面临历史发展大机遇

我国由于人口基数大、市场规模优势明显，移动互联网市场保持快速增长，已经处于世界领先水平。根据中国互联网络信息中心 2015 年 1 月发布的《第 36 次中国互联网络发展状况统计报告》[4] 数据，截至 2014 年年底，我国移动互联网民规模达 5.57 亿人，较 2013 年年底增加 5 672 万人，稳居世界首位；互联网用户中移动用户渗透率占比由 2013 年的 81.0% 提升至 85.8%，不仅超过 PC 互联网用户渗透率，而且这一渗透率同样居于世界首位。

借助国内移动通信产业的整体技术优势和智能终端市场的规模优势，国产移动芯片产业获得了快速发展。2014 年 6 月，我国《国家集成电路产业发展推进纲要》发布，同时设立了 1 200 亿元的国家集成电路产业投资基金，我国集成电路产业发展进入新的发展阶段。因此 2014 年前后国产移动芯片领域的并购和合作非常活跃，紫光集团先后完成对展讯和锐迪科的收购，高通宣布将 28 纳米工艺导入中芯国际并将部分订单交给中芯国际，联芯科技与小米合资成立松果电子并签署 4G 芯片授权合作协议等。

2014 年，随着我国终端企业在商业模式的突破和整体实力的提升，国产品牌厂商在智能终端市场实现了整体突破。IHS Technology 数据显示，2014 年，我国销量排名前九位的厂商占据总销量的 59.5%，其中，国产厂商占据 7 家，占总量的 33.64%。

2014 年是我国企业主导制定的 TD-LTE（time-division long-term-evolution，即时分双工模式移动通信长期演进技术）4G 标准大规模商用元年。自 2013 年 12 月我国给三家运营商发放 TD-LTE 牌照的一年后，我国已建成全球最大的 4G 网络，TD-LTE 网络建设和用户发展领跑国内 4G 发展。

艾瑞咨询数据 [5] 显示，2014 年中国移动互联网市场规模为 2 134.8 亿元，突破千亿元大关，同比增长高达 115.5%，预计 2018 年将突破 10 000 亿元大关。我国在跨媒体 O2O 跨界服务方面已建立起富有特色的次级平台型生态产业。以微信为例，由于微信 2014 年年底活跃用户数就超过 5 亿人，微信已经从原来的即时消息应用，衍生出媒体属性的订阅公众号平台、商务性质的服务型平台和微商、企业应用性质的企业号平台、公共服务属性的智慧城市服务平台及广告性质的“广点通”广告系统等。这些“超级应用”形成的次级平台型生态系统，虽然在规模上可能比以操作系统为中心的大平台生态系统小一个数量级，但是由于在连接“人与人”和“人与服务”方面具有更为直接的优势，地位也非常稳固，创新也非常活跃，发展势头良好。

由于我国传统行业的信息化发展相对滞后，移动互联网化的 O2O 产业极大地降低了互联网化的门槛，加速了传统行业迈入互联网时代的步伐，因此获得了飞速发展。2014 年，我国市场涌现出一大批 O2O 创新企业，如出行领域的“滴滴打车”、代驾领域的“e 代驾”、移动电商“有赞商场”、清洁行业的“e 袋洗”、家政领域的“阿姨帮”、社保服务的“51 社保”、支付服务的“ping++”等。根据艾媒咨询数据 [6]，2014 年我国 O2O 市场规模达到 3 095.4 亿元，与此同时绝大部分线下活动的 O2O 渗透率却依然较低，未来仍有巨大的发展空间。

随着移动互联网的高速发展和大数据在娱乐、医疗、能源、交通、零售业等诸多行业的应用，大数据结合移动互联网的互动发展局面，体现以下三个方面：①优化网络，提升性能。通过采集网络中各系统的数据，并结合大数据技术进行分析，及时找到需要改进的地方，从而有针对性地进行调整。②精准营销、提升服务质量。大数据技术从业务、受众等维度对数据进行分析，从而得到业务的画像，以及业务之间的关联度，为运营商实施精细化营销提供有力的保障。③用户体验管理，个性化服务。以用户为中心，利用大数据将以前的被动服务转变为主动关怀，大大提升用户的满意度。

6.3 移动互联网应用及其大数据产业

移动互联网是在数据承载网络之上，通过可表示、可处理、可信赖的方式将海量、多元、动态的跨媒体数据有效组织起来，通过多网协同传输方式进行高效分发和传输的网络新形态。支持海量内容的采集与生成、集成与推荐、分发与呈现，提供任何时间、任何地点、任何通道、任何终端、任何质量、任何内容的跨界服务。

2015 年 7 月 23 日，中国互联网络信息中心发布《第 36 次中国互联网络发展状况统计报告》，这一报告指出：移动商务类应用发展迅速，互联网应用向提升体验、贴近经济方向靠拢。截至 2015 年 6 月，我国手机网民规模达 5.94 亿人，较 2014 年 12 月增加 3 679 万人，网民中使用手机上网的人群占比由 2014 年 12 月的 85.8% 提升至 2015 年 6 月的 88.9%，随着手机终端的大屏化和手机应用体验的不断提升，手机作为网民主要上网终端的趋势越来越明显。伴随着手机网民的快速增长，移动商务类应用成为拉动网络经济增长的新引擎。2015 年上半年，移动支付、移动网购、移动旅行预订用户规模分别达到 2.76 亿人、2.70 亿人和 1.68 亿人，半年度增长率分别为 26.9%、14.5% 和 25.0%。

6.3.1 国际现状及我国发展水平

移动视频大数据服务日益增长。根据 Cisco 第十次年度 Visual Networking Index（VNI）[7] 预测，到 2019 年，IP（Internet Protocol，即互联网协议）视频将占全球 IP 流量的 80%，比 2014 年的 67% 有明显增加，超过三分之二的全球 IP 流量源于移动连接。移动视频数据服务已经成为移动互联网大数据相关产业新的驱动力。智能手机、平板电脑、车载电视等传统移动视听终端继续保持高速增长，在视频服务质量、便捷性、内容 / 体验方面有着强大的视频服务刚性需求。另外，具备 VR/AR（virtual reality augmented reality，即虚拟现实 / 增强现实）功能的可穿戴设备、无人机 / 移动机器人等新型智能移动设备，将延伸移动互联网视频大数据的范畴，催生以 M2M（machine-to-machine，即机器到机器）视频为中心的新型移动大数据服务。

移动终端成为视频服务竞争的主战场。网络视频用户持续从 PC 端向移动端转移，根据中国互联网络信息中心 2015 年《第 36 次中国互联网络发展状况统计报告》[2]，截至 2014 年年底，手机端网络视频用户规模达 3.13 亿人，与 2013 年年底相比增长了 6 611 万人，增长率为 26.8%。网民使用率为 56.2%，相比 2013 年年底增长 6.9 百分点。手机视频的用户规模和使用率仍然保持增长态势，增速已明显放缓。另外，企鹅智库和腾讯视频近日发布的《中国网络视频大数据报告》[8] 显示，网络视频已经进入移动时代，使用手机观看网络视频的比率逐年上升，网络视频用户的手机使用率达到 71.9%，首次超过 PC。手机视频直播服务在 2015 年快速增长。随着 4G 网络的快速普及，直播应用又呈现出复兴的趋势。Twitter 收购手机视频直播应用服务 Periscope 成为引爆点，Meerkat、Camio、LIVEhouse.in 等都受到风投追捧。国内也迅速跟进，趣看、易直播、网易 BoBo 等迅速成为热门的手机 APP 应用。

移动电子商务市场潜力巨大。在移动互联网时代，打破行业界限，打通上下游产业链，整合信息搜索、搜集、分析、购买、享用、评价等功能，提供线式服务的模式已是大势所趋。而对于移动互联网商业模式的探索，目前聚焦在移动电子商务。新浪微博与阿里巴巴结盟、腾讯微信设立公众账号、百度推出微购，其核心都是通过移动电子商务实现应用价值。通过移动大数据的特征，研究面向移动电子商务的大数据收集、存储和分析技术，关联大量用户的购物、网页浏览、应用使用、社交网络等行为数据，从多个维度构建用户模型，构成用户大数据，并开发基于地理位置的移动电子商务新应用，以用户的位置信息、机型、时间等信息为基础，结合用户个人使用信息，实时刻画消费者的需求，优化产品营销。

绿色节能需求更加迫切。随着移动互联网规模的增长和各类应用和服务产业的开发，终端、基站、传输等的能量消耗日益提高。根据工信部《工业节能“十二五”规划》，“十一五”期间，信息产业每年的能源消耗同比增长 20%。移动互联网大数据服务产业的进一步发展需要面对资源和能耗的双重约束，节能增效和打造绿色信息技术是互联网未来可持续发展的重要保障。

6.3.2 关键产品分析

视频大数据平台基础技术。面向视频大数据的云存储、云转码、云分析、云传输① 等基础性平台级技术，将为视频大数据服务提供关键技术支撑。云服务巨头纷纷推出面向视频大数据的计算、存储和网络服务，如亚马逊的弹性转码云服务、微软 Azure 的多格式直播转码云服务、腾讯媒体云、阿里 CDN（content delivery network，即内容分发网络）服务等。可以预期，这些基础性的平台技术将继续沿着高扩展、大容量、高效率、虚拟化和智能化的维度演进。

新型移动终端产品。继谷歌眼镜之后，微软 Hololens 全息眼镜、Facebook 的 Oculus 等新型可穿戴计算设备，除了提供更高品质的服务（如超高清、360 度全景视频）外，还具备社交性、虚拟 / 现实交互性和沉浸式的体验。此外，大疆的无人机和 SBRH（Soft Bank Robotics Holdings，即软银机器人控股公司）仿人机器人等新型的

① 云传输包括 CDN3.0、LTE/5G 和下一代广播网等。

服务型智能终端，具备包括视频在内的环境数据采集和视觉计算分析能力，配合云端的更强大的 AI（aitificial intelligence，即人工智能）数据分析，可以提供智慧城市、智慧安防、智慧家庭等更加丰富的智慧型服务。

节能增效基础技术。移动互联网的能耗既来源于移动设备、基站等多种设备，也来源于网络的组网、接入、感知、传输等环节。各个国家分别提出各类计划从设备节能到网络节能展开研究，如英国的 GreenRadio 计划，欧盟的 EARTH、C2Power、TREND 计划，以及跨国产学研联盟 GreenTouch 计划等。可以预期，节能增效基础技术的发展将迎来一个快速的发展，从形成完整的理论体系到实际应用演进，从设备节能到网络优化节能，甚至从节能技术发展到获能技术，进一步提高能量的利用效率。

6.3.3 产业环境分析

移动互联网视频大数据服务产业面临新的机遇和挑战。现有产业链布局主要集中在手机、平板等传统移动终端上的视听娱乐，产业链各方，包括内容生产商、内容提供商、网络服务商和消费类电子终端厂商等，已走过高速发展阶段，增长缓慢，视频内容 / 体验 / 质量、易用性、价格比成为竞争的关键。另外，视频大数据的细分市场和垂直应用成为新的增长点和牵引力，特别是结合新式的可穿戴、无人机、机器人等终端能力和技术支持，可孕育出新的“移动互联网视频 +”产业，形成具备沉浸式和实景感的新式教育、医疗、旅游、交通、物流、社交、安全等大数据应用。例如，Oculus Cinema 在最新的 Cinema 应用更新中，增加了“多人”观影模式，可以让你同携带虚拟现实设备的朋友一起观看同一部影片，提供更多的社交乐趣。

6.3.4 重点技术分析

移动互联网视频大数据服务方面，重点需要攻克面向视频大数据的媒资管理技术、云端视频非线性编辑及高效编转码技术、视频大数据内容分析及视觉分析技术、内容为中心的网络分发技术（content centric distributed network, CCDN）、异构网络环境下（5G/LTE、Wifi、广播）的富媒体智能传输技术、面向新型终端的智能可视化及增强显示和交互技术等。

数据采集和云存储技术。通过对用户行为的精准追踪完成数据采集，将收集的数据统一存放在云上，并向应用开发商提供统一数据标准和数据接口，研发适用于海量异构数据管理的数据处理模型和分析挖掘技术。通过虚拟化、集群和分布式文件系统，备份和恢复、安全及节能等技术，将网络中大量的、各种不同类型的存储设备协同工作，实现“按需存储”。

节能增效技术。需要深入理解信号能量转换机制，利用数据时空相关性挖掘多点协作和数据融合的可能性，研究能量获取机理，进一步优化网络通信数据总量，减少冗余数据传输，降低信息传播成本，从而突破联合资源调度，达到以绿色可持续发展的方式解决网络发展所面临的网络流量、频率资源、建设成本和网络融合等问题，以灵活、高效、经济的方式满足用户获取高质量、高可信、个性化的服务需求。

跨媒体大数据深度处理技术。国务院于2015年7月发布了《关于积极推进“互联网+”行动的指导意见》（国发〔2015〕40号），将“互联网+”人工智能作为11项重点任务之一，这为推动跨媒体大数据深度处理提供了机遇。对跨媒体深度处理的目的是获取可供行动的信息（actionable information），以采取及时、有价值的决策，从而服务于个体与群体，即跨媒体大数据深度处理的流水线为“从数据到知识，再到行动和服务”流水线，也就是说，大数据处理的最终目的还是服务于不同领域的个体和群体。

6.4 无线移动网络产业

6.4.1 国际现状及我国发展水平

LTE 4G全球快速发展，全球移动设备供应商协会（Global mobile Supplier Association，GSA）最新发布的《LTE演进报告》（*Evolution to LTE report*）[9]显示，截至2015年6月底：全球142个国家的419个LTE 4G网络投入商用，全球4G基站数达到约267万座；其中TD-LTE网络数约占30%，基站数占比达40%。

在国内网络建设方面，中国自主研发的TD-LTE 4G明显领跑国内4G基站建设。截至2015年6月底，中国建成4G基站134万座，其中TD-LTE基站占比超过70%，具体数据如下：中国移动建成TD-LTE 4G基站94万座，中国电信建成4G基站总数25万座，中国联通部署4G基站数也超过15万座（其中TD-LTE 4G基站1.7万座）[10]。

中国设备制造厂商已经成为全球4G设备主流供应商，2014年中国4G设备的70%是由国内企业提供；预计未来一段时期，国内4G系统设备市场将保持国内厂商为主、国外厂商为辅的格局。

随着中国TD-LTE 4G网络产业的快速发展，中国4G用户正进入爆发式增长阶段。截至2015年6月底，中国4G用户超过2.25亿人，4G用户渗透率达到17.4%。其中，中国移动TD-LTE 4G用户数超过1.9亿人，TD-LTE用户数占比超过80%[11]。

6.4.2 关键产品分析

移动网络产业链核心产品主要包括智能化的无线接入产品和新一代虚拟化网络产品。

（1）智能化的无线接入产品。随着LTE网络的进一步部署，LTE网络呈现出异构融合的特点，对系统网络产品的要求更加多元化。随着宏基站的规模部署广域覆盖问题得以解决，小基站产品成为扩容的主力之一，SON（self-organizing network，即自组织网络）智能化技术在实现异构融合组网起到重要作用。

（2）新一代虚拟化网络产品。光传输设备向高速大容量方向发展，高速光接入

设备、光交换设备、核心路由器设备速率进一步提升，以软件定义网络（software defined network，SDN）和网络功能虚拟化（network function virtualization，NFV）为代表的新技术设备成为业界重点，网络处理器和网络操作系统等成为布局重点。

6.4.3　产业环境分析

在大唐电信、中国移动、华为、中兴等中国企业的大力推动下，TD-LTE 4G已形成以中国企业为主导，全球上下游产业链共同参与的完整、成熟产业生态系统，实现了我国移动通信产业发展由“3G追赶”到“4G同步”的根本性突破。

随着国内三大运营商4G网络建设进程的加快，2015年将迎来LTE网络全面爆发阶段。中国移动为了进一步巩固在4G网络覆盖上的优势，2015年计划新建4G基站30万个以上。中国电信及中国联通则加大LTE FDD/TD-LTE混合网络建设的投入，两者新建基站规模也将达到50万个。预计，三大运营商2015年在4G网络建设上的投资规模与2014年相当，保持在2 500亿元左右；而4G用户会比2014年翻一番以上，达到两亿户。

另外，未来的第五代移动通信（5G）也正成为全球研发热点。目前，欧盟、中国及日韩等众多5G研究组织，在5G愿景、需求、目标、能力、关键技术、标准化和频谱等方面进行前瞻性研究。2015年将完成IMT—2020国际标准前期研究，2016年将开展5G技术性能需求和评估方法研究，2017年年底将启动5G候选方案征集，2020年年底将完成标准制定。

6.4.4　重点技术分析

随着4G的商用和成熟，全球无线网络的技术重心逐步转移到5G。而未来的移动通信技术将不再是单一技术的演进，而是多种技术的共同组合体。5G技术创新主要来源于无线技术和网络技术两方面，具体表现如下。

（1）无线接入技术的创新。大规模天线阵列，在现有多天线的基础上通过增加天线数可支持数十个独立的空间数据流，将多用户系统的频谱效率提升数倍，对满足5G系统容量与速率需求起到重要的支撑作用。超密集组网，通过增加基站部署密度，可实现频率复用效率的巨大提升，但考虑到频率干扰、站址资源和部署成本，超密集组网可在局部热点区域实现百倍量级的容量提升。新型多址技术，通过发送信号在空/时/频/码域的叠加传输来实现多种场景下系统频谱效率和接入能力的显著提升。全频谱接入，通过有效利用高低频段、授权与非授权频谱、对称与非对称频谱、连续与非连续频谱等资源来提升数据传输速率和系统容量。

（2）无线核心网技术的创新。未来的5G网络将是基于SDN、NFV和云计算技术的更加灵活、智能、高效和开放的网络系统。5G网络架构包括接入云、控制云和转发云三个域。接入云支持多种无线制式的接入，融合集中式和分布式两种无线接入网架构，适应各种类型的回传链路，实现更灵活的组网部署和更高效的无线资源管理。5G的网络控制功能和数据转发功能将解耦，形成集中统一的控制云和灵活高效的转发云。控制云实现局部和全局的会话控制、移动性管理与服务质量保证，并构建面向业务的网络能力开放接口，从而满足业务的差异化需求并提升业务的部署效率。转发云基于通用的硬件平台，在控制云高效的网络控制和资源调度下，实现海量业务数据流的高可靠、低时延、均负载的高效传输。5G 网络架构的发展会存在局部变化到全网变革的中间阶段，通信技术与 IT 技术的融合会从核心网向无线接入网逐步延伸，最终形成网络架构的整体演变。

6.5 移动终端芯片产业

由于我国移动终端企业在已基本具备规模竞争的实力，但是移动终端芯片仍属于薄弱环节，因此本部分在移动终端产业分析基础上，重点对移动终端芯片进行分析。

6.5.1 国际现状及中国发展水平

4G 终端已经成为当前移动终端的主流，随着 4G 用户的规模增长，中国 4G 终端呈现高速增长，成为市场主流出货的机型。根据中国信息通信研究院数据显示，2015 年 1 ～ 6 月，国内 4G 手机出货量 1.95 亿部，上市新机型 552 款，同比分别增长 381.8% 和 58.6%，分别占总量的 82.2% 和 71.0%，大部分 4G 手机技术上均支持 TD-LTE[12]。

国际移动终端芯片厂商竞争进一步加剧。国际领先的移动终端芯片厂商高通，不断推出包括同时支持七模芯片等高端芯片，但由于受到 MTK（Media Tek Inc.，即中国台湾联发科技股份有限公司）等其他移动终端芯片的价格冲击和三星等传统合作客户订单减少的影响，其移动终端芯片销量和毛利均出现明显的下滑。

随着我国自主创新并主导的 TD-SCDMA 3G 和 TD-LTE 4G 相继成功商用，我国移动终端芯片产业整体实力明显提升，与国际领先水平的差距已经明显缩小，涌现出了华为海思、展讯、大唐联芯、锐迪科等一批初具规模的移动终端芯片厂商。与此同时，我国移动终端企业整体崛起，国内国际市场占有率大增，给我国移动终端芯片厂商带来更好的发展机会。

6.5.2 关键产品分析

移动终端芯片产业链核心产品包括应用处理器、基带芯片和射频收发芯片等[13]。

2014 年，我国应用处理器的出货量达到 10.7 亿块，同比增长 23.1%，市场规模达到 507 亿元，同比增长 24.4%，但增长率较 2013 年分别下降 7.6 百分点和 6.2 百分点。

基带芯片国产化有所突破，但高端市场竞争力仍需增强。2014 年，3G 基带芯片市场规模继续扩大，其中高通占据了总市场 38.6% 的份额，规模达到 23.7 亿元，同比增长 18.5%。 4G 方面，高通市场份额仍占据首位，其余份额被 MTK、展讯、大唐联芯等企业占据。

射频收发芯片主体市场被国外企业占据，国内企业有一定发展。2014 年，射频收发芯片市场份额如下 ：Qualcomm 占据市场 37.2% 的份额，排名第一位 ；其次为 MTK，占据总市场 28.8% 的市场份额；展讯以 15.4% 的市场份额排名第三位。

6.5.3　产业环境分析

经过五年的快速发展，智能终端市场的增长预计将放缓 , 移动终端芯片的整体市场规模将继续增大，但是增速将进一步放缓。

政策环境方面一直向好。2014 年 6 月工信部发布了《国家集成电路产业发展推进纲要》，并成立国家集成电路产业投资基金。我国移动终端芯片产业实力将进一步增强，随着移动终端品牌的崛起，国产化移动终端芯片占比将稳步上升，特别是在 TD-LTE 4G 等自主产业中取得明显的优势。

6.5.4　重点技术分析

（1）芯片制造工艺进一步提升。随着通信技术的发展，对芯片工艺技术要求进一步提升，摩尔定律继续有效。2G 大规模商用发生在 180 纳米工艺 ；3G 商用开始于 65 纳米工艺，大规模商用在 40 纳米工艺 ；4G 商用开始于 28 纳米工艺，并向 16 纳米工艺演进；5G 终端芯片门槛提升到 14 纳米工艺，面向 10/7 纳米工艺。

（2）移动终端芯片集成度不断提升。芯片在功能和性能提升的同时，还要保持合理的低功耗水平，以适应手持终端的续航能力，以及无处不在的物联需求。随着移动终端芯片相关功能日趋丰富，要求移动终端芯片支持 3G/4G/5G/WLAN/ 导航 / 蓝牙 / 卫星等不同通信技术集成，同时要支持不同的处理能力及丰富的外设接口，移动终端芯片的集成度将持续提升。

（3）应用处理器的架构体系不断演进，多核趋势明显。通过在一个单芯片上集成多个微处理器核心来提高程序的并行性，从而带来功耗低、扩展性好、易于实现等优点，单芯片多核化趋势将更加明显。

6.6　移动互联网大数据服务产业发展重点案例

6.6.1　TD-LTE 4G 政府指导、产业学研用相结合的技术产业创新体系

我国企业主导的 TD-LTE 4G 国际标准已实现产业化和规模商用，国际竞争力显著提升。在 TD-LTE 4G 创新发展的过程中，政府指导、产学研用相结合的技术产业创新体系是成功的关键因素之一。以大唐、华为、中兴等为代表的核心企业与中国信息通信研究院、清华大学、北京邮电大学、北京大学、西安电子科技大学、成都电子科技大学东南大学等研究机构密切合作，在新一代宽带无线移动通信网国家科技重大专项的大力支持下，突破 TD-LTE 4G 关键技术，确保 TD-LTE 成为 4G 移动

通信国际标准。中国移动充分发挥在国际运营商阵营中的影响力，增强我国企业在3GPP（3rd Generation Partnership Project，即第三代合作伙伴计划）、ITU（International Telecommunication Union，即国际电信联盟）等国际标准化组织的话语权，通过发挥中国巨大消费市场带动作用的TD-SCDMA 3G形成良好产业基础，大力促进TD-LTE 4G产业链快速成熟。大唐、华为、中兴积极参与推动TD产业联盟工作，TD联盟成员达到90多家，在推动无线移动通信产业发展和标准影响力等方面发挥重要作用。中国移动发起成立的TD-LTE全球发展倡议组织有效促进了TD-LTE的国际合作和全球推广。华为、大唐、中兴加强专利和知识产权全球布局，仅三家便占据了全球LTE 4G基础专利的20%，成为全球重要的LTE 4G专利权人；大唐等企业在TD-LTE 4G基础专利的占比更高。特别是，我国政府同时向国内运营商发放三张TD-LTE 4G牌照，为TD-LTE发展提供了巨大的市场支持，TD-LTE在全球范围内的规模商用，使TD-LTE产业竞争力增强，使Wimax运营商全面向TD-LTE迁移，改变了全球4G发展大格局。因此，政府指导、产学研用相结合的TD-LTE 4G技术产业创新体系为我国移动通信实现从3G“追赶”到4G“同步”，再到5G“引领”奠定了基础。

6.6.2 共享资源的商业模式

在互联网时代，人和人之间可通过互联网等技术平台，以高效方式分享彼此的财产、时间和技能等闲置资源，这催生了“你物我用”共享资源形式的新商业模式。例如，Amazon、腾讯云、UCloud等公司给中小企业提供和分享云服务；司机在闲暇时愿意通过专车平台来为客户提供服务的Uber模式。

共享资源的商业模式正在打破原有的市场格局和传统的商业模式，让普通人可以直接通过网络进行资源交易，这些互联网交易平台降低了交易成本，也为创新提供了更多空间。

在2015年政府工作报告中，国务院总理李克强首次提及“把以互联网为载体、线上线下互动的新兴消费搞得红红火火”，这是中国政府总理第一次从共享资源角度，辅以跨媒体数据融合、线上线下互动、跨界智能服务角度来阐述共享资源的商业模式。随着移动互联网的迅猛发展，共享资源的商业模式不仅可将线上流量直达线下，还可以精准匹配离消费者最近的服务，通过线上线下完美融合来实现共享资源的商业创新服务，从而使餐饮、医疗、家居、出租等行业产生颠覆式改变。

6.7 中国移动互联网与大数据服务产业发展问题及趋势分析

6.7.1 面临的问题和挑战

相较“十二五”初期，中国移动互联网应用产业整体实力已全面显著提升。中

国移动互联网应用产业的发展与管理当前面临以下四方面挑战。

一是核心技术能力仍处于追踪研发向创新引领转化的演进阶段，中国移动互联网应用产业核心技术实力提升迅速，但相较全球先进水平，中国产业界在大数据、人工智能等应用相关核心技术的创新研发方面整体实力仍待强化。在与移动应用发展紧密关联的人机交互技术、智能硬件技术等趋势性关键领域，中国产业界也亟待加速积累以实现全线突破。

二是产业基础平台长期受制于人，影响移动应用产业整体长期自主可控发展，底层移动操作系统平台的缺失限制了高速演进中移动智能终端基础软、硬件效能面向中国移动应用产业发展的全面灵活按需释放，谷歌移动服务（Google mobile service）等系统原生服务更是凭借“主场优势”对中国众多关键移动应用服务在全球市场的进一步拓展构成重大制约，并对中国市场本土应用的长期领军形成潜在的严重威胁。

三是市场体制机制欠完善的发展现实迟滞移动互联网 + 的快速全面深化落实，作为全球最大的发展中国家，中国市场化体制机制仍不完备，各线下传统行业发展阶段不一、地区情况参差、管制策略迥异，随着当前移动互联网应用服务全面加速渗透变革线下，各领域创新的移动互联网 + 应用势必将对原有传统产业造成一系列深度影响冲击，在此过程中欠完善的市场体制机制将进一步迟滞移动互联网 + 的快速全面落地，移动互联网 + 应用产业的高效发展亟待持续着力突破中国市场体制机制现存的一系列制约瓶颈。

四是监管挑战持续放大，一方面单一移动应用普遍混合融入诸多技术功能特性，并逐步向传统领域延伸，传统监管模式体制受到冲击，另一方面随着移动应用技术能力的持续全面扩展升级，其获取的用户信息越发私密，潜在危害能力呈指数上升趋势，此外利用系统后门及漏洞的恶意移动应用呈爆发性增长，严重危害用户合法权益，中国移动互联网应用监管体系亟待随动升级。

相较“十二五”初期，中国无线移动通信和移动终端芯片产业已经取得了长足进步，整体实力已经大为提升，但仍面临以下四方面的挑战。

一是面临 5G 技术创新和产业化加速发展的挑战。中国在 3G、4G 时代的自主创新为 5G 发展奠定了良好基础，在重大专项和相关政策的支持下，中国 5G 开局良好，但是要实现引领全球 5G 发展的宏伟目标，5G 的技术创新、标准化、演示验证和商用化进程需要进一步提速。

二是面临 TD-LTE 4G“走出去”和行业专网的应用进一步加速的挑战。目前，我国自主创新的 TD-LTE 4G 在国内市场已经取得了骄人成绩，起到了很好的示范作用，但是 TD-LTE 在海外市场“走出去”，仍有较大的发展空间；随着国家“一带一路”等战略的实施，TD-LTE 在海外市场需要进一步提速。拓展 LTE 在行业专网的应用上的深度和广度。近年来，TD-LTE 行业专网在广电、铁路、电力、石油、政务、国防等行业已经初见成效，但是对跨行业应用的深度和广度仍需加强提速并统一规划，形成规模竞争力。

三是面临频谱资源短缺和再利用的挑战。移动互联网的爆发式增长，导致数据流量急速增长，这给无线频谱资源提出了极高的要求。如何在高频段引入新增频段，以及如何对低频段频谱资源重新规划和再利用是解决频谱资源短缺的重要方面，也是各方关注的焦点。

四是面临移动终端芯片整体竞争力进一步增强的挑战。半导体工艺是移动终端芯片的发展基础平台，移动终端芯片对工艺的依赖度相对较高。目前国内半导体工艺仍处于相对落后的局面，相对于国际先进厂商滞后一两代，将制约我国移动终端芯片产业乃至集成电路产业的整体发展。在国家产业政策的支持下，我国本土移动终端芯片企业经过多年积累，实力不断增加，但是集群优势还很薄弱，整体竞争力仍需增强。

当前，在移动互联网及其大数据深度应用方面，存在以下挑战。

一是海量跨媒体数据深度处理能力不足。当前大数据驱动的机器学习有效方法无疑首推深度学习。与手工构建的特征不同，深度学习一般将无监督逐层预训练和有监督微调有机结合起来以实现端到端方式的特征学习，其基本动机在于构建多层网络来学习隐含在数据内部的关系，从而使学习得到的特征具有更强表达力和泛化能力。在大规模数据上所进行的实验已经表明：通过深度学习所得到的特征在自然语言处理（词向量学习）、知识图谱构建、图像分类和语音识别等领域表现了良好性能。但是海量跨媒体数据深度处理能力仍然不足，尚难以在商业智能推荐等方面得到应用。

二是难以刻画移动互联网级的群体智能行为，为城市 / 社会提供更加智能化管理服务。传统人工智能强调算法展现专家级的个体智能能力，如 IBM（International Business Machine，即国际商业机器人公司）的国际象棋博弈深蓝等。但是，随着移动互联网开始通过海量数据与人类群体相连来提供各种服务，如何汇聚群体智慧，形成群体使能服务，成为当前无线互联网跨媒体 O2O 跨界服务需要突破的难点问题。这需要从众包数据中提取群智，从先前“互联网 + 信息”构成模式，向“移动互联网 + 群体”构成模式转变，形成“群体在回路”（crowd-in-the-loop）的计算模式，即群体既是计算所服务的对象，也是被计算的对象。在美国国家科学基金会“大数据科学与工程核心技术”项目资助下，加利福尼亚州大学伯克利分校组建了 AMP（Algorithms, Machines and People）实验室，AMP 实验室的宗旨就是从算法实现、架构搭建和群体参与三个方面有机集成来推进人工智能的研究。

6.7.2 “十三五”期间移动互联网与大数据服务产业发展趋势分析

1. 移动互联网应用产业继续高速发展

“十三五”期间，移动互联网将仍然是这个信息通信业里面最具活力、创新最快和规模最大的领域。伴随 Web 技术、大数据、人工智能、传感器、柔性屏、交互技术、5G 等关键技术的持续升级，新一轮的创新与变革将在移动互联网领域逐步显现。创造新产业，移动互联网向各个经济领域延伸，在 2014 年产生了 1.6 万亿美元的价值，并成为全球第 11 大产业，其增长速度远高于传统房地产、金融等领域。催生新业态，移动互联与物联网融合、传统产业不断融合，将会形成空前的市场，与此同时 APP 经济正加速向第一和第二产业不断延伸。打造新生态，当前全球基本形成了谷歌、苹果、微软“两大一小”的垂直一体化产业格局，通过超级 APP 模式及 HTML5（hyper text markup language 5，即超文本语言标记版本五）技术，在操作系统之上，构建轻型水平化生态系统或将成为业界关注的又一焦点。带动新应用，借助终端本身的移动性、便捷性，更多颠覆性移动应用将诞生。例如，移动支付通过各类 APP 在公共交通、零售行业、餐饮行业得到普及，LBS（location-based service，即基于位置的服务）与打车服务结合形成全新的交通应用服务，传感及网络能力提升将带动新型应用在移动视频、移动教育、移动医疗等领域普及。开启新模式，云端整合已成为当前重要趋势，其在未来趋势将越发明显，此外通过移动互联与传感、交互、精准定位等技术相结合，将开启更多 O2O 及其他跨界领域的模式创新。

2. 移动互联网+

移动互联网 + 连接和数据、人和服务，推动以互联网为载体的大数据服务产业迅猛发展。正如李克强总理在政府报告中正式提出制订“互联网 +”行动计划所言，将推动移动互联网、云计算、大数据、物联网等与现代制造业结合，促进电子商务、工业互联网和互联网金融健康发展，引导互联网企业拓展国际市场。

移动互联网 + 可理解为利用移动互联网络所具有的自由、平等、开放、合作和交互等特点，把传统行业结合起来，在新的领域创造一种新的生态。

为了抢占移动互联网 + 的入口，国内互联网公司不遗余力。例如，2014 年为了抢占地图入口，阿里收购高德，腾讯则入股四维图新，力图使其商业生态在汽车导航、O2O、车联网、智能硬件等领域均可以得到延伸。据 2015 年 2 月百度发布的《移动互联网发展趋势报告 2015 贺岁版》显示：持续多年的智能机人口红利将于 2015 年结束，行业格局固化移动互联网马太效应凸显，BAT 三家占据移动端 Top20 APP 中的 17 个，生态控制力强于 PC 端。BAT 在移动端所占据的媒体时长近 60%，控制力同样超过 PC 端。

3. 自主创新将引领全球5G技术、标准和产业发展

中国自主创新引领 5G 技术创新。在无线技术领域，中国在 128 大规模天线阵列、超密集组网、新型多址和高频段传输等技术方面进行了大量创新，在基于滤波的正交频分复用（filtered orthogonal frequency-division multiplexing，F-OFDM）、基于非正交特征图样的图样分割多址技术（pattern division multiple access，PDMA）、灵活双工、终端到终端（device to device，D2D）、多元低密度奇偶检验码、车联网、海量物联网终端连接、动态频谱共享等系列新技术方面成果显著；在网络技术领域，中国在基于软件定义网络、网络功能虚拟化，以及以用户为中心的接入网等新型网

络架构技术方面也实现突破。未来5G系统将融合卫星通信，通过星上多天线波束赋形、星间通信与交换技术、终端小型化、近地宽带通信卫星等关键技术，形成空、地和海的全方位、多层次、多网络互连互通的5G无线通信网络，不断满足随时随地高速数据传输的需求。

在5G的产业化应用创新方面，中国5G在低速大连接的物联网领域和低时延高可靠领域将实现创新突破，5G在车联网、卫星移动通信、工业互联网等领域的融合创新不断推进，5G对中国移动互联网产业与传统产业的变革和升级起到积极的推动作用。

随着5G技术的成熟发展，5G的关键技术演示验证和标准化工作即将展开，在IMT—2020PG（Internationl Mobile Telecommunications—2020 Promotion Group，即国际电信联盟2020推进组）等组织的统一协调下，在国家政策支持下，在产业界和学术界等社会各界的共同努力下，中国将有望全面引领5G技术、标准和产业化发展。

4. 移动终端芯片产业垂直整合加速，中国企业迎来发展新阶段

移动终端芯片产业垂直整合趋势明显。随着集成电路工艺的不断演进，集成电路先进工艺的研发和建设成本持续攀升，集成电路的设计、制造、材料、装备、封测等产业链之间的垂直整合加剧；移动终端芯片产业的集成度随着工业的演进不断提升，从应用处理器、通信基带、连接性、电源管理到射频等功能不断集成到片上系统（system on chip，SoC）中，产业垂直整合的趋势将进一步加速。随着“中国制造2025”等战略的推进和智能制造产业发展，移动终端芯片在工业等传统行业的应用也将进一步深化，移动终端芯片的基础作用将进一步增强。

随着中国移动互联网产业的整体大发展，在中国集成电路产业政策的支持下，中国移动终端芯片企业将迎来新的发展阶段。一是产业规模将从第二梯队向第一梯队挺进，“十三五”期间，中国作为全球最大的智能终端市场的带动作用得到进一步释放，中国4G/5G技术标准优势将进一步体现，加上中国终端品牌的整体崛起，中国移动终端芯片整体竞争力将得到明显提升，在产业规模上从国际第二梯队向国际前三的第一梯队挺进。二是技术水平从“跟随”向“引领”转变。当前，中国移动终端芯片产品在制程工艺、设计能力和设计水平等方面均已具备相当基础，但是在制造工艺、产品优化、高端产品设计与制造能力等方面，与国际最领先的水平仍有一定差距，“十三五”期间，在国家集成电路产业基金的支持下，在中国5G等自主创新产业协同推动下，技术水平的差距将进一步缩小。

5. 人工智能成为移动互联网大数据服务产业中亮点

1956年，斯坦福大学John McCarthy教授(1971年图灵奖获得者)、麻省理工学院Marvin Lee Minsky教授(1969年图灵奖获得者)、信息理论之父贝尔实验室的Claude Elwood Shannon、IBM的Nathaniel Rochester四位学者在美国达特蒙斯(Dartmouth)大学首次提出了“人工智能”这一术语，指出“人工智能”研究目标是实现能模拟人类的机器，机器能使用语言，具有概念抽象和理解能力，完成人类自

身才能完成的任务，并且不断提高机器自身。本质上而言，传统人工智能是研究、开发用于模拟、延伸和扩展人的智能的理论、方法、技术及应用系统的技术科学，其目标是让机器像（单一）个体一样思考和学习，从而理解世界。

进入21世纪初期，随着大数据涌现、互联网普及、众包平台成熟和脑机接口技术进步，海量数据通过互联网与群体相连且服务于群体大众，这些新特点使对人工智能基本理论和方法的研究开始出现新的变化，这些变化也使人工智能新的应用呈现勃勃生机。与此一致，国内外大型互联网公司不再将人工智能单纯作为一种理论研究，而是将其作为推动公司重大应用的利器，纷纷成立了与人工智能相关的实验室，如Google、Facebook、百度和阿里巴巴等分别成立了深度学习实验室或机器学习研究院等。2014年12月，美国斯坦福大学发起了被称为“人工智能100年”(100-year study on AI)的计划，这个计划的核心观点如下：人工智能是众多科学中意义最为深远的研究之一，它影响了人类生活的每一个方面。

6.8　促进移动互联网与大数据服务产业发展的政策建议

为有效应对当前中国移动互联网应用产业面临的一系列挑战，建议发展与管理并重，科学高效地推动中国移动互联网应用产业长期健康发展：一是大力扶持移动互联网应用企业聚焦开展应用核心技术的研发，鼓励移动应用企业同步布局人机交互、智能硬件等热点技术，同时引导移动应用领军企业持续投入研发移动操作系统基础平台，以支持我国移动应用产业长期自主可控发展。二是探索以功能管理为基础的管理，不同于传统互联网应用功能定位的明晰唯一特征，当前移动互联网应用功能混杂/融合特征极为显著，单一应用集成的功能、涉及的领域高度复杂，在此背景下，建议构建以移动应用功能属性为基础的全新分级分类管理体系，以适应混杂/融合这一区别于传统互联网业务形态的移动互联网应用发展关键特征。三是多部门联动应对移动互联网+监管挑战，移动互联网应用已超越传统线上范畴，向线下传统产业全面渗透延伸，传统行业监管体系亟待同步延伸线下，以打造多部门科学联动机制，对涉及新闻、出版、教育、医疗保健、药品和医疗器械等领域的移动应用进行内容前置审批，对其他移动互联网+应用开展事中、事后响应处理，以法律为依据合力加速中国移动互联网+应用全面深化落地。

坚持开放化原则，使移动互联网的设施和技术能服务于市场和群众。各类数据有序开放和获取，在高效开发服务应用和有效保护用户隐私方面取得合理平衡。对各类服务提供商的机构资质、内容、市场规范、违规监管等方面进行明确的规定，从集成业务、内容管理、运营规范、终端管理等环节入手，使移动互联网成为最优质人才和资源不断创新的源泉和基地。

为加速中国5G产业发展，建议采取以下四点措施。一是持续加大国家科技重大专项等研发资源支持力度，加快5G关键核心技术突破，掌握5G核心技术知识产权，争夺5G标准话语权，保持中国3G、4G已经建立的技术与标准领先地位，努力实现5G技术与标准引领全球发展。二是研究并尽早确定中国5G频谱分配方案，满足未来5G高容量需求。三是加强产业链薄弱环节，突破瓶颈，提前部署5G关键芯片、核心元器件研发和产业化进程。四是优化专利和知识产权保护的法律和商业环境，鼓励在中国移动通信核心企业依托TD-LTE 4G专利优势，加强知识产权商业模式探索；严格执行知识产权相关法律，加强5G核心专利和知识产权的保护和运用。

参考文献

[1] 洪京一．移动互联网产业发展报告(2014—2015)：走向融合和纵深发展的移动互联网产业．北京：社会科学文献出版社，2015.

[2] Ericsson.Ericsson mobility report，2015.

[3] 工业和信息化部电子科学技术情报研究所．移动互联网产业发展报告（2014—2015）．北京：社会科学文献出版社，2015.

[4] 中国互联网络信息中心．第36次中国互联网络发展状况统计报告，2015.

[5] 艾瑞咨询.2014年移动互联网核心数据，2015.

[6] 艾媒咨询.2015中国O2O到家服务市场研究报告，2015.

[7] Cisco.第十次年度Visual Networking Index（VNI），2015.

[8] 企鹅智库，腾讯视频．中国网络视频大数据报告，2015.

[9] GSA.Evolution to LTE report，2015.

[10] TD产业联盟.TD产业联盟行业观察，2015，第5期.

[11] 工业和信息化部.2015年6月份通信业经济运行情况，2015.

[12] 中国信息通信研究院.2015年6月国内手机市场运行分析报告，2015.

[13] 赛迪顾问．大唐集成电路产业外部分析报告，2015.

审稿：高　文

第 7 章

网络空间安全产业

吴曼青　程　静　邹　维　刘科科　周　文　李睿深　徐心毅

【内容提要】本章对“十二五”期间网络空间安全产业的发展现状、发展经验进行总结，对网络空间安全产业新的发展趋势进行了深入剖析。一方面，网络空间安全与大数据、云计算、移动互联网等新一代信息技术融合发展加速，相应的数据安全、云计算安全、移动互联网安全成为产业发展的新热点。另一方面，为了实现《中国制造 2025》[1] 提出的国家战略目标，大力发展自主可控安全产品，重点关注工业控制系统安全，以及加快网络空间安全服务业发展将成为“十三五”期间的重点产业发展方向。

网络空间建构在由信息技术基础设施构成的相互依赖的网络之上，是在线交流发生的载体，它包括在各行业中所使用的互联网、电信网、计算机系统，以及嵌入式的处理器和控制装置等。网络空间建构通常还用于描述信息所处的数字环境，即人与人之间的交互。

网络空间安全是一种确保网络空间能抵御有意或无意的网络威胁并具备风险管理、应急响应、恢复等安全能力，是一种确保将网络空间风险保持在一个可接受的最小限度的保护状态。其所涉及的安全要素既包括传统信息安全所涉及的机密性、真实性、完整性、非否认性、可用性、可控性等技术要素，还包括用以保护网络环境、机构及用户资产的各种工具、安全管理、安全科研教育、法律法规、标准技术、国家战略等要素。

“十二五”期间工信部出台了《信息安全产业“十二五”发展规划》[2]，促使我国网络空间安全产业蓬勃发展，核心技术产品研发取得一定突破，形成一批掌握自主知识产权的龙头企业，自主可控产业链初具规模。我国网络空间安全产业环境进一步完善，2015 年 3 月，“大众创业，万众创新”被提升到中国经济转型和保增长的“双引擎”之一的高度，这将极大地激发网络空间安全企业和从业人员的创新热情；2015 年 6 月“网络空间安全”被列为国家一级学科，这将填补我国网络空间安全专业人才的巨大缺口；首部《中华人民共和国网络安全法（草案）》[3] 于 2015 年 7 月公布，这标志着网络空间安全已上升到国家战略层面。这些政策的提出为“十三五”期间网络空间安全产业的发展奠定了良好的基础，我国网络空间安全产业迎来重大历史发展机遇。

7.1 网络空间安全产业的概念及范畴

网络空间不再是虚拟空间，时至今日网络空间中发生的一切与国家、民族、集团和个人已经实实在在紧密相关。因此，网络空间安全显得尤为重要，而网络空间安全产业的最终目标就是保障国家网络空间安全，为国家重要信息系统、企业信息系统及公共应用系统提供可持续的安全技术、安全产品和安全服务。

近年来，网络空间攻防环境正在发生快速变化。第一，攻击者的动机已不再是技术突破，而是更具功利性。受政治、经济、意识形态等多方面的影响，攻击者正在形成拥有强大技术和经济实力的有组织的攻击团体。第二，攻击者的目标选择更明确，攻击更为专注。第三，针对工业控制系统的攻击事件日益频繁，说明网络空间攻防战场正在从通用网络向专用网络逐步扩展。此外，云计算、虚拟化、大数据、移动互联网等新一代信息技术的快速应用，在为用户提供更为灵活、实用的 IT 应用及服务模式的同时，也不可避免地引入了新的安全问题，并对当前的网络空间安全防护能力提出新的挑战。网络空间安全形势的变化为网络空间安全产业的发展带来了新的挑战。网络空间安全产业覆盖底层基础的元器件提供商、安全芯片提供商、安全系统软件提供商、开发工具提供商；中间一级的安全设备提供商、安全应用软件提供商；更高一级的安全集成提供商；还包括专业安全服务提供商。目前，软硬件产品提供商仍是产业链价值最高环节，但随着网络空间安全形势、安全防御理念的发展变化，网络空间安全产业已经呈现由单一产品向整体安全防御解决方案转变、由软硬件产品向安全防御应用和服务转变的趋势。

7.2　网络空间安全产业发展现状分析

2014 年 2 月，中央网络安全和信息化领导小组正式成立，由习近平总书记亲自担任组长。领导小组统筹协调各个领域网络安全和信息化重大问题，网络空间安全产业的发展得到政策环境大力支持。2015 年 7 月《中华人民共和国网络安全法（草案）》的颁布标志我国网络安全法律法规体系逐步建立。产业环境逐步完善，产业规模迅速增长，自主可控技术产品取得重大突破，市场份额增多，安全体系、标准化工作进步显著。

7.2.1　网络空间安全产业发展总体现状分析

网络空间安全问题日益严峻，一方面，世界各国都已将网络空间安全上升为国家战略，国家间网络空间安全的竞争呈常态化；另一方面，巨大经济利益诱惑黑客组织呈产业化发展，网络入侵呈规模化、组织化发展。网络空间安全事件频发，国家重要信息系统、企业信息系统及公众隐私受到严重威胁，这极大地催化了全球网络空间安全产业的发展。2014 年全球信息安全产业规模达到 1 383.08 亿美元，比上年同期增长 9.7%，见表 7.1，其中网络监管、信息基础设施安全防护、企业信息安全体系建设、数据安全成为主要发展推动力。

表 7.1　2012 ～ 2014 年信息安全产业规模及增长率 [4]

年度		2012	2013	2014
全球	销售额 / 亿美元	1 151.92	1 260.78	1 383.08
	增长率 /%	9.3	9.5	9.7
中国	销售额 / 亿元	216.40	265.52	321.28
	增长率 /%	20.9	22.7	21.0

我国网络空间安全产业起步较晚，在《信息安全产业“十二五”发展规划》大力推动下快速发展，国家关键基础设施信息系统、企业信息系统、个人隐私网络安全需求大增，促进我国网络空间安全产业迅猛发展，2014 年产业规模达到 321.28 亿元，比 2013 年增长 21.0%，见表 7.1。

1. 自主可控产业链发展现状

我国大力推进网络空间安全领域的自主创新发展，2014 年国家颁布了一系列文件 [5～7]，在银行、电信、互联网等行业推进自主可控关键软硬件应用，建立自主可控信息技术长效机制，提倡政府部门采用国产操作系统并逐步向商用和民用领域推广。

积极的政策环境促进自主可控产业链日趋完善。在信息基础设施、基础软件、信息安全产品、应用软件、网络安全服务等行业确立了一批龙头企业，如中科龙芯、浪潮、中标软件、启明星辰、卫士通、绿盟科技、北信源等。这些龙头企业拥有自主知识产权，虽然其技术和产品与国外同类技术和产品存在一定差距，但基本可以实现对国外产品的替代。一批龙头企业的发展壮大，较好地带动了产业集群发展，企业自发建立产业联盟，形成联合开发、优势互补、利益共享、风险公担的战略合作组织，打造了良好的自主可控产业生态圈，推动自主可控产业链整体向前持续发展。

2. 网络空间安全技术和产品的发展现状

伴随新一代信息产业的发展，网络空间安全技术和产品需求日益增长，在国家科技专项的持续支持下，网络空间安全技术和产品逐步成熟、不断创新。安全操作系统、安全芯片等基础技术取得一定进展，自主密码技术取得较大突破，安全认证技术、可信计算技术取得丰硕成果。我国商用密码产品与技术体系已经基本成熟，拥有了自主知识产权和高安全性的全系列商用密码算法。国云科技联合中国科学院云计算中心研制的面向政府和企业客户的 G-Cloud 操作系统，拥有自主知识产权，并通过国家信息安全评测中心最高安全级别认证，是我国网络空间安全领域近年自主、安全、可控技术产品的重大突破。

3. 网络空间安全服务的发展现状

网络空间安全是综合性问题，国家级和企业级用户需求已从单一产品向面向行业的针对性网络空间安全解决方案转变，产业核心价值从“产品和技术”向“应用和服务”转变。安全硬件产业比重逐渐下降，安全软件与安全服务比重上升，根据赛迪研究院统计数据显示，2014 年，全球网络空间安全硬件产业占比下降至 45.4%，见表 7.2，安全软件和安全服务产业占比总和超过一半；同期中国网络空间安全产业仍以安全硬件细分产业为主，安全软件与安全服务产业占比略有扩大，分别为 37.0% 和 8.7%，见表 7.2，但与全球网络安全服务产业占比 20.4% 的规模相比，还存在很大差距。

表 7.2　2014 年信息安全产业产品结构 [4]　　单位：%

产品结构	硬件	软件	服务
全球	45.4	34.2	20.4
中国	54.3	37.0	8.7

4. 网络空间安全标准的发展现状

我国网络空间安全标准化工作取得显著成效，逐步融入国际体系。截至 2014 年 10 月，信息安全标准委员会正式发布国家标准 142 项，范围涵盖信息安全基础、安全技术与机制、安全管理、安全评估，以及保密、密码和通信安全等多个领域，有力地保障了国家和社会的网络安全。我国信息安全标准体系的逐步完善，为我国各项信息安全保障工作，如云计算服务网络安全管理、政府信息系统安全检查、信息系统安全等级保护、信息安全产品检测与认证及市场准入等，提供了强有力的技术支撑和重要依据。

7.2.2 工业控制系统安全产业

工业控制系统多应用于电力、交通、石油化工、核工业等国家关键基础设施中，近年来信息化与工业化深度融合发展，工业系统越来越多地采用标准、通用的通信协议及软硬件系统，甚至连接到互联网等公用网络，其网络空间安全问题凸显。

1. 工业控制系统安全产业国际现状及我国发展水平

据权威工业安全事件信息库（repository of security incident，RISI）统计，自2011年以来，工业控制系统相关安全事件数量大幅度上升，以“震网”“火焰”为代表的针对工业控制系统病毒的爆发，使世界各国加大力度研发设计工业控制系统的网络空间安全防护技术。美国、德国等发达国家和地区加大对工业控制系统网络空间安全的投入，以西门子、施耐德、罗克韦尔等为主的国际大型工业控制系统制造商掌握核心技术产品，处于行业领先地位。

我国政府高度重视工业控制系统网络空间安全，并在政策制定、技术标准研制、科研基金支持、促进行业内合作等方面大力推动。但我国工业控制系统安全产业尚处于起步阶段，缺乏有国际竞争力的核心技术产品及一体系化安全解决方案。

2. 工业控制系统安全产业关键产品分析

信息化与工业化的深度融合，以及物联网、云计算等多种新一代信息技术的发展与应用，给工业控制系统安全产业带来新的挑战。传统的工业控制产品生产厂商，如海天炜业、力控华康等，在工业控制领域有一定技术积累，可以快速推出工业控制安全设备。但这些厂商在网络空间安全领域积累不足，所以推出的工业控制系统安全设备主要为访问控制类产品，如工控防火墙、工控隔离网关等。另外，绿盟科技、启明星辰、卫士通等网络安全企业，利用自身在信息安全领域的技术积累，开发针对工业控制系统的网络安全产品，如绿盟科技发布的工控漏洞扫描系统是我国首款工业控制系统漏洞扫描产品。

3. 工业控制系统安全产业链及产业环境分析

目前我国工业控制系统安全产业链尚未形成，传统工业控制系统生产厂商和信息安全企业以各自技术优势为突破点取得一定市场份额，但无法贯穿自动化系统所有层级，尤其缺乏针对工业控制系统的安全服务。产业环境上，应加大政策引导，促进传统工业控制系统生产厂商和信息安全龙头企业的合作，优势互补，推动我国工业控制系统安全产业快速发展。

4. 工业控制系统安全产业重点技术分析

工业控制系统的特点要求网络安全防护产品不仅覆盖传统信息设备，如操作系统、交换机、路由器、弱口令、文件传输协议服务器、Web服务器等，还需要覆盖工业控制系统中所特有的设备和系统，如数据采集与监视控制系统、分布式控制系统、现场总线等。工业控制系统安全产业重点技术可以分为网络边界防护技术、安全协议技术和安全控制器技术三个方面。

网络边界防护技术主要包括身份认证、访问控制、审计与核查、系统与通信保护等。安全协议技术主要包括对工业通信协议等采取安全措施。通过直接修改协议、增加认证功能，或者不修改现有协议、增加信息安全层两种方式增加通信双方的认证过程。安全控制技术包括基于控制命令和传感器的测量值，预测物理系统应有的现象，从而判断是否受到攻击者的影响；并在控制器算法设计时将攻击因素考虑在内，设计出一种可以抵御攻击的控制算法。

工业控制系统安全服务则主要解决对安全评估技术，不仅要覆盖对漏洞的评估，还需要对一些关键系统的配置及主流工控协议进行安全评估。在评估工业控制系统安全的同时还需保障业务的连续性和健康性，这是工业控制系统安全的另一技术特点。

7.2.3　云计算安全产业

近年来云计算已广泛应用于政府机构、企业机构，在云计算环境下，应用和操作均基于开放的网络，获得了空前的计算能力，同时也面临严峻的网络空间安全威胁。国际云安全联盟发布的《云安全指南》指出[8]，云计算安全完整的生命周期中，理想的云计算安全状态至少应该包括安全治理、识别、访问控制、数据保护及审核，最终实现安全即服务。

1. 云计算安全产业国际现状及我国发展水平

云计算安全已经成为云计算应用推广的关键因素，同时也带来了新的产业契机。Gartner 研究报告[8]预测：随着越来越多的企业采用云计算安全服务，云计算安全服务市场规模 2015 年将增长到 31 亿美元，2017 年将高达 41.3 亿美元。云计算安全产业目前处于发展壮大阶段，由于云计算庞大的架构，市场的细化，需要联合更多的云计算安全企业共同解决云计算安全问题。国际云安全联盟自成立以来，已有 Google、CISCO、Intel、McAfee、TREND、Symantec、绿盟科技等云计算安全的先行者加入，并与国际信息系统审计协会（Information System Audit and Control Association，ISACA）、开放式 Web 应用程序安全项目（Open Web Application Security Project，OWASP）等业界组织建立了合作关系，为推动国际云计算安全产业发展及国际规范与本地云计算安全产业发展发挥重要作用。我国云计算安全产业目前处于起步阶段，云安全产业联盟尚未形成、安全标准工作急需推进。

2. 云计算安全产业的关键产品分析

云计算安全产品从服务对象可分为公共云计算安全、私有云计算安全及混合云计算安全；从服务层次可分为基础设施服务（infrastructure as a service，IaaS) 安全、平台即服务（platform as a service，PaaS)安全、软件即服务（software as a service，SaaS)安全。据Gartner报告[9]显示，云计算安全市场主要产品如安全邮件/Web网关、身份和访问管理（Ideutity & Access Management，IAM)、远程漏洞评估、安全信息和事件管理等将迎来发展高峰期。企业需求量最大的安全邮件网关服务，2015年将升至9.42亿美元，2017年将达10亿美元。此外，基于云端的IAM、云加密、安全信息和事件管理（Security Information and Event Management，SIEM）漏洞评估增长最强劲，基于云端的IAM到2015年将增长至8.6亿美元，2017年12亿美元，年复合增长率高达28.3%。云加密、安全信息和事件管理属于云计算安全市场的新热点，领域增长潜力巨大。

3. 云计算安全产业的产业链及产业环境

云计算安全产业链条包括云计算安全环境、云计算安全设计、云计算安全部署、云计算安全交付、云计算安全管理，再到云计算安全咨询，是一个闭环。目前我国云计算安全产业链各方较为松散，国内各企业机构对云计算安全理念持不同的见解，虽然有绿盟科技、阿里云等云计算安全行业领先者，但目前难以形成产业龙头带领产业集群的发展态势。我国云计算安全产业环境正逐步完善，政府加大政策支持，企业间不断创新合作模式，传统IT企业、云计算企业加速转型，以适应云计算安全产业多元化、开放式的发展需求。

4. 云计算安全产业重点技术分析

IaaS安全是云计算安全体系的基础，既有传统数据中心的安全特性，又有云计算安全的新特点。IaaS平台大量采用虚拟化技术，包括虚拟服务器、虚拟存储、虚拟网络，甚至虚拟交换机等，虚拟化安全成为其面临的最大安全风险。虚拟化软件安全技术和虚拟化服务器安全技术成为IaaS安全的重点发展方向。

PaaS层处于云计算平台的中间，主要解决云计算数据中心大规模服务器群的协同工作问题。PaaS安全关键技术主要有分布式文件和分布式数据库安全技术，主要解决复杂的分布式同步机制并发操作带来的数据安全隐患；用户接口和应用安全技术，主要通过检验用户代码的可靠性及避免接口过多暴露，来组织攻击者对内存空间等系统资源、其他用户，甚至底层平台进行攻击。

SaaS安全主要解决成百上千个用户共享同一软件平台所带来的用户数据安全问题。SaaS关键技术主要有数据隔离技术、数据加密、数据切分、数据屏蔽、数据删除技术等。

通用云计算安全技术，主要解决云计算环境中，用户跨域访问资源时的安全问题，尤其是目前云计算模式下服务商(IaaS、PaaS、SaaS)所支持的标准并不健全，大力发展云加密与密钥管理、身份识别与访问控制等技术，对访问共享资源的用户进行统一的身份认证管理，以满足企业对监测管理、隐私性和数据保护的需求。

7.2.4 网络空间安全服务产业

网络空间安全领域的创新发展，使安全技术、产品的配置和维护需要大量专业人员，因此越来越多的客户通过寻求安全服务来降低运维成本，这促使安全产品、技术提供商向安全服务商转型，网络空间安全服务业的市场份额逐年增长。

1. 网络空间安全服务产业国际现状及我国发展水平

据 Gartner 研究报告预测[10]，2011 年的全球安全服务市场规模 351 亿美元，2012 年有 383 亿美元，而到 2015 年预计将超过 491 亿美元。与北美与欧洲安全服务业发展较为成熟的国家和地区相比，中国网络空间安全服务产业尚处于起步阶段，缺乏核心技术产品，服务规范不完善，2015 年市场份额仅为 8.7%，如表 7.2 所示。

2. 网络空间安全服务产业的关键产品分析

网络空间安全服务产品涵盖系统部署、集成、软件支持、硬件维护与支持，以及安全测试评估、咨询、规划等。从应用客户可以划分为国家、企业和个人用户的网络空间安全服务。由于目前新一代信息技术在各行各业的快速发展，针对三个层级客户的安全服务产品既有交叉又各具特点。例如，云计算的广泛应用，使云计算安全产品以云安全服务的方式推广成为发展趋势，本部分将其列为单独产业方向来研究。

在互联网、大数据、国产化替代的大趋势下，国家和企业客户面临的问题越来越相似，开展测试评估服务、安全预警服务尤为迫切。测试评估服务，一方面需要对国外产品进行安全漏洞和“后门”测试，另一方面也需要对国产化替代产品的安全性进行测试评估。监测预警服务，通过对网络状态、流量、配置、漏洞等进行持续监测，对高级持续性威胁攻击、分布式拒绝服务、网络入侵、僵木蠕等网络攻击进行预警。

3. 网络空间安全服务产业的产业链及产业环境

目前我国网络空间安全服务产业链亟须成熟，一方面安全产品厂商应加速向安全服务转型，另一方面信息系统安全集成服务商目前主要从事对信息系统进行安全加固、安全优化的工作，需要结合技术发展趋势，开发自主可控的核心安全产品。我国网络空间安全服务产业环境尚未形成、行业准入壁垒制约因素依旧存在，安全服务规范、标准尚不完善。

4. 网络空间安全服务产业重点技术分析

网络空间安全服务的发展趋势是采用托管安全服务为用户提供安全外包服务，在这种模式下，安全服务商替机构管理其网络安全设备 (防火墙和入侵检测系统) 及数据流 (如网络、内容或电子邮件过滤)。托管安全服务的核心是共享资源专业安全人员，以解决企业网络空间安全维护专业人员短缺及成本较高的问题。采用托管安全服务需要重点发展以下技术。

数据安全加密技术。安全服务商提供服务的同时，对所服务客户有一定的访问权限。采用加密技术及密钥管理确保数据安全，不发生数据泄露事故。当前中国采用国外密码算法较为普遍，可托管安全服务模式下，商用密码产品的国产化替代成为发展趋势。对于国家级客户，其核心机密数据关系到国家安全，应由国家级专业安全团队提供网络空间安全服务。

身份验证技术。由于托管安全服务存在使内部防火墙管理工具暴露在互联网上的风险，这些服务器的身份验证系统必须提供强大的多因素身份验证，以确保较高的安全防护水平，否则攻击者可能会修改服务密码或阻止企业管理或访问这些服务器。

7.3　中国网络空间安全产业发展问题及趋势分析

7.3.1　中国网络空间安全产业发展面临的问题分析

1. 多头管理、职责分散

我国已设立网络与信息安全协调小组，但网络空间安全领域涉及行业众多，导致该小组统一协调工作难度较大。此外我国网络空间安全领域存在多头管理现象，多个部门涉及信息安全产业管理，导致决策权分散、规则冲突、操作效率低、执行难度大；此外各管理部门间缺乏充分的沟通和协调，难以形成合力，对重大网络空间安全问题、核心安全技术的研究工作持续性不够，这使我国网络空间安全产业发展面临瓶颈[4]。

2. 产业发展滞后需求增长

《信息安全产业“十二五”发展规划》指出：到“十二五”期末形成30家信息安全业务收入过亿元企业，力争培育信息安全业务收入达50亿元的骨干企业，以目前行业内的骨干企业规模来看，尚难在期内实现这一目标。目前我国缺乏专门为国家级客户提供网络空间安全服务，解决国家级网络空间安全问题的专属企业；也缺乏提供行业解决方案和完整产品线的专业网络空间安全企业，缺乏可以带动产业集群发展的龙头企业；同时我国网络空间安全企业在核心技术、关键产品和服务上创新能力不足，产业链关键环节尚未有效突破。

3. 自主可控普及任重道远

目前我国重点领域网络与信息系统中的绝大部分元器件、通信协议及网络设备依赖国外；应用于党政军部门的信息安全管理系统、操作系统、数据库、服务器等设备的国产化率较低。自主可控软硬件尚未得到普及，应用推广任重而道远，系统应用核心软硬件设备的自主化突破已成为必须攻克的战略性课题；同时自主可控软硬件产品在技术、产品稳定性、兼容性、技术规范、标准化等方面与国外同类产品存在一定差距，以自主可控为基础的国产化替代任重道远。

4. 网络空间安全服务业亟须完善

网络空间安全服务业得到国家的高度重视，传统安全企业结合自身技术特色推出相应安全服务，加速向安全服务商转型。但是我国网络空间安全服务体系不完备、缺乏规范，这使安全服务业依旧是我国网络空间安全产业的薄弱环节。我国既缺乏相当规模、高质量的专业安全服务提供商，又缺乏大量的相关专业人才，导致我国安全服务体系建设缓慢。

5. 产业环境尚需完善

2015 年 6 月“网络空间安全”获批国家一级学科，这将极大补充我国对层次、复合型专业安全人才的需求。2015 年 7 月《中华人民共和国网络安全法（草案）》的颁布为网络空间安全实践提供了强有力的制度保障，对完善我国网络空间安全产业环境、促进产业发展起到积极促进的作用。这两项重要举措将积极促进我国网络空间安全产业环境不断完善，但同时我们也应看到目前政策法规方面对创新和知识产权保护不足，企业间存在恶性竞争，有实战经验的高级安全人才缺乏等问题。

7.3.2 “十三五”期间网络空间安全产业发展趋势分析

1. 网络空间安全产业总体发展趋势

面对网络空间日益严峻的威胁与挑战，我国政府高度重视网络空间安全产业的发展，不断加大在电信、金融、能源等国家关键基础设施重要信息系统的网络空间安全建设，关键领域网络空间安全产品逐步实现国产化替代，自主创新产品日趋多元化，网络空间安全产业规模逐年递增，据赛迪报告研究显示（表 7.3），到 2017 年我国网络空间安全产业规模将达 619.87 亿元，产业结构上仍以网络设备等硬件信息安全基础设施为主，围绕软件、服务的信息安全细分产业将有不同幅度的增长，见表 7.4。

表 7.3　2015～2017 年中国信息安全产业规模及增长率预测 [4]

年度	2015	2016	2017
产业规模 / 亿元	398.39	503.96	619.87
增长率 /%	24.0	26.5	23.0

表 7.4 2015～2017 年中国信息安全产业产品比例结构预测 [4] 单位：%

年度	硬件	软件	服务
2015	53.2	38.4	8.4
2016	52.9	38.6	8.5
2017	51.9	39.1	9.0

2. 网络空间安全与新一代信息技术广泛融合

1）移动互联网领域成为网络空间安全新战场

移动互联网的网络空间安全问题主要涉及移动设备安全、移动应用安全及移动环境安全三大方面。工信部颁布《关于加强电信和互联网行业网络安全工作的指导意见》[5] 特别强调“移动应用商店和应用程序安全管理，督促应用商店建立程序开发者真实身份信息验证、应用程序安全检查、恶意程序下架、恶意程序黑名单、用户监督举报等制度，建立健全移动应用程序第三方安全检测机制”。移动互联网“云＋端”的发展模式也为网络空间安全产业的发展带来了新的机遇，一方面用户海量隐私信息汇聚云端，云计算安全产品及服务需求显著增长；另一方面移动终端功能（存储、定位、拍摄）日益强大，用户获取共享信息的能力显著增强，导致对用户监管难度增加，因此移动互联网舆情监管产品及服务存在巨大发展机遇。

2）网络空间安全与大数据互为支撑

大数据技术的广泛应用催生了新类型的网络空间安全产品。一类是利用大数据技术进行安全防御的产品，主要包括利用大数据技术对网络、终端、数据库、应用和身份与访问管理系统数据进行被动防御，以及针对潜在攻击的主动防御，用于发现攻击行为的安全性大数据收集系统将成为网络空间安全产业的新兴热点。另一类是保护大数据应用安全的产品，主要包括开放化数据环境安全、非结构化数据存储安全。

3. 网络空间安全与《中国制造 2025》

《中国制造 2025》[1] 是中国版的“工业 4.0”，以全球制造业格局和中国经济发展环境重大变化为背景，提出中国制造强国建设三个十年的“三步走”战略。《中国制造 2025》是第一个十年的行动纲领，提出提高国家制造业创新能力、推进信息化与工业化深度融合、强化工业基础能力、加强质量品牌建设和全面推行绿色制造五大重点任务。

网络空间安全产业是《中国制造 2025》大力推动的新一代信息技术产业，既是建设《中国制造 2025》的重要任务之一，也是实现这一战略的重要保障，具体表现在以下几个方面。

1）网络空间安全是实现自主可控的关键环节

目前国内自主可控信息系统在处理器、操作系统、数据库、中间件等关键领域取得了技术突破。软硬件之间的兼容适配、测试验证等工作也全面展开，在一定范围内进行了规模化应用。然而，目前自主可控信息系统“标准化、系列化、通用化”发展滞后，行业内缺乏自主可控产业标准和规范支撑；自主软件和硬件相对独立开发，相互间的技术协同和融合不够，导致从底层硬件到上层软件之间的整合优化不够。这些问题导致应用自主可控信息产品的系统存在脆弱点与较高的安全风险，一方面需要大力开展网络空间安全核心技术产品的自主研发工作，加强系统安全一体化设计；另一方面需要大力发展网络空间安全服务业务，开展自主可控信息系统的测试评估、监测预警、安全维护等高质量专业服务。

2）网络空间安全是强化工业基础能力的重要保障

《中国制造 2025》的重要任务之一是推进信息化与工业化深度融合，智能制造是两化融合的主攻方向。新型生产方式将逐步实现生产过程智能化，随之而来的网络空间安全问题也更加严峻，已全面融入企业研发、生产、管理和服务各个环节。另外，互联网在制造领域应用的深化也使网络空间威胁常态化。《中国制造 2025》为强化工业基础能力，统筹核心基础零部件、先进基础工艺、关键基础材料和产业技术基础“四基”发展，突破国外垄断。但是目前很多核心元器件，如芯片制造等，其生产线还建在国外，在生产过程中存在“被植入后门”，遭受网络空间攻击的风险。我国在推进“四基”发展建设中，应统筹网络空间安全与“四基”一体化设计。

3）提升我国网络空间安全企业品牌

《中国制造 2025》战略鼓励我国企业追求卓越品质，形成具有自主知识产权的名牌产品，不断提升企业品牌价值和中国制造整体形象。2014 年网络空间安全产业呈现全面繁荣的景象，在市场竞争机制下，相关企业逐步分化，掌握核心技术产品和服务的网络空间安全企业在市场竞争中占据主导地位，不良企业被淘汰，产业格局逐渐明朗。另外，全民创新、万众创业带来更广阔的互联网发展空间，也为网络空间安全提供了更多的产业机会。近些年，传统互联网巨头企业，如腾讯、阿里巴巴、百度等公司，通过入股或收购中小信息安全企业布局网络空间安全产业。华为等设备提供商也利用其在网络设备、软硬件产品的技术研发优势，不断开发相关网络安全产品。这些龙头企业的品牌效应及市场容量有助于其网络空间安全产品的推广，这是快速树立我国网络空间安全产业品牌的一条有利途径。

7.4 网络空间安全产业发展重点案例

7.4.1 网络空间安全国家队

2015 年，以网络空间安全为主业的中国电子科技网络信息安全有限公司（简称中国网安）作为中国电子科技集团（简称中国电科）的子集团正式注册成立，标志

着我国网络空间安全国家队正式组建。中国网安的架构包括上市平台（卫士通信息产业股份有限公司）、研究所（中国电科 30 研究所、中国电科 33 研究所）、子公司、事业部等。

中国网安拥有强大的核心技术产品研发实力，旗下拥有两大国家级重点实验室，即保密通信国防科技重点实验室和中国电科网络空间安全技术重点实验室。前者是国内密码和信息安全基础理论研究和创新基地、国家和国防密码与信息安全关键核心技术研发中心。后者重点研究网络空间安全体系架构、网络空间监测预警与威慑反制、网络空间安全防御等方面，可提升国家层面监测预警、应急响应和威慑反制能力。

作为网络空间安全的国家队，中国网安重点针对党政军、国家关键基础设施信息系统、工业控制系统、企事业单位，构建云防御平台、大数据平台，提升漏洞挖掘和未知攻击分析的核心能力，开展互联网、专网等监测预警服务。中国网安实施以密码技术为核心的高安全级网络和信息系统产品研发，提供自主可控、安全可信的一体化高安全关键基础设施和典型行业信息系统解决方案，支撑党政军高安全级业务需求，同时带动和促进国产自主基础软硬件的产品化应用。

7.4.2　信息安全专业公司

在网络空间安全上升为国家战略的新形势下，以及在积极的产业政策指引下，我国网络空间安全企业蓬勃发展，一批有实力的信息安全专业公司发展壮大。研究并推广其中先进企业的发展经验，有助于我国网络空间安全产业的可持续发展。

北京神州绿盟科技有限公司（简称绿盟科技）在前沿技术、业务模式、全球市场等多方面坚持基础扎实，战略清晰，稳步推进路线，公司整体稳健发展，2014 年被授予“国家级企业技术中心”。绿盟科技在业务模式方面积极创新，在 2010 年就建立并开始运营“云安全运营中心”，自主研发建设大规模的云安全系统。在 2014 年，公司提出并实现了软件定义安全架构，并与业界领先的云计算服务提供商进行了卓有成效的联合实验性运营部署，取得了显著成果。在技术创新方面，绿盟科技针对以高级持续威胁为代表的新型威胁，开发出新的产品-威胁分析中心及下一代威胁防护解决方案。深入研究漏洞挖掘的规模化、流水线化和工业化方法，提高漏洞分析的速度和能力，探索大规模威胁响应系统的建模与实践，建立闭环响应体系。在开拓国际市场方面，2014 年，绿盟科技基本完成全球市场布局，在美国、日本、伦敦、新加坡建立子公司，大力发展多样合作模式，2014 年海外市场销售收入达 350 万美元。同时，绿盟科技致力于打造信息安全产业链，建立信息安全生态圈，2014 年，投资 / 收购了 5 家专业安全公司，业务拓展至数据安全及网络内容安全、国产操作系统、邮件安全等领域，行业带头示范性强，逐步成为我国网络空间安全龙头企业。

7.4.3　网络空间安全创业者

技术创新是网络空间安全产业发展的核心基础，不断涌现的创业者、创业公司是产业发展的生力军。“大众创业，万众创新”成为我国经济发展的“新引擎”，这将鼓励更多的青年才俊投入网络空间安全领域的创新、创业。研究网络空间安全领域创业者的成功发展经验，值得未来创业者仔细思考和学习。

北京知道创宇信息技术有限公司（简称知道创宇）成立于2007年，是国内最早提出网站安全云监测及云防御的高新企业，致力于帮助用户应对变化多端的互联网安全威胁，赢得了企业、政府与公共机构的青睐。知道创宇的成功源于创业者不断开拓。知道创宇的创办者赵伟自学网络安全技术，曾加入技术尖端的网络小组“绿色兵团”，后又成为迈克菲高级安全研究人员，因创办知道创宇，入选福布斯“中美30位30岁以下创业者”榜单并在安全界具有强大影响力。知道创宇集结了大批年轻创业者，拥有一个汇聚大量高端黑客技术人才的安全实验室，负责网络安全漏洞挖掘及分析，并建立了庞大的云监测集群和云防御集群，形成了知道创宇全球网站安全态势感知体系。目前知道创宇已发展为国内具备顶级技术实力的网络安全公司之一。

7.5 促进网络空间安全产业发展的政策建议

1. 统一国家产业战略规划，建立强大网络空间安全产业基础

国家需要统一产业战略规划，统筹建立中国自主可控网络空间安全产业基础。首先，必须在关键、核心信息技术和产品上实现突破，逐步摆脱危机四伏和受制于人的被动局面。其次，政府要加强对自主可控产业的扶植政策。在事关国家安全的核心领域，重点扶持有实力的国内龙头企业，提高中国网络空间安全市场的战略性地位。

2. 设立网络空间首席安全官，落实网络空间安全产业政策与措施

“责任落实”是网络空间安全产业政策和措施落地的先决条件，如《中华人民共和国网络安全法（草案）》中规定设立网络安全责任人及责任制等。因此需要重视网络空间首席安全官的设立，并明确安全责任制度，使网络空间安全产业政策和措施能“落实到岗、责任到人”。

3. 加速网络空间安全标准化工作

结合当前和未来的网络空间安全发展形势，尽快制定网络空间安全标准，进一步提高标准质量，积极应对新的突出问题和共性问题。各级政府应积极研究改进标准化工作，加强对标准研制过程的管理，加大对重点标准的支持力度，确保标准质量。建立标准评价机制，将公众和同行的参与度作为标准评价依据。

参考文献

[1] 国务院 . 中国制造 2025，2015.
[2] 工业和信息化部 . 信息安全产业“十二五”发展规划，2011.
[3] 全国人民代表大会常务委员会 . 中华人民共和国网络安全法（草案），2015.
[4] 赛迪顾问 .2014—2015 年中国信息安全产业发展研究年度报告，2015.
[5] 国务院 . 国家集成电路产业发展推进纲要，2014.
[6] 工业和信息化部 . 关于加强电信和互联网行业网络安全工作的指导意见，2014.
[7] 中国银监会 . 关于应用安全可控信息技术加强银行业网络安全和信息化建设的指导意见，2014.
[8] 国际云安全联盟 . 云安全指南，2011.
[9] Gartner. 2014 年全球云安全服务市场趋势，2013.
[10] Gartner. Forecast：Security service market.Worldwide，2011.

审稿：吴曼青

生物产业篇

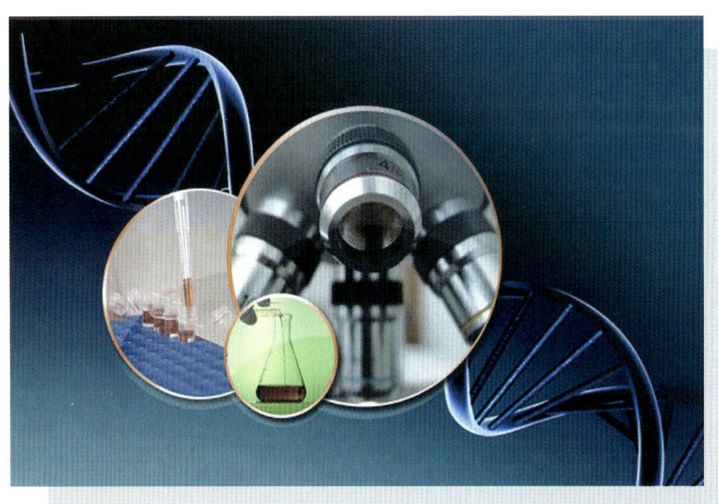

1. 生物产业内涵与定位

生物产业是以生命科学和生物技术为基础的知识密集型产业，是由生物医药、生物医学工程与生命健康服务、生物制造、生物农业、生物能源、生物环保等产业构成的庞大产业群，是当今世界经济中正在蓬勃兴起和迅猛发展的一个战略性新兴产业。目前生物产业正处于产业生命周期中的迅速成长阶段，全球生物产业进入加速发展的新时期，对解决人类健康、资源、环境，以及农业、工业等关乎人类社会的重大问题将产生深刻影响。目前，世界许多国家都不约而同地把生物产业作为新的经济增长点来培育，加速抢占"生物经济"制高点。

2. "十二五"期间我国生物产业发展现状

生物医药产业总体规模增大。2013 年，我国生物医药制造业实现产值 2.1 万亿元，同比增长 17.9%，年均增长率保持在 15% ～ 30%，化学药和中药仍为行业主导，企业小散弱格局尚未改变。

生物医学工程产业增长迅速，2013 年，我国医疗器械行业实现产值 1 900 余亿元，"十二五"期间，重点推进生物影像技术的研究与开发，高强度超声聚焦治疗系统、高端医疗诊断服务等新方向快速发展。但与发达国家相比仍存在较大差距，表现为产业规模仍很小，技术和产品创新能力仍不足，产业集中度低，产业创新发展受相关政策制约等。在生命健康服务方面，以华大基因研究院、北京基因研究所、国家人类基因组南方研究中心、上海生物芯片工程中心等为代表的基因组研究开发基地建立了先进的基因组测序平台，基因测序能力已进入世界前列。

生物农业产业培育取得重要进展，规模不断扩大。农作物种业市场产值达到 650 多亿元。畜禽水产养殖量及产量均居世界前列。我国可生产农药品种达 500 多个。生物饲料产业的市场总值达到每年 180 亿元，并以年均 20% 的速度递增。

生物制造产业取得长足发展，传统发酵行业产能过剩问题亟待解决。2013 年发酵工业主要产品总产量 2 429 万吨，居世界第一位，产值达 2 780 亿元。但我国的生物制造还主要停留在如谷氨酸、柠檬酸等技术含量相对较低的大宗传统发酵产品上，并且这些行业均面临一定程度的产能过剩，致使行业利润快速下滑，主要企业面临严峻的经营挑战。相关产业亟须进行转型升级，向更高性能、精细化及多元化下游衍生品进行拓展。2012 年我国医药工业各子行业占全行业比重如图 1 所示。

3. 国外生物产业的发展趋势

1）全球药品市场增速趋缓，化学药物创新难度增大，生物技术药物成为创新药物重要来源

根据美国 BioPlan Associates 的统计与分析，全球生物医药产业 2013 年全球产值约达到 1 997 亿美元。在 2010 ～ 2020 年保持 13.5% 以上的年增速，到 2020 年将

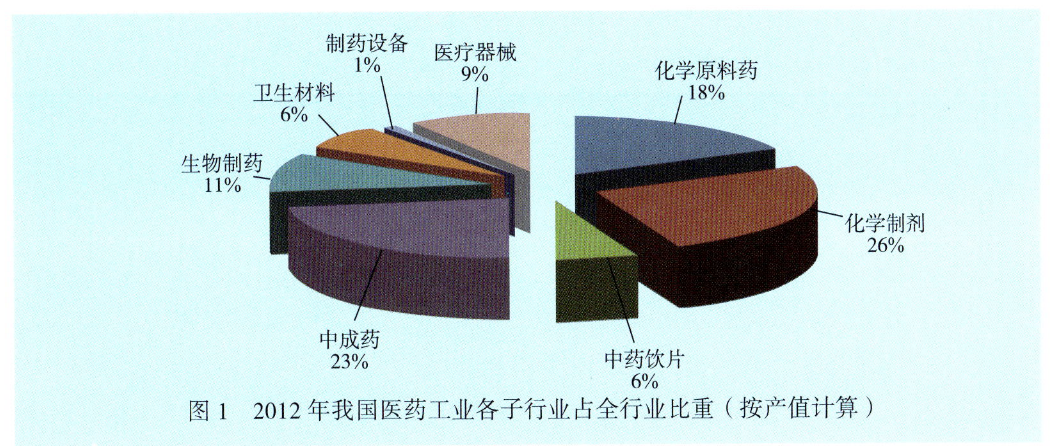

图 1 2012 年我国医药工业各子行业占全行业比重（按产值计算）

达到 4 979 亿美元的规模。尽管全球药品市场增速趋缓，但是新兴市场发展迅速，以中国为代表的新兴市场将重塑全球药品市场格局。随着化学新药创制难度增大，生物技术药物逐步成为创新药物的重要来源。同时，生物技术药物的市场份额在逐年上升，2011 年生物技术药物的份额占到了 18%，在全球 Top100 的药品销售额中，生物技术药物的市场份额增加非常显著。狭义的生物药主要包括蛋白 / 多肽治疗药物（细胞因子）、抗体、疫苗、基因治疗药物、细胞治疗药物等具有生物活性的大分子药物或制剂，被称为“现代生物药”（图 2）。生物技术药物国内外的重点发展领域包括抗体药物、新型疫苗、多肽药物、核酸药物、基因治疗药物、血液制品等。干细胞生物技术和治疗性抗体将是生物技术药物的研发热点。

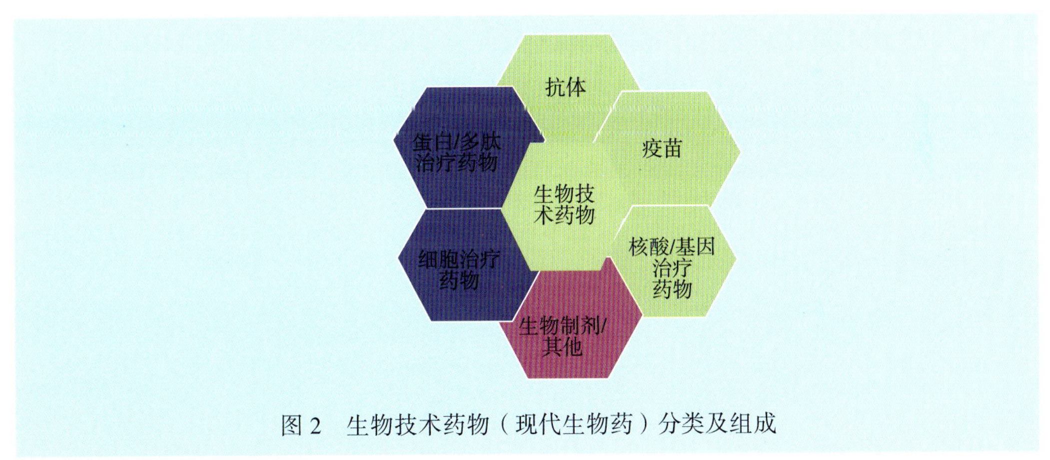

图 2 生物技术药物（现代生物药）分类及组成

2）生物技术与信息技术融合趋势明显，生命健康服务产业将成为新的生长点

生物技术和信息技术的交叉融合创新将会给生命科学产业带来重大的影响。生物健康服务产业见图 3。无线传感器、基因组学、成像技术和健康信息等技术的融合带来的变革使得个体化医疗以及生命健康服务产业成为新的生长点，将推动基因测序服务、生物芯片检测服务干细胞医疗等领域的快速发展。包括云计算、社交网络

和大数据分析在内的多种技术支持智能移动技术将在医疗保健中发挥作用（图 4）。基于移动通信的个体医疗设备与远程医疗和数字决策医疗结合的数字医疗体系将形成新的医学模式。

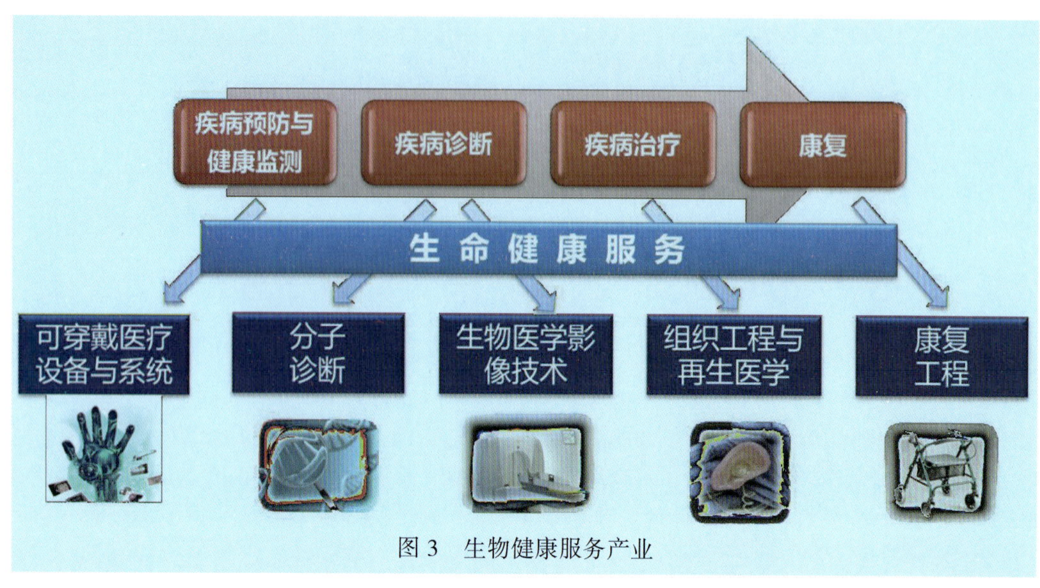

图 3　生物健康服务产业

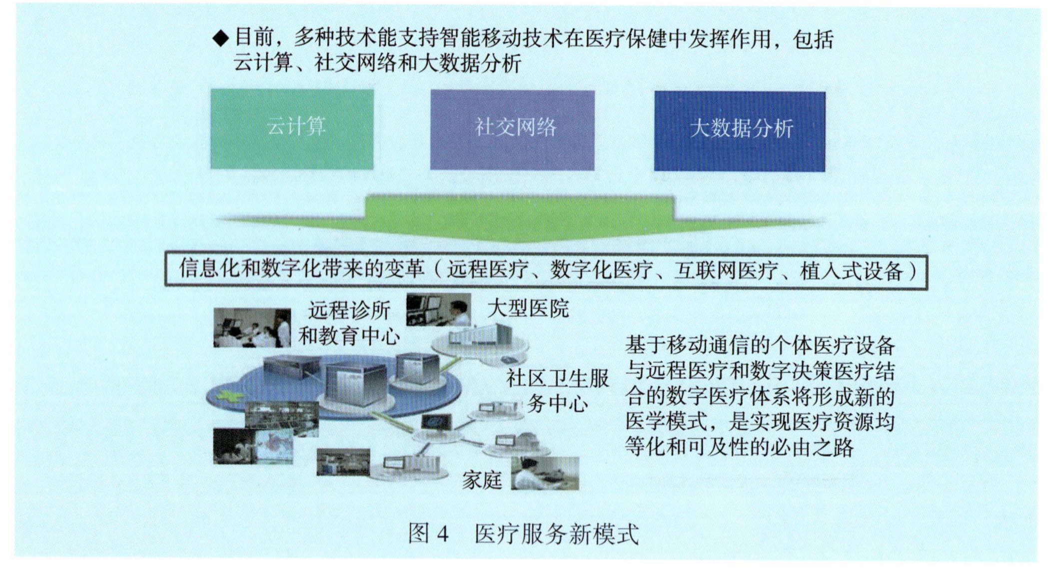

图 4　医疗服务新模式

3）全球生物制造产业进入加速发展阶段

目前全球生物制造加速发展的阶段，生物基产品市场已在美国占据显著位置，超过 GDP 的 2.2%，或在 2012 年的经济活动中超过 3 530 亿美元。据安捷伦科技公司估计，美国 2012 年仅来自工业生物技术的企业对企业收入就达到了至少 1 250 亿美元，生物基化工产品的应用占约 660 亿美元，而这其中有 300 亿美元的增长是依靠生物燃料。2013 年米尔肯研究所的报告凸显了巨大的潜在商机，它指出“全美 96% 的制造商品使用某种化工产品，依赖化工产业的企业在美国 GDP 中占将近 36 000 亿美元”。欧盟委员会估计，欧洲生物经济产值（不包括医疗应用）已达到每年 2 万亿欧元以上，并雇佣 2 150 万名以上员工。

4）合成生物学的进步加速生物制造产业化

目前合成生物学的一些特定应用已经浮现，但在工业生物技术、生物能源等工业部门的长期潜力依旧尚未开发，具体应用将会包括废物处理、降低可再生化学品、材料和燃料的成本等。生物学产业化将带来化学、燃料及材料的应用中新分子的产生，通过合成生物学可获得通过传统化学合成无法获得的新高价值化工产品。合成生物学利用重组 DNA 的科学和读写能力的优势，并编辑微生物的 DNA，使新的、更高效的代谢途径的设计与建造成为可能。这是目前通过化石燃料来源或传统制造所不能达到的。植物化学药物与保健品的植物提取正在转向生物合成制造，天然药物对珍稀自然资源的依赖和破坏的局面将被逐渐扭转，新的创造和市场创新的潜力仍然相当可观。合成生物学的战略意义与应用领域见图 5。

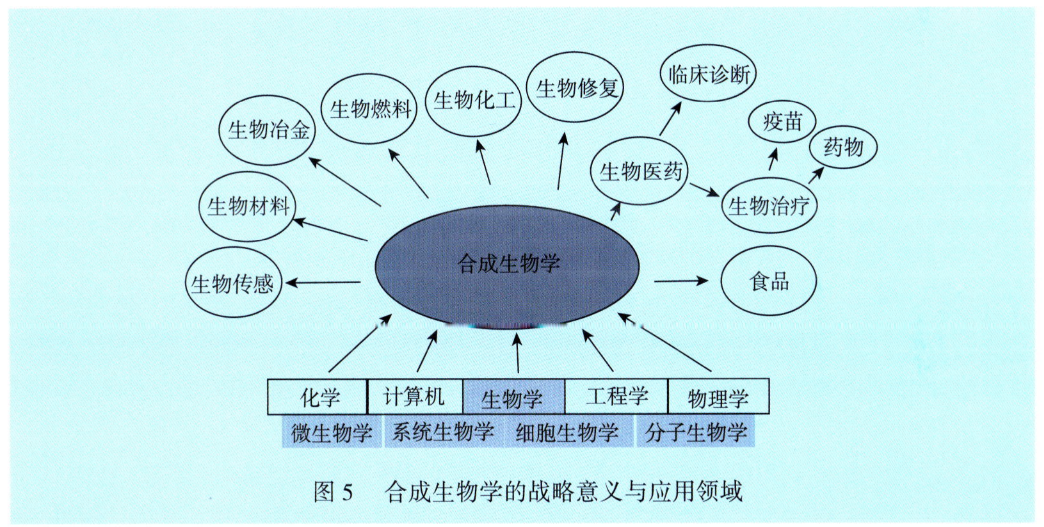

图 5　合成生物学的战略意义与应用领域

BCC 研究的一项研究表明，到 2016 年，化工产品的合成生物学市场将增长到 110 亿美元。而根据麦肯锡全球研究所的一个广泛研究表明，合成生物学和生物产业化将提供一套颠覆性的技术，到 2025 年产生至少 1 000 亿美元的经济影响。因此，一个强大的和颠覆性的新产业生态系统正在形成。即使在现阶段，2009 ～ 2013 年，美国合成生物学商业公司的数量已经从 54 家增加到 131 家，出现了大量新创公司，而它们中的大部分已通过首次公开募股成功上市。但是由于在广泛的领域中一些较大的公司的快速吸收和利润，这些数据低估了合成生物学的全部经济影响。因此，先进化工产品制造广泛应用于能源、医疗、先进消费产品、农业、食品、化妆品和环境，这些应用有望在可溯源的全球市场机会中带来数万亿美元的收益。据最近的几项研究估计，在未来的十年，至少有20%现在的石化生产可被化学制造中的生物产业化所代替。生物制造有望成为国民经济的重大支柱产业，如图6所示。巨大的市场规模和增长率使得各国政府和跨国企业纷纷布局合成生物学技术，国际竞争的态势已经显现。

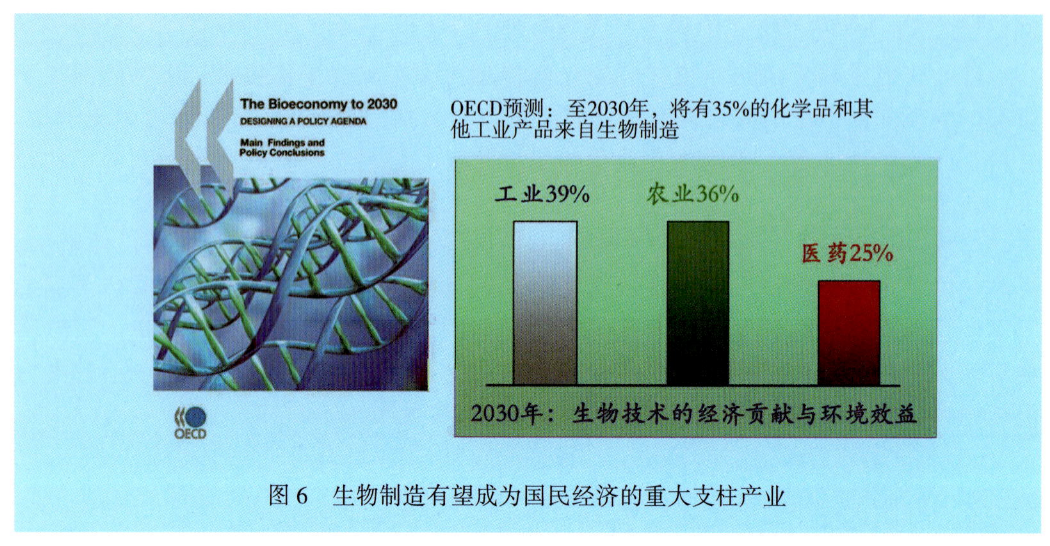

图6 生物制造有望成为国民经济的重大支柱产业

4. “十三五”期间我国经济社会对生物产业发展的需求分析

未来几年，我国面临日益严峻的人口增长和老龄化趋势，健康保障需求不断增长。人民群众生活水平不断提高，对健康、绿色食品、优质环境将提出更高要求。随着经济发展，我国面临资源短缺和环境恶化等严峻形势，建设资源节约型、环境友好型社会，使得生物产业的发展处于更加重要的地位。与《中国制造2025》的国家战略结合，生物产业领域将依托以合成生物学为代表的新技术，在生物医药领域实现抗体、疫苗等重大新产品的开发，通过以新一代生物反应器为基础的生物制造技术，实现产业化；在生物医学工程领域，依托生物技术与信息技术的深度融合实现信息化、智能化的医疗器械和生命健康服务产业的高端制造；在工业产品制造领域，通过大力发展绿色生物制造推动我国能源、材料、医药、食品、轻工等传统工业领域的转型升级。

“十三五”期间我国经济社会对生物产业发展的需求分析体现如下。

1）应对社会老龄化，保障人口健康，发展大健康产业的必然选择

我国的医疗健康支出——包括药物、医疗设备、医院、制药与保险——占据不到6%的GDP，与美国18%、英国12%、印度8.9%、巴西9%的占比水平相比，中国卫生支出水平提高的空间还很大，4年内有望增长至占GDP的10%，为未来的高速增长提供了充足的余地。目前，中国医药龙头企业年销售额维持在百亿元左右，与全球医药巨头400亿～500亿美元的业绩相比差距甚远。因此，我国生物医药产

业与传统医药产业相比还不够成熟，有较大的上升空间。

中国医疗器械与世界医疗器械强国相比，产业规模依然很小，仅占世界市场份额的7%，远不能满足中国13亿人口的需求。医学影像设备方面，2013年，中国医学影像设备行业六大外资企业占据绝对主导地位，拥有74%以上的市场份额，分别是GE、西门子、飞利浦、日立、东芝和岛津。中国百万人平均拥有的MR、CT、PET/CT设备数远低于美国、韩国等国家。在康复器械方面，中国有8 502万个残疾人，涉及2.6亿个家庭人口和1/5的家庭。据有关方面的数据显示80%以上的残疾人和50%以上的老年人需要辅助器具的帮助。

中国科学技术战略研究院研究预测，至2020年我国整个大健康产业市场将突破10万亿元。因此发展与人口健康密切相关的系列高端化学品，特别是具有复杂结构与质量要求的功能性营养化学品、食品添加剂、关键专用化学品，以及一些事关民生健康的“重磅炸弹”级药物大品种，是应对人们对健康的更高诉求，发展大健康产业的必然选择。生物制造产业为功能营养保健品和个人护理产品等与人口健康密切相关高端产品的生产提供了新选择。WHO调查，处于健康与疾病之间的亚健康状态约占人群总数的75%，目前功能性保健品逐步替代药物治疗亚健康悄然开始。通过生物方法合成自然界中稀少的萜类、功能性多糖、天然色素类等天然提取物，为功能性保健品大规模标准化生产提供了途径。随着人们生活质量的提高，个人护肤品、医用材料等个人护理产品的安全性已引起广泛关注，生物制造100%可再生的生物基个人护理用品可实现健康护理用品产业的彻底变革，满足人们对于个人护理产品安全性的追求。

2）传统化工产业升级换代，经济发展调结构、转方式的战略需求

目前，全世界的石油化工工业都处于技术创新和产业结构升级的重要转折期，以新材料与新能源产品为主的高端化工制造业是未来新的竞争优势和新增长点。目前我国通过原油炼制路线制备大宗化学品，因环境、技术、资源、安全等诸多因素，形势严峻。部分产品在原料方面高度依赖进口，自主保障率低，同时生产过程能耗高、污染重。例如，2014年我国PX（对二甲苯）、天然橡胶对外依存度分别高达51%和80%，尤其“PX项目”多次引起广泛争议，遭遇“抵制散步”，不得不被无限期搁置，严重制约了材料、精细化工等下游产业大发展，已成为威胁到国家战略安全的重大问题。欧盟等发达国家和地区征收过境航空“碳排放税”，使得中国生物航煤的研发迫在眉睫。而国外已经积极开发大宗化学品的生物制造，争夺战略制高点。杜邦公司和固特异（Goodyear）公司，联合开发利用生物基异戊二烯路线替代合成橡胶，并推出了生物轮胎。可口可乐公司、Virent公司合作用生物PX路线替代传统PX路线，已经进入中试。新的原料路线和新型绿色生产技术多被国外垄断，无法从根本上支撑中国产业结构的转型升级，导致引领发展能力不足，难以抢占战略制高点。因此，开展化学品工业的生物制造，不仅有助于促进化工原料多元化，降低石油、天然橡胶等战略性资源的对外依存度，保障国家经济和国防安全；同时也可以促进产业由中低端向中高端迈进，形成生物橡胶、生物航煤和生物PX等战略性

新型化工产业链和新的经济增长点。

3）工业绿色低碳发展的重要保障

习近平总书记反复强调指出“绿水青山就是‘金山银山’”。李克强总理在《政府工作报告》中指出，环境污染是民生之患、民心之痛，要铁腕治理。而在我国环境污染中，化学污染占各类污染的80%～90%。石油化工产品生产、制造和使用过程中排放的大量挥发性有机物，成为大气的主要污染源。化工企业排出的未经处理的高毒污水对水质、土壤的污染，导致几百个“癌症村”的产生，严重危害人民的健康。随着2015年新环保法的实施，传统化工行业面临更严格的法律和制度约束。技术创新是产业结构升级和市场竞争优势提升的决定性因素。生物制造技术具有资源消耗小、污染排放少的特点，它的发展与传统化工产业改造相结合，是改变化工产业生产方式、绿色革命及保证我国社会可持续健康发展的必由之路。预计到2030年，通过重大化工产品生物制造平台的发展将使相关技术渗透到包括能源、材料、医药、食品、环境保护等多达十几万亿元的多个国民支柱产业的发展，对我国的经济转型升级也将起到极为重要的作用。

5. 发展目标与重点方向

生物医药产业发展模式加快实现从“追随”“并肩”再到“引领”的根本性转变，加快推进我国由医药大国向健康强国的转变。主要任务如下：一是构建效率高、效益好的生物医药产业生态系统，营造生物医药产业创新发展良好环境；二是以诊断试剂、新型疫苗、改造疫苗和特效药物的研发与产业化为突破口，有力提升新发突发重大传染病防控能力；三是以抗体药物为重点，加快创新性生物技术药物的产业化，解决民生重大难题；四是积极布局产业前沿领域，重点发展合成生物学技术、生物三维打印等技术。

生物医学工程与生命健康服务产业集中度大幅提升。形成企业主导、医产学研相结合的生物医学工程产品创新体系和新产品开发能力。产品质量和技术水平总体达到国际先进水平，规模化进入国际市场。

生物制造产业围绕“生物基精细化学品技术 / 产业化追赶”和“重点生物基化学品和材料的技术 / 产业化超越”两个战略方向，实现弯道超车。2020年总值达到1万亿～1.1万亿元的产值规模，10%～12%的化学和材料产品实现生物基制造，其中精细化学品中生物基产品替代率达到20%，产值达9 000亿元（含传统大宗发酵产品）。此外，绿色生物工艺在纺织、造纸、皮革和采矿与勘探行业应用的普及率超过30%。大力开展生物质原料和废物的深度利用，化废为宝，保护环境。

第 8 章

康复产业

陈立典[①] 励建安[②] 陶 静[①] 吴 毅[③]

【内容提要】当前，我国各类残疾人、慢性病患者和老年群体等对恢复功能的康复需求与康复服务提供不足之间的矛盾日益突显。供需不对称给康复产业的转型升级提供了足够的优势。本章首先论述了康复产业的发展现状与趋势，阐明了康复产业新的生长点，随着“健康”内涵的改变，康复医疗、健康管理与促进、康复养老、康复工程等产业市场需求大，发展迅猛；其次提出康复产业的发展重点，包括康复服务体系建设、康复技术、康复设备等方面的发展；再次选取福建在发展康复产业方面的实践进行分析；最后从康复资源、信息化程度、政策支持等方面分析当前培育与发展康复产业遇到的问题，提出促进我国康复产业发展的政策建议。

8.1 康复产业发展现状

随着经济社会发展和人民生活水平的提高，“健康”的内涵已发生根本改变。健康不仅仅意味着没有疾病，健康应体现个体良好的生活活动水平和社会参与能力。康复是促进功能障碍和疾病恢复，提高人的日常生活活动能力，提升人的功能状态

① 福建中医药大学，康复医疗技术国家地方联合工程研究中心。

② 国际物理医学与康复医学学会主席，中国康复医学学会常务副会长。

水平的一种综合性服务。康复在健康维持与促进中的作用不可或缺。

2011 年 6 月 9 日，WHO 和世界银行集团共同发布国际社会第一份《世界残疾报告》，该报告着重指出，康复是一项有益的投资，其价值在于改善健康状况各异的人的功能，培养人的能力 [1]，同时带来可观的经济社会效益。

当前，我国各类残疾人、慢性病患者和老年群体等对恢复功能的康复需求与康复服务提供不足之间的矛盾日益突显。在深化医疗卫生体制改革，建设健康中国的大背景、大环境下，康复产业面临着巨大的发展空间。康复产业正被国家和投资方越来越多地关注。

8.1.1 康复产业的基本概念与范畴

康复产业以改善和促进人的功能，维护和提升人的健康状态为目标，包括康复医疗、健康促进、康复养老、康复护理、康复教育、体育康复、康复医疗器械、康复辅助器具等多个与人民健康紧密相关的生产和服务领域，是现代服务业和制造业的重要内容，具有巨大的市场潜力。

8.1.2 康复产业的发展现状

1. 国外康复产业现状

1）康复服务受到重视，医疗支出有效控制

《世界健康调查》的结果表明：截至 2010 年，全球超过 10 亿人或 15% 的世界人口带有某种形式的残疾而生存，其中 1.1 亿人 (2.2%) 有严重的功能障碍。同时，全球人口正面临严重的老龄化压力。老年群体或因患有慢性病，或因增龄，均存在一定程度的身心功能和社会参与能力的障碍。这些障碍直接影响老年人生存质量，给老年人自身、家庭和社会都带来负担。据穆迪的报告，到 2020 年，13 个国家将成为“超高龄”国，即 20% 以上的人口年龄超过 65 岁，而到 2030 年，“超高龄”国家数量将升至 34 个。

在巨大的残疾人基数和人口老龄化趋势日益加速的环境下，康复服务行业得到世界卫生组织和各国政府的重视。WHO 提出六大策略方针：支持康复医疗服务融入健康政策与主流；务必加大康复政策、法规、领导力和项目建设力度；促进针对康复的研究分析、服务扩容、各方协调和人力资源建设；提升辅助技术与相关产品研发、普及与服务；构建公众对残疾的认知度；推进多部门共享网络和协作关系。美国、加拿大、澳大利亚康复医学理论研究和应用技术研究均较成熟，有一套完整的康复医疗结构体系。在欧洲则以福利为模式的康复医疗服务为特征，提供全民普及的康复医疗服务。亚洲康复医学发展，富含东方医学色彩，也取得突出的进步。

康复作为健康介入可以控制医疗成本已经在实践中被证实。美国足部辅助器具协会 2006 年统计数据表明，配置辅具进行早期预防的糖尿病病人只需支付 3 000 美

元，就可以进行有效治疗并预防残疾发生。反之，没有配置辅具的病人，则需要支付 15 万美元的医药费。随着康复需求的日益增长和对康复医学认识的逐步深入，世界范围内将持续关注康复医学的发展。

2）康复服务模式完善，社区康复普遍开展

国外康复服务模式建设起步于 20 世纪中期，经过多年的积累，许多国家已形成一套符合本国国情、高效完善的康复服务模式。美国在医疗保险的介入下采取分层康复转诊形式，经过急诊医疗机构、急诊康复机构、亚急性康复机构、执业护理机构、长期照料机构，终级家庭和社区层面的康复；其在由康复医师、康复护士、治疗师、社会工作者或病案管理员组成的专业康复团队的协作下完成患者的入院前筛查、入院后康复评定、个体化诊疗方案等康复服务内容，实现全面康复[2]。澳大利亚建立了急救与康复相结合、多学科系参与、设立康复科的急性期康复服务模式，以病床为基础的亚急性期康复服务模式（如社区康复和住家康复）以及以家庭为主、多科系介入的流动性康复服务模式，康复医疗的管理较为规范，康复形式呈现多样化，使更多的有康复需求的人员得到有效的康复[3]。欧洲各国的康复诊疗制度不尽相同，但其医疗体系相近，且多年来各国间密切学术交流与合作，以及对康复专业人才在继续医学教育和继续专业发展方面的统筹规划与培训等，使欧洲康复医学在诊疗方法、管理模式上趋同[4]，形成“医院-社区-家庭”一体化体系。日本则建立以综合康复中心为主，从急性期住院、恢复期住院、短期住院到社区康复、日间照料、家庭康复、访问康复等一系列成套康复体系；其康复对象不仅涵盖各种有身体、心理问题的残疾人，还覆盖了老年人及生活需要辅助者[5]。

3）康复技术发展迅速，人才培养专业化程度高

从世界范围看，近十年来，康复医学在结合神经生理学、运动力学、心理学等多学科理论的基础上，经过大量的临床实践，取得了突飞猛进的发展，形成了新的康复治疗技术和理念[6]，如神经肌肉关节促进治疗技术、功能性电刺激技术、强制性运动疗法、虚拟现实治疗技术、运动想象疗法、机器人的辅助康复设备等。除此之外，康复工程已经不再局限于传统的假肢、矫形器和辅助器具，越来越多地与康复训练器材结合，产生出新型康复医疗产品[7]，促进了康复产业的发展。美国市场调研机构冬青研究所在 2015 年 3 月发表报告称，康复机器人行业规模将由 2014 年的 2.03 亿美元增长到 2021 年的 11 亿美元；而体外骨骼机器人行业规模将由 2014 年的 1 650 万美元增到 2021 年的 21 亿美元。

发达国家对康复医师或治疗师的培养非常严格，并朝高学历方向发展。例如，美国、加拿大医学院毕业生必须在规定的康复医疗机构中培训 4 年，然后在国家康复医学专业认证机构进行考核，考核达标后才能获得康复医师资格证。初期，美国以本科层次培养为主，现以硕士层次培养为主，据统计 2003 年美国已有 200 余个单位培养硕士，32 个单位培养博士[8]。

2. 中国康复产业发展现状

1）康复产业的现实需求

截至2010年年末我国有8 500万个残疾人[9]（涉及2.6亿个家庭人口），2亿个老年人口（接近50%功能受限），还有庞大的慢性病群体（糖尿病患者9 850万人，高脂血症患者1.8亿人，高血压患者3.3亿人，肥胖症患者1.4亿人，房颤患者800万人），以及1亿个多因生活和工作压力增大产生心理和精神障碍患者。这些障碍不仅影响个体的生活质量，还给社会和家庭带来巨大的经济负担和压力，也影响了家庭的幸福。

发展康复产业是件利国利民的好事，不仅可以提高功能障碍患者的生活质量，同时也有利于医疗资源的分配和医疗成本的控制。以脑卒中患者为例，积极的康复治疗可使90%的存活者重新获得行走和生活自理能力，30%恢复工作，每年节约几十亿元的医疗支出；不进行康复治疗，上述两方面恢复者仅为6%和5%[10]。据2008年第四次国家卫生服务调查数据现实，慢性病导致的死亡人数已占中国居民总死亡人数的85%；全国劳动力因慢性病休工36亿天/年，相当于每年减少劳动力1 385万人[11]；早期介入康复预防、康复治疗，可以有效维持慢性病患者的身心功能水平，并减少疾病的发生。慢性病防治的经济效益也是显著的，据美国太平洋联合铁路公司的“健康铁道”项目1998年统计数据显示，对高血压患者的康复干预，每花费1美元可以收到4.29美元的效益，高血脂干预是1 ∶ 5.25，戒烟干预是1 ∶ 2.24[12]。

2014年我国人均GDP为7 485美元，已经进入中等收入国家行列，社会正在由生存型向发展型转变。人民群众对健康服务的消费需求呈现出新的阶段性特征。在世界一些发达国家和地区，健康服务业已成为现代服务业的重要组成部分。美国健康服务业规模占其GDP的比例超过17%，其他发达国家一般也达到10%左右。目前，我国总体健康服务支出仅占GDP的5%左右，低于许多发展中国家，仍有不小的发展空间。《国务院关于促进健康服务业发展的若干意见》提出，到2020年基本建立覆盖全生命周期、内涵丰富、结构合理的健康服务体系，基本满足人民群众对健康服务业的需求，总规模达到8万亿元以上。康复产业将占有很大的市场份额。

2）康复产业的现状

（1）康复医疗机构快速增长，服务能力有待提高。

2009年，我国仅3 288家综合医院设置康复医学科。2011年，卫生部下发文件，要求二级以上综合医院必须设置康复医学科。截至2014年，全国8 532家二、三级综合医院普遍设立康复医学科。康复服务能力总体较弱，仅能满足20%的康复服务需求，康复医疗支出仅占医疗总支出的1%。

（2）康复技术日趋丰富，专业人才需求迫切。

随着康复医学的迅速发展和专业人员整体素质的提升，康复医疗的服务手段和内容不断丰富，形成的技术规范已广泛推广应用。2012 年卫生部委托中国康复医学会组织专家编写了《常用康复治疗技术操作规范（2012 年版）》，将常用的康复技术操作进行了规范，方便各级康复医疗人员施行。中医康复技术对肌力、肌张力、平衡、疼痛等功能障碍有确切疗效，且具简、便、廉、验优势，已普遍用于康复临床，并发挥着重要的作用。

原先只注重肢体运动康复的观念在逐渐改变，多层次、多方位的综合康复理念被广泛应用于康复实践中。言语功能、认知功能、日常生活活动能力等受到重视，康复机器人、经颅磁刺激治疗技术、呼吸训练技术、计算机辅助训练技术、压力治疗技术、镜像疗法等新的治疗手段不断涌现，提高了临床康复的疗效。康复医学领域还引进和采用了许多新技术，如生物芯片技术、微电子脉冲技术等，对人体功能测定、评估、训练、重建、补偿、调整和适应，以及对恢复运动、语言、心理、认知和个人自立所需的其他功能，具有不可替代的作用。

目前我国康复专业人才十分匮乏，这成为制约康复产业发展的瓶颈。据 2009 年全国康复医疗资源调查报告预测估计，我国现阶段需要康复治疗师 11.47 万人，而事实上康复治疗师仅有 1.4 万人，缺口达 10 万多人[13]。如果参照国际平均水准，结合我国家庭和社区康复的巨大需求，康复治疗师的需求至少为 30 万人，缺口更大。

（3）康复服务体系逐渐建立，社区康复亟待增强。

2011 年，我国开始启动涉及 14 个省份 46 个城市（城区）的三级康复医疗服务体系试点工作。各地为试点开展给予必要的政策和技术保障，部分省市还提供了资金保障，实施了人员资质认定和岗位准入等管理保障措施，一些有特点的康复医疗服务网络管理模式初具雏形[14]。但由于各级医疗机构定位不明确，临床救治、疾病恢复和功能康复的界限未划分，早期康复训练与临床治疗衔接不紧密，急性期过后的患者也没有及时转入康复科治疗，分级诊疗衔接机制尚未形成等，尤其社区康复基础薄弱，康复医疗体系建设的整体效益尚未发挥。

（4）康复相关产业刚刚起步，产业链有待拓展。

随着人们生活水平的提高，康复与其他相关产业融合的需求显著增加。从总体发展趋势看，康复产业日益趋向与养老、体育、护理、旅游等多种行业融合发展，以预防、治疗、康复、保健、养生、休闲、健身等复合的方式使消费者身心功能、健康水平得到改善和提升。目前这些产业在我国刚刚起步，产业深度挖掘意识不强，缺乏足够的互动合作与资源共享，融合度不够高。

（5）康复器械产业蓄势待发，国产品牌正在推广。

目前，我国康复医疗器械产业发展水平不高，整体规模较小。技术创新及转化能力薄弱，自主品牌缺乏。技术研发以科研院校为主，企业自主创新能力不强。国产品牌设备市场占有率较低。高端技术领域的康复医疗器械有 80% 依赖进口，与发达国家有一定的差距。

近年来，国家重点力推国产康复医疗器械产业的发展。政策支持、科技投入、消费升级和老龄化等因素推动康复医疗器械产业竞争实力快速提升。相关专利申请持续活跃，授权量快速增长。适用于社区、家庭的康复医疗器械正在走向市场。国内高校、科研院所在康复医学工程技术和产品的研究与开发方面也积累了一定的研究成果，有待向产品转化。

随着科学技术的发展，在康复领域，大量新技术、新材料和新方法被引入，如互联网技术、3D 打印技术、脑机接口技术、智能化控制、新型生物材料等，推动了康复医学工程的发展。远程康复系统及终端设备、智能康复设备陆续推向市场。

8.2 康复产业新的生长点

1. 康复医疗

由于医疗资源不足，我国政府提倡加强政策引导，充分调动社会力量的积极性和创造性，大力引入社会资本，形成以非营利性医疗机构为主体、营利性医疗机构为补充、公立医疗机构为主导、非公立医疗机构共同发展的多元办医格局。国家鼓励以城市二级医院转型、新建等多种方式，合理布局并积极发展康复医院、老年病医院、护理院、临终关怀医院等医疗机构。

大型综合性医院的康复科，对于疾病的急性发作和治疗有一定的优势，而且有比较好的医疗资源可以利用，但病床和服务资源不够，为专业康复机构或二级医院康复科的发展让出空间。专业的康复医院毛利在专科医院中偏高，是民营投资看好的热点之一。2013 年的《中国卫生统计年鉴》显示，2011 年康复医院毛利平均达到 11%，仅次于口腔和眼科专科医院。截至 2012 年，我国有康复医院 322 家，国有和民营各占一半。未来康复医疗市场投资有逐渐升温趋势。

2. 健康管理与促进

康复在慢性病防控、健康促进、健康照护等不同层面具有突出的预防、保健和康复作用。健康管理在西方国家已形成了一套完整的服务体系，并且通过实施取得了明显的成效。将常见病、多发病的诊治转移到对疾病预防、保健、康复上，大大降低了医疗费用和医疗保险的赔付，使人群健康水平得到显著改善和提高。

康复服务向前端预防管理拓展，与健康体检相结合，将功能评估作为体检的重要内容，开发个性化全程健康管理服务模式，发挥康复在疾病预防、功能恢复中的作用，提高体检的附加值，是今后健康管理行业发展的主要方向。例如，心脑血管、老年痴呆等重大疾病和慢性病的风险监测和筛查、三级康复预防等方面的开发，市场需求很大。

目前大部分医院体检中心和投资方普遍看好健康管理市场的发展前景，正在开发各种健康管理服务模式与干预技术手段，康复包括中医“治未病”，对健康促进具有重要的价值，市场规模将迅速扩大。

3. 康复养老

据 WHO 预测，到 2020 年，我国老年人口将达到 2.5 亿人，40% 的老年人对康复服务有需求[15]。现有的养老服务多数侧重为老年人提供基本的生活照护和疾病预防、治疗，较少关注老年人的功能活动水平与生活能力的保持和提升，不能满足老年群体的健康需求。以专业康复医疗机构为支撑，借助现代信息技术，形成医疗、社区、家庭康复养老网络，为老年人提供康复帮助，是康复服务扩大、延伸的主要领域。

社区康复养老、专业化机构康复养老、康复养老社区是康复养老的三种主要模式，其中涉及的养老养生、健康医疗、康复护理等领域都将成为重点，是康复产业发展的新机遇。例如，康复养老社区模式，是基于帮助老年人改善生活活动能力，回归社会参与而设立的。建设具有康复功能的养老社区，提供完善的生活照护、基础医疗和康复系统服务，提供智能化护理、个性化辅具适配、心理咨询、中医特色养生保健及其他生活配套服务，甚至设立社会工作部，为老年人提供法律咨询、社会援助、义工等服务，对老龄房地产、老龄服务业、老龄康复用品等行业的发展拉动明显。

4. 康复工程

基于庞大的残疾人基数和老龄化等问题，在未来十年内康复器械制造市场将快速增长。可在基层社区应用的康复设备、远程康复系统及终端设备、智能康复设备、普惠型康复辅具等成为康复医疗器械产业发展的重点领域。

技术适宜、操作简便、性能稳定、价格适中的康复设备是推动社区康复服务的关键，随着社区康复的发展，具有巨大的增长潜力和良好的市场前景。普惠型康复辅具主要朝家用设备发展，如卫浴辅具、家用护理辅具、居家无障碍环境改造器具、居家无障碍智能控制器等，具有小型化、低成本等特点，能保证功能障碍患者的日常行动，市场需求也很大。

数字化、智能化制造是康复医疗器械制造业的重要发展趋势。充分利用医疗信息化、移动网络的技术成果，建设康复大数据平台，针对常见或重大疾病导致的功能障碍康复，开展康复诊疗方案临床规范和评价研究，挖掘有效、直接的康复评价参数体系，开发远程康复系统及终端设备、智能康复设备、智能家居设备等，将引领产业升级，打造新型康复器械制造产业链——信息、网络、自动化控制、微电子、生物材料、精密加工等各类先进技术和康复临床研发成果互相融合，原创能力增强，5 ～ 10 年产业发展优势形成。

5. 互联网+康复

互联网、物联网、大数据等现代信息技术的快速发展，为优化康复医疗服务业务流程、提高康复服务效率、聚焦康复医学共性问题等提供了条件。从信息收集着手，构建内容丰富、数据完整、格式统一的康复医疗服务信息数据库，实现临床康复数据的集中与共享，为康复远程诊疗、评估训练、健康教育、服务网络建设、科学研究、政策研究等提供支撑。例如，物物相联的物联网技术将训练过程中的运动训练器材、物理治疗设备、评估设备等联动起来，汇集整个康复过程的设备与数据，通过大数据平台的处理，制订出更科学合理的治疗方案。开发康复服务网络信息管理系统，开展远程会诊，指导康复训练，优化、调整康复方案、提供个性化医疗服务等。现代信息技术在康复产业中的应用将产生巨大的加值，加速提升康复产业的创新能力和发展水平。

8.3 康复产业发展重点

1. 康复服务体系建设

以“医改”为契机，康复医疗成为整个医疗卫生体系的重要组成部分，形成预防、治疗、康复相结合的基本框架。目前，公立医院医疗体制改革进入核心攻坚阶段。公立医院改革作为医改的重点和难点工作，主要任务之一就是明确不同级别、类别医疗机构的职责和功能，提高医疗资源整体配置和使用效率，逐步形成分级医疗、急慢分治、双向转诊的诊疗模式，发挥医疗服务体系的整体效益。作为医疗服务的重要组成部分，公立医院改革试点本身就包含着加强和发展康复医疗服务的重要内容。

大量研究表明，发展社区康复能服务众多的功能障碍患者，并提供持续的康复服务，显著改善提升患者的功能，并大大降低医疗费用。我国人口基数大，老龄化趋势加快，需要康复的人数众多，但人均 GDP 较低，康复医疗服务体系建设处于起步阶段，在这种情况下，必须加快有中国特色的康复医疗服务体系建设，尤其是加强社区康复医疗机构的建设，充分发挥中医医疗预防保健特色优势，实现低成本、广覆盖。

2. 康复技术

规范临床康复治疗技术、评价标准，发展新的治疗方法，加强质量控制是进一步提高康复医疗服务水平的重要支撑。科技部颁发的《国家中长期科学和技术发展规划纲要 (2006—2020 年)》将“重点研究开发常见病和多发病的监控、预防、诊疗和康复技术”作为优先主题。认知、运动、语言的康复技术，社区适宜技术的应用，残疾人康复服务关键技术研发及应用示范等成为重点的研究方向。东方康复技术与西方康复技术的有效融合已成为提升临床康复疗效的重要途径。在质量控制方面，功能改善是康复医疗质量的核心指标。WHO 竭力推行的《国际功能、残疾和健康分类》（International Classification of Function，Disability and Health，ICF）是关键指标。

康复的服务领域将不断扩大，从功能医学角度参与健康管理和健康促进。

3. 康复设备

伤、病、残患者大多数可以通过康复治疗或配备康复器具，部分或全部地改善、恢复或替代其丧失的功能。康复设备产品的品种和数量均满足不了国内日益增长的市场需求，这已成为制约康复产业发展的瓶颈。充分利用先进制造、生物力学、信息技术、材料学等领域的最新进展，积极推进远程康复系统及终端设备、智能康复设备的研发，重点突破脑机接口技术、虚拟现实、新型材料的辅助器具与用品、康复机器人等技术，重点发展可在基层社区应用的康复设备、整合型康复训练系统和设备、远程康复系统及终端设备、智能康复设备、普惠型康复辅具等。

8.4 康复产业发展案例：福建发展康复产业的实践

福建在康复医疗服务、学科建设、人才培养、康复研发实力等方面具有良好的资源基础和发展条件。福建中医药大学附属康复医院是国家中医药管理局首家三甲康复专科医院。福建中医药大学是全国分设物理治疗学、作业治疗学专业的六所高等院校之一。福建省康复技术工程研究中心（福建省康复技术协同创新中心、福建省产业研究院、康复医疗技术国家地方联合工程中心、国家中医药管理局中医康复研究中心）是福建乃至全国研发康复设备的主要平台。该中心与福州鑫诺医疗器械有限公司建立了良好的产学研合作关系，在研一批技术含量高、市场前景广阔的康复设备研发项目，拥有一定数量的具有自主知识产权的发明专利或实用新型专利，部分研发的设备已实现成果转化。

近年来，福建统筹资源，科学规划，充分发挥康复资源优势，加速康复产业发展进程，取得了明显成效。2011 年至今，福建以福建中医药大学附属康复医院为核心，在福州建立以社区为中心的康复医疗服务体系，在福州和三明试点整合残联与医疗康复资源，形成“基于互联网信息技术康复服务体系”的“福建模式”，有效应对了庞大的康复需求。该项目成果获 2014 年福建省科技进步一等奖。2013 年，福建中医药大学附属康复医院在福州五凤社区卫生服务中心进行社区康复养老模式的探索。2014 年，福建省第三人民医院启动福建首个省属公立医院与养老机构合作项目，在养老机构中植入康复服务。福建省人民医院在建的马尾分院设立 200 张专门的康复养老床位，计划开展专业化机构康复养老服务。海峡汇富产业投资基金管理有限公司与福建中医药大学附属康复医院合作，拟在福建建设康复养老社区。福建中医药大学还与北京体育大学合作，开展体育康复研究，通过体育运动促进人体功能的恢复和改善。进行运动治疗之前必须对参与者进行心肺、代谢、运动机能、心理等方面功能评估及体质辨识，作为制定运动处方的依据，包括确定运动的时间、强度、形式、禁忌等。

8.5　康复产业培育与发展中遇到的问题

1. 资源分散

目前我国康复资源主要分布在卫生系统、残联系统、人事及社会保障系统、民政系统、教育系统及社会机构六个方面，承担着不同人群、不同阶段的康复服务任务。不同系统的康复资源隶属于不同的条线，合作不够，协同性不强，基本处于分散发展的状态，有限的资源不能得到统筹利用。区域康复产业发展缺乏统筹规划，康复服务规范尚未建立，运行机制尚在探讨中，康复相关人才（如康复医师、治疗师、护理、社会工作者、心理康复师等）不足等，严重影响了康复产业的发展速度。

2. 信息化程度不高

随着互联网信息技术的快速发展，基于互联网信息技术的康复服务、基于互联网信息技术的康复工程将成为发展康复产业的基础和手段。目前，康复服务产生的数据量正在急剧增长，通过建设康复大数据平台，掌握康复医疗基本情况，强化管理，开展远程会诊、就诊，指导康复训练，优化、调整康复方案，提供个性化医疗服务等，能够有效解决我国康复医疗资源不足、康复专业人员缺乏、康复技术水平不高等问题，还可以从大数据中发现康复医学共性问题，增加康复临床研究的针对性、提高康复工程研发的有效性等。近年来，国家医改投入巨资建立区域医疗数据中心，但直到目前仍然是以结构化的数据为主，如电子病历、影像检查和资料等，并没有带来更大的价值。区域范围的康复大数据研究中心尚未建立。

3. 政策支持力度不够

政策环境是康复产业发展的决定性因素。近年来，我国政府高度重视发展康复产业，对康复医疗、康复工程的发展及康复与健康管理、养老的融合等方面在政策上大力支持，包括鼓励社会资本作为增量进入康复服务领域，扶持国产康复医疗器械企业发展等，但仍存在不足。例如，医疗保险制度对康复期限和费用支出范围的限制；社区康复机构人员编制、培训、收入等方面政策安排不完善；老年人接受康复照顾的医保政策尚未出台、保险机制尚未建立；对国产康复医疗器械采购缺少政策导向；等等。

8.6　促进康复产业发展的政策建议

1. 统筹康复资源

整合国家卫生和计划生育委员会（简称国家卫计委）、中国残疾人联合会、民政

部、人力资源和社会保障部等不同系统的康复资源，整合不同系统医疗康复的职能，统一由卫生和计划生育部门负责各级各类康复医疗服务机构的建设与管理。加强不同政府部门之间的协作，增强配合共赢意识。

加强在康复医疗服务体系区域布局方面的调研，加强统筹规划，优化康复资源配置。建立多重投资体系，加大扶持力度，鼓励社会资本投资发展康复医疗。建设开放的康复医疗合作体系，最大限度地利用康复资源。

2. 完善康复医疗服务体系建设

首先，加强基层社区康复服务能力建设。加大对社区康复医疗机构的经费投入，改善服务环境，购置必需的康复设备、器材，加强康复人员培训，向社区推广、应用康复适宜技术、设备，充分发挥中医医疗预防保健特色优势，提升社区康复医疗服务能力，实现低成本、广覆盖。

其次，明确不同层级康复机构的功能定位。整个康复医疗服务体系的宏观架构和各个层级的功能定位是康复医疗服务体系建设的关键。大型综合医院康复医学科立足于疾病急性期的早期康复介入，与临床救治充分融合，提供及时、有效、高水平的专科治疗，预防和减少残疾发生。康复医院以疾病稳定期患者为主，提供专科化、专业化的康复治疗。社区康复医疗机构以疾病恢复期患者为主，主要提供康复专业指导。在此基础上建立分层级、分阶段的康复医疗服务体系。

最后，落实分级医疗和双向转诊。在推进分级医疗和双向转诊的过程中，要根据不同的康复病种，制订具体的康复服务方案，明确有关的工作原则、规范、标准和流程，从而形成流畅的分级转诊途径。同时，鼓励在综合医院、康复医院和基层医疗卫生机构之间建立制度性的分工协作关系，疏通不同层级医疗机构间的“入口”和“出口”，并将建立的分工协作情况和取得的成效，作为各级康复医疗机构绩效考核的重要内容，实现患者在体系内的转诊流动。

3. 加强康复专业人才的培养

以需求为导向规范康复人才的培养，有计划、有步骤地开展康复相关专业学历教育、继续教育、在职培训等。教育、卫生和计划生育行政部门共同协作制订符合我国国情的康复人才培养计划，加快培养一批合格的康复医师、治疗师、护理、养老等相关专业人员。建立康复人员继续教育基地、培训基地，建立在职康复人员继续教育、在职培训管理制度，强化和规范岗位培训，实现执证上岗。

4. 扶持康复医疗器械产业

发挥高校、医院、企业产学研医优势，支持康复医疗器械产业的技术创新，开发具有自主知识产权的康复诊疗器械，创立国产康复诊疗器械自主品牌。利用医疗信息化、移动网络的技术成果，发展远程终端康复设备。促进政府支持下的康复适宜设备进入基层、社区和家庭，提升国产康复医疗器械市场占有率，扶持康复医疗器械产业快速发展，提升康复医疗器械产业整体规模。

5. 促进康复相关产业的发展

以康复医疗为中心，发挥康复产业关联度大，交叉性强的特点，推动康复与养老、护理、体育、旅游、信息技术等相关产业的融合，拓展与康复产业密切关联的产业新领域，提高康复产业的综合效应和拉动作用，逐步形成门类众多、发展有序、紧密协作的康复相关产业群。例如，加强康复医疗服务机构与养老、护理机构的合作，带动康复护理、养老等相关产业的发展。与护理院、老年病院和慢性病院等延续性医疗机构分工合作，根据老年人康复、护理和日常健康照顾的需求，突出康复医疗服务特色，以功能恢复为主，为养老机构提供一站式、多功能、复合型老年康复养护模式等。

6. 支持康复大数据平台建设

建立统一的康复大数据平台是发展康复产业的重要基础工程。大数据平台建设投入大，政府应加大投入和扶持力度，推进区域内的康复大数据平台建设。并协调政府、医疗机构、企业、高校、科研院所之间的关系，充分利用和挖掘康复大数据。

7. 发挥医保政策对康复服务的调控作用

从康复服务供给和利用等方面综合考虑，制定切合我国康复服务实际，并有利于康复服务发展的医保政策。例如，扩大康复项目医保支付范围；将部分辅具纳入医保支付范围；将康复养老模式中的康复、护理费用纳入医保支付范畴，为老年人获得所需的康复医疗提供保障；对不同层级的医疗机构和不同康复阶段的患者实行不同的医疗保障政策，适当拉开医保支付起付线和报销比例，逐步实行分类保障；等等。

参考文献

[1] 何侃，肖敏，张立松，等.《世界残疾报告》及对我国残疾人康复服务的启示. 中国康复理论与实践，2012，18（12）：1194-1197.

[2] 姜从玉. 美国康复医疗制度的演进对我国的启示. 中国康复医学杂志，2010，25（12）：1188-1190.

[3] 崔志茹，密忠祥，刘菲，等. 澳大利亚医疗与康复情况介绍. 中国医院，2012，16（6）：14-16.

[4] 李宁，晶宏，孙启良. 欧洲康复医学的发展对我国健康保健工作的启示. 中国康复医学杂志，2009，24（12）：1124-1125.

[5] 黄秋晨，密忠祥，程军，等. 日本康复机构运营管理及服务模式对我国参考意义. 中国医院，2015，（6）：6-8.

[6] WHO.CBR Guide Lines.Geneva：WHO Press，2010.

[7] 励建安 . 康复工程，方兴未艾 . 中国康复，2013，28（4）：243.

[8] 朱晓委，曹永攀 . 国内外康复医学教育现状比较 . 中国中医药现代远程教育，2013，（14）：66-67.

[9] 中国残疾人联合会 . 关于使用 2010 年末全国残疾人总数及各类、不同残疾等级人数的通知，2012.

[10] 乔志恒，郭明 . 康复医学发展现状与未来 . 中国康复理论与实践，2009，1（15）：96-98.

[11] 卫生部 .2008 年第四次国家卫生服务调查数据，2009.

[12] 中华预防医学会 .2009—2010 公共卫生与预防医学学科发展报告 . 北京：中国科学技术出版社，2010.

[13] 徐冬艳，吴毅 . 我国康复医学教育的发展现状分析 . 中华物理医学与康复杂志，2010，（32）：71-73.

[14] 肖月，赵琨 . 关于建立三级康复医疗体系的思考——基于北京、云南、黑龙江的试点实践 . 卫生经济研究，2012,（11）：10-12.

[15] 岳增文 . 德国康复医学的发展现况及启示 . 解放军医院管理杂志，2013，20（11）：1196-1198.

审稿：谭天伟

第 9 章

生物反应器的技术、产品与发展趋势

白仲虎[1]　李元广[2]　曹竹安[3]　孙　杨[1]　聂简琪[1]　黄建科[2]　陈必强[4]

【内容提要】近 20 年来全球工业生物技术产业发展迅猛，尤其是生物医药和大宗化学品的生物制造技术产业。根据美国 2013 年的统计，全球生物医药产业 2013 年全球产值约达到 1 997 亿美元，2010 ～ 2020 年将保持 13.5% 以上的年增速，到 2020 年将达到 4 979 亿美元的规模。这些生物技术产业化中的技术起点是生物反应，实施规模化生物反应过程的核心装置是生物反应器（bioreactor）。因而生物反应器设计制造技术的创新与相关产业也相应取得了长足的进步。本章从生物技术产业的发展现状、市场规模、未来发展趋势入手，阐述现代生物反应器技术在其中所起到的关键作用，以及生物反应器的技术发展现状和未来走向，同时也对生物反应器的产业规模及其对我国经济发展的重要性做了简要分析。本章选取我国制药装备的领导企业新华医疗下属的成都英德生物医药装备技术有限公司作为企业案例进行分析。最后，本章从自主知识产权的技术创新、市场竞争环境、产业政策等方面分析了“十二五”期间产业培育与发展中遇到的问题，提出促进我国生物反应器产业在

① 江南大学，国家发酵工程实验室。

② 华东理工大学，生化工程系。

③ 清华大学，化学工程系。

④ 生命科学与技术学院。

“十三五”期间的发展方向和政策导向。

9.1 生物反应器在生物技术产业化中的作用与发展趋势

9.1.1 生物反应器的发展起因、概念与应用

进入21世纪后，人类正面临人口膨胀、陆地资源减少和环境恶化等全球性问题。许多传统的生产模式已经很难适应经济快速发展的需要，采用生物制造技术取代传统的工艺技术已在多个工业生产领域内得到深入的研究与应用，因此也催生了生物反应器设计制造产业在世界范围内的蓬勃兴起。例如，现有石油煤炭等化石资源的充分供应变得不可持续，难以支撑人类社会的高级发展；人类社会发展将从依赖化石燃料等碳氢化合物资源，转变为依靠淀粉、纤维素、多糖、植物和微生物油脂等可利用太阳能持续合成的碳水化合物资源。这种能源和资源结构的转变将为生物技术及其产业发展带来极大的机遇和挑战。借助于各种生物系统可利用碳水化合物来规模生产现代社会所需的化学品和能源，这些生物系统包括酶催化系统、微生物细胞、动物与植物细胞工厂。而这些生物系统进行物质转化的工业化生产过程都需要在生物反应器中进行，生物反应器为生物系统的反应过程提供了促使生物过程高效进行的条件。

医药生产与技术创新产业在世界经济格局中占据重要的一环，2014年全球医药产业达到10 000亿美元的规模（美国Urch Publishing数据），美国占据其中的33%，欧盟和日本占据26%，新兴国家占据24%。在2014年医药市场10 000亿美元的规模中，虽然化学药物占据主导地位，占75%左右，但是近年来，全球生物制药市场呈现高速增长态势，预计到2020年，生物制药产品有望占全球药品销售收入的1/3。生物医药主要包括治疗性抗体、生物技术疫苗、重组人胰岛素、集落刺激因子、干扰素、生长因子等；主要治疗领域包括神经性疾病、传染病、糖尿病、肿瘤、心血管疾病、自身免疫性疾病、器官移植免疫抑制等。未来若干年内，生物技术药物将在全球医药健康领域发挥不可替代的作用。根据美国BioPlan Associates的统计与分析，全球生物医药产业2013年产值约达到1 997亿美元，2010～2020年保持13.5%以上的年增速，到2020年将达到4 979亿美元的规模。总结生物医药技术与产品的发展规律可以看出，针对各种宿主细胞的培养技术是实现生物医药分子工业化规模生产的核心关键。承接转化生命科学最新技术研究成果，以实现高质量、高效率目标医药蛋白表达的技术关键点包括细胞株、培养基、细胞培养生物反应器、过程控制及优化策略等。如果在从生产过程工艺设备的角度来看，其重中之重为生物反应器。这个关系可以总结为一句话：“生物反应器是实现生命科学最新技术成果产业化的核心技术。”

单从技术的层面看，生物反应器是指能为基于细胞或蛋白质（组）的生物反应提

供最佳的、可控制的生物化学反应条件，以高质量、高产率地获取特定的目标产物，包括小分子化合物、大分子蛋白质分子或细胞的专用装置；如果从生物制造的生产过程角度看，现代生物反应器是当代医药生物产品（蛋白质药物与疫苗等）、大宗化学品生物制造过程合成生物学产业化、干细胞与组织工程培养的规模化应用、细胞免疫治疗技术的规模化实施、生物质能源的生产，以及生物学手段处理污染废弃物生产过程的起点。因此生物反应器在生物技术产业链中占据一个核心地位，是一个重要的生物技术产业支撑装置。

当前，美国的生物医药产业无论是在技术创新能力上还是在生产能力与市场份额等方面都走在世界的前列。美国 2013 年发布的生物医药行业对美国的经济影响力报告指出，生物医药产业是美国经济中一个牢固的、充满活力的部分，直接雇员 81.3 万人，间接雇员 250 万人，行业内的平均工资收入超过 11 万美元，是所有工业部门均值的 2 倍以上，主要原因是从业人员的高教育水准。2011 年生物医药行业的直接产出达到 3 750 亿美元，间接产出为 4 130 亿美元，总产值达到 7 890 亿美元，占 2011 年美国总产出的 2.9% 以上。该统计结论如下：生物医药的技术发展和生产制造是美国的一个主要经济驱动力，而且该产业是一种以技术创新为驱动力，对未来经济发展起到开拓性作用的产业。伴随着生命科学的发展，新的生命科学研究领域不断拓展，人们对疾病的发生与治疗将获得更加深入的了解，因而生物医药产业将拥有巨大的发展空间与机遇。

审视我国的宏观发展战略，根据《国务院关于印发生物产业发展规划的通知》，未来生物产业发展值得期待，计划到 2015 年，我国生物产业形成特色鲜明的产业发展能力，对经济社会发展的贡献作用显著增强，在全球产业竞争格局中占据有利位置。到 2020 年，生物产业发展成为国民经济的支柱产业。并指出，2013 ～ 2015 年，生物医药产业产值年均增速达到 20% 以上，推动一批拥有自主知识产权的新药投放市场，形成一批年产值超百亿元的企业，提高生物医药产业集中度和在国际市场中的份额。还分别对生物制造、生物医药、生物能源、生物环保、生物农业等制定了 2015 年的年产值目标，其中，生物制造产业规划目标高达 7 500 亿元。2012 年 7 月国务院发布的《“十二五”国家战略性新兴产业发展规划》明确地将生物产业列为七大新型产业之一，其中对生物医药产业的目标描述为提高我国新药创制能力，开发生物技术药物、疫苗和特异性诊断试剂。医药产业的重大行动如下：（实施医药生物技术的）产业化，即实施基因工程药物和疫苗创新发展工程；促进自主知识产权基因工程药物、疫苗、抗体药物等产业化；提升大规模动物细胞培养、蛋白纯化等生产新工艺技术和新型制药装备的保障能力。在实施我国发展生物技术产业的进程中，各种类型的生物反应器作为一个为以细胞或蛋白质分子（组）为基本反应单元的生物反应提供反应场所的设备装置，也几乎是我国所有现代生物技术产业化的“基石”。

鉴于生物反应体系的多样性和目标的复杂性，在生物技术产业化的进程中，生物反应器发展出了诸多种类。截至目前，生物反应器的相关基础技术研究、产品设计创新、制造技术革新是一个全球范围内的关注热点。表 9.1 根据主要生物反应器的生物技术应用领域，对生物反应器的分类做出简要总结。这个总结并不能涵盖现阶段生物反应器技术与产业的发展全貌，如它不包括近几年来生物反应器技术创新的最新成果，但它基本上可以概括生物反应器的现状、发展趋势和其广阔的应用前景。

表 9.1 生物反应器的类型与应用

生物反应器类型	应用领域与反应器结构、功能	应用评价及反应器的技术发展趋势
微生物生物反应器（发酵罐）	(1) 应用于食品、氨基酸、抗生素、酶制剂，利用生物催化法制备的化合物合成，基于合成生物学技术的产品生产，基因工程重组蛋白、DNA 疫苗，以及微生物细胞工厂的扩增等，是重要的生物过程 (2) 搅拌式（stirred tank reactor，STR）反应罐是代表性的生物反应器，还有气提式、灌注式及恒化器等多种结构与操作形式	(1) 最传统的生物反应器，应用最为广泛，起源于第二次世界大战后的抗生素工业发展 (2) 以钢制材料为主的刚性结构。操作过程已实现全自动化，并能对过程参数实现在线监测 (3) 我国在此领域的装置基本能够实现国产化 (4) 主要发展趋势如下：提高对该类反应器的过程在线参数的实时在线检测；实施过程大数据的处理与应用；采用一次性反应器用于高附加值生物产品的生产等；用于早期过程工程研究的高通量微型反应器
哺乳细胞悬浮培养生物反应器	(1) 以治疗性抗体为代表的需要经过转录修饰的蛋白质的生产、病毒疫苗的生产，以及以临床治疗为目的细胞的扩增培养（免疫细胞和干细胞） (2) 以搅拌式反应器为主要形式，一次性波浪式生物反应器（wave bag）、灌注式半连续生物反应器也得到广泛应用 (3) 由于细胞治疗技术的发展，适用于个体化治疗的一次性 T 细胞扩增生物反应器也开始面世	(1) 伴随着近 20 年来生物医药技术的发展而快速发展起来的一类新型生物反应器。以钢材料为主的刚性结构，但是用高分子材料生产的一次性生物反应器也逐渐得到重视，目前属于生物反应器中的高端设备 (2) 我国目前在此领域计划完全依赖进口，还不具备规模化生产能力和技术创新实力 (3) 主要发展趋势是小型化，实现多参数在线监测与控制，反应器主体与配件的一次性化，以及反应器的小型化（高通量培养和个体化的 T 细胞治疗） (4) 该类型的生物反应器是国际上生物反应器产业技术发展热点
贴壁型哺乳细胞生物反应器	(1) 用于需要贴壁生长的动物细胞培养，最主要的培养目的是生产病毒疫苗 (2) 主要反应器形式包括使用微载体的搅拌式反应器、转瓶式生物反应器、堆积平板式、中空纤维式、转动膜式等 (3) 为提高单位体积内的细胞培养密度，（微载体）固定床式的生物反应器近年来在细胞贴壁培养中也已开发成功 (4) 贴壁培养生物反应器的体积与悬浮培养反应器相比一般比较小	(1) 工业规模的贴壁型哺乳细胞生物反应器在我国尚处在起步阶段，但是国际上的搅拌式微载体细胞培养生物反应器已达到 6 000 升的规模 (2) 基于简单的转瓶式培养方式在我国有较为普遍的应用。目前也有采用多个较小体积的反应器并用来实现规模化生产的方式 (3) 发展趋势是提高单位体积的细胞培养生产效率，采用一次性生物反应器技术 (4) 该类型的生物反应器是本领域内的一个发展重点

续表

生物反应器类型	应用领域与反应器结构、功能	应用评价及反应器的技术发展趋势
植物与昆虫细胞培养生物反应器	（1）植物细胞和昆虫细胞培养作为基因工程重组蛋白质表达的一种技术手段，在现代生物医药生产过程中应用广泛 （2）其主要反应器形式与悬浮哺乳细胞培养类似	（1）目前我国的植物和昆虫细胞培养生物反应器基本依赖进口，还不具备规模化生产能力和技术创新实力 （2）主要发展趋势是小型化，实现多参数在线监测与控制，反应器主体与配件的一次性化，以及反应器的小型化
光生物反应器	（1）光生物反应器是一类用于光合微生物培养的装置，目前一般是指用于微藻培养的反应器。微藻富含蛋白质、油脂、色素、维生素及矿物元素等多种成分，在食品、饲料、能源、环保等方面具有重要的应用价值 （2）藻类光合物反应器一般分两种类型，即开放式和封闭式。开放式光合生物反应器以开放式跑道水池为主。封闭式光合生物反应器的种类很多，有管状、板状、螺旋状等，其应用于大型海藻养殖产业，为大型海藻的细胞工程育苗技术的研究和产业化提供必备的条件，还可应用于微藻大规模培养、微藻生物活性物质的开发与生产等	（1）研制开发出光合效率较高、成本相对低廉的光生物反应器，大量培养藻类是光生物反应器的发展方向 （2）我国目前基本上能够生产各种形式的光生物反应器，满足相关生物过程工程的应用
膜-生物反应器	（1）膜-生物反应器为膜分离技术与生物处理技术有机结合之新型废水处理系统。主要利用膜分离设备截留水中的活性污泥与大分子有机物。用于事业废水的处理和废水的回收再利用 （2）膜生物反应器系统内活性污泥浓度可提升至 8 000 ～ 10 000 毫克 / 升，甚至更高；污泥龄可延长至 30 天以上。膜生物反应器因其有效的截留作用，可保留世代周期较长的微生物，可实现对污水深度净化	膜生物反应器分类有以下几种。 （1）膜分离生物反应器：膜分离生物反应器用于污水处理中的固液分离 （2）膜曝气生物反应器：膜曝气生物反应器中膜被用于气体质量传递，通常为好氧工艺供氧，可以实现生物反应器的无泡曝气，提高反应器的传氧效率 （3）萃取膜生物反应器：萃取膜生物反应器主要用于工业中优先污染物的处理，选择性透过膜被用于萃取特定的污染物

9.1.2　全球范围内生物反应器发展的驱动力

由于生物反应器技术与生物反应器装置是现代生物医药生产过程中和现代生物制造过程中的关键支撑技术产品，所以在过去的 20 多年，生物反应器技术在全球范围内取得了革命性的进步，即便是在西方国家经济衰退期间，生物反应器制造产业的发展依然显示出强劲的增长势头，是整个生物技术产业的亮点之一。

全球范围内的生物反应器的发展驱动力来自以下几个方面。

（1）全球生物医药产业和新型治疗技术手段日新月异的发展对规模化哺乳细胞培养技术提出了更高的要求，包括生产效率的提高、产品质量的稳定、生产过程成本的降低。例如，以中国仓鼠卵巢（Chinese hamster ovary，CHO）细胞培养为主的人源化治疗性抗体的发展，全球治疗性抗体市场在 2011 年已达到 446 亿美元，并保持 5.3% 的年增速，预计在 2016 年将达到 600 亿美元的市场总值。

（2）各种细胞培养技术在现代生物医药技术中占据了绝对控制的地位。1995 ～ 2011 年，欧盟医药管理局（European Medicines Agency，EMA）所批准的所有生物医药中，78.3% 的份额需要用细胞培养技术来生产，而生物反应器是实现各类细胞培养的基石。CHO 细胞、大肠杆菌、酵母细胞占欧盟 EMA 所批准的生物医药生产用细胞系的 83.4% 以上。各种细胞培养技术对生物反应器有着不一样的技术要求和培养规模需要。

（3）全球生物过程工程研发理念的进步。国际上主要的创新生物医药研发机构在动物细胞培养过程工程研究中也取得了全新的发展。这些发展使生物医药的过程工程研究从方法学和技术手段，到研究理念、研究目标都显著区别于传统的工业生物技术。其核心点正如人用药物注册技术要求国际协调会 Q8、Q10 和 Q11 中所提倡的“设计决定质量”（quality by design，QbD），并在产品质量和稳定性为最高目标的驱动下，实施生物医药生产过程研发和产品质量控制。具体实施中，一般要通过经验设计（design of experiment，DoE）、过程分析技术（process analytical technology，PAT），以及多变元参数分析（multivariate analysis，MVA）和细胞动态代谢生理学研究，获得对细胞培养过程的深入理解，确定与产品质量相关的关键过程参数（critical process attributes，CPAs），根据多个批次细胞培养的多参数过程数据，建立动物细胞培养过程批式多变元模型，最终建立保证目标疫苗产品质量和生物学效能的细胞培养过程设计空间（design space），以达到建立具有普适意义的细胞培养过程优化工程解决策略与可执行方案。对于产品的质量监控，不是仅对最终产品进行分析，更主要的是要实现培养过程的质量控制。同时，考虑到生物医药过程研究的高成本性，在生物过程开发中，支持鼓励建立合理的过程缩小（scale down）策略，以求实验室规模的细胞培养数据可以支撑中试或大生产数据，减少大规模生产工艺开发的费用。这些新的技术与理念基于细胞培养生产工艺开发与优化，在国外也得到越来越多的应用。具体而言，最新研究技术手段的发展包括以下技术：细胞株筛选与评价中采用的高通量培养技术、关键过程参数研究中采用的基于微型生物反应器的平行培养技术，以及基于微流控的微型生物反应器技术。这些技术的应用，结合生物过程工程研究理念的革新，可以大大提高生物过程工程研究的效率。目前在蛋白质医药研究的过程开发中，可以达到在数月内，快速实现“从 DNA 到成熟工艺”的整个开发过程。

（4）生物绿色制造产业的发展。当前，生物技术正在进入大规模产业化阶段，生物医药、生物农业日趋成熟，生物制造、生物能源、生物环保快速兴起。全球生物产业的销售额每 5 年翻一番，年增长率高达 30%，是世界经济增长率的 10 倍，生物产业已成为增长最快的经济领域。据安永会计师事务所（Ernst & Young）2011 年 6 月 14 日发布的《生物技术行业年报》显示，2010 年生物技术行业产值稳步增长，是继 2009 年全球生物技术产业首次实现全行业盈利后的第二个盈利年。生物制造是全球战略性新兴产业，据估计，超过 GDP 约 40% 的工业可以成为生物制造发展的空间。世界经济合作与发展组织（Organization for Economic Co-operation and Development，OECD）预测：截至 2030 年，35% 的化学品和其他工业产品将来自生物制造。我国生物制造业已经进入工业化阶段，正在形成产业，其领域与规模不断扩大，已经形成国民经济新增长点。其中，氨基酸、维生素、有机酸等大宗发酵产品规模稳居全球第一，产值超过 1 000 亿元；乙二醇、丁醇、乙烯等实现生物法制造；生物塑料、生化纤维等新材料生物法生产初具规模；泛酸、丙烯酰胺、乳链菌肽等占据世界市场的 50% ～ 70%。2015 年我国生物制造年产值将达 7 500 亿元。工业化的生物制造过程对以微生物细胞培养为主要内容的生物反应器，在培养规模、产品收率、节能减排上都提出了更高的需求。

9.1.3 生物反应器的技术发展趋势与市场

生物反应器的技术创新与产业发展趋势可以根据其在具体生物技术产业的应用情况分为以下几个发展方向。

1. 生物医药产业

从哺乳细胞大规模培养的发展趋势来看，反应器哺乳细胞悬浮培养技术、无血清培养技术等是当前世界范围内各大生物公司产业化生产疫苗、抗体等生物医药的首要选择和发展方向。反应器悬浮培养细胞、无血清培养在大规模生物医药生产中能提高单位制品产量、细胞高密度培养及表达、简化生产工艺、降低生产成本、保证大规模生产的制品质量等方面都起到非常重要的作用，是目前世界各大生物公司竞相开发的前沿课题。

由于动物细胞无细胞壁，对剪切极度敏感，在细胞生长控制上，需要防止细胞分化和细胞凋亡，无论何种形式的细胞培养反应器都要具备低剪切效应、混合性能好等特点，还要提供细胞形态在线观察和活细胞数计量的传感技术，并能严格控制反应器的操作条件，以及有关防污染的灌注系统、取样系统等。

以疫苗生产为例，目前在全球范围内，多种生物反应器已经广泛应用到流感疫苗生产中。例如，瑞士诺华公司利用 MDCK[①] 33016 细胞株来生产 Optaflu（流感疫苗），规模已经超过 1 000 升；美国的 MedImmune Vaccines 公司利用 MDCKCCL34 细胞株来生产 FluMist（流感疫苗），其最大规模为 2 500 升；奥地利的 Baxter Vaccine 公司利用 VERO[②] CCL81 细胞株生产流感疫苗，其生物反应器的规模最大已经达到 6 000 升。

全球范围内生物医药市场将持续驱动生物反应器市场的飞速发展。据英国有关机构统计，2013 年全球细胞培养过程工程相关产品（以生物反应器为主）市场总额

① MDCK 为犬肾上皮连续细胞系。

② VERO 为非洲绿猴肾细胞。

为 147.72 亿美元，并保持 10.71% 的增长率，到 2018 年可以达到 245.74 亿美元[①]。

1）一次性生物反应器

在实现细胞培养工艺要求的条件下，为提高生产过程的灵活性、降低过程污染、减少规定设备的巨大资金投入、有效控制产品开发的风险，近 10 年来，一次性生物反应器（disposable bioreactor）是生物医药产业中生物反应器的最为突出的发展方向。用于悬浮细胞培养的搅拌式一次性生物反应器的工作体积已经可以达到 2 000 升的规模；波浪式（wave bag）一次性生物反应器的体积也可以达到 1 000 升的规模；用于贴壁细胞培养的固定床式的一次性生物反应器体积也已达到 500 升的规模。图 9.1 总结了目前国外的几种主要供应商生产的一次性生物反应器和其工作体积。

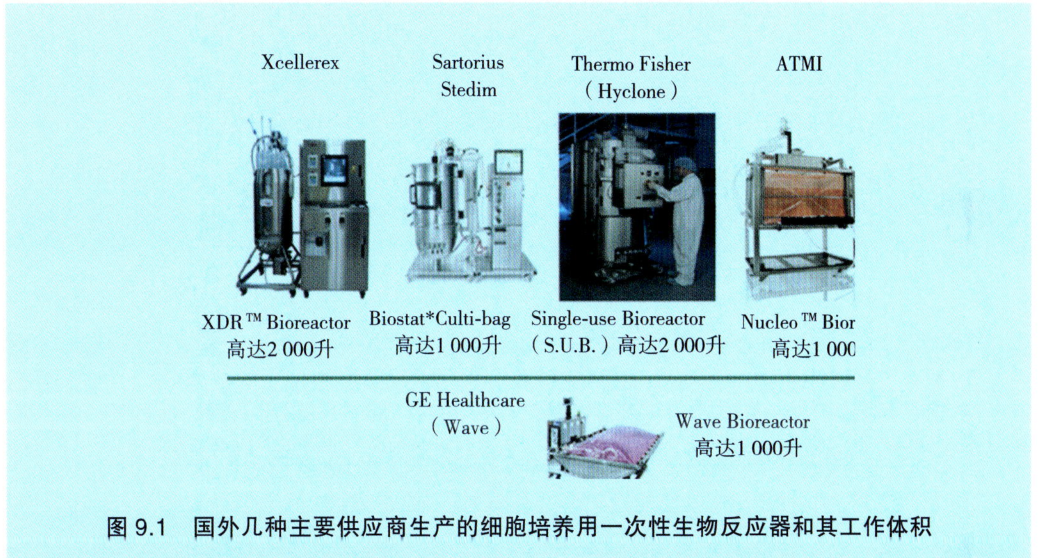

图 9.1 国外几种主要供应商生产的细胞培养用一次性生物反应器和其工作体积

近年来免疫细胞治疗技术在临床应用方面取得了突破性的进展，如 DC-CIK[②] 细胞治疗和嵌合抗原受体 T 细胞技术（chimeric antigent receptor-T，CAR-T）针对病人个体的 T 细胞扩增培养，也进一步扩展了一次性生物反应器的应用范围。事实上体积相对较小的一次性生物反应器对细胞免疫治疗这个新兴治疗技术的广泛临床应用将起到巨大的技术支撑作用。

全球一次性生物反应器的市场规模在 2014 年就达到了 2.02 亿美元，并将保持 18.4% 的增长，预计在 2019 年达到 4.7 亿美元。目前一次性生物反应器的市场主要集中在北美和西欧，预计在未来的 5 年内，新兴国家的一次性生物反应器市场会快速增长。国际上的主要一次性生物反应器供应商为 Thermo Fischer Scientific Inc.（美国）、Sartorius AG（德国）、Merck KGaA（德国）、GE Healthcare（美国），以及 Pall Corporation（美国）。

① http://www.prnewswire.co.uk/news-releases/.

② DC（dendritic cell，即树突状细胞），CIK（cytokine-induced killer，即细胞因子诱导的杀伤细胞，DC-CIK 为树突状细胞 - 细胞因子诱导的杀伤细胞）。

中国在此技术领域尚属于刚刚起步阶段，尚无规模化生产能力。

2）高通量微型生物反应器

微型生物反应器的技术进步是生物反应器产业的另一个显著特点。研究生物反应器的微型化（miniaturization）、平行化（parallelization）、自动化（automation），以适应与生物过程工程研究的高通量需求，是近10年来生物过程工程学科内相关科学仪器研究的一个热点，其驱动力来自传统意义上的过程研究技术手段已无法满足现代生物过程工程的技术需求。传统的生物过程工程研究流程与技术手段与现代生物过程研究需要的矛盾总结于表9.2。由表9.2可以发现，传统方法采用的是“串行”流程，效率和针对细胞克隆研究的通量均较低，无法满足现在生物过程工程研究的需要。针对表9.2指出的这些矛盾，目前国外针对高通量平行细胞培养仪器的研究主要集中在以下两个核心点：①为提高培养的通量，尽量减小反应器体积，即采用不同形式的微型（毫升甚至微升级）生物反应器；②为对细胞培养过程有深刻的理解，在高通量培养过程中，尽量实现完全模拟工业级生物反应器的条件，即实现微反应器的过程控制与参数检测。截至目前，国际上已有多个不同形式的高通量平行细胞培养系统被报道，或者已经成功商业化。但是，限于目前工业技术和相关基础科学发展的现状，鲜见能够完美地同时解决上述两个问题的系统。也有一些系统为了同时考虑到这两个方面的需要，降低仪器系统的普适性，仅针对一类细胞的培养，如美国的SIMCELL™[①]微流体反应器系统仅适用于哺乳细胞，英国的Ambr[②]微反应器细胞培养系统也仅针对哺乳细胞培养。中国在此领域尚属起步阶段，尚无规模化生产能力。

表9.2　传统生物过程工程研究中的技术手段及实验流程与现代生物过程工程研究需要的矛盾对比

实验流程与目的	流程图	批次实验所能容纳的细胞克隆数	反应器形式与体积	过程控制与过程参数测量	单批次实验成本	试验通量与效率	现代过程工程研究的要求
克隆筛选	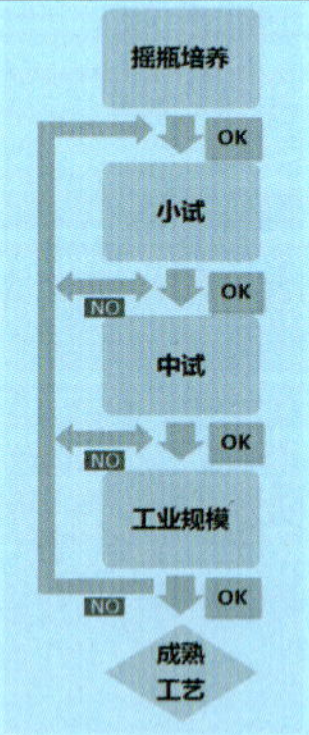 摇瓶培养 → OK	≤100	摇瓶，25~1 000毫升	无过程参数控制与测量	低	低	高通量，获得足够的过程信息。传统方法无法实现
小试	小试 → OK / NO	1	一般是3.0~15升	可以实现	高	低	开展DoE实验，快速获得最优工艺，确定关键过程参数，建立过程设计空间。传统方法无法实现
中试	中试 → OK / NO	1	50~500升	可以实现	高	极低	通过在克隆筛选和小试，获得充分过程数据，建立可靠scale down模型，通过小试数据减少或避免中试及工业试验批次，以达到提高效率，降低成本。传统方法无法实现
工业规模	工业规模 → OK / NO → 成熟工艺	1	>1 000升	可以实现	高	极低	

① 反应器型号为Bioprocessors，Woburn，MA 01801，USA。

② 反应器型号为TPA Biosystems，UK。

2. 生物制造产业用生物反应器

用于工业生物技术的传统生物反应器一般包括悬浮培养系统反应器和固定化培养系统反应器。前者主要包括搅拌式生物反应器、气升式生物反应器；后者主要包括膜生物反应器、填充床生物反应器。这些反应器主要针对微生物细胞工厂培养过程和酶制剂生化反应过程。随着全球对生物技术所生产的产品需求的快速增长和生物技术相关学科的发展，生物反应器出现了一些全新的发展趋势。

主要表现为高通量、微型化生物反应器应用于生物过程工艺快速开发和优化；工业规模生物反应器朝着大型化、自动化方向发展，并且计算流体力学技术被应用于反应器设计与放大，增强了对于生物反应器供氧、混合与剪切性能的可预期性；对于生物加工过程高密度、高产率的要求，使包含新型空气分布系统与搅拌系统有机组合的生物反应器得到泛应用，极大地提高能源使用效率；多种先进传感技术被运用于生物过程的在线测定，提高了对于生物过程生理代谢状态认识的准确性和及时性；而针对具体培养对象的特殊性，出现了一些专门反应器，如光生物反应器、酶反应器等，这些新型生物反应器也正逐步实现工业规模应用。另外，不同于一般化学或物理过程，生物反应过程涉及基因、蛋白、代谢，以及细胞与环境相互作用相关的关系，因而很难通过化学过程的数学手段来总结描述其过程，并为生物加工过程相关工程及反应器设计提供理论依据。继续研究生物反应过程基本规律及其新的表征方法是生物反应器工程及其应用获得根本重大进展的基础。在目前阶段，发展生物加工过程新型传感技术，研究可对生物过程进行表征的状态参数群，并确定影响工艺优化及反应器放大的敏感参数，已被证明是针对生物加工过程的一种行之有效的工程学方法。

通过 20 多年的不懈努力，我国已基本上能够生产各种形式的微生物细胞培养过程和酶制剂生化反应过程所使用的生物反应器。

近年来，由于能源短缺及全球气候变暖等问题，微藻产油脂和微藻固碳受到广泛关注，在全球兴起了微藻能源和微藻固碳的研发热潮。微藻能源和微藻固碳符合低碳、减排及可持续发展的要求，已经成为我国战略性新兴产业发展的重要方向之一。近年来，随着老龄化的发展及消费者对健康的重视，微藻作为营养食品和营养补充剂引起了各国人民的广泛关注，市场规模正在逐步扩大。微藻产业正在步入一个新的发展阶段，伴随着微藻产业的发展，近年来光生物反应器开发及应用步伐也正日益加快。这里以光生物反应器为例，对生物制造领域的生物反应器发展趋势做概要性介绍。

1）光生物反应器的类型

微藻光自养培养一般分为敞开式和封闭式两大类。敞开式光生物反应器一般指敞开式跑道池、圆池及任何可以进行微藻光自养培养的敞开式装置（如槽和缸等）。跑道池虽然具有较多优点，但其存在培养效率低、易于污染、受天气影响大等缺点，这在一定程度上制约了微藻生物技术和微藻产业的发展。封闭式光生物反应器是一类全封闭的微藻培养系统，主要分为管道式、柱式和平板式三大类。封闭式光生物反应器的优势主要表现在培养效率高、不易受污染、培养环境易于控制等方面，但其存在着制作、运行及维护成本较高的缺点，目前主要应用于微藻藻种、高附加值微藻（如雨生红球藻）、转基因微藻的培养及实验室研究。此外，微藻除了光自养培养外，部分微藻还可以进行异养和混养培养，用于微藻异养和混养培养的反应器目前一般常常简单地采用微生物发酵所用的发酵罐系统，但其中也存在许多亟待解决的问题。

2）光生物反应器的现状

敞开式跑道池于20世纪60年代提出，虽然存着诸多缺点，但目前仍然是国内外微藻大规模培养的主要装置，广泛应用于螺旋藻、小球藻及杜氏盐藻的培养，低成本的建造及运行成本优势是其至今没有被淘汰的主要原因。圆池在微藻培养中的应用相对较少，仅在日本、中国台湾和东南沿海有所应用，主要用于小球藻的培养，目前应用的企业主要有中国台湾的绿藻工业股份有限公司及广东绿安奇生物工程有限公司、日本八重山殖产株式会社。

从经济性角度而言，跑道池是较适合能源微藻培养以生产微藻燃料，1980～1996年美国能源部实施的ASP（aquatic species program，即水生物种计划）中，主要就是采用了敞开式跑道池系统。近年来，由于微藻能源产业化开发的需要，跑道池的结构得到了进一步的优化和改善，在跑道池中增加内构件以增强藻液混合，尤其是在光照方向的混合，以提高藻细胞产率，以及通过增加内构件降低流体阻力，以进一步降低运行能耗是当前提高跑道池性能的主要手段。当前，用于能源微藻培养的跑道池以中小型规模为主，仅为中试规模。

3）封闭式光生物反应器发展迅速

封闭式光生物反应器作为光生物反应器的一个重要类型，近年来发展非常迅速。封闭式光生物反应器的高效率及不易受污染等优点，是其迅速发展的主要原因之一；另外一个重要原因是微藻能源、微藻固碳及微藻高附加值产品的快速发展也加快了封闭式光生物反应器的研究及应用步伐。

微藻能源开发方面，封闭式光生物反应器主要用于能源微藻藻种的光自养扩培，但也可用于能源微藻的规模化光自养培养，近年来主要开发的相关系统有美国Solix Biofuels公司开发的AGS（algae growth system，即微藻生长系统）、意大利佛罗伦萨大学开发的GWP（green wall panel，即绿色墙壁系统）系统及Renewed World Energies公司开发的垂直平板式光生物反应器。微藻固碳方面，封闭式光生物反应器的应用可以显著地提高微藻对CO_2的固定效率。微藻高附加值产品开发方面，管式光生物反应器正被广泛应用于雨生红球藻的光自养培养来生产虾青素。

4）结构新颖的光生物反应器的研发持续不断

由于敞开式和封闭式反应器存在各自的缺点，难以兼具低成本和高效率。近年来研究者提出了许多结构新颖的光生物反应器，突破了传统光生物反应器的概念，可能是光生物反应器未来发展的重要方向之一。

美国国家航空航天局开发了一种称为OMEGA的微藻培养系统，是一种用柔性薄膜材料制成并漂浮于水体表面的光生物反应器，其主体是大型的透明柔性塑料管。该系统目前主要利用废水、CO_2和阳光培养能源微藻，并于2012年在旧金山东南部一个污水处理厂建成了中试规模系统。OMEGA系统具有易于控温、混合良好、不占用耕地等优点，但其价格昂贵，目前尚处于中试研发阶段。此外，近年来微藻生物膜反应器备受关注，该系统是一种让微藻在固体材料上生长的培养系统，具有占地面积小、细胞产率高、节水节能、采收成本低等优点。目前，对生物膜反应器开发的主要单位有美国的BioProcess公司、爱荷华州州立大学、犹他州州立大学，以及中国的中国科学院青岛生物能源与过程研究所。BioProcess公司获得了美国能源部650万美元的资助，在爱荷华州建造了名为Grower Harvester™的生物膜反应器，占地面积380平方米，利用乙醇厂的CO_2废气、废热和废水来培养微藻。微藻生物膜反应器虽然具有较多优点，但也存在易于受霉菌和真菌污染等问题，目前也尚处于中试研究阶段。

3. 环境工程用生物反应器

膜生物反应器（membrane bioreactor，MBR）是当今世界公认的先进的污水处理和污水资源化技术，它是将膜分离技术中的超滤、微滤或纳滤膜组件与污水生物处理中的生物反应器相互结合而形成的新型处理系统。这种集成式组合新工艺把生物反应器的生物降解作用和膜的高效分离技术溶于一体。膜的高效分离作用使膜生物反应器具有多传统生物处理工艺所不具备的许多突出优点。例如，出水水质优良稳定，可直接回用；容积负荷高，占地面积小，整个系统流程紧凑；剩余污泥产量少；运行管理方便，等等。同时，膜的一次性高成本投入、膜污染、膜的较短使用寿命等依然是制约膜技术运用的瓶颈。膜生物反应器技术的最佳适用范围为出水水质要求高的项目、处理出水有回用要求的项目（污水资源化项目）、工程用地比较紧张的项目、高浓度有机废水项目。该技术的出现是对我国传统污水治理理念和污水处理技术的一次颠覆和带来的一场伟大变革，将对中国的水处理行业和环境保护产业带来深层次的巨大影响；同时，它也使水处理行业从工程化向设备化和产业化成为可能。

膜技术在20世纪90年代后期发展迅速，特别是进入21世纪后，随着膜材料生产的规模化、膜组件及其处理产品的设备化和集成化，膜设备生产技术的普及化和价格大众化，膜技术的发展已经从实验室潜在技术迅速发展成为工程实用技术。已经在许多大型工程应用中应用，出水水质稳定，运行可靠为膜处理技术的运用和发展积累了宝贵的经验。

在当前能源紧缺日益严峻、污水排放标准愈加严格的形势下，出现了许多新型膜生物反应器。新型膜生物反应器包括高截留膜生物反应器（high retention MBR）、斜板膜生物反应器（inclined plate MBR，ipMBR）、真空旋转膜生物反应器（vacuum rotation MBR）等。这些新工艺具有能耗低、出水质量高等特点，在水处理领域受到广泛关注。几种典型的膜生物反应器工作原理[1]如图9.2所示。

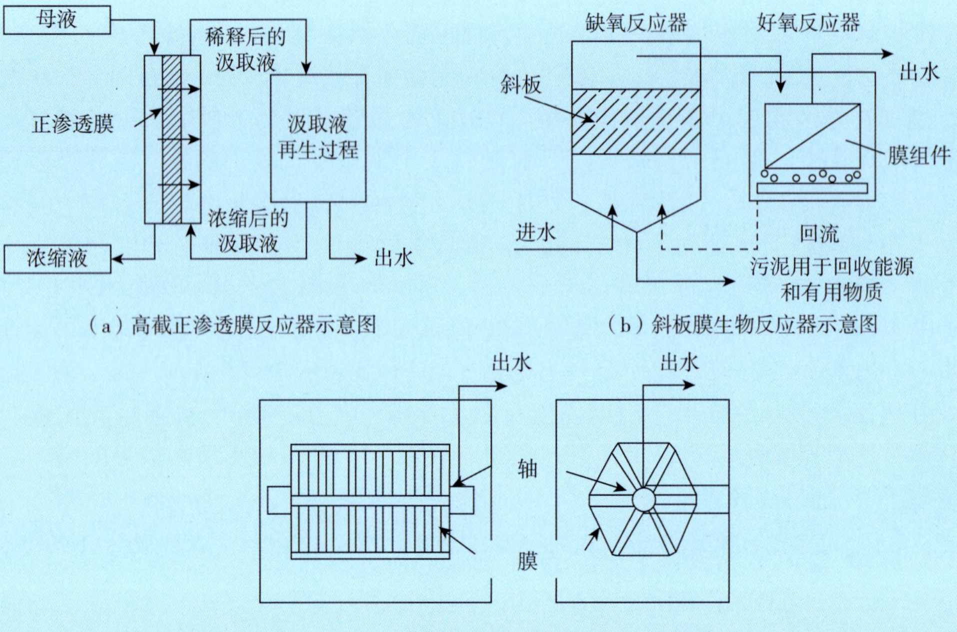

（a）高截正渗透膜反应器示意图

（b）斜板膜生物反应器示意图

（c）真空旋转膜生物反应器工作原理图

图9.2　几种典型的膜生物反应器工作原理图

膜生物反应器技术提供商主要为客户提供综合的整体技术解决方案，具体的范围一般主要包括整体技术初步方案、整体技术具体方案、整个污水资源化工厂的全部工程初步全套设计、整个污水资源化工厂的全部工程施工全套设计、核心设备（膜组器系统）的提供及全套设备的技术集成、自动控制系统与软件和技术的提供、系统的技术调试、为运营提供的技术服务与支持等。可以看出，膜生物反应器技术提供商一般不承担工程项目的土建工程工作，仅提供技术与设备。

国外对膜技术的整个市场看好，同时对中国市场特别关注。早年的数据显示在2006年全世界膜处理技术市场（包括反渗透膜技术处理市场占有约60%，和超/微滤膜技术处理市场占有目前约40%）规模大约为108.5亿美元，到2010年增长到163.6亿美元（超/微滤膜技术处理市场包括膜生物反应器技术占有65%以上的份额）。中国膜技术市场规模大约为世界膜技术市场规模的八分之一，2010年为25.8亿美元约200亿元。中国是世界上膜技术市场增长最快的地区。

世界范围内，单单计算膜生物反应器本身（不包括膜分离装置），膜生物反应器近年来的年市场增长率保持13.2%，预计2015年市场额将达到6.27亿美元。2017年全球膜生物反应器市场产值将达到20.52亿美元。1990～2015年膜生物反应器市场发展如图9.3所示。

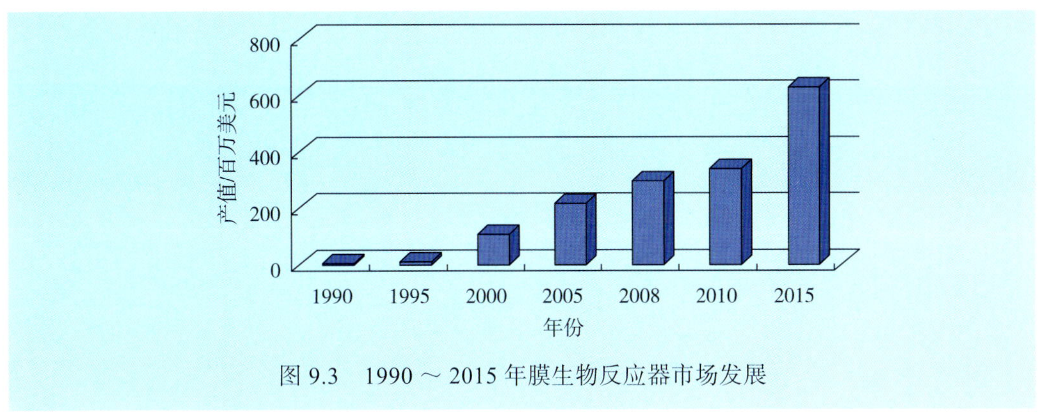

图 9.3 1990 ~ 2015 年膜生物反应器市场发展

9.2 全球范围内生物反应器的技术进步成果

生物反应器技术的进展为生物医药产业的发展提供了坚实的技术支撑。以病毒疫苗生产技术为例，目前吨级的一次性生物反应器在国外已经用于细胞培养法生产病毒疫苗的过程，传统的基于鸡胚接毒培养方式已被基本淘汰。图 9.4 简要地给出了这个发展历程[2]。

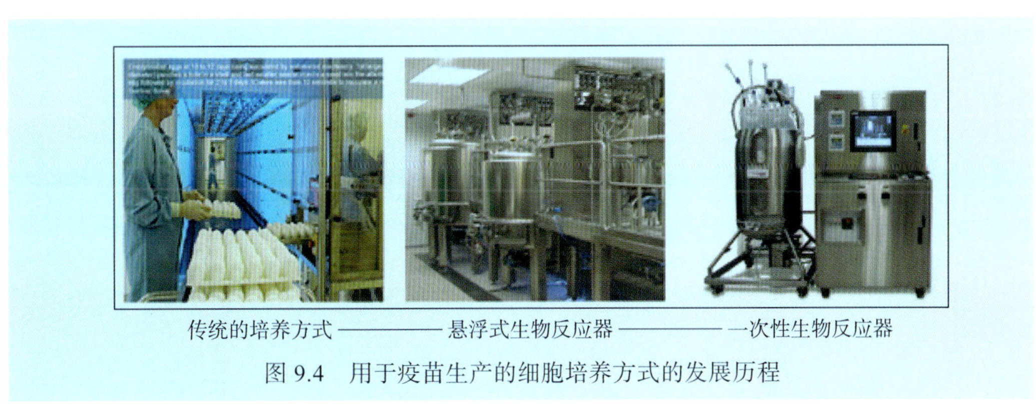

图 9.4 用于疫苗生产的细胞培养方式的发展历程

9.2.1 用于生物过程开发的微型生物反应器和一次性生物反应器

高通量的微型生物反应器在生物过程工程开发中起着越来越重要的作用。近 10 年来，已商业化生产的该类生物反应器种类繁多。例如，10 毫升级的微型生物反应 ambr™15 和 ambr™250 系统（Sartorius）；100 毫升级的德国 Dasgip 平行细胞培养系统，Applikon 的 Mini-bioreactor，以及瑞士 Inforis 公司的平行细胞培养系统等。这种形式的生物反应器具有高度的过程操作灵活性，可以完全模拟大型规模化反应器内细胞生长环境，可以平行开展多个培养条件下的过程，可以实施批式、流加批式、连续培养等多种培养方式。该形式的反应器可用于疫苗生产的悬浮细胞培养和微载体细胞培养过程，也可以应用于 CHO 细胞培养的治疗性抗体生产和各种微生物细胞的培养。以病毒疫苗生产为例，在 MDCK 细胞培养生产流感病毒疫苗[3]，VERO 细胞悬浮培养生产 HSV I 和 Polio I 病毒疫苗[4]的生产过程，VERO 细胞微载体悬浮培养生产流感病毒疫苗[5]，HEK293 悬浮细胞培养生产狂犬病毒疫苗[6]等。

1. ATMI LifeSciences的iCELLis™纤维载体的固定床反应器

目前如何提高哺乳细胞贴壁培养的效率、简化操作过程、提高过程稳定性是一个重要的课题，开发这类型的生物反应器需要面对四个挑战：①提高细胞吸附面积，有效降低培养体积，吸附面积要高于传统微载体的 10 倍以上，在同样生产规模上，显著减小反应器总体体积；②可以连续操作，减少过程变化对细胞的刺激；③有效降低污染风险，减少操作步骤；④降低装置成本和运行成本。

ATMI LifeSciences 的 iCELLis ™纤维载体的固定床反应器：这是世界上第一个完全一体化的高细胞密度生物反应器，反应器为一次性使用。微载体为医用级的聚酯微纤维（polyester microfibers），纤维载体比表面积非常高，相对于传统的搅拌式生物反应器，在同样的细胞数量基础上，可以显著降低至 VERO 细胞培养体积 5%。反应器的操作极为简单，避免了使用微载体颗粒的搅拌式生物反应器细胞培养过程中的一些耗时操作，如烦琐的手工操作、设备灭菌消毒、微载体的处理、从种子培养到大培养的微载颗粒间的细胞转接等。由于细胞在固定床生长，所以 iCELLis 生物反应器可以在较低的细胞浓度下接种，也就省去了传统的逐级预培养过程。例如，6 个滚动瓶培养（1 750 平方厘米）就足够用于接种 iCELLis 1000 生物反应器（55 升）。培养基在反应器内的均匀分布由磁力搅拌装置来实现，同时这种搅拌模式可以有效地减小剪切力对细胞的机械伤害，因而培养过程中的活细胞比例较搅拌式生物反应器高。培养基是由反应器底部运动到顶部，然后再以薄膜的形式由反应器的外壁落下，实现氧气传递。这种传氧方式保证反应器内的总传氧系数 KLa 保持较高的水平。这种独特的“瀑布”式传氧策略，加之温和的搅拌和高比表面积的细胞固定床，使 iCELLis 反应器系统可以取得非常高的细胞数量，相对于搅拌式生物微载体反应器，iCELLis 的体积效率提高了 20 倍以上（表 9.3）。同时，由于采用一次性固定床反应系统，在细胞培养的最后，无须离心分离细胞，进一步简化下游纯化工艺。iCELLis 细胞培养反应器系统的固定床结构图如图 9.5 所示。

表 9.3　iCELLis 固定床细胞培养反应器验证研究结果①

细胞系	产品	细胞密度（$\times 10^6$）	培养体积缩减量 /%
VERO 无血清培养	流感疫苗	28	30
VERO	小儿麻痹疫苗	75 ～ 150（最大）	3.5 ～ 4.5
VERO 无血清培养	小儿麻痹疫苗	75 ～ 150（最大）	5
MDBK	BHV	60	50
CHO 无血清培养	MAb	100 ～ 250	30 ～ 80

① 摘自 http://www.atmi.com/lifesciences/products/.

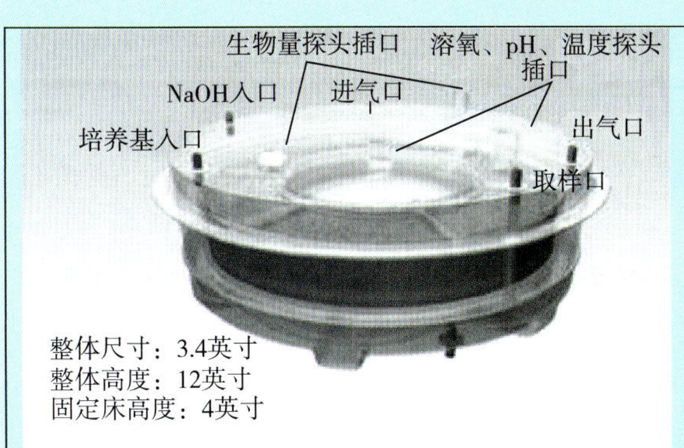

1~7：外壳，顶部配置的探头和其他外置件连接口，包括培养基、NaOH和气体进出口、pH和溶氧探头（6）、取样口（7）。

8~10：固定床反应器，填充有微纤维载体，包括支架和固定环。

11~13：磁力搅拌系统，磁转子（12）、内部马达固定子（11）、驱动环（13）。

14~15：外壳及底座。

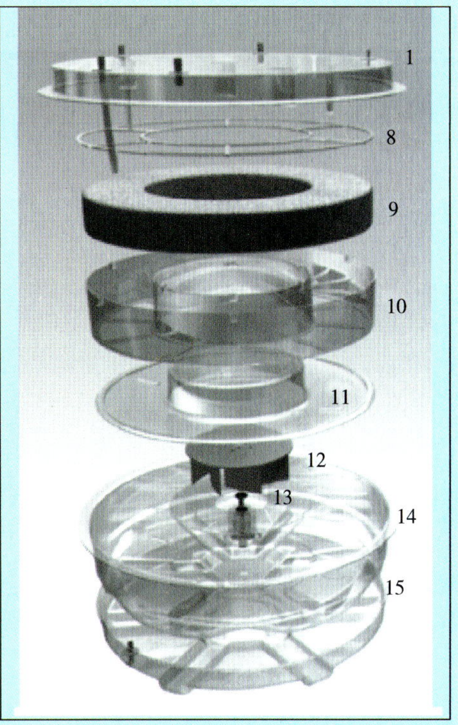

图 9.5 iCELLis 细胞培养反应器系统的固定床结构图①

根据 ATMI LifeSciences 公司所提供的细胞培养应用报告①，iCELLis 细胞培养系统的系列反应器已成功用于下列细胞培养过程。

（1）VERO 细胞—流感病毒疫苗—应用无血清培养基。

（2）VERO 细胞 —未披露的非裂解病毒培养—应用无血清培养基。

（3）HEK293 细胞—腺病毒的培养。

（4）MDBK 细胞—牛疱疹病毒（BHV）—MEM 培养基，含有 5% 的小牛血清和 1% 的 NE 氨基酸。

2. 一次性细胞培养生物反应器

一次性波浪式细胞培养袋是十几年前由 Wave Bioreactor 公司（现属于 GE Healthcare）引入的一种独特一次性细胞培养反应器。为了实现大规模的悬浮细胞培养，可以平行实施多数量的该种形式的反应器（multiple bag-type bioreactors），如德国 Sartorious 的 BIOSTAT CultiBag、荷兰 Applikon 的 AppliFlex、CELLution Biotech 的 CELL-tainer，MetBio、PadReactor 的 Optima and OrbiCell 培养袋、ATMI 的 Nucleo 生物反应器、Tsunami 反应器等。这种反应器的主体都是一次性使用的袋

① http://www.atmi.com/lifesciences/products/.

子，由机械传动装置实现培养液在袋子内的混合并确保养分的传递。虽然这种形式的生物反应器以通过平行培养的方式用于规模化生产过程，但是它们一般局限于非贴壁生长的细胞悬浮培养，或使用微载体对贴壁型细胞进行培养。

这种形式的一次性细胞培养反应器已被用于临床细胞免疫治疗中的 T 细胞培养，这种反应器由于体积小、全封闭、一次性使用，特别适合临床上对多个病人的个体细胞进行独立培养扩增，它将对细胞免疫治疗，包括 CAR-T 这种新兴的个体化医疗手段的普及，起到巨大的支撑作用。

由波浪式一次性细胞培养袋开始，目前一次性生物反应器的规模可以达到吨级，形式也拓展到搅拌式。例如，GE 的 Xcellerex 一次性搅拌式生物反应器 XDR-50 ～ 2 000。它是单容器模块化的、可放大的一次使用生物反应器，具有标准搅拌式反应器的表现，可以满足从工艺开发到生产的全过程需要。

一次性生物反应器已成为动物细胞培养技术的发展趋势之一，尤其是生物技术本身的发展，显著提高了细胞系的表达量。例如，CHO 细胞培养生产治疗性抗体的表达水平已经可以达到 10 克 / 升的水准，所以生产上对于培养体积的要求显著减少，因而一次性生物反应器的培养规模已经可以用于规模化生产。图 9.6 总结了一次性细胞培养生物反应器的发展历程 [2]。这种生物反应器在个性化治疗的免疫细胞培养过程中有很好的应用前景。

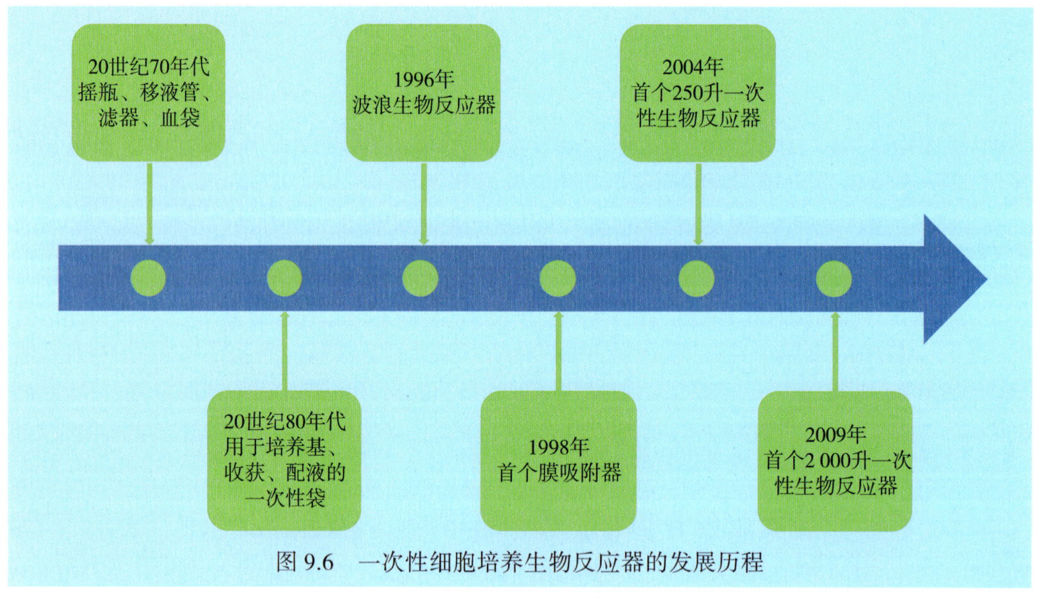

图 9.6　一次性细胞培养生物反应器的发展历程

根据《基因工程与生物技术新闻》在 2015 年 7 月做的调查报告得出，一次性生物过程工程装置（包括上、下游）在 2013 ～ 2018 年的年增长率将保持在 38%。50% 被调查的公司表示使用量最大和增长最快的一次性生物过程装置是配液系统，其次是哺乳细胞培养生物反应器，排在第三位的是生物反应器的辅助设备——一次性在线过程参数检测传感器，令人惊讶的是有 20% 的被调查公司认为一次性微生物生物反应器将保持快速增长。

3. 微流体培养系统

微流体培养系统（microfluidic culture system）：微流体装置也被称为微型生物反应器，如 CellASCIS 公司开发的 ONIX 微流体灌注细胞培养系统、Hurel 公司的 HurelFlow 微流控生物反应器、Smart Biosystems 公司生产的 IVFLAB-6 微流体细胞培养系统，以及美国 Bioprocessors 公司的 SimCell™ 微型生物反应器系统。这些基于微流控的微型生物反应器系统主要目的是高通量地开展细胞培养过程的优化研究和细胞克隆的筛选与评价，显著提高细胞克隆筛选与驯化过程效率，以及生产过程优化的研究工作效率。

例如，SimCell 高通量细胞培养系统由 5 个模块组成，其中 4 个是相对独立的模块，包括：①五个培养箱模块解决反应器的温控和混合搅拌；②传感器模块提供非接触式 pH、溶氧浓度和细胞数量参数的测量；③取样模块提供从每个反应器内取样并转移到 96 孔标准酶标板，用于离线参数的分析；④加液模块提供向每个反应器内接种，实施培养液的 pH 控制，流加营养物成分等操作，可同时滴加 8 种液体溶液。第 5 个模块是机器人系统，它将上述四个模块连接起来以实现全自动操作。SimCell 的微反应器工作体积为 300 ～ 800 微升，可开展平行培养的最大细胞克隆通量可达 1 260 个 / 批次。图 9.7 是该系统微型生物反应器、系统操作模块的简要示意图。

应用微型的、高通量的生物反应器开展细胞培养的过程工程研究，是生物医药过程工程研究技术的发展方向之一。

9.2.2 生物过程分析技术的进步

1. 过程分析技术的概念

生物反应器广泛采用过程分析技术以提高人们对反应器内复杂生物反应过程的及时、准确、深入的理解，进而达到控制生物过程质量的目的，是近年来全球范围内生物反应器技术的显著进步。

过程分析技术在化学药物和生物医药生产过程中广泛应用的主要推动者是美国食品药品监督管理局（Food and Drug Adminstration，FDA）和欧盟医药管理局。它们对过程分析技术的定义如下：一种通过及时测量影响关键质量参数（critical quality attributes，CQA）的关键过程参数（critical process attributes，CPA）的一系列技术，来实现对制药过程的分析、设计和控制。过程分析技术的概念实际上定位于关键过程参数的及时监测（在线、在位和离线），在生物反应过程中的最大价值是实现对生物反

① http://www.iclickmedia.com/bioprocessors/simcell_science_sub_page.htm.

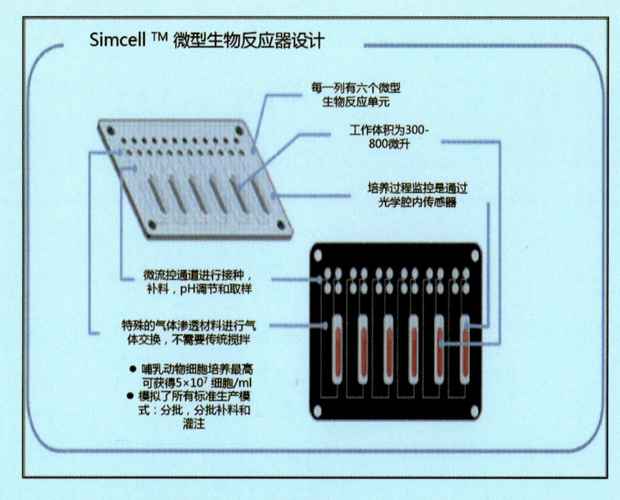

（a）系统工作原理图

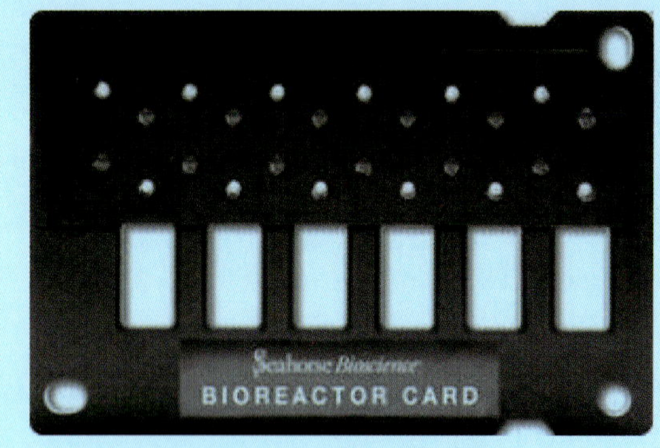

（b）生物反应器结构

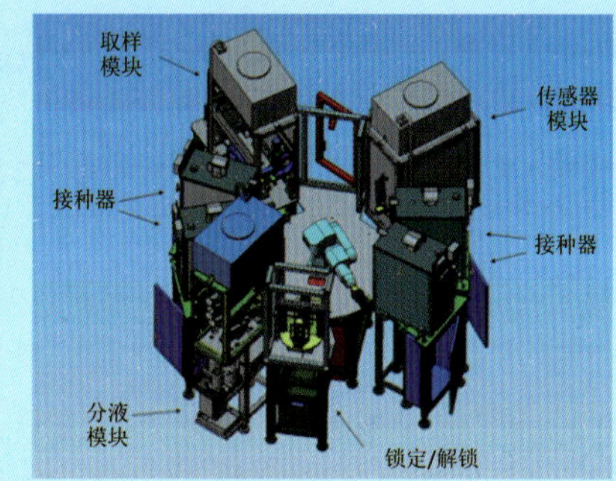

（c）模块集成

图 9.7　美国 Bioprocessors 公司的 SimCell 系统工作原理图及生物反应器结构和模块集成

应过程本身的质量控制，而不是传统意义上的仅对最终产品的质量进行控制，以达到所谓设计决定质量的效果。所以可以这样认为：过程分析技术不单单是系列技术手段，它是一种以设计决定质量为核心的技术理念。

2. 过程分析技术与装置

将较为传统的检测技术和新近发展起来的在线、在位、离线检测技术总结于表 9.4。这些检测技术的联合使用，通过及时理解细胞的生长、代谢、生产的生理学状态参数和反应器内物化环境参数，可以对给定的生物过程有一个较为全面的理解。图 9.8 给出了 NIR[①]在线光谱检测系统在生物反应器中的应用例子，图 9.9 展示了在线传感器在一次性生物反应器中的应用例子。

① NIR 为近红外光谱。

表 9.4 传统的检测技术和新近发展起来的在线、离线检测技术总结

方法学分类	检测方法	检测项目	目的与意义
通过反应器内光谱分析，间接反映细胞在反应器内的生长，代谢、合成状态。直接测量物理参数间接反映生化 / 细胞生理学指标	UV- 可见光在线光谱分析	在线检测生物量，总蛋白等特定过程参数指标。在反应器内安装传感器	实现在线检测
	红外光谱在线分析技术（near infrared spectroscopy for process analytical）	在线检测反应器内培养液的全 NIR 波长波谱。在反应器内安置 NIR 传感器	光谱参数——指示反应器内通过光谱反映出来的一种综合状态，可以通过数学模型对特定指标进行检测所获得的数据一般要用多变元（multivariate analysis，MVA）分析方法，用于建立批次多变元模型。用于建立过程质量模型和设计空间 (design space)
	过程拉曼光谱在线分析技术（process Raman spectroscopy）	在线检测全波长拉曼光谱。在反应器内安置拉曼传感器	
	过程核磁共振在线分析技术（process NMR spectrscopy）	在线或离线检测。用于检测蛋白质、核酸的合成，以及特定代谢物的合成等	
	荧光在线监测技术 (fluorescent sensing)	在线检测生物量 (活细胞和总细胞数)。在反应器内安装传感器	实现在线实时检测
直接测量生化参数	液相色谱-质谱联用 (MS-HPLC) + 自动取样系统	在位检测生物化学指标，包括培养上清中代谢产物和营养物质浓度	过程物质代谢与能量代谢的分析
直接测量物理化学参数	pH、溶氧浓度、温度、压力、氧化还原电位等传感器	在线检测物理化学指标	反应器内培养环境参数
直接测量生化 / 细胞生理学参数	生物传感器：酶传感器、微生物传感器等	通过酶反应、抗原抗体等原理，在线或在位测量某些物质代谢	实现重要特定细胞代谢产物的实时在线测量
直接测量物理化学 / 细胞生理学参数	质谱、红外、顺磁尾气分析（CO_2 和 O_2）	在线测量反应器内细胞呼吸指标	在线显示细胞呼吸状况
直接测量生化 / 细胞生理学参数	各种现代生物学和生化分析技术手段	离线分析胞内 / 胞外细胞生理学指标：蛋白质、核酸、代谢中间产物等	全面获得在一定时间间隔内细胞在反应器内的生命活动状态

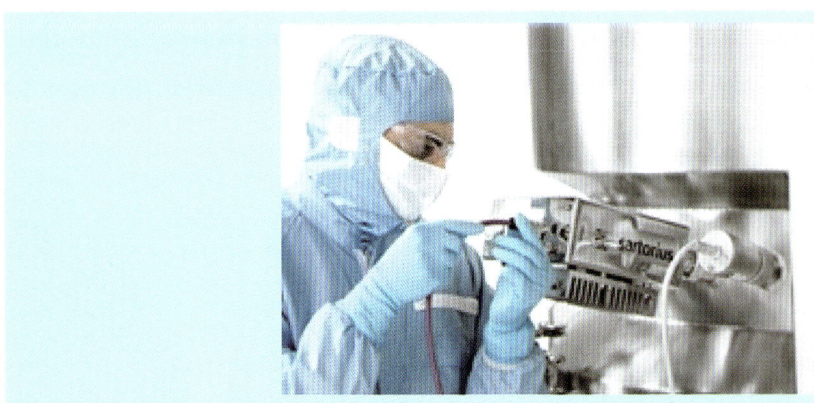

图 9.8 NIR 在线光谱检测系统①

BioPAT Spectro 可以在线监控哺乳细胞细胞培养或微生物发酵过程，并提供实时反馈控制，确保生物过程的效率和质量。该 NIR 传感器可以安装在刚性或一次性反

① 系统名为BioPAT Spectro，制造商为Sartorius Stedim Biotech。

图 9.9 GE Heathcare 的 Xcellerex XDR—2000 一次性生产规模生物反应器[①]

应器。

目前最显著的发展趋势是使用光谱分析技术，在反应器内安置传感器，通过光纤传输光谱信号，实现对反应器内细胞的生长、代谢、生产的生理学状态参数的实时在线分析，应用最广泛的是 NIR 和拉曼光谱。这两个过程分析技术手段是以设计决定质量为导向的生物过程研究与实际操作的重要支撑。

国际上主要的拉曼光谱在线检测装置供应商是 Kaiser Optical Systems 公司，产品为 RamanRxn3™。NIR 的一个主要制造商是 Sartorius Stedim Biotech（图 9.8），该公司的主要 NIR 在线检测系统是 BioPAT Spectro。BioPAT Spectro 每隔 15 秒，在 950 ～ 1 750 纳米波长范围内对生物反应器内培养液做一次扫描，再通过预先建立的数学模型对营养物、代谢产物、产品、细胞活性等过程参数实施实时监测。

NIR 和拉曼光谱会产生巨大的数据，这些数据结合其他检测技术所获得的在线、在位、离线参数，作为输入变量组，输入多变元分析软件（SIMCA，瑞典 Umetrics 公司），通过研发阶段的多次数据收集，建立过程批式模型和过程操作空间。在实际生产过程中，操作者可以通过实时过程分析技术检测，通过输入多变元分析，对过程状态进行实时综合判断，并及时分析出导致过程偏差的原因。这种过程分析技术加上多变元分析手段，可以使我们在实际生产中进行真正意义上的生物过程质量检测、分析与控制。多变元分析技术是过程分析技术应用的数据处理基础。这种关系可以通过图 9.10 更为详细地表示出来。

3. 过程分析技术市场

据报道，全球过程分析技术检测装置在 2013 年的市场总额为 3.05 亿美元，2014 年达到 3.26 亿美元。预计过程分析技术装置市场的年增长率会保持在 6.7%，到 2019 年市场总额会达到 4.5 亿美元。需要说明的是这个统计预测数据并不包括一次性

① 该一次性生产规模生物反应器安装有 DO、pH 等一次性传感器。

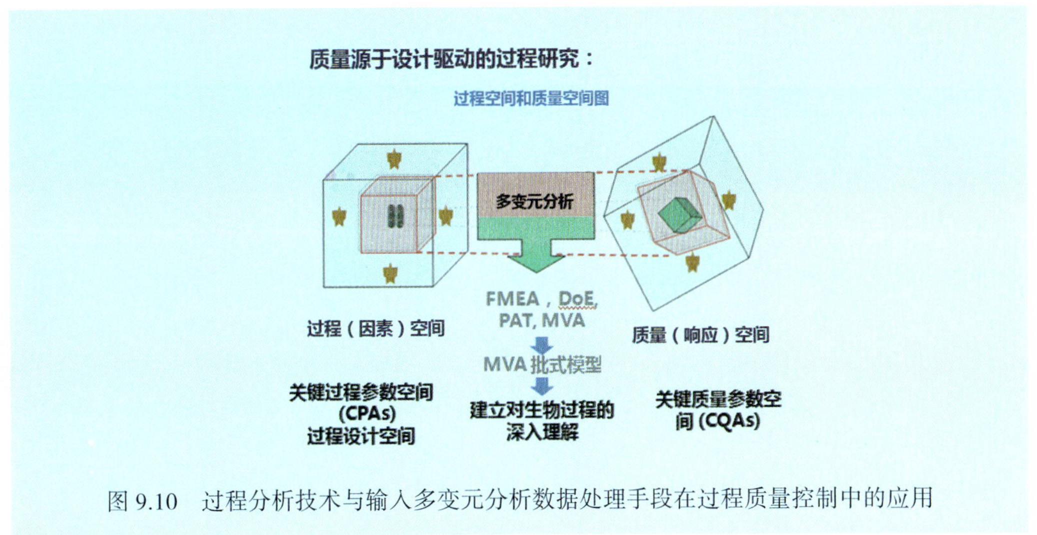

图 9.10 过程分析技术与输入多变元分析数据处理手段在过程质量控制中的应用

传感器的市场额度①。

9.3 中国生物反应器技术与产业的现状与问题

9.3.1 中国在生物反应器技术创新与制造方面的现状

近年来中国生物技术产业蓬勃发展，国家《生物产业发展“十二五”规划》提出在“十二五”末生物产业产值达到 4 万亿元，其中生物医药产业产值将达到 3.6 万亿元，生物制造产业规划目标高达 7 500 亿元。中国作为生物发酵产品大国，生物医药的需求大国，以及潜在的生物医药创新与生产大国，生物反应器产业也具有极大的发展潜力。但是不可否认的是在中国生物技术产业化平台中，细胞大规模培养技术等中下游技术是中国最薄弱的技术环节，中国生物医药等领域产业化与先进国家的差距较大，滞后的一个重要原因就是缺乏配套工艺的工业化放大技术和相应的以生物反应器为核心装备的技术支撑系统。与其他各行业的装备制造业一样，生物反应器为生物技术产业扩大再生产提供共性技术和关键技术，它的发展水平也反映了国家在科学技术、工艺设计、材料、加工制造等方面的综合配套能力。

国内目前主要生产一些中、低档的生物反应器装置，这些生物反应器主要针对工业生物技术中微生物培养过程，而且这些生物反应器主要是传统的搅拌式和气提式。目前中国反应器生产企业在生物医药生产用的高端哺乳细胞培养生物反应器研发与制造方面，跟踪国际上生物反应器的技术进步所做的努力非常有限。这一方面是国家政策导向，尤其是新药审批政策的导向问题；另一方面是生物医药产品的高

① http://www.bccresearch.com/market-research.

附加值使生产企业可以承受较高的设备成本，导致生产企业不愿冒险尝试国产生物反应器装置，对于反应器生产企业而言市场驱动力不大。

可以说，目前中国生物医药产业中用于哺乳细胞培养方法生产治疗性抗体和人用疫苗的生物反应器几乎完全依赖进口，主要供应商集中在国际上几个著名公司，包括 Sartorius、GE、Simens、Eppendorf、Applikon，只是最近在哺乳细胞培养工艺生产畜用疫苗领域有了一些突破，即在 2015 年，成都英德生物医药装备技术有限公司为中国的口蹄疫疫苗生产线（兰州中农威特）完全自主生产、设计、安装了单罐批培养体积达到 6 000 升的 VERO 细胞悬浮培养生物反应器和配套装置。同时，在实验室规模的细胞培养生物反应器方面，国内企业也有较好的表现，能够生产多个品种的实验室规模（一般小于 25 升）的反应器，但是在市场上尚不能成为主流产品。

由于中国对哺乳细胞培养用高端生物反应器的巨大需求，部分国外生物反应器生产商也逐渐拓展在亚太地区的生产性业务。作为全球生物反应器三大品牌生产商之一，荷兰 Applikon 公司，在中国广州开设生产组装工厂并于 2013 年年底开始运营。2015 年已组装生产出 50 套生物反应系统。但是这种组装生产线并不能为中国带来生物反应器制造的核心技术。

9.3.2 中国在哺乳细胞培养用生物反应器技术创新与制造技术的问题

国内生产的主要刚性结构细胞培养生物反应器包括成都英德生物医药装备技术有限公司研制的磁悬浮搅拌式生物反应器、杭州安普生物工程有限公司研制的激流灌注式生物反应器、北京天和瑞公司的常规动物细胞反应器等。这些反应器都已经进入一定的规模化生产阶段，其主要用于兽用疫苗的生产和血液生物制品生产领域。其中成都英德生物医药装备技术有限公司的细胞生物反应器和辅助装置在中国血液制品领域占据 90% 以上的市场，在疫苗生产领域占据 35% 左右的市场份额，处于行业领先地位。但是，国产生物反应器无论在品质、品种和培养规模上，与国际上主要生产商的产品，如 Sartorius、GE、Siemens、Eppendorf、Applikon 等公司的生物反应器，还有明显的品质上的差距。还有一个关键的问题是生物医药生产、研发企业，尤其是使用动物细胞培养生产表达疫苗和抗体的生产企业对国产核心设备缺乏信心。同时国内尚无一次性生物反应器的批量生产能力，一次性生物反应器尚处于研发阶段，技术储备也不足。但是中国细胞培养生产疫苗的产业发展、治疗性抗体产业的进步，以及其他生物医药产品的规模化生产，对高品质核心设备——生物反应器的需求非常迫切。生物反应器技术与相关高品质产品的缺失，已逐渐成为制约中国生物医药产业快速发展的一个不得不解决的工程技术问题。

中国在“十二五”期间，在治疗性抗体研发方面投入了巨大的人力、物力，目前有大量的原创性人源化抗体分子及生物仿抗体（biosimilars）处于临床研究的不同阶段，将在未来的 3 ～ 5 年形成治疗性抗体规模化生产的井喷之势。虽然我们在抗体工程的生物学研发领域内取得了巨大的进步，但是中国在细胞培养规模化生产核心装置上却没有取得相应的进展，目前国内所有的抗体研发机构和生产企业的细胞培养装置均采用进口设备，在生产线的核心——生物反应器方面几乎是100%进口。这将成为中国生物医药产业发展的一个瓶颈问题。

总结而言，中国在生物医药核心装置——生物反应器技术研发与产业发展方面的主要问题如下。

（1）尚不具备为规模化细胞培养过程提供符合GMP（good manufacturing practice，即药品生产质量管理规范）标准的全套装置能力。

（2）在用于生物医药产品生产用的生物反应器方面，技术在多方面落后于西方发达国家。不具备规模化生产高标准生物反应器的能力，国内生物医药生产企业对国产装置信心不足。

（3）目前尚无任何一次性生物反应器的生产能力和关键技术，中国在此领域严重落后。

（4）目前尚无法生产高通量细胞培养装置和平行细胞培养生物反应器系统，该领域内的技术储备和应用研究严重缺乏，无法满足基因组和蛋白组学时代的生物医药研发的高通量需求，相关装置严重依赖进口。

（5）细胞培养的过程分析技术落后，无法提供高品质的细胞培养过程参数在线检测系统。这些在线监测系统的缺失，进一步限制了生物反应器的国产化进程。

（6）在生物医药过程研究理念与技术方面严重滞后于西方国家，使基于细胞培养表达的医药蛋白研发过程周期长、失败率高，进一步导致新药开发成本居高不下，这样就进一步影响到生物反应器产业的发展。

针对上述问题，中国在细胞培养生物反应器研发、设计与生产领域内需要解决的关键科学技术问题和工程制造问题包括以下两个方面。

第一，与哺乳细胞培养生物反应器相关的基础科学问题。

（1）建立可以实现悬浮培养和高效蛋白表达的稳定细胞系：哺乳细胞来源的细胞系基因改造、基因表达调控体系的建立、细胞克隆的高通量筛选与分析技术、细胞在反应器内的生长代谢规律、目标蛋白的初级结构与分子的稳定性和表达效率的关联规律等。

（2）细胞培养体系在反应器内的利用体力学特征与变化规律、反应器内的剪切应力对细胞生长代谢影响的规律与控制、生物反应过程放大与缩小技术原理。

（3）细胞培养过程中的在线监测技术——新型生物传感器的研究与理论基础。

（4）细胞培养过程的设计决定质量导向的优化控制策略，以及生物过程设计空间的确定策略与技术指标。

（5）基于微流控技术的微型高通量生物反应器的技术原理与实现策略。

（6）平行细胞培养技术与装置的实现原理与技术基础。

（7）生产一次性生物反应器用的材料制造技术基础等。

第二，与哺乳细胞培养生物反应器技术相关的工程技术问题。

（1）刚性生物反应的精密加工与制造：材料、成型、焊接、抛光、控制、动力驱动与整体集成。

（2）各类一次性生物反应器的规模化生产技术与质量保证策略，包括搅拌式、固定床、气提式、波浪式、袋式。

（3）各类在线生物传感器的设计与制造、过程分析技术的推广应用。

（4）无污染磁悬浮搅拌技术的开发与相关产品设计。

（5）高通量细胞培养微型反应器的设计开发与规模化生产。

（6）平行细胞培养装置的设计开发与生产。

（7）大生产、中试和实验室规模生物反应器体系的数据采集与终端大数据处理系统，远程实时在线监控系统的开发与实际应用。

9.3.3 中国在光生物反应器方面的研发现状

整体而言，国内和国外在光生物反应器方面的研发水平差距不大，但国外在光生物反应器材料使用、自动化及集成化方面相对较优，中国在这些方面的研究还需要进一步加强。

近年来，中国政府在微藻生物技术及光生物反应器研发方面投入了大量的科研经费，主要用于微藻能源和微藻固碳的基础研究及产业化开发。从 2007 年开始，中国在光生物反应器方面的专利呈指数上升趋势，从 2007 年的 36 件到 2010 年的 142 件，增长率达 294%，并从 2010 年开始，每年申请的光生物反应器专利数维持在 140 件左右的高水平（图 9.11），中国在光生物反应器方面的自主创新能力正在显著地提高。目前，国内从事光生物反应器研究及开发的单位主要集中在上海、北京、山东及广东区域，如华东理工大学、中国科学院过程工程研究所、中国科学院青岛生物能源与过程研究所等。

光生物反应器在微藻生产企业具有重要的应用，中国微藻生产企业目前主要集中在以下四大区域：①内蒙古区域，以采用跑道池生产螺旋藻为主；②山东和江苏区域，以跑道池和立袋塑料膜反应器生产小球藻、螺旋藻和饵料微藻为主；③广东和海南区域，以跑道池和圆池生产小球藻和螺旋为主；④云南区域，以封闭式管式光生物反应器生产雨生红球藻为主，由于云南的气候特别适合雨生红球藻的培养，因此该地区的雨生红球藻生产企业正在逐年增加，目前继续呈扩增趋势。随着微藻产业的发展，光生物反应器的应用逐渐增多，市场前景巨大，近年来在国内逐渐出现了专门从事光生物反应器制作和加工的企业，目前主要集中在上海和山东区域。

国际上有关光生物反应器的主要研究机构主要集中在意大利、法国、西班牙、荷兰，以及美国和澳大利亚。微藻生产企业主要集中在美国，如传统的生产雨生红球藻的 Cyanotech 公司和生产螺旋藻的 Earthrise Farm 公司，新兴的企业主要以生产微藻生物燃料为目标而建立，主要有 Sapphire Energy、Cellena、Synthetic Genomics、Solix Biosystems 及 Algenol 公司，这些公司主要采用敞开式跑道池及封闭式薄膜袋式光生物反应器进行微藻能源的开发，但是由于微藻燃料的生产成本仍然

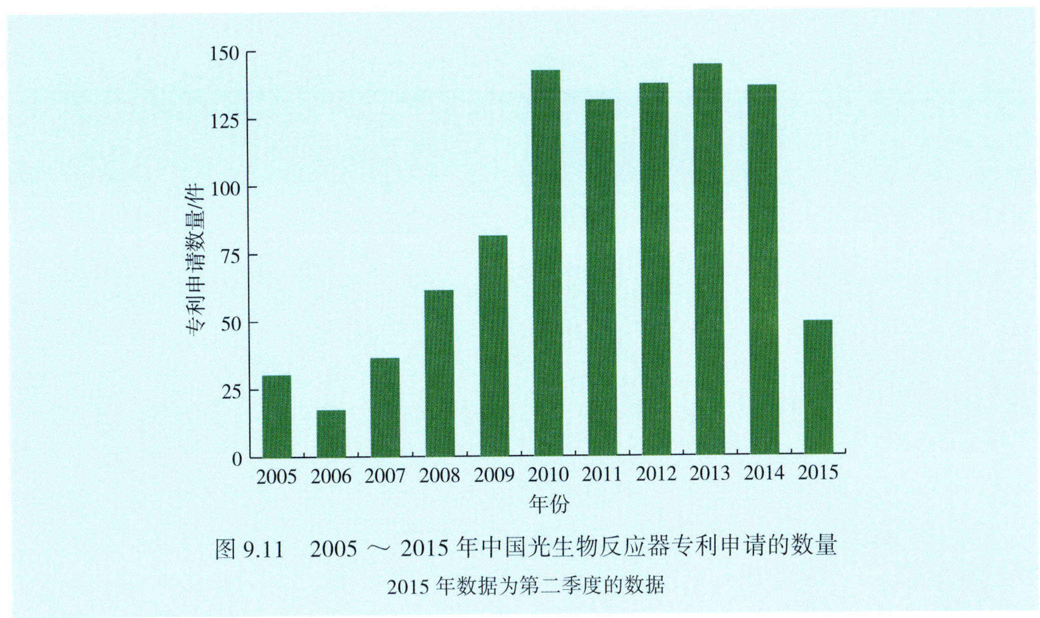

图 9.11 2005 ～ 2015 年中国光生物反应器专利申请的数量

2015 年数据为第二季度的数据

较高，尚不足以实现经济平衡，较多企业正在转向高附加值微藻的生产或与微藻高附加值产品生产相结合的方式进行运转。

9.3.4 光生物反应器的发展趋势

1. 低成本及高效率的规模化光生物反应器仍是发展主流

光生物反应器作为微藻培养的核心装置，其性能的优劣对微藻产业的发展具有决定性的作用。微藻能源和微藻固碳目前在国内外还处于研发阶段，尚未实现产业化，其主要原因在于能源微藻原料不足及成本过高，无法实现经济上的平衡，因此低成本及高效率的规模化光生物反应器仍然是微藻企业和科研单位所追求的目标。通过科学的方法对传统的光生物反应器进行优化，并对新型光生物反应器进行设计，以建立理想的光生物反应器培养系统，提高微藻生产效率，降低运行成本，实现微藻产业的低碳、快速、高效及可持续稳定发展。

2. 适合微藻异养及混养培养光生物反应器的研发前景广阔

与微藻的光自养相比，微藻的异养培养具有高密度、高效率、环境条件容易控制及不易受户外天气条件影响及敌害生物污染等优势，可实现终年生产。混养培养由于藻细胞培养过程中兼有光照和有机碳源，培养效率更好，藻细胞品质更优。由于异养和混养培养模式具有显著的优势，近年来备受关注，许多企业开始采用异养和混养培养模式培养微藻，以生产高附加值微藻产品及生物燃料。由于微藻自身的生理和细胞特性，目前常规的发酵罐等生物反应器不能够完全适合藻细胞的高效率异养和混养培养，尤其对混养培养设备而言，不仅需要合理的内部结构和光源系统，还需要具备耐受高压的能力以进行蒸气消毒，实现无菌培养，因此对设备的要求十分高。目前，国内外还没有成熟的用于微藻规模化混养培养的设备。因此，基于微藻生理和细胞特性的异养和混养培养反应器的开发是当前光生物反应器研究的一个重要方向，且市场前景十分广阔。

3. 光生物反应器朝自动化和集成化发展

微藻的培养是典型的过程工程，在培养过程需要实时监测 pH、温度、溶氧浓度、细胞密度、营养浓度及光照等多种参数，并进行调控，以产生最适合微藻的混合营养环境，因此光生物反应器的自动化及集成化是发展的必然趋势。

光生物反应器的自动化设计主要包括培养过程的在线参数检测及反馈控制，藻细胞的采收及清洗过程的自动化。目前，实验室规模的光生物反应器的自动化水平相对较高，但是在大规模反应器中，自动化水平有待进一步提高。捷克的 PSI 公司开发出了专门用于微藻精确培养和监控的 FMT150 光生物反应器，该反应器可以提供精确可控的培养条件，并内置叶绿素营养仪和双波长光度计进行实时多参数检测并反馈自动控制。光生物反应器的集成化有利于微藻生产流程的控制和协调，将藻种制备、培养、采收和干燥集成为一体化，荷兰的 Algae Link 公司设计的水平管式光生物反应器具有相对较高的自动化和集成化水平，该系统已于 2012 年推向市场，规模从 3 800 升到 140 000 升不等，配备有补料、控制、自动清洗、采收及烘干装置。

9.3.5 膜生物反应器的发展

日益严峻的环境保护问题在中国受到了各级政府的高度重视，膜生物反应器作为一种特点鲜明的污水生物手段高效处理的技术平台，在中国的技术发展与实际应用基本上与国外同步，我们在应用和研究水平上与国外西方国家的差距并不像我们在生物医药生产过程所应用的生物反应器那样与国外差距巨大，但是在使膜生物反应器真正成为一个可以广泛使用的污水处理系统前，我们还有繁重的工作要做。表 9.5 列出了国内外典型的膜生物反应器规模与污水处理能力 [7]。

表 9.5 国内外典型的膜生物反应器项目简介

全球范围内大型膜生物反应器工程			
污水处理工程名称	位置	完成年份	处理能力 /（立方米 / 天）
Jumeirah Golf Estates	迪拜	2010	220 000
Palm Jebel Ali	迪拜	2010	220 000
Brightwater	美国	2010	144 000
Jebel Ali Free Zone	迪拜	2007	140 000
International City	迪拜	2007	110 000
Guangzhou(广州)	中国	2010	100 000
Kunyu River(昆玉河)	中国	2007	100 000
Johns Creek	美国	2007	93 500
Beixiaohe(北小河)	中国	2007	80 000
Al-Ansab	阿曼	2006	78 000

续表

污水处理工程名称	位置	完成年份	处理能力 /（立方米 / 天）
Peoria	美国	2007	75 700
Lusail	卡塔尔	2007	60 200
Qinghe(清河)	中国	2007	60 000
Syndial	意大利	2007	47 300

我们已经意识到膜反应器在污水处理方面具有以下优势：①污水处理的质量高，可以满足高标准的排放标准；②有效去除处理后废水的细菌污染可能；③处理后的水可以直接使用；④设备紧凑占地面积小；⑤比其他污水处理工艺除氮能力高；⑥污泥产生量低，污泥的 IOM（Iomeprol，即碘美普尔）处理费用低；⑦无污泥的沉积问题等，但是对于膜生物反应器的几个明显缺点尚需要下大气力来解决，从而为膜反应器的进一步推广扫清障碍。缺点包括以下方面：①膜本身的成本较高；②膜的安装与替换成本高；③过程能耗比较高；④如何避免膜的堵塞尚是难题等。

膜生物反应器不仅在降解高浓度工业废水方面具有优势，而且对于新的微污染物也有一定的去除效果。由于水环境问题的紧迫性及水质标准日趋严格化，污水再生回用和饮用水的安全性受到越来越多的重视，采用复合式技术和多级强化处理，是膜反应器技术发展的一个重要方向。具体而言，膜生物反应器的发展方向，或者说是膜反应器本身需要解决的技术难题可以归结为以下几个方面：①发现膜堵塞的机理，提出有效的解决方案；②反应器的模块化设计，尤其是膜组件的设计，减少膜组件的更换成本；③尽量实现标准化，增加反应器寿命和稳定性；④开发生物膜-生物反应器、厌氧-膜生物反应器、各类高截留膜生物反应器、混合处理系统膜反应器；⑤降低膜反应器本身的操作能耗，提高处理效率等。

9.4 中国生物反应器应技术创新、产业发展的方向与策略

9.4.1 中国在哺乳细胞培养生物反应器的发展方向与策略

为了能够在“十三五”期间将中国的生物医药产业发展成为一个真正的支柱型产业，国家需要在生物医药创新过程中的每个关键环节给予积极支持，这个过程涵盖从 DNA 到 GMP 条件下的生产工艺，具体包括以下几个方面。

（1）基础生物学研究：新靶点发现、新型医药分子形式的创新、发病机理等。涉及所有学科的基础生命科学研究。国家在政策层面上积极支持新药的生产工艺尽量采用国产装置，包括生物反应器，并且在新药审评中不歧视使用国产装置的工艺。

（2）临床前研究（pre-clinical research）：细胞和动物水平的药学研究。鼓励采用微型生物反应器和高通量过程工程研发手段，支持 scale down 工艺模型，鼓励开展设计决定质量导向的生物过程工程研发。

（3）过程工程研究（process research）：主要研究生物医药分子的“可生产性”“可成药性”。各种规模和结构的生物反应器是核心支撑技术。

（4）生产过程开发研究（process development）：主要研究符合 GMP 要求的规模化生产的工艺与设备。

（5）临床研究（clinical trail）：药物的安全性、有效性、副作用、适应性等临床研究。鼓励一次性生物反应器的使用，为临床研究提供高质量的产品，降低临床前研究的成本。

（6）重点支持发展中国生物反应器规模化大生产的能力和配套材料与装置的生产与开发，形成生物反应器产业的完整产业链。

各种培养规模的生物反应器应用在从临床前研究开始到生物医药研发的多个环节，是其中最为重要的核心装备。表 9.6 列出了生物医药从研发到生产过程中各个环节所需要的生物反应器类型和特点。

表 9.6　生物医药从研发到生产过程中各个环节所需要的生物反应器类型和特点

研发阶段	生物反应器规模	反应器形式
临床前	3 ～ 15 升	一次性或刚性生物反应器
过程工程研究	10 微升～ 1 升	微流体高通量生物反应器、高通量微反应器、平行细胞培养反应器
	1 ～ 500 升	一次性，或刚性生物反应器（中试）
过程开发	符合 GMP 要求的 15 升 ~1 000 升规模	一次性或刚性生物反应器
临床研究	符合 GMP 要求的中试和生产规模	一次性或刚性生物反应器
规模化大生产	符合 GMP 要求的生产规模	一次性或刚性生物反应器

中国在未来的几年内，应该围绕生物反应器技术的研发创新与产量，开展以下的工作。

（1）追赶世界生物过程工程研究发展趋势，开发基于微流体技术的全自动微型高通量细胞培养反应装置（微升级），用以支撑中国生物过程开发中细胞系筛选与建立的效率和成功率，尤其是生物医药领域内抗体药物、融合蛋白药物、人用、畜禽用疫苗等高开发成本的创新药物的生产过程开发。

（2）开发高通量细胞培养装置（毫升级）和平行细胞培养生物反应器系统（100 毫升级）。用以支撑中国生物医药过程开发中，设计决定质量导向的过程研究与过程设计空间建立的成功率，尤其是在生物医药领域内抗体药物、融合蛋白药物、人用、畜禽用疫苗等高开发成本的创新药物的生产过程开发。

（3）研发一次性细胞培养反应装置（1 ～ 1 000 升规模），多种形式，包括固定床、搅拌式、灌注式等。针对不同细胞培养目的的一次性生物反应器的国产化，可以显著降低我国生物医药 [原创和生物近似药（biosimilars）] 的开发效率，降低企业在固定资产的一次性投入压力，降低生物医药的开发风险。

（4）研发符合 GMP 要求的工业规模细胞培养生物反应器，有多种形式，包括搅拌式、灌注式、内循环式等。国家在政策上支持鼓励中国医药生产企业使用国产设备进行生物医药生产工艺的报批工作。

（5）符合 GMP 标准的模块化细胞培养生产线（车间）集成装置的开发与批量生产。

（6）结合多种形式的生物反应器和多种宿主细胞种类，开展以设计决定质量为导向的细胞培养过程工程研究、控制策略优化，确定与反应器相关的关键细胞培养产品的质量参数和过程参数。

（7）集中力量解决生物过程在线分析检测技术与相关传感器的研发与批量生产，如 NIR 光谱和拉曼光谱的在线检测系统；开发以多变元数据处理方法针对生物过程分析与控制的软件系统。

9.4.2 中国在光生物反应器和膜生物反应器的发展方向

1. 光生物反应器

光生物反应器是微藻培养的核心装置，在微藻能源和微藻固碳技术领域的产业化进程中起着巨大的推动作用，目前国内在此领域还处于研发阶段，距离产业化还有一定的路程。在国内虽然它具有广阔的前景，但是能源微藻原料不足及原材料成本过高，无法实现经济上的平衡是一个瓶颈问题，因此，中国应该集中力量研发低成本及高效率的规模化光生物反应器，在解决其中的基础科学问题的前提下，结合现代生物技术与生物反应器技术的进步，通过科学的方法对传统的光生物反应器进行优化和系统实施对新型光生物反应器的设计，以建立理想的光生物反应器培养系统，提高微藻生产效率，降低运行成本，实现微藻产业的低碳、快速、高效及可持续稳定发展。

中国在“十三五”期间，通过“973”项目对微藻能源和微藻固碳技术领域的基础科学问题已经展开协同研究工作，取得一系列的突破性进展。国家在“十二五”期间，应该对微藻能源和微藻固碳技术领域的工程化问题，包括光生物反应器、规模化培养工艺技术，以企业为主体开展进一步的深入系统的研究与开发，在政策和资金上予以积极支持，尽快培育起中国光生物反应器研发、设计、生产企业，以及微藻能源生产企业集群。

2. 膜生物反应器

日益严峻的环境保护问题和水资源枯竭问题已经成为中国必须要解决的战略问题，因为这些问题将会束缚国家的进一步快速发展。膜生物反应器作为一种高效的污水高效处理的技术手段，在过去的 10 年内在中国取得了基本上与国外同步的发展。中国在“十二五”期间，通过国家高科技发展计划“863”项目和国家水体污染控制与治理科技重大专项项目开展了膜生物反应器的基础研发与推广应用工作，并取得了显著的进步。但是，要真正使膜生物反应器在中国成为一个可以广泛使用的污水处理系统，尚需做出如下努力：①发现膜堵塞的机理，提出有效的解决方案；②实现膜生物反应器的模块化设计，尤其是膜组件的设计，显著降低膜组件的更换 / 安装成本；③实现膜生物反应器标准化设计，增加反应器寿命和稳定性；④开发生物膜-生物反应器、厌氧-膜生物反应器、各类高截留膜生物反应器、混合处理系统膜反应器；⑤降低膜反应器本身的操作能耗，提高处理效率等。希望这些工作在“十三五”期间能够继续得到国家在政策和资金上的有力支持。同时国家在该领域技术成果的应用与产业化方面也要有可执行的发展规划。

9.5 支持中国生物反应器技术与产业发展的政策建议

1. 政策引导生物反应器领域科研成果的产业化，以市场化为导向推动基础研究和新产品开发工作

生物反应器是一个多学科交叉的工程学科，又有极强的应用性。中国应该加强现代生物反应器的基础科学研究，储备生物反应器创新的科学积累，这些基础研究应该以支持生物反应器产业化为导向，建议开展如下几个方面的研究：微流控、高通量细胞培养反应器的技术研究；平行细胞培养小型生物反应器的技术研究；贴壁细胞培养新型固定床生物反应器的技术研究；生物反应器与设计决定质量导向的生物过程研究的一致性研究；与一次性生物反应器相关的技术平台研究；光生物反应器的研究；膜生物反应器相关的基础技术研究；过程分析技术装置与应用的研究。

为促进研究成果产业化的效率，建议相关科研项目的主要承担者为有一定产业化基础的企业，开展以企业为主的产学研大协作。重点培育几个生物反应器龙头企业。在科研开发立项的开始，就瞄准国际通用标准，立足于国际竞争，主要原因是中国生物医药技术产品目前已经开始参与国际竞争，国内目前的生物医药生产企业的设备已经被国外垄断，生物医药产品与工艺技术是由医药管理机构高度监控的。

在生物反应器产业培育过程中，要综合运用多种方式吸引社会资金向科研创新投入。鼓励支持原创性的成果在中国的应用推广，不能让类似 GE Heathcare 的国际大公司牵着中国生物医药生产企业的鼻子走。能有效利用知识产权制度和技术标准提升产业国际竞争力。

2. 尽快完善国家药品监督管理局在生物药审评中对国产生物反应器的支持政策，为国内生物反应器产业开放市场空间

加大对国有自主知识产权的生物反应器产品的政府采购力度。经过多年发展，国内一些较大的生物反应器企业迅速崛起，在技术性能方面已具有显著提高，有的甚至已经可以与进口产品相媲美，并且有原创性设计，但是由于进口产品先入为主，国产医药企业难以改变进口产品的垄断局面，以及各级医疗机构推崇进口产品的思想意识，如果不借助政府采购政策很难扭转这种趋势。

同时在生物医药（创新药和 Biosimilars）审批阶段，国家要在政策层面上积极

支持新药的生产工艺采用国产装置，包括生物反应器，在新药审评中不歧视使用国产装置的工艺。

3. 重视并推动生物反应器企业实施生物反应器设计与生产环节的GMP与质量保障体系的实施

加快建立我国生物反应器产品技术 / 质量标准体系，推动生物反应器企业的生产过程符合 GMP 标准，产品设计采用设计决定质量理念，完善国内生物反应器行业产品质量标准和认证体系，与国际领域接轨等。尽快制定出完整的符合国际要求的国家生物反应器产品技术 / 质量标准体系，并加强技术 / 质量标准体系的实施与监管。鼓励国内生物医药企业参与生物反应器质量标准的建立与生物学验证工作，支持其采用符合标准的国内生物反应器。

在积极采用国际标准的同时，还应从中国国情出发，在世界贸易组织（WTO）规则框架内形成自己的技术壁垒、政策壁垒；同时建立以行业管理为基础的进口产品监管体系，对使用进口生物反应器生产的生物医药产品的注册实行与国产装置生产工艺生产的产品同样待遇，国外生物反应器产品必须符合国家强制性标准。

4. 国家支持以企业为核心的生物反应器技术/产品的创新，形成生物反应器协同创新机制与机构，推动企业的专利战略，保护原创知识产权

国家在过去的几个五年计划中，在生物医药研究领域投入了巨资，可以预计在未来的几年内国内生物医药的创新成果转化、Biosimilars 的注册与生产、仿制医药注册与生产会有一个井喷式的发展。虽然我国也在生物反应器技术方面投入了较大的资金，但是必须承认在生物医药核心生产装置上，我国产业化水平不高，落后于生物医药在生物学领域的进步。如果我国的生物医药生产核心装置完全依赖进口，这会在一定程度上影响到未来国家安全。

为改变这种局面，国家要支持以企业为核心的生物反应器技术 / 产品的创新，通过联合国内已有的规模化生物反应器制造企业和技术领先的大专院校、科研院所和国内生物医药龙头企业，协调形成生物反应器协同创新机制与机构，推动企业设计生产水平的提高，创造出一个鼓励支持创新的政策氛围，并建立合理的专利战略，保护原创知识产权的产业化进程。

5. 尽快形成中国的生物反应器及配套装置的研发、创新、生产产业集群，建立智能化/数字化工厂

在协同创新的基础上，通过对基础较好的企业持续支持，使中国能够形成多种生物反应器的规模化生产能力，形成几个有参与国际竞争能力的企业。培育与生物反应器相关配套装置和材料生产企业，形成产业集群。这不单单是生物反应器技术上的创新，当前信息技术、新能源、新材料等重要领域和前沿方向的革命性突破和交叉融合，是对全球制造模式、生产组织方式和产业形态带来深刻变革的时代，这

对中国生物反应器制造业发展既是挑战，也是机遇，我们应该引导以生物反应器企业智能制造为目标的建设与发展，主要包括以下方面。

（1）工厂总体设计、工程设计、工艺流程及布局要建立较完善的系统模型，并进行模拟仿真，设计相关的数据进入企业核心数据库。

（2）配置符合设计要求的数据采集系统和先进控制系统。生产工艺数据自动数采率 90% 以上，工厂自控投用率 90% 以上，关键生产环节实现基于模型的先进控制和在线优化。

（3）建立实时数据库平台，并与过程控制、生产管理系统实现互通集成，工厂生产实现基于工业互联网的信息共享及优化管理。

（4）建立制造执行系统（manufacturing execution system，MES），并与企业资源计划管理系统（enterprise resource planning，ERP）集成，生产计划、调度均建立模型，实现生产模型化分析决策、过程的量化管理、成本和质量的动态跟踪。

（5）建立企业资源计划管理系统，在供应链管理中实现原材料和产成品配送的管理与优化。利用云计算、大数据等新一代信息技术，在保障信息安全的前提下，实现企业经营、管理和决策的智能优化。建立车间制造执行系统，实现计划、排产、生产、检验的全过程闭环管理，并与企业资源计划管理系统集成。

（6）采用三维计算机辅助设计（conputer aided design，CAD）、计算机辅助工艺规划（computer aided process planning，CAPP）、设计和工艺路线仿真、可靠性评价等先进技术。产品信息能够贯穿于设计、制造、质量、物流等环节，实现产品的全生命周期管理（product lifecycle management，PLM）。

（7）使用 COMOS 软件进行数字化工厂设计及项目实施，实现工厂的全生命管理周期理念。

9.6 生物反应器发展案例：成都英德生物医药装备技术有限公司

近年来，虽然中国的生物反应器制造行业在技术上与国外发达国家仍存在一定的差距，但是在中国相关政策的支持下，以及高新企业的带领下，中国生物反应器产业的发展也取得了很大成就。国内涌现出一批行业竞争力高、自主创新能力强、产品档次高的生物反应器制造企业。以下以成都英德生物医药装备技术有限公司为例，介绍中国生物反应器行业的进展。

成都英德生物医药装备技术有限公司主要从事生物医药行业基因工程、细胞工程、蛋白质工程和发酵工程的工艺装备的研发、设计、制造和系统集成，以及血液制品、细菌和病毒类疫苗、细胞因子、生长因子、单克隆抗体和诊断试剂等生物制品生产的工艺装备，涵盖人类和牲畜的疾病诊断、预防和治疗用药的生物药品的生产企业，致力于采用现代生物技术改造传统生产工艺。公司是中国西部地区唯一一家高端生物装备制造企业。

成都英德生物医药装备技术有限公司具有设计乙级资质，一类和二类压力容器设计 / 制造资质，压力管道设计 / 安装资质，ASME U 钢印认证（达到向欧美出口标准），通过 ISO 9001 质量管理体系认证，具备压力管道及壹级机电专业承包施工资质。该公司于 2015 年 7 月获得对外贸易经营者备案登记表和海关证书。

成都英德生物医药装备技术有限公司专注于血液制品技术服务、装备、工程的专业一体化方案解决，该公司建立了覆盖全国的销售及技术服务网络，产品销往血液制品、疫苗（人用和兽用）、基因工程药物生产线的装备制造和工程服务领域及高等院校、科研机构。

成都英德生物医药装备技术有限公司主要产品如下：发酵系统、动植物细胞培养系统、配液 / 配置系统、超滤系统、灭火系统、脱毒系统，CIP（clean in place，即在线清洗）单元、温控单元、培养基制备器、恒温水浴箱、透析槽，以及用于沉淀、吸附、层析、盐析、静置、结合等配置、反应和分离纯化的工艺装备及其系统。所有产品均由该公司自主研制开发，产品技术处于国内领先水平，部分指标接近国际先进水平。截至 2015 年，公司已成为国内血液制品最大的方案解决商，具有超过 80% 的市场份额，疫苗领域拥有 25% 的市场份额。

（1）微生物发酵系统。用于微生物发酵，如细菌类人用疫苗百白破、肺炎、乙肝、卡介苗、HIB（haemophilus influenzae type B，即 B 型流感嗜血杆菌）、脑膜炎、伤寒、霍乱、痢疾疫苗等的发酵。工业化生产容积为 15 ～ 5 000 升，试验用小型和微型反应器容积为 1 ～ 15 升。

（2）动植物细胞生物反应系统。用于动植物细胞培养的生物反应器系统，低剪切力温和搅拌、悬浮（细胞全悬浮或微载体悬浮）培养，用于生产具有重要医用价值的酶、生长因子、疫苗和单抗，如病毒性疫苗乙肝、乙脑、狂犬、麻疹、脊椎疫苗等。工业化生产容积为 15 ～ 500 升，试验用小型和微型反应器容积为 1 ～ 15 升。

成都英德生物医药装备技术有限公司注重新技术的研发，获得多项发明专利和实用新型专利，2015 年该公司拥有发明专利 3 个、实用新型 18 个、注册商标 4 个、著作权 4 个，其中主要有磁悬浮自动搅拌机构、动物细胞培养罐等。

成都英德生物医药装备技术有限公司注重追赶世界制造技术的发展趋势，积极开展智能化工厂的建设，引入使用 COMOS 软件为业主进行数字化工厂设计及项目实施。

成都英德生物医药装备技术有限公司有独立的研发中心和专业配套的科研团队，有研发人员 60 人，2014 年与江南大学发酵工艺与技术国家工程实验室成立发酵工艺与设备联合研究中心。该联合中心的目标和定位是建立先进的发酵技术研发实验设施，成为应用研究成果向工程技术转化的有效渠道、产业技术自主创新的重要源头和提升企业的创新能力的支撑平台，该联合研究中心的成立增强了生物制药装备关键核心技术研发，加速科技成果产业化，提高关键环节和重点领域的创新能力。2015 年成都英德生物医药装备技术有限公司已申请加入成都市产学研联合中心。

成都英德生物医药装备技术有限公司与四川大学、西南交通大学、江南大学、清华大学无锡应用技术研究院、中国医学科学院验血研究所、中蓝晨光化工研究所等多所高校、科研院所与生物制药企业在技术研发和工业更新上保持良好的合作关系。

成都英德生物医药装备技术有限公司于2015年成功承担国家高技术研究发展计划（“863”计划）：“规模化动物细胞培养生产病毒疫苗成套装置系统的开发及相应生物过程工程研究”（课题编号：2015AA020802)。此次课题是由成都英德生物医药装备技术有限公司与江南大学、无锡鑫连鑫生物医药科技有限公司（人用疫苗)、中农威特生物科技有限公司（兽用疫苗）共同执行，其执行是以企业为主体、市场为导向、产学研用相结合的制造业创新体系，通过项目建立产业创新联盟，开展产学研用协同创新，攻克对产业竞争力整体提升具有全局性影响且带动性强的关键共性技术，同时加快成果转化。

2015年成都英德生物医药装备技术有限公司已与中农威特生物科技股份有限公司签订动物疫苗细胞病毒生产及浓缩系统项目，合同金额6 078万元；与山东泰邦生物制品公司签订（血液制品）工程工艺系统设备、静丙生产线和特免生产线、人白生产线、乙醇系统及上位机系统、PPC生产线和Ⅷ生产线和纤原生产线、制品配液系统和因子类制品配液系统，合同金额1.01亿元。

参考文献

[1] 沈悦啸，王利政，莫颖慧，等 . 膜生物反应器的最新研究进展 . 中国给水排水，2010，26（12）:22-27.

[2] Levine H L. Vaccines manufacturing facilities of the future. Vaccines Europe，London, England，2010.

[3] Aggarwal K，Jing F，Marangal L，et al. Bioprocess optimization for cell culture based influenza vaccine production. Vaccine，2011，29（17）：3320-3328.

[4] Paillet C，Forno G，Kratje R，et al. Suspension-Vero cell cultures as a platform for viral vaccine production. Vaccine，2009，27（46）：6464-6467.

[5] Chen A，Li S，Dietzsch C，et al. Serum-free microcarrier based production of replication deficient influenza vaccine candidate virus lacking NSI using Vero cells. BMC Biotechnology，2011，11:81.

[6] Shen X，Söderholm J，Lin F，et al. A vaccines using linear expression cassettes delivered via electroporation afford full protection against challenge in a mouse model. Vaccine，2012，30（48）：6946-6954.

[7] Gharpure Y H. Membrane bioreactor：a critical review. Chemical Business，2014，28（7）：32.

审稿：杨胜利　谭天伟

高端装备制造产业篇

2015年5月19日，国务院正式发布《中国制造2025》，部署全面推进实施制造强国战略。这是中国实施制造强国战略第一个十年的行动纲领。《中国制造2025》提出，坚持"创新驱动"、"质量为先"、"绿色发展"、"结构优化"及"人才为本"的基本方针，坚持"市场主导，政府引导"、"立足当前，着眼长远"、"整体推进，重点突破"和"自主发展，开放合作"的基本原则，通过"三步走"实现制造强国的战略目标：第一步，到2025年迈入制造强国行列；第二步，到2035年中国制造业整体达到世界制造强国阵营中等水平；第三步，到新中国成立一百年时，中国制造业大国地位更加巩固，综合实力进入世界制造强国前列。围绕实现制造强国的战略目标，《中国制造2025》明确了十大重点领域突破发展：新一代信息技术产业、高档数控机床和机器人、航空航天装备、海洋工程装备及高技术船舶、先进轨道交通装备、节能与新能源汽车、电力装备、农机装备、新材料、生物医药及高性能医疗器械。9月29日国家制造强国建设战略咨询委员会又正式发布《〈中国制造2025〉重点领域技术路线图（2015版）》，明确了以上十大重点领域的发展方向和目标，这是中国制造2025的首个技术路线图。

中国制造业正步入一个向中高端迈进的新阶段，传统劳动与资源密集型产品、低技能与技术密集型产品的优势正在逐步弱化，中高端技能与技术密集型产品的优势正在爬坡积累。2015年受国内外经济环境复杂多变的影响，中国装备制造业增速虽然有所下滑，但整体趋势较好，有望呈现整体平稳、略有上升的趋势。新一轮技术革命正在进行，装备制造业转型升级的步伐将大大加快，智能制造装备、海洋工程装备、先进轨道交通装备等高端装备制造将成为新的增长点。除了智能装备制造业到2015年销售收入达到1万亿元之外，据预测未来十年全球海洋工程设备建造年均市场容量为500亿～600亿美元，未来中国海洋工程装备国内市场满足率将提升至60%以上，国际市场份额提高到20%。轨道交通装备方面，预计到2015年，全国地铁的通车里程将有望达到3 904千米，总投资在8 000亿元以上。高端装备制造出口是"一带一路"大战略的重要一环，也是产业升级的需要，而中国制造传统形象是劳动密集型低附加值产品输出，迫切需要"明星产品"来改变国际市场对中国制造的认知。受益于国家"一带一路"区域经济战略和400亿美元丝路基金，高铁、核电、工程机械等装备产品出口增速将大大提高。

此外2015年工信部发布了《2015年智能制造试点示范专项行动实施方案》，明确了未来三年专项行动实施的目标、行动和任务。同时，分类开展了流程制造、离散制造、智能装备和产品、智能制造新业态新模式、智能化管理和智能服务等六方面试点示范。目前，一些试点示范企业已在智能制造方面取得良好成效。例如，潍柴动力形成以网络协同、柔性敏捷制造、智能服务为特征的智能制造新模式；青岛海尔实现六个互联工厂的智能制造样板，可实时、同步响应全球用户需求，并快速交付智慧化、个性化的方案。

《中国战略性新兴产业发展报告2016》重点讨论"高端装备制造业"其中的两大重点领域——轨道交通装备产业和卫星及应用产业。

第 10 章

轨道交通装备发展现状与趋势

杨　颖　刘荣耀

【内容提要】本章以轨道交通装备技术与产业为对象，首先给出其基本概念和范畴；其次从产业链、关键产品和重点技术等方面描述国内外轨道交通装备产业的发展现状，剖析目前我国轨道交通装备产业面临的问题，并预测其未来的发展趋势：再次通过高速列车、重载电力机车、城市群区域动车组、低地板有轨电车和中低速磁悬浮列车五个重点产品的案例，展现目前我国轨道交通装备企业的技术发展水平；最后结合轨道交通装备产业的发展特点，从创新平台建设、工业强基、标准体系、“两化融合”及行业监管五个方面提出 政策建议。

10.1　轨道交通装备产业的概念及范畴

按照中国国民经济行业分类（GB/T 4754—2011），轨道交通装备制造属于制造业的范畴，但同时涉及铁路运输设备制造、电气机械和器材制造、计算机、通信和其他电子设备制造等多个子领域。根据我国《轨道交通装备产业“十二五”发展规划》中对轨道交通装备的界定，轨道交通装备是铁路和城市轨道交通运输所需各类装备的总称，主要涵盖了机车车辆、工程及养路机械、通信信号、牵引供电、安全保障和运营管理等各种装备[1]。

中国轨道交通装备制造业经过多年的发展，已经形成了自主研发、配套完整、设备先进、规模经营的集研发、设计、制造、试验和服务于一体的轨道交通装备制造体系，包括电力机车、内燃机车、动车组、铁道客车、铁道货车、城轨车辆、机车车辆关键部件、信号设备、牵引供电设备和轨道工程机械设备10个专业制造系统。

10.2 轨道交通装备产业发展现状分析

10.2.1 轨道交通装备产业发展总体现状分析

从20世纪中期开始，为进一步发挥轨道交通节能环保、安全舒适和快速便捷等优势，加强轨道交通在综合交通运输体系中的地位与作用，以美国、德国、法国、日本、加拿大和澳大利亚等为代表的铁路发达国家，充分利用高新技术发展成果，积极开展新型轨道交通技术的研究与应用，大力加强高速动车组、30吨及以上轴重机车车辆、城际动车组和现代有轨电车等各类先进轨道交通装备的研发，不断提升产业竞争力。在这一过程中，发达国家充分发挥铁路运营商、综合性科研机构、装备制造商的创新优势，加强研发、制造、应用各方的协同创新，促进了轨道交通装备的快速发展。经过长期的积累，这些国家已经建立了系列化的轨道交通装备技术开发平台，形成了配套完整的产业链和强大的批量制造能力，推出了各类先进的移动设备和固定设施产品，并在品牌、管理、技术创新等方面具备明显的综合优势，奠定了各自在轨道交通装备制造中的工业强国地位。

过去一定时期，中国轨道交通装备领域的主要任务是解决铁路建设和装备技术滞后于经济社会发展要求的问题。从21世纪初开始，中国加快高速铁路、重载铁路、城际铁路和城轨交通适用的先进装备研发，不断缩小与国际领先企业之间的技术差距，已逐步跻身世界轨道交通高端装备制造大国行列。中国轨道交通装备产业正呈现产业规模不断扩大，技术创新体系逐步形成，研发、制造和服务体系日趋完善，国际市场拓展初具成效，并且有良好发展态势。

一是轨道交通干线铁路网形成较大规模。近年来中国铁路建设取得重要进展，路网规模迅速扩大。截至2014年年底，全国铁路营业里程达到11.2万千米，居世界第二位；其中，高速铁路运营里程达到1.6万千米，居世界第一位[2]。

二是城市轨道交通成为大中城市公共交通的主干。随着城镇化建设的开展，中国城市轨道交通建设速度大大加快，建设规模已位居世界首位。截至2014年年底，全国已有22个城市开通城市轨道交通运营线路长度为3 173千米，其中地铁为2 361千米，轻轨为239千米，磁悬浮交通为30千米，单轨为89千米，现代有轨电车为141千米，市域快轨为308千米，APM（automated people mover systems，即旅客自动捷运系统）为4千米[3]。

三是轨道交通装备产业规模世界领先。2014年，中国轨道交通装备产业产值规

模超过 4 000 亿元，居世界首位。中国已建成一批具有国际先进水平的轨道交通装备制造基地，具备世界领先的生产能力，并形成了以主机企业为核心、以配套企业为骨干，辐射全国的轨道交通装备研发、制造及服务产业链。中国具备年新造大功率机车 2 000 台，动车组、铁路客车及城轨车辆 8 000 辆，各型货车 60 000 辆，大型养路机械 500 台套，以及年大修机车 2 000 台、动车组及各类轨道客车 5 000 辆和各型货车 70 000 辆的生产和服务能力[2]。

四是轨道交通装备核心技术产品的研发、制造取得积极进展。通过原始创新、集成创新和引进消化吸收再创新相结合，中国初步掌握了高速动车组、大功率交流传动机车、重载和快捷货运列车、城轨车辆、大型养路机械、列车运行控制、行车调度指挥、计算机联锁及综合监控等产业的关键技术产品制造技术，部分产品已达到世界先进水平。特别是近十年来在“高速”、“重载”、“便捷”及“环保”技术路线推进下，大功率机车和高速动车组取得了举世瞩目的成就。

中国轨道交通制造业技术创新体系初步形成，并且形成了以国家工程技术研究中心、国家工程研究中心、国家实验室、国家重点实验室和国家工程实验室、国家认定企业技术中心为骨干，覆盖基础技术、共性技术和产品实现技术的研发创新体系，为中国轨道交通装备技术的后续强劲发展夯实了基础。

但从国际视野来看，北美、欧洲和日本等发达国家和地区的轨道车辆制造商均已超越国界发展国际业务，在制造车辆和设备方面，制造商不仅开发车辆系统和软件，设备技术含量高，还承担了轨道交通项目系统集成的角色。中国轨道交通装备制造业总体上还处于“大”而“不强”阶段，仍有一些关键技术、核心部件和基础材料还依赖外国，自主创新能力有待进一步提高。

当前，全球正出现以信息网络、智能制造、新能源和新材料为代表的新一轮技术创新浪潮，全球轨道交通装备领域孕育新一轮全方位的变革。与此同时，中国实施《中国制造 2025》，推进城镇化发展和“一带一路”战略等掀起制造业新的发展机遇。在发展趋势和政策导向下，中国轨道交通装备制造业将迈进数字化、智能化时代，走上引领全球轨道交通装备发展之路[4]。

10.2.2 中国标准高速动车组产业

1. 国际现状及中国发展水平

1）国外高速列车技术现状

高速列车是高速铁路系统的核心，是一个国家高新技术发展水平、装备制造能力和自主创新能力的综合体现。自 1964 年日本首次开行高速列车以来，经过 50 余年的发展，形成了以日本新干线 N700 系与 E5 系、法国 TGV（train à grande vitesse，即高速列车）和德国 ICE（inter city express，即城际快车）为代表的高速列车技术。

日本新干线高速列车：日本城市密集、人口密度大，高速列车一直采用动力分散型。从1964年至今，先后开发了超过20种新干线高速列车，实际投入运营14种，其中E5系和N700系高速列车最具代表性，运营速度达到320千米/小时。同时，日本研制了FASTECH360型时速360千米的高速列车样车，在运营速度上取得了新的突破。

以法国、德国为代表的欧洲高速列车：法国第一列高速列车于1981年投入运行，目前开发完成三代动力集中型TGV高速列车。2007年，V150型试验高速列车在东部线创造了574.8千米/小时的世界最快列车试验记录。2008年，法国推出第4代高速列车AGV，设计最高时速360千米，在法国巴黎—斯特拉斯堡高速新线上正式投入运营。德国从1985年至今，先后开发了ICE/V、ICE1、ICE2动力集中型高速列车及ICE3、ICE3M动力分散型高速列车。开发的ICE350E型（也称ValaroE）高速列车，最高运营速度为350千米/小时，2006年1月在马德里—巴塞罗那高速新线上进行了运行试验，成功地实现了运行速度350千米/小时的目标。以此为基础，2009年德国为俄罗斯开发了宽轨、高寒的Valaro RUS高速列车。

2）国内高速列车现状

中国高速列车制造业是在铁路机车车辆制造业基础之上逐步建立和发展起来的。2004年以来，按照国务院提出的“引进先进技术、联合设计生产、打造中国品牌”的总体要求和“先进、成熟、经济、适用、可靠”的技术方针，引进德国、日本和法国高速动车组技术，研制了CRH1、CRH2、CRH3和CRH5型动车组。

在引进技术基础上，依托科技部和铁道部两部联合开展的《中国高速列车自主创新联合行动计划》和“十一五”国家科技计划项目，构建了时速250千米、时速350千米高速动车组产品平台，研制了时速350千米速度级的新一代CRH380AL、CRH380BL、CRH380CL和CRH380BG等高速动车组。通过自主创新，研制了中国标准动车组。

2. 关键产品分析（350千米/小时中国标准动车组）

为了能够适应中国的高速铁路运营环境和条件，满足更为复杂多样、长距离、长时间及连续高速运行等需求，打造适合中国国情、路情的高速动车组的设计、制造平台，实现高速动车组技术全面的自主化，从2013年开始，在中国铁路总公司的主导之下，集合国内有关企业、高校、科研单位等优势力量，开展了中国标准动车组的研制工作。该动车组采用8辆编组，4动4拖，牵引功率10 140千瓦，最高运营速度为350千米/小时，定员556人，由当时的南北车集团各研制一列，如图10.1所示。中国标准动车组是以中国既有的、比较完善的高速铁路理论体系为基础，以标准化、系列化、模块化和自主化为指导方针，以安全可靠、稳定舒适、经济适用和节能环保为设计理念，遵循科学的研发流程，通过设计顶层技术指标分解、技术方案与仿真技术、地面试验验证和线路试验相互结合的方式，开发的中国新一代、具有自主知识产权的高速动车组。

（a）车型Ⅰ

（b）车型Ⅱ

图 10.1　350 千米 / 小时中国标准动车组

中国标准动车组主要研制内容如下。

（1）转向架及其关键零部件：自主开发适用于中国标准动车组的转向架，实现转向架总成、构架组成、电机悬挂、车轮、车轴、齿轮箱、空气弹簧、减振器、抗侧滚扭杆、枕梁和金属橡胶件等部件的自主研制。

（2）列车网络控制系统：自主开发适用于中国标准动车组的网络控制系统，实现系统自主集成，硬件自主研发、软件自主编程和测试。

（3）制动系统：自主开发动车组用制动系统，并通过型式试验及产品装车运用考核，逐步实现产品系列化、模块化，建立制动系统及关键零部件的技术标准体系。

（4）牵引辅助供电系统：自主开发中国标准动车组牵引辅助供电系统，掌握牵引和辅助变流器的核心技术，分别完成牵引变流器和辅助变流器的样机研制、型式试验及产品装车运用的考核。

（5）车体：自主研制中国标准动车组车体。重点开展车体强度、模态、空气动力学、轻量化设计和被动安全防护技术等研究。

（6）其他系统、部件：进一步提升系统集成、舒适性、轻量化和可靠性设计等相关技术，完成空调系统、给水卫生系统、旅客界面和车辆连接系统等的开发。

中国标准动车组主要创新点如下。

1）安全方面

监控点多，全车设有监控点 2 526 个，以故障导向安全为原则，动车组故障时自动控车。设有碰撞吸能装置，提高被动安全性能；设有脱线安全防护装置，提高动车组被动防护能力；设有接近预警装置，确保车辆行车安全；设有车载地震预警装置，当系统接收到地震报警时，列车施加紧急制动停车。

2）节能方面

采用低阻力流线型“金脸谱”车头，车体外轮廓平顺化设计，同时采用全包式外风挡、嵌入式空调机组和集成高压箱结构；列车气动阻力系数为 0.734，比 CRH380B 型动车组（阻力系数为 0.808）降低 8.8%。

3）舒适性方面

通过结构和材料的优化，客室噪声≯65 dB（A）的目标，比 CRH380B 型动车组降低 3dB（A）；具备 Wi-Fi 无线上网功能，乘客在旅途中可随时随地刷微博、看微信、读新闻和移动办公；也可通过手机、ipadhe 笔记本电脑等智能设备欣赏影音娱乐服务。

4）智能化方面

地面数据处理中心通过远程数据传输实时接收列车状态和故障数据，并对接收到的信息进行综合判断，给出故障的精确定位和故障处理方法。采用智能移动终端、WLAN 无线设备和以太网单点维护等技术手段，指导列车的日常检修维护，提高运用检修效率。

3. 产业链及产业环境

中国铁路 2008 年 8 月开通运营第一条即时速 350 千米的京津城际高速铁路。截至 2015 年年底，中国高速铁路营业里程将达 1.9 万千米。中国已经拥有全世界最大规模及最高运营速度的高速铁路网。“四纵”干线已经成型。中国高速铁路运营里程约占世界高速铁路运营里程的 60%，稳居世界高速铁路里程榜首，“十三五”期间高速动车组年均采购金额突破 1 000 亿元。

根据提供产品的不同环节区分，高速动车组行业可分为系统集成商和零部件供应商两类企业。目前，我国高速动车组产业已形成产学研用相结合的技术创新联盟，形成中国中车所属的青岛四方机车车辆股份有限公司（简称青岛四方）、长春轨道客车股份有限公司（简称长春客车）和唐山轨道客车股份有限公司（简称唐山客车）3 个系统集成商为主体，株洲所、中国铁道科学研究院、青岛四方机车车辆研究所、永济新时速电机电器有限责任公司、大同 ABB 牵引变压器有限公司、IFE- 威奥轨道车辆门系统（青岛）有限公司和江苏新誉空调系统有限公司等零部件供应商为配套企业，联合科研院所、高等院校及遍布我国 10 多个省市的近千家企业共同组成的设计、生产制造的创新体系，形成完整的高速动车组产业链。与此同时，高速动车组的发展将带动我国相关产业技术进步，全面提升我国制造业整体竞争力。可以预见，高速动车组具有广阔的发展前景。

4. 重点技术分析

中国标准动车组主要包括系统集成、车体、列车网络控制、牵引电机、制动系统、牵引变压器、牵引变流器、高速转向架和牵引控制九项关键技术，以及车钩缓冲装置技术、车门技术、车窗技术、卫生间与集便装置技术、风挡技术、座椅技术、车内装饰技术、辅助供电系统技术、受电弓技术和空调系统十项配套技术。

1）技术来源

2004 年技术引进时，开展了九大关键技术和十项配套技术的技术引进工作。依托

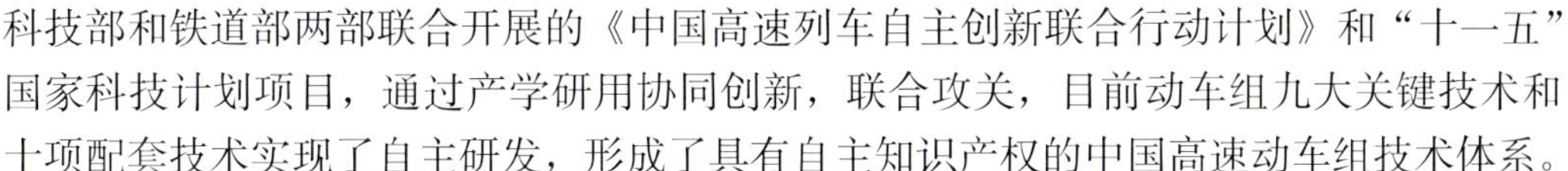

科技部和铁道部两部联合开展的《中国高速列车自主创新联合行动计划》和“十一五”国家科技计划项目，通过产学研用协同创新，联合攻关，目前动车组九大关键技术和十项配套技术实现了自主研发，形成了具有自主知识产权的中国高速动车组技术体系。

2）技术创新基础

经过动车组引进消化和再创新，中国高速动车组已形成了产学研用紧密结合的协同创新模式，搭建了一系列协同仿真平台、综合性能试验平台和先进制造工艺平台，形成了完整可靠的制造体系、完善的科技研发体系，打造了一支专业齐全、结构合理的人才队伍。目前，中国高速动车组在全世界数量最多、运行里程最长，积累了丰富的运用经验和数据，为实现高速动车组的技术创新奠定了基础。

3）技术发展方向

新一代动车组技术主要从轻量化车体技术、牵引变流器及其控制技术、列车网络控制技术、制动系统技术和转向架技术多个方面实现突破。

轻量化车体技术：车体主要承受旅客的质量和各种设备的质量，以及动车组运行过程中的载荷，目前高速动车组车体主要采用铝合金材料。车体轻量化技术重点研究碳纤维等新型材料在车体上的应用技术，在保证车体强度、疲劳寿命和模态等参数达到标准要求的情况下，降低车体自身的重量。

牵引变流器及其控制技术：牵引变流器牵引时将电能转换为机械能，再生制动时将机械能转换为电能。我国新一代牵引变流器及其控制技术研究的目标是攻克新型高效能牵引系统技术，重点研究基于 SiC（碳化硅）的电力电子器件及装置、高效电力电子变压器、非接触式轨道交通供电技术和柔性过分相供电技术。

列车网络控制技术：列车网络控制技术实现整车的控制、监视和故障诊断功能。新一代列车网络控制系统重点开展工业以太网在高速动车组上的应用研究。突破工业以太网数据传输的实时性、可靠性和安全性技术瓶颈，在高速动车组上建立信息传输的高速公路。

制动系统技术：重点研究复合制动技术及高性能摩擦材料，降低动车组的运用维护成本。

转向架技术：研制引领世界最高运行速度（400 千米 / 小时及以上）、更安全（具有状态感知）和更环保（低噪声、低阻力）的转向架。

10.2.3　30 吨轴重重载电力机车产业

1. 国际现状及中国发展水平

国外发达国家在 20 世纪 70 年代直流传动技术成熟后就转向交流传动技术的研究，经过几十年的发展，经历几次技术革新，功率元件从 GTO（gate-tum-off thyristor，即可控硅）到 IGBT（insulated gate bipolar transistor，即绝缘栅双极型晶体管），牵引电机由普通异步电机到永磁同步电机，已经形成完善的产品技术平台，其典型代表包括阿尔斯通的 PRIMA 平台、庞巴迪的 TRAXX 平台和西门子的 EuroSprinter 平台，并通过其技术平台研发出相应的电力机车。例如，阿尔斯通公司在其 PRIMA 机车技术平台上开发的 PRIMA 2U 型（427000 型）、3U15 型（437000 型）、437500 型和 6000 型多流制电力机车；庞巴迪公司在其 TRAXX 机车技术平台上开发的 TRAXX AC 系列交流供电制电力机车、TRAXX MS 系列多流供电制电力机车和 TRAXX DC 系列直流供电制电力机车；西门子公司在其 EuroSprinter 平台上开发的德国的 152 型和 189 型，奥地利的 1015/1116 型、Rh1216 型等电力机车。

当前，世界各国铁路发展呈现两大趋势，即“客运高速”和“货运重载”，重载货运作为一个重要的发展方向，因其运能大、效率高和运输成本低受到世界各国铁路的广泛重视，特别是在一些幅员辽阔、资源丰富、煤炭和矿石等大宗货物运量占有较大比重的国家和地区，如美国、加拿大、巴西、澳大利亚和南非等，发展尤为迅速。国际重载协会先后于 1986 年、1994 年和 2005 年三次修订了重载铁路标准。在 2005 年国际重载协会理事会上，对新申请加入国际重载协会的重载铁路，要求至少满足列车重量不小于 8 000 吨、轴重达 27 吨以上，长度不小于 150 千米，线路上年运量不低于 4 000 万吨三条标准中的两条。

随着重载铁路的快速发展，国际上重载铁路牵引装备也得到了广泛应用，并推动了美国、巴西、澳大利亚、南非和瑞典等国家重载运输水平的提高，目前，美国和加拿大等重载运输发达的国家，重载电力机车主要采用了 IGBT、IPM 大功率变流器的交流传动、径向转向架和微机控制防滑防空转、重载机车无线遥控操纵及分布式网络模块化制动机控制技术和 ECP（electronically controlled pneumatic，即电空制动）等技术。从 20 世纪 90 年代开始，中国开始了交流传动电力机车的研制与运用，1996 ～ 2002 年先后研制了 AC4000、DJDJJ1/DJ2、天梭和 DJJ2 等交流传动机车，但均未投入批量生产，2004 年为满足日益增长的铁路运输需求，原铁道部在铁路工业系统的密切配合和积极参与下，按照“引进先进技术，联合设计生产，打造中国品牌”的方针和“先进、成熟、经济、适用、可靠”的原则，推进铁路机车车辆装备现代化。中车株洲电力机车有限公司（简称株机公司）、大同电力机车有限公司和大连机车有限公司通过“引进、消化吸收、再创新”，逐步建立和谐系列大功率交流传动机车研制平台，HXD1、HXD1B、HXD1C、HXD2、HXD2B、HXD2C、HXD3、HXD3B 和 HXD3C 等和谐型大功率交流传动电力机车相继诞生并批量生产投入运用。

为了推动重载牵引装备的进步，中国在重载铁路电力机车研制方面也进行了不断的努力，并取得了十分显著的成效，以株机公司为例，通过 HXD1、HXD1B、HXD1C 和 HXD1F 机车（图 10.2）为代表的大功率交流传动重载货运电力机车的研制，实现了交流重载电力机车全套核心技术的突破。

2. 关键产品分析（30吨大轴重重载货运电力机车HXD1F）

目前通过提高轴重来提高运能是世界各国重载运输一致采用的一项重要举措，是降低运行成本的最有效的办法。从 20 世纪 70 年代开始，北美铁路公司为了提高

图10.2　HXD1F重载货运电力机车

运输经济效益，逐步将轴重提高到 30 吨，美国 GE 公司和 EMD 公司为此生产了大量的 32 吨轴重的机车。加拿大、巴西和澳大利亚在其主要干线的重载运输中均采用了轴重 30 吨的列车。欧洲斯堪的纳维亚也采用了 30 吨轴重列车的运输。发展大轴重机车车辆是世界铁路货运发展的大趋势，中国铁路主要技术政策也指出“新建货运重载铁路轴重不小于 30 吨”，目前国内株机公司已经研制出 30 吨轴重 HXD1F 型交流传动重载货运电力机车，并在晋中南通道投入运营，机车运行状况良好，可大幅度提高重载的运能，提高机车车辆运转效率，降低牵引能耗，提高经济效益，并且该机车的研制完善了中国大功率交流传动机车的开发平台，填补了国内大轴重电力机车技术空白。HXD1F 主要技术参数如表 10.1 所示。

表 10.1　HXD1F 主要技术参数

名称	参数
电流制	25 千伏 /50 赫兹
轴式	2（Bo-Bo）
牵引 / 制动轮周功率	9 600 千瓦
最大运营速度	100 千米 / 小时
最大试验速度（新轮）	110 千米 / 小时
持续速度	30 吨轴重时　50 千米 / 小时 27 吨轴重时　55 千米 / 小时
启动牵引力	30 吨轴重时　910 千牛 27 吨轴重时　820 千牛
持续牵引力（半磨耗轮）	30 吨轴重时　691 千牛 27 吨轴重时　628 千牛
电制动方式	再生制动
最大制动力	30 吨轴重时　510 千牛 27 吨轴重时　510 千牛
机车重量	机车整备重量　$2 \times 120^{+1}_{-3}$%t 减压车铁后　$2 \times 108^{+1}_{-3}$%t
轴重	轴荷重　30^{+1}_{-3}%t 减压车铁后　27^{+1}_{-3}%t

30 吨轴重 HXD1F 交流传动重载货运电力机车采用国际上多项先进技术，机车总体及设备布置、驱动系统、电气系统设计、机车重联、故障显示及诊断、车体、转向架、空气制动系统、安全防护和通风冷却等方面，在总结和谐系列机车技术基础上，进行创新和优化，其主要技术特点如下。

（1）机车轴式为 2（Bo-Bo）、持续牵引功率为 9 600 千瓦、最大启动牵引力为 910 千牛（30 吨）/820 千牛（27 吨）、轴重为 30 吨 /27 吨、持续速度点为 50 千米（30 吨）/55 千米 / 小时（27 吨）、最高运营速度为 100 千米 / 小时。整车恒功持续运用速度范围更宽，通过优化黏着控制技术，重载机车牵引性能更好，机车宽域适应性能得到提高。

（2）机车总体结构采用单端司机室结构、机械间设备按斜对称布置、中间走廊结构并采用预布线和预布管设计，通过斜对称布置的压车铁可实现轴重 30 吨 /27 吨的转换，整车随着轴重的增加，黏着牵引性能大幅提升，整车牵引列车载重吨位比现有主型电力机车至少提升了 18% 以上，整车恒功持续运用速度范围更宽，更好地适应了重载货运列车运用操纵需求，通过简统化技术、防雾闪技术研究，使维护更加便利，车顶设备防雾霾放电能力更强，实现机车宽域适应性能的提高。

（3）机车牵引传动电路在采用 3.3 千伏 /1 500 安 IGBT 元件的情况下具有较大的设计余量和可靠性，采用多重四象限控制，每重四象限 PWM（pulse width modulation，即脉宽调制）整流器带有相应的预充电回路，单个模块故障不影响整个变流器的正常运行，极大地提高了机车利用率，系统稳定性高；牵引传动回路采用牵引电机轴控技术，黏着利用率高；电制动采用再生制动，再生制动时机车能量反馈回电网，达到节能的效果。

（4）机车辅助电路采用辅助逆变器供电、冗余设计，分别由恒频恒压（constant voltage and constant frequency，CVCF）与变频变压（variable voltage and variable frequency，VVVF）两个模块构成，主辅集成的一体化设计，辅助逆变器与牵引变流器共用中间直流环节，可实现辅机过分相不断电，同时压缩了牵引变流器的体积，减轻了重量。

（5）机车采用微机控制的网络控制系统，实现列车级控制和车辆级控制，列车控制级采用绞线式列车总线（wire train bus，WTB），而车辆控制级则采用多功能车辆总线（multifunction vehicle bus，MVB）。采用分布式控制技术，即分布采集及执行、中央集中控制与管理的模式。机车通过 WTB 总线进行 2 台重联机车控制及显示功能，同时具备与其他厂家同型号机车之间重联控制的互联互通。

（6）机车车体采用整体承载结构形式的高强度车体技术，承载能力得到大幅度提升，车体纵向压缩载荷为 3 600 千牛、纵向拉伸载荷为 3 000 千牛，车体钩缓装置采用 102 车钩、NC390 缓冲器，并实现车体与钩缓系统载荷最优匹配，使机车更好地适应长大重载列车的运用需求。

（7）机车转向架采用带柔性联轴器的齿轮箱整体承载式驱动单元，齿轮及轴承受力情况得到改善；采用垂纵横三向刚度解耦、独立性强、维修方便、无磨耗和调整方便的单轴箱拉杆式一系悬挂系统技术；采用轴箱三角拉杆技术，可方便地调整轴箱悬挂的三向刚度特别是横向刚度，改善保证机车的动力学性能；配备踏面清扫器，改善轮轨黏着；采用高强度等级ER9材质车轮，车轮强度及硬度相对较高，用以降低车轮磨耗。

（8）制动系统机车采用国际领先的机车制动技术，并配备了纯空气后备制动，用于制动系统电气控制部分故障时提供应急处理措施，有效地提高了机车的安全系数，配备的ECP系统所采用的列车同步控制技术有效地减少列车车辆的冲击，并能与机车微机控制制动系统实现兼容。

（9）整车在互联互通、部件互换性、检修、整备接口、安全和生活设施六个方面进行了简统化设计，有效降低铁路装备使用及维护成本，提高铁路运输的竞争力，提高机车运用安全性能。

3. 产业链及产业环境分析

根据国务院《中长期铁路网规划》的要求，我国铁路的总里程预计到2020年要达到12万千米以上，为充分释放我国铁路货运能力，满足国民经济的持续发展及货运运输的不断增长需求，2013年颁布的《铁路主要技术政策》对新建重载铁路要求轴重为30吨及以上，我国目前已经建设完成并开通运营的山西中南部铁路通道就是按照30吨轴重来设计的，蒙西至华中重载铁路设计轴重为30吨，已经通过国家发改委批准，同时神华集团也对朔黄铁路进行30吨轴重基础设施强化技术研究，大轴重货运电力机车将是未来重载运输的发展趋势。同时，重载铁路投资力度加大、政策扶持和技术升级等因素为重载铁路设备行业带来了大发展契机。30吨轴重电力机车的成果推广应用可大幅度提高重载的运能，提高机车车辆运转效率，降低牵引能耗，提高经济效益，以朔黄铁路目前年运输量2.5亿吨为计算依据，与大轴重车辆结合运用，在保持同样的站间通过列车对数的情况下，按照30吨轴重机车启动牵引力分析，铁路的年运输量可提升0.5亿吨以上（即运输能力可以提高20%以上）。

电力机车是多学科、多系统的结合，涉及机电制造电气控制设备、机械制造）、有色金属材料（钢铁）和化工（油漆及合成材料）等20多种产业，30吨轴重重载交流传动电力机车也需要相应的配套产业予以支撑，以株机公司研制的30吨轴重HXD1F型交流传动重载货运电力机车为例，由于具备完整的产业链及国际先进的株洲千亿轨道交通装备产业群，30吨轴重HXD1F型交流传动重载货运电力机车实现了关键零部件完全国产化，本地配套率达95%以上，并实现完全自主知识产权设计和生产，不仅填补了我国大轴重电力机车关键技术领域的空白，而且也拉动了下游产业链，促进当地经济发展。

4. 重点技术分析

新技术、新装备是推进重载运输的保证。随着全球重载技术的不断发展，全球各大知名电力机车企业均具有其独特的核心技术，并不断创新，努力保持在同行业内的领先地位，同时，现在各大公司均全力研究开发自己的核心技术，不断提升自己的产品档次和竞争能力。进入21世纪以来，全球各大知名电力机车企业已纷纷拟订电力机车技术研究开发的新计划，力图在21世纪初，在高的起点进一步强化新技术、新装备的研究开发，以便在更大的范围内推进重载运输，取得更大的经济效益，从重载机车的技术特征和发展趋势来看，未来全球对重载机车的发展将会如下。

（1）轴功率在1 200～1600千瓦。

（2）最大运用速度普遍不超过120千米/小时，轴重要求范围较宽，并有向30吨以上轴重发展的趋势。

（3）针对不同运用需求，要求机车对严寒、高温、风沙和盐雾等环境具有较高的适应性。

（4）要求转向架具有优越的性能和很高的可靠性，低位牵引、径向转向架技术应逐步推广运用。

（5）车体形式要求呈现多样性，强度指标要求更高，司机室结构安全性要求日益严格，司机室布置要求标准化并符合人机工程及用户操纵习惯。

（6）较高的可靠性、可用性和可维修性指标要求，模块化、系列化和标准化的设计以降低检修和运用成本。

（7）要求机车具有优越的牵引性能，微机控制、网络控制和黏着控制要求不断完善和提高，远程控制技术日趋成熟。

（8）制动系统具备空电联合控制功能，采用微机网络控制实现实时监测与智能诊断；基础制动采用轮盘制动，电制动采用再生制动，电能回馈电网，节能环保。

目前，我国重载机车市场规模快速扩大，为我国重载机车的研制提供了有利机会，但我国重载电力机车的研制仍缺乏足够的技术储备，机车的性能及验证等方面也缺乏足够的设备和手段，面对复杂的机车运营环境缺乏成熟的技术开发经验和业绩。我国重载电力机车的技术水平与国外还存在一定的差距，在关键技术方面的研究投入有待进一步加大。目前，虽然国内的规模和产值已经处于世界顶尖的水平，但对未来重载机车技术和发展趋势的研究投入仍不够，相比同类国际顶尖企业存在一定差距。因此在重载电力机车领域应重点从以下几点开展研究。

（1）系统集成技术研究：研究适应既有铁路线上提速重载和高密度运行特点的重载大功率交流传动电力机车系统集成技术，通过系统仿真、信息融合和网络集成等技术手段，深入研究重载机车牵引与控制匹配问题、机车与弓网、轮轨等之间的相互作用问题，解决各子系统之间边界耦合、最优匹配及最佳宽域适应等技术难题，实现各子系统、各模块单元之间的有效整合及电力机车整车系统性能的高效发挥。

（2）关键技术研究：研究适应我国不同疆域、不同基础设施条件和不同速度等级的重载大功率交流传动电力机车九大关键技术，形成以机车总成技术、车体技术和转向架技术为核心的电力机车绿色制造体系，打造以牵引电机技术、牵引变压器技术、牵引变流器技术和驱动技术等为依托的电力机车高效运行体系，实现以网络同步控制技术和自动制动技术为保证的电力机车智能操纵体系。

（3）系列化装备研究：研制适用于不同运输环境条件、不同运用需求的高效率、智能化和绿色重载大功率交流传动电力机车产品，实现同一技术体系下不同个性化配置方案即可满足国内外客户需求的目标；以目前和谐系列重载货运电力机车为基础，着重开展以提升机车轴重、增加机车轴数和优化列车编组与机车之间匹配等为重点方向的研究，研制适应我国山区长大坡道等恶劣条件下的系列车型，研制符合我国专用重载线路运输需求的重载机车，研制针对海外市场的多机无线重联重载电力机车。

（4）高强度车体及其防碰撞技术：重点研究35吨轴重高强度车体、车体防碰撞技术和碰撞多级吸能技术，形成重载机车车体技术条件、机车车体防碰撞技术规范。

（5）重载机车钩缓系统匹配性技术：重点研究钩缓系统与重载机车车体强度的匹配技术，不同钩缓系统对重载机车动力学性能的影响，不同钩缓系统与不同列车编组及操控安全性技术。

（6）高可靠性转向架技术：完成27～33吨轴重机车两轴、三轴转向架的研究及产业化应用。进行配套转向架关键部件的理论研究，建立相关转向架关键部件产品平台。

（7）新型分布式网络控制机车制动机技术：在目前自主化集中式网络控制的机车制动机技术基础上，积极开展分布式网络控制制动机技术研究，为新一代机车制动机做好分布式网络模块化控制技术储备，以适应机车制动机智能化、模块化和网络化的发展趋势。

（8）ECP技术：消化吸收国外先进产品经验，自主研制符合AAR4200系列标准的自主ECP列车电空制动系统。

10.2.4　城市群区域动车组产业

1. 国际现状及中国发展水平

1）国际现状

国际上铁路系统比较发达的国家，如德国、法国及日本，其轨道交通及车辆的功能定位及层次划分比较清晰，车辆的发展比较成熟。

德国：德国轨道交通系统主要由高速铁路（intercity-express/ICE）、城间快速铁路(intercity/IC)、区域铁路（regional-bahn/RB、regional-express /RE）、市郊快速铁路（S-bahn）、地铁（U-bahn）和轻轨构成。其中，高速铁路和城间快速铁路属于干线铁路范畴，地铁和轻轨属于城市轨道交通范畴，而区域铁路和市郊快速铁路则具有城市群区域轨道交通的特点，主要解决相邻城市之间或市区到远郊地区旅客的输送。区域铁路和市郊快速铁路采用的典型动车组当属DESIRO系列通勤动车组，其速度等级为时速160千米。头车设有若干折叠式座椅、一个轮椅放置区和一个无障碍厕所。每节车每侧有2个1 300毫米宽的客室门。车内设2+2横向布置面对面座椅及行李架。列车的启动加、减速度速度较大，能够实现快起快停的需求。

法国：法国的轨道交通种类与德国类似，主要包括干线铁路（含高速铁路线TGV、大区间列车线TER）、区域铁路Transilien、市郊快速铁路RER、地铁Metro及轻轨。其中的区域铁路和市郊快速铁路具有城市群区域轨道交通的特点。所采用的典型动车组包括 Z20500、Z20900、Z6100、Z5600、MI2N 和 MI84 等动车组，速度等级为时速 120 ～ 160 千米，具有较大的加、减速度以实现快起快停，旅客界面包括座椅、扶手杆、车门及行李架等，其设置较为灵活，能够实现乘客的不同乘降需求。

日本：日本的轨道交通种类与德国、法国均有相似性，主要包括新干线、既有线（既有干线、既有区域）和地铁线三类，其中既有线与城市群区域轨道交通较为接近。既有线动车组应用方面，典型产品包括 TX1000、TX2000 通勤动车组，以及 E233、E257 系动车组等。日本地域狭长，铁路发展有一定的特殊性，既有线承担了日本中短途城市及城市群内部旅客的输送，多采用 1 067 毫米窄轨，因此其运营速度普遍不高，速度等级为时速 100 ～ 130 千米，但是其编组大，载客能力高，输送能力强。

总而言之，德国、法国和日本的轨道交通功能层次划分较为清晰合理，其中德国和法国的区域铁路、市郊快速铁路，日本的既有线类似于中国的城市群区域轨道交通，其动车组的技术型式值得我们借鉴。

2）中国发展水平

中国的轨道交通车辆发展相对薄弱，与前文总结的德国、法国和日本三类轨道交通车辆对比，中国已经拥有城轨车辆和干线车辆，且处于发展高峰期。对于用于市郊或城市群内部的区域动车组而言，其则处于发展起步阶段，如投入试运营的 CRH6 及出口的马来西亚动车组。因此应继续研究和积累城市群区域动车组技术，以适应中国城市群的发展对轨道交通车辆的需求。

欧洲及日本的轨道交通发展历史较长，其轨道交通一直朝着技术先进性和应用适应性方面发展，代表了当前轨道交通技术的前沿。但是漫长的发展历史也造成了它们的技术和产品为适应已有技术环境（轨距、供电制式）而变得繁冗。例如，欧洲存在各种供电制式的列车，虽然车辆技术先进但设备繁多，它们是先进技术和已有现状折中的结果。

中国的铁路发展起步晚，技术和管理的多样化、全面性要相对落后，但是中国有后起优势，可以避开复杂局面，综合国外车辆的优点，借用其先进性技术，走高起点、快发展的道路，确定符合中国国情的城市群区域动车组技术型式，以利于行业的稳定发展。

2. 关键产品分析

1）国内CRH6系列城际动车组

为适应城市群快速发展，2012 年青岛四方牵头研制了时速 200 千米和 160 千米，载客量大、快起快停、多运用模式（持续或短时）和可以适应不同城市轨道交通形态的 CRH6 系列城际动车组（图 10.3），填补了国内城市群区域轨道交通车辆的空白。根据运营需求可配置两对、三对或四对侧门。目前时速 200 千米 CRH6A 型城际动车组已完成 30 万千米运行考核和解体检查，成为国内首个具有国家铁路局批复型号的城际动车组（表 10.2）。

图 10.3　CRH6 系列城际动车组

表 10.2　CRH6A 和 CRH6F 的主要技术性能

名称	参数	参数
产品型号	CRH6A	CRH6F
最高运行速度	200 千米 / 小时	160 千米 / 小时
列车编组	8 节编组（4 节动车 4 节拖车）	8 节编组（4 节动车 4 节拖车）
每辆车每侧车门套数	2	头车：2；中间车：3
车门类型	单开电动塞拉门	双开电动塞拉门
定员	557（坐席）	1 502（4 人 / 平方米）
超员	1 488（4 人 / 平方米）	1 998（6 人 / 平方米）
轴重	17 吨	17 吨
启动加速度	⩾ 0.65 米 / 平方秒	⩾ 0.8 米 / 平方秒
平均加速度	⩾ 0.3 米 / 平方秒	⩾ 0.38 米 / 平方秒
平均常用制动减速度	⩾ 0.9 米 / 平方秒	⩾ 1.0 米 / 平方秒
车辆长度（头车）	25 700 毫米	25 700 毫米
车辆长度（中间车）	25 000 毫米	25 000 毫米
车辆宽度	3 300 毫米	3 300 毫米
地板面高度	1 260 毫米	1 260 毫米
车辆定距	17 500 毫米	17 500 毫米
轴距	2 500 毫米	2 500 毫米
轮径	860 毫米	860 毫米
供电制式	AC25 千伏	AC 25 千伏
轨距	1 435 毫米	1 435 毫米
最大运行坡道	30‰	30‰

2）出口马来西亚的SCS及ETS城际动车组

“十二五”期间，中国在城市群区域动车组出口业绩上取得了重大突破，研制并出口马来西亚的城际动车组产品。2010 年 7 月，株机公司签署马来西亚 38 列时速 140 千米的城际动车组订单；2013 年 9 月又获得 10 列时速 160 千米城际动车组订单。2012 年 3 月，SCS 城际动车组批量上线运营于吉隆坡及其周边卫星城之间；2015 年 9 月，ETS 城际动车组上线运营于吉隆坡和北方几个主要大城市之间（图 10.4，表 10.3）。

（a）SCS城际动车组

（b）ETS城际动车组

图 10.4 SCS 及 ETS 城际动车组

表 10.3 SCS 及 ETS 城际动车组的主要技术性能

名称	参数	参数
产品型号	SCS	ETS
最高运行速度	140 千米 / 小时	160 千米 / 小时
列车编组	6 节编组（4 节动车 2 节拖车）	6 节编组（4 节动车 2 节拖车）
每辆车每侧车门套数	3	2
车门类型	双开电动塞拉门	单开电动塞拉门
定员	856（4 人 / 平方米）	312（坐席）
超员	1 118（6 人 / 平方米）	704（4 人 / 平方米）
轴重	15 吨	15 吨
启动加速度	≥ 0.87 米 / 平方秒	≥ 0.7 米 / 平方秒
平均加速度	≥ 0.38 米 / 平方秒	≥ 0.26 米 / 平方秒
平均常用制动减速度	≥ 0.9 米 / 平方秒	≥ 1.0 米 / 平方秒
车辆长度（头车）	23 700 毫米	24 200 毫米
车辆长度（中间车）	22 800 毫米	22 800 毫米
车辆宽度	2 750 毫米	2 750 毫米
地板面高度	1 100 毫米	1 100 毫米
车辆定距	15 800 毫米	15 800 毫米
轴距	2 300 毫米	2 300 毫米
轮径	850 毫米	850 毫米
供电制式	AC25 千伏	AC25 千伏
轨距	1 000 毫米	1 000 毫米

上述两个项目的重要意义是，在国内城市群区域动车组发展刚刚起步的阶段，国内研制了两款适应于城市群区域的城际动车组投入马来西亚首都吉隆坡城市群进行商业运营，相应的技术积累有助于国内相应动车组的技术研究和参考。

3. 产业链及产业环境

2014 年中共中央、国务院印发《国家新型城镇化规划（2014—2020 年）》，其提到“东部城市群、中西区城市群”的划分，2015 年 1 月《经济参考报》援引中国科学院地理科学与资源研究所权威人士的说法称，中国的城市群规划已进入正式编制阶段，初步从重点培育国家新型城镇化政策作用区的角度出发，确定打造 20 个城市群，包括 5 个国家级城市群、9 个区域性城市群和 6 个地区性城市群。

城市群的发展，将使城市群内各城市之间经济往来日益密切，人口流动逐渐增加，“同城效应”逐渐明显，跨城上班、出差、购物和旅游的市民不断增加，在城市群内部统一规划运营能力较大的区域轨道交通已经成为迫切需求。事实上部分城市群已经在建或规划区域线路，城市群区域轨道交通的发展将成为改变我国区域发展格局的重要方式。可以预见，随着我国区域经济快速发展和城市群进程的不断加快，城市群区域动车组将迎来发展高峰期。

国内城市群区域动车组的技术型式尚在起步阶段，亟待论证和探索。但是经过干线轨道交通车辆、城市轨道交通车辆的发展和积累，国内已经具备了成熟的配套产业链，城市群区域动车组的研制在已有平台上走技术进化的道路即可快速发展。

我国具有城际动车组的系统集成能力的企业主要包括中国中车所属的四方青岛、长春客车、株机公司等。在这些企业周边，都有配套的动车组产业链。以株洲轨道交通千亿产业园为例，这里集聚了全国最为完善的轨道交通装备研制企业群，包括从牵引传动、网络控制、电机和变压器等核心零部件和关键零部件的配套产业，由此产生的集群效应显著，方圆 5 千米内就基本可以解决轨道交通车辆 90% 以上的装备，无论从规模、成熟度还是从自主化能力等方面，都具备了轨道交通车辆（包括成熟产品及技术进化新产品）研制能力。在此产业环境下，未来城市群区域动车组的研制，同样具备快速发展的能力。

4. 重点技术分析

国内尚未有城市群区域动车组投入商业运营，国外却有多年城市群区域动车组的运营经验；国内城市群的发展对动车组有需求；城市群区域动车组与干线铁路车辆、城市轨道交通车辆之间既有联系又有区别。鉴于此，应重点从以下三个方面来研究和确定我国城市群区域动车组的功能定位与技术选型的方向。

(1) 借鉴国外的现有功能定位和技术型式。国外有长期的技术积淀和运营经验，借鉴国外市郊、区域动车组的技术型式，使我国有后发优势，可以充分吸取国外的先进技术和经验，为我国城市群区域动车组的发展指明方向。

(2) 注重国内城市群轨道交通规划和城市群发展实际需求。产品的发展必定要建立在推广应用的基础之上，因此分析我国现有的城市群轨道交通规划和区域发展实际需求显得十分重要。

(3) 从技术进化的角度研究分析。完全丢开我国已有的车辆技术基础去研发城市群区域动车组是不现实的，城市群区域动车组的发展仍要建立在我国已有的干线动车组、城轨车辆技术基础之上，从技术进化的角度，吸收二者的可用之处。

因此重点技术分析内容应包括以下：借鉴国外成功经验，结合国内现有基础，吸收现有轨道交通车辆的可取之处，研究分析我国城市群区域动车组的功能定位和技术选型，并结合舒适性、安全性、经济性和环保性等方面的研究，研制适合我国城市群轨道交通现状及长远发展的城际动车组产品。

10.2.5　现代有轨电车产业

传统有轨电车已有 100 多年的发展历史，20 世纪初期在欧美发达国家曾承担起了核心公共交通的主导地位。但第二次世界大战以来，随着世界范围内汽车工业的迅猛普及，技术落后的传统有轨电车逐渐被新兴的汽车所排挤和替代。然而20世纪70年代，西方国家能源危机的爆发，使濒临废除的有轨电车焕发了“第二青春”，布鲁塞尔、哥德堡等多个城市开始发展现代有轨电车。

1. 国际现状及中国发展水平

低地板有轨电车是指地板离轨面高度低于400毫米，并在地面与汽车混合运行的轻轨车辆，它具有环保性佳、人文性好、周期短、投资少、效益高、运行速度快、舒适度高和运营时刻精准等诸多优势，已作为欧洲中等城市公共交通的骨干，发挥了巨大的作用[5]。据不完全统计，世界上已有60多个国家、300多个城市开通了有轨电车，其中大部分集中在欧洲。

欧洲的经验给中国很大的启示，中国的城市轨道交通规划与建设集中在特大和大型城市，2014年绝大多数为地铁，占比达到74.4%；有轨电车却寥寥无几仅占4.4%。为了避免中小城市的交通重蹈大城市交通发展的覆辙，建立可持续发展的现代交通体系，有轨电车将扮演举足轻重的角色。

目前世界上低地板有轨电车的制造企业主要有阿尔斯通、庞巴迪、西门子、安萨尔多和CAF等，它们在低地板有轨电车的研制方面具有较丰富的产品业绩，这些制造企业的产品占据了欧美市场的绝大部分份额。

国内已有厂家研制出70%的低地板车辆，100%低地板车辆制造在国内尚属起步阶段，长春客车在2009年下线了100%低地板车辆，并于2010年12月通过了科技部专家验收，2013年批量投入沈阳浑南线运营。天津、上海张江高科园等国内一线城市则是完全引进了国外更先进的100%低地板车辆，并投入运营。

显然，由于国外在轨道交通装备技术和产业方面占据的领先地位，对于有轨电车来说，无论是从技术研究还是从运营经验方面，中国与国外均存在很大的差距。但随着现代有轨电车技术的不断突破和发展，人们已经意识到下一代城市轨道交通列车应具有“高效化、绿色化、智能化”的特征，同时不依赖架空接触网运行，要求实现现代有轨电车与环境友好协调发展，因此储能式低地板有轨电车应运而生。目前，国际上西门子、庞巴迪和CAF已经研制出了采用大功率动力储能器件实现无网运行的储能式低地板有轨电车，西班牙、卡塔尔和中国台湾高雄已开工建设全线无网的有轨电车[6]。国内南京河西线是全球首个全线采用蓄电池储能的有轨电车线路，已于2014年8月投入运营；广州海珠环岛试验段是全球首个全线采用超级电容储能的有轨电车线路，于2014年年底投入运营。目前，淮安、武汉、宁波和深圳等城市新开工建设的多个有轨电车工程也将采用全线无网储能式供电方式，即将陆续投入运营。中国作为储能式低地板有轨电车发展的后发国家，得益于其拥有大功率动力储能元件的设计和制造能力，正利用新型储能技术发展的机遇力争赶超欧美地区传统的有轨电车大国。

2. 关键产品分析（广州海珠线全线无网超级电容现代有轨电车）

广州海珠线现代有轨电车如图 10.5 所示，广州海珠线现代有轨电车主要技术参数如表 10.4 所示。

（a）运行实景Ⅰ

（b）运行实景Ⅱ

图 10.5　广州海珠线现代有轨电车

表 10.4　广州海珠线现代有轨电车主要技术参数

名称	参数
列车编组	–Mc +M ++ T+ Mc–4 模块，可组合为 2 ～ 8 模块
供电制式	全线无网，站台 20 秒快速补电，电压 DC500 ～ 900 伏
有效储电量	10.1 千瓦时
最高运营速度	70 千米 / 小时
地板面高度 / 车门入口高度	350/320 毫米
车辆长度	36.6 米
车辆宽度	2.65 米
载客定员（6 ～ 8 人 / 平方米）	305/380 人
最大轴重	10 吨
最小平面曲线半径	25 米
最大运行坡道	80‰
平均启动加速度	>1.0 米 / 平方秒
平均常用制动减速度	>1.1 米 / 平方秒
最大紧急制动减速度	2.7 米 / 平方秒
统计运营电耗	<3 千瓦时 / 千米

3. 产业链及产业环境

现代有轨电车按照产业链大致可以分为车辆零部件供应商、车辆系统集成商和车辆运营供应商。现代有轨电车属于大型机械制造业，其零部件涉及机电制造（电气控制设备、机械制造）、有色金属材料（钢铁）和化工（油漆及合成材料）等多种产业。由于我国的城市轨道交通规划与建设集中在特大和大型城市，真正存在的有轨电车寥寥无几而且仅占 4.4%。在现代有轨电车的零部件研制、整车集成和车辆运营整个产业链中，国内的发展水平与国外存在巨大差距。

现代有轨电车产业的上游主要是车辆控制系统（包括车辆牵引控制系统、制动控制系统和网络控制系统）、转向架、大功率储能器件及集成储能电源。目前国内已经有部分企业在地铁领域的控制系统具有较强的研发实力和丰富的业绩，但由于现代有轨电车在国内应用情况很少，前期少数项目大多采用引进国外车辆技术的途径，因此相关的车辆控制系统均为引进的控制技术。在转向架的研制方面，低地板车辆要实现100%的低地板程度，转向架为核心技术，目前国内虽然有株机公司、长春客车、青岛四方、唐山客车和南京浦镇等车辆集成商研制出100%低地板，但投入运营的时间较短，与国外存在较大差距。中国作为现代有轨电车发展的后发国家，正利用新型储能技术发展的机遇力争赶超欧美地区传统的有轨电车大国。国内目前拥有大功率动力储能元件的设计和制造能力，如目前国际上最大容量和比能量的双电层有机系超级电容均为中国研制。通过以“整车集成制造企业为核心，关键零部件企业为配套”的集聚发展态势，建立现代有轨电车生产基地，带动一批国际国内顶尖的上游企业实现跨越式协同发展。同时联合国内科研院校进行共同研究（西南交通大学、上海交通大学、同济大学和中南工业大学等），实现院企合作，形成“核心技术标准”。

从现代有轨电车的下游运营情况来看，截至2014年年底，中国大连、长春、天津、上海、沈阳、苏州、南京和广州8座城市开通运营现代有轨电车线路，合计11条线路，总里程约141千米。目前国内有轨电车的运营经验比较欠缺，需要协调下游运营企业通过在产业链中的“规划设计”、“运控系统”、“基础工程”及“运营维保”各个部分形成应用案例，提升国内现代有轨电车产业的整体水平及市场竞争力。

4. 重点技术分析

现代有轨电车中，以绿色环保、快捷舒适为主要特征的低地板有轨电车的集约型交通模式，已在世界范围内被广泛认可，是缓解城市交通拥挤，减少环境污染的城市轨道交通优选模式。储能式低地板有轨电车与依靠外部电源供电的常规有轨电车相比，国际上最新的储能式有轨电车采用了大功率储能器件进行储能，特别适合有轨电车这种短距离运行（站距一般小于1千米）的场合。它不仅能够满足现代城市对景观的需要、节省线路占地面积和架空接触网投资、避免钢轨回流对城市地下管线的腐蚀，更重要的是可以实现能量的高效利用和循环利用，制动时可以将85%以上的车辆动能即时回收到储能装置中（有网供电一般仅能达到40%以下的水平，剩余的能量将消耗在接触线、钢轨和车载制动电阻上），国内外工程对比试验表明其能耗可同比降低30%以上。另外，与传统地铁系统相比，储能式轻轨交通系统每千米建设投资在1亿元左右，建设周期仅1～2年；而地铁系统每千米建设投资一般在6亿元以上，建设周期长达3～5年，需要有雄厚的财政实力做支撑。因此，储能式低地板有轨电车已成为全球现代有轨电车发展的必然趋势。储能式低地板有轨电车技术主要包括整车系统集成技术、100%低地板转向架技术、大功率车载储能系统集成技术、站场快速充电技术及智能信号控制技术。

1）整车车系统集成技术

储能式低地板有轨电车整车系统集成技术是设计最为关键的环节，同时也是整个产业链中承上启下的重要环节。整车系统集成技术能够确保所研发车辆的总体目标得以实现，各系统在车辆的载体上实现良好的接口和匹配，最终实现产品性能要求和相应标准、规范要求，整车系统集成技术将突破基于动力单元的灵活编组设计、整车动力学分析、车辆限界计算、车辆强度分析计算、车辆系统配置、车辆轴重分配、车辆碰撞安全技术、噪声控制及防火设计等关键技术。

2）100%低地板转向架技术

从世界有轨电车产品发展来看，传统的轮对式转向架已难以适用，独立轮转向架已成为低地板有轨电车的现代标志，其技术影响和制约了低地板有轨电车的发展，车辆结构形式、车辆配置方式和独立轮转向架技术直接影响了储能式低地板有轨电车的整车性能，是储能式低地板有轨电车最核心的技术。由于地板面的降低，限制了转向架的空间，同时兼顾考虑减振降噪、节能减排和安全高效等因素，我们将在引进吸收消化国外成熟平台的基础上，重点突破弹性车轮、传动装置、轴桥、构架、悬挂系统、液压和磁轨制动及相关专有技术[7]。

在转向架研究与应用中突破新型外置式纵向驱动、降噪弹性车轮、轴桥集成及转向架轻量化技术。解决牵引电机、制动设备与转向架配套设计及适应100%低地板有轨电车的转向架动力学控制中的关键问题。

3）大功率车载储能系统集成技术

车载储能技术的关键在于对超级电容单体、超级电容模组和储能电源装置的研制。超级电容单体必须具备高能量密度以降低储能元件的重量，要研制出能量密度大于8瓦•小时/千克的超级电容单体，使其具备大电流充放电100万次的长寿命；超级电容模组必须解决好单体串并联后电压均衡及实时状态诊断；储能电源装置必须解决大容量、轻量化、通风冷却和箱体密封等诸多技术难题。作为储能式无网供电技术的核心，车载储能系统集成技术的水平决定了储能式低地板有轨电车的整体性能。

4）站场快速充电技术

储能式低地板有轨电车利用停靠站台时乘客上下车的时间充电补充能量，因此必须采用大功率快速充电装置来确保30秒内将车载储能电源完全充满（实际运营工况的充电时间只需要10～20秒），这就对地面充电系统提出了较高的要求，即要突破解决大功率直流电压变换技术、站台区动态充电和智能编组识别等关键技术瓶颈。

5）智能信号控制技术

储能式低地板有轨电车信号系统与常规的信号系统不尽相同，需要研发具有自主知识产权、适用于专有路权、混合路权或共享路权的智能化信号系统，包含运营调度管理系统、车载控制系统和平交道口信号优先控制系统，从而提高有轨电车的自动化程度和管理水平，保证列车安全、高效的运行[8]。要研究掌握计算机联锁技术、列车位置检测技术、道岔区域保护模式及道岔控制技术；研究车地无线通信技术，构建车地移动宽带传输系统，实现控制中心与列车间的双向大数据量信息传输；研究列车定位技术，实现有轨电车准确定位。建立有轨电车信号控制系统成套装备及子系统的研发、生产、测试与验证体系，制定国内有轨电车信号系统标准及规范。

10.2.6 中低速磁悬浮列车产业

1. 国际现状及中国发展水平

磁悬浮列车依靠电磁吸力或电动斥力将列车悬浮起来，实现与地面轨道的无机械接触，然后利用线性电机驱动列车运行。从悬浮机理上可以分为常导电磁悬浮（electromagnetic suspension，EMS）和超导电动悬浮（electrodynamic suspension，EDS）两种。中低速磁浮列车采用常导电磁吸力悬浮，短定子直线感应电机驱动。

1）国外发展状况

国外常导电磁悬浮研制方面，最具有代表性的国家有德国、日本和韩国。

德国：磁悬浮技术源于德国，1922 年，德国工程师赫尔曼•肯佩尔提出了电磁悬浮原理，即利用磁力将物体浮起来。1969 年，德国慕尼黑的 KrauSS-Maffei 公司根据赫尔曼•肯佩尔的设计原则，设计出世界第一辆电磁悬浮模型车 TR01，利用车载短定子直线感应电机驱动，该车在 700 米长的轨道上可达到 100 千米 / 小时的速度[9]。1988 年研制出 TR07，在此基础上，1999 年又研制出成熟产品 TR08。2000 年 12 月，德国与上海合作进行高速磁悬浮列车示范运营线的设计与建设，2003 年 1 月，上海高速磁悬浮交通示范运营线（地铁 2 号线的龙阳路站至浦东国际机场站）正式投入运营，线路全长约 30 千米，最高运行速度 430 千米 / 小时，这是世界上第一条商业化运营的磁悬浮交通线。

日本[10]：日本于 1974 年购买德国磁悬浮技术专利，在磁悬浮基础上，开始进行 HSST 型中低速磁悬浮列车的研究工作，1975 ～ 1989 年研制出 HSST-01、HSST-02、HSST-03、HSST-04 和 HSST-05 五种 HSST 列车，1995 年开发出商业化运营的样车 HSST-100L，2001 年开始建设爱知世界博览会的东部丘陵线，线路全长 8.9 千米，最大运行坡道为 70‰，最小平曲线半径为 50 米。2005 年 3 月，东部丘陵线正式投入商业运营，成为世界上第一条投入商业化运营的中低速磁悬浮交通线。列车采用 3 辆编组，长 43.3 米，车宽 2.6 米，车高 3.4 米，定员 244 人，最高运营速度为 100 千米 / 小时，单程运行约需 15 分钟。线路自开通以来，至今运营良好。

韩国[11]：韩国从 1985 年开始研制中低速磁悬浮列车。1993 年完成了载人样车，并在大田世界博览会上进行了载客展示。1996 年完成了第一代样车 UTM01，2005 年完成第二代样车 UTM02，在大田国家科学博物馆开展试验并接受游客参观。2007 年 8 月韩国交通部批准建设仁川机场磁悬浮示范运营线，长达 6.1 千米。目前，仁川国际机场磁悬浮线处于试运营阶段，预计 2015 年年底正式投入商业化运营。

2）国内发展状况

中国从 20 世纪 70 年代开始，西南交通大学、国防科学技术大学对磁悬浮技术开展基础研究，并由北京控股磁悬浮技术发展有限公司、上海磁悬浮交通发展股份有限公司和株机公司三家牵头组织完成了面向商业应用的中低速磁悬浮列车研制。

1999 年，北京控股磁悬浮技术发展有限公司和国防科学技术大学合作，共同联合组织国内的铁路、航空和汽车等行业技术优势单位，进行中低速磁悬浮列车技术产业化研究。2005 年 7 月，北京控股磁悬浮技术发展有限公司和国防科学技术大学研制的磁悬浮列车工程化样车在唐山客车下线，样车车辆由 4 组转向架组成，车辆长度为 15 米左右，车辆宽度为 3 米，最大坡度 70‰。2009 年 5 月，北京控股磁悬浮技术发展有限公司和国防科学技术大学研制的实用型磁悬浮列车在唐山客车下线，列车采用 3 辆编组方式，运行速度为 100 千米 / 小时，在唐山 1.5 千米的磁浮试验线上进行各项试验验证。2011 年 2 月 28 日，中低速磁悬浮交通运营示范线——北京 S1 号线项目启动建设准备工作，线路全长 10.2 千米。

2006 年，上海磁悬浮交通发展股份有限公司组织长春客车、成都飞机工业（集团）公司、西南交通大学、国防科学技术大学和株洲所等单位研制了 3 辆编组的中低速磁悬浮列车，在上海临港 1.5 千米的试验线上进行多项试验验证。

株机公司从 2006 年开始进行中低速磁悬浮列车的研制工作。2012 年 1 月，国内首列可商业化运营的中低速磁悬浮列车在株机公司成功下线。列车采用 3 辆编组，车长 48.3 米，车宽 2.8 米，车高 3.6 米，定员 307 人，最高运行速度 100 千米 / 小时。2012 年 9 月，长 1.57 千米的中低速磁悬浮交通试验线在中车株洲电力机车有限公司建成，搭建了中国商业化中低速磁悬浮交通系统研发平台，完成列车调试、试验及各项运行考核。2013 年 11 月，该中低速磁悬浮列车通过湖南省科技厅主持的科技成果鉴定，达到国际先进水平。

2014 年，国内首条中低速磁悬浮商业运营示范线——长沙黄花国际机场至长沙南站线开工建设，预计 2015 年年底全线通车，2016 年投入商业运营。

2. 关键产品分析（中国“追风者”列车）

国内已经完全掌握中低速磁悬浮交通的核心技术，达到商业化运营的条件，具有代表性的是株机公司研制的“追风者”磁悬浮列车，该系列列车将会于 2015 年年底在长沙黄花国际机场磁悬浮线路上投入运行调试，主要技术参数如表 10.5 所示。

图10.6 长沙黄花机场磁悬浮列车

表 10.5 长沙黄花国际机场磁悬浮列车的主要技术参数

序号	名称	单位	参数
1	列车编组	—	-Mc+M+Mc-
2	车辆宽度	毫米	2 800
3	车体长度	毫米	15 500/15 000
4	车体高度（距轨面）	毫米	3 627
5	地板面高度（距轨面）	毫米	880
6	车辆整备重量（Mc/M）	吨	25/24
7	最大载客人数	个 / 列	457
8	悬浮架模块装配数量	个 / 节	5
9	模块中心距	毫米	2 800
10	悬浮架固定转动中心距	毫米	8 400
11	供电电压 / 供电方式	伏	DC1,500/ 第三轨受流
12	悬浮技术	—	常导电磁悬浮
13	最大悬浮能力	吨 / 节	33
14	额定悬浮间隙	毫米	8
15	悬浮斩波器供电电压	伏	DC330
16	电磁铁数量	个 / 节	40
17	悬浮控制单元	个 / 节	20
18	牵引方式	—	单边短定子直线感应电机
19	牵引控制方式	—	恒转差频率控制（13.69 赫兹）
20	制动方式	—	电制动 +“气顶液”制动
21	平均常用牵引加速度	米 / 平方秒	最大 1.1
22	平均常用制动减速度	米 / 平方秒	常用制动：1.1 紧急制动：1.3
23	轨距	毫米	1 860
24	最小平曲线半径	米	50
25	最小竖曲线半径	米	1 500
26	最大运行坡道	—	70‰
27	列车运行控制方式	—	ATP/ATO

中低速磁悬浮交通具有乘坐舒适、建造成本较小、运行和维护代价较低及对环境的友好性等优良品质，日益成为未来城市交通运输的发展模式。中低速磁悬浮列车的具体技术参数根据国家与地区的差异不尽相同，但原理与系统型式基本一致。车辆技术参数与型式的差异从另一个角度来说也形成了中低速磁悬浮列车的系列化，有利于商业化推广。目前，国内外多个国家和城市都对磁悬浮交通产生了浓厚的兴趣，随着中低速磁悬浮交通的商业化应用，其优势会进一步得到展现，从而得到广泛的认同和推广。

3. 产业链及产业环境分析

中低速磁悬浮列车从产业链环节上可分为零部件、子系统及整车系统集成三大类，具体如图 10.7 所示。

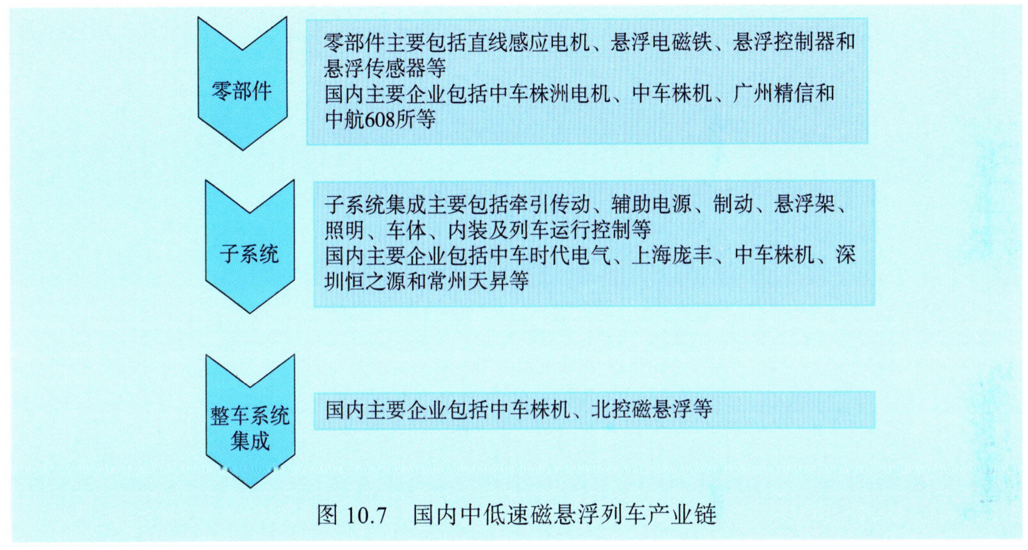

图 10.7　国内中低速磁悬浮列车产业链

中低速磁悬浮列车上游产业为钢铁、铝合金等原材料，悬浮传感器、直线感应电机、悬浮电磁铁、悬浮控制器和电子控制元器件等零部件，以及系统软件、应用软件等软件产业。悬浮传感器、直线感应电机、悬浮电磁铁、悬浮控制器、列车运行控制系统和信号系统等关键零部件或子系统国内企业都已实现自主研制，下一步工作的重点是进一步提高商业应用的可靠性和稳定性。目前关键零部件所面临的主要问题是，国内磁悬浮产业商业化发展刚刚起步，大部分企业的投入力度有待加强，产品优化升级需要进一步引导。

中低速磁悬浮交通作为城市轨道交通中的一种，由于其低噪环保、安全可靠、环境适应性强和选线灵活等优点，广泛适于作为城市综合体交通和观光项目、弯道小和坡度大的交通线路、对噪声和振动控制有特殊要求的交通线路、旅游景区的景点和交通、机场快线、城市繁华区、住宅区公共交通及作为 1 小时都市圈和卫星城的主要交通工具 [12]。目前，日本、韩国和中国已经在运营或建设中低速磁悬浮交通商业化运营线，随着人们对中低速磁悬浮交通技术和优势的认可度的提高，越来越多的城市正在关注中低速磁悬浮交通，未来市场前景良好。另外，中低速磁悬浮产业的发展反过来也可以促使更多的企业加入相关产业的研制行列，能够快速推动关键零部件、子系统不断完善发展，使磁悬浮产业化发展形成良好的循环。

4. 重点技术分析

中低速磁悬浮列车是一种涉及计算机、自动控制、机构学、电机学和传动技术等多学科的高新技术，根据中低速磁悬浮列车的结构、运行原理的特殊性及目前存在的问题，其重点技术突破集中在悬浮控制、悬浮电磁铁、牵引传动及控制、信号和轻量化等方面。

1）悬浮控制技术

悬浮控制是磁悬浮列车的核心技术，现阶段国内在悬浮控制系统设计过程中，一般都是将三阶的悬浮控制系统解释为一阶的电流环和二阶的气隙环，它们可以独立调试，可以相应降低悬浮系统的调试难度。在这种情况下，一阶电流环快速跟踪输入电压，使一阶电流环在一定频域范围内可以近似等效为纯比例环节。实际上，电流环并不能完全等效为纯比例环节，为实现最快的电流跟踪，一般采用 bang-bang 控制（时间最优控制），但实现最快跟踪的同时，悬浮系统的噪声使开关频繁切换且悬浮电流杂波较多，悬浮状态容易失稳，并且影响悬浮斩波器 IGBT 的开关使用寿命。在这种情况下，人们利用各种方式分别对快速电流环进行优化。例如，利用 PI 调节、最小方差控制和系统辨识等对反馈强度进行计算，从而减小在小误差范围内的反馈强度，优化电流环。由于通过斩波器输出的斩波电压受到电磁铁特性与斩波器效率与电磁干扰（约束斩波器工作频率等）等因素的约束，斩波器电流必定在一范围内波动，该波动将影响列车悬浮间隙及稳定性能。未来高可靠性、适应性和稳定性的悬浮控制技术、悬浮控制器集成化及小型化等将会是重点的研究方向。

2）悬浮电磁铁技术

悬浮电磁铁是磁悬浮列车悬浮系统中重要的部件之一，由它在电流作用下产生的电磁力来完成列车的悬浮，其工作性能直接影响整车的技术性能指标及运行的经济性能指标。目前，国内悬浮电磁铁采用了纯电磁结构，通过绕制在铁芯上的铜线线圈通以电流，与轨道形成闭合的磁场，利用轨道与悬浮电磁铁之间的电磁吸力将车体悬浮起来，由悬浮控制系统控制线圈中的电流，使悬浮力始终等于车体的质量。这种悬浮电磁铁结构简单、成本低，制造和维护简单，但体积、质量和能耗较大，易于发热，供电系统的装机容量大。随着永磁材料的发展及应用的普及，将高性能的稀土永磁材料——钕铁硼引入悬浮电磁铁系统中，组成永磁-电磁混合的悬浮电磁铁系统，可以大大减少电磁铁的能耗，减小悬浮电磁铁的体积和质量，降低供电系统的装机容量，同时也能降低悬浮电磁铁的发热，这将会是中低速磁悬浮列车悬浮电磁铁未来的发展方向。

3）牵引传动及控制技术

中低速磁悬浮列车采用短定子直线感应电机驱动技术，车辆运动依靠直线感应电机产生的电磁力推进，这种推进方式的特点是结构简单、容易维护、造价低。但是车载初级与轨道次级是处在一个相对直线运动的弹性系统间，不可避免地会造成相互间隙变化，因此气隙设计不能太小，否则会导致不安全因素，一般气隙定在13毫米左右。再加上直线感应电机是有端部的，因此漏磁场较大，机电能量转化率低，所以直线感应电机的效率较低，一般为0.7～0.8；功率因数也较低，一般为0.5～0.6，因而效率低能耗高就成为直线感应电机的最大问题，在一定程度上制约中低速磁悬浮列车的发展。研制更高效率的直线感应电机，改进材料、优化设计和提高制造工艺将会是未来重点的发展方向。

由于直线电机在产生推力的同时还会产生法向力，作为磁悬浮列车驱动装置的直线电机，在控制的要求上，其与一般的直线电机驱动装置不同，对法向力有特殊的要求，为避免法向力过分波动从而对悬浮控制系统产生影响，要求法向力在电机启动和运行过程中不能有较大的波动，稳定运行时法向吸力也不能太大，在满足上述要求的同时，作为驱动装置，其又要有一定大小的推力。在电源频率一定的情况下，改变转差率的大小可以方便地改变推力和法向力的大小。因此，目前中低速磁悬浮列车采用恒转差频率控制方式，能够保证直线电机在运行控制参数范围内提供恒定的推力，同时电机的法向力也能够被控制在一定的范围内。未来的发展方向是优化牵引控制策略，即在控制法向力、满足牵引力的同时，尽可能提高牵引传动系统的效率。

4）信号技术

信号系统是中低磁悬浮列车重要的子系统，是保障列车安全运行的关键，目前主要采用计轴+应答器+局部连续通信设备构成点式ATP（automatic train protection，即列车自动防护系统）和连续式CBTC（communication based train control system，即基于无线通信的列车）信号系统。国内中低速磁悬浮列车信号系统尚不是很成熟，精确的测速定位技术、列车自动运行控制技术等是未来信号系统的发展方向。

5）轻量化技术

由于悬浮能力有限，为了能够最大限度地提高有效载客量，车体、悬浮架结构优化，采用新材料（如碳纤维）、优化设备布置和采用轻量化电气设备将会是未来中低速磁悬浮列车轻量化技术的发展方向。

10.3 中国轨道交通装备产业发展问题及趋势分析

10.3.1 中国轨道交通装备产业发展面临的问题分析

1. 原始创新能力不强

企业研发投入方式侧重产品研发，而原创技术研发投入不足。中国轨道交通装备企业目前专长于产品开发应用，基础性研发不足，导致中国轨道交通装备行业在科技储备、设计仿真、分析计算和试验验证等方面的原始创新能力未能达到国际先进。

中国轨道交通装备在高新技术上，对外依存度较高。尽管中国轨道交通装备制造业的专利数量处于逐年上升态势，但相比国外同行先进企业，专利数量仍不多，并且质量不高，大多是核心技术的外围产品和实用新型专利，仍未完全摆脱对国外核心技术和关键零部件的依赖。根据工信部的统计，主要技术对外依存度达 50% 以上，尤其是关键系统和核心零部件研发基础薄弱，产品的安全性、可靠性和使用寿命等方面与发达国家相比仍存在一定差距。

2. 高端基础器件配套薄弱

中国轨道交通装备高端的基础零部件的配套水平相对较低，还未完全形成一批“高、精、特、专”的配套产品企业群体。基础零部件研发验证手段落后，产品质量、性能和使用寿命与国外先进水平相比还有较大差距。当前，产业核心基础器件体系对轨道交通装备主机产业的支撑不足。国内城轨车辆及高速动车组基础制动装置基本被国外公司垄断，以车轴、车轮、轴承和油压减震器等为代表的轨道交通基础零部件依赖进口，极大地制约了中国轨道交通装备整体技术水平的提升。

3. 基础工艺相对落后

目前中国在基础工艺及其配套设备方面研究投入不足，基础工艺水平提升速度相对缓慢，成为制约整车制造质量的关键因素之一。在锻造与铸造工艺、部件焊接工艺和探伤工艺方面，中国仍然是以使用传统的工艺手段为主，生产工艺装备落后，对一些先进的新工艺的应用和推广不足，从而影响了整机质量的提升和性能优化。优质、高效、节能和节材的先进基础制造工艺和自动化、数字化装备的普及程度不高，能源消耗、材料利用及污染排放等指标与国际先进水平相比差距较大。

4. 质量技术基础有待升级

中国轨道交通装备制造业发展，经历了高速动车组、大功率重载机车的引进消化吸收再创新阶段，对质量技术基础自主研究投入重视不足，未形成权威性的国家

级第三方公共检测试验平台及专业化检测、试验和服务能力。

中国轨道交通装备制造业的标准制定能力有待提升。轨道交通装备在设计、制造和认证等方面缺乏规范、统一和完善的标准体系，标准的适用性、配套性和时效性有待进一步完善。

5. 国际化能力还需不断提高

中国轨道交通装备企业目前主要以满足国内快速增长的市场需求为主，参与国际竞争仍处于起步阶段，与国际同行先进企业相比，在全球范围内配置人才、技术、研发和制造等方面的能力还须不断提高。目前，中国轨道交通装备集团企业主要依靠产品出口，对外投资和技术输出比较少，对外直接投资存量不到德国西门子的1/10，不到法国阿尔斯通的1/5，不到日本川崎重工的1/20。此外，中国轨道交通装备制造业尚未形成具有国际影响力的世界级品牌。随着国际化进程的加快，需要进一步提升企业的国际综合竞争力。

6. “两化融合”需要进一步提速

在“工业4.0”之前，身负世界工厂之名的中国已提出自己的制造业升级理念“两化融合”（信息化与工业化深度融合，以信息化带动工业化，以工业化促进信息化）。虽然“工业4.0”和“两化融合”都被认定为国家战略，但“工业4.0”从概念提出到目标认定，都是企业来作为核心推动。与之相比，“两化融合”则更多是政府的工作延伸，虽然早在2002年就开始提出，但由于标准规则的缺失，“两化融合”对中国企业的实际发展支持有限。“两化融合”开始比较宏观，但落脚点在哪并不清楚，缺乏科学的规划；围绕“两化融合”，影响并可帮助企业的政策很少，也可以说基本上没有。即使有政策，落实也不太到位。一方面由于企业是“经济人”角色，拿到钱也没办好事；另一方面政府对后期评价监督不太到位。此外，“两化融合”在不同时间、领域，目标都不尽相同，但“两化融合”标准直到2013年才开始制定。如果该标准能够达到ISO申请，成为类似ISO9000的国际标准体系，必将得到认同并取得成效[13]。

10.3.2 “十三五”期间轨道交通装备产业发展趋势分析

1. 绿色、智能技术发展趋势

随着社会经济的快速发展，资源紧缺、污染严重等问题突出，人口增多、经济发展和城镇化建设等带来了社会公共交通需求，客货运力不足、道路交通拥堵、环境振动噪声和公共出行安全等问题愈发被人们关注。因此，世界各国都将发展安全、高效、绿色和智能的新型公共交通作为未来发展的主导方向，发展模式也由传统模式向可持续、互联互通和多模式运输发展转化。

理论界和产业界普遍认为，世界正处于新一轮技术创新浪潮引发的新一轮工业革命的开端，信息技术的发展和应用正以前所未有的广度和深度，加快推进生产方式、发展模式的深刻变革。纵观先进制造技术的演进趋势，绿色和智能将成为主要发展方向，轨道交通装备技术也将向全球化、信息化、智能化和绿色化并与多学科融合的方向发展。

未来十年，轨道交通装备制造业将重点实施“绿色、智能轨道交通装备创新工程”，发展绿色、智能轨道交通装备产品，实现全球领先战略。加强基于以太网的网络控制、无线传输和千兆带宽实时控制与信息网络技术，实现车载智能化状态监测技术、列控系统核心技术和故障灾害监测系统技术应用，建立基于大数据、云计算的轨道交通敏捷运维保障系统，大力推进数字化智能化网络化。推进 SiC 电力电子器件、双向变流器馈能、高能量密度超级电容储能和永磁同步直驱传动等高效节能牵引、供电和储能装备，以及车体轻量化、高性能转向架和数字液压制动系统技术研究，推动轨道交通装备绿色、智能发展。

2. 多元化的发展模式

历史经验表明，每次产业变革都会催生一批新模式和新业态。在新一轮技术和产业革命正在孕育的时代背景下，面对当前技术推动发展的空档期，企业要在已有技术基础上容纳新的信息，用商业模式（创意）创新来创造新业态、新模式。

在变革的时代，发展思路决定企业的出路，在技术层面以外，中国轨道交通装备产业创新发展模式更加多元化：一是制造与服务业融合发展；二是科学技术与商业模式融合创新；三是整合轨道交通装备企业集团，构建中国轨道交通协同出海的“联合舰队”，在国际市场竞争中形成中国力量。

在拓展业务模式上，株机公司已经先行一步。2011 年 8 月，中国首个城际动车组“4S”店——中车吉隆坡维保有限公司（CKM）在马来西亚吉隆坡诞生，开展 4S 店模式的服务。2015 年 3 月 19 日，由株机公司输出技术，南非 TE 公司实施当地化生产的第 95 台 20E 型电力机车正式下线。这意味着，中国轨道交通领军企业“制造 + 服务”模式正在进入成熟期。

通过中国南车、北车整合，打造以轨道交通装备业务为核心，跨国经营、全球领先的大型综合性产业集团，实现优化资源配置、推进技术创新、巩固国内市场、开拓国外市场、拓展多元化业务和提升品牌的战略目标。

3. “高速铁路外交”有力促进“走出去”

轨道交通装备产品作为中国高端装备“走出去”的代表，得到了李克强总理等国家领导人的大力支持。李克强总理在考察株机公司时说：“中国装备走出去，你们的机车车辆是代表作。”

2014 年，德国 SCIVerkehr 公司在 InnoTrans 展会期间发布了全球最新的轨道交通市场预测报告。报告分析指出，尽管近几年全球经济不景气，但轨道交通装备行业还是呈现出强劲的增长态势。2010 年全球市场容量为 1 310 亿欧元，2012 年为 1 430 亿欧元，2014 年达 1 620 亿欧元。预计到 2018 年市场容量将突破 1 900 亿欧元，增长 17.3%，年复合增长率为 3.4%。不难看出，轨道交通装备市场需求潜力巨大。

“一带一路”战略正为中国轨道交通行业带来全新视角和前所未有的机遇。“一带一路”战略区域辐射中南亚、南亚、中亚和西亚等地区和国家，并延伸至东欧、北非，这些区域都对基础设施建设和互联互通有迫切的需求。作为绿色环保、大运量的交通方式，轨道交通将成为“一带一路”的先锋，“一带一路”沿线及辐射区域形成庞大的轨道交通市场需求。

中国政府正强有力地推动“一带一路”战略实施，带动相关企业“走出去”。未来中国对外投资将达到 1.2 万亿美元，中国正在牵头成立亚州基础设施投资银行，并筹建 400 亿美元的丝路基金，为中国铁路企业拓展海外市场创造契机。

10.4　轨道交通装备产业发展重点案例

湖南株洲作为中国南方的铁路交通枢纽城市，先后获批国家轨道交通装备高新技术产业化基地、国家创新型产业集群试点和国家战略性新兴产业区域集聚发展试点。株洲素有“中国电力机车摇篮”之称，株洲轨道交通装备产业起源于 20 世纪 30 年代，有 80 多年的发展历史，现已形成轨道交通产业整机、核心零部件与配套产品、配套设施及服务集群发展的格局，产业规模、技术水平等优势明显，产品覆盖轨道交通装备的所有领域，在城际高速动车组、各型干线电力机车、城轨车辆、铁路货车、工程及养路机械等方面掌握了拥有自主知识产权的大批核心技术，主导产品技术水平一直处于国内领先地位，部分到达国际领先水平。在全球产业链、价值链中处于中、高端地位，对中国轨道交通装备产业的整体发展具有典型示范带动作用。

具体而言，株洲轨道交通装备产业集群具有如下特点及优势。

（1）产业规模大。2014 年，株洲道交通装备产业实现工业总产值 753 亿元；2014 年中国中车旗下的四家在株企业主营业务收入总和占原南车集团的约 30%。轨道交通多个产品产量和销售量居国内第一。电力机车、城轨车辆、铁路货车及城市轨道交通产品已出口北美、南美、东欧、东南亚及澳大利亚等 70 多个国家和地区。根据德国 SCIVerkehr 研究报告，株洲的电力机车产品已经占全球市场的 20%，市场份额为全球第一，株洲已成为国内最大的轨道交通装备生产基地和出口基地。

（2）产业聚集度高。截至 2014 年年底，株洲轨道交通装备产业集群规模以上企业 62 家，其中株机公司、株洲所和中车电机有限公司三家企业是中车旗下一级子公司，中国中车在我国近 30 个城市共有 50 余家轨道交通装备制造一级子公司，株洲是布点最多的城市。另外，中车长江车辆株洲分公司是南方最大的铁路车辆生产企业（以上四家企业简称“龙头企业”），以及联诚集团、九方装备等配套企业及中车物流等服务业，产品覆盖轨道交通装备产业所有领域，已形成从产品研发—生产制造—售后服务—物流配套于一体的完整成熟的产业链，成为国内最大的轨道交通装备产业发展集聚区。

（3）创新能力强。株洲拥有大功率交流传动电力机车系统集成国家重点实验室、机车轨道牵引与控制国家重点实验室和变流技术国家工程中心等 17 家省级以上研发机构；拥有包括 2 名中国工程院院士、46 名享受国务院特殊津贴的科技专家等在内的万余名轨道交通装备产业技术人才队伍。2014 年湖南省轨道交通产业产品申请专利 1 474 件（其中发明专利 720 件），授权专利 900 件（其中发明专利 209 件），具有自主知识产权产品的比重达 74%，其主导产品技术居国内领先，达到国际先进或领先水平。拥有世界最大功率的六轴电力机车、世界最高速度的变流牵引系统、国内首列商业化运营的中低速磁悬浮列车等创新成果，成为国内最大的轨道交通装备研发基地。

（4）“走出去”实力强。株机公司、株洲所等骨干企业在拓展国内市场的同时，开始向印度、马来西亚、土耳其、保加利亚、埃塞俄比亚、马其顿和南非等国际市场进军，自主研制的高端轻轨列车及城际动车组已出口欧洲，特别是南非电力机车项目取得的重大成功，标志着高端制造业走向世界，驶进全球轨道交通门槛最高的市场。

当前，株洲正按照“产业高端化、产品系列化、配套本土化、市场全球化、产城一体化”的原则，充分发挥轨道交通装备产业技术、人才和品牌优势，通过推进“科技创新、企业培育、产业延伸、城市提质、金融服务”等主要行动措施，支持主机及核心部件企业加大研发力度、快速做大做强，推动配套企业聚集发展和配套能力提升，推进 IGBT 器件应用、新能源汽车等轨道交通装备优质资源延伸产业形成规模，发展生产性服务业，建成世界一流的轨道交通装备研发中心和制造基地，打造具有世界影响力的株洲轨道交通城。

10.5 促进轨道交通装备产业发展的政策建议

10.5.1 提升原始创新能力

（1）构建创新发展新机制。创新的价值在于商业化，必须健全以市场为导向的产业创新体系：建立产学研用协同创新机制，强化企业创新主体地位，促进制造技术、企业管理和商业模式等多元化创新；建立鼓励企业、社会力量深度参与国家科研任务的新机制，发挥国家重大科技专项引领作用，重点突破核心装备、系统软件和关键材料等一批重大技术，加快实施以基础材料、基础零部件、基础工艺和产业基础技术为重心的技术创新强基工程，不断提升制造业创新竞争能力；健全技术成果转化机制，发展技术市场，加快形成制造企业、科研院所和金融资本共同构成的

“多级助推机制”，促进技术创新与产业发展良性互动；大力推进企业技术改造，形成激励企业运用新技术、新工艺、新材料和新装备的长效机制，促进制造业技术水平和产业层次不断提升；加强知识产权应用和保护，形成鼓励创新、宽容失败的社会观念；要打破中国轨道交通装备制造业普遍存在的工程、产品和工艺互相分离的状况，构建全新的技术创新体系，提升自主研发能力和水平。

（2）指明创新方向和路径。中国轨道交通装备制造业要在“高速、重载、便捷、环保”技术发展的基础上，根据新能源、高效率和环境保护，以及人流、物流和信息流融合的新要求，推动轨道交通装备产业朝着“绿色、智能、多样性”方向发展，实现环境、安全、准点和舒适的全新服务。以企业为主体，强化产学研用相结合，加强技术前瞻性研究，建立完整的技术创新体系。建立和完善国家重点实验室、国家工程实验室和国家工程研究中心等国家级研发基地，布局全球化企业技术中心，吸纳国际性人才，集合产业各种科技资源与研发力量，实施“新一代先进轨道交通装备”产业创新发展工程，加速推进研发及产业化进程，提升产业原始创新能力。

10.5.2 持续强化工业基础

为营造有利于轨道交通装备产业向高端发展的环境，提升轨道交通装备产业整体水平和国际竞争力，必须强化工业基础，加强“四基”技术研究，加强基础理论研究及前沿技术在轨道交通中的应用。攻克一批关键基础件及其相关的关键材料、关键工艺，做强轨道交通高端装备制造产业。以现有研发资源分布情况为依托，以基础共性技术创新平台为支撑，建设以企业为主体，覆盖基础器件、基础材料和基础工艺的国家级技术创新平台。实施国产首台套产品使用奖励政策，中央财政给予购买国产首台套产品用户一定比例的价格补贴和保费补贴，政府和国有企业采购优先购买国产首台套产品，以积累市场运营经验，率先敲开国际市场大门。充分利用城际铁路工程、技术改造专项等政策措施，积极推动尽快启动实施战略性产业重大工程先进轨道交通装备及关键部件专项，开展现代有轨电车等城市轨道交通装备的示范应用，推动先进轨道交通装备自主研发产业化，特别是要加大城市轨道交通装备关键核心零部件产业化的支持力度。

10.5.3 构建国际标准体系

按照中国国家标准化委员会（简称中国国标委）、工信部等九部委联合印发的《战略性新兴产业标准化发展规划》的要求，通过建设城市轨道交通装备标志综合体等政策措施，优先完善关键装备的重点标准，健全与轨道交通装备质量和安全相关的重要标准，扩大标准覆盖面；初步建立适应轨道装备产业标准体系，以标准促进产业发展，重点要启动实施城际动车组、低地板现代有轨电车、轨道交通大型施工机械、牵引电器设备与系统、跨轨式单轨交通和储能式轻轨车辆等为标志的综合体工程。

加强产品质量检验检测能力建设，加快培育建立第三方的专业检验检测和认证机构，鼓励组建以国际互认为前提的合资认证机构，逐步建立和完善轨道交通装备产品认证制度，加强轨道交通装备产品质量管理。整合“政用产学研”标准化技术力量，加强轨道交通装备标准的研究和制定、修订工作，鼓励有实力的单位牵头制定国际标准，促进技术转化为标准、国内标准转化为国际标准，进一步完善轨道交通装备产品技术标准体系。以产业链为纽带，研究建立轨道交通装备产业标准服务体系，促进并保障现代制造服务业健康有序发展。

10.5.4 推进工业化与信息化深度融合

（1）顺应信息化发展的时代潮流，按照十八大关于促进“四化同步”发展的要求，着力建立信息化和工业化深度融合机制，实施“两化深度融合”专项行动，建立健全企业“两化融合”管理体系，引导企业增强“两化融合”意识，深化信息技术集成应用，不断提升制造业信息化水平。

（2）基于大数据平台，利用物联网和云计算技术，收集、整理、分析及应用信息，政府与企业共同研究信息化标准体系的建立，重点推进网络基础平台、产业数据（交换）中心等一批信息化基础设施公共服务平台，实现产业、集团和企业三个层面的信息互动与信息共享，提高中国轨道交通装备制造产业的智能化和数字化水平。

（3）以信息化、智能化和集成化为突破口，建成具有国际先进水平的高端装备制造研发基地，并通过加强企业信息化基础建设，在企业的 ERP（enterprise resoure planning，即企业资源计划）与有关系统的有效集成中，着重解决技术系统与管理系统的集成，用好 MES（manufaturing execution system，即制造执行系统），构建产品研发信息化、生产制造信息化、企业管理信息化、企业商务信息化及企业信息系统的总集成。

10.5.5 健全行业管理体系制度

（1）在简政放权的情况下，适时整合交通协会、城轨协会和铁道协会等轨道交通装备行业组织，加强各类第三方行业公共服务平台建设，完善行业服务体系，发挥社会组织作用，通过委托、招标和合同外包等购买服务方式，充分发挥协会在行业协调、行业自律、信息交流、政策研究、咨询评估、国际交流与合作，以及维护企业合法权益、维护市场公平竞争、反映企业实际问题、推动行业健康发展等方面的桥梁和纽带作用，提升服务行业的能力和水平。

（2）要明令禁止地方政府“市场换投资”和“建厂换中标”，避免城轨交通产能走向严重过剩，避免拖累“制造强国”后劲；对外资和合资企业要求“实质国产化”。要重点完善车辆招标技术需求和评价标准，完善城轨车辆谱系，完善城轨产品通用性，避免“零价值创新”和“负价值创新”，为用户创造价值，提升实质竞争力。

（3）改革税制支持发展车辆维保业务，建议推广铁路货车修理企业纳税标准，将机车车辆、城轨车辆维保业务的增值税改为营业税，鼓励金融租赁公司开展轨道交通装备的融资租赁业务，支持发展具有轨道交通装备特色的现代制造服务业。

参考文献

[1] 国家发展改革委 2012 年青年调研组，刘春雨，顾紫明 . 轨道交通装备制造业科技创新调研 . 宏观经济管理，2013，（1）：67-68.

[2] 国家铁路局 .2014 年铁道统计局公报，2015.

[3] 中国城市轨道交通协会 . 城市轨道交通 2014 年度统计分析报告，2015.

[4] 周济 . 实施“中国制造 2025”，加快建设制造强国，2014.

[5] 苗彦英 . 低地板有轨电车车辆技术特征 . 城市交通，2013，（4）：38-44.

[6] 陈志雄 . 现代有轨电车无接触网技术应用分析 . 城市轨道交通研究 ，2014，（4）：117-121.

[7] 沈讯梁 .100% 低地板有轨电车及其转向架发展现状 . 都市快轨交通，2013，（5）：21-24.

[8] 钟吉林，王长林 . 有轨电车道口信号优先设计 . 计算机与通信信号，2014，（9）：11.

[9] 陆超 . 中低速磁悬浮列车发展概况 . 西南交通大学硕士学位论文，2008.

[10] 陈贵荣，龙志强 . 日本低速磁悬浮列车发展 . 国外铁道车辆 , 2008，46(1)：1-3.

[11] 张志洲 . 韩国磁悬浮列车发展 . 国外铁道车辆 , 2006，43(4)：8-12.

[12] 刘绍勇 . 日本常导磁悬浮列车 . 现代城市轨道交通，2006，2：57-61.

[13] 葛继平，林莉，黄明 . 中国轨道交通装备制造业两化融合现状调查及发展策略探析 . 中国科技论坛，2010，（6）：59-63.

审稿：刘友梅

第 11 章

卫星及应用产业

栾恩杰　王崑声　袁建华　胡良元　赵　滟　刘立民　王　红　包彦明　李　涛
常　青　薄洪波　崔　剑

【内容提要】卫星及应用产业是高端装备制造业的重要领域。2015 年国务院公布的《中国制造 2025》将航天装备列为重点突破领域。本章在界定卫星及应用产业概念的基础上，分析以卫星通信、卫星导航和卫星遥感为主的产业发展现状，剖析我国卫星及应用产业存在的问题和发展趋势，并以卫星遥感在防灾减灾中的应用和卫星通信在在广播电视、应急保障中的应用为例，展现卫星及应用产业为推动经济社会发展所发挥的重要作用。最后从资源统筹、强化创新、优化结构、完善政策和交流合作等方面提出了促进卫星及应用产业发展的政策建议。

卫星及应用产业是国家战略性高技术产业，是我国战略性新兴产业高端装备制造产业的重点发展方向。我国应用卫星研制生产已形成平台化、系列化发展，正在从试验应用型向业务服务型转变。随着北斗、高分等重大专项相继实施及应用，我国已有超过百颗卫星在轨运行，为我国卫星及应用产业发展提供了坚实的基础。同时，国家相继出台了《国家卫星导航产业中长期发展规划》、《关于北斗卫星导航系统推广应用的若干意见》、《国家地理信息产业发展规划（2014—2020 年）》及《关于印发促进智慧城市健康发展的指导意见的通知》等一系列新的产业发展规划和相关政策，营造加快推动卫星及应用产业发展的政策环境。2015 年 5 月国务院公布《中国制造 2025》，将航天装备作为重点领域加以突破，明确提出，发展新一代运载火箭、重型运载器，提升进入空间能力；加快推进国家民用空间基础设施建设，发展新型卫星等空间平台与有效载荷、空天地宽带互联网系统，形成长期持续稳定的卫星遥感、通信和导航等空间信息服务能力；推动载人航天、月球探测工程，适度发展深空探测，推进航天技术转化与空间技术应用。“中国制造2025”战略的实施，为卫星及应用产业的发展指明了方向，必将大力推动和促进卫星及应用产业的未来发展。

11.1 卫星及应用产业的概念及范畴

《“十二五”国家战略性新兴产业发展规划》将卫星及应用产业作为高端装备制造产业的重点发展方向，提出了卫星及应用产业的发展目标，即到2015年初步建成由对地观测、通信广播及导航定位等卫星系统和地面系统构成的空间基础设施，建立健全应用服务体系，形成卫星制造、发射服务、地面设备制造及卫星运营服务的完整产业链。

卫星及应用产业以建立我国自主、安全可靠、长期连续稳定运行的空间基础设施及其信息应用服务体系为核心，以卫星通信广播、卫星导航定位、卫星遥感及综合应用的市场化推进为重点，兼顾空间科学探索与实验需求，主要包括航天运输、应用卫星、科学实验卫星、地面系统和卫星应用五部分，是由航天器制造、运载火箭制造、地面设备制造、发射服务和运营服务等完整产业链组成的高技术产业领域，如图11.1所示。总体上来说，卫星及应用产业主要包括空间基础设施、卫星应用产业两部分[1]。

空间基础设施是指应用空间技术建立的、由功能配套的各类卫星等应用型空间飞行器及其地面系统构成的天地一体化的设施体系与支撑环境，以有效利用外层空间（含临近空间）资源和环境，扩大人类活动空间，为国家安全、经济社会发展、民生改善和科技进步等多方面提供长期、连续、稳定和系统的公共服务，是国家战略性基础设施。空间基础设施的组成包括通信广播、导航定位和遥感等应用卫星，可业务化应用的临近空间飞行器，地面支持系统、地面数据与服务系统及支撑环境等，为广泛的业务应用提供基础产品及服务，包括全球综合观测、信息传输和导航定位等服务[2]。

卫星及应用产业则是基于空间基础设施，将应用卫星等空间资源与环境应用于国民经济、社会发展和科学研究等领域所形成的各类技术、产品与服务及所形成的产业的统称，包括卫星应用地面设备制造和运营服务。

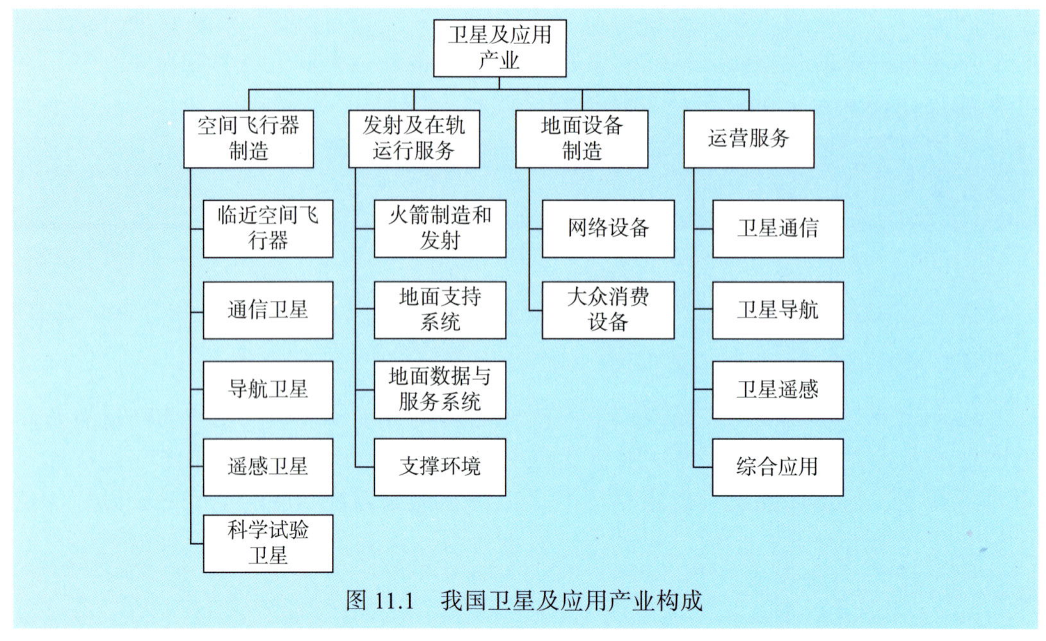

图 11.1　我国卫星及应用产业构成

11.2　卫星及应用产业发展现状分析

11.2.1　卫星及应用产业发展总体现状分析

我国卫星及应用产业坚持自主创新，走出了一条适合我国国情、具有自身特色的发展道路，取得了一系列重要成就，通信、导航和遥感卫星的发展成绩卓著，具备了独立建设空间基础设施的能力和连续稳定运行的能力。通信卫星方面，我国已经形成的业务涉及固定、中继和直播，覆盖 S、C、Ku、Ka 等不同频段的通信卫星系列，成为国际上少数几个能够独立研制大容量通信卫星的国家。导航卫星方面，我国“北斗”导航卫星已完成导航区域系统的建设，可提供覆盖亚太地区的导航定位、授时和短报文通信业务服务能力，2015 年启动北斗全球导航系统建设，目前已发射 4 颗新一代北斗导航试验卫星，预计在 2020 年建立“北斗”的全球网络，提供覆盖全球的高精度高可靠的定位、导航和授时服务并兼具短报文通信能力。在遥感卫星方面，我国形成了资源、海洋、风云系列和环境减灾小卫星星座等遥感卫星系列，空间对地观测迈入了亚米级高分辨率遥感时代。同时，我国卫星应用的广度和深度不断提高，正在进入快速发展期，应用领域和规模不断扩大，为业务化应用和产业化发展奠定了基础。

11.2.2　卫星及应用产业国际现状及我国发展水平

进入 21 世纪以来，全球范围卫星及应用产业发展非常迅猛，保持持续快速增长态势。美国卫星产业协会（The Satellite Industry Association，SIA）2015 年发布的卫星产业报告显示，2014 年全球卫星产业的收入为 2 030 亿美元，比 2013 年增长 4%，高于全球经济平均增速（2.6%）[3]。

根据美国 UCS 卫星数据库 2015 年 2 月 1 日公布的数据①，全球在轨卫星共有 1 265 颗。按卫星业务种类来分：通信卫星 660 颗，占 52%；遥感卫星 309 颗，占 24%；导航卫星 95 颗，占 7%；技术开发和试验卫星 135 颗，占 11%，空间科学卫星 61 颗，占 5%，其他类 5 颗，占 1%。从国家分布上来看，美国遥遥领先，528 颗卫星占全球在轨总数的 42%；中国 132 颗，数量位居第二位，占 10%；俄罗斯 131 颗，位居第三，占 10%。

中国 132 颗卫星中，通信卫星 24 颗、导航卫星 15 颗、遥感卫星 66 颗、空间科学和技术发展类卫星 27 颗。卫星及应用产业总体规模已经超过 1 000 亿元，但占全球规模不足 10%，发展空间广阔。2013 年卫星通信产业规模在 200 亿～ 300 亿元，卫星导航和位置服务产业规模达到 1 040 亿元（其中北斗产值达到 100 亿元），卫星遥感产业规模较小，但融合了导航和遥感的地理信息产业年产值近 2 600 亿元 [4]。

11.2.3　卫星及应用产业的关键产品分析

我国研制的各类卫星实现了系列化、平台化发展，形成了“东方红”系列通信卫星、“北斗”系列导航卫星、“风云”系列气象卫星、“资源”系列陆地卫星和“海洋”系列海洋卫星，基本建成“环境与灾害监测预报小卫星星座”。

我国目前尚无自主的宽带通信卫星、移动通信卫星和移动多媒体广播卫星，卫星通信业务主要类型是固定通信、广播业务和地面设备制造。固定通信卫星业务主要包括卫星转发器租赁、专用和公用 VSAT（very small aperture terminal，即甚小口径终端）卫星通信网及卫星专线应用等，服务提供者包括中国卫通、中国电信和 VSAT 运营商，各类固定、车载、便携卫星通信地面站点超过 10 万个。卫星广播业务主要包括卫星音频广播、卫星电视转发及卫星直播电视服务。卫星电视直播服务目前主要以“村村通”及“户户通”等公益类为主。在地面设备制造领域，我国主要产品和设备按应用领域分主要有三类：应急保障车、地面主站和地面小站等主要应用在政府应急保障系统；电视机顶盒、终端天线接收设备（卫星天线）和地面站设备等主要应用在卫星广播通信系统；个人手持终端、移动卫星天线等主要应用在个人移动通信、科学考察、探险、旅游和新闻采访等特殊应用领域。

作为国家重要的空间信息基础设施，我国北斗卫星导航系统于 2000 年年底开始向全国及周边地区提供服务，2012 年年底正式向亚太大部分地区提供运行服务，截至 2015 年 10 月，我国再发射 4 颗北斗新一代导航卫星，预计 2020 年前完成全球组

① 资料来源：http://www.ucsusa.org。

网。我国“北斗”卫星导航应用已经完成从天线到终端、从单系统到多模多频、从实验品到产品和从产品到系统解决方案等过程中的关键技术突破，初步形成了天线、芯片、模块、电子地图、模拟器和应用解决方案等覆盖全产业链的产品形态和包括基础产品、应用终端和运行服务等较为完整的产业体系，已广泛应用于交通运输、海洋渔业、水文监测、气象预报、大地测量、救灾减灾和手机导航等领域，产生了显著的社会效益和经济效益。目前，北斗卫星导航系统已被国际海事组织接纳认可为全球第三个卫星导航系统。已经发射的新一代北斗导航卫星具有技术指标要求高，新技术、新产品多，器部件国产化水平高等突出特点，其新技术、新产品占到了卫星全部产品的近八成，多项关键元器件和所有关键部组件实现了100%国产化，标志着我国卫星技术自主实力进一步得到增强。

我国卫星遥感应用以社会公益需求为主，覆盖范围包括气象、海洋、测绘和防灾减灾等领域。“风云”系列气象卫星具备全球、三维和多光谱的定量观测能力，实现了对台风、洪涝、森林和草原火灾、干旱、沙尘暴、雪灾等灾害的有效监测。“资源”系列陆地卫星在土地、地质矿产、农业、林业和水利等资源及地质灾害调查、监测与管理和城市规划中发挥了重要作用。“海洋”系列海洋卫星实现对我国海域和全球重点海域的监测和应用，对海面高度、海面温度、海面风场和海浪等的预报精度和灾害性海况的监测实效显著提高。“环境”系列卫星为地表水质与生态环境监测、跟踪溢油和水华等突发环境污染提供了重要的技术支撑。基于自主遥感卫星的应用正在崛起，其将打破高分市场长期被国外占据的被动局面。我国高分辨率遥感卫星数据主要依赖国外，成为制约我国遥感应用产业发展的瓶颈之一。随着我国第一颗民用高分辨率立体测图卫星“资源三号”及高分辨率对地观测系统高分一号和高分二号的成功发射，我国自主高分辨率卫星遥感数据应用实现了突破性的发展，有力打破了国外垄断，大大降低了国外高分图像的价格。“资源三号”卫星的影像质量已达国际同类卫星的最高水平。2014年，国家统计局对安徽、山东和河北3省的小麦、水稻和玉米进行遥感对地调查，高分一号卫星数据利用率达70%，突破该领域长期以来对国外遥感卫星数据的严重依赖。

11.2.4 卫星及应用产业的产业链及产业环境

1. 卫星通信

卫星通信产业链由通信卫星制造与发射服务、地面设备制造（含系统集成）和运营服务组成，如图11.2所示。我国卫星通信应用产业处于成长期，就卫星通信产业链而言，其处于下游的运营服务经济规模相对较大，而地面设备制造企业的经济规模相对较小，具有一定经济规模的企业并不多见。

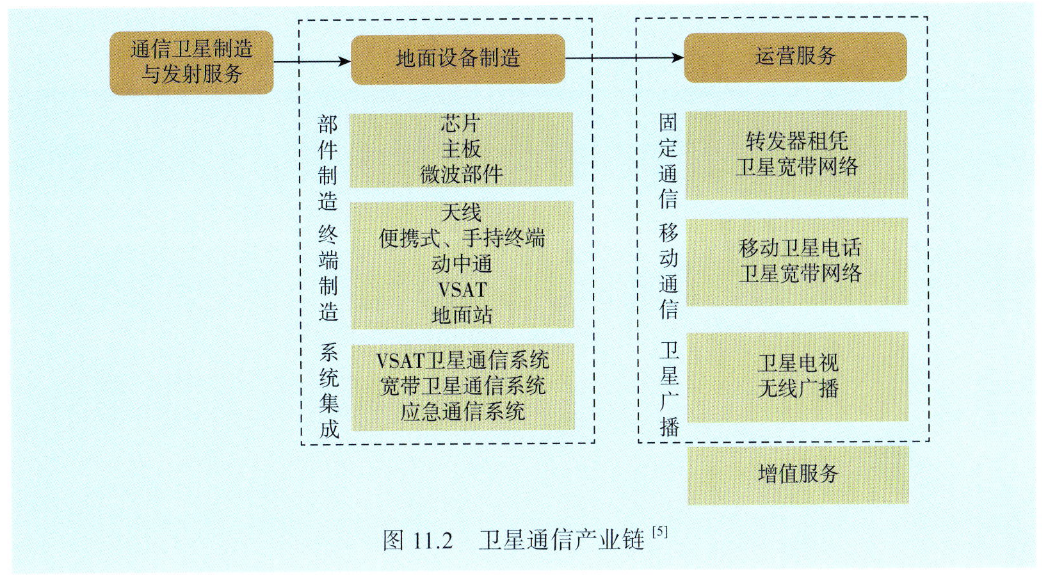

图 11.2　卫星通信产业链 [5]

在运营服务领域，国内主要的卫星运营商有中国卫通和亚洲卫星公司。其中，中国卫通隶属于中国航天科技集团公司，是我国境内唯一拥有卫星的通信广播卫星运营商，也是我国唯一的通信卫星运营商。2014 年，运营管理 10 颗优质的在轨商用通信广播卫星资源，具备同时检测管理 15 颗以上卫星业务和监管 400 套以上电视节目的能力，在国内市场占有率达 90%，在广电市场占有率达 100%。2014 年实现收入 24.3 亿元，在全球固定卫星运营企业排行榜中继续保持在第 6 位，与排名第 5 位的日本 SP JSat 公司差距进一步缩小，区域运营商的行业地位得到了有力夯实。亚洲卫星公司隶属中信集团，为香港上市公司，目前拥有在轨服务卫星 6 颗。亚洲卫星公司提供数据广播、流动电信和高清电视等服务，覆盖范围遍及亚洲、澳大利亚、新西兰、中东、独联体等国家和地区，提供连接至全球 2/3 的人口。截至 2014 年年底，亚洲卫星实现营业收入 13.6 亿港元，实现税前利润 7.2 亿港元①。

卫星通信产业是国家大力扶持的战略性新兴产业之一，国家相继出台了一些政策。例如，《关于加快构建现代公共文化服务体系的意见》（2015 年）提出要灵活运用宽带互联网、移动互联网、广播电视网和卫星网络等手段，拓宽公共文化资源传输渠道；加快推进直播卫星和地面数字电视覆盖建设，努力实现广播电视户户通。

2. 卫星导航

卫星导航产业链由导航卫星（包括制造与发射）、基础类产品、终端产品、系统集成和运营服务组成 [6]，如图 11.3 所示。我国卫星导航应用产业以基于 GPS（global positioning system，即全球定位系统）的卫星导航应用为主，现阶段我国涉足卫星导航与位置服务产业的企事业单位数量超过 10 000 家，从业人员数量超过 30 万人，但

---

① 资料来源:《亚州卫星 2014 年财务年度业绩报告》。

微小企业仍是主体。国产品牌主要凭借低价竞争占有消费类终端市场，上游核心技术缺失导致我国企业获得的附加值较低，产业发展水平仍然较低，整体处于成长期。根据中国卫星导航定位协会的相关数据，2014 年我国卫星导航与位置服务产业总产值达到 1 343 亿元，较 2013 年增长 29.1%。

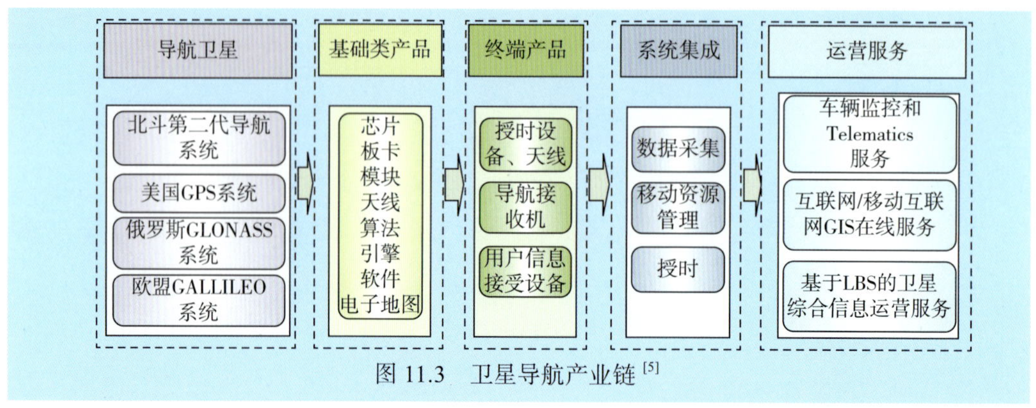

图 11.3　卫星导航产业链 [5]

卫星导航产业得到了国家政策的大力扶持，我国先后出台了一系列推动和规范卫星导航产业健康发展的政策措施，支持自主卫星导航定位系统建设，大力推动以北斗卫星导航系统为核心的卫星导航应用产业化发展，重视导航定位服务与地理信息服务等相关领域的融合发展，鼓励社会资本参与卫星导航地面应用系统建设。在推进北斗导航产业发展方面，自《国家卫星导航产业中长期发展规划》出台之后，2014 年以来又密集出台了其他相关政策，如《国家测绘地理信息局关于北斗卫星导航系统推广应用的若干意见》、《关于组织开展北斗卫星导航产业重大应用示范发展专项的通知》、《北斗导航民用服务资质监督管理办法》、《道路运输车辆动态监督管理办法》及《国务院关于创新重点领域投融资机制鼓励社会投资的指导意见》① 等。此外，在其他产业的发展规划中也凸显了北斗导航产业的支撑作用。例如，《国务院关于印发物流业发展中长期规划（2014—2020 年）的通知》指出，要加强北斗导航、物联网、云计算、大数据和移动互联等先进信息技术在物流领域的应用。未来卫星导航产业将面临更为良好、开放的政策环境。

3. 卫星遥感

卫星遥感产业链包括遥感卫星制造与发射服务、遥感数据接收、遥感数据分发和遥感信息增值服务四个主要环节，如图 11.4 所示。长期以来，政府部门是我国卫星遥感应用的主要需求方，为了支撑政府管理决策，逐步形成由国家管理部门、区域和行业遥感卫星应用服务机构及中国遥感应用协会、行业应用委员会组成的遥感应用研发与使用的基本管理架构。

① 该意见中提出鼓励民间资本参与国家民用空间基础设施建设，引导民间资本参与卫星导航地面应用系统建设。

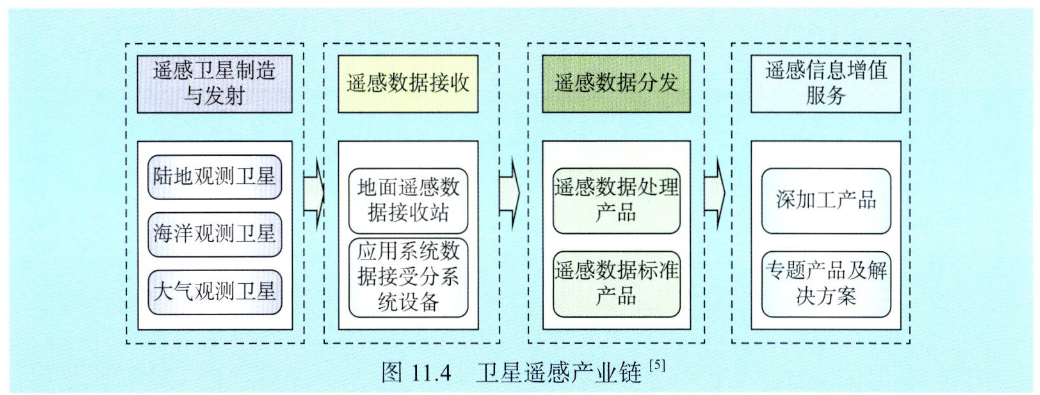

图 11.4　卫星遥感产业链[5]

大力促进遥感卫星市场化、产业化发展是我国遥感卫星产业政策的主导方向。各主管部门针对遥感数据管理、测绘数据管理和应用卫星专项规划等各方面都出台了相应的政策，并不断加以补充和完善，为我国卫星遥感应用产业发展营造了良好的政策环境。2014 年，国家相继出台了《国务院办公厅关于促进地理信息产业发展的意见》及《国家地理信息产业发展规划（2014—2020 年）》，指出要推动五大重点领域快速发展：提升遥感数据获取和处理能力、振兴地理信息装备制造、提高地理信息软件研发和产业化水平、发展地理信息与导航定位融合服务和促进地理信息深层次应用。

11.2.5　卫星及应用产业重点技术分析

在卫星通信领域，东方红五号卫星平台是我国自主开发的新一代大型桁架式卫星通信平台，采用了大量新技术，具有高承载、大功率、高散热、长寿命和可扩展等特点，可满足我国未来 20 年内轨道卫星的需求，适应多种载荷要求，填补了东方红系列大型卫星平台型谱的空白，将使我国地球同步轨道卫星平台技术达到国际先进水平。目前，东方红五号卫星平台已完成结构静力星研制，平台静力试验也取得圆满成功，标志着该平台研制突破了多适应性、高承载桁架式卫星平台等关键技术。

在卫星导航领域，已经发射的新一代北斗导航卫星在技术上实现了重大突破：一是直接入轨发射，通过在运载火箭上增加一级独立飞行器，在太空将一个或多个航天器直接送入不同的轨道，使卫星不必携带过多燃料，实现卫星轻量化；二是首次验证星间链路，我国形成了具有自主知识产权的星间链路网络协议和系统方案设计，攻克了空间相控阵天线等技术难关，独立自主研制了星载自主导航软件，已成功掌握了全球导航卫星星座自主运行核心技术；三是采用新的核心部件与卫星平台，卫星首次采用全桁架式卫星平台，使卫星内部有效载荷布置得更为集约，卫星部件国产化率提高到 98%，关键器件和部件全部实现国产化，其中有卫星导航定位系统“心脏”之称的铷原子钟，国产化部件全面替代了国外产品，其定位、测距和授时等功能更加精准。

在卫星遥感领域，随着高分二号卫星成功发射，我国的遥感卫星进入了亚米级时代，高分二号卫星研制在诸多方面实现了技术突破：实现了米级空间分辨率、多光谱综合光学遥感数据获取，攻克了长焦距、大F数、轻型相机及卫星系统设计难题，突破了高精度高稳定度姿态机动、高精度图像定位，提高了低轨道遥感卫星长寿命高可靠性能，对推动我国卫星工程水平提升，提高我国高分辨率对地观测数据自给率具有重要意义。分钟级对地持续观测能力的高分四号遥感卫星、纳米级光谱分辨率的高分五号高光谱卫星均在研制中，其中高分四号卫星正样整星力学试验及星箭对接分离试验圆满完成；高分五号卫星大气环境红外甚高光谱分辨率探测仪研制过程中的全部核心关键技术均已通过试验验证。

在研的新一代大型运载火箭进展顺利，我国目前运载能力最大的长征五号运载火箭成功突破5米大直径箭体结构设计、制造及试验技术难关，圆满完成我国最大规模助推器分离等一系列大型地面试验，大幅提升了我国运载火箭的总体技术水平；圆满完成120吨液氧煤油发动机、50吨液氢液氧发动机的研制，填补了国内空白，达到国际先进技术水平，有力提升了我国航天液体火箭动力技术发展，为进一步完善我国运载火箭能力布局提供了有力保障。2015年9月20日，我国全新研制的长征六号运载火箭成功将20颗卫星发射升空，标志着我国无毒无污染运载火箭领域的关键技术取得重大突破。2015年9月25日，我国新一代运载火箭中唯一一型固体运载火箭长征十一号首飞成功，标志着我国具备了小卫星快速组网能力，对提升我国快速进入空间能力具有里程碑意义。

另外，我国全电推进卫星试验星也将具备推向市场的条件，目前已经完成了全电推进卫星平台方案的详细设计，大功率长寿命多模式电推力器国内已有多家单位完成样机研制并通过了长程稳定点火试验，小推力长周期联合姿轨控技术等其他关键技术也取得重要进展，达到工程应用要求。

11.3 中国卫星及应用产业发展问题及趋势分析

11.3.1 中国卫星及应用产业发展面临的问题分析

当前，我国虽然卫星种类丰富，且在轨卫星数量居世界第二位，但卫星及应用产业在拉动经济社会发展等方面尚未充分发挥出其应有的战略带动价值，与发达国家仍有一定差距。同时，我国卫星及应用产业发展面临着巨大的外部竞争压力和内部条件制约，存在的主要问题表现如下。

1. 产业政策尚不健全

我国卫星及应用产业存在管理体制较为分散、难以形成合力等问题，造成产业资源难以统筹协调，空间基础设施及数据资源使用效率不高。产业标准化进程缓慢，标准规范存在缺失和滞后，影响了空间基础设施的建设与应用，在很大程度上制约

了我国卫星应用尤其是自主卫星的应用和产业化发展。同时，我国卫星及应用产业法律法规尚不健全。例如，在卫星遥感方面，我国在商业遥感卫星产业规范管理、卫星数据政策等方面尚存在一定的空白，影响了商业卫星遥感产业的发展。缺乏从国家层面对各类卫星遥感系统的发展、遥感数据的应用及遥感数据的接入和出口给予明确的界定和规范，面临着国外高分辨率数据无限制地大量涌入的状况。

2. 市场竞争环境激烈

先进技术的发展和工业基础的提升降低了航天产业的进入门槛，国外新概念、新方法的卫星系统正在实施，中国卫星及应用产业面临着激烈的外部竞争环境。美国太空互联网项目将提供高速廉价卫星互联网服务，进一步加剧通信卫星领域的竞争，亚太地区卫星通信运营竞争也更加激烈。北斗卫星导航由于起步晚，产业规模小，并且民用市场开发不够，目前在中国整个卫星导航市场，北斗相关应用市场的占有率仅为10%左右，面临GPS的激烈竞争。国外商业遥感服务已经非常成熟，Planet Labs和Skybox公司使商业遥感卫星服务进入低成本研制和大数据服务时代，而中国卫星遥感综合应用、定量化应用能力相对滞后，数据保障程度低，90%以上民用高分辨率遥感数据依赖国外卫星。在对外发射市场领域，美国长期以来对中国进行制裁和打压，印度、日本等航天国家运载能力不断发展成熟，SpaceX公司火箭发射成本已低于国内同类产品，中国对外商业发射服务面临的形势异常严峻，在国际发射服务市场所占份额不到5%。

3. 技术创新能力有待加强

目前，我国卫星总体性能和技术水平与国外先进国家相比存在较大差距，一些急需领域尚处空白，导致依赖国外卫星服务。例如，我国尚未建立卫星移动通信系统，提供的卫星移动通信和卫星宽带服务都是代理国外的系统，难以获得完备的通信安全机制。卫星的长寿命、高可靠性能有待进一步提高，卫星平台、有效载荷和核心器件的性能亟待提高，部分关键技术、关键原材料、关键元器件和关键设备等受制于人。航天装备的设计、制造技术与工艺仍较落后，研制、生产周期较长。

4. 政府支持方式与国外航天大国相比有待改善

近些年，以美国为代表的西方航天大国通过积极的政策导向和资金扶持，加快推动卫星及应用产业技术全面更新和产业化发展，形成了政府监管、企业运营和“官助民办”的商业模式，明确政府机构和商业机构之间的管理和运作关系等手段，鼓励和支持卫星及应用产业发展。美国政府大力推动商业航天发展，力图通过市场机制提高航天产业资源配置效率。例如，通过建立PPP，降低了商业部门进入航天领域的技术风险。美国奥巴马政府继续推进商业航天发展，美国航空航天局（National Aeronautics and Space Administration，NASA）于2014年9月授予SpaceX公司和波音公司总计68亿美元的商业载人发射合同，开启了载人运输的“商业飞船时代”。在政府商业航天政策的扶持下，一批低成本私人航天企业快速发展起来，成为了美国航天工业基础的新生力量。目前，我国政府在对卫星及应用产业支持力度及支持方式上与国外航天大国相比均有不足，需要进一步完善提升。

11.3.2 “十三五”期间卫星及应用产业发展趋势分析

1. 国外卫星及应用产业发展趋势

未来10年卫星产业发展潜力巨大。根据欧洲咨询公司（Euroconsult）2015年发布的研究报告，在2015～2024年的10年间全球将制造发射1 400颗质量在50千克以上的卫星，将会产生2 550亿美元的收入，其中有550颗属于商业卫星，80%的商业航天市场都集中在地球静止轨道，该轨道上共运行着30多家运营商和服务商的300多颗卫星，高容量、电推进、具有灵活性的有效载荷正成为地球同步轨道通信卫星技术革命的趋势[①]。同时，政府在卫星运营和技术开发方面仍处于主导地位。

在卫星通信方面，通信广播卫星全球覆盖并高度商业化，各类业务系统趋于融合并向宽带多媒体方向发展，下一代移动卫星正加紧部署。今后增长的主要驱动力将来自面向大众消费市场的卫星多媒体广播业务的快速发展，宽带多媒体卫星通信正在成为信息基础设施的一个重要组成部分，卫星电视直播已经成为卫星应用的支柱产业，移动卫星通信业务将得到快速发展，同时卫星通信在军事通信、环境数据采集和监测、国家应急救援和救灾通信等政府、军用业务领域中的重要作用将不断加强。

在卫星导航方面，导航定位卫星系统加速建设与竞争，全球卫星导航系统（global navigation satellite system，GNSS）的发展进入以美国的“全球定位导航系统”（GPS）、俄罗斯的“格洛纳斯”（GLONASS）、欧洲的“伽利略”（Galileo）和中国的“北斗”（BDS）四大系统为主、涵盖区域及增强卫星导航系统的多系统并存的时代，与其他信息系统间的相互渗透、集成、融合成为大趋势。全球卫星导航产业已经呈现出从单一GPS应用向多系统兼容应用转变，从以导航应用为主向导航与移动通信、互联网等融合应用转变，从终端应用为主向产品与服务并重转变的三大发展方向。

在卫星遥感方面，今后卫星遥感服务模式将更趋于完善，未来将发展政府与商业部门共同分担卫星研制与发射费用；商业化遥感系统以高分辨率陆地卫星为主，卫星遥感产业商品垄断和品牌效应将不断增强，与通信、导航、物联网技术融合，应用日益广泛；全球对地观测与服务能力加强。预计未来10年内，全球将发射251颗对地观测卫星，并产生216亿美元的卫星制造收入，与过去10年的对地观测卫星制造收入相比增加27%，而全球数据销售收入将以12%的年均复合增长率逐年上升，到2020年，全球数据销售收入将接近40亿美元，数据增值服务市场将近百亿

① 资料来源：Satellites to be Built & Launched by 2024: World Market Survey。

美元[7]。

在航天运输方面，一次性运载火箭仍将占据发射服务市场的绝对主导地位。各主要航天国家都建立了比较健全的一次性运载火箭型谱，一次性运载火箭成本进一步降低，可靠性和发射成功率不断提高。深空探测和大规模空间设施建设任务对重型运载火箭的发展提出了迫切需求，大型运载火箭开始更新换代，小型运载火箭发展迅速，私营低成本运载火箭逐步登场[8]。

2. “十三五”中国卫星及应用产业发展趋势

1）卫星通信

卫星电视直播应用成为产业发展重点。卫星电视 / 音频直播业务是今后卫星通信发展的主要方向和业务收入来源。我国约有 1.7 亿户家庭需要通过卫星直播观看电视，因而直接到家庭面向消费用户的视频业务将是卫星通信最有潜力的市场。

宽带多媒体卫星及其应用得到发展。随着卫星通信技术的发展，宽带高速的卫星通信系统逐渐成为主流，卫星宽带数据接入将出现重大发展。我国自主研制的静止轨道 Ka 频段卫星将得到发展，卫星宽带接入在未来 10 年将会稳步增长。

卫星移动通信广播市场潜力巨大。随着国家利益的全球化，构建我国自主的全球卫星移动通信系统已十分迫切。根据工信部牵头组织的对 18 个部委及国民经济各主要应用行业的调研和统计分析，我国全球卫星移动通信系统的潜在用户数量达到 1 300 万户，公众用户产品年市场容量 110 亿元，通信服务市场营业收入年增长率可到 10% ～ 15%。

2）卫星导航

继续建设完善北斗生态产业链。2013 ～ 2015 年，卫星导航产业发展将进入高速度、跨越式增长期。到 2020 年，我国将建成北斗全球卫星导航定位系统，北斗助推我国卫星导航与位置服务产业迈入突飞猛进的发展阶段。届时我国卫星导航与位置服务产业用户规模将成为世界第一，产业年产值将超过 4 000 亿元。

加快国际接轨步伐。近年来，北斗系统持续与美国 GPS、俄罗斯 GLONASS、欧洲 Galileo 等系统展开兼容与互操作协调，在系统性能监测评估、服务性能规范等方面开展合作。加快推动北斗进入国际民航、海事和移动通信等标准化组织，让北斗系统充分与世界接轨。随着北斗服务范围的逐步扩大与性能的提升，北斗产业的竞争将会上升到国家与国家之间的竞争。

3）卫星遥感

遥感应用向综合化发展。随着遥感应用逐步深入大众生活，社会各领域对于遥感的需求也推动着遥感应用走向综合化的发展趋势。卫星遥感应用的代表产品有数字地球、智能交通等。同时卫星遥感结合 GPS、地理信息系统（geographic information system，GIS）等形成了包括定位服务、导航服务和三维视景等各方面的应用，并形成各类终端 [9]。

数据源分辨率向高空间、高时间和高光谱方向发展。遥感应用需求不断向广度与深度方向发展，对遥感数据的质量与特性提出了更高的需求，越来越多的应用部门，如国土资源、城乡规划等管理部门需要高空间分辨率与高时间分辨率的遥感数据来满足行业应用需求。环境监测等部门也需要高光谱数据来有效地提取地物信息 [10]。

11.4 卫星及应用产业发展重点案例

11.4.1 卫星遥感在减灾、防灾领域作用凸显

1. 案例背景

卫星遥感依托卫星平台的遥感技术，其感测面积大、范围广、速度快和效果好，可定期或连续监视一个地区，不受地理条件限制，并且能取得其他手段难以获取的信息，在经济社会发展中发挥着重要作用。

经过 40 多年的建设，我国形成了陆地资源卫星、气象卫星和海洋卫星三大民用遥感卫星系列及环境与灾害监测预报小卫星星座，目前共有 15 颗自主研发的民用遥感卫星在轨运行，遥感卫星拥有量位居世界前列。卫星遥感日益得到国家、行业管理部门和地方政府的重视，应用程度不断加深，应用领域和规模不断扩大，初步形成了全国卫星遥感应用体系，业务化运行能力显著增强。

为加快我国空间信息与应用技术发展，提升自主创新能力、强化应用效能，满足国民经济建设、社会发展和国家安全需要，我国启动实施了高分辨率对地观测系统重大专项，高分系统由天基、临近空间、航空、地面和应用等系统组成，利用天基、临近空间和航空平台的多种观测手段，实现对陆地、海洋和大气等各类对地观测信息的获取，其数据广泛应用于农业、林业、水利、国土、气象及国家安全等众多领域，由国家国防科技工业局重大专项工程中心负责具体组织实施，由中国航天科技集团公司所属的资源卫星中心承担系统数据处理。2014 ～ 2015 年高分处理系统及时为“马航失联事件”和“鲁甸地震”等应急事件及重大灾后观测等提供了高质量的数据产品，为快速应急评估做出突出贡献。

2. 取得的成就及作用

1）地震灾害监测

2014 ～ 2015 年，新疆维吾尔自治区、云南省、四川省、甘肃省和内蒙古自治区多个县发生了多次地震灾害。我国第一时间启动应急响应机制，紧急调动高分一号、资源三号和资源一号等多颗高分辨率陆地观测卫星，提取卫星历史数据，由

FTP（file transfer protocol，即文件传输协议）数据共享通道提供给国家减灾委员会、中国地震局、国土资源部和中国气象局等部委用户，为政府科学决策做依据，如表 11.1 所示。与此同时，根据震区观测需求，继续多次调动安排在轨陆地观测卫星执行震区监测任务，开通卫星数据应急共享通道，提供震后观测数据。

表 11.1　2014 ～ 2015 年资源卫星中心提供服务的地震灾情列表

北京时间	地震地点	震级
2014 年 2 月 12 日	新疆维吾尔自治区于田县	7.3 级
2014 年 4 月 5 日	云南省永善县	5.3 级
2014 年 5 月 30 日	云南省盈江县	6.1 级
2014 年 8 月 3 日	云南省鲁甸县	6.5 级
2014 年 10 月 7 日	云南省景谷傣族彝族自治县	6.6 级
2014 年 11 月 22 日	四川省康定县	6.3 级
2015 年 4 月 15 日	甘肃省临洮县	4.5 级
2015 年 4 月 15 日	内蒙古自治区阿拉善盟阿拉善左旗	5.8 级
2015 年 4 月 25 日	西藏自治区日喀则市定日县	5.9 级
2015 年 4 月 25 日	西藏自治区日喀则市聂拉木县	5.3 级

2）世界重大灾害监测

2014 年 7 月以来巴西发生洪涝灾害，中国响应 Charter 紧急事务官发来的监测巴西东部水灾的紧急请求，紧急安排调度高分一号、实践九号卫星对灾区成像，通过 Charter 机制向巴西提供了水灾的灾后卫星数据，为巴西及时进行洪涝灾害监测提供了有力的数据支持。

2014 年 12 月 31 日，中国接到马来西亚洪灾监测请求，紧急调动高分一号、资源三号等多颗卫星对灾区进行动态监测，并于当日通过应急共享通道提供卫星灾区监测影像 3 景。截至 2015 年 1 月 4 日，共向马来西亚提供洪灾灾区影像 13 景。

2015 年 3 月 14 日，“帕姆”台风在南太平洋岛国瓦努阿图着陆，预计会给瓦努阿图首都及周边地区造成洪水和泥石流等严重破坏。根据联合国亚太经社理事的“帕姆”台风监测请求，中国及时启动灾害监测机制，紧急调度高分二号卫星（最高分辨率 0.8 米）重点对瓦努阿图首都成像，同时，安排了高分一号等其他卫星覆盖瓦努阿图周边地区。

3）其他突发灾害监测

2014 年，在马航失联客机搜救行动中，中国紧急调度包括高分一号在内的所有在轨卫星资源，对疑似区域进行观测。根据相关消息，先后对泰国湾、安达曼、北航线区域和南航线南印度洋等区域进行观测，并对相关数据进行及时共享和研判。截至 3 月 31 日，调动 8 颗卫星，安排成像 55 次，获取疑似区数据 940 景，累计面积 770 余万平方千米。

2014 年 5 月下旬，云南省安宁市发生森林火灾，火灾持续蔓延，扑救异常困难。5 月 29 日，山东省威海市仙姑顶风景区发生森林火灾，对市区人员安全造成重大威胁。针对火情，陆地观测卫星资源充分发挥优势，利用高分一号等在轨卫星连续 8

天对云南省安宁市、山东省威海市重大森林火灾进行跟踪监测，先后制作 6 期火场发展态势及灾后损失评估成果图，所提供的明火坐标、风向和火烧迹地面积统计等关键信息为森林防火指挥部办公室掌握火场动态、指导森林火灾现场扑救及掌握灾害损失情况提供了及时的技术支持，发挥了重要作用。

4）提供保障服务

在 APEC（Asia-Pacific Economic Cooperation，即亚太经济合作组织）会议期间，通过联合调动多颗国产高分辨率卫星对北京及周边区域进行多次成像，向环保部等相关单位提供高分二号卫星图像 10 景、资源三号卫星图像 20 景、资源一号 02C 卫星图像 20 景和实践九号卫星图像 20 景，为 APEC 会议期间的空气质量监测提供了保障服务。

11.4.2 卫星通信助力经济社会发展

1. 案例背景

卫星通信是指地球上（包括地面和低层大气中）的无线电通信站利用卫星作为中继而进行的通信，具有无线覆盖、通信范围大、可靠性高、开通迅速、多址连接和经济性强等优势，可作为陆地通信的扩展、延伸、补充和备用，尤其适用于应急通信、特殊区域覆盖和军事等方面的应用。

中国卫星通信产业经过 40 多年的发展，已经具备独立研制大容量通信卫星的能力，形成了卫星资源较充足的卫星固定通信业务空间段，建成了一定规模的能够满足各种业务需要的卫星通信网和卫星广播电视传输网，产业规模突破百亿元。目前，已经形成了东方红一号、东方红二号、东方红三号和东方红四号 4 个卫星平台，正在研制适应新一代大型静止轨道通信卫星和对地成像卫星等需求的东方红五号卫星平台。现役主流平台基本成熟，在研通信卫星数量达到 14 颗，具备了年出厂 5 颗大型通信卫星、10 星并行研制的常态研制能力。

2. 取得的成就及作用

中国卫星通信产业在国民经济建设中发挥了重要的支撑和保障作用。主要表现在以下几个方面。

1）卫星广播

目前，中星 6A、中星 6B、中星 9 号、亚太 5 号、亚太 6 号和亚太 7 号等卫星为境内 343 套电视节目及 230 套广播节目和境外近 300 套卫星电视节目提供安全可靠的传输保障。

2011 年，中国启动直播卫星“户户通”工程，为有线电视尚未通达的农村地区提供广播电视公共服务。截至 2015 年 2 月，全国直播卫星“户户通”用户突破 2 000

万户，近 8 000 万名农民群众享受到国家广播电视公共服务。预计 2015 年，中国卫星数字电视用户市场规模将达到 16 590 万户，卫星数字机顶盒市场规模可达 7 290 万台。

2）应急保障

卫星通信在国家突发事件应急处置和党政重大活动中发挥了重要资源保障和技术支撑服务。多年来，凭借自主可控的卫星资源、天地一体的系统综合优势，中国卫星通信在利比亚撤侨、冰雪灾害、汶川地震、玉树地震、舟曲泥石流和雅安芦山地震等大型活动和自然灾害救援活动中，出色地完成了各项卫星应急通信保障任务。

3）应用服务

陆地通信服务。配合卫星资源覆盖的扩展，在国内（北京、喀什、香港）、南亚、欧洲、非洲及南美建设电信港，逐步形成服务全球的“天地一体”的综合卫星通信服务网络。

海上通信服务。着力打造覆盖全球主要海域的宽带卫星通信网络，通过多颗卫星实现中国及周边海域、印度洋、中东、欧洲及非洲部分海域的覆盖和多波束自动切换（automatic beam switching，ABS）。

机载通信服务。利用卫星信道资源构建机载卫星通信基础网络，包括完善的地面主站系统及统一的网络管理、调度和业务监测系统；面向各航空公司、电信运营商和内容服务商的统一开放的支撑平台，在中国及周边地区甚至全球范围内提供空中宽带互联网接入、视频传输及网络综合应用服务。

11.5　促进卫星及应用产业发展的政策建议

1. 推进资源统筹协同，提高资源建设和使用效率

推进卫星及应用产业资源统筹，加快实现军民统筹，天地一体化统筹，民用业务星统筹，科研星、试验星、业务星统筹等，做好国家空间基础设施及其应用的顶层设计，推动军民系统、地面与空间系统、民用业务星系统的统一规划建设和协同发展，统筹各地区、各部门重大项目和应用工程建设，避免盲目投资和重复建设，推进公益星和商业星的有效分类管理，促进国家空间基础设施的合理布局和高效利用。

2. 加强创新能力建设，加快关键技术突破

充分整合利用现有的技术创新资源，推动卫星应用技术重点实验室、工程（技术）研究中心、企业技术中心等创新平台建设。进一步提升研发经费投入力度，提高

高关键原材料、核心元器件和高端制造设备的国产化程度，夯实卫星及应用产业的技术基础。坚持以重大航天工程牵引带动卫星及卫星应用关键技术突破，提高卫星通信平台、有效载荷的性能，突破通信广播、导航和遥感多模、多功能融合芯片和终端关键技术。

3. 优化产业结构体系，推动商业模式变革

打造具有较强竞争力的通信广播、导航、遥感及综合应用服务产业链，形成一批卫星及应用产业聚集区，发展壮大本土龙头企业，提高产业集中度，建设一批覆盖面广、支撑能力强的公共服务平台，初步形成门类齐全、布局合理、结构优化的产业体系。促进卫星应用优势企业增值产品和服务的开发，加强移动互联网、物联网、卫星遥感、北斗导航和地理信息等技术的集成应用，创新应用服务模式。探索建立以政府为主导、基于公私合作模式的投融资体系，加速推进卫星及应用产业投资主体多元化。

4. 加强政策法规建设，制定和完善产业政策

加快研究出台国家航天法，逐步制定和完善与卫星及应用产业发展相关的法律法规和产业政策，指导和规范产业经济活动。重点研究制定满足空间基础设施建设运行的关键技术标准，以及卫星及应用产业化发展所需的应用服务标准，为实现卫星及应用产业链各环节良性发展提供全面的标准规范支撑。制定遥感商业化发展政策，开展商业遥感顶层设计，明确商业遥感系统的立项、审批、数据管理等方面的权责与管理流程，逐步建立清晰的行业发展规范；明确商业遥感数据分发、销售的限制性规定，保障国家安全。加快完善卫星通信产业政策，逐步培育壮大卫星直播电视、卫星宽带多媒体和卫星移动通信等市场需求，提升通信卫星资源利用效率。

5. 加强国际交流合作，助力建设航天强国

加强国际合作顶层设计和战略研究，积极参与国际组织和国际标准制定，营造卫星及应用产业发展的有利国际环境。建设我国卫星及应用产业的全球化运营服务体系，提高支撑卫星通信、卫星遥感和卫星导航等领域全球运营的网络资源和服务能力，培育和开发具有国际竞争力的空间基础设施应用技术和产品，推动自主卫星数据和服务出口。积极服务于国家“一带一路”发展战略，建设“天基新丝绸之路”，进一步突破“一带一路”周边国家的卫星应用国际合作关系和领域，推动中国卫星企业走出国门，助力建设航天强国。

参考文献

[1] 中国工程科技发展战略研究院 .“十三五”战略性新兴产业规划咨询研究项目，2014.

[2] 中国工程科技发展战略研究院 . 中国战略性新兴产业发展报告 2013. 北京：科学出版社，2012.

[3] 美国卫星产业协会（SIA）.2015 State of the satellite industry report，2015.

[4] 叶奕 . 地理信息产业呈蓬勃发展态势 . 科技智囊，2014，（10）：205.

[5] 中国航天系统科学与工程研究院 . 集团公司卫星应用产业发展现状及对策研究，2015.

[6] 国务院办公厅 . 国家卫星导航产业中长期发展规划，2013.

[7] 郝胜勇，邹同元，宋晨曦，等 . 国外遥感卫星应用产业发展现状及趋势 . 卫星应用，2013，（1）：44-49.

[8] 中国科学院 . 中国学科发展战略——航天运输系统 . 北京：科学出版社，2014.

[9] 杨邦会 , 池天河 . 对我国卫星遥感应用产业发展的思考 . 高科技与产业化，2010（12）：26-29.

新能源产业篇

1. 产业内涵与定位

能源领域战略性新兴产业的发展，有利于提高中国制造业创新能力，推进信息化与工业化深度融合，强化工业基础能力和整体竞争力，有利于推动先进能源技术与装备及关联产业的生产能力输出海外，是中国能源工业实现科学发展的重要抓手。一般来说，能源领域战略性新兴产业可以统称为“能源新技术产业”或“新一代能源技术产业”，同等重视化石能源的清洁高效利用新技术及核能与可再生能源新技术的规模化发展，该定位是以往“新能源产业”所涵盖范围与内涵的拓展，因为能源没有新旧之分，只有技术先进程度的差异。产业范围主要涵盖煤炭清洁高效转化与利用产业、非常规油气开发利用产业、核能产业、智能电网与分布式能源产业和以太阳能、风能、生物质能、地热能为主的可再生能源产业。

在技术层面，“能源新技术产业”重点布局与战略性新兴产业发展相关联的节能与提高能源效率技术，化石能源清洁高效开发与利用新技术，智能电网和储能技术，非常规油气资源、可再生能源规模化开发利用技术，自主创新的核电技术和核废料处理技术，积极推动氢能、核聚变能和天然气水合物等基础研究与技术储备工作。在产业层面，“能源新技术产业”通过提高非化石能源和天然气的比重，着力实现能源发展从高碳到低碳的转变；大力提高能源利用效率，着力实现能源发展从低效到高效的转变；持续提升能源清洁化水平，着力实现能源发展从污染到绿色的转变；积极发展分布式能源，着力实现能源发展从集中到集中与分散相结合的转变。能源新技术产业的培育与发展，将改变中国传统的能源供需模式，有利于实现能源发展从片面强调供给保障需求向合理调节需求与科学增加供给的转变，进而协调不同阶段能源生产与消费的衔接平衡关系，走符合中国发展需求和资源特色的高效、清洁、安全、低碳、智能和可持续的能源发展之路。

2. 产业发展动态

1）煤炭清洁高效转化与利用产业

煤炭清洁高效转化与利用是指以煤炭为基础，通过技术创新，大幅提高煤电效率、降低污染物排放，通过现代煤化工工艺、技术制取化学品、气体或液体燃料的等的工业过程，既包括煤炭的清洁、高效燃烧和煤炭的绿色、低碳转化，也包括煤炭作为能源和资源的联产综合利用。煤炭清洁高效转化与利用技术包括先进燃煤发电技术、燃煤发电中污染物超低排放技术、煤炭的清洁高效转化技术和资源综合回收利用技术等内容。

2014 年以来，中国持续大力推进煤炭高效利用与转化技术的研发与应用，燃煤发电效率持续提升，已掌握煤气化、煤制油和甲醇制烯烃等一批自主知识产权的关键技术，煤炭利用的污染物控制和资源回收利用正在稳步推进。中国以燃气烟气排放标准作为参考的超低排放已经成为燃煤发电污染物控制和治理的方向。例如，截至 2015 年 5 月底，仅神华集团一家，就完成 24 台机组“超低排放”建设（新建机组 6 台、改造机组 18 台），2017 年年底前计划完成 95 台。目前，最有发展前景和竞争力的三种洁净燃煤发电技术，即 700℃超超临界燃煤发电机组技术、整体煤气化联合循环（integrated gasification cornbined cycle，IGCC）技术与整体煤气化燃料电池发电技术（intearated gasification fuel cell，IGFC）、常压循环流化床（circulationg fluidized bed，CFB）燃烧技术，中国的研究与示范的进展基本与国外同步。煤化工方面，2014 年以来，神华鄂尔多斯 108 万吨 / 年的煤炭直接液化、包头 60 万吨 / 年煤制烯烃、大唐克旗煤制天然气等现代煤化工国家示范项目持续稳定运行，一批煤制特种燃料项目正在有序开展，如榆林循环经济煤炭综合利用等项目已获国家“路条”或正在建设。

当前，中国清洁高效转化和利用水平总体仍然不高，存在燃煤平均效率低、用煤结构不合理、污染物排放总量大等问题。根据 2014 年中国煤炭消费结构占比，发电仍是煤炭消耗的最大领域，约占煤炭消费量的 51%；工业领域用煤量稳步增长，合计占煤炭消耗量的 46%；民用煤炭消费则逐步下降，占煤炭消耗量的 3%。2014 年，全国火电装机容量 9.2 亿千瓦，设备平均利用小时仅为 4 706 小时，同比减少 314 小时，是 1978 年以来的最低水平。全国 6 000 千瓦及以上电厂发电设备平均利用小时为 4 286 小时，同比减少 235 小时。因此，煤炭清洁高效转化与利用产业发展具有巨大的市场空间，“十三五”期间，需严格落实与执行《能源发展战略行动计划（2014—2020 年）》(国办发〔2014〕31 号)、《煤炭清洁高效利用行动计划（2015—2020 年）》（国能煤炭〔2015〕141 号）和《工业领域煤炭清洁高效利用行动计划》（工信部联节〔2015〕45 号）等相关政策，完善煤炭清洁高效利用体制机制，进一步研发、示范推广先进煤炭利用技术，如以上海外高桥三厂等为代表的先进燃煤发电技术和现代煤化工技术，支持开展 700℃超超临界、IGCC、IGFC、CCUS（carbon capture，utilization and storage，即碳捕获、利用与封存技术）、煤基多联产等先进技术的研发和示范，积极推进先进洁净煤技术的商业化进程。

2）非常规油气开发利用产业

非常规油气资源开发正在成为全球油气工业重要组成部分。非常规油气资源也是中国油气工业未来重要的战略性接替资源，发展页岩气、煤层气等非常规油气产业是保障中国能源安全的重要选择。

2014 年以来，中国非常规油气产业的发展已经成为新亮点，在页岩气开发等方面已取得重大突破，新的产能建设基地正在形成。2014 年，中国已生产页岩气 13 亿立方米。截至 2014 年 12 月底，累计投资 230 亿元，完成二维地震 21 818 千米，三维地震 2 134 平方千米，钻井 780 口，铺设管线 235 千米。相继在四川长宁、威远、井研-犍为，重庆涪陵、彭水，云南昭通，贵州习水和陕西延安等地取得重大突破和重要发现，获得页岩气三级地质储量近 5 000 亿立方米，其中涪陵区块探明地质储量为 1 067.5 亿立方米。通过技术引进、消化吸收和攻关，中国初步掌握页岩气地球物理、钻井、完井、压裂和试气等页岩气勘查开发技术，已经形成 3 500 米以浅水平井钻井及分段压裂技术体系。关键装备国产化取得积极进展，自主研发的可移动式钻机、3000 型压裂车等设备已经投入应用。

在煤层气方面，截至 2014 年年底，中国累计探明煤层气探明地质储量为 6 266.35 亿立方米。煤层气产量稳步增长，2014 年地面煤层气产量达到 37.3 亿立方米，井下煤层气抽采 132.6 亿立方米，已经形成沁水、鄂尔多斯盆地东缘两大煤层气产业开发基地，以保德区块为代表的中煤阶和以延川南为代表的深层煤层气资源获得成功开发，进一步拓展煤层气开发新领域。

中国非常规油气资源具有资源量大、勘探开发技术要求高的特点。中国高度重视非常规油气资源的开发与利用，近几年出台了一系列支持性产业政策，页岩气产业在“十二五”期间，成功实现页岩气商业开发，煤层气产业实现稳步发展。然而，应该看到，中国非常规油气开发利用产业才刚刚起步，实现页岩气、煤层气等产业的快速发展，还需要进一步开展技术攻关、夯实基础。

3）核能产业

核能产业是中国有实力在世界上获得核心竞争力的高新技术领域，也是契合中国“一带一路”战略、“中国制造 2025”、国际产能合作和“走出去”战略实施的重要领军行业之一。近年来，中国核能产业创新不断加强，在安全、科技、装备、运营、厂址、后处理及废物处置等方面已具备规模化发展条件。

根据中国核能行业协会的统计，2014 年，中国共有 5 台核电机组投入商业运行，分别是阳江核电厂 1 号机组、宁德核电厂 2 号机组、红沿河核电厂 2 号机组、福清核电厂 1 号机组与方家山核电厂 1 号机组。至此，中国投入商业运行的核电机组共达 22 台，核电装机容量为 20 305.58 兆瓦，约占全国电力总装机容量的 1.49%。2014 年全国累计核能发电量为 54 638.0 亿千瓦时，22 台商业运行核电机组累计发电量为 1 305.80 亿千瓦时，约占全国总发电量的 2.39%。与燃煤发电相比，核能发电相当于减少燃烧标准煤 4 191.62 万吨。

未来 5~10 年是中国核电发展的战略机遇期。2015 年 2 月 12 日，方家山核电厂 2 号机组开始投入商业运行。至此，秦山核电基地 9 台机组全部投产发电，成为中国机组数量最多、堆型最丰富和装机容量最大的核电基地。2015 年 3 月 10 日，国家发改委发文核准辽宁红沿河核电厂二期项目 5、6 号核电机组，3 月 29 日，辽宁红沿河核电厂 5 号机组正式开工建设。4 月 15 日，国务院常务会议核准“华龙一号”三代核电技术示范工程，5 月 7 日，福清 5 号机组正式开工建设。作为国家重大科技专项示范工程 CAP1400 型压水堆核电机组，正在开展工程建设。AP1000 核电主泵工程和耐久试验成功，解决了关键制约因素。中国核电走出去也取得新进展，中国、阿根廷两国政府签订《关于建设阿根廷重水堆核电项目的实施协议》和《关于在阿根廷合作建设压水堆核电站的协议》，中国自主研发的三代核电“华龙一号”成功出口拉丁美洲。英国政府 35 年来首个新核电项目——欣克利核电站获得欧盟批准，该项目由法国电力、中国核工业集团和中国广东核电集团有限公司联合投资。

中国发展核电的国家政策历经“适度发展核电”“积极发展核电”和“安全高效发展核电”等几个阶段的变化，受到福岛核事故影响，项目审批过少，目前核电机

组数量和装机尚未形成规模，仍需稳步推进核能技术与产业发展，同时加强具有可操作性的法律法规体系建设和强有力的产业政策支撑。

4）可再生能源产业

中国可再生能源产业发展迅速，水电、风力发电、太阳能光伏发电累计装机均已位居世界第一，新增可再生能源发电装机已经超过化石能源新增装机，特别是非水可再生能源，无论在产业规模还是装备制造能力方面，都取得显著进展。通过自主创新和引进—消化—吸收—再创新等模式，逐步提高可再生能源发电领域的技术水平，促进可再生能源成本的降低，提升产业整体竞争力。

中国太阳能光伏发电产业在国际竞争中处于相对优势，已进入规模化发展阶段。2014 年，太阳能光伏产业整体呈现稳中向好、有序发展的局面，全国新增太阳能并网容量为 1 060 万千瓦，连续第二年居世界首位。太阳能发电累计并网容量达到 2 805 万千瓦，位居世界第二，全年太阳能光伏发电量达到 208 亿千瓦时。同年，中国多晶硅原料产量为 13.6 万吨，约占全球产量的 45%，但仍有约 10 万吨的需求缺口。多晶硅产业的集中度有所提升，前十家产量占比达到 91%，前五家占比达到 77%，产能利用率达到 84.6%。硅片总产量约为 38 吉瓦，占全球产量的 76%。电池片产量稳步提升，2014 年产量超过 33 吉瓦，同比增长 32%，占全球产量的 65.4%，其中出口占 60% ～ 70%，前十家企业产量占比为 52%，行业整体产能利用率略低于 70%，但前十家企业产能利用率在 85% 以上。组件总产量达到 35.6 吉瓦，同比增长 30%，约占全球总产量的 68.5%，其中晶体硅电池仍为主流，产量约为 35.3 吉瓦。中国集中式光伏电站累计并网容量达到 2 338 万千瓦，同比增长 58%，主要集中在西北地区，甘肃、青海、新疆累计并网容量居全国前三位，分别达 517 万千瓦、413 万千瓦、352 万千瓦，合计占全国集中式光伏累计并网容量的 54.9%。截至 2015 年 3 月底，全国光伏发电累计装机容量已达到 3 312 万千瓦，其中集中式光伏电站装机容量为 2 779 万千瓦。

中国太阳能光热发电产业尚处于商业化应用前期阶段。2014 年，中国已建成实验示范性太阳能光热发电站（系统）6 座，装机规模约 1.38 万千瓦，其中并网商业化运行的 1 座，为青海中控太阳能发电有限公司德令哈 50 兆瓦光热发电项目一期 10 兆瓦工程，并网容量 1 万千瓦；国家已备案（核准）在建的太阳能光热发电站 12 座，装机规模为 49.3 万千瓦；开展前期工作的太阳能光热发电站 18 座，装机规模 90.1 万千瓦。截至 2014 年年底，中国已经初步具备年供货能力达 800 兆瓦太阳能热发电关键设备的全产业链生产制造能力，且国产化率 90% 以上。

中国风电产业已进入规模化稳定发展的阶段。2014 年，风电产业继续保持强劲增长势头，累计并网装机容量达到 9 581 万千瓦，占全国发电装机容量的 7.0%，占世界风电装机容量的 31%。全年风电新增并网容量 1 929 万千瓦，创历史新高。华北、西北、东北、华东、华中和南方电网风电并网容量分别为 3 361 万千瓦、2 346 万千瓦、2 229 万千瓦、644 万千瓦、266 万千瓦和 735 万千瓦，其中“三北”地区合计约占全国并网总量的 83%。2014 年，全国风电发电量 1 563 亿千瓦时，约占总发电量的3%，为中国仅次于火电和水电的第三大电力来源。2014年，中国累计风电装机中，1.5兆瓦的风电机组仍占主导地位，占总装机容量的61%；2兆瓦的风电机组市场份额上升至22%，2兆瓦至3兆瓦机组占到4%，3兆瓦及以上的风电机组所占比例不断升高，达到2%，小于1.5兆瓦的机组还有10%。2014年，排名前五位的风电机组制造商所占市场份额共计为55.26%，排名前十位的风电机组制造商所占市场份额达到80.28%。2014年，国电集团风电累计装机容量超过2 000万兆瓦，占全国累计装机容量的17.9%，其次为华能集团和大唐集团，市场份额分别为11.5%和10%。最新数据统计，截至2015年6月底，全国风电累计并网容量已达到10 491万千瓦，同比增长28%，占全网总装机容量的7.6%，全国风电累计发电量达到990亿千瓦时，同比增长27%。

中国海上风电并网容量增长缓慢。2014年，中国海上风电新增并网容量为2万千瓦，海上风电项目累计并网为44万千瓦（含试验机组），主要集中在江苏和上海，分别为30万千瓦、10万千瓦。海上风电机组供应商共11家，其中累计装机容量达到100兆瓦以上的机组制造商有华锐风电、上海电气、远景能源和金风科技，这四家企业海上风电机组装机量占海上风电装机总量的86.9%。在所有吊装的海上风电机组中，累计装机容量最多的是3兆瓦机组，占总装机容量的27%，其次是4兆瓦机组，装机容量占20%，2.5兆瓦和3.6兆瓦机组装机量分别占到16%和15%。

此外，中国生物质能产业和地热能产业也取得积极进展。生物质能产业规模持续扩大，就不完全统计，2014年生物质发电装机容量达到950万千瓦、沼气为140亿立方米、生物成型燃料为700万吨、燃料乙醇为178万吨和生物柴油为100万吨。地热能发展方面，东南沿海干热岩资源勘查、盆地型干热岩资源勘查、高温地热资源勘查等方面都取得重要进展，浅层地热能供暖和制冷建筑面积显著增加。

近年来，尽管中国可再生能源产业得到快速发展，但一些制约产业持续发展的问题仍未得到根本性解决，特别是自主创新的核心技术不足，一些技术装备仍在很大程度上依赖进口，国际竞争力有待提升，仅依靠国家补贴和价格政策将难以持续支撑可再生能源的规模化发展。因而，可再生能源产业的发展还需持续加强可再生能源产业的关键技术创新，淘汰落后产能，强化支撑可再生能源发展的配套产业和服务业，理顺可再生能源资源管理体制、电价制定政策、行业标准和准入制度，进一步加强并网保障和并网消纳能力，同时加大对下一代高效太阳电池、生物质液体燃料转化、干热岩发电等前沿技术的研发投入。

5）智能电网产业

智能电网是在传统电网基础上，融合电力、信息、储能和计算机网络等先进技术，集数字化、自动化、智能化和信息化于一体，实现电网与用户间互动的新一代电网，为现代电力工业的变革提供了方向和路径。当前，中国智能电网产业总体仍处于“整体起步及部分有所突破”的阶段，产业的内涵、外延逐渐清晰，以能源互联网为代表的产业新方向近年来达到前所未有的重视程度。

能源互联网是借鉴互联网的理念和发展经验，自下而上构建以分布式能源和可再生能源为基础，以电为核心的新一代能源系统。国家电网公司继2013年年底提出“未来的智能电网就是能源互联网”之后，能源互联网的发展催生了一大批跨界联合，特别是互联网产业与传统行业的深度融合，同时出现了一大批带有信息技术特征的能源企业。2015年以来，中国相继出现了中国能源互联网联盟、中国能源互联网产业技术联盟、智能电力产学研联盟等多个产业平台组织。相关产业龙头企业纷纷面向能源互联网制订发展规划，如中国电信2015年10大重大工程计划中包括能源互联网，主要分布式能源和太阳能光伏发电领域的龙头企业都将能源互联网定为公司未来10～15年的战略发展方向，并纷纷布局区域能源互联网的发展。能源互联网的概念在投资证券界引起广泛关注，互联网金融的理念和分布式能源的结合催生一批创业公司。2015年4月，国家能源局开始着手制订“国家能源互联网行动计划”。2015年7月，国家发改委、国家能源局发布《国家发展改革委　国家能源局关于促进智能电网发展的指导意见》，提出到2020年，初步建成安全可靠、开放兼容、双向互动、高效经济清洁环保的智能电网体系。

分布式能源产业与智能电网产业具有较强的直接联系，但也有自身的产业特点。2015年7月，国务院印发《国务院关于积极推进“互联网+”行动的指导意见》，提出“互联网＋智慧能源”的重点行动，明确指出加强分布式能源网络建设，建设以太阳能、风能等可再生能源为主体的多能源协调互补的能源互联网。《国家发展改革委　国家能源局关于促进智能电网发展的指导意见》提出，“加快微电网建设，推动分布式光伏、微燃机及余热余压等多种分布式电源的广泛接入和有效互动”，“推广分布式能源、储能系统与电网协调优化运行技术”和“在海岛、山区等偏远区域，积极鼓励发展分布式能源和微电网，解决无电、缺电地区的供电保障问题”。

近年来，在各级政府相关政策支持下，中国分布式能源产业取得快速发展，主要集中在分布式光伏电站和天然气分布式能源项目两个领域。2014年，中国分布式光伏电站累计并网容量为467万千瓦，占总装机容量的16%，主要集中在华东地区，江苏、浙江、广东累计并网容量居全国前三位。分布式光伏发电新增备案容量933万千瓦，累计备案容量达1 420万千瓦，同比增长192%，河南、山东、江苏、浙江、河北等分布式光伏备案容量排在全国前5位。截至2015年3月底，全国分布式光伏发电累计装机容量已达到533万千瓦。中国分布式光伏产业发展虽然较快，但经济效益并不十分显著，商业模式尚不成熟，潜在风险点较多，规模化推广阻力仍较大。据中国城市燃气协会数据，截至2014年年底，中国已建和在建天然气分布式能源项目装机容量已达380万千瓦，已建成天然气分布式能源项目82个，在建项目22个，筹建项目53个。在分布式能源产业发展的有力拉动下，电力行业的天然气需求从2010年的100亿立方米增长至2014年的250亿立方米，增幅超过150%。以满足用户电、热、冷等能源需求为基础的多能互补分布式能源产业还处于示范发展阶段。例如，新奥能源集团已为华东、华南、华北、渤海湾地区的14个城市1 000多平方千米城区/园区提供泛能规划服务，为全国20多个城市的3 000多万平方米建筑和企业提供泛能站服务，正在廊坊市、青岛中德生态园、肇庆新区开展泛能微网示范项目建设。中国风电产业发展执行“集中式＋分布式”并重的发展战略，在沿海等电力负荷较大的地区将建立一批分布式风电基地，但分布式风电的发展受制于电价政策，导致分布式风电项目的收益不明显，且审批手续复杂，与常规电源相比不具竞争力，目前大多为示范项目，有待进一步明晰分布式能源的目标定位和发展规划。

中国智能电网产业发展受制于技术、市场、管理等多方面因素，仍需持续支持智能电网技术研发与示范建设，明确能源互联网体系结构的目标定位，以推动区域能源互联网发展作为切入点，并完善能源互联网发展的体制机制建设。一旦能源互联网产业发展实现突破，将极大地推动能源电力制造装备的发展，催生一系列新的能源装备制造（如能量集线器、能量交换机、能量路由器）、能源网络运营商（及虚拟运营商）、信息能源系统集成商和信息能源融合应用开发商等新业态，传统的大规模电池和储能将向智能化方向发展，电力电子控制装置将获得更加广泛的应用，以数据中心为核心的信息基础设施将与能源基础设施进一步融合发展，具有巨大的产业规模和广阔的市场前景。

3. 结语

“十三五”时期将是中国能源发展和推动能源革命的关键时期，也是能源领域战略性新兴产业发展的战略机遇期。中国能源新技术的研发与产业化进程将不断加快，具有自主知识产权的能源新技术研发和能源设备制造能力将不断增强，第三、四代核能，非常规油气，太阳能光伏、光热发电，风力发电，生物质能源，智能电网，大规模储能等关键核心技术的连续突破，将发展出新的朝阳产业集群和新的经济增长点，化石能源新技术的突破同样蕴藏着新的产业机遇，特别是煤电新技术研发应用，仍具有巨大的市场空间和实际应用价值。

《中国略性新兴产业发展报告 2016》将聚焦七个产业方向，分别以核电及核燃料产业国际化发展、生物质能产业、页岩气开发产业培育及发展、煤无机资源循环利用产业、基于碳基燃料的固体氧化物燃料电池（solid oxide fuel cell，SOFC）-微型燃气轮机（micro gas turbine，MGT）分布式能源系统、风电产业和太阳能发电产业为题，重点介绍本年度能源新技术产业发展的最新动态。

第 12 章

核电及核燃料产业国际化发展

叶奇蓁　彭苏萍　黄其励　赵成昆　李铁民　苏　罡

【内容提要】要实现核电“走出去”的国家战略，需要核电和配套的核燃料产业一体化、国际化发展；通过形成具有自主知识产权的核电品牌，提供符合核行业发展的全体系服务，推动全寿期的核电产品、配套的全燃料循环和全产业链走出去，开拓国际市场。我国核电走出了“以我为主、中外合作”的发展道路，实现了大型先进压水堆核电技术自主创新体系建设，需要完成自主核电技术标准体系，提升核电装备制造自主水平，配套核燃料循环技术与工业水平协调发展，成为落实国家“一带一路”战略、推进国际产能和装备制造合作的重要举措。

作为战略性新兴产业，核电产业和配套的核燃料产业的发展水平体现一个国家高新科技和工业实力，是国家综合竞争力的重要标志之一。2013 年以来，核电“走出去”上升为国家战略，推动核电项目出口，带动核燃料“一体化”走出去，成为落实国家“一带一路”战略、推进国际产能和装备制造合作的重要举措；核电及核燃料产业国际化发展对提升核科技自主创新能力、推动装备制造业转型升级、优化我国贸易进出口结构，进一步增强我国综合实力，形成经济全球化条件下参与国际合作和竞争的新优势，有着现实和深远意义。

12.1 核电及核燃料产业国际化发展概念及范畴

核电产业国际化发展，应当以市场为牵引、技术为驱动，通过掌握并形成具有自主知识产权的核电品牌，提供符合核行业发展的全体系服务能力，推动全寿期的核电产品、配套的全燃料循环和全产业链走出去，开拓国际市场。核电全寿期应包括核电厂前期选址、设计、制造、建造、调试、运行维护直至退役和废物处置等近百年的服务期限；全产业链将整合装备制造业、工程建设方、调试方、运营服务方及相应的退役、废物处置服务厂商；全燃料循环产业包括前端（核电厂配套的铀矿冶、纯化、转化及浓缩、锆材生产制造及核燃料制造产业）和后端（乏燃料贮存、运输及后处理和废物处置等）；符合核行业发展的全体系服务应包括核安全法规、标准和监管能力培育，研发合作、技术转让，核电运营维护能力培训等。以华龙一号单台机组出口为例，将有 5 000 家以上制造企业参与而获益，如果从核电站 60 年全寿期的燃料、备件和技术服务等测算，估算将带动 GDP 在 1 000 亿元以上。

我国核电“走出去”主要有三种模式：一是通过投资参与国外核电项目建设；二是通过与国外企业合作参与项目建设；三是通过具有自主知识产权的核电技术出口，带动核燃料产业，国内装备制造、工程建设和技术服务企业，整体“走出去”，这也是真正意义上的“核电及核燃料产业国际化发展”。

12.2 国际核电市场发展现状和前景

12.2.1 国际核电市场发展现状

自 1954 年开始利用核能发电以来，经过 60 多年的发展，核能已经成为世界能源三大支柱之一，能够规模化提供能源并实现二氧化碳及污染物减排。

截至 2015 年 5 月，全球在役核电机组共 438 台，核电装机容量为 3.79 亿千瓦。在役核电装机中，近 1/2 在欧洲、1/3 在北美、1/4 在亚洲，南美洲和非洲仅有 6 台在运核电机组；全球共有 67 台核电机组正在建设，近 2/3 在亚洲（共 43 台，中国有 24 台）、近 1/3 在欧洲和美洲（24 台），核电装机容量为 0.65 亿千瓦，相当于在役核电装机容量的 17%[1]。

经历福岛核事故后，伴随着核电技术的持续改进和核电管理水平的不断提升，随着世界能源需求、环境保护压力的不断增加，越来越多的国家表示了对于发展核能的兴趣和热情，核能在全球范围内迎来了新一轮发展。根据国际原子能机构（International Atomic Engergy Agency，IAEA）预测[2]，在保守情形下，预计 2030 年全球核电装机容量将增加到 4.56 亿千瓦，2050 年为 4.69 亿千瓦，在高增长情形下，2030 年全球核电装机容量将达到 7.40 亿千瓦，2050 年为 11.37 亿千瓦；IEA 与

OECD 核能机构（The Nuclear Energy Agency，NEA）指出，按照到 2050 年二氧化碳排放减半和全球温升限制在 2℃以内的前景预测，核能应从 2015 年的 3.79 亿千瓦增加到 9.30 亿千瓦（占总发电装机容量的 17%），能够实现降低全世界 13% 的碳排放[3, 4]；世界核能协会（World Nuclear Association，WNA）提供的最新数据显示，到 2030 年，国际核电市场将新增 160 台左右机组（不含中国），新增投资达 1.5 万亿美元①（图 12.1）。

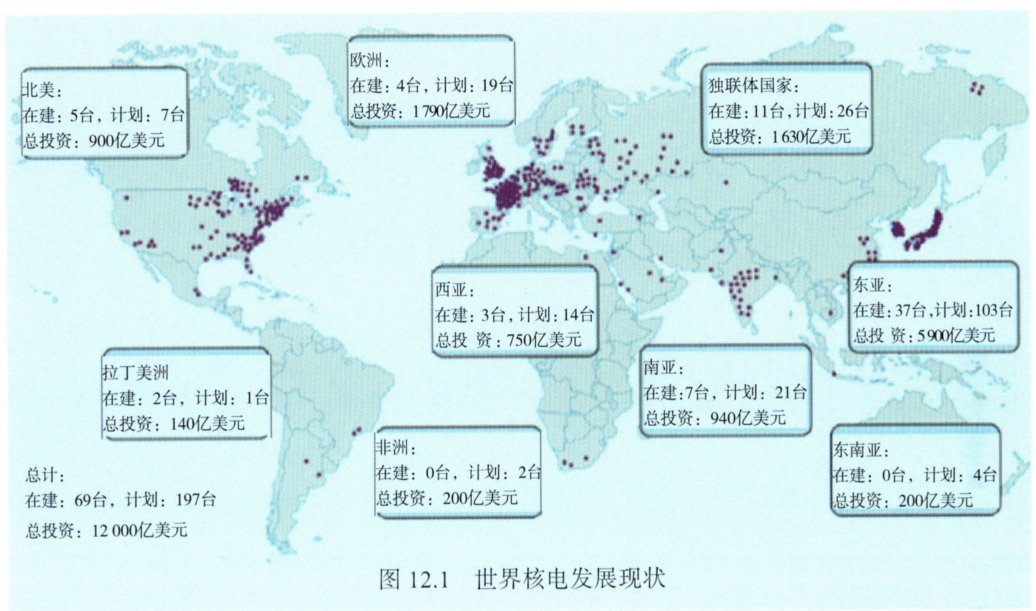

图 12.1　世界核电发展现状

12.2.2　国际核电市场竞争态势

目前国际核电市场主要核电国家在保持本国核电发展的同时，纷纷瞄准国际市场，积极争取并参与其他国家的核电项目，国际核电市场竞争逐步加剧，主要特点是以先进技术、可靠安全保障和优质服务为优势参与竞争，目前参与国际竞争的核电技术均为三代技术；以合理的价格、优惠的贷款条件和灵活的合作模式参与竞争；为拓展国外核电市场、增强海外竞争力，主动进行战略调整。

表 12.1 给出了俄罗斯、韩国、日本、美国和法国在国际市场的竞争情况。

表 12.1　主要核电国家近年来在国际市场竞争情况[5]（单位：兆瓦）

出口国	项目国	项目名称	压水堆机型	规模 / 兆瓦	备注
俄罗斯	土耳其	阿库优	AES-2006	4×1 200	2013 年 3 月签订合同，俄罗斯控股 75%、土耳其 25%，计划于 2020 年后相继建成

① 资料来源：http://www.world-nuclear.org。

续表

出口国	项目国	项目名称	压水堆机型	规模/兆瓦	备注
俄罗斯	伊朗	布什尔	VVER-1000	1×1 000	已并网，双方正就在布什尔新建2台机组准备签署协议
	中国	田湾3、4	AES-91	2×1 120	已开工
	越南	宁顺一期1、2号	AES-91	2×1 060	2013年2月签订贷款协议（10亿美元），俄罗斯计划提供贷款总计80亿～90亿美元。首台计划推迟到2017年开工
	孟加拉	Rooppur	AES-92	2×1 000	俄罗斯提供燃料并负责取回乏燃料；预计2015年开工
	白俄罗斯	奥斯特洛维茨	AES-2006	2×1 200	2011年10月签订100亿美元的贷款协议；2013～2014年1号、2号机组开工
	印度	库坦库拉姆	AES-92	2×1 050	2007年签署谅解备忘录，俄罗斯将帮助其建造至少4台（1号并网、2号在建），2012年签署协议，俄罗斯提供42亿美元出口信贷，厂址工作已经开始
	约旦	阿姆拉	AES-92	2×1 050	俄罗斯、法国、加拿大及韩国参与投标，2013年10月底，约旦选定俄罗斯为技术供应方，约旦拥有51%股份，俄罗斯为49%
	亚美尼亚	亚美尼亚电站3号	VVER-1000	1×1 060	计划于2015年年底开工，俄罗斯持股50%。双方已成立合资公司，开始考虑融资，有报道称俄罗斯通过降低输送给亚美尼亚的天然气价格来换取核电建设参与权
	乌克兰	赫梅利尼茨基3、4号	AES-92	2×1 050	复建工程；另外考虑再新建两个机组，2010年双方签订政府间协议，俄罗斯准备提供新项目85%的贷款
	捷克	泰梅林3、4号	AES-2006	2×1 200	已签合作协议，作为候选堆型

续表

出口国	项目国	项目名称	压水堆机型	规模 / 兆瓦	备注
俄罗斯	英国	—	—	—	2013 年 9 月 5 日，Rosatom 与英国能源部签署核能合作谅解备忘录，探讨在英国建设和运营 VVER 反应堆的合作机遇
	哈萨克斯坦	—	—	300 ～ 1 200	2014 年签署核能合作协议和核电厂建设备忘录，达成有关融资协议
	匈牙利	波克什电站扩建	—	2×1 000	2014 年双方签署扩建协议，俄罗斯提供 100 亿欧元信贷额度，两台新机组计划于 2025 年和 2030 年前投运
	埃及	Dabaa	—	—	2013 年 4 月双方洽谈合作建设核电站及开发铀矿，近期国际招标，不排除从有竞争力的大型跨国公司中直接选定一家进行合作的可能
	南非	—	—	—	2013 年 11 月双方草签了核能和工业领域合作战略伙伴协议，俄罗斯准备帮助南非建设多台核电站
	芬兰	波海约基	AES-2006	2×1 020	2013 年选定俄罗斯为技术供应方，2014 年双方签署政府间合作协定，计划 2024 年并网
韩国	阿联酋	巴拉卡	APR1 400	4×1 400	1 号、2 号在建，3 号、4 号建造申请于 2013 年递交阿联酋核监管部门
	越南	—	—	—	赢得越南第 3 座核电站的优先谈判权
日本	土耳其	希诺普	Atmeal（与法国合作）	4×1 100	2013 年 5 月日本与土耳其签订合作协议；10 月，双方签署合作框架协议，待土耳其议会通过后，双方将拟定最终商业合同条款；今后土耳其核电建设项目中，日本企业都可能参与

续表

出口国	项目国	项目名称	压水堆机型	规模 / 兆瓦	备注
日本	英国	威尔法、奥德伯里	ABWR	（4～6）×1 400	2012 年 11 月，日立公司收购英国地平线，计划在威尔法和奥德伯里建造 4～6 台 ABWR。2013 年 4 月 10 日，英国核监管办公室和环境局与日立公司签署协议，开始对先进沸水堆总体设计评估；12 月 4 日，英国财政部与日立公司签订关于贷款担保的合作协议
	越南	顺宁核电站 2 期	—	2 台	2010 年 10 月与日本签订合作建设协议。目前已完成项目可行性研究，日本将协助建立核监管机构，并提供核辐射安全及核安全法规方面的培训
美国	中国	三门 1、2 号；海阳 1、2 号	AP1000	4×1 250	在建
	捷克	泰梅林 3、4 号	—	2×1 200	2013 年 7 月西屋与捷克维特科维策电力工程公司签署合同，后者将生产 AP1000 关键模块的模拟件。根据之前的合作协议，若该项目采用 AP1000，将由捷克企业供应关键结构模块和机械设备模块。美国进出口银行 2013 年 5 月表示，若采用美国技术，愿意提供项目成本 50% 的贷款
	保加利亚	科兹洛杜伊核电站 7 号机组	—	—	双方就 7 号机组进行洽谈
	印度	Mithivirdi	AP 1000	2×1 250	2012 年西屋与印度签署谅解备忘录；2013 年 1 月完成初步环境评价，预计 2013 年 9 月签署早期工程协议。计划 2019 年首台并网

续表

出口国	项目国	项目名称	压水堆机型	规模 / 兆瓦	备注
法国	中国	台山 1、2 号	EPR	2×1 750	在建
	芬兰	奥尔基洛托 3、4 号	EPR	2×1 750	3 号在建，参与 4 号投标
	印度	Jaitapur 核电站	EPR	4×1 750	2010 年 12 月印度与阿海珐签署框架协议，目前商业和技术谈判顺利，完成合同责任谈判后将签合同
	英国	欣克利 C	EPR	2×1 750	EPR 已通过了总体设计评估；2013 年 10 月 17 日，与法国电力、中广核就合作投资建设核电项目签署战略合作协议

12.3　中国核电产业国际竞争力分析

国家政策环境：2013 年 10 月，国家能源局公布《服务核电企业科学发展协调工作机制实施方案》，首次提出核电“走出去”并上升为国家战略；2015 年 3 月 28 日，国家发布“一带一路”路线图；2015 年 5 月，国务院发布了《国务院关于推进国际产能和装备制造合作的指导意见》，明确了在专项财税支持政策、融资支持、中介机构和政府服务等方面都有突破。核电和核燃料产业“走出去”将是实现以上政策目标的完美路径和最佳实践。

我国核电走的是一条“以我为主、中外合作”的发展道路，经过近 30 年的探索、实践，实现了引进、消化、吸收和再创新的过程，我国核电技术逐步成熟。核工业创建 60 周年，我国核电产业已经初具规模。在运核电机组 26 台，总装机容量 2 442 万千瓦，世界排名第五；在建机组 24 台，总装机容量 2 625 万千瓦，占世界在建总装机容量的 36%，位居世界第一。

自主化水平稳步提升，结合“一带一路”战略实现核电“走出去”：我国具有自主知识产权的“华龙一号”三代核电技术，通过了 IAEA 反应堆的通用设计审查，示范工程于 2015 年 5 月正式开工，为自主三代核电技术“走出去”参与国际竞争奠定基础；在引进 AP 1000 技术基础上自主研发设计的 CAP 1400 即将开工建设，拥有良好的市场前景；拥有自主知识产权的模块化小堆技术方案成熟，进入市场推广阶段；四代核电技术正在积极推进自主快堆及配套的核燃料循环示范工程开工，高温气冷堆示范工程进展顺利。实施核电出口，将实现从引进国外先进核电技术的批量“中国制造”，向真正掌握核心技术的出口“中国创造”转变。

通过核电项目建设、产业培育和自主研发，国内核电装备制造的产业链已经形成，包括东方电气在内的核电装备制造业已具备很强的制造能力。截至目前，仅是国内几大重装集团，其投资已超过 300 亿元，在广州、上海和大连等地建成了重型装备基地，用于提高核电主设备批量化制造能力。现在国内核电主设备产能已达到每年 12 台（套）以上，我国核电产能已经位居世界第一位，制造能力完全满足乃至超越国内市场需求。

我国核燃料元件的制造技术和产品质量达到国际先进水平，核级锆材的制造形成完整的产业体系。在消化、吸收和再创新基础上，新建核燃料元件生产线的关键、重要设备基本实现国产化，年产 1 500 吨核级海绵锆、锆合金及各种锆型材生产线的建成，具备核级锆材从原材料到产品的全面国产化的能力，打破长期以来核级锆材主要依赖进口的局面，通过实施“压水堆燃料元件设计制造技术”专项，三年实现三种类型辐照考验组件入准，形成我国自主的大型先进压水堆核电站自主品牌的核燃料元件。

自 2013 年核电“走出去”上升为国家战略以来，中核集团、中广核和国核技积极开展海外拓展。今年 1 月 15 日，由中核集团、国核技和中广核三家企业联合发起成立了中国核电技术装备“走出去”产业联盟，来自核电技术开发、工程建设、运营管理、装备制造、工程咨询及金融领域的共 14 家单位参加，联盟将按照“统一思想、把握市场、资源共享、互惠共赢”的原则，共同做好海外核电开发。

中国是世界少数几个核电机组出口国之一，已经成功向巴基斯坦出口 2 台 30 万千瓦机组，有一定的实践经验，但就通过国际竞争出口大型商用核电机组来说，中国才刚刚起步。2014 年 7 月习近平主席访问阿根廷期间，先后签署了多项协议，涉及运行核电机组燃料储存、延寿和技术进步，参与建设 Atucha3 重水堆核电站的协议等；关于参与阿根廷 Atucha4 建设压水堆核电项目，中核集团以 ACP1000 或“华龙一号”参与投标，与俄罗斯、法国和日本等国家竞争；中广核集团参与罗马尼亚重水堆核电工程 Cernavoda3、Cernavoda4 项目的合作协议也已签订；中核集团、中广核集团联合同法国 EDF 合作，建设英国欣克利 3 的工作正继续推进；另外南非核电招标、沙特核电招标，中国政府也与其签订了相关合作协议，为参与投标打下了基础；上海电气制造的蒸汽发生器将安装于南非 Koeberg 核电站，这是在核岛主设备制造领域迈向国际市场的第一步。

12.4 国际核电市场规模与布局

从发展格局上来看，未来核电全球扩张主要源自传统有核电国家，重点是中国、印度和俄罗斯；美国、法国、韩国和俄罗斯在兼顾本国核电发展的同时，重点将投向海外市场；中欧、东欧、中东、东南亚和南非地区是传统核电大国争夺的重要市场。核电技术上，受福岛核事故影响，各国在兼顾经济性的同时，对核电安全性提出了更高要求，成熟先进、经济安全的三代和三代改进型技术成为未来 10 ～ 20 年发展主流；第四代核电技术预计在 2030 年后进入商业化阶段。

从国际核电市场开发细分来看，欧美和俄罗斯等发达国家和地区，除个别国家以外，能源电力供应对国民经济发展和人民生活来说已基本饱和，对核电的需求主要是为实现减排温室气体减排目标的能源结构调整，主要面对国内替代能源市场需求，属于竞争激烈的强力竞争市场。对发展核电有强烈要求的是新兴经济发展中国家。其中拉丁美洲、非洲、中东和东南亚地区市场，能源需求量大，市场潜力巨大，这些国家和地区发展核电主要是为了改变落后面貌，发展经济，提高人民生活水平，属于竞争性市场。新建核电主战场由发达国家转向新兴经济发展中国家，由于其经济、工业技术基础与发达国家不同，在核电建设上产生了许多新的要求和特点，将影响世界核电的发展。世界核电市场情况分类见表 12.2。

表 12.2　世界核电市场情况

核电建设安排		亚洲	美洲	非洲	欧洲
有核电、有规划	有明确的核电规划；具备核法规监管体系；具备相应人力资源	日本、俄罗斯、韩国、印度、中国、巴基斯坦、伊朗	美国、加拿大、阿根廷、巴西、墨西哥	南非	法国、英国、乌克兰、瑞典、西班牙、比利时、捷克、瑞士、芬兰、匈牙利、荷兰、斯洛伐克、保加利亚、罗马尼亚、亚美尼亚、斯洛文尼亚
无核电、有计划	有核电发展规划；核基础设施薄弱或无核基础	阿联酋、越南、约旦、孟加拉国、沙特、泰国、印度尼西亚、哈萨克斯坦、马来西亚	智利	苏丹、埃及、加纳	土耳其、波兰
无核电、计划中	电力需求迫切；拟将核能作为解决方案	以色列、科威特、蒙古、菲律宾、新加坡、卡塔尔、叙利亚、斯里兰卡、阿塞拜疆	乌拉圭、玻利维亚、委内瑞拉、厄瓜多尔	阿尔及利亚、尼日利亚、纳米比亚、摩洛哥、肯尼亚、利比亚、突尼斯	白俄罗斯、阿尔巴尼亚、塞尔维亚、克罗地亚、爱沙尼亚、拉脱维亚

在中国“一带一路”沿线的 65 个国家中，除中国外，涉及已有核电的国家有 19 个，计划发展核电的国家有 25 个。其中，规划建设核电机组有 140 台左右，总投资规模将超过 1.2 万亿美元。不仅如此，核电机组延寿市场也相当可观，预计未来 10 ～ 20 年，全球延寿机组有 230 ～ 280 台，市场规模达 1 200 亿～ 1 500 亿美元。

12.5　核电及核燃料产业国际化重点技术分析

1. 完善大型先进压水堆核电技术自主创新体系建设

以“华龙一号”和 CAP1400 两种机型代表的系列先进压水堆机型实现了核电产品和技术自主化。其中“华龙一号”是中核、中广核通过充分的技术融合，自主研发的先进百万千瓦级核电机组，采用“能动与非能动相结合”的安全设计理念，具有“177堆芯”、“单堆布置”、“双层安全壳”及“60年设计寿期”等重要技术特征，并且完成了全部试验验证工作，满足关于先进核电技术最新设计安全要求；系统性地自主研发了设计或计算软件，形成了“华龙一号”的核心技术和自主知识产权；并立足于中国核工业体系和中国装备制造能力，实现了核燃料、压力容器、蒸发器及重要设备自主化制造，国产化率将达到85%以上。CAP1400核电型号，是基于对引进AP1000非能动理念和先进核电技术的消化吸收，以及依托项目的工程经验，基于国家重大专项的试验研究、设备研制，在政产学研用的推动下，突破引进技术限制，通过集成创新与再创新形成的具有自主知识产权的大型先进压水堆型号。以上两种机型代表的系列先进压水堆机型彻底摆脱了国外技术垄断和产权限制，成为能够参与国际核电市场竞争、具有核心竞争力的自主品牌产品。

2. 加强自主核电技术标准体系建设

我国核电标准化通过引进、消化、吸收，再到自主设计、自主建造、自主制造和自主运营，并在核电站工程及运行实践中不断完善，已经形成了行之有效的，并且与国际接轨的技术规范和要求体系，基本能够满足60万千瓦级和百万千瓦级二代改进型核电厂建设的需要。2007年国防科工委和有关部门制定了《压水堆核电厂标准体系建设“十一五”规划》，提出了要基本建成适应我国国情、技术先进和统一完整的压水堆核电厂标准体系的总体目标。2009年国家能源局发布《压水堆核电厂标准体系建设规划》和《压水堆核电厂标准体系项目表》，规划压水堆核电厂标准体系全面覆盖二代改进型和基本覆盖三代压水堆核电厂。为了促进自主核电型号设计、建造、调试、运行的标准化和规范化，为后续的批量化及出口海外建设提供条件，同时也为了补充完善我国的压水堆核电厂标准体系，以更好地支撑核电及核燃料产业国际化发展，在国家能源局和中国国标委发布的《压水堆核电厂标准体系建设规划》的指导思想和体系建设原则的指导下，以及《压水堆核电厂标准体系》的框架基础上，结合我国核电的发展方向和技术路线，立足于自主机型的研发成果、设计经验总结和示范工程实践经验反馈，研究并建立适应我国工业基础和技术体系的、技术先进、科学合理和完整统一的技术标准体系，并通过法定程序和渠道将系列技术规范和要求上升为国家标准。

3. 提升核电装备制造自主水平

我国核电装备制造企业依托核电项目建设，以市场需求为导向，拥有大型水（油）压机、先进数控机床和巨型卷板机等国际领先的生产设备，形成了核电主设备成套能力，国产化率不断提升，但是在主泵及电机、重要核阀门，如主蒸汽隔离阀、稳压器泄压阀和安全阀等需要进一步投入实现自主化；针对DCS（distributed control system，即分布式控制系统）自主化，三大集团公司形成了研制、设计生产机制造基地，但是实现自主化仍需努力，特别是安全级DCS仍需试验验证。

4. 配套核燃料循环技术与工业水平协调发展

我国在核燃料循环前端（铀矿勘探、采冶、提纯、铀转化、铀浓缩和燃料制造）已经形成完整的供应能力，能够承诺向核电进口国提供全寿期的核燃料全产业链的供应与服务，这将大大提高我国出口核电的国际竞争力。

我国核燃料循环后端（乏燃料储运、后处理、回收燃料的制备和再循环、最终处置）的产业正在建设中，随着核电出口增长，有些国家没有乏燃料处理、废物处置能力，需要考虑出口核电项目乏燃料回收及后处理、废物最终处置相关的政策及技术问题。

12.6　核电及核燃料产业国际化重点案例

俄罗斯在稳步推进国内核电建设的同时，大力推动海外核电出口，计划到2030年在国外建设30个核电机组。通过国际市场竞争取得的成功（表12.1），俄罗斯核电走出20世纪末被动的阴影，一步一步地扎扎实实地推进技术改进，开发出了符合高安全标准、经济上又能被新兴经济发展中国家接受的机型系列，走出了一条符合世界核电主流市场需求的发展道路，展现了世界核电发展的光明前景。俄罗斯的成功经验主要如下。

（1）研发具有强大市场竞争力的机型品牌系列：俄罗斯为提高国际市场竞争能力，适应、满足不同的市场需求，不断改进、推出新的设计，不断建立机型系列，以提高其在国际核电市场竞争中的成功率。

（2）市场定位清晰，在符合二代核电安全指标的前提下，经济性决定着市场竞争的成败，俄罗斯在核电价格定位安全性与经济性的协调发展，在最高安全条件下降低成本，既考虑技术的成熟、对安全性能的提升，还权衡安全性提升效益和投资成本增加的问题，达到安全、经济的协调改进，提高电站的综合先进水平。

（3）打造俄罗斯统一的支持核能出口的核工业体制。俄罗斯形成了举国一致的管理体制，同时实行市场机制改革，充分发挥民营企业的作用。在对外市场竞争中，可灵活调动国内资源，适应竞争的需要，满足建设方的各种可能性需求。至此，俄罗斯完成了高度集中，又运用市场调节的全面综合、机动灵活地适应支持核能出口的核工业体系。这是其在国际市场竞争中取得成功的重要保证。

（4）成立全球首个核燃料银行。2010年12月1日，俄罗斯与IAEA共同建立的全球首家储备低浓缩铀的核燃料银行落成。该核燃料银行不仅能满足那些没有能力生产核燃料的国家和平利用核能的需要，还能平息铀浓缩服务市场的波动，确保世界民用核反应堆低浓缩铀市场的稳定。成立全球首家核料银行为新兴经济发展中国家建设核电站的核燃料供应提供了可靠的保证，解决了没有能力建设配套核燃料循环能力的国家发展核电核燃料供应的重大难题，也为俄罗斯进军世界核电市场建立了强大的支撑。

12.7 促进核电及核燃料产业国际化发展的政策建议

（1）从国家战略高度进行“顶层”设计，建立协调机制。由政府行业主管部门牵头，建立由相关企业、政府部门参加的协调机制，积极发挥中国核能行业协会、核能产业发展促进会等民间组织的作用，企业建立核电出口联盟或者针对出口产品成立合资公司，发挥合力“走出去”。

（2）对核电项目融资予以政策支持，特别是对于核电和核燃料产业出口建立专项融资渠道。

（3）正视国际市场竞争风险，注重“走出去”风险防范，建议有关部门及企业注重吸取国际经验，特别是借鉴阿梅珐国际市场开发的教训，对核电出口所涉及的国家相关政治、经济、社会及法律环境进行研究，对可能存在的风险制订应对措施，规避“走出去”风险。

参考文献

[1] IAEA.Power reactor information system(PRIS)，2015.

[2] IAEA.Nuclear Power Reactor in the word，2015.

[3] 国际能源署（IEA）. 能源科技展望 2015，2014.

[4] IEA 与经合组织核能机构（NEA）. 核能技术路线图，2015.

[5] 张萌，汪永平，许诺，等 . 世界核电市场竞争观察 . 中国核工业，2013，（12）：39-44.

第 13 章

生物质能产业

袁振宏　许　洁　王忠铭　孙永明　孔晓英　陈　勇

【内容提要】生物质能是太阳能经植物光合作用固定并储存于地球的化学能，属于可再生能源；是仅次于煤炭、石油和天然气而居于世界能源消费总量第四位的能源，在整个能源系统中占有重要地位。作为唯一可以转化为气、液、固、热、电等多种能源形态的可再生能源，生物质能可满足能源、环境、减排和生态等国家重大需求。近年来，在我国各级政府的大力支持下，生物质燃气、生物成型燃料和生物液体燃料等产业已经初具规模。本章总结了生物质能发展现状及趋势，重点分析了相关产业需要重点解决的关键技术问题，并以生物燃气为案例分析典型的生物质能利用技术的技术经济特性和社会环境效益，提出了促进生物质能产业发展的初步政策建议。

13.1　生物质能技术的基本概念和范畴

生物质能是太阳能经植物光合作用固定并储存于地球的化学能，属于可再生能源。据估计，地球上每年植物光合作用固碳量达 2×10^{11} 吨，相当于全世界年耗能量的 10 倍，我国生物质能资源理论上达 50 亿吨标准煤以上。生物质能具有可再生、储量巨大、分布广泛、低硫和二氧化碳循环等优势和特点，是唯一含碳的可再生能源 [1]。

事实上，生物质能一直是人类赖以生存的重要能源之一。即使在今天，生物质能消费仍占全球能源消费总量的 14%，仍有 25 亿人 90% 的生活能源依赖生物质能，如秸秆、木屑和薪柴等。传统利用方式是以直接燃烧为主，不仅热效率低下，而且伴随着大量的烟尘和余灰的排放。

现代生物质能利用技术已呈现多样化，不仅可利用生物质产热，还可生产各类液体、气体、固体燃料和发电；生物质原料的开发也将趋于多样化，除传统生物质资源外，速生草本植物、木本油料植物和能源藻类将成为新型生物质资源。作为国家中长期能源战略选择，生物质能直接替代煤炭、石油和天然气等矿物燃料，可在能源革命、二氧化碳减排、雾霾与环境治理和新农村建设等重大战略层面发挥巨大作用。

13.1.1　有利于缓解化石能源短缺，保证国家能源安全

我国能源消费仍以化石能源为主。2014 年我国石油净进口量达 3.1 亿吨，石油对外依存度上升至 59.6%，并且油气进口来源相对集中，进口通道受到限制，远洋自主运输能力不足，能源安全压力巨大，能源革命势在必行。在可再生能源中，生物质能是唯一可转化为液体燃料的可再生资源，可生产各类生物质油气替代燃料，降低石油进口依赖度，对我国的能源安全来说至关重要。

13.1.2　减少环境污染，实现可持续发展

在我国能源结构中，煤炭长期占据着主导地位，温室气体的排放已经超过了世界排放量要求的 14.4%；到 2020 年我国的 GHG（green house gas，即温室效应气体）排放有可能占到世界排放总量的 20%。总体来看，大量化石能源消耗排放了巨量的污染物，导致我国生态环境退化加剧，城市雾霾日益严重。生物质能属于低碳能源，具有可再生性和环境友好等特点，对逐步改变我国以化石燃料为主的能源结构，实现可持续发展具有重要作用。

13.1.3　有利于新农村建设，促进农民增收

我国是农业大国，约 50% 的人口居住于农村地区，社会经济发展水平较低，基础设施较落后，环境卫生条件较差。发展生物质能产业，一方面可增加农村地区清洁能源供应，逐步改变农村长期低效的用能方式，改善农村卫生状况和农民生产生活条件，对促进我国新农村建设、推进城镇化进程具有重要意义；另一方面可提高农业生产效益、增加农民收入和促进农民就业，对加快农业产业化进程、实施农业综合开发具有重要的推动作用。

13.2 生物质能技术与产业发展现状

近年来，生物质能产业发展得到国内外的广泛关注。发达国家正在利用新一轮的能源革命、气候变化等契机，推动生物质能产业化发展，以优势技术出口为手段，占据生物质能科技创新制高点。美国、欧洲、日本等发达国家和地区，纷纷制定了各自的规划目标，投入大量的人力和资金从事生物质能的研究开发。我国生物质能研究起步较晚，但各级政府非常重视生物质能利用研究工作，从 20 世纪 60 年代起，将生物质能研究开发列入国家科技计划，并逐年加大投入，推进生物质能清洁转化利用技术与产业发展。

截至“十二五”末期，我国的一批生物质能利用技术已进入商业化早期发展阶段，生物柴油、生物质燃气技术已步入商业化阶段；固体成型燃料、生物质气化发电和生物基材料等受生物质原料的因素制约，尚须通过国家补贴等经济激励政策来促进商业化发展；二代生物质液体燃料技术开发已取得明显进展，二代燃料乙醇、合成燃料、生物质裂解油与生物汽油 / 柴油 / 航空燃油等技术达到世界先进水平[2, 3]。

13.2.1 生物质燃气

生物质燃气主要指生物燃气，即沼气，是指生物质原料通过厌氧发酵或热化学转化得到的可燃气体，经过净化提质可制备高品质的生物天然气。生物燃气技术是生物质能领域产业化发展最好的方向。欧盟是世界上生物质燃气发展最好的区域，主要以热电肥联产、车用燃气和管道天然气为主导模式，发酵工艺为完全混合式沼气发酵工艺（continuous stirred tank reactor，CSTR）。发酵原料包括畜禽粪便、农业及农产品加工废弃物、有机垃圾等，发酵浓度多采用高浓度发酵，发酵温度多为中温或高温发酵，产气效率高。中国的生物质燃气技术已进入商业化阶段，与世界先进技术同步发展，主要的利用模式是户用生物质燃气工程，大型生物质燃气工程的转化升级也已进入产业化阶段，并形成了典型的发展模式，但在装备和关键设备上具有一定的差距。

据统计，2013 年，中国已建设成 4 400 万口户用沼气池，4 700 多处大中型沼气工程、6 万多处中小型沼气工程、10 万多处大型沼气工程，年产沼气 400 亿立方米，约相当于 2013 年进口天然气总量的 20%，年二氧化碳减排 7 000 万吨，生产有机肥 5 亿吨，为农民增收节支约 550 亿元。截至 2012 年年底，欧盟的生物质燃气总量为 210 亿立方米（折合约 1 008 万吨标准煤），预计至 2020 年，德国的生物质燃气达到 300 亿～400 亿立方米，瑞典生物质燃气替代 50% 的天然气消费量；中国的生物质燃气产量将达到 500 亿立方米，将主要以大型生物质燃气工程为主，替代部分管道燃气、车用天然气等[4, 5]。

13.2.2 生物质成型燃料

生物质成型燃料是指在一定温度和压力作用下将松散的生物质原料压缩成一定形状、一定密度的燃料。压缩后的成型燃料体积缩小 6 ～ 8 倍，能源密度相当于中质烟煤，燃料的贮运能力、燃烧特性及能量利用效率都得到明显改善。国内生物质成型燃料原料以农业废弃物秸秆和林业加工剩余物为主，主要有颗粒成型、块状成型、棒状成型和成型炭化四大类成型工艺。相比国外成熟技术体系和产业模式而言，国内技术的成型率较低，模具极易磨损，常温设备自动化程度和连续运行能力与国外还有一定差距。

目前我国生物质成型燃料已经突破了在工业应用和商业模式中的瓶颈，以合同管理模式在工业锅炉和窑炉中实现了商业化运作和规模化推广，产业规模逐年扩大，2014 年年底，生物质成型燃料产量近 700 万吨[6，7]。

13.2.3 燃料乙醇

燃料乙醇由碳水化合物（糖、淀粉或纤维素）水解发酵法制备，可以替代部分汽油燃料，其主要利用形式为在汽油中掺入 10% ～ 20% 的乙醇。燃料乙醇生产和应用技术成熟，是目前全球产业化规模最大、消费量最大的生物质液体燃料。2013 年全球燃料乙醇产量达 7 100 万吨，相当于 1 亿吨标准煤，其中，美国年产燃料乙醇 4 200 万吨，以玉米为主要原料；巴西年产燃料乙醇 2 000 万吨，以甘蔗为主要原料。2013 年，我国燃料乙醇产量近 200 万吨，折合 250 万吨标准煤，主要以消纳陈化粮——玉米为主要原料。

但是，我国是人口大国，发展燃料乙醇不能依赖粮食原料，而非粮原料，如木薯或甜高粱等和木质纤维素原料应是未来生产燃料乙醇的原料来源。近年来，以木薯乙醇为代表的非粮燃料乙醇技术趋于成熟，2013 年木薯燃料乙醇产量达到 32 万吨。同时，木质纤维素原料燃料乙醇技术已进入工业试验阶段，2014 年，国内外先后有 7 套 3 万～ 7.5 万吨 / 年规模的纤维素乙醇示范装置投入试运行，累计产能超过 40 万吨 / 年。预计到 2017 年，全球至少有 25 个项目投产，纤维素乙醇年生产能力将超过 100 万吨。

13.2.4 生物柴油

生物柴油是动植物油脂经过和短链醇的酯化或酯交换反应合成的脂肪酸单酯。欧美主要以菜子油、大豆油和棕榈油为原料生产生物柴油，原料品质稳定而且游离脂肪酸含量低，主要采用碱均相催化生产工艺[8，9]。国内生物柴油在没有完全进入油品销售主渠道的情况下，销售价格低，只能使用地沟油等废油脂生产生物柴油。地沟油游离脂肪酸含量高达 50%，商业化生产采用酸催化预酯化降酸和碱催化酯交换两步法生产生物柴油。针对酸碱两步均相催化设备腐蚀和废物排放高的问题，固体酸碱催化剂、超临界流体和生物酶法催化已经开始了示范性生产。

2014 年全球生物柴油产量为 2 562 万吨，同比增长 5%；中国生物柴油产量为 100 万吨。中国目前生物柴油的产能为每年 300 万吨，2014 年原油价格逐步下滑，由于行业壁垒，国内生物柴油以远低于石化柴油的价格销售。地沟油等废油脂与成品生物柴油的差价正在缩小，很多企业的生物柴油生产工艺落后，生产加工成本过高，无法参与市场竞争。

13.2.5 生物质发电

生物质发电技术包括直接燃烧发电、气化发电、与煤混合燃烧发电及垃圾焚烧发电等，其中直接燃烧发电是主流的生物质发电技术。目前我国生物质直接燃烧发电技术已与国外水平相当，在国内已经成功商业化；气化发电技术领先于国外，我国自主开发的生物质循环流化床气化发电系统已在国内外广泛推广，已经成为国际上应用最多的生物质气化发电系统；混燃发电技术尚不及国外，高效、运行稳定和低成本的生物质-煤混合燃烧技术与成套设备还有待开发；垃圾焚烧技术的研究、开发和应用方面起步较晚，垃圾焚烧设备的设计、生产和应用水平及规模与发达国家的差距还比较大[6，7]。

我国大部分生物质发电技术都已经进入商业化阶段，截至 2013 年年底，除青海省、宁夏回族自治区和西藏自治区以外，我国已经有 28 个省（自治区、直辖市）开发了生物质能发电项目。全国累计核准容量达到 12 226 兆瓦，其中并网容量为 7 790 兆瓦，占核准容量的 63.72%。

13.3 问题与趋势

13.3.1 中国生物质能产业发展面临的问题

1. 产业发展不匀衡，关键技术有待突破

我国生物质发电、以陈化粮为原料的生物乙醇发展较快，但规模化的原料收储运装备比较落后，能源作物基地建设较为滞后，基于纤维素类原料的先进生物液体燃料生产技术和新型能源作物的产业化技术较发达国家有较大差距，关键技术突破尚需时日。在技术开发层面上，我国的生物能源技术面临以下问题。

生物质燃气产气率低，系统运行和管理自动化水平不高、生物燃气高值化利用还需要进一步的技术攻关。生物质成型系统生产率较低，磨损快，能耗较高；固体成型燃料应用过程还存在结渣和沉积腐蚀问题。纤维素制备燃料乙醇的核心技术仍未取得实质性的突破，生产成本高，无法实现商业化生产。传统的液碱催化生物柴油生产技术的工艺路线复杂、能耗高，生产过程存在三废排放污染环境的风险。生

物质直接燃烧发电设备成套性较差；气化利用中存在气化热值低、气体净化技术不成熟等问题。

2. 发展模式不合理，产业环境尚需完善

生物质项目的投融资主体单一，项目资金主要来源于政府拨款；融资模式还不成熟，资金保障较弱，不利于产业化进程。除了农村户用沼气拥有较为成熟的产业模式与应用体系外，生物柴油、固体燃料等产业都面临原料供应、生产与销售模式的难题。原料规模化供应缺少保障，制约企业的扩大再生产，使生物质能产品价格偏高，与传统能源产品相比缺乏经济竞争力。同时，生物质能市场竞争环境不够完善。原料、技术和销售市场等方面存在不良竞争，扰乱市场秩序；技术信息、使用信息及售后消费者反馈等信息比较滞后，高等研发人才与经营人才较为缺乏，限制了生物质能产业的发展。

3. 标准体系不健全，市场壁垒仍需破除

生物质涉及多类行业，工艺路线不尽相同，设备水平参差不齐，相关技术、产品、设备及服务的标准体系和行业规范不够完善。我国的传统能源市场对生物质能有着市场壁垒和准入门槛，由于没有国家强制的统一标准体系，同时在市场监管、销售渠道等方面尚缺乏有效的规定，目前生物质能产品被排除在市场之外。标准体系与市场监管的缺失严重制约了生物燃料产业的规范化、标准化发展。

4. 政策引导不明确，管理手段亟待改善

政策引导不明确是我国生物质能产业发展缓慢的主要原因之一。政府在宏观层面上缺乏有效调控，缺乏生物质能发展的国家战略规划和产业布局；微观层面上缺乏对市场的具体的政策引导，在产业激励政策和市场财税政策的制定和执行方面，缺乏可持续性，税收方面尚无低税率引进相关技术及产品的明确规定，可执行性差。政策滞后性严重，生物质发电上网电价的模式单一，电价补贴没有相应的时间变化机制做调整，影响产业发展。

13.3.2 中国生物质能产业发展趋势

我国目前可能源化利用的生物质资源总量约为 2.6 亿吨标准煤，而利用量仅占资源总量的 12.7%，大量生物质能资源尚未得到有效利用，产业前景广阔。综合考虑生物质原料的资源潜力、市场需求和科技发展趋势，我国生物质能产业的重点发展方向如下。

1. 原料供应从以传统废弃物利用为主向新型资源培育与利用发展

从资源利用的角度来看，农林业成为发展生物质能的基础，能源植物和能源作

物的培养及优化成为满足生物质能规模化发展的保障。浮萍等有望成为燃料乙醇未来的原料来源。速生、高含油、高热值和高产专用的能源植物品种，如小桐子、黄连木、光皮树和文冠果等木本油料作物及产油微藻可能会作为发展生物柴油的新型原料来源。高产量速生能源草正在发展成为生物质燃气的一种潜在原料。

2. 高效、低成本转化技术与生物质燃料产品高值利用是未来技术发展核心

生物质燃气重点突破新型高效生物质定向气化技术、生物质燃气的车用及工业应用关键技术与装备研究、集中型工业化沼气生产与高值化综合利用技术及装备等。

成型燃料重点开展耐磨易损件的开发与热处理工艺的优化、自动化控制的成型燃料成套设备系统的研发。

生物质液体燃料重点突破低品质原料油脂高效生物催化剂，以及高性能加氢催化剂制备技术、纤维素乙醇全株利用及生物炼制技术、生物平台化学物转化技术与合成催化反应体系等关键技术。

生物质发电重点突破生物质-煤混合燃烧计量技术、垃圾焚烧二噁英在线监测技术、生物质加压气化技术与燃气净化技术等。

生物炼制重点突破淀粉基全降解生物基材料技术、聚酯类生物塑料技术、生物基热固性树脂技术、木塑复合材料技术、生物基功能炭材料技术、生物基精细化学品技术和生物基平台化合物技术。

3. 配套产业融合发展，产业模式将趋于成熟和多样化

在现代信息技术、工程装备技术的影响下，生物质能设备制造能力提高，并逐步向智能化、专业化和成套化发展；生物燃气、成型燃料、液体燃料的产品标准、设备标准、工程标准、服务标准及检验检测认证体系逐渐完善，行业的建设与管理水平进一步提高；政策引导性加强，市场壁垒消失，生物质终端市场逐步规范和扩大，生物质燃气并入城市燃气管网，生物质液体燃料将进入传统的交通燃料销售体系，生物质整体产业模式将趋于成熟和多样化；在稳定的原料收集体系的基础上，优化布局，建设多类技术集成的生产基地，形成上下一体，协调高效、绿色低碳的生物质整体产业。

13.4　重点案例

为解决养殖粪污排放造成的环境污染问题，山东民和牧业股份有限公司利用鸡粪高效制备生物燃气与循环利用工程，解决环境污染问题，同时也获得清洁可再生的生物质能。该工程是目前国内规模最大的畜禽养殖场生物燃气发电工程，也是国

内第一个与世界银行 CDM（clean development mechanism，即清洁发展机制）交易成功的生物燃气项目。

13.4.1 工程概况

山东民和牧业股份有限公司是国内肉种鸡养殖行业的首家上市公司，是农业产业化国家重点龙头企业。于 2009 年 6 月在山东民和牧业养殖场投产建成 3 兆瓦生物燃气热电联供工程，该工程采用二级除砂除杂装置及水解工艺，解决了粪砂难以分离的世界性技术难题，除砂效率 90% 以上；采用高浓度高氨氮厌氧发酵技术，实现了厌氧发酵菌耐受浓度从常规 3 000 毫克 / 升提高到 5 000 毫克 / 升，发酵装置的产气率达 1.5 立方米 / 立方米•天；采用高浓度硫化氢生物脱除技术，实现生物燃气中硫化氢浓度从 5 000ppm 降至 300ppm，脱硫效率达到 94%。该工程日处理鸡粪 500 吨，日产生物燃气 30 000 立方米、日发电并网 60 000 千瓦时，日处理沼液 300 吨，日产沼液浓缩有机叶面肥 20 吨。二期建成畜禽废弃物提纯生物天然气工程，日处理粪污 700 吨，日产生物燃气 70 000 立方米，提纯生物天然气 40 000 立方米。

13.4.2 效益分析

3 兆瓦粪污沼气发电并网项目，总投资 7 500 万元，年运行成本 1 320 万元，收入 2 273 万元 (售电 1 423 万元、CDM700 万元、沼液 150 万元)，可新增就业岗位 10 000 多个。项目生产的原沼液及沼液浓缩有机叶面肥减少化肥、农药使用量，有效带动 20 000 多户有机种植户增产增收。

13.4.3 工程运行经验与建议

通过生物燃气发电、生物天然气提纯、沼液浓缩与有机叶面肥的开发与综合利用，拓展、延伸生物燃气产业链，并通过终端生物天然气、有机叶面肥的销售，增加工程利润点，实行“粪污分散收集—集中沼气处理—沼气综合利用—沼肥分散消纳”的商业模式。目前项目收入由发电收入（含补贴 0.3 元 / 度）、CDM 交易及沼肥三部分组成。但生物质能发电及生物质燃气补贴政策还不够明朗，很难拿到生物质能补贴，导致在单纯发电或供气情况下，很难实现项目的营利性运行和商业模式的完善，需要国家生物质能相关政策的大力支持。

13.5 促进生物质能产业发展政策建议

纵观国内外生物质能的发展历程，快速推进其发展的关键是国家引导性政策，特别是财税补贴、产品定价和市场收购方面的政策支持。目前，我国新兴的生物质能产业在国际油价和国内煤价波动的影响下，受到严重冲击。为进一步发挥生物质能在环境、能源、农业和生态等方面的作用，需要进一步强化和完善产业规划、原料保障、科技创新、财税激励和市场应用等方面的政策。

13.5.1 明确战略地位，注重顶层规划设计

政府加大科普宣传，明确生物质能的国家战略地位，以及在环境、能源和生态领域的作用。制定国家生物质能产业发展战略，并且由国家发改委牵头，联合相关部门共同组成实施领导小组，研究产业发展战略和路线图，制定扶持政策、监督监管跟踪落实情况。

13.5.2 明确产业目标，保障原料稳定供应

根据现有资源总量和未来的资源潜力，科学规划产业发展目标。建立稳定的现有原料收购渠道，形成健全的原料收集储运服务体系和规范的市场运营机制，保障废弃物原料供应和污染物消除。筛选培育高光效、能量密度高和抗逆性强的能源作物，推行其对重金属污染耕地、沙漠和盐碱地的修复性的规模化应用，为未来能源发展奠定原料基础。

13.5.3 深化科技改革，创新产业发展模式

按照生物质能产业链各环节科技创新需求，结合相关技术的不同发展阶段，从基础研究、前沿探索、关键技术、设备开发、集成示范、推广应用和国际合作等方面部署科技创新任务，加大人才培育和平台建设，加强产学研协同创新，突破整体产业科技链条瓶颈节点，发挥协会和联盟作用，突出企业主体地位，凝练产业发展模式，增强自主创新能力，积极占领国际竞争制高点。

13.5.4 拓宽融资渠道，构建长效激励机制

推行 PPP 项目，充分发挥财政资金的引导作用，调动社会资本力量广泛参与，撬动巨量的民间资本，拓宽融资渠道。制定长效的财政激励政策，通过经济杠杆调控，在原料开发和产品销售环节给予重点财税扶持，给予价格补贴或各类税收优惠等，保护企业在技术研发、设备制造、产品生产和销售的积极性。加大对利用边界土地培育的新型能源作物的补助资金额度，在确保已有的政策法规得到落实执行的同时，注意政策的时效性和适应性，根据产业发展的现实情况适当扩大政策法规的应用范围。

13.5.5 降低市场门槛，强化产品准入推广

制定行业标准，获取市场准入资格，消除市场壁垒，保护生物液体燃料进入国家燃油主渠道，生物质电力接入国家电网，放开生物质能项目从立项、建设和投产到销售各环节的行政审批权。积极培育新市场，加快落实配额制等强制性市场份额政策，加快在全国范围内推广碳交易市场，促进生物质能产品的市场推广应用。

参考文献

[1] 袁振宏，吴创之，马隆龙，等 . 生物质能利用原理与技术 . 北京：化学工业出版社，2005.

[2] 国家能源局 . 可再生能源发展“十二五”规划，2012.

[3] 国家能源局 . 生物质能发展“十二五”规划，2012.

[4] 生物质能源产业技术创新战略联盟 . 2013—2014 年度生物能源产业科技发展报告，2014.

[5] 贾敬敦，马隆龙，蒋丹平，等 . 生物质能源产业科技创新发展战略 . 北京：化学工业出版社，2014.

[6] 中国科学院广州能源研究所 . 中国生物质发电与供热路线图，2014.

[7] IEA.Technology roadmap:bioenergy for heat and power，2012.

[8] 清华大学 . 中国生物液体燃料发展路线图，2014.

[9] IEA. Technology roadmap-biofuels for transport，2011.

第 14 章

页岩气开发产业培育与发展

马永生　彭苏萍　黄其励　赵培荣

【内容提要】页岩气（shale gas）是指赋存于富含有机质的泥页岩及其夹层中，以吸附或游离状态为主要存在方式的一种非常规天然气资源。以页岩气为代表的非常规油气资源的成功勘探开发，是全球油气工业又一次理论技术的创新与跨越。在美国以水平井分段压裂技术为核心的配套技术成功应用，实现了页岩气及页岩油产量的快速增长，美国油气自给率不断提高，并深刻地改变了世界能源格局。中国页岩气产业从2009年开始投入实质工作至今，经过不断攻关，2013年已在重庆涪陵地区实现了页岩气的商业开发，中国已成为北美地区以外首个实现页岩气商业开发的国家。由于中国与北美地区地质条件存在较大差异，中国页岩气勘探开发仍面临着一系列严峻挑战。近期推动页岩气产业发展的重点工作包括：按照立足四川盆地及周缘地区，发展海相层系，强化科技创新，攻关陆相层系的思路，以国家示范区建设为抓手，推动中国页岩气开发产业健康发展，持续开展三个体系的建设，形成符合中国地质特点的页岩气地质理论体系、适应中国页岩气地质特点的勘探开发技术体系及符合中国国情的页岩气技术标准体系。

以页岩气为代表的非常规油气资源的成功勘探开发，是全球油气工业理论技术的又一次创新与跨越。它的意义在于突破了早期油气工业的常规储层下限和传统的圈闭成藏观念，增加了油气资源的勘探开发类型与资源量，实现了当前油气开采瓶颈技术的升级换代[1～3]。美国通过以水平井分段压裂技术为代表的新技术规模化应用，实现了页岩气，包括页岩油的快速工业化开发，进一步推动美国油气工业的发展，减少了美国油气对外依赖，导致全球能源格局正在发生变化。页岩气的开发对推动中国油气工业的科技进步，带动其他非常规油气资源的发展，保障中国能源安全并改善能源结构具有重要的意义。

14.1　页岩气的基本概念

页岩气是指赋存于富含有机质的泥页岩及其夹层中，以吸附或游离状态为主要存在方式的一种非常规天然气资源。

与常规天然气藏相比，页岩气藏具有以下特点：①自生自储，原地成藏。泥页岩既是烃源岩层，又是储集层。②连续、大面积分布。页岩气赋存于富有机质页岩中，页岩气的含气范围受控于气源烃源岩的分布面积，具有大面积层状连续含气的特征，没有明显的圈闭界限、统一的气水界面。③ 储层致密，孔隙度、渗透率差。页岩中储集空间以纳米及微米级孔隙、微裂缝为主，并且页岩具有普遍的较低孔隙度和超低渗透率特点[4]。④需要人工压裂改造，才能获得商业气流。由于页岩储层致密，未压裂前页岩气产量极低，只有经过大型压裂后，才能获得高产。因此，规模化的“井工厂”方式和水平井、分段压裂技术等是实现页岩油、气商业开发的必要手段。

14.2　页岩气产业发展现状

14.2.1　世界页岩气发展现状

1. 以美国、加拿大为主的北美地区已成为全球页岩气商业开发主要地区

页岩气勘探开发最早始于美国。1821 年第一口页岩气井在阿巴拉契亚盆地纽约肖托夸（Chautauga）县泥盆系 Perrysbury 组敦克尔克（Dunkirk）页岩中完井，在井深为 8.23 米的泥页岩裂缝中产出天然气。1914 年在阿巴拉契亚盆地泥盆系俄亥俄（Ohio）页岩获得日产 2.83 万方的高产气流，发现了世界上第一个页岩气田——大桑迪（Big Sandy）。1926 年，大桑迪气田含气范围由阿巴拉契亚盆地的东部扩展到西部，成为当时世界上已知的最大天然气田。

1973 年阿以战争期间的石油禁运和 1976 ～ 1977 年的第一次石油危机促使美国能源部（United States Depatrment of Energy，DOE）加快了天然气勘探开发的步伐，DOE 联合高校等单位，实施东部页岩气工程（eastern gas shales program，EGSP），综合研究阿巴拉契亚盆地、密执安盆地和伊利诺斯盆地的页岩气地质特征，重点是研究和开发页岩气的增产措施技术。

1980年，美国联邦政府实施了燃料税贷款计划，包括页岩气在内的非常规能源的研究和勘探开发投入大幅增加，这一期间研究取得的最重要的认识成果是页岩气的吸附赋存机理。通过采用水力压裂技术，使页岩气的储量和产量均得到大幅度的提高[5]。先后在阿巴拉契亚盆地俄亥俄页岩、伊利诺斯盆地新奥尔巴尼（New Albany）页岩、密执安盆地安特利姆（Antrim）页岩、福特沃斯盆地巴奈特（Barnrtt）页岩和圣胡安盆地刘易斯（Lewis）页岩实现了页岩气商业开发，1979～1999年的20年间美国的页岩气年产量净增长了7倍，1999年页岩气产量达到112亿立方米[6]。

2000年以后，随着水平井钻井技术及多级分段压裂、同步压裂、重复压裂等技术快速发展及大规模应用，带来了美国页岩气的快速发展。特别是福特沃斯盆地巴奈特页岩气的成功开发，使页岩气年产量由1999年的22亿立方米快速增加到2009年的560亿立方米，20年间增长了25倍。2014年，美国进行页岩气勘探开发的盆地已经超过30个，2013年美国能源信息署（U.S.Energy Information Administration，EIA）统计美国页岩气技术可采资源量为18.83万亿立方米[7]。已经形成马塞勒斯（Marcellus）、尤蒂卡（Utica）、费耶特维尔（Fayetteville）、海恩斯维尔（Haynesvill）、伍德福德（Woodford）、巴奈特（Barnett）、安特利姆（Antrim）、巴肯（Bakken）和鹰滩（Eagleford）九个页岩气商业开发基地[8]。2014年页岩气产量达到3 635亿立方米，占美国当年天然气产量的50%[9]。

继美国之后，加拿大成为全球第二个页岩气实现商业化开发的国家。页岩气勘探开发主要集中在加拿大西部。不列颠哥伦比亚省的霍恩河（Horn River）盆地中泥盆系，不列颠哥伦比亚省和阿尔伯塔省Deep盆地的三叠纪蒙特尼（Montney）页岩，以及加拿大东部魁北克省的尤蒂卡页岩层是加拿大页岩气主力产区。加拿大页岩气技术可采资源量为16.2万亿立方米[7]。2007年第一个页岩气藏投入商业化开发，2012年页岩气产量达到215亿立方米，2013年页岩气产量与2012年相当[10]。

2. 中国、阿根廷成为继北美地区之后实现页岩气商业开发的新兴国家

北美地区页岩气勘探开发的巨大成功，引起了世界各国政府和能源公司的高度重视，在世界范围内掀起了页岩气研究、勘探的高潮。页岩气勘探开发已由北美向地区亚太、中、南美洲等地区扩展，并取得了新的发现。

2014年中国石油化工股份有限公司（简称中国石化）宣布涪陵页岩气取得重大突破，2015年将建成产能50亿立方米，中国已经成为继北美地区之后，首个实现页岩气商业规模开发的国家。

阿根廷在乌内肯盆地实现了页岩油、气的商业开发。根据EIA2013年统计，阿根廷页岩气技术可采资源量为22.7万亿立方米[7]。2012年Apache公司在阿根廷乌内肯盆地对中侏罗统洛斯莫莱斯（Los Molles）组页岩获日产天然气12.7万立方米。ExxonMobile和Amrica Petrogas公司针对巴卡穆埃尔塔（Vaca Muerta）组页岩采用直井4段分段压裂，获日产气9万立方米，日产油18桶。截至2015年一季度，YPF公司在乌内肯盆地针对（Vaca Muerta）页岩层已有332口钻井，平均日产4.17万桶油当

量（208 万吨 / 年）的页岩油、气。

3. 澳大利亚、墨西哥页岩气勘探获得单井发现

墨西哥页岩气的勘探主要集中在北部的布尔格斯（BURGOS）盆地、萨维纳斯（SABINAS）盆地及墨西哥中部坦皮科（TAMPICO）盆地。在 BURGOS 盆地，PEMEX 公司 2010 年在美国得克萨斯边界附近钻探 Emergente-1 井，针对 Eagleford 页岩压裂后获日产页岩气 8 万立方米。此后该盆地先后钻探 4 口探井获日产页岩气 6 万～ 10 万立方米。在 SABINAS 盆地 PEMEX 公司 2012 年钻探 Percutor-1 水平井，压裂后获日产页岩气 6 万立方米。

澳大利亚页岩气勘探始于 2006 年，至今已在麦克阿瑟（McArthur）、库珀（Cooper）、乔治娜（Georgina）、坎宁（Canning）和珀斯（Perth）五个盆地开展了页岩气勘探。据 EIA2013 年预测，上述盆地预计拥有页岩气技术可采资源量 9.9 万亿立方米[7]。2012 年 10 月 Santo 公司在库珀盆地 Moomba-191 井直井压裂获日产页岩气 7.6 万立方米，并于 2015 年宣布页岩气取得商业发现。

由于地质条件复杂、操作成本高等，澳大利亚、墨西哥页岩气取得发现后，并未进入规模开发。

14.2.2　中国页岩气产业发展现状

中国自 20 世纪 60 年代以来，在松辽、渤海湾、四川、鄂尔多斯等含油气盆地进行常规油气勘探开发的同时，在泥页岩中也获得天然气流。1966 年在四川盆地威 5 井 2795 ～ 2798 米井段寒武系筇竹寺组页岩中获日产气 2.46 万立方米。2000 年以来中国开始密切关注北美页岩气的发展动态，2007 年页岩气勘探开始启动，经过 7 年的不懈努力，首个页岩气田实现商业开发。页岩气开发产业取得突破性进展。

1. 页岩气资源

我国富有机质页岩具有类型多、层系分布广的特点。富有机质页岩类型包含海相、海陆过渡相及陆相页岩，页岩层系从寒武系至古近系均有分布。2000 年以来我国开展了页岩气战略调查工作，已初步摸清了部分有利区富有机质页岩分布，确定了主力层系，掌握了页岩气资源的相关参数，并优选出一批页岩气有利区带。国土资源部依据新一轮页岩气资源调查成果，2012 年 3 月 1 日向社会公布了全国页岩气地质资源量为 134.42 万亿立方米，可采资源量为 25.08 万亿立方米。2014 年中国工程院依据《我国非常规天然气开发利用战略研究》的研究成果，对外公布中国海相页岩气技术可采资源量为 8.8 万亿立方米。

2. 页岩气勘探开发现状

截至 2014 年年底，中国页岩气勘探开发累计投资 230 亿元，已完成二维地震 21 818 千米，三维地震 2 134 平方千米，钻井 780 口，铺设管线 235 千米[11]。相继

在重庆涪陵、彭水，四川长宁、威远、井研-犍为，云南昭通，贵州习水和陕西延安等地区取得重大突破和重要发现。2015 年已累计探明页岩气地质储量为 5 441 亿立方米。2014 年页岩气产量达到 13 亿立方米，并取得以下成果。

1）海相页岩气勘探开发取得重大突破，首个页岩气田——涪陵页岩气田实现商业开发

2012 年中国石化在涪陵焦石坝地区部署钻探焦页 1HF 井，11 月 28 日试获 20.3 万立方米 / 天的工业气流，并于 2013 年 1 月 9 日投入商业试采，产气量 6 万立方米 / 天，至此发现了涪陵页岩气田并率先投入商业试采。随后部署钻探的三口探井、18 口开发试验井组均获得工业气流。2013 年 9 月 3 日，国家能源局批准设立重庆涪陵国家级页岩气示范区。2014 年 3 月中国石化宣布涪陵页岩气田提前进入商业化开发阶段。截至 2014 年年底，投产井 89 口，已建成产能 25.2 亿立方米，2015 年将形成 50 亿立方米的产能规模，2014 年页岩气产量达到 10.81 亿立方米。2015 年 9 月涪陵页岩气田已累计探明天然气储量为 3 806 亿立方米。

针对龙马溪组海相页岩，中国石油在长宁、威远和昭通国家级页岩气示范区取得突破，并开展产能建设，2014 年已建成 7 亿立方米产能规模，2014 年页岩气产量为 1.6 亿立方米。中国石化在贵州习水丁页 2 井压裂后获日产页岩气 10.52 万立方米，取得新的勘探突破。在四川盆地，龙马溪组海相页岩气初步落实 4 500 米以浅有利勘探面积为 3.7 万平方千米，可采资源量为 4.3 万亿立方米；

针对下寒武统海相页岩，中国石化在四川盆地井研-犍为区块的金页 1HF 井压裂测试获得 8 万立方米 / 天页岩气流，取得海相页岩新层系的勘探突破。

2）陆相页岩气勘探开发取得积极进展

延长石油在鄂尔多斯盆地甘泉区块，针对三叠系延长组湖相页岩实施页岩气钻探，形成产能 2 000 万立方米 / 年规模。2014 年年底，初步落实三叠系含气面积 250 平方千米。中国石化在四川盆地元坝、涪陵、鄂西渝东建南地区的中生界侏罗系自流井组、四川盆地新场地区三叠系须家河组须五段陆相页岩勘探中也取得了重要的发现[12]。

14.3 重点技术现状与发展方向

14.3.1 地质综合评价技术

在北美地区，埃克森•美孚、BP 公司及雪佛龙等国际能源公司根据自身勘探开发技术特点，在评价方法上，形成以 BP 公司、新田公司为代表的综合风险分析法（CCRS）方法，以埃克森•美孚为代表的基于叶斯数学概率统计理论的边界网络节点（boundary network node，BNN）法，以雪佛龙、HESS 为代表的地质参数图件综合分析法等多种综合评价技术；形成采用常规地质调查、地球物理勘探、参数井钻探和实验室分析测试等手段，开展页岩气关键特征参数研究，对页岩气富集区、核

心区和甜点区进行评价与优选的成熟评价技术体系。

中国的主要油气企业结合中国经历过多期地质改造的特点，经过近几年的攻关与总结，形成中国海相页岩气选区评价方法，与北美地区页岩气评价方法相比，更加重视保存条件的研究，形成富有机质页岩与保存条件相结合的评价思路。

14.3.2 水平井钻井及多级压裂技术

在水平井钻井方面，北美地区已经形成大位移水平井、丛式水平井、欠平衡水平井及连续油管钻井等技术，钻井速度不断提高，并研发使用旋转导向、随钻测量（measurement while drilling，NWD）及随钻测井（logging while drilling，LWD）等高技术装备。通过利用高造斜率旋转导向系统，有利保持井眼光滑，并提高水平井钻井速度。利用水平井地质导向技术可随时探测钻头与地层、油气水边界距离，及时控制井眼轨迹，实现水平井的精确导航。

围绕非常规油气水平井裸眼、筛管、套管等不同完井方式，研发了较为成熟配套水平井分段压裂技术与工具：①裸眼封隔器 + 滑套：针对裸眼完井的压裂工艺技术，贝克休斯、威德福、哈里伯顿与斯伦贝榭等公司均研制开发了一球打开一个滑套的裸眼封隔器 + 滑套工具，可实现 60 级压裂，封隔器耐压差达 70.0 兆帕，耐温达 204℃。②泵送可钻式桥塞：针对套管完井而开发的工艺技术，哈里伯顿、贝克休斯、斯伦贝谢和威德福等公司均已成功研制该工具，目前桥塞耐压差 86 兆帕，耐温 232℃，在 51/2″ 套管完成了 42 级压裂。③连续油管 + 水力喷射压裂：哈里伯顿、贝克休斯等公司将连续油管与水力喷射相结合，形成了连续油管水力喷砂射孔，环空加砂压裂技术，5″ 套管内实现了 43 段压裂施工[13]。

在压裂装备方面，哈里伯顿公司生产的 2000 型及 2500 型压裂设备为北美地区主力压裂设备。当前国际水平井分段压裂设备正朝着大功率、模块化、小型化和便携化方向发展，压裂技术向高效、低成本和环境友好方向发展，如正逐步试验推广高通道压裂技术、无水压裂技术等。

中国已初步配套形成了海相页岩 3 500 米以浅的水平井分段压裂技术体系，具备钻探 2 130 米长水平段水平井、最高压裂段数 26 段、最大压裂液量 4.6 万立方米及最大加砂量 1 344 立方米的施工能力。在水平井钻井方面，自主研发了定向 PDC（polycrystalline diamond compact，即聚合金刚石复含片）钻头等新型钻头，国产油基钻井液、配套井壁清洗液和低密度弹韧性固井水泥浆体系已成功应用；关键完井设备方面，裸眼封隔器 + 滑套分段压裂工具、泵送易钻电缆桥塞工具已开始工业化推广。中国石化研发成功具有自主知识产权的 3000 型压裂车，已在涪陵等地区投入应用，并出口到北美地区，设备各项技术指标已达到国际先进水平。与国外同类型技术相比，中国在水平井钻进速度、井筒质量和压裂技术体系的成熟性等方面仍存在较大的差距。

14.3.3 页岩油、气开发技术

在北美地区，已有数万口页岩气井正在生产，已形成配套成熟的开发技术体系。这些地方主要采用井工厂模式来实现低成本、规模化开发，形成以经济效益为核心，按照投资与产量的经济效益最优的要求来确定开发井网、水平井长度、压裂段数和规模等开发施工参数的开发模式。近期，为应对2014年下半年以来油价快速下跌带来的冲击，高效、低成本开发技术体系及管理模式正在不断完善。

中国在涪陵地区，针对复杂的山地环境，经过不断探索，初步形成具有山地特色的“井工厂”开发模式。形成4-8井式山地“井工厂”平台布置模式，实现了钻机快速运移与作业工序的无缝衔接，建立同步交叉式压裂、拉链式压裂等配套工艺。按照标准化设计、标准化采购、标准化施工和信息化管理，工程趋于模式化和可复制化的要求，形成完善的“井工厂”作业流程标准。目前中国页岩气开发仍处于早期阶段，与北美地区相比，开发技术、成本管理等仍存在不小差距。

14.4 产业配套政策

国家高度重视页岩油、气资源的开发与利用，已将页岩油、气资源开发作为我国能源战略中的重要举措之一。温家宝、李克强等曾经多次对页岩气的发展做出批示。国家相关部门为鼓励页岩气产业发展出台了多项鼓励政策。

首先是将页岩气设为独立矿种，开放页岩气勘查开发市场。2011年12月，经国务院批准，国土资源部公告将页岩气列为我国第172个矿种。2012年11月，国土资源部发布实施《关于加强页岩气资源勘查开采和监督管理有关工作的通知》，提出以机制创新为主线，以开放市场为核心，规范管理，促进我国页岩气勘查开发快速、有序和健康的发展。2011～2012年，国土资源部通过两轮页岩气探矿权招标和常规油气区块增列页岩气探矿权方式，鼓励更多企业进入页岩气勘查领域。

其次是出台配套补贴扶持政策。2011年12月，国家发改委、商务部将页岩气列入《外商投资产业指导目录（2011年修订）》产业目录（限于合资、合作）。2012年11月，财政部、国家能源局发布实施《关于出台页岩气开发利用补贴政策的通知》，规定2012～2015年页岩气补贴标准为0.4元/立方米。2013年6月，国家税务总局发布公告，油气田企业从事页岩气生产及为生产页岩气提供生产性劳务，缴纳增值税时可采用与开发石油、天然气一样适用的17%的税率。2013年10月国家能源局颁布《页岩气产业政策》，将页岩气开发纳入国家战略性新兴产业，从落实补贴政策、减免矿产资源补偿费和矿权使用费等税费等方面，加大对页岩气勘探开发等的财政扶持力度。

最后是科技扶持力度不断加大，国家高度重视页岩气科技攻关，先后在国家科技重大专项，国家“973”及“863”、自然科学基金等设立科技攻关项目，国土资源部、中国地质调查局等部门开展了页岩气资源基础调查研究工作。

14.5　页岩气产业布局与发展重点

14.5.1　产业布局

2012 年 3 月 16 日，国家能源局颁布的《页岩气发展规划（2011—2015 年）》提出：一是基本完成全国页岩气资源潜力调查与评价，初步掌握全国页岩气资源量及其分布，优选 30 ～ 50 个页岩气远景区和 50 ～ 80 个有利目标区；二是探明页岩气地质储量为 6 000 亿立方米，可采储量为 2 000 亿立方米。2015 年页岩气产量为 65 亿立方米。

2014 年 6 月，国务院办公厅印发《能源发展战略行动计划（2014 ～ 2020 年）》，明确提出"加强页岩气地质调查研究，加快'工厂化'、'成套化'技术研发和应用，探索形成先进适用的页岩气勘探开发技术模式和商业模式，培育自主创新和装备制造能力。着力提高四川长宁-威远、重庆涪陵、云南昭通、陕西延安等国家级示范区储量和产量规模，同时争取在湘鄂、云贵和苏皖等地区实现突破。到 2020 年，页岩气产量力争超过 300 亿立方米"。

14.5.2　面临的主要挑战

首先是中国页岩气藏与北美地区相比，具有海相、陆相和过渡相多种类型，其形成、富集、演化程度及保存条件与北美地区相比具有较大差异。海相页岩与北美地区相比具有构造改造期次多、热演化程度高的特点。陆相、过渡相与海相页岩相比，具有非均质性强、压裂改造难度大的特点。由于基础研究工作起步晚，对我国页岩气资源富集规律认识不清，制约了我国页岩气勘探开发的快速发展。

其次是页岩油、气的有效开发取决于关键性技术的突破与应用。经过近期攻关，我国已初步形成了 3 500 米以浅的水平井分段压裂技术配套体系，但与北美地区相比相关技术仍存在不小差距。同时我国海相页岩富集有利区多处于 3 500 米以深，相应的配套技术尚处于攻关阶段。针对陆相、过渡相页岩针对性储层改造的技术尚未形成。

最后是页岩油、气的勘探开发是一个系统的工程，低成本是非常规油气商业化规模开发的关键。我国页岩气等非常规资源富集区多位于我国中、西部地区，存在地形地貌条件复杂、水源缺乏和管网资源较少等不利因素，如何降低成本实现规模性商业化开发是当前面临的另一挑战。

14.5.3　产业发展重点

1. 立足四川盆地及周缘地区，发展海相层系，强化科技创新，攻关陆相层系

以四川盆地及其周缘海相页岩气为重点，一是通过已有的国家示范区建设，形成页岩气商业开发基地；二是在四川盆地开展 3 500 米以深开展页岩气勘探、开发先导试验，实现海相深层页岩气有效开发；三是在四川盆地周缘开展常压页岩气气藏

的勘探及开发先导试验，推动我国南方常压海相页岩气商业开发。

陆相、过渡相页岩气藏是我国页岩气资源的一大特色和重要组成部分，广泛分布于渤海湾、四川、鄂尔多斯、准噶尔、塔里木和吐哈等盆地。页岩气资源禀赋条件、气藏特征与海相页岩气存在较大差异。针对此类资源开发，目前国外尚无成功先例，我国仅在四川、鄂尔多斯盆地开展前期试验，但尚未掌握其规律。针对陆相、过渡相页岩气藏需要进一步加强基础研究攻关，明确气藏富集规律。同时开展勘探评价，优选有利区，并进行针对性配套工程工艺技术攻关试验，形成有效的开发技术。

2. 以国家示范区建设为抓手，推动中国页岩气开发产业健康发展

目前国家能源局已在四川、鄂尔多斯盆地设立了涪陵、长宁-威远、昭通和延安等国家级页岩气示范区。近期通过加强上述国家级示范区建设，形成一批页岩气商业化开发基地，完成“十二五”及“十三五”规划制定的产量目标。通过示范区建设，一是推动科技攻关，形成页岩气勘探开发适应性关键技术系列；二是形成我国页岩气开发产业的标准和规范；三是形成页岩气低成本、市场化运作的综合利用模式；四是探索形成页岩气安全环保的绿色开发模式。

3. 持续开展“三个体系”建设

一是针对我国页岩气成藏特点，持续开展页岩气富集规律基础研究，建立我国页岩气地质理论体系，重点开展四个方面的基础研究攻关：①我国多类型页岩有机质富集规律研究；②我国多类型富有机质页岩储集特征与含油气性研究；③我国多类型页岩油、气富集高产主控因素研究；④我国多类型泥页岩岩石物理特征与网状裂缝形成机理研究 。

二是继续加大科技攻关力度，突破技术瓶颈，形成适合我国页岩气地质特点的勘探开发技术体系，重点开展九个方面的配套技术攻关：①页岩气资源评价技术；②页岩气有利区带、有利目标优选评价技术；③页岩“甜点区”地球物理预测技术；④泥、页岩水平井快速钻完井技术；⑤多类型页岩储层改造及提高单井产能技术；⑥少水、无水压裂技术；⑦微地震监测技术；⑧页岩气高效开发与利用技术；⑨页岩气经济评价技术。

三是建立适合我国地质特点和国情的页岩气勘探、开发技术标准体系。

14.6 促进页岩气开发产业发展的建议

14.6.1 建议进一步落实形成页岩气产业化优惠政策实施细则与流程

目前国家已经出台页岩气产业政策等各项鼓励扶持政策，明确具体财政补贴及

优先用地审批等相关扶持配套政策。建议国家、各省市相关部门根据出台政策，尽快形成并落实相关政策实施细则与流程。

14.6.2 建议加强监管，按照科学有序、安全环保的原则进行页岩气的开发和利用

目前已发现的页岩气资源主要集中于我国常规油气富集区内，国家应鼓励常规与页岩气开发利用相互兼顾、科学有序，实现效益互补，逐步推动页岩气资源的有效开发与利用。同时页岩气开发利用需要大量水资源、土地资源，并存在环境污染的风险。建议国家制定相关政策并形成有效的监管机制，鼓励并监督企业加大安全环保投入，实现绿色开发，使页岩气开发产业科学有序地可持续发展。

参考文献

[1] 孙赞东，贾承造，李相方，等 . 非常规油气勘探与开发 . 北京：石油工业出版社，2011.

[2] 邹才能等 . 非常规油气地质 . 北京：地质出版社，2011.

[3] 胡文瑞，翟光明，雷群，等 . 非常规油气勘探开发新领域与新技术 . 北京：石油工业出版社，2010.

[4] 蒋裕强，董大忠，漆麟，等 . 页岩气储层的基本特征及其评价 . 天然气工业，2009，29（10）：7-12.

[5] Curtis J B. Fractured shale-gas systems. AAPG Bulletin，2002，86（11）:1921-1938.

[6] U.S. Department of Energy，Office of Fossil Energy，National Energy Technology Laboratory. Morden shale gas development in the United States，2009，Washington.

[7] U.S. Department of Energy.Technically recoverable shale oil and shale gas resources:an assessment of 137 shale formations in 41 countires outside the United States，2013.

[8] U.S. Department of Energy.Review of emerging resources: U.S.shale gas and shale oil plays，2011.

[9] U.S. Department of Energy.Review of emerging resources:annual energy outlook 2015，2015.

[10] 李宏勋，张扬威 . 全球页岩气勘探开发现状及我国页岩气产业发展对策 . 中外能源，2015，20（5）：22-28.

[11] 国土资源部中国地质调查局 . 中国页岩气资源调查报告（2014 年），2015.

[12] 马永生，冯建辉，牟泽辉，等，中国石化非常规油气资源潜力及勘探进展 . 中国工程科学，2012，14（6）：22-30.

[13] 马永生 . 页岩气勘探开发新技术进展 // 中国科学院 .2014 高技术发展报告 . 北京：科学出版社，2015：130-135.

第 15 章

煤无机资源循环利用产业

孙俊民　韩敏芳　戴世峰　李会泉　贾屹海　彭苏萍

【内容提要】煤作为有机组分与无机组分构成的多资源复合型能源矿产，其开发利用方式已从燃料向燃料和原料协同利用转化。我国煤中蕴藏十分丰富的金属与非金属矿物资源，如何实现这些资源的循环利用是煤炭资源清洁高效利用与环境保护的重大问题，对缓解我国有色及稀有金属资源短缺、促进节能环保产业和低碳经济的发展具有重要战略意义。本章阐明了煤无机资源循环利用的概念与发展趋势，提出了大力发展煤中有色和稀有金属提取、煤基固废协同利用生产节能环保材料与生态修复等战略性新兴产业，以及促进我国煤无机资源循环利用的政策建议。

15.1　煤无机资源循环利用产业的概念与发展趋势

我国煤中无机矿产资源十分丰富，鄂尔多斯盆地晚古生代煤田具有煤、铝和镓共生的资源特性[1]，我国南方广泛分布含钒的石煤资源[2]；在一定地质条件下，煤中还可以富集锂、钪、钛、锗、硒、锆、铌、铪、钽、铀、稀土元素（包括镧系元素和钇）和贵金属元素等有益元素，并达到可资利用的程度和规模，形成煤型稀有金属矿床[3]。

2011 年已探明鄂尔多斯盆地煤、铝和镓矿产储量为 319 亿吨，远景资源量为 1 000 亿吨[4]，其中铝的蕴藏量相当于我国现有铝土矿的 3 倍，仅内蒙古准格尔煤田镓的保有资源量就为 6.34 万吨[1]，是我国重要的铝镓资源后备基地。在我国发现的煤型稀有金属矿床包括煤-锗、煤-铀、煤-稀土、煤-铌等矿床，大型煤-锗矿床包括云南临沧、内蒙古乌兰图噶等，其中锗的储量约为 4 000 吨；新疆伊犁、吐哈等含煤盆地中，都发现了侏罗纪煤层中共（伴）生铀矿体，铀含量最高达 7 200 微克 / 克，为迄今检测到的煤中铀含量的最高值；内蒙古准格尔煤田及西南晚二叠世一些煤层中富集稀土元素，煤中总稀土元素的氧化物在煤灰中含量大于 800 ～ 900 微克 / 克，具有重要的潜在价值 [3]。

煤中广泛分布的粘土与含铁矿物，尽管不具备单独开发利用价值，但在煤燃烧后转化为以玻璃相为主的各类微珠资源，是生产建筑材料、节能环保材料、功能填料与生态修复材料的宝贵再生资源，开发利用前景广阔。

过去，煤中无机组分通常作为灰分和有害物质，而煤炭资源全生命周期循环利用的理念，则是将这些物质作为资源实现循环利用。广义上来讲，煤无机资源循环利用是指煤炭开采及后续转化利用过程中所产生的所有无机组分的资源化利用，包括煤矸石与粉煤灰的利用、煤中稀有金属的提取和煤化工灰渣的利用等，其利用趋势正由传统的建材建工为主向多资源协同提取、制备复合材料、环保与生态修复等领域发展 [5]。

15.2 高铝粉煤灰资源化利用产业

15.2.1 技术发展现状

随着西北地区高铝粉煤灰的发现，近年来经过科技攻关与产业化探索，初步形成了以大唐集团为代表的预脱硅-碱石灰烧结法、以神华集团为代表的一步酸溶法、以蒙西集团为代表的石灰石烧结法、以华电集团和开元生态铝业为代表的硫酸铵法四种粉煤灰提取氧化铝工艺技术路线（表 15.1），这几种工艺路线具有各自不同的粉煤灰适应类型与技术特点，其中大唐集团在内蒙古托克托工业园区建成投产国内外首条高铝粉煤灰年产 20 万吨氧化铝示范生产线，其他三种工艺路线已完成千吨级半工业化试验 [6]，逐步进入产业化阶段。

表 15.1 四种粉煤灰提取氧化铝工艺技术的比较

项目	预脱硅-碱石灰烧结法	一步酸溶法	硫酸铵法	石灰石烧结法
1. 所采用的技术与装备形成历史	预脱硅技术为该工艺主要创新点，其工艺与设备可借鉴拜耳法工艺设备。碱石灰烧结法技术已有 150 年生产历史。大唐集团开发该项技术已历经 10 年	最早采用酸法生产氧化铝的技术研究和实验室小试，其原料是铝土矿，已有近 100 年历史。利用酸法从高铝粉煤灰提取氧化铝的研究不足 10 年	中国最早于 1987 年开始实验室研究，利用该方法从明矾石中提取氧化铝；利用硫酸铵法从粉煤灰中提取氧化铝研究不足 5 年	20 世纪 60 年代波兰研发出粉煤灰石灰石烧结法技术，并将之产业化。中国蒙西集团从 2000 年开始研究该项技术

续表

项目	预脱硅-碱石灰烧结法	一步酸溶法	硫酸铵法	石灰石烧结法
2. 中试或产业化情况	2008 年年产 3 000 吨中试完成；2010 年年产 20 万吨生产线投产，2013 年达设计值	铝土矿和粉煤灰酸法生产均无产业化。2011 年粉煤灰酸法 4 000 吨中试线投产	无产业化实例，2012 年年产 4 000 吨中试线投产	2004 年完成 1 000 吨中试。2014 年建成年产 20 万吨示范装置
3. 工艺流程	预脱硅加烧结法	酸法加高温拜耳法	烧结法加低温拜耳法	烧结法加低温拜耳法
4. 反应温度 /℃	1 150 ～ 1 200	90 ～ 110	370 ～ 400	1 300 ～ 1 400
5. 硅产品	以硅酸钠形式获得，可合成多种硅产品，产品较纯净、品种高，用途广	以硅及其酸溶渣存在，杂质较多，需要酸碱中和处理，产品单一	以硅酸钠形式获得，可合成多种硅产品，产品较纯净、品种高	无硅产品
6. 废渣的处理和用途	主要成分是硅酸二钙，用于建材、脱硫、公路、填充等行业	主要成分是硅、铝、钙等。应用技术待开发	主要成分是硅、铝渣，应用技术有待开发	主要是硅酸二钙、三钙等，用于水泥原料
7. 粉煤灰原料	煤粉锅炉	流化床锅炉	煤粉炉、流化床	煤粉炉、流化床
8. 技术成熟度	采用的工艺和设备，均有生产应用实例。技术已经鉴定，并产业化	设备材质有特殊要求，主要设备新开发，无产业实例。有中试技术鉴定成果	主体设备新开发，没有生产应用实例。无中试技术鉴定	传统工艺和设备，有生产应用实例。技术已经鉴定，并产业化
9. 对环境影响程度	微量	高。酸挥发性较强，有刺激性	高。氨气，刺激性。硫酸铵属低毒原料，有刺激性	微量
10. 物料流量	吨氧化铝需 4.0 吨熟料	吨氧化铝需焙烧 4.8 吨左右 $AlCl_3·6H_2O$	吨氧化铝需 9.86 吨以上硫酸铝铵熟料	吨氧化铝需 9.5 吨左右熟料
11. 产渣量	2.4 ～ 2.6 吨 / 吨氧化铝（生产数据）	1.4 ～ 1.6 吨 / 吨氧化铝（实验室数据）	1.5 ～ 1.7 吨 / 吨氧化铝（实验室数据）	8.25 吨 / 吨氧化铝（中试数据）
12. 投资估算 / 吨氧化铝	5 500 ～ 6 000 元（基建数据）	55 000 ～ 65 000 元 (中试线数据)	13 700 元（中试线数据）	6 250 元（基建数据）
13. 综合能耗	1.38 吨标煤（生产）	1.41 吨标煤（实验室）	2.33 吨标煤（实验室）	2.18 吨标煤（中试）
14. 氧化铝回收率	85%（生产线数据）	84%（实验室数据）	80%（实验室）	70%（中试数据）
15. 车间生产成本 /（元 / 吨氧化铝）	1 850	—	—	—

15.2.2 重点任务与目标

高铝粉煤灰中氧化铝的提取可采用碱法与酸法工艺，其中预脱硅-碱石灰烧结法与石灰石烧结法总体属于碱法体系，一步酸溶法与硫酸铵法总体属于酸法体系。酸法体系应建立 10 万吨级示范生产线，形成酸法提取氧化铝多联产工艺技术与装备体系，重点突破耐酸材料与装备大型化技术、氧化铝的提纯与电解技术、副产品的资源化利用技术，形成针对循环流化床锅炉高铝粉煤灰提取氧化铝的技术经济指标体系，为大规模产业化奠定基础。碱法体系应进一步优化工艺技术，重点突破成渣量较高、副产品资源化利用等问题，根据国家发改委《关于加强高铝粉煤灰资源开发利用的指导意见》，形成针对大型煤粉锅炉高铝粉煤灰提取氧化铝的技术经济指标体系，建立粉煤灰年产 50 万吨氧化铝工艺技术包，对高铝粉煤灰循环利用全产业链进行物质流与能量流分析，提出经济社会与环境效益最优化的循环经济发展模式，为大规模产业化推广应用提供支撑（图 15.1）。

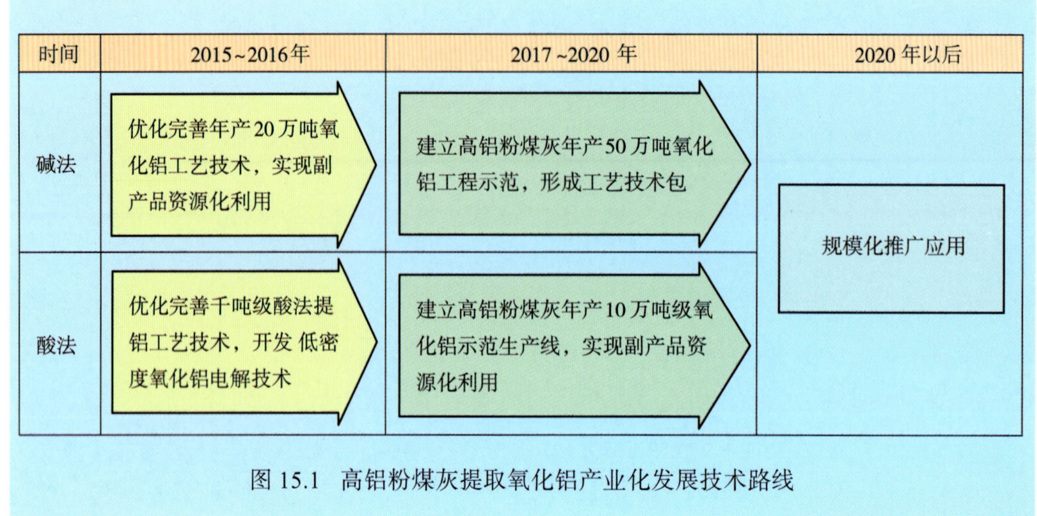

图 15.1　高铝粉煤灰提取氧化铝产业化发展技术路线

15.3　煤基固废协同利用生产节能环保材料产业

我国煤中无机组分主要以各种形式的硅酸盐存在，是生产节能环保材料的物质基础。无论采用碱法还是酸法工艺从高铝粉煤灰中提取铝后仍会产生一定量以硅和钙为主要成分的废渣，协同利用硅钙渣、粉煤灰与煤矸石，通过成分与结构转化，可以生产国民经济发展需要的节能环保材料，这也是煤无机资源转化的重点发展方向。

15.3.1　新型墙体材料

新型墙体材料的发展对建筑技术产生巨大的影响，并可能改变建筑物的形态或结构。新型墙体材料具有轻质、高强度、保温、节能、节土和装饰等优良特性。采用新型墙体材料不但使房屋功能大大改善，还可以使建筑物内外更具现代气息，满足人们的审美要求；有的新型墙体材料可以显著减轻建筑物自重，为推广轻型建筑结构创造条件，推动建筑施工技术现代化，大大加快建房速度。

财政部 2015 年 6 月 12 日发布，财税〔2015〕73 号《关于新型墙体材料增值税政策的通知》，明确对新型墙体材料产品进行增值税优惠 50%。协同利用硅钙渣与粉煤灰生产砖、砌块、板材和轻质保温材料符合资源综合利用技术政策，这些产品均列入国家新型墙体材料目录，市场需求量较大。例如，“十三五”期间我国年均外墙保温面积超过 10 亿平方米，工业管道保温隔热需求旺盛，市场前景广阔，有利于提取铝硅钙渣及粉煤灰的规模化利用。

15.3.2　绿色胶凝材料

水泥是国家基础产业，我国水泥第每年产销量 10 亿多吨，但水泥工业是污染物排

放大户，能耗总量占总能耗的5%左右，颗粒物排放量约占工业排放总量的30%，每吨水泥约排放1吨二氧化碳，所以开发新型低能耗、低排放的无机胶凝材料是必然趋势。

地质聚合物胶凝材料是一类新型无机胶凝材料，胶凝性与硅酸盐水泥相近，生产无需高温烧结，能耗、二氧化碳排放量仅为普通水泥的10%，颗粒物排放更低。地质聚合物胶凝材料是未来最有希望替代硅酸盐水泥的胶凝材料，也是当前及未来国际学术界研究的热点。粉煤灰提取铝后的硅钙渣协同粉煤灰是优质的地质聚合物原料，利用其开发地质聚合物水泥具有独特的优势。

15.3.3 环境吸附材料

当前，我国大气与水污染控制任务十分艰巨。以资源化与循环经济的思路解决环境问题已成为今后发展趋势，利用煤基固废生产的多孔硅酸盐材料，可用于大气、水污染控制与土壤修复，以粉煤灰提铝后的硅钙渣、粉煤灰和煤矸石为原料，利用地质聚合技术生产低成本、易再生的高效环保吸附材料替代活性炭，前景良好。不同地区与行业环境污染物种类复杂多变，根据对环保材料的市场需求，利用煤基固废因地制宜生产环保材料，利用煤炭自身的物质转化控制环境污染是实现循环经济与科学发展的重要途径。

15.3.4 生态修复材料

煤基固废是地质历史上最适合植物生长的土壤，在提取转化有价组分之后用于生态修复体现了煤中物质回归自然的循环经济理念。煤矸石及粉煤灰具有作为复合及缓控释肥料的开发利用价值，它富含硅、钙、铁、镁、硼、钾、磷、锌及铜等元素，是很好的硅肥和钙肥及一些中、微量元素的来源；加之粉煤灰多孔、吸附性能好，可吸附养分和水份，调节养分释放速度，是很好的土壤调理剂和改良剂。综合利用粉煤灰、煤矸石等固废，生产土壤修复材料、生物地质肥料、保水材料等，我国西北大型煤电基地水资源缺乏，土壤盐碱化与沙漠化比较严重，生态环境比较脆弱，利用煤基固废资源生产各类环境材料，治理盐碱与沙漠化土壤并培植能源草等经济植物，具有广阔的产业发展前景。

15.4 发展效果预测

煤中蕴藏着十分丰富的各类潜在资源，煤炭循环利用不仅提供热电和有机化工产品，还可提供有色与稀有金属、节能环保材料和生态修复材料等急需产品。以高铝粉煤灰提取氧化铝为核心，结合西北煤电基地特高压外送电源建设，将高铝煤炭资源就近定点燃烧，形成我国特色的高铝煤炭—发电—高铝粉煤灰—有色冶金—环保材料—生态修复的产业布局，预期取得十分显著的综合经济社会与环境效益[7]。

1. 保障中国铝资源安全，缓解铝土矿过度依赖进口的局面

按照目前高铝煤炭的产量，可产生 5 000 万吨高铝粉煤灰，全部转化可提取氧化铝 2 000 万吨左右，已超过我国进口铝资源量。按照已探明的高铝煤炭储量，其中高铝粉煤灰的蕴藏量达 62 亿吨，可使我国铝资源保障年限延长 30 ～ 40 年。

2. 优化中国能源和铝产业布局，提升产业竞争力

“十三五”期间，国家将严格控制东部地区新增火电规模，降低煤炭消耗强度，同时鼓励西部地区依托大型煤田，有序建设大型煤电基地，输煤输电并重，增加远距离输电规模。统筹高铝煤炭资源循环利用，大力发展变输煤为输电，建设我国电力远距离、跨区域输送最主要的电源基地，这对于优化国家火电布局，缓解东部地区大气环境污染来说意义重大。

我国铝工业布局分布不均衡，氧化铝主要分布在山东、河南、山西和广西等地区，产能占全国的 80% 以上；电解铝主要分布在河南、山东、内蒙古、青海和宁夏等地区，产能占全国的 60% 以上；铝加工产能主要分布在珠三角、长三角和中部地区，产能占全国的 70% 以上，因此形成一方面将西部煤炭资源长距离运输到东部地区燃烧发电，供应电解铝及深加工的电力消耗，另一方面依靠山西、河南、贵州、广海四地区和沿海进口铝土矿生产氧化铝，并将其长距离运送到西部能源丰富地区生产铝锭，再将铝锭长距离运输到中东部发达地区进行深加工的不利模式。地域布局不协调的局面造成煤炭、氧化铝和铝锭长距离运输，大量浪费能源，同时，由于铝工业是能源密集型行业，中东部地区的能源和资源已无法支撑铝工业的正常发展。随着国际国内产业分工深度调整，我国东部沿海地区产业向中西部地区转移步伐加快，铝工业作为能源密集型行业，产业转移势在必行。依托西北地区高铝煤炭资源实施就地高效转化利用，变输煤输电为输送铝深加工产品，将大幅度降低煤炭、电力、氧化铝和铝锭等运输过程中的能源消耗，降低综合生产成本，不断增强我国铝产业的国际竞争力。

3. 打造循环经济新模式，实现高铝煤炭资源价值最大化

加强高铝煤炭资源综合开发利用，构建煤-电-灰-铝产业链，带动冶金、化工、建材和装备制造业等行业发展，形成紧密型产业体系，进一步调整产业结构和优化产业布局，带动当地经济发展。例如，将准格尔煤田目前年产的 1 亿吨高铝煤炭全部用于就地发电，可满足 1 500 万千瓦外送电厂和 1 500 万千瓦铝厂动力车间的燃料需求，产出的 3 000 万吨高铝粉煤灰可提取 1 200 万吨氧化铝，氧化铝进一步深加工可生产 600 万吨电解铝及深加工产品，同时还可产出 1 000 万吨硅副产品。初步测算，1 亿吨高铝煤炭资源综合开发利用可实现产值 1 500 亿元，使高铝煤炭资源增值近 10 倍；实现利税 300 亿元，同时直接增加就业 3 万人，带动产业链发展就业 3 万人，减少煤炭外运 6 000 万吨。通过高铝煤炭—电力—氧化铝—铝深加工的循环经济产业链，实现资源价值的最大化，从而推动当地经济社会又好又快发展。

15.5 政策建议

国家发改委2011年颁布的《关于加强高铝粉煤灰资源开发利用的指导意见》，规划在西北地区规模化发展高铝粉煤灰提取氧化铝，构建煤电灰铝循环经济基地；国家发改委近期颁布的粉煤灰和煤矸石综合利用政策，对煤无机组分的资源化利用提出了新的要求。鉴于煤无机组分循环利用的紧迫性与创新性，建议国家配套相应的政策措施，引导该产业的健康持续发展。

（1）按照循环经济产业链，配套相关政策措施。以高铝粉煤灰为例，要保护性开发准格尔等高铝煤炭资源；限制高铝煤炭资源区外运输、分散掺烧，高铝煤炭燃烧与大型外送电源建设相结合，集中定点供应，保证粉煤灰提取氧化铝项目用灰的氧化铝含量；充分考虑粉煤灰提取氧化铝的环境与社会效益，完善高铝粉煤灰提取氧化铝多联产相关税收优惠政策；对高铝粉煤灰提取氧化铝大型示范工程项目，给予贴息贷款与资金扶持。

（2）国家政府多部门联动，加强煤炭资源开发利用与生态环境、工业与农牧业之间的耦合，将煤-电-用产业与生态修复相结合，建立煤-电-工业固废-沙漠治理与土壤改良-生物质能源的大循环产业链。

（3）加强科技合作与交流，集成各类创新要素，解决固废资源高值化、清洁化利用过程深层次的科学与工程问题，加快自主知识产权及其转化速度，创新政产学研用一体化发展模式，促进固体废弃物资源化产业向价值链高端跃升。

参考文献

[1] 代世峰，任德贻，李生盛.内蒙古准格尔超大型镓矿床的发现.科学通报，2006，51（2）：177-185.

[2] 惠学德，王永新，吴振祥.石煤提钒工艺的研究应用现状.中国有色冶金，2011，2：10-16.

[3] 代世峰，任德贻，周义平，等.煤型稀有金属矿床：成因类型、赋存状态和利用评价.煤炭学报，2014，39（8）：1707-1715.

[4] 刘钦甫，孙俊民，武泽广.我国高铝煤炭资源分布、储量及开发利用情况，2011.

[5] 李会泉，孙俊民.大宗工业固废资源化利用重点专项实施方案，2014.

[6] 杨静，蒋周青，马鸿文.中国铝资源与高铝粉煤灰提取氧化铝研究进展.地学前缘，2014，21(5)：313-324.

[7] 孙俊民，王秉军，张战军.高铝粉煤灰资源化利用与循环经济.轻金属，2012，10：1-5.

第 16 章

基于碳基燃料的SOFC-MGT分布式能源系统

彭苏萍　甘中学　韩敏芳　陈　岳　杨志宾

【内容提要】碳基燃料目前仍然是中国乃至世界的主要能源资源，如何依靠现有的能源资源，提高能源的利用效率，扩大能源利用范围，减少对环境的负面影响具有重要的社会价值及经济意义。分布式能源系统作为一种开放性的能源系统，呈现出多功能的趋势和良好的发展，既包含多种能源输入，又可同时满足用户的多种能量需求，还可以作为能源互联网不可缺少的智能终端，具有更好的经济效益和更高的能源利用率，迫切需要发展和推广。本章在总结国内外发展现状及需要重点解决的关键技术的基础上，提出发展基于碳基燃料的 SOFC-MGT 分布式能源系统，该系统采用天然气、合成气和生物沼气等碳基燃料为初始能源，以小规模、分散式的方式布置在用户侧附近，独立输出电、热和冷能，通过能量存储和优化配置实现本地能源生产与用能负荷基本平衡，充分满足客户的多种能源的需求。SOFC-MGT 能源系统能源利用率高，环境污染少，对于改善城市环境、提高生活质量、调整能源结构、发展以能源互联网为特征的能源利用新载体，都具有十分重要的意义。

16.1　分布式能源系统产业现状和发展趋势

分布式能源系统是相对于传统的集中式供能的能源系统而言的，传统的集中式供能系统采用大容量设备集中生产，然后通过专门的输送设施（大电网、大热网等）将

各种能量输送给较大范围内的众多用户；而分布式能源系统则是直接面向用户，按用户的需求就地生产并供应能量，具有多种功能，可满足多重目标的中、小型能量转换利用系统[1]。

与集中式供能的能源系统相比，分布式能源系统直接面向当地用户的需求，布置在用户的附近，可以简化系统提供用户能量的输送环节，进而减少能量输送过程的能量损失与输送成本，同时分布式能源系统相互独立，可以增加用户能量供应的安全性[2]。分布式能源系统的优点还体现在热（冷）电联产中，适合多种热（冷）电比的变化，调峰性能好，系统可根据热（冷）或电的需求进行调节，操作简单，联产符合总能系统的“梯级利用”的准则，有更高的能源利用率，具有很大的发展前景。

国外对分布式能源系统的研究比较早，特别是20世纪90年代以来，随着燃气技术的发展和机组性能的提高，以燃气轮机为动力机的热（冷）电联产系统迅速发展，特别是在美国、英国、加拿大、德国、日本等国家。其中美国是最先提倡分布式能源的国家，1978年，联邦政府制定了《公用电力公司管理政策法案》（PUBPIA），公用电力公司从独立的电力供应商买电，从而极大地促进了热电联产的发展[3]。1999年3月，美国提出了名为“CCHP创意”的热（冷）电三联供发展计划。新型三联供系统的优势在于能量的就地直供，将制冷、采暖和发电三者合而为一，能量的使用效率最高可达90%。2001年热电联产的装机容量已达到5 600万千瓦，占美国总装机容量的7%，年发电量达3 100亿千瓦时，占美国总发电量的9%。预计到2020年，50%的新建商用及公建设施使用热（冷）电联供，25%的已有商用及公建设施使用热（冷）电联供[4, 5]。

日本主要采用以天然气为主的分布式热（冷）电联产项目，由于日本能源进口依存度高，非常重视节能工作，容量上以工业领域居多，数量上以非工业领域居多，主要以采用小型燃气轮机和MGT，燃气内燃机的楼宇热（冷）电三联供项目。日本计划在2030年前分布式能源系统发电量将占总电力供应的20%。欧盟分布式能源主要以天然气为主，结合可再生能源，形式上主要包括微型热电联供（micro combined heat and power，mCHP）、热电联供（combined heat and power，CHP）、燃料电池和热泵，发电量平均占市场比例为10%，德国、荷兰和捷克达38%，丹麦更高，达53%。欧盟确信，分布式能源系统是能够为欧洲气候改善创造最大贡献的能源使用方式[4, 5]。

与欧美、日本等国家和地区相比，中国在分布式能源系统领域的研究尚处在起步阶段。但由于近年来，国内急于改善环境状态同时提高能源利用率，政府对分布式能源系统的重视度逐日增加，并出台了许多利于分布式能源系统发展的制度和政策。国家电网公司于2013年2月27日发布了《关于做好分布式电源并网服务工作的意见》，提出为可再生能源发电项目提供并网条件，并促进分布式能源在国内的发展。2013年7月18日，国家发改委印发《分布式发电管理暂行办法》提出，鼓励企业、专业化能源服务公司和包括个人在内的各类电力用户投资建设并经营分布式发电项目，并豁免分布式发电项目发电业务许可。

分布式能源系统作为一种开放性的能源系统，开始呈现出多功能的趋势，既包含多种能源输入，又可同时满足用户的多种能量需求。在输入方面，分布式能源系统的能源来源分别为可再生能源、二次能源和化石能源等。可再生能源有太阳能、风能和水能等；二次能源有氢能等；化石能源主要包括气态的天然气、煤相关的气化煤气和煤层气等，液态的汽油、航空柴油和醇类等，以及固态的焦炭和煤等，这些燃料都是以含碳化合物为主要成分，这里统称为碳基燃料（根据化学成分，碳基燃料还可以进一步拓宽至沼气和生物质气等可再生的生物质燃料，其中的主要成分也是一氧化碳、氢气、甲烷）。化石能源是目前中国乃至世界的主要能源资源，中国人口众多，传统的能源利用方式不可能长久满足13亿人对能源的需求，如何依靠现有的能量资源，提高能源的利用效率，扩大能源利用范围，减少对环境的负面影响具有重要的社会价值及经济意义。分布式能源系统是一个优化的能源系统，它是从电力供应、环境治理、节能、采暖、制冷和热力供应多个环节实现总体优化集成，通过一条全新的思路来解决能源和环境面临的一系列问题，因此具有很好的发展前景。

基于碳基燃料的分布式能源系统的动力装置主要包括往复式发动机（主要包括蒸汽机和内燃机等）、MGT、燃料电池及混合发电装置等[6]。其中往复式发动机一般以汽油或柴油为燃料，发电效率相对较高，但燃料单一，对环境的影响较大。

MGT是指功率在几百千瓦以内的以天然气、甲烷、汽油和柴油为燃料的超小型燃气轮机，整体结构简单、紧凑、便于移动。MGT由于其结构上的特点及空气轴承、催化燃烧等一系列新技术上的应用，因此其与传统的内燃机发电设备相比，具有如下显著的优点：寿命长，可达45 000小时，而同功率等级柴油机仅为4 000小时，不足MGT轮机的1/10；移动性好，其单位重量约为柴油发电机组的1/3；燃料适应性广，能够采用多种液体、气体燃料（如天然气、丙烷、生物质燃料、煤油和柴油等）；噪声小，在距机组10米远外噪声可小于65分贝；污染排放低，NO_x的排放用催化燃烧时 <9ppm，远远低于柴油机，有利于环境保护。自MGT市场开创以来[7]，美国CapstoneTurbine公司一直无可争议地占据市场领导者地位，并且其全球市场占有率一直在85%以上，在全球应用约达6 000台。目前，国际上，MGT已进入技术成熟期，运行可靠、质量稳定，在分布式供能市场、油气田市场、沼气可再生能源市场、瓦斯及煤层气市场、移动车载及军用市场，得到越来越广泛的应用。

燃料电池则是一种可直接将化学能转变为电能的电化学装置，其具有高效、洁净、安全、环保的特点。在各种燃料电池中，SOFC可以直接使用碳基燃料，很容易与现有能源资源供应系统兼容，一次发电效率高（50% ～ 60%）；采用全固态结构，长期稳定性好；不使用贵金属催化剂，成本低廉，在分布式电站、交通运输、军事和海洋等领域具有广阔的应用前景，被称为21世纪的绿色能源技术。SOFC的CHP效率可达90%以上，同时SOFC寿命可达10 ～ 20年，是其他类型燃料电池的2 ～ 4倍。目前，很多公司正在追求将小型SOFC用于住宅及小区的CHP中，推动其应用发展和商业化。

混合的发电装置通常是指两种或多种分布式发电技术及蓄能装置组合起来，形成复合式发电系统，如SOFC-MGT混合发电技术[8, 9]，这种混合发电技术充分结合了燃料电池及 MGT 两种发电技术的优点，又有很好的互补性，而且在参数上比较匹配，两者组成混合循环系统具有更高的效率，同时可减少投资和提高燃料利用率，这是目前世界上最先进的高效洁净发电方式之一，是一种极有发展前景的分布式能源系统。

16.2　基于碳基燃料的 SOFC-MGT 分布式能源系统重点技术和产业

基于碳基燃料的 SOFC-MGT 分布式能源系统是直接面向用户，按用户的需求就地生产并供应能量，具有多种功能，可满足多重目标的中、小型能量转换利用系统，功率范围一般在几千瓦至数百兆瓦。

图 16.1 是 SOFC-MGT 分布式能源系统的流程示意图。碳基燃料作为初始能源，首先进入 SOFC 进行发电，电效率为 45% ～ 60%，工作温度为 700 ～ 1 000℃；燃料电池排放的高温烟气进入 MGT，利用高温烟气驱动 MGT，MGT 电效率为 20% ～ 30%，总发电效率达到 65% ～ 80%，排放烟气温度 300 ～ 400℃；采用 SOFC-MGT 可以使总的发电效率达到 70%，综合效率达到 95%。SOFC-MGT 系统产生的电，将进一步驱动热泵系统，生产客户需要的冷和热。使用地源热泵或者水源热泵，制冷能效比（coefficient of performance，COP）按 5.5 计算，制冷转换效率将达到 310%，制热 COP 按 5.5 计算，热效率为 340%；如果使用空气源热泵，制冷 COP 按 2.5 计算冷量转换为 175%，制热 COP 按 2.5 计算，热效率为 175%。可见，热泵系统的使用，在能源转换的过程中，将对能源进行放大。

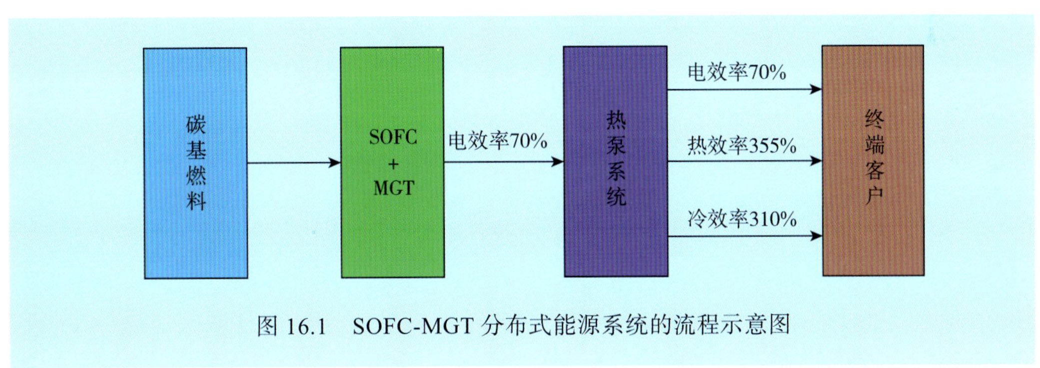

图 16.1　SOFC-MGT 分布式能源系统的流程示意图

该系统采用碳基燃料（天然气、合成气和生物沼气等）为初始能源，以小规模、分散式的方式布置在用户侧附近，独立输出电、热和冷能，直接面向客户端，在满足客户冷和热的基础上，同时给客户提供电能（以热定电），充分满足客户的多种能源的需求。SOFC-MGT 分布式能源系统能源利用率高，环境污染少，对于改善城市环境、提高生活质量、调整能源结构，都具有十分重要的意义。

目前，美国、欧洲和日本等发达国家和地区纷纷进行 SOFC-MGT 分布式能源系统的商业化研发，小功率的 SOFC-MGT 已经有了示范性的工程。2002 年，美国能源技术实验室（National Energy Technology Library，NETL）宣布在美国加利福尼亚州的艾尔文（Irvine，California）完成了世界上第一台燃料电池-燃气轮机的能源系统，该装置由西门子-西屋公司（Siemens Westinghouse）生产的加压式 SOFC 和英格索尔蓝德公司（Ingersoll Rand）生产的 MGT 组成。采用的燃料为天然气，系统电效率可以达到 53%。该示范装置在以下两方面已体现出极大的价值：混合装置系统具有非常好的可信度和潜能；在商业原型的设计方面，有关的关键工程设计问题已经得到确认。特别地，该示范装置的运行表明[10]：① SOFC 和 MGT 集成后，利用 SOFC 代替 MGT 的燃烧室，这在获取极高的燃料发电效率方面是可行的。② SOFC-MGT 混合装置系统可以安全地启动、自动运行和关机，并且可以自动且安全地响应各种扰动。

由风险投资基金支持的美国清洁能源公司 Bloom Energy 于 2001 年正式成立，主要从事 SOFC 技术开发，为客户提供分布式供电系统解决方案，供电规范从数百千瓦到几十兆瓦。其在 2010 年共从加州“Self-Generation Incentive”项目获得 2 亿美元的政府补贴，公司主要面对大型数据中心、大公司总部的分布式供电系统，主要客户包括谷歌、易贝、沃尔玛和联邦快递等大型跨国公司，发展十分迅速。目前已经在加利福尼亚州建立了上百套大型分布式供电系统；2011 年开始在美国东部特拉华州建立第二个生产厂，2013 年开始在日本建立第三个分公司，其新型的发电技术理念配合新型商业推广模式效果良好，势头迅猛，值得借鉴和推广。

日本近年来在千瓦级分布式 SOFC 的 CHP 系统方面做得非常成功。2011 年 10 月日本宣布面对家庭的 700 瓦 SOFC-CHP 全面进入市场，商业化推广迅速，累计按照上万套。日本三菱重工业利用 SOFC-MGT 组成的 200 千瓦级复合发电系统于 2012 年 12 月在东京燃气的千住科技中心（东京都荒川区）内开始运转，到目前为止未发生任何故障，一直在连续运转，复合发电系统的燃料使用城市燃气，把城市燃气与压缩空气一同导入 SOFC，通过化学反应发电，利用发电时产生的高温高压废气驱动 MGT 发电。SOFC 的工作温度约为 900℃，发电效率为 50.2%（lower heating value，LHV）。三菱重工业计划对复合发电系统的安全性实施验证试验之后，面向商务和工业用途实现商品化。

在国际范围内，分布式发电技术正在走向商业化应用。中国在政府引导和资金资助、民间资本和市场力量多方面支持下，已经有专业化公司开始成长，如苏州华清京昆新能源科技有限公司，同时大的能源集团也开始酝酿和部署实施相关项目，代表性企业有晋煤集团、新奥能源集团等。目前晋煤集团与苏州华清京昆新能源科技有限公司联合正在开发 25 千瓦 SOFC 发电系统。新奥能源集团就开展 SOFC-MGT 分布式联合发电系统也做了新的部署。2015 年，华中科技大学和上海硅酸盐研究所承担的国家“863 计划”SOFC 发电系统项目通过验收。所有这些都为分布式 SOFC-CHP 在中国的发展奠定了很好的基础。我国在《国家中长期科学和技术发展规划纲要（2006—2020 年）》中明确提出了 SOFC 作为分布式发电系统的研究开发计划，许多大专院校和科研所单位正在进行混合发电系统的基础研究，但总体水平与国外还有一定差距。近几年来，基于碳基燃料的 SOFC 相继示范运行发电，再加上燃气轮机的实验积累，都为建立 SOFC-MGT 分布式能源系统创造了条件，推动了这类高效率的混合能源系统研究的迅速发展。

SOFC-MGT 系统以其高效率、低排放的优点在 21 世纪的发电市场中占有举足轻重的地位。具有代表性的技术包括：①高温燃料电池技术；②高压比、中间冷却和无油轴承的先进燃气轮机技术；③天然气重整；④超高温蒸汽透平；⑤二氧化碳分离和回收技术；⑥灵敏的控制系统。在市场化进程中，混合系统还有赖于这些技术的进步以降低发电成本和提高发电效率，同时小功率分布式发电示范项目也可以为大规模集中式混合发电系统提供经验和技术积累，而已进入商业化应用的单独燃料电池发电、燃气轮机发电及航空燃气轮机技术等都可以为混合系统的发展提供支持。

目前，开展 SOFC-MGT 分布式能源系统的研究机构和公司很多，在技术上存在着很多问题和挑战。在燃料电池方面，需要实现单电池材料和器件的稳定批量化生产，发电模块及零部件的开发制造和发电系统的设计与集成技术；在燃气轮机方面需要研发适用于大功率混合系统的燃气轮机装置；在系统整合方面需要研究燃料电池和燃气轮机部件的相容性、分布式电站之间的连接、系统的稳态和动态模型及其控制系统；还要在碳基燃料重整技术、二氧化碳回收及其装置等方面开展研究。混合系统的研究目标是[11]：到 2020 年，以煤为燃料的混合系统示范性工程的效率达到 60%，以天然气为燃料的混合系统示范性工程的效率达到 75%；到 2030 年，混合系统中的整合将使碳的回收达到二氧化碳零排放（实现碳中性循环）的标准。

2015 年，国家发改委与国家能源局发布《国家发展改革委 国家能源局关于促进智能电网发展的指导意见》指出，发展智能电网，有利于进一步提高电网接纳和优化配置多种能源的能力，实现能源生产和消费的综合调配；有利于推动清洁能源、分布式能源的科学利用，从而全面构建安全、高效和清洁的现代能源保障体系，有利于支撑新型工业化和新型城镇化建设，提高民生服务水平；其中特别指出，加快微电网建设，推动分布式光伏、微燃机及余热余压等多种分布式电源的广泛接入和有效互动，实现能源资源优化配置和能源结构调整。因此推动分布式能源系统具有重要的现实意义和战略意义。

16.3 基于碳基燃料的 SOFC-MGT 分布式能源系统重点案例和发展效果预测

与传统集中式供能方式相比，分布式能源系统能源综合利用率高、调峰性能好、安全环保和经济效益好，是新型能源的利用方式。推动分布式能源系统，具有重要的现实意义和战略意义，尤其是推动基于碳基燃料的分布式能源系统，可以优化以天然气为代表的碳基燃料利用，并能发挥对电网和天然气管网的双重削峰填谷作用，增加能源供应安全性。相关体系重点案例如下。

1. 长三角地区分布式供能发展走在前列

我国分布式能源系统的发展过程中，长三角地区走在前列[12]。长三角地区经济条件好，城市多，天然气管网完整，气源多样充足，对用电安全性要求高，非常适合和迫切需要发展分布式供能系统。与其他类型分布式能源系统相比，使用天然气为燃料的分布式能源系统具有以下优势：①符合国家能源政策，利于改善我国长期以煤炭为主的能源结构，并且可以提高输气管线利用率，平衡天然气季节消耗的不平衡，削峰填谷缓解电力紧张；②与利用太阳能、水能和风能等时受地理、气候等条件影响相比，应用更加灵活；③以天然气为燃料的分布式能源系统相对单位功率初期投资较少，运行维护方便；④环保性能好，与其他燃料相比，天然气燃烧后无粉尘，氮氧化物排放仅为燃煤的 19.2%，二氧化碳排放为燃煤的 42%，几乎不产生二氧化硫。

上海市、江苏省等长三角地区的城市、省份都出台了积极发展分布式供能的规划。上海市“十二五”电力发展规划指出到 2015 年，热电联产装机要超过 2 000 兆瓦，新建 50 ～ 60 个分布式供能系统。《江苏省“十二五”能源发展规划》提出重点在热负荷强度高的主城核心区发展天然气为燃料的热电联产，到 2015 年，天然气分布式能源装机容量达 800 兆瓦。《浙江省“十二五”及中长期电力发展规划》也明确指出为提高电力供应的安全可靠性，保障用电高峰和事故应急用电，在各负荷中心规划布局建设天然气分布式冷热电联供机组。可见，未来一段时间内，长三角地区天然气分布式供能会有很大的发展。

上海市是国内最早开始分布式供能研究和示范的地区之一，市政府已将发展分布式供能系统作为推进节能减排工作的重要部分。目前上海市已建成过几十个分布式供能系统，分别用在办公楼、工厂、交通枢纽、医院、宾馆和学校中。基于现有技术的成熟度，已建成的分布式供能系统基本以 MGT、小型燃气轮机和内燃机为主，部分典型的燃机分布式供能系统如表 16.1 所示[12]。

表 16.1　上海市分布式供能燃机使用情况

序号	用户	燃机情况	场合	类型
1	浦东国际机场	1×4 兆瓦燃气轮机	机场	冷热电
2	中电投高培中心	1×250 千瓦微燃机	学校	冷热电
3	同济医院	2×250 千瓦微燃机	医院	冷热电
4	市北燃气销售公司	1×65 千瓦微燃机	办公楼	冷热电
5	申能能源中心	1×200 千瓦微燃机	办公楼	冷热电
6	上海第一人民医院松江分院	3×65 千瓦微燃机	医院	热电
7	上海英格索兰压缩机	1×250 千瓦微燃机	工厂	热电
8	上海航天能源公司	1×300 千瓦微燃机	工厂	冷热电

2. 中国城市天然气的发展为分布式供能系统奠定了良好的基础

以天然气为代表的城市燃气已成为城市能源结构和城市基础设施的重要组成部分，它为城市工业、商业和居民生活提供优质气体燃料，它的发展在城市现代化中起着极其重要的作用，目前基础设施完善，投资成本低。在低碳经济的推动下，我国能源结构“气化”进程也在明显加快，我国能源管理部门和能源企业已经意识到发展天然气的重要意义，未来五年，天然气消费将有较快发展。

天然气“十二五”规划方案中提出，“十二五”期间，我国天然气在一次能源消费中的比例将由4%提高到7%～8%。同时，我国内地城市燃气行业，自2003年经营体制改革以来，燃气分销领域的竞争格局逐渐由地方垄断转向跨区域的市场竞争。民营资本、港资和外资等非国有资本进入城市燃气行业的竞争，一些二、三线城市甚至允许非国有资本全资经营城市燃气企业，部分一线城市也开始允许非国有资本参股经营。经营体制的改革也为我国城市天然气的发展注入活力。

以国内规模最大的清洁能源分销商——新奥能源集团为例。新奥能源集团以城市燃气、园区能源、交通能源和智能能源为主要业务，为客户量身定制最优的用能解决方案，提供天然气、液化天然气（liquefied natural gas，LNG）等清洁能源产品，并综合提供气、电、冷和热供应服务。依托稳定的气源保障，布局合理的储运网络，凭借安全运营及丰富的服务经验，为各类客户提供天然气等清洁能源产品和服务；根据工商企业、公共建筑及园区等客户的用能、节能需求，整合高效燃烧、工业节能及多联供等技术，提供工业节能改造、园区系统用能优化的解决方案服务，促进多品类能源的系统应用和能源效率的提升。国内运营区域覆盖15个省、市、自治区，142个城市燃气项目，覆盖人口超过6 500万人，客户数量包括990多万居民用户、43 000多家工商业用户，铺设管道超过25 000千米，供气能力超过5 900万立方米/日，加气站485座。截至2014年年底，新奥能源集团年销售燃气101亿立方米，其中，城市燃气78.96亿立方米，LNG3.9亿立方米，压缩天然气（compressed natural gas，CNG）10.28亿立方米，贸易8亿立方米[①]。因此，相关工作已经为基于城市燃气的分布式发电系统奠定了很好基础。

受到城市化进程持续、基础设施进一步完善、市场定价机制发展及能源及环保政策不断完善等因素驱动，未来中国城市燃气生产和供应行业发展前景向好。预计到2020年，我国城市燃气行业天然气的需求量激增，年均增速将会达到10%，同时天然气用气人口数量将大于6亿人。尽管我国城市燃气已经取得高速发展，但目前在燃气的应用技术与国外的差距较大，基本还以单一的常规燃具为主，燃烧发热，效率低，造成大量能源浪费，同时带来严重的环境污染，因此基于城市燃气的冷、热和电分布式供能系统具有广阔的市场。

① 以上内容来源于《新奥能源2014年中报》。

3. 基于碳基燃料的SOFC-MGT分布式供能系统前景广阔

分布式供能已成为我国电力改革及能源战略中的重要组成部分，国家能源局发布《关于天然气分布式发电指导意见（征求意见函）》指出，到 2020 年要在全国规模以上城市推广使用分布式能源系统，装机规模达到 50 000 兆瓦。目前及在未来相当长的一段时期内，我国的能源结构仍然是以化石能源为主。按照目前我国的能源消耗方式计算，2020 年我国的能源消费要比 2000 年增长 2.5 倍多。因此中国应走可持续发展的道路，在有效提高能源利用率的同时开发和利用新能源，并大力提高能源的清洁利用。我国的天然气和煤层气储量丰富，还有大量的生物资源（薪材 3 000 万吨、秸秆 45 000 万吨、稻壳 1 500 万吨和垃圾 1.6 亿吨等），在此基础上非常适合发挥 SOFC-MGT 能源系统可燃用多燃料的优势。特别是 2015 年，国家能源局发布了《关于推进新能源微电网示范项目建设的指导意见》，SOFC-MGT 能源系统可作为新能源微电网的核心装备和优良载体，加速中国能源互联网的建设和推广。

16.4 促进碳基燃料的 SOFC-MGT 分布式能源系统的政策建议

SOFC-MGT 分布式能源系统的研发，不仅能有效地提高能源利用率、改善能源结构及减少环境污染，同时也对中国制造起到很大的促进作用。建议从国家发展战略层面对碳基燃料的 SOFC-MGT 分布式能源系统的基础研究、前沿技术开发、应用研究和产业化的全链条进行统筹规划和顶层设计，在国家层面制定能源导向政策，加强科技研发投入，设立国家科技重大专项，引导国有大型能源相关企业进入该领域，发挥大型企业的科研需求主体地位、资金投资实力，同时整合和调动各类高校和科研院所的创新资源，逐步构建以企业为主体、以市场为中心的科技创新体系，同时逐步形成符合新时期产业发展规模的高校科研体系。同时面向国家重大需求，瞄准国际科技前沿，突破碳基燃料 SOFC-MGT 分布式能源系统的设计、开发和制造核心关键技术，形成自主知识产权，由国有大型能源相关企业领头组织建立示范工程项目，推进该行业的产业化进程，提高企业的技术创新能力和国际市场竞争力，以科技创新促进产业升级与增长方式改变。此外，开展区域试点，选定特定领域和地区，同时选择代表性碳基燃料，分别开展试点工作，在基础设施的建设用地方面给予支持，实行税收优惠和价格补贴机制，完善相关人才培养、引进和流动机制，具体如下。

1. 促进中国制造的发展

2015 年 5 月，国务院正式印发《中国制造 2025》的通知，部署全面推进实施制

造强国战略，这是我国实施制造强国战略第一个十年的行动纲领。在规划中，燃气轮机作为5项重点工程之一“高端装备创新工程”中的重要一项，被列入其中。通知中指出“要组织实施大型飞机、航空发动机及燃气轮机……一批创新和产业化专项、重大工程，开发一批标志性、带动性强的重点产品和重大装备，提升自主设计水平和系统集成能力，突破共性关键技术与工程化、产业化瓶颈，并组织开展应用试点和示范，提高创新发展能力和国际竞争力，抢占竞争制高点。”

从燃气轮机发展的整体水平上看，与国外先进水平相比，中小型燃气轮机和MGT的差距要比重型燃气轮机小，技术难度与重型燃气轮机相比也较小。因此，从MGT入手，可以优先取得技术上的突破，逐步建立形成关键技术研发体系，建成设计平台、关键部件试验平台及总装试车平台等，并完成产品试验及示范，优先推向市场。从MGT的研发中积累经验，同时带动相关制造技术的提升，逐步向中小型及重型燃气轮机的研发过渡，最终实现燃气轮机完整的、先进的自主设计体系，推动燃气轮机全国产业链的完善和升级，形成完整的燃气轮机加工制造能力布局，根据经济发展的需要，研究出达到先进水平的燃气轮机产品，逐步使我国成为燃气轮机强国。最终提升我国的制造水平，实现国家的“制造强国”战略。

2. 分布式供能还需要政策的大力扶持

政策与体制因素包括直接和间接地影响分布式能源系统项目的政策，以及制定、实施相关政策的体制结构等。在我国，分布式能源系统迟迟得不到普遍推广，究其原因是政策的阻碍。为进一步推进分布式能源的发展，具体建议如下：①科学规划，长期、优先保障分布式能源系统项目的燃料源供应，保证天然气价格的相对稳定。建立高效、透明的审批制度，改善分布式能源系统项目的审批许可程序，促进天然气产业健康、有序发展。政府如何制衡和规范燃气公司，建立与培育一个能够合理高效利用资源的市场非常重要。例如，在天然气紧缺的地区，宜尽量不再审批新建大型燃气电厂，其他工业用气项目更要慎之又慎。②出台支持性政策。这一条并不是必需的，但积极的投资奖励、减免税收等优惠政策的支持，显得更为直接，不仅可以降低固定成本，更重要的是，能源观念和能源思想的导向是对用户投资提供信心的支持。例如，2004年上海市就出台了发展分布式供能系统的优惠政策，包括给分布式供能系统单位装机容量补贴，对分布式供能系统所需天然气实行季节性差价，对分布式供能系统的进口自用设备给予税收减免，支持分布式供能系统电力并网等。2005年又出台了《分布式供能系统工程技术规程》。在政府各项配套优惠政策的支持下，上海市的分布式能源系统推广应用成绩比较显著。

参考文献

[1] 李恒松，杨晖，张思健．天然气分布式能源在国内发展的几点思考．天然气技术与经济，2015，（9）:60-62.

[2] 冯江华．在中国发展天然气分布式能源的战略意义．城市燃气，2011，（8）:41-45.

[3] 皇甫艺．燃气内燃机微型冷热电联供系统集成式热管理器的研究．上海交通大学博士学位论文，2007.

[4] 刘艳丽．小型分布式能源系统的优化设计．太原理工大学硕士学位论文，2014.

[5] 王欣欣．基于远程热输送系统的分布式能源系统研究．吉林大学硕士学位论文，2014.

[6] 张松伟．天然气分布式能源发展研究．当代化工，2015，（4）:766-769.

[7] 徐庆邮．微型燃气轮机的发展、技术特点及市场应用．上海电力，2009，（5）:355-357.

[8] 黄刘松．固体氧化物燃料电池-微型燃气轮机混合装置建模与仿真．上海交通大学硕士学位论文，2007.

[9] 吴小娟．固体氧化物燃料电池 / 微型燃气轮机混合发电系统的建模与控制．上海交通大学硕士学位论文，2009.

[10] 张会生，翁史烈，苏明．燃料电池-燃气轮机混合发电装置研究现状．电源技术，2006，（2）:165-168.

[11] 张兄文，李国君，李军，等．高温燃料电池 / 燃气轮机混合循环发电技术．燃气轮机技术，2005，（1）23-29.

[12] 翁史烈，闻雪友，翁一武．长三角地区燃气轮机发展战略研究报告，2014.

第 17 章

风电产业

黄其励　张正陵　张　克　李琼慧　黄碧斌

【内容提要】在政府的高度重视和政策支持下，中国风电产业快速发展，应用水平不断提高，已成为全球风电装机第一大国。本章立足于中国风电产业发展现状，对装备制造、发电成本、建设规模、产业环境和关键技术等风电产业发展的关键要素进行系统分析，从科技创新、发展模式、经济政策和规划机制等角度剖析了中国风电产业发展面临的主要问题，并结合中国西北部地区风电规模化发展的重点案例，提出了相应的政策建议。

17.1　风电产业的概念及范畴

风力发电是通过风力发电机组将风能转换为电能的发电方式，是目前风能利用的主要途径。作为一种清洁低碳的可再生能源，风电已在世界 80 多个国家得到积极发展，预计未来 10 年风电将继续保持快速发展，在电力系统中的比重将稳步上升。从狭义上讲，风电产业主要包括风机的设计、制造、维护及风电场建设、并网运行等环节；从广义上讲，风电产业还包括风能资源测量及预测、风电与电网的系统集成等相关产业。

17.2 风电产业发展现状分析

17.2.1 总体情况

1. 装备制造

2003年以来，国家连续组织五期风电特许权项目招标，以政府支持和市场机制相结合的方式，相继确定300多万千瓦的风电建设项目；从2005年开始开展百万千瓦级风电基地规划；2008年开展千万千瓦级风电基地的规划和建设工作，有力地推进我国风电产业的规模化发展，为国内风电机组制造企业创造良好的市场条件，带动风电机组制造业的快速发展，并促成一批自主品牌的建立。

根据Navigant咨询公司统计数据[1]，截至2014年年底，有4家中国企业进入全球风机制造企业前十名。同时，受到2014年美国和德国市场的复苏及巴西等新兴市场快速发展的影响，欧美风机制造商在全球市场的占比显著提升。维斯塔斯仍旧保持世界第一，市场占有率12.3%。得益于德国市场的复苏和海上风电机组的良好表现，西门子以9.9%的市场占有率位居第二位，较上一年上升两位。通用公司受到美国市场复苏利好影响，以微弱优势超过金风，以9.1%的市场占有率重回世界风机制造企业前三名。金风科技虽然在中国市场表现依然强劲，但海外市场增速不及欧美企业，市场占有率由上年的11%下降到9%，位居第四位。其余市场占有率排名前十位的分别为风电制造企业还有安耐康（德国）、苏斯兰（印度）、联合动力（中国）、歌美飒（西班牙）、明阳电力（中国）和远景能源（中国）。2014年全球风机市场占有率如图17.1所示。

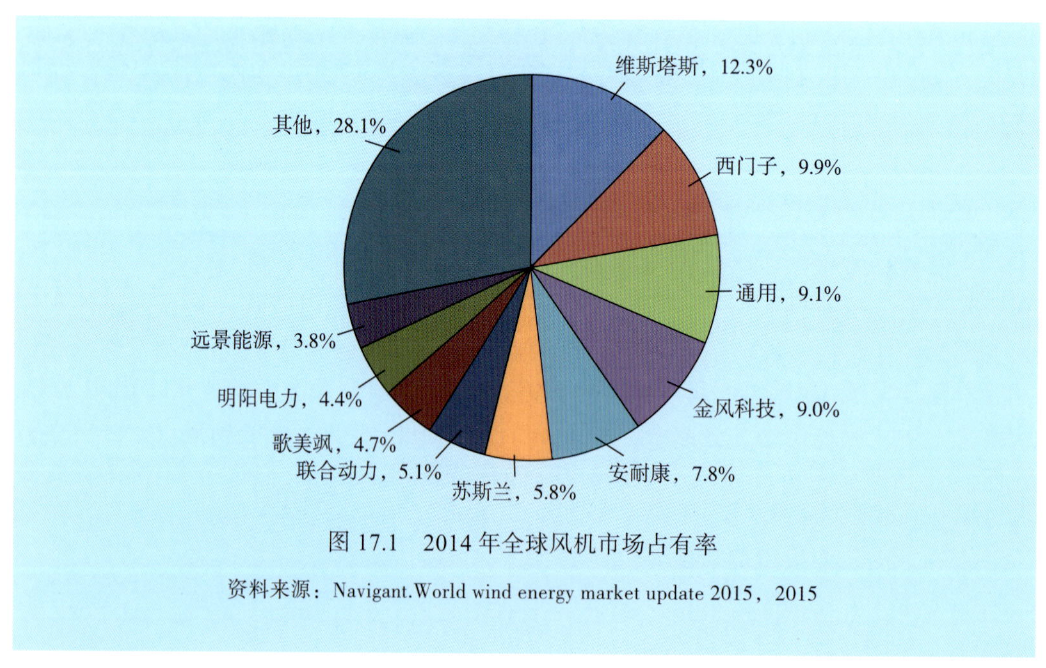

图17.1 2014年全球风机市场占有率

资料来源：Navigant.World wind energy market update 2015，2015

根据水电水利规划设计总院统计数据[2]，2014 年，中国市场前十名风电制造企业全部为内资企业，2014 年度全国新增吊装容量 2 615 万千瓦，其中内资厂商吊装容量 2 608 万千瓦，约占当年全国新增市场的 99.7%。金风科技以 17.4% 的市场占有率位居第一位，联合动力和明阳分别以 9.9%、7.9% 的占有率分居第二、第三位。2014 年中国新增风机市场占有率如图 17.2 所示。从累计吊装容量来看，内资风电机组约占全国市场的 88.6%，外资和合资机组的市场份额仅为 11.4%。目前国内风电市场机型以单机容量 1.5 兆瓦和 2 兆瓦的机组为主，约占市场的 77%，各风电设备制造企业纷纷加快大容量风电机组的研制和技术创新，在国家鼓励发展海上风电的政策指导下，5 兆瓦、6 兆瓦等大容量机组已经研制成功并开始试运行。

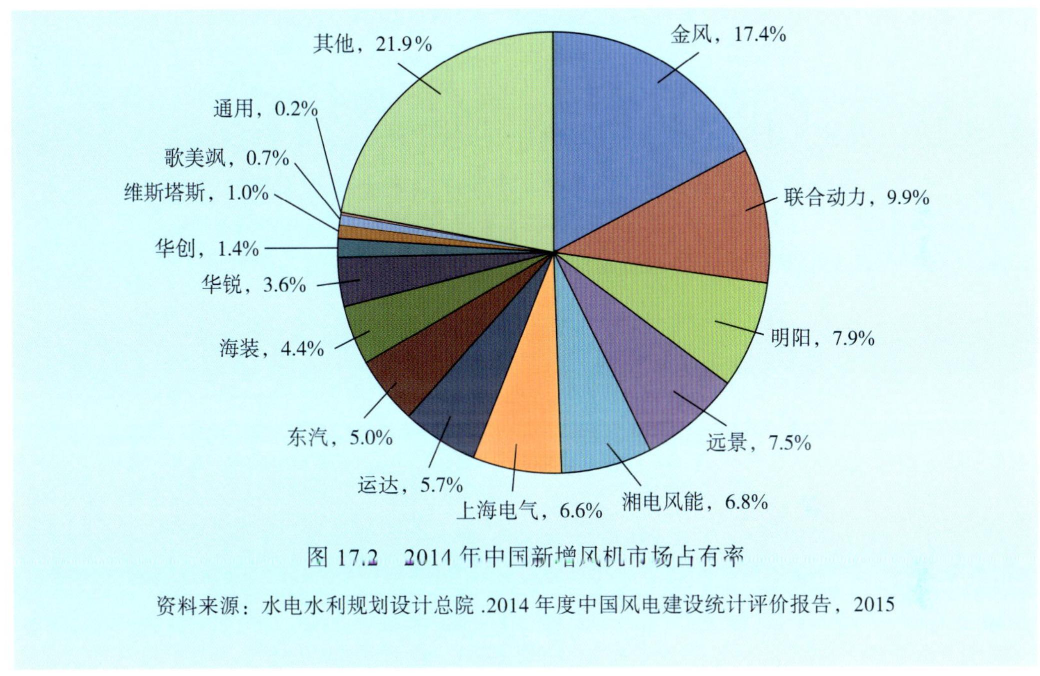

图 17.2　2014 年中国新增风机市场占有率

资料来源：水电水利规划设计总院 .2014 年度中国风电建设统计评价报告，2015

我国主要的风电叶片生产企业有中材科技、中复连众、中航惠腾、LM、时代新材、洛阳双瑞、重庆通用、东泰、中科宇能和上玻院等，另外明阳、东汽、联合动力和维斯塔斯等整机企业也自产叶片。齿轮箱生产企业除南高齿、重齿、大重、杭齿及外资企业博世力士乐、威能极外，近年来重庆望江、天津华建天恒、宁波东力等企业在风电齿轮箱供应上也有所突破[3]。

风电是近年来增长速度最快的能源，具有无污染、低碳排放等优势。通过从原材料生产、运输、施工建设和报废等阶段对比分析风电及火电全寿命周期环境效益发现，每单位兆瓦风电机组全寿命周期内的总能耗约为 618 吨标准煤，按风电场年等效利用小时数 2 000 小时测算，大约运行 1 年就能偿还整个生命周期消耗的能量；与传统 30 万千瓦火电机组相比，每兆瓦时风电能耗仅约为传统火电厂燃料能耗的 3.5%，二氧化碳排放量仅为 2.5%，环境效益十分显著[4]。随着风电的高速发展，近几年风电场对局部生态环境的影响也日益受到人们的关注，主要体现在风机的视觉污染、噪声、鸟类安全及电磁干扰等方面：一是光、声、电磁、化学污染及视觉、生态影响都或多或少对周边居民产生一些不利影响，但这些影响对身心是否有伤害、伤害多大尚没有一个定论；二是旋转的叶片产生的干扰对鸟类的飞行、觅食等是致命的威胁；三是风电建设和运行中对植被的破坏导致水土流失等问题。从整体来看，风电对环境的正面影响是不言而喻的，但需要在发展风电时综合考虑环境、生态、经济和社会效应。

2. 发电成本

风电机组价格。根据国际可再生能源署（International Renewable Energy Agency，IRENA）数据显示[5]，2014 年，发达国家风电机组价格平均为 1 127 ～ 1 376 美元 / 千瓦（折合人民币为 6 923 ～ 8 452 元 / 千瓦①），比 2013 年略有回升，主要受材料和人力成本上涨、单机容量大型化成本增加等因素影响。中国风电机组平均价格约为 676 美元 / 千瓦（折合人民币为 4 153 元 / 千瓦），仍保持世界最低水平，与 2007 年最高的 1 036 美元 / 千瓦（折合人民币为 7 878 元 / 千瓦）相比，下降了 35%。1997 ～ 2014 年美国和中国陆上风机价格对比，如图 17.3 所示。

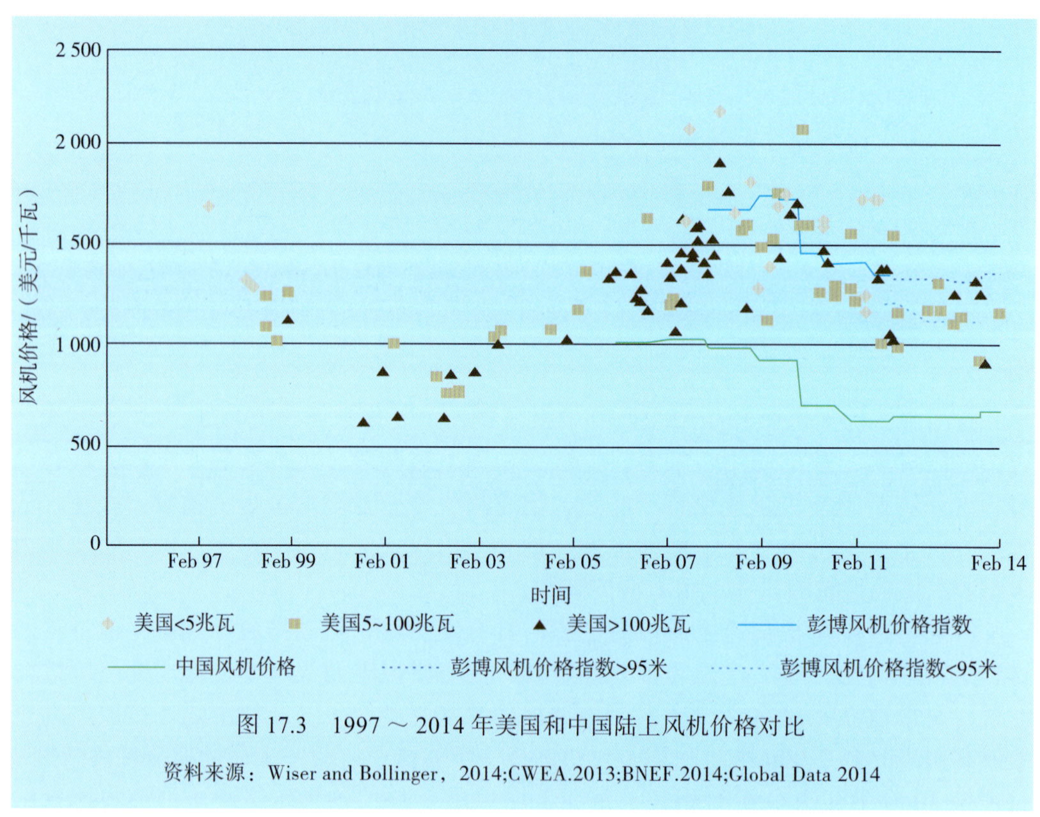

图 17.3　1997 ～ 2014 年美国和中国陆上风机价格对比

资料来源：Wiser and Bollinger，2014;CWEA.2013;BNEF.2014;Global Data 2014

① 按照 2014 年美元汇率 6.1428 计算，下同。

单位投资成本。根据 IRENA 统计数据，2014 年，全球陆上风电场单位投资成本为 1 280 ～ 2 290 美元 / 千瓦（折合人民币为 7 863 ～ 14 067 元 / 千瓦），平均为 1 780 美元 / 千瓦（折合人民币为 10 934 元 / 千瓦）。2014 年中国投产陆上的风电项目单位千瓦造价为 8 619 元 / 千瓦，为世界最低水平 [2]。相比 2013 年的 8 944 元 / 千瓦，单位千瓦造价下降 325 元，下降 3.6%，主要得益于国内风机价格的下降。在风电项目初始投资成本构成中，风机成本仍是占比最大的部分。

度电成本。根据 IRENA 统计数据，2014 年，全球风电平均度电成本为 0.06 ～ 0.12 美元 / 千瓦时（折合人民币为 0.37 ～ 0.74 元 / 千瓦时）。中国风电项目度电成本约为 0.05 ～ 0.10 美元 / 千瓦时（折合人民币为 0.31 ～ 0.61 元 / 千瓦时），平均约为 0.06 美元 / 千瓦时（折合人民币为 0.37 元 / 千瓦时）。

3. 开发建设规模

截至 2014 年年底，世界风电装机容量达到 3.70 亿千瓦 [6]，同比增长 16.2%，增速比 2013 年提高 4 百分点。2014 年世界风电新增装机容量约 51 48 万千瓦，同比增长约 44%。2001 ～ 2014 年世界风电装机容量如图 17.4 所示。

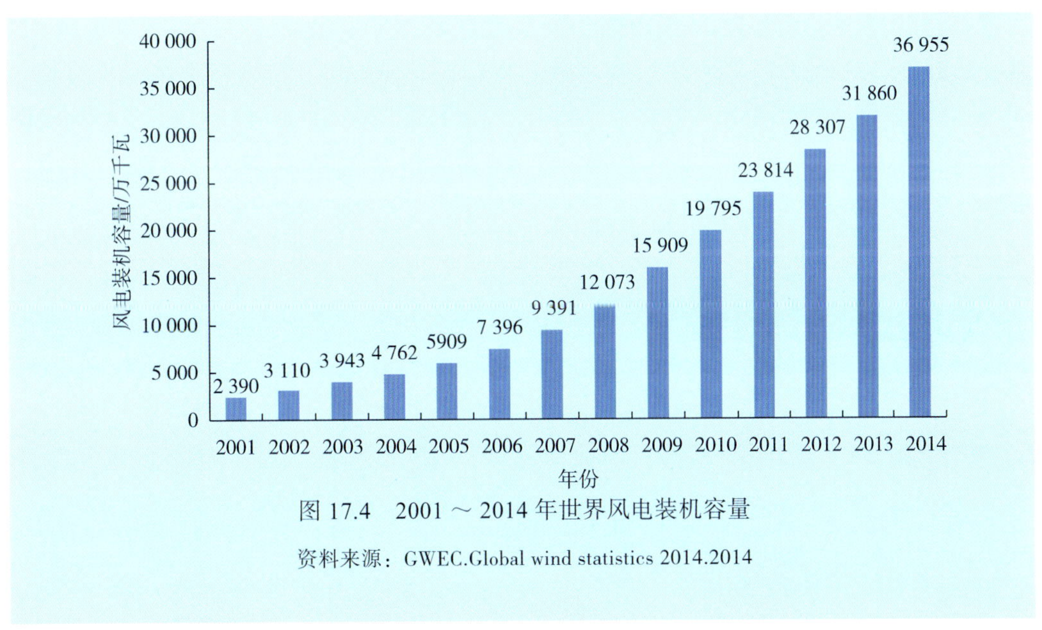

图 17.4　2001 ～ 2014 年世界风电装机容量

资料来源：GWEC.Global wind statistics 2014.2014

从世界风电装机的分布情况看，亚洲、欧洲和北美仍然是世界风电装机容量最大的三个地区，累计风电装机容量分别达到 14 212 万千瓦、13 397 万千瓦、7 795 万千瓦，分别占世界累计风电装机容量的 39%、36% 和 21%。2014 年世界风电累计装机容量分布情况如图 17.5 所示。亚洲风电快速增长，超过欧洲成为世界上风电装机最多的地区，新增容量占全球的一半以上；欧洲和北美风电市场略有回暖，新增容量分别占全球新增的 25%、14%。分国家来看，中国、美国、德国、西班牙和印度位列世界风电累计装机前五强，合计超过世界风电总装机容量的 67%。

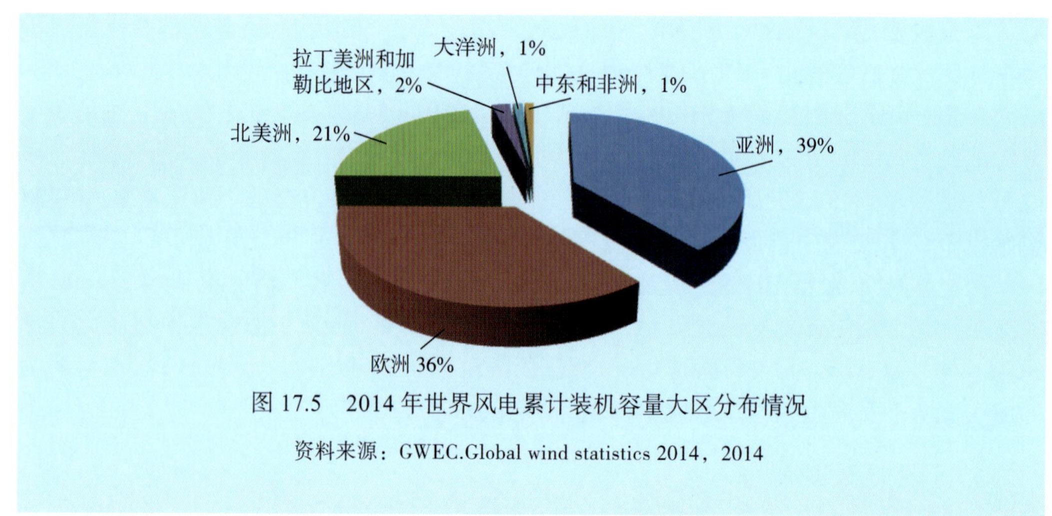

图 17.5　2014 年世界风电累计装机容量大区分布情况

资料来源：GWEC.Global wind statistics 2014，2014

截至 2014 年年底，中国风电并网容量达到 9 581 万千瓦[7]，同比增长 25%，2006 ～ 2014 年年均增长 62%，是全球接入风电规模最大的电网，2006 ～ 2014 年中国风电并网容量及增长率如图 17.6 所示。风电装机主要集中在“三北”地区，约占全国并网总量的 83%。2014 年全国新增风电并网容量 1 929 万千瓦，同比增加 419 万千瓦，创历史新高。截至 2014 年年底，中国风电并网容量占全国发电装机容量的 7.0%，比 2013 年提高 0.9 百分点，局部地区风电占比已达较高水平，12 个省级电网风电成为第二大电源。

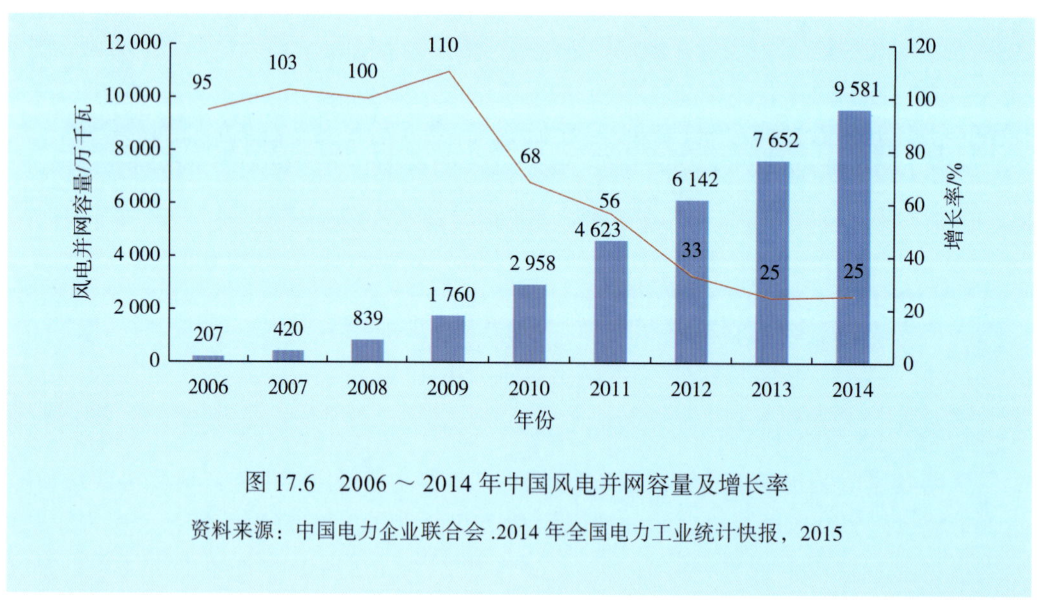

图 17.6　2006 ～ 2014 年中国风电并网容量及增长率

资料来源：中国电力企业联合会 .2014 年全国电力工业统计快报，2015

2014 年，我国地面 70 米高度年平均风速是 2004 年以来的最小值，全国风电发电量 1 563 亿千瓦时，居世界第二位，同比仅增长 12%，占全国总发电量的 2.8%，仍然是继火电、水电之后的第三大电源。分区域看，风电发电量主要集中在“三北”

地区，合计占全国风电发电量的83%。分省份来看，2014年风电发电量最多的5个省（区）依次为蒙西、冀北、蒙东、新疆和甘肃，发电量分别为242亿千瓦时、160亿千瓦时、137亿千瓦时、136亿千瓦时和115亿千瓦时。

截至2014年年底，全国近1 300家公司参与了我国风电开发的投资建设，其中国有企业占全国总并网容量的81.7%、民营企业占5.7%、外资和合资企业合计占12.6%。五大发电集团仍然是风电开发的主力企业，合计占全国总并网容量的53%，国电、华能和大唐集团分列前三位[2]。

17.2.2 发展环境

1. 装备制造方面

2010年，国家能源局发布文件《国家能源局关于印发风电机组并网检测管理暂行办法的通知》（国能新能〔2010〕433号），以附件形式印发《风电机组并网检测管理暂行办法》，规定自2011年1月1日起，新核准风电项目安装并网的风电机组，必须是通过规定检测的机型，只有符合相关技术规定的风电机组方可并网运行。2014年，国家能源局下达《国家能源局关于规范风电设备市场秩序有关要求的通知》（国能新能〔2014〕412号），指出现阶段我国风电设备制造产业存在的市场无序竞争、部分设备技术水平和质量有待提高、地方保护现象严重等问题。要求加强检测认证确保风电设备质量，对接入公共电网（含分布式项目）的新建风力发电项目所采用的风力发电机组及其关键零部件进行型式认证。

2. 开发建设方面

2011年，国家能源局印发了《风电开发建设管理暂行办法》（国能新能〔2011〕285号），提出对风电项目建设实行年度开发计划管理。2013年，国务院印发《国务院关于取消和下放一批行政审批项目等事项的决定》，其中规定风电项目核准权限由国家发改委下放地方政府投资主管部门。2014年，国家能源局印发《关于加强风电项目开发建设管理有关要求的通知》（国能新能〔2014〕357号），明确国家能源局负责调控全国风电年度开发的规模和布局、各省区能源主管部门负责落实各省年度开发的具体项目，列入年度实施方案逾期没有核准的项目，需重新申报纳入年度实施方案。电网企业应根据年度实施方案，认真做好风电场项目接入及配套送出工程建设工作，及时开工建设，确保与风电项目同步投产。目前，国家能源局已经下达了五批风电拟核准计划，累计装机容量14 896万千瓦。

3. 并网运行方面

2011年以来，国家能源局每年均出台做好风电并网消纳工作的相关通知，要求进一步优化电网运行调度，科学安排风电场运行，确保风电优先上网。国家电网公司形成优先消纳风电的调度机制，将风电优先纳入年、月、日前计划和实时调整的调度流程；建成支撑风电消纳的调度技术支持系统，风电功率预测已实现全覆盖，预测精度达到国际先进水平；加强风电运行监控和风电自动化系统建设，为风电实时调度提供强大的技术支撑。

4.激励政策方面

2014 年，国家发改委下发《国家发展改革委关于适当调整陆上风电标杆上网电价的通知》（发改价格〔2014〕3008 号），决定将第Ⅰ类、Ⅱ类和Ⅲ类资源区风电标杆上网电价每千瓦时降低 0.02 元，调整后的标杆上网电价分别为 0.49 元 / 千瓦时、0.52 元 / 千瓦时和 0.56 元 / 千瓦时；第Ⅳ类资源区风电标杆上网电价维持现行 0.61 元 / 千瓦时不变。

5. 技术标准方面

随着风电产业的快速发展及日趋成熟，我国已基本形成了较为完整的风电标准体系。2011 年，国家能源局组织成立能源行业风电标准化技术委员会，印发《风电标准体系框架》，主要包括 6 大体系，涵盖风电场规划设计、风电场施工与安装、风电场运行维护管理、风电并网管理技术、风力机械设备和风电电器设备。截至 2014 年年底，我国已发布风电技术标准 161 个，其中国家标准 67 个、行业标准 94 个。

17.2.3 关键技术

1. 兆瓦级风力发电机组

大型风电机组整机及部件设计制造是增强我国风电装备制造业核心竞争力，打破国外垄断的重要技术方向。目前，我国基本形成了 3.6 兆瓦以下的风电机组整机及关键零部件的装备设计制造技术体系，初步掌握 5 兆瓦、6 兆瓦风电机组整机集成技术，实现了整机百千瓦级向兆瓦级跨越。风电机组整机及零部件国产化率达到 85% 以上，技术成熟度和国内市场占有率大幅提升，并开始出口欧美，风电装备企业在全球 10 大整机制造商占据 4 个席位。但是，国外主要整机制造商已经完成 4 兆瓦～ 7 兆瓦级风电机组的产业化，8 兆瓦级的风电机组样机已进入安装测试阶段，欧美整机设计公司均进入到 10 兆瓦级整机设计阶段，并开始探索研究 20 兆瓦机型方案。2014 年，全球最大的风电设备商，丹麦的 Vestas 公司安装了 V164-8 兆瓦样机，并发布了 200 米叶轮直径的 10 兆瓦风力发电机组开发计划；挪威 Sway Turbine 公司、美国 AMSC 公司和美国 Clipper 公司都完成了 10 兆瓦级机组的设计工作。

2. 低风速风力发电机

在不断增加风电机组单机容量的同时，针对市场的需求，风电设备厂家也不

断开发适应不同风场的特性化机组。2013年，一批超低风速型风电机组问世，如联合动力97米风轮直径的1.5千瓦机组、远景能源106米风轮直径的1.8千瓦机组、金风科技GW115/2000直驱永磁机组等。低风速型风电机组的推出，使占中国风能资源60%以上的低风速区域具备了经济开发价值，为中国因地制宜开发风电创造了条件。

3.直驱风力发电机

近年的风电技术发展中，无齿轮箱的直驱方式是一个研究热点，分为励磁直驱和永磁直驱两种形式。采用励磁直驱无齿轮箱系统的德国ENERCON等公司，拥有国际市场8%左右的市场份额，机组性能稳定、技术成熟。永磁直驱方式没有齿轮箱，避免了一些机械故障点，并能解决永磁部件在长期强冲击振动和大范围温度变化条件下的磁稳定性问题，在风电产业中，直驱风机的数量持续增长，直驱风机占全部风机供应的比例已超过1/4。

4. 风电大规模并网运行技术

我国是世界上唯一开展大规模千万千瓦级风电基地建设的国家，随着集中式开发的风电场群规模迅速扩大，对电力系统的运行控制提出了更高的要求。风电友好型电力系统要求具备坚强的网架结构和灵活的运行性能，通过采用先进的信息通信技术和运行控制技术，充分提升并调动广泛的系统资源，更好地发挥电网大范围资源优化配置能力。目前，我国已在特高压交直流输电技术、支撑海上风电输送的柔性高压直流输电技术、适应大规模风电并网的灵活调度运行技术及能够提高风电出力稳定性的大规模储能技术等领域取得了突破性进展，其中，特高压交直流输电技术走在了世界前列，未来将借助特高压输电技术全力保障千万千瓦级风电基地的大规模送出和消纳。

5. 风电场智能控制技术

在互联网技术不断发展的时代，风电与互联网也开始产生密切的合作。当前大多数风电场都能做到远程集中监控，运行状态与发电数据可实时更新，风电产业正在进入信息化管理的时代。随着风电技术与信息技术的进一步融合，如风电场的集群式管理与调度、风电机组的全面状态监控、机组故障状态识别与诊断、部分故障的智能恢复和远程修复、机组健康状态和全寿命管理等技术等新技术正在开展研究，这些技术将减少风电机组的维护和维修需求，降低备品备件率，减少现场值守人数，从而进一步降低风电场的运营成本，提高可利用率。

17.3 中国风电产业发展问题及趋势分析

17.3.1 中国风电产业发展面临的主要问题

调整优化能源结构、转变能源发展方式是我国未来能源发展的重要内容。虽然我国已是全球风电规模最大、发展最快的国家，但风电占我国能源消费的比例仍然较低，同时，相比风电资源潜力，现有开发规模占比不到5%，未来还有很大的发展空间。为实现2020年非化石能源消费占比15%的战略目标，需要继续提升风电在能源电力供应中的比例，2020年风电发展规模需要超过2亿千瓦。为了支撑2亿千瓦甚至更大规模风电的发展，现有科技创新、发展模式、经济政策和规划机制等方面仍然面临很大的挑战。

1. 风电基础理论研究薄弱，部分核心装备和关键材料依赖进口

目前，我国风能科技和产业技术进步显著，但其中大部分成果是通过引进消化吸收和集成创新实现的，在空气动力学计算、流场分析、载荷计算等基础科学问题的研究上仍与欧洲企业有较大差距，在大型风电机组设计、风机轴承、主控系统、变桨系统等部分高端技术、关键装备等方面与国际先进水平差距明显，彰显出原始创新和技术突破能力的不足。

2. 中国风电大规模集中式开发为主，面临跨区输送能力不足问题；分散式开发处于刚起步阶段，投资吸引力不足

一是缺乏灵活调节电源，我国风电富集的“三北”地区，电源结构以火电为主，灵活调节电源比例不足2%，特别是在风电快速发展的西北地区，抽水蓄能及燃油燃气等灵活调节电源占比仅为0.5%，不能满足风电调峰需要。二是冬季供热期、水电防汛期和风电大发期重叠，供热对火电机组、水库运用对水电机组运行的硬约束使风电消纳的困难更为突出。以吉林为例，供热机组占装机比例超过50%，冬季核定最小技术出力超过600万千瓦，而吉林冬季最低用电负荷仅为550万千瓦，低谷时段基本没有接纳风电的空间。三是核准不同步，工期不匹配，电网项目统筹配套非常困难，导致跨区输送能力不足。以甘肃为例，截至2014年年底，甘肃并网风电已超过1 000万千瓦，但酒泉—湖南特高压直流输电工程预计2017年才能投运，现有跨区输电能力难以满足风电消纳需要。四是我国分散式风电开发仍处于起步阶段，在低风速风机技术、监测控制等关键技术方面尚需要突破，同时缺乏针对分散式风电的配套激励政策，投资吸引力不足，未能形成集中开发与分散开发并举的局面。

3. 促进风电发展的相关配套政策不完善

《中华人民共和国可再生能源法》和相关的国家法律法规促进了我国风电行业的发展，但与其配套的相关政策不完善。一是跨省跨区消纳政策不完善，跨省区送电价格缺乏引导作用，各地缺乏消纳风电主动性；二是合理的补偿和激励机制未建立，辅助服务的补偿政策缺失，常规机组配合风电进行的调峰、调频和备用等辅助服务造成的成本增加得不到补偿。

4. 需统筹协调风电与传统电源、风电与电网规划

随着风电等可再生能源的大规模发展，适应波动性电源的传统产业技术升级和国民经济产业结构调整还没有给予足够重视，各类型电源规划之间及电源电网规划相脱节的矛盾日益凸显。未来要实现风电与大能源、电网的协调和共荣发展，还需要加强风电与传统电源、调峰电源、储能系统及电网之间的统一规划、协调发展，促进风电大规模开发和高效利用。

17.3.2 “十三五”中国风电产业发展趋势

1. 中国继续成为推动全球风电增长的主要力量

GWEC（Global Wind Energy Council，即全球风能理事会）相关预测，未来五年，风电累计装机容量的增速将保持在 11% ～ 15%，到 2020 年，全球风电装机容量将达到 7 亿千瓦左右。中国将继续成为全球风电装机容量增长的主要推动力量，2015 年，预计风电新增装机容量将达到 2 000 万千瓦，占全球 1/3，累计风电装机容量达到 1.16 亿千瓦。IEA 2013 年发布的《风能技术路线图》提出，到 2020 年，预计全球风电装机容量将达到 6.5 亿千瓦左右，风电发电量约占全球总发电量的 6% 左右。中国将超过欧盟成为全球风电装机最多的地区。

2. 风电开发仍将以集中式大规模开发为主；分散式开发进度将有所加快，规模明显增加

我国风能资源丰富地区主要在“三北”地区，全国陆地 50 米高度 3 级及以上的风能资源（风功率密度≥ 300 瓦 / 平方米）约为 23.8 亿千瓦，其中新疆、甘肃酒泉、内蒙古、河北坝上、吉林西部和黑龙江等地区约为 20 亿千瓦，占全国的 80% 以上。一方面，我国风电建设将继续保持集中规模化开发格局，按照“建设大基地、融入大电网、建立大市场”的方向，在坚持集中开发与分散发展并重方针的同时，重点规划建设酒泉、蒙西、蒙东、冀北、吉林、黑龙江、山东、哈密和江苏 9 个大型风电基地，2020 年合计风电开发规模将突破 13 000 万千瓦，比 2014 年翻一番。另一方面，鼓励分散式风电开发建设，探索与其他分布式能源相结合的发展方式，实现分散的风能资源就近分散利用，使我国中部地区和南方地区的风能资源都能得以利

用，为风电发展开辟新的市场空间。我国可利用的分散式风能资源主要分布在华北、东北、东部沿海及部分内陆区域，预计到2020年，东中部及其他地区分散式陆地风电开发规模将超过2 500万千瓦。对于具备风光互补、风气互补条件的地区或者边远、海岛地区，分散式风电开发可考虑选择微电网方式。

3. 风电产业进入创新发展、稳步增长阶段，三北地区增速有所放缓

2015年，预计风电仍将保持平稳增长态势，全年新增并网容量将达到2 000万千瓦左右，与2014年新增并网容量基本持平。全国累计风电并网容量将达到1.16亿千瓦，突破“十二五”风电规划目标已成定局。从风电装机布局来看，随着陆上三类价区风电上网电价的调整，以及局部地区存在风电消纳困难问题，预计“三北”地区风电增速将有所放缓。2015年，“三北”地区新增风电装机容量约1 300万千瓦，同比下降12%；中东部地区风电新增装机容量有望达到700万千瓦，同比增长55%。《能源发展战略行动计划（2014—2020年）》明确了“十三五”新能源发展目标，2020年风电规划装机规模达到2亿千瓦，其中，“三北”地区约占2/3，东中部及南方地区占1/3。

4. 风电成本将进一步下降，成为最具竞争力的可再生能源发电技术之一

从未来发展来看，陆上风电单位千瓦投资仍将缓慢下降，但空间有限。在风电规模扩大和技术更为成熟后，风电机组单位成本有可能达到与煤电机组单位成本持平的水平。即使考虑原材料价格上涨和风机技术标准提高带来的成本上升及其他价格上涨的因素，风电机组价格仍有可能存在10%左右的成本下降空间，2020年、2030年和2050年陆上风电开发投资有望分别降至7 500、7 200、7 000元/千瓦左右。由于海上风电机组基础、运输安装和输电线路费用较高，如果不考虑土地限制因素，海上风电单位投资将继续高于陆上风电，预计2020年、2030年、2050年分别降至14 000元/千瓦、12 000元/千瓦、10 000元/千瓦[4]。

5. 风电的大规模发展需与智能电网、储能和“互联网+”等技术密切结合、协调发展

首先，智能电网是促进可再生能源与利用的重要保障，也是我国未来电网发展的主要方向，是促进新能源开发利用的关键环节。智能电网的建设，可服务于可再生能源发电的接入和消纳，包括分散的分布式电源及大规模风电场等。其次，通过互联网促进能源系统扁平化，推进能源生产与消费模式革命，提高能源利用效率，推动节能减排。推进能源生产智能化，建立能源生产运行的监测、管理和调度信息公共服务网络，加强能源产业链上下游企业的信息对接和生产消费智能化，支撑电厂和电网协调运行，促进非化石能源与化石能源协同发电。最后，储能系统可以有效地抑制风电功率波动，平滑出力，是保证可再生能源发电并网运行的关键技术；同时国内外的大量研究和工程实践也表明，大规模储能技术是解决可再生能源发电

消纳难题的重要技术措施。

17.4 重点案例——中国西部北部地区风电规模化发展

我国风能资源非常丰富，特别是西部北部广阔的戈壁荒漠，资源条件好，开发空间大，是未来我国风能发展的主要地区，在我国能源电力供应体系中具有十分重要的战略地位。加快西部北部风电规模化开发，对于优化我国能源结构，促进西部大开发，满足东、中部能源需求，防治大气污染，治理雾霾，实现清洁低碳发展，提升能源技术装备水平、拉动经济增长都具有十分重要的作用。

我国西部北部地区地广人稀，荒漠、戈壁和草地占地域面积的 50% 以上，大规模开发不占用基本农田，不需要水资源，不涉及移民搬迁，开发条件优越。截至 2014 年年底，我国已并网风电装机的 83% 集中在“三北”地区，10 个地区风电已经成为第二大电源，其中甘肃、冀北、蒙东、宁夏和蒙西等装机占比已达 20% 以上。风电利用水平屡创新高，冀北、蒙西、蒙东、吉林和甘肃等风电日电量占日发电总量比例最大值分别达到 21.8%、23.6%、66.6%、26.4% 和 27.7%，与国际先进水平相当。根据《风电发展“十二五”规划》的要求，国家将积极有序推进河北、蒙东、蒙西、吉林、甘肃、山东、江苏、新疆和黑龙江等大型风电基地建设，到 2015 年，上述大型风电基地装机容量总计达到 7 900 万千瓦以上。预计到 2020 年，我国风电装机有望达到 2.4 亿千瓦，主要基地发展情况预计如下。

新疆。在乌鲁木齐达坂城、塔城老风口、三塘湖-淖毛湖、哈密东南部等地区集中建设大型风电基地，新疆风电达到 3 100 万千瓦。为形成全国范围的清洁能源消纳大市场，在已建成投运的哈密南—郑州 ±800 千伏特高压直流通道基础上，再配套建设准东—成都、准东—皖南 ±1 100 千伏特高压直流外送工程，将新疆风电、太阳能和煤电打捆送至华中、华东负荷中心。

甘肃。在酒泉的河西玉门和安西地区集中建设大型风电基地，甘肃风电达到 2 000 万千瓦。配套建设酒泉—湖南 ±800 千伏特高压直流外送工程，将甘肃风电、太阳能与煤电打捆送至华中负荷中心。

蒙西。在蒙西乌兰察布、锡林郭勒、巴彦淖尔市、包头市等地区集中建设大型风电基地，蒙西风电达到 2 400 万千瓦。配套建设锡林郭勒盟—山东、蒙西—天津、蒙西—长沙 1 000 千伏交流和锡林郭勒盟—泰州、蒙西—武汉 ±800 千伏特高压直流外送工程，将蒙西风电、太阳能和煤电打捆送至华北、华中和华东负荷中心。

河北。在张家口、承德地区集中建设大型风电基地，建成 1 700 万千瓦的清洁能源张北基地。配套建设张北—南昌 1 000 千伏交流通道，将张北风电和锡林郭勒盟煤电打捆送至华北、华中负荷中心。

蒙东、吉林、黑龙江。在蒙东通辽、赤峰，吉林西部白城、通榆、松原，黑龙江西部大庆等地区集中建设大型风电基地，建成 2 500 万千瓦的清洁能源基地。配套建设呼盟—青州、扎鲁特—驻马店 ±800 千伏特高压直流外送工程，将蒙东、吉林、黑龙江风电和煤电打捆送至华北、华中负荷中心。

由于风电具有间歇性、随机性，大规模风电的消纳是世界性难题。世界各国一直都在进行艰苦的努力和探索，至今仍在不断开展核心技术攻关。与国外相比，中国的风电消纳问题更为突出，难度更大。一方面，中国风资源主要集中在西部北部，当地用电负荷少、调峰电源比重小和外送通道能力不足，而国外风资源相对分散，80% 以上的风电接到 10 千伏以下配电系统，能够就地消纳。另一方面，中国风电集中的“三北”地区电源结构单一，抽水蓄能、燃气电站等灵活调节电源比重不足 2%，特别是冬季由于供热机组比重大，基本没有调峰能力，而欧美等国家快速跟踪负荷的燃气电站及抽水蓄能比例高，西班牙为 34，是风电的 1.7 倍；美国高达 47, 是风电的 13 倍。

面对风电资源条件和系统调峰能力与国外存在较大差距的现实情况，我国充分发挥大电网统一管理、统一调度的优势，最大可能地保证了风电并网消纳，按照“建设大基地、融入大电网、建立大市场”的方向，在全国范围内优化配置和消纳风电等新能源。2010 年前，西北外送仅有灵宝直流一条通道，2014 年发展到灵宝、德宝、银东和特高压天中直流四条外送通道，东北外送能力提高至 300 万千瓦，极大缓解了东北、西北地区的“窝电”问题。2011 年起，我国开始在国家电力市场交易平台通过市场化方式组织西北送华中交易，鼓励风电、光伏等新能源企业积极参与外送，并在交易出清时优先保障新能源电量成交，最大限度地促进新能源的大范围消纳。2014 年跨区年度交易中，共有 200 多家风电、光伏企业参与，其中西北新能源跨区跨省外送电量 76 亿千瓦时，同比增长 92%，东北新能源跨区外送电量 60 亿千瓦时，同比增长 50%。

17.5　促进风电产业发展的政策建议

1. 制定国家清洁能源转型战略，明确风电发展目标和路径

我国已明确提出应对气候变化的行动和措施，二氧化碳排放 2030 年左右达到峰值并争取尽早达峰；单位 GDP 二氧化碳排放比 2005 年下降 60% ～ 65%，非化石能源占一次能源消费比重达到 20% 左右。风电是目前技术最成熟、基本实现商业化且具有巨大发展潜力的可再生能源技术。按照优先发展清洁低碳可再生能源要求，需要制定面向 2030、2050 年的能源和生产消费革命战略，统筹能源生产、运输和消费领域技术升级换代，明确提出风电等可再生能源优先开发利用、持续扩大开发规模的发展目标和路径。

2. 加大科技投入力度，攻克关键软件和设备的研发及设计制造，提升中国自主产权技术和制造水平

研发和创新能力是实现风电技术升级换代的关键，通过建立国家级风能技术研发中心，整合各种资源，开展风能基础性理论和公共性技术研究，解决企业共同面临的技术难题。一是开展国家支持的技术研发活动，通过可再生能源发展基金和国家科技攻关项目支持风电关键技术的研发（如先进的大型风电机组和低风速机组、风电场出力预测预报技术、储能技术、风电智能并网、分散式风电终端应用技术和风电场开发的生态环境影响评价方法等）；二是重点建立叶片、传动系统等风电零部件国家级公共研发和试验平台，为风电场设计、运行和风电机组的性能改进、风电并网等研发活动及风电设备的检测、认证活动，提供强有力的技术支持；三是建立完善的风电产业服务体系，为风能产业的规模化发展提供专业化服务。

3. 支持风电装备出口，积极开拓海外市场

印度、巴西等新兴国家市场有望成为全球风电市场新的增长点，中国风电设备技术比较成熟，国产化率很高，而且技术上与国外设备相比具备一定的竞争力。开拓这些新兴国家风电市场与中国“一带一路”战略基本吻合，应利用中国的资金和技术优势，积极支持风电设备出口，开发海外市场。加强对风电设备的出口支持将有力地带动以风电整机制造为牵引的相关装备制造业，提升中国风电装备与国际接轨水平。同时，由风电机组出口衍生的风电设备运营维护市场，也可以带动“中国服务”走向世界。

4. 加强储能、智能电网等关键技术和相关支持产业发展和建设，提升系统风电消纳能力

出台激励政策加快储能产业技术进步，提升系列储能技术成熟度和经济性，推进示范项目建设和推广应用，促进储能服务风电消纳。加强智能电网建设，持续加强主干网架，提升系统灵活性，促进风电优先本地消纳。打通制约风电在更大范围内消纳的输送瓶颈，将“三北”地区风电扩大到东中部地区消纳，在更大范围内优化消纳风电，实现风电规模化开发和有效利用。

5. 完善风电国家标准和准入制度，指导行业健康发展

促进产业的健康发展，完善陆上及海上风电的相关标准体系，在风场建设、验收标准和电网接入等方面加强标准体系的建设。尤其是海上风电方面，我国海上风电发展尚未形成相应的标准体系，且现有的行业标准很多是由国外引进，并不太适合我国风能资源条件和技术、产业发展实际情况。同时，在标准完善的基础上，加强行业的准入管理，保护行业的发展稳定。

6. 加强风电和传统能源、电网的协调统一规划，促进风电科学有序发展

将调整电源结构作为电力“十三五”规划的重要内容，加强风力发电与相关领域的资源共享，改变目前各品种电源分别开展专项规划的做法，统一制定整体发展规划，实现协调发展。科学确定项目规模和布局，提前制订年度实施方案，合理安排项目核准建设进度。加快建设抽水蓄能和燃气调峰电站，推动常规煤电和供热机组加大调峰力度，提高系统调节能力。同步规划风电基地开发方案和配套电网工程，落实跨省跨区消纳方案，尽快出台“十三五”电网规划，抓紧建设一批条件成熟、风电基地送出需求十分迫切的跨区输电通道。

7. 建立全国电力市场，完善市场化机制建设，建立科学合理的定价机制，用市场机制解决弃风问题

积极利用国家电力市场交易平台，建立全国电力市场，建立清洁能源优先消纳机制，组织风电等新能源与其他电源联合参与跨区跨省交易。完善调峰辅助服务补偿机制，特别是常规机组调峰辅助服务的补偿等政策，增加常规火电机组调峰的积极性。切实推行可再生能源配额制，落实相关地区、部门和单位在风电消纳中的责任和义务，建立适应风电发展的跨省消纳的市场机制。建立灵活电价机制，出台发电侧和用电侧双边峰谷电价政策，增加风电在市场中的价格竞争力消纳风电。优先产业结构及布局，提高传统产业对不稳定电源的适应能力消除弃风顽疾和消灭弃风。

参考文献

[1] Navigant Research．World wind energy market update 2015，2015．

[2] 水电水利规划设计总院，国家可再生能源信息管理中心．2014 年度中国风电建设统计评价报告，2015．

[3] 中国循环经济协会可再生能源专业委员会．2014 中国风电发展报告，2014．

[4] 王晓天．基于全生命周期评价方法的风电环境效益测算．科技管理研究，2012，32（18）:259-262.

[5] IRENA. Renewable Power Generation Costs in 2014，2014．

[6] GWEC．Global wind statistics 2014，2015．

[7] 中国电力企业联合会．2014 年全国电力工业统计快报，2015．

[8] 中国电机工程学会．动力与电气工程学科发展研究报告（2014—2015）专题七：可再生能源发电技术，2015．

[9] 国家发展改革委员会能源研究所．中国风电发展路线图 2050，2014．

第 18 章

太阳能发电产业

黄其励　张正陵　张　克　李琼慧　黄碧斌

18.1　太阳能发电产业的概念及范畴

太阳能发电包括光伏发电和光热发电（也称太阳能热发电）两种形式，光伏发电是根据光生伏特效应，将太阳能直接转化为电能。光热发电是利用太阳的直接辐射，采用聚光技术将太阳光聚焦在吸热器上，加热吸热器中的传热介质，通过高温的传热介质在蒸发器和过热器中使水转变为高温、高压蒸汽，再通过汽轮发电机组进行发电。虽然太阳能光伏发电和光热发电两种形式的原理不同，但均是低碳发电，运行时基本不消耗外部能源，不产生二氧化碳排放和污染。

1. 太阳能光伏发电

太阳能光伏发电产业主要包括晶硅电池和非晶硅电池两大技术路线，目前前者是主流，因此本章所指光伏发电产业主要是针对晶硅电池技术路线相关的产业，包括单晶硅和多晶硅。从狭义来看，光伏发电产业链主要包含硅提纯、硅片、电池片和组件；从广义来看，光伏发电产业链还包括逆变器等设备生产、系统集成安装并网和运行维护等产业，如图 18.1 所示。

太阳能光伏发电没有机械运动部件，无污染、无噪声，可模块化建设安装，适合于各类规模的电力生产，大到中心电厂，小到屋顶、马背发电。按照光伏发电应用进行分类，可分为集中式光伏电站和分布式光伏发电。

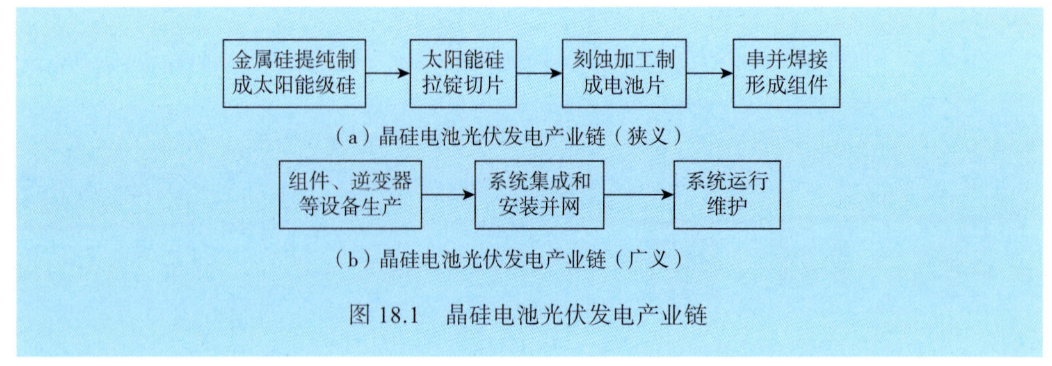

图 18.1　晶硅电池光伏发电产业链

2. 太阳能热发电

根据收集太阳能方式的不同，太阳能热发电技术可分为塔式、槽式、碟式和线性菲涅尔式四种类型。太阳能热发电可进一步分为点聚焦和线聚焦系统。其中，点聚焦系统主要包括塔式光热发电和碟式光热发电；线聚焦系统主要包括槽式光热发电和线性菲涅尔式光热发电。

太阳能热发电一般由聚光吸热系统、储热系统和热力循环发电系统组成。此外，由于具备和常规火力发电类似的热力循环发电系统，太阳能热发电具有较好的控制性能，且更易与其他发电机组联合运行。

18.2　太阳能发电产业发展现状分析

18.2.1　总体情况

1. 太阳能光伏发电产业装备制造

1）全球光伏产业装备制造情况

根据中国光伏行业协会和中国电子信息产业发展研究院的统计，全球多晶硅产能进一步扩大，产量再创新高[1]。2014 年，全球多晶硅产能为 39 万吨，与 2013 年的 38 万吨相比，略有增长；产量达到 30.2 万吨，与 2013 年的 24.6 万吨相比，增长 22.8%。其中，太阳能级块状硅约为 25.2 万吨。2007 ～ 2014 年全球多晶硅产量如图 18.2 所示。

全球硅片产能快速提升。2014 年，全球硅片产能约为 68.2 吉瓦，产量约为 50 吉瓦，同比增长 28.2%。2007 ～ 2014 年全球硅片产能 / 产量情况如图 18.3 所示。

电池片产业规模快速增长。2014 年，全球电池片产能约为 70 吉瓦，产量约为 50.3 吉瓦，与 2013 年的 40.3 吉瓦相比，增长 24.8%。2007 ～ 2014 年全球电池片产量如图 18.4 所示。

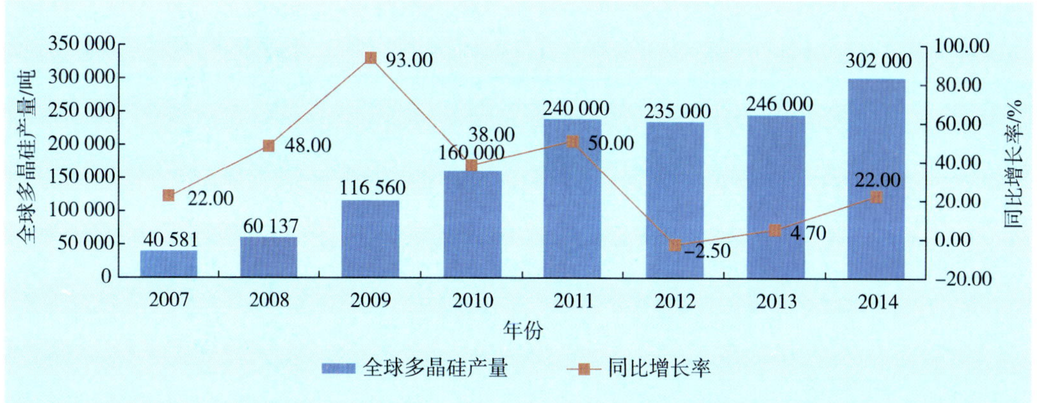

图 18.2 2007 ～ 2014 年全球多晶硅产量和同比增长率

资料来源：中国光伏行业协会，中国电子信息产业发展研究院 . 2014—2015 年中国光伏产业年度报告，2015

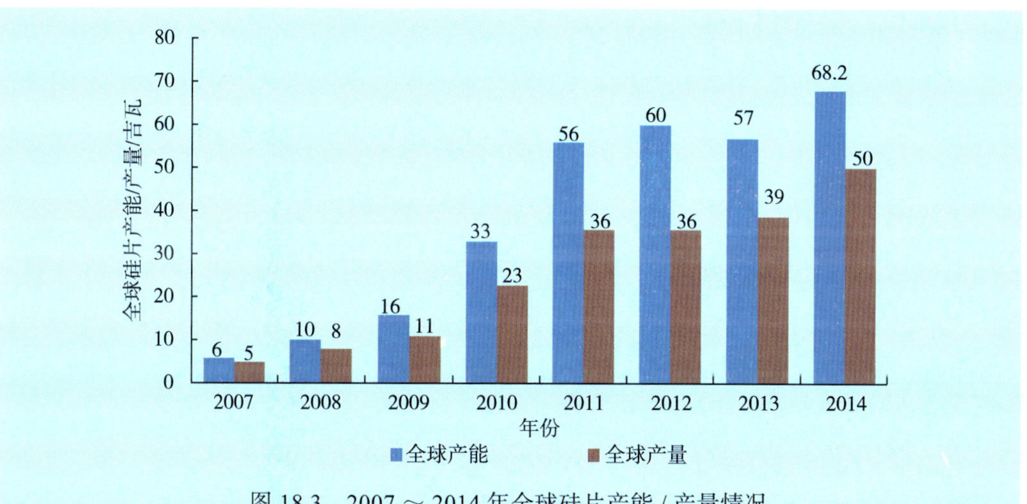

图 18.3 2007 ～ 2014 年全球硅片产能 / 产量情况

资料来源：中国光伏行业协会，中国电子信息产业发展研究院 . 2014—2015 年中国光伏产业年度报告，2015

光伏组件产量再创新高。2014 年全球光伏组件产能达到 87 吉瓦，产量达到 52 吉瓦，同比增长 19.9%。2005 ～ 2014 年全球晶硅组件产量如图 18.5 所示。从组件类型来看，晶体硅电池组件依然是市场主流，产量达到 48 吉瓦，同比增长 23%。

2）中国光伏产业装备制造情况

近年来，我国光伏产业已形成多晶硅提纯、硅棒 / 硅锭 / 硅片、电池片和组件和系统集成等完整的产业链，产业规模迅速扩大，处于世界领先水平。光伏产业已成为我国具有国际竞争优势的战略性新兴产业。

2014 年，受政策引导和市场驱动影响，我国光伏产业发展有所回暖。根据中国

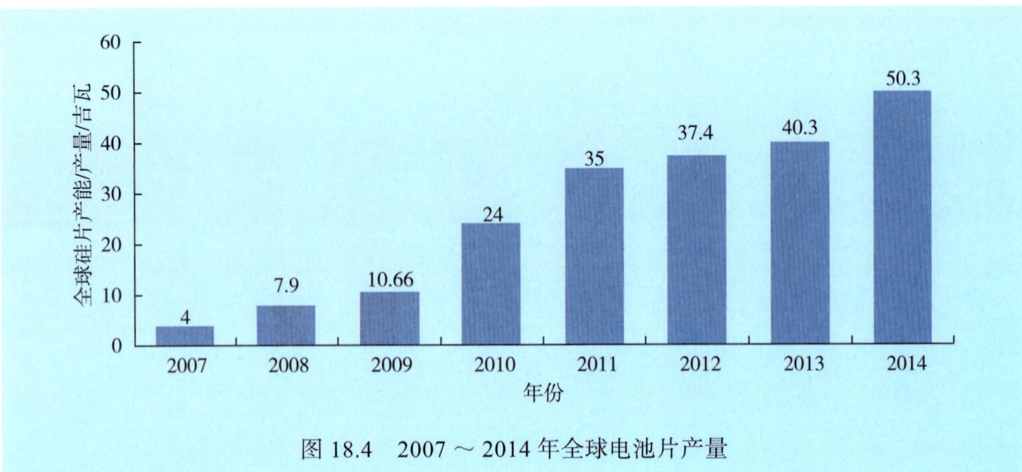

图 18.4　2007 ～ 2014 年全球电池片产量

资料来源：中国光伏行业协会，中国电子信息产业发展研究院 . 2014—2015 年中国光伏产业年度报告，2015

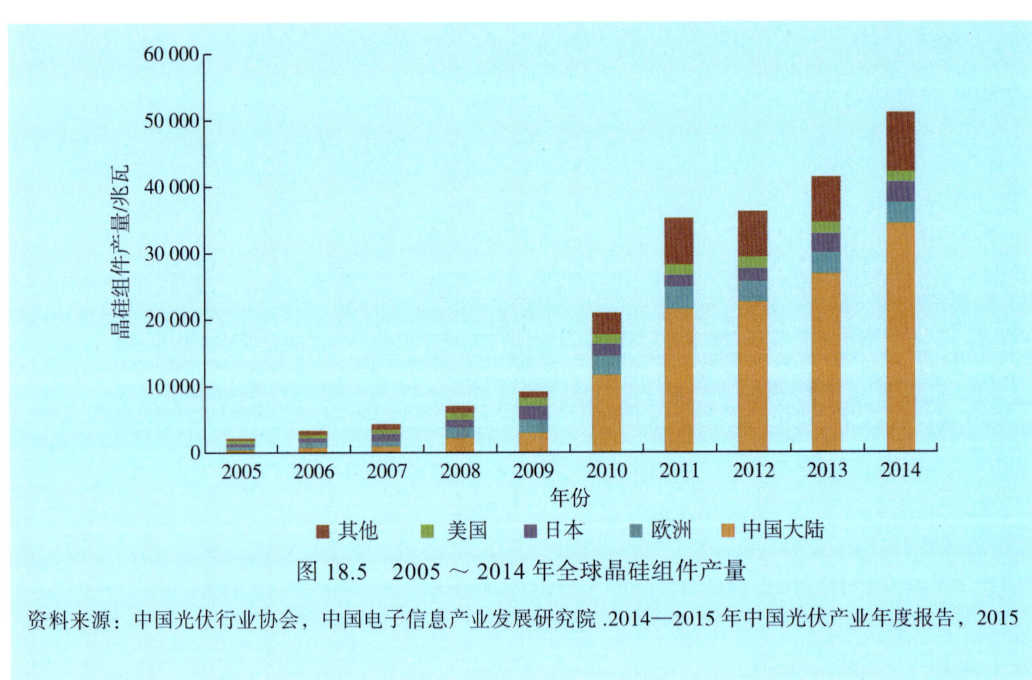

图 18.5　2005 ～ 2014 年全球晶硅组件产量

资料来源：中国光伏行业协会，中国电子信息产业发展研究院 .2014—2015 年中国光伏产业年度报告，2015

光伏行业协会和中国电子信息产业发展研究院的统计[1]，我国多晶硅开工产能和产量继续保持增长，开工产能达到 15.8 万吨，产量达到 13.6 万吨，与 2013 年 8.46 万吨相比，增长了 60.8%；从占全球总产量的比例来看，2014 年达到 45%，同比提升近 10 百分点。2008 ～ 2014 年我国多晶硅产能和产量如图 18.6 所示。

2014 年，我国硅片总产能约为 50.4 吉瓦，产量约为 38 吉瓦，占全球的 76%。相比 2013 年的 29.5 吉瓦，占全球产量的比例同比增长 28.8%。2008 ～ 2014 年我国硅片产能和产量如图 18.7 所示。

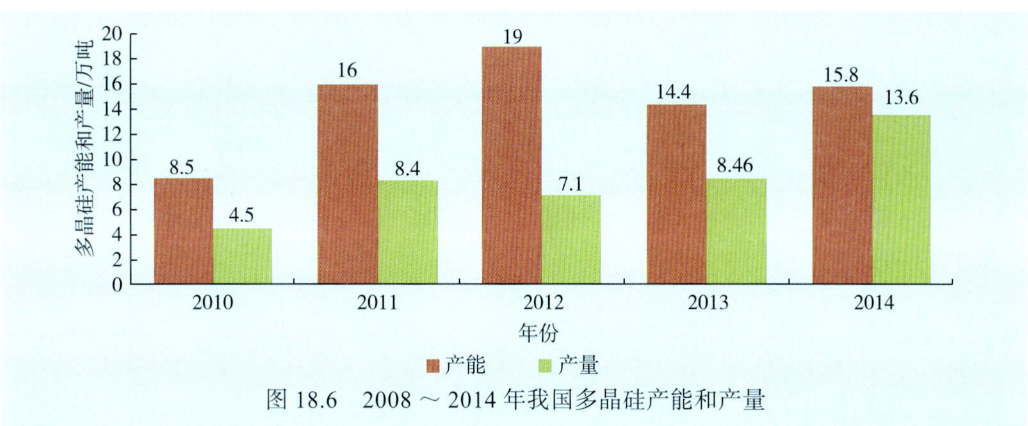

图 18.6　2008 ～ 2014 年我国多晶硅产能和产量

资料来源：中国光伏行业协会，中国电子信息产业发展研究院 . 2014—2015 年中国光伏产业年度报告，2015

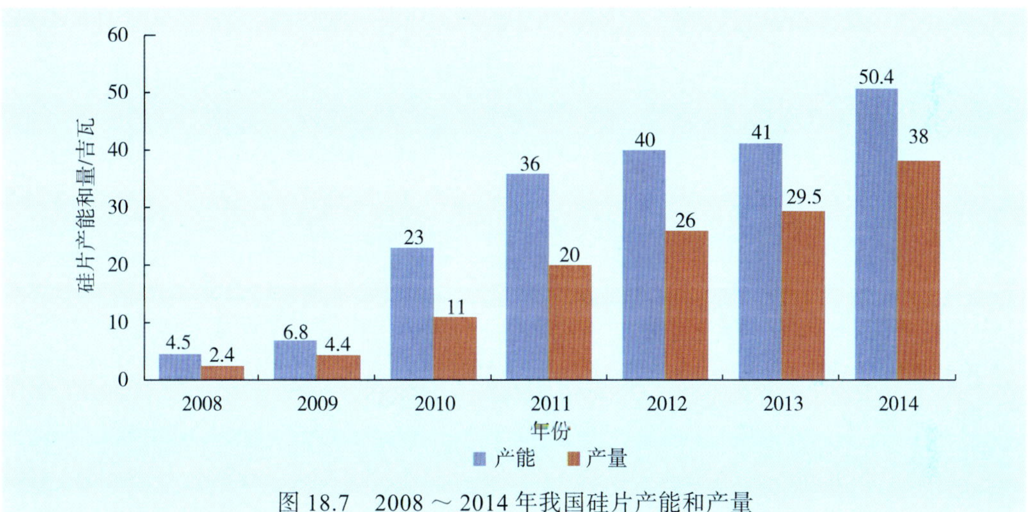

图 18.7　2008 ～ 2014 年我国硅片产能和产量

资料来源：中国光伏行业协会，中国电子信息产业发展研究院 . 2014—2015 年中国光伏产业年度报告，2015

2014 年，中国大陆电池片总产能约为 47 吉瓦，产量约为 33 吉瓦，同比增长 31.50%，占全球的 65.4%，位居全球首位，但与上下环节的硅片和组件产量相比，仍存在一定缺口，电池片进口量仍处于较高水平。2010 ～ 2014 年我国电池片产量和增速如图 18.8 所示。

2014 年全国组件总产能约为 63 吉瓦，组件产量达到 35.6 吉瓦，同比增长 30%，约占全球总产量的 68.5%。其中晶体硅电池仍为主流，产量约为 35.3 吉瓦。2008 ～ 2014 年我国太阳能电池组件产量如图 18.9 所示。从产业集中度来看，2014 年全国排在前十的光伏电池制造企业组件出货量达到 19.9 吉瓦，超过全国总出货量的一半。

光伏发电在运行期间是零耗能和零排放，对环境基本没有影响，但是在其材料生产和电站建设阶段仍会对环境产生影响，也会消耗能源。其中，材料生产阶段的污

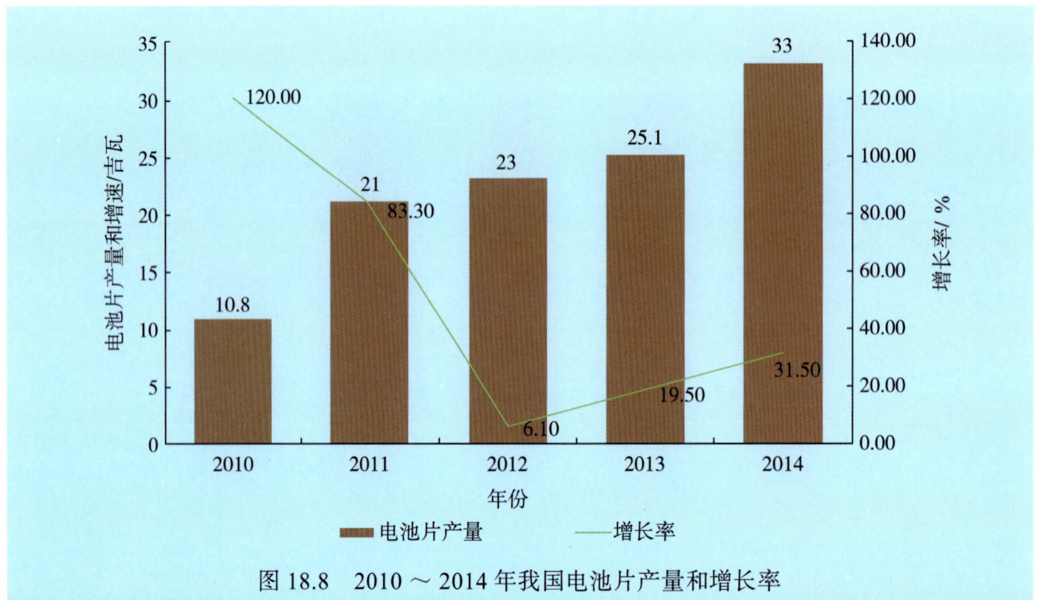

图 18.8　2010 ～ 2014 年我国电池片产量和增长率

资料来源：中国光伏行业协会，中国电子信息产业发展研究院 .2014—2015 年中国光伏产业年度报告，2015

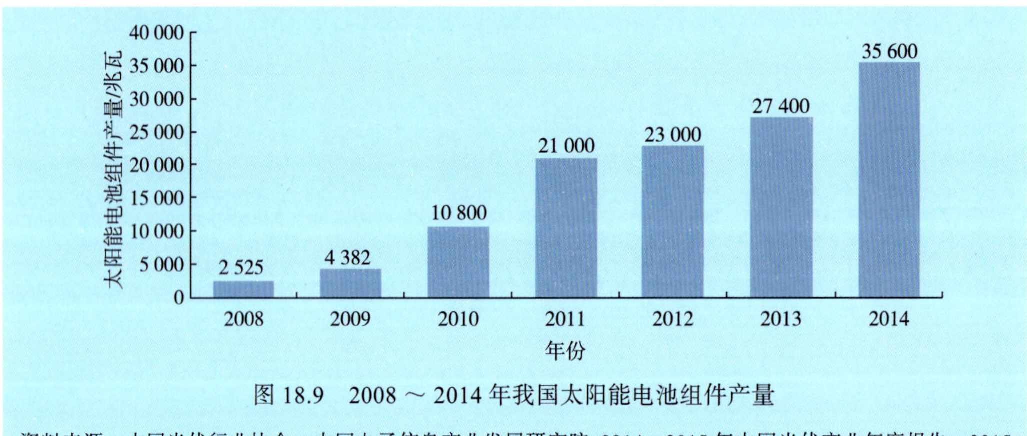

图 18.9　2008 ～ 2014 年我国太阳能电池组件产量

资料来源：中国光伏行业协会，中国电子信息产业发展研究院 .2014—2015 年中国光伏产业年度报告，2015

染和耗能主要在硅原料提纯环节。在电耗方面，我国平均综合电耗已从 2009 年的近 200 千瓦时 / 千克，下降到 2014 年的 95 ～ 105 千瓦时 / 千克，部分先进生产线的综合电耗已下降至 70 千瓦时 / 千克以下 [2]，按此折算单位容量光伏发电，每瓦光伏组件耗能多在 2 ～ 3 千瓦时之间。按照中东部分布式光伏年等效利用小时数 1 000 小时计算，2 年多可以回收电能消耗；按照西北部光伏电站年等效利用小时数 1 500 小时计算，1 年半左右即可回收电能消耗。在环境污染方面，目前我国绝大多数光伏企业均采用改良西门子工艺对多晶硅进行提纯和生产，在此过程中会产生四氯化硅污染物，也会产生二氧化碳排放。《太阳能光伏发电环境效益研究》对光伏系统的能源偿还时间和二氧化碳排放研究进行了综述分析。例如，装在戈壁沙漠上的规模为 100 兆瓦超大型多晶硅光伏电站，其倾斜角度为 20 度的宽型电池的能源偿还时间小于 2 年，二氧化碳排放量为 12 克 / 千瓦时 [3]。

2. 太阳能热发电装备制造

太阳能热发电站一般由聚光系统、吸热系统、热力循环系统、发电系统和蓄热系统共同组成。我国太阳能热发电产业链现状如图 18.10 所示 [4]。

产业链	项目开发					
	项目投资运营	系统设计	系统集成	项目总承包	输配	研究开发
相关企业	中广核太阳能 华能集团 大唐集团 中国国电集团 中电投 黄河水电 天威集团 内蒙古绿能集团 上海工电 保定英利 宁夏哈纳斯新能源 上海益科博 浙江华仪康斯特	中电工程 中广核太阳能 华电工程 华能集团 大唐集团 北京京仪集团 天威集团 内蒙古绿能集团 上海工电 保定英利	中电工程 中广核太阳能 华电工程 华能集团 大唐集团 北京中航空港 北京京仪集团 天威集团 上海工电 保定英利 皇明太阳能 山东蓬莱电力 内蒙古绿能集团	中电工程 中广核太阳能 华能工程 大唐集团 北京京仪集团 华电工程 天威集团 内蒙古绿能集团	国家电网	中科院电工所 中科院工程热物理所 中科院理化所 清华大学 北京工业大学 北京航空航天大学 北京理工大学 中科院长春光机所 中科院上海硅酸盐所 河南大学 武汉理工大学 中山大学 西安交通大学 东苑理工学院

产业链	材料制备			设备制备		
	涂层	传热、储热工质	玻璃反射镜	聚光器支架	塔式吸热器	高位真空集热管
相关企业	北京有色院	山东潍坊昌盛 浙江万向集团 青岛化工 中信安化 陶氏化学（中国） 苏州首诺导热油	中国建材院 北京兆阳光热 中海阳新能源 杭州大明 南京春晖 兰州玻璃厂 山西利虎	北京精诚彩龙 北京中航空港 包头液压机械厂	江苏太湖锅炉 东方锅炉厂	北京天瑞星光热技术 北太所 北京有色院 北京玻璃集团（供应玻璃外管） 皇明太阳能 华园新能源 力诺光热集团 江苏太阳能 汇银科能 东莞康达 山东奇威特 青岛奥博新能源 兰州大成 深圳维真 常州龙腾

产业链	设备制造			
	斯特林/热声发电机	储热装置	汽轮机	控制系统
相关企业	西安航空动力 中科力函（深圳） 浙江华仪康斯特	北京神雾热能 常州压力容器检验所 江苏力沃新能源	哈尔滨轮机 杭州轮机	国电智深 北京天羿新能源 北京京仪集团 浙江中控

产业链	标准与监测		系统仿真	融资	审批
	标准制定	性能监测	电站仿真	融资借贷	政策审批
相关企业	中国标准化研究院 中科院电工所	鉴衡认证 中科院电工所	中科院电工所	国家、地方商业银行 中国开发银行 国外商业银行 亚洲开发银行 世界银行 投资商 公共机构	国家政府部门 发改委 能源局 财政部 环境部 科技部 发改委价格司 地方相关政府部门

图 18.10　我国太阳能热发电产业链现状

根据 2014 年 6 月电力规划设计总院与相关单位对国内太阳能热发电所需的设备和材料情况调研的结果，槽式发电镜场旋转接头、吸热器管材和储热熔盐泵等核心设备仍需依赖国外进口，国内生产的其他关键设备和材料的技术水平，与国际水平相差不大，仅缺少长期运行的检验，生产能力也基本可以满足工程需要。

和光伏发电类似，光热发电在材料生产和建设阶段会产生耗能和污染，在运行阶段基本没有影响。根据相关研究，光热发电在场内设备使用外部电源的情况下，达到 0.2 千克 / 千瓦时的温室气体排放，远远低于燃煤发电的温室气体排放值。具体来看，槽式和塔式光热发电的二氧化碳排放量分别为 0.026 千克 / 千瓦时、0.038 千克 / 千瓦时，温室气体排放量很小[5]。

3. 太阳能光伏发电成本

光伏组件价格。根据 IRENA 数据[6]，2009 ～ 2014 年，光伏组件的价格下降了 75%。小型系统的组件价格高于大型系统。与屋顶光伏相比，地面光伏电站的组件价格下降幅度更大。屋顶光伏组件价格下降了 69% ～ 73%，而地面光伏电站组件价格下降了 77%，如图 18.11 所示。

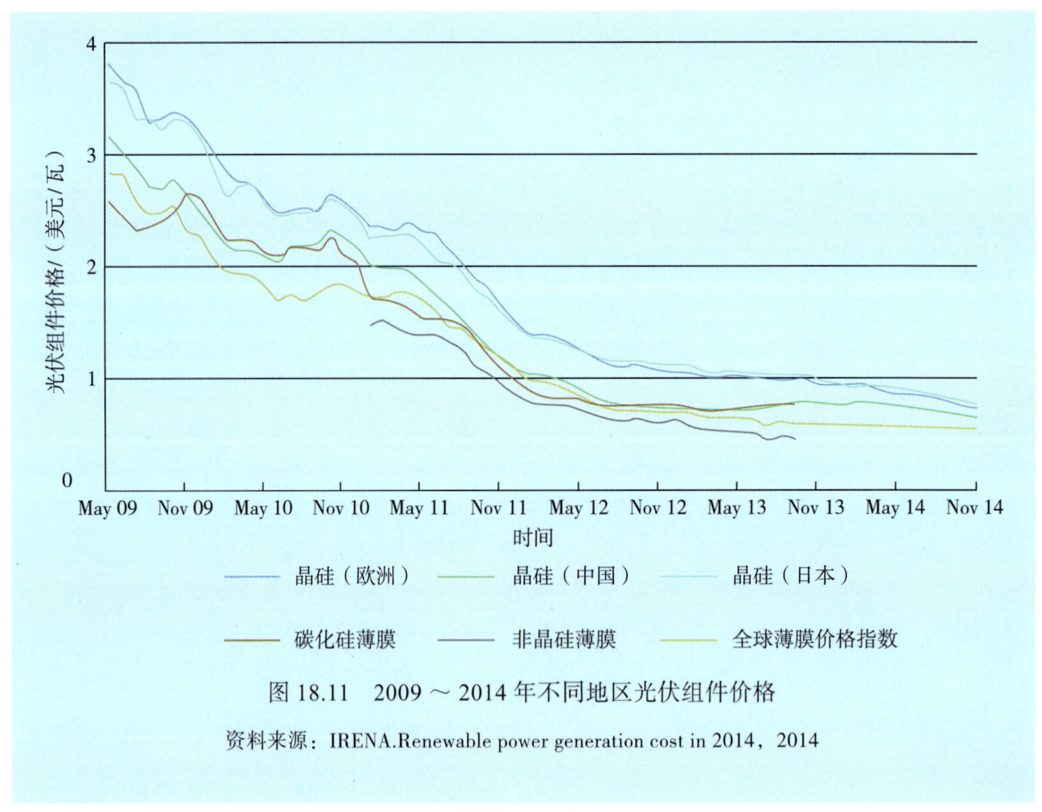

图 18.11　2009 ～ 2014 年不同地区光伏组件价格

资料来源：IRENA.Renewable power generation cost in 2014，2014

初始投资成本。根据 IRENA 数据[6]，2010 ～ 2014 年，大型光伏电站系统的初始投资成本下降 29% ～ 65%。2014 年，全球大型光伏电站初始投资成本为 1 570 ～

4 340 美元 / 千瓦（折合人民币为 9 644 ～ 26 660 元 / 千瓦）。根据水电水利规划设计总院数据[7]，2013 年全国光伏电站项目平均单位千瓦造价为 12 214 元 / 千瓦，2014 年为 10 243 元 / 千瓦，同比下降 16%。2013 ～ 2014 年全国不同地区光伏电站单位千瓦造价如表 18.1 和图 18.12 所示。

表 18.1　2013 ～ 2014 年不同地区光伏电站项目单位千瓦造价表

地区	2013 年单位千瓦造价 / 元	2014 年单位千瓦造价 / 元	降幅 /%
华北	11 526	10 310	10.55
东北	11 896	—	—
华东	10 316	9 232	10.51
华中	13 508	10 175	24.67
西北	12 414	11 133	10.32
南方	12 915	10 314	20.14
平均	12 214	10 243	16.14

资料来源：水电水利规划设计总院 .2014 年度中国太阳能发电建设成果统计报告，2015

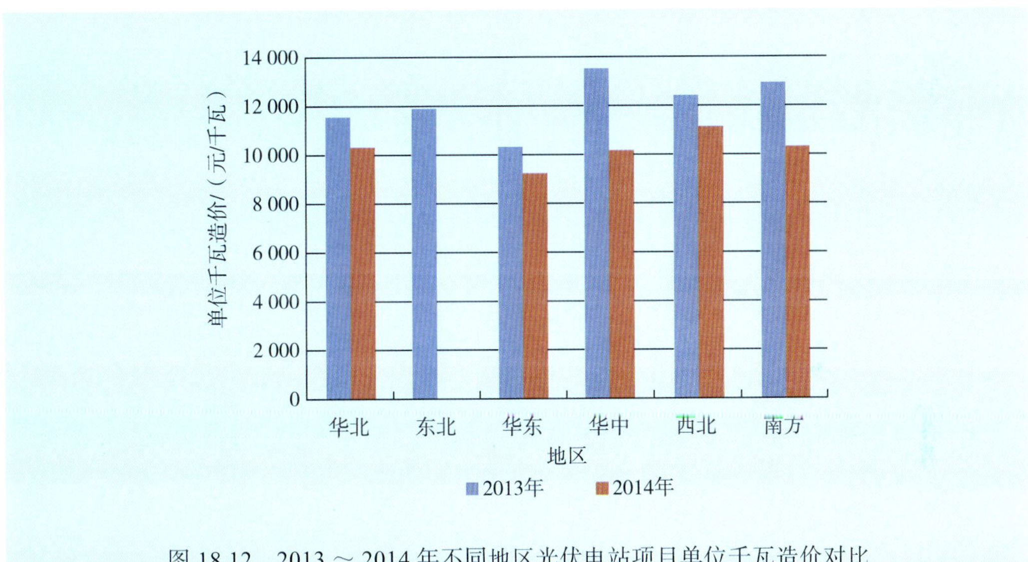

图 18.12　2013 ～ 2014 年不同地区光伏电站项目单位千瓦造价对比

资料来源：水电水利规划设计总院 .2014 年度中国太阳能发电建设成果统计报告，2015

2006 ～ 2014 年，分布式光伏系统的平均初始投资成本明显下降。德国和中国成为分布式光伏项目投资成本最低的国家，约为 2 200 美元 / 千瓦（折合人民币 13 514 元 / 千瓦）。

度电成本。根据 IRENA 数据[6]，过去四年中，大型光伏电站的平均度电成本下降一半，从 2010 年的 0.32 美元 / 千瓦时（折合人民币为 1.97 元 / 千瓦时）下降到 2014 年的 0.16 美元 / 千瓦时（折合人民币为 0.98 元 / 千瓦时）。根据 IRENA 数据，中国大型光伏电站平均度电成本从 2010 年的 0.24 美元 / 千瓦时（折合人民币为 1.47 元 / 千瓦时）下降到 2014 年的 0.11 美元 / 千瓦时（折合人民币为 0.68 元 / 千瓦时）。

分布式光伏系统的平均度电成本从 2010 年的 0.33 ～ 0.92 美元 / 千瓦时（折合人民币为 2.03 ～ 5.65 元 / 千瓦时）下降到了 2014 年的 0.14 ～ 0.47 美元 / 千瓦时（折合人民币为 0.86 ～ 2.89 元 / 千瓦时），降幅超过 50%。

4. 太阳能热发电成本

初始投资成本。根据不同国家成本构成不同，以及是否配备储热及储热规模大小不同，光热发电成本具有明显差异。2014 年，全球光热发电初始投资成本为 3 550 ～ 8 760 美元 / 千瓦（折合人民币为 21 807 ～ 53 811 元 / 千瓦）[6]。

度电成本。根据项目选址和配备储热系统不同，光热发电全球平均度电成本从亚洲最低的 0.20 美元 / 千瓦时（折合人民币为 1.23 元 / 千瓦时）到欧洲最高的 0.35 美元 / 千瓦时（折合人民币为 2.15 元 / 千瓦时）。不带储热系统的槽式光热发电平均度电成本为 0.19 ～ 0.38 美元 / 千瓦时（折合人民币为 1.17 ～ 2.33 元 / 千瓦时），配备储热后，平均度电成本为 0.20 ～ 0.36 美元 / 千瓦时（折合人民币为 1.23 ～ 2.21 元 / 千瓦时）[6]。

5. 光伏发电开发建设规模

截至 2014 年年底，世界光伏发电累计装机容量最多的国家依次为德国、中国、日本、意大利和美国，装机容量分别为 3 820 万千瓦、2 805 万千瓦、2 330 万千瓦、1 850 万千瓦和 1 830 万千瓦。

尽管受到上网电价下调的不利影响，但由于光伏组件价格大幅下降，德国和日本光伏发电装机容量继续保持增长，特别是日本光伏发电累计装机容量跃升至全球第三位；意大利光伏发电装机容量增长乏力，由第三位降至第四位；中国光伏发电持续快速发展，累计装机容量继续保持世界第二位。

2014 年，世界光伏发电新增装机容量排名前五位的国家依次为中国、日本、美国、英国和德国，新增容量分别为 1 060 万千瓦、970 万千瓦、620 万千瓦、40 万千瓦和 190 万千瓦，如图 18.13 所示 [8]。

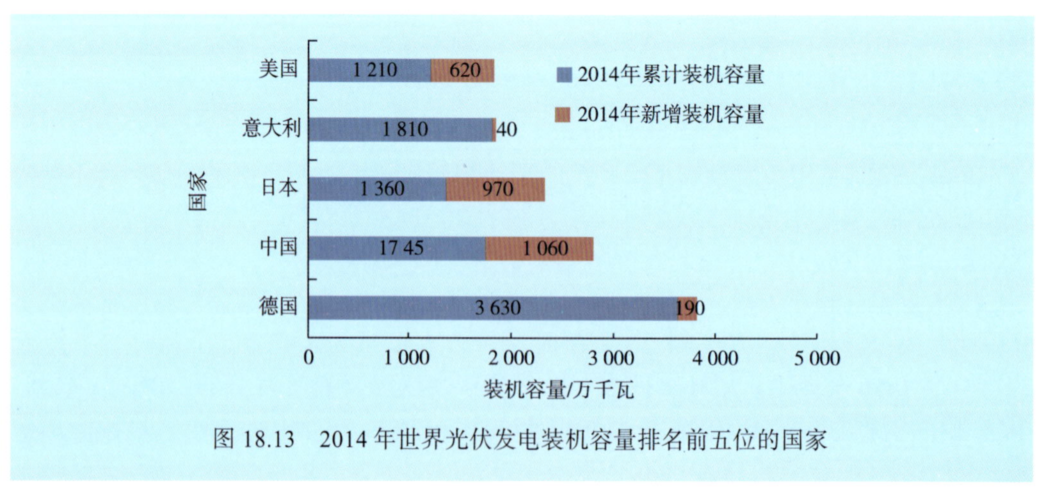

图 18.13　2014 年世界光伏发电装机容量排名前五位的国家

中国太阳能发电经过了多年的探索和起步，从 2009 年开始进入快速发展时期，规模持续扩大[9]。2014 年，全国光伏产业整体呈现稳中向好和有序发展局面，全年新增太阳能并网容量 1 060 万千瓦，增速较 2013 年稍有回落，仍居世界首位。太阳能发电累计并网容量达到 2 807 万千瓦，同比增长 61%，位居世界第二，其中光伏发电 2 805 万千瓦，光热发电 1 万千瓦，如图 18.14 所示；全年太阳能发电量达到 208 亿千瓦时，同比增长 130%，约占全国发电量的 0.4%。

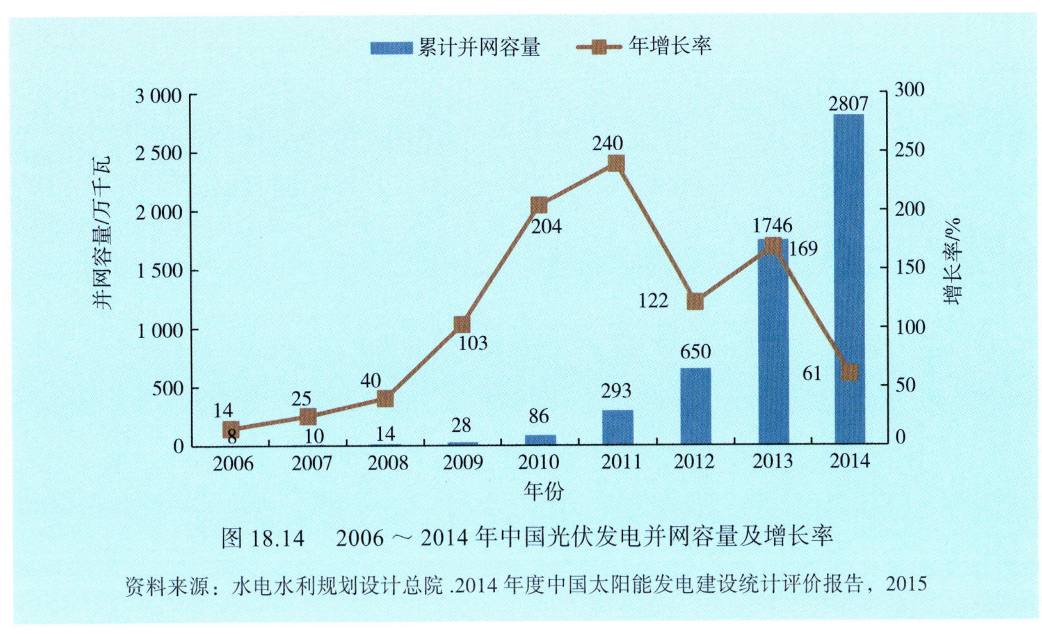

图 18.14　2006 ～ 2014 年中国光伏发电并网容量及增长率

资料来源：水电水利规划设计总院 .2014 年度中国太阳能发电建设统计评价报告，2015

2014 年，集中式光伏发电新增并网容量 855 万千瓦，继续保持较快增长速度，主要仍集中在西北地区。其中，内蒙古、青海和甘肃新增并网容量分别为 160 万千瓦、102 万千瓦、97 万千瓦，合计占全国总新增并网容量的 42%。截至 2014 年年底，中国集中式光伏电站累计并网容量达到 2 338 万千瓦[7]，同比增长 58%，居世界第二位，主要集中在西北地区。其中，甘肃、青海、新疆累计并网容量居全国前三位，分别达 517 万千瓦、413 万千瓦和 352 万千瓦，合计占全国集中式光伏累计并网容量的 54.9%，如图 18.15 所示。

2014 年，分布式光伏发电新增并网容量 205 万千瓦，主要集中在华东地区。其中，江苏、浙江新增并网容量分别为 57 万千瓦、27 万千瓦，合计占全国总新增并网容量的 41%。截至 2014 年年底，中国分布式光伏电站累计并网容量达到 467 万千瓦，同比增长 78%，主要集中在华东地区。其中，江苏、浙江、广东累计并网容量居全国前三位，分别达 85 万千瓦、70 万千瓦和 50 万千瓦，如图 18.16 所示[7]。

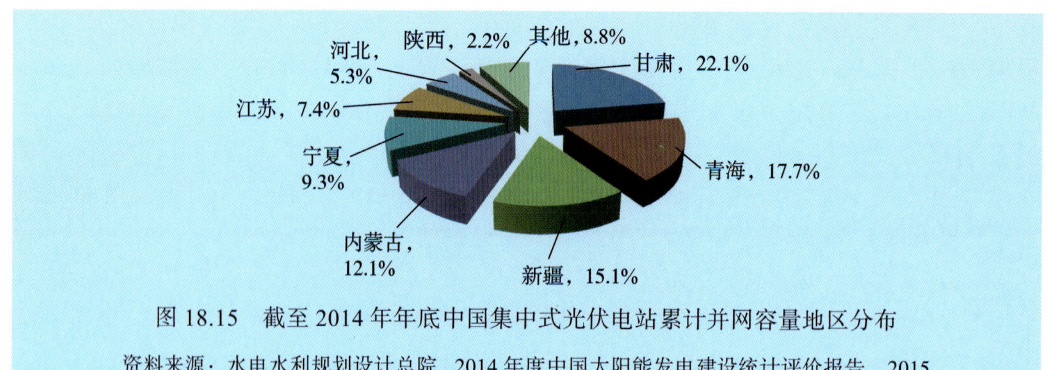

图 18.15　截至 2014 年年底中国集中式光伏电站累计并网容量地区分布

资料来源：水电水利规划设计总院 . 2014 年度中国太阳能发电建设统计评价报告，2015

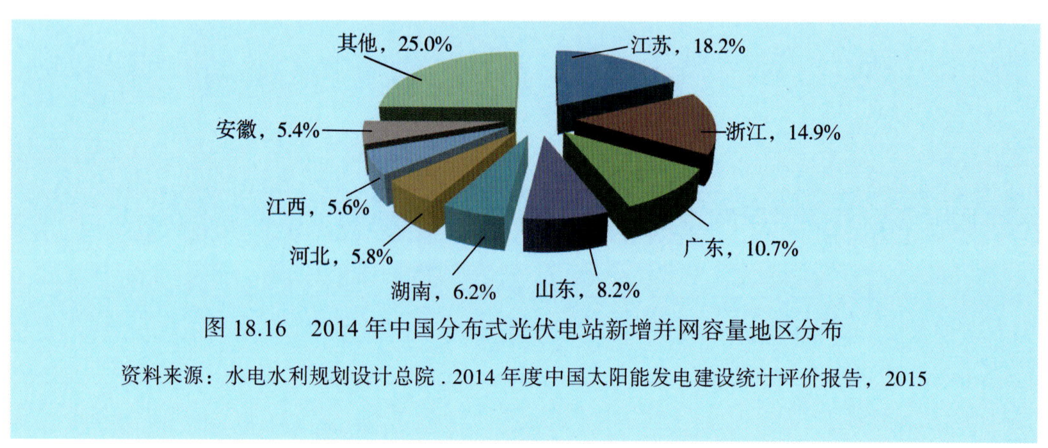

图 18.16　2014 年中国分布式光伏电站新增并网容量地区分布

资料来源：水电水利规划设计总院 . 2014 年度中国太阳能发电建设统计评价报告，2015

6. 太阳能热发电开发建设规模

截至 2014 年年底，世界光热发电装机容量 435 万千瓦，同比增长 27%，2006 ～ 2014 年年均增长率约为 30%，如图 18.17 所示 [7]。已投运的光热电站以槽式技术为主，塔式光热电站装机容量逐步提高。

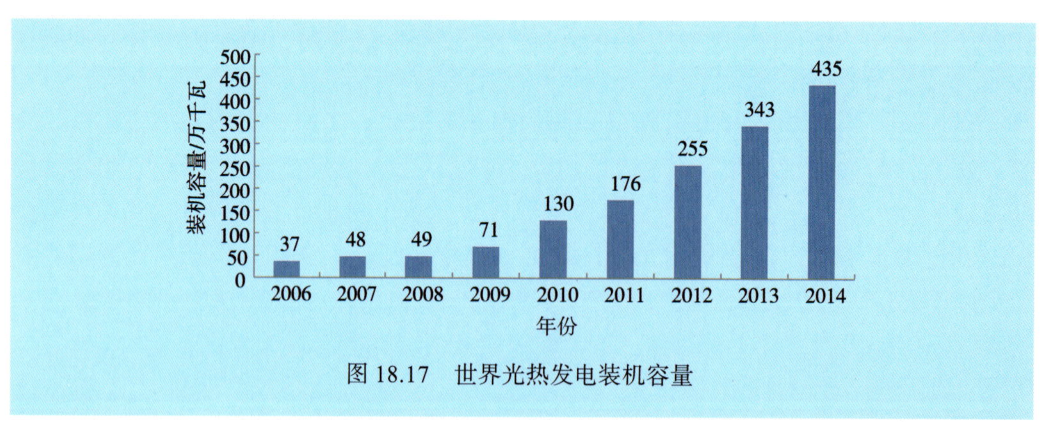

图 18.17　世界光热发电装机容量

西班牙、美国仍是目前全球主要的光热发电市场，2014 年已建成项目量占全球

光热发电累计装机容量的90.4%，与2013年持平。截至2014年年底，西班牙光热发电装机容量230万千瓦，占全球光热发电装机容量的53%；美国光热发电装机容量约为163.4万千瓦，占总装机容量的37.6%，如表18.2所示。规划建设的光热电站主要位于非洲、中东、亚洲和拉美地区。

表18.2 全球新增装机容量与累计容量前十名的国家（单位：兆瓦）

国家	截至2013年年底累计	2014年度新增	截至2014年年底累计
西班牙	2 300	0	2 300
美国	882	752	1 634
印度	50	175	225
阿联酋	100	0	100
阿尔及利亚	25	0	25
埃及	20	0	20
摩洛哥	20	0	20
澳大利亚	12	0	12
中国	10	0	10
泰国	5	0	5
总数	3 424	927	4 351

资料来源：REN21.Renewable 2015 Global Status Report，2015

中国、印度、埃及和摩洛哥等光热发电新兴市场容量取得了突破进展，已获融资或在建项目和已获核准或已公布项目量较多，预计未来几年，光热发电在新兴市场将实现较大增长。

根据水电水利规划设计总院数据[7]，截至2014年年底，我国已投入运行实验示范性太阳能热发电站（系统）6座，总装机容量达1.38万千瓦；正在开建（已备案核准）的太阳能热发电站12座，总装机容量为49.3万千瓦；开展前期工作的太阳能热发电站18座，装机容量为90.1万千瓦。

18.2.2 发展环境

2013年7月国务院印发《国务院关于促进光伏产业健康发展的若干意见》以来，国家相关部委、地方政府和电网企业密集推出数十项配套文件，形成全方位支持光伏发电的政策措施格局。虽然目前还未有出台太阳能热发电项目的支持政策，但2014年年底国家能源局下发的《国家能源局综合司关于太阳能发展“十三五”规划编制工作的通知》中，太阳能热发电被作为重要内容提及，意味着光热发电将成为我国“十三五”期间着力发展的重要产业。

1. 装备制造方面

工业和信息化部发布优化光伏企业兼并重组市场环境意见。2014年12月30日，工业和信息化部印发《工业和信息化部关于进一步优化光伏企业兼并重组市场环境的意见》（工信部电子〔2014〕591号），立足产业发展特点和现状，以提升行业集中度、培育优势骨干企业、增强产业核心竞争力、优化产业区域布局为总体目标。截至2017年年底，形成一批具有较强国际竞争力的骨干光伏企业，前5家多晶硅企业产量占全国80%以上，前10家电池组件企业产量占全国70%以上，形成多家具有全球视野和领先实力的光伏发电集成开发及应用企业。

2. 开发建设方面

国家能源局发布2014年各省区光伏年度新增规模。2014年1月，国家能源局印发《关于下达2014年光伏发电年度新增建设规模的通知》（国能新能〔2014〕33号），提出2014年全国光伏新增装机总规模为1 405万千瓦，其中地面电站为605万千瓦、分布式为800万千瓦。国家发文要求实施光伏扶贫工程工作。10月11日，国家能源局、国务院扶贫开发领导小组联合印发《国家能源局 国务院扶贫办关于印发实施光伏扶贫工程工作方案的通知》（国能新能〔2014〕447号），要求计划用6年时间，到2020年，开展光伏发电产业扶贫工程。

3. 并网运行方面

2014年9月2日，国家能源局下发《国家能源局关于进一步落实分布式光伏发电有关政策的通知》（国能新能〔2014〕406号），要求加强分布式光伏发电应用规划工作，建立简便高效规范的项目备案管理工作机制，完善分布式光伏发电的电费结算和补贴拨付等。9月10日，国家能源局正式下发《关于加快培育分布式光伏发电应用示范区有关要求的通知》（国能新能〔2014〕410号），提出在已有分布式光伏发电应用示范区建设工作基础上培育一批分布式光伏发电示范区，进一步加大分布式光伏的推进力度。

4. 激励政策方面

2014年6月3日，国家税务总局发布《国家税务总局关于国家电网公司购买分布式光伏发电项目电力产品发票开具等有关问题的公告》（国家税务总局公告〔2014〕32号），明确国家电网公司所属企业从分布式光伏发电项目发电户处购买电力产品，可由国家电网公司所属企业开具普通发票。

5. 技术标准方面

2014年，国家标准化管理委员会发布7项太阳能发电相关国标，主要涉及太阳能电池组件的质量及性能测试等方面，其中《光伏用玻璃光学性能测试方法》（GB/T 30983—2014）等，规定了光伏用玻璃光学性能测试中涉及的术语、定义、仪器、试样和标样、试验步骤、参数计算和试验报告，适用于光谱透射比、反射光谱的测量及光谱雾度、雾度、透射比、反射比等计算。《太阳能电池用硅片厚度及总厚度变化测试方法》（GB/T 30869—2014）等，规定了太阳能电池组件生产中主要技术指标的测试方法，为我国光伏组件的质量检测提供了依据。

18.2.3 关键技术[①]

1. 提升光伏电池转换效率

目前单晶硅太阳能电池片的转换效率约为19%，但成本较高，应用量也较少。多晶硅电池片已经历了三代技术，目前第三代多晶硅电池片效率约为18%左右。随着新技术的持续引入，晶硅电池效率仍在逐步提升。PERC（passivated emitter rear contact，即钝化发射极背面接触）电池通过在电池的背面增加电介质钝化层提高电池的转换效率，目前中国台湾与日本的单晶硅太阳能电池片已普遍采用该技术。MWT（metallization wrap through，即金属电极绕通）技术可将位于正面发射极的接触电极穿过硅片基体引导到硅片背面，减少遮光面积，从而提高电池的转换效率。

2. 降低光伏电池生产成本

竞争的日趋激烈正在倒逼电池片生产企业采用多种方式降低生产成本。一是通过依托技术进步提升转换效率降低生产成本，经验显示电池转换效率每提升1%可降低7%的成本，目前多采用MWT技术、IBC（interdigitated back contact，即全背电极接触）技术等；二是通过降低物耗来降低材料成本，电池片加工环节的材料成本主要是浆料，由于浆料价格与银等大宗商品挂钩，下降难度较大，因此企业多通过降低单位浆料用量来降低成本，如镂空主栅结构、细栅线结构等；三是使用低成本替代物降低材料成本，杭州赛昂、美国Tetrasun等企业已经在HIT（heterojunction with intrinsic thin-layer，即电池表面钝化）电池上成功用铜电极替代正银，并且正在实施产业化生产，预计未来电池片生产成本将会加速下降。

3. 提升光伏组件效率

组件效率损失主要有光损失、复合损失和内部损耗三种。光损失主要包括电池片间的光损失、电池片表面的光反射损失、玻璃表面反射损失、焊带表面反射损失及电池片副栅线反射损失等。复合损失主要有体复合、前后表面复合等。内部损耗主要有接线盒、导线、接头电阻和焊带电阻等。目前光伏组件企业针对组件效率损失采用了多种技术措施。为降低焊带对光损失的影响，3M公司等已经推出贴在焊带上的反光薄膜，增加光效率，并减少焊带电阻，可将组件相对效率提升约2%。组件中近90%的内耗与焊带有关，目前已有一些企业通过MWT解决内耗问题，提高电池前表面的受光面积，还可增加焊带的宽度和厚度比至最优值。

4. 提升光热发电设备实用化水平

对目前世界应用较广泛的槽式、塔式光热发电技术类型中投资占比较大的部分

---

① 部分内容参考中国光伏行业协会和中国电子信息产业发展研究院的《2014—2015年中国光伏产业年度报告》。

设备，我国具备一定的可研和生产基础，尚需通过工业化、大型化实践进行验证和完善。槽式集热：镜场部分及控制系统关键技术指标与国外基本相当，只是缺少经历实际电站长时间真正运行的考验。槽式发电技术镜场部分及控制系统主要设备质量与国外基本相当，只有旋转接头目前主要从国外进口，其它均可以国产化。皇明等企业已具备真空管等主要设备试制水平，对部分工艺水平要求高的配套元器件，尚需依靠进口。塔式集热：国内定日镜制造技术水平与国外相当，只是缺少经历实际电站长时间真正运行的考验；水工质吸热器国内企业均有设计制造能力，从设计而言，国内企业可以满足要求；熔盐吸热器，国内尚无实际产品和运行业绩。定日镜国内可以集成供货，不需进口；吸热器采用进口或国内加工设计，但管材尚需进口。台玻等企业已具备定日镜生产能力，对部分核心材料、控制系统等工艺尚需依靠进口。储热：高温熔盐纯度要求较高纯度（98% 以上），尚需时间实验；导热油密封系统设计不过关；国外熔盐泵可以实现泵轴免维护、电机定期维护，国内还达不到此技术水平。塔式太阳能热发电储能材料及储能设备除熔盐泵及熔盐储热设备外，目前均可国产化，但主要是市场需求少，供货商并无实际电站供货经验。汽轮机：上海电气等企业已具备与太阳能热发电项目相匹配的汽轮机生产能力。

18.3 太阳能发电产业发展问题及趋势分析

18.3.1 中国太阳能发电产业发展面临的问题分析

1. 光伏产业成本高、污染重、三头在外的问题仍然存在，也面临能否在新一轮技术竞争占据主动的严峻挑战

随着光伏应用市场的持续扩大，光伏产业取得快速进步，但是目前仍然存在成本高、污染重、三头在外、技术竞争力不强等问题。一是成本高问题。根据水电水利规划设计总院《2014 年度中国太阳能发电建设统计评价报告》中的数据，2014 年全国光伏电站项目平均单位千瓦造价为 10 243 元 / 千瓦，按此测算，多数地区光伏发电千瓦时成本超过 1 元，成本仍然较高，制约了光伏发电大规模发展。二是污染重问题。多晶硅提纯产生的四氯化硅等有毒副产物回收成本较高、回收技术尚未掌握，多数国内企业未安装回收设备，污染控制还存在相当多的安全隐患。此外，光伏产业还会产生粉尘、废水、废物等污染问题。三是三头在外问题。三头在外主要是指原材料、设备和市场在外。2013 年和 2014 年我国多晶硅进口量分别为 8.1 万吨和 10.2 万吨，保持较高水平，且呈现逐年上涨趋势，2014 年进口量创历史新高。多晶在线式制绒设备、湿法刻蚀机、平板式等离子体增强化学气相沉积法（plasma enhanced chemical vapor deposition，PECVD）、高效电池生产设备等仍需大量进口。组件方面，2014 年全国组件总产量为 3 600 万千瓦，但国内年度新增仅约为 1 000

万千瓦，结合库存情况，实际出口量约为2 200万千瓦，占比超过70%，仍然处于高位。四是技术竞争力不强问题。从全球技术发展来看，PERC技术、MWT技术、IBC技术、HIT技术、双面电池技术等高效电池技术进展都在加快，并接入产业化；我国在高效电池研发与生产上还与世界先进水平存在一定差距，尤其是IBC和HIT高效电池。未来我国光伏产业能否在新一轮的技术进步和技术竞争中占据主动，面临的挑战是非常严峻而紧迫的。

2. 贸易保护主义仍然存在，光伏产品出口仍然面临难题

为保护本国或本地区光伏制造业发展，主要光伏应用市场高筑贸易壁垒，而且呈现愈演愈烈之势。2014年1月23日，美国商务部宣布对进口中国的晶体硅光伏产品发起第二次“双反”调查；5月，印度商务部援引美国、欧盟的调查证据，将中国对光伏产业的税收优惠视为国家干预行为，澳大利亚反倾销委员会也宣布对中国光伏产品展开反倾销调查；6月，欧洲太阳能制造商联盟向欧盟委员会控诉中国企业违背中欧“价格承诺”协定；12月，加拿大政府宣布对来自中国的晶硅光伏组件和薄膜太阳能产品启动反倾销、反补贴调查，成为继美国和欧盟之后对中国光伏产品进行“双反”调查的国家。随着中国光伏行业在国际市场地位的不断提升，贸易摩擦将是未来中国光伏企业走出去必须面临的挑战，靠大规模出口带动产业高速发展的局面将很难再现。

3. 光热发电技术经济性还需提升、实践经验不足、政策支持力度不足

一是我国目前还处于太阳能热发电技术试验阶段，设备制造技术和工程开发技术尚不完善，建设成本偏高，整体开发技术仍有很大优化完善的空间。二是太阳能热发电项目整体规划布局、设计建设、运行维护的经验不足，导致目前太阳能热发电项目前期工作周期较长，项目建设速度缓慢。三是太阳能热发电产业支持政策不明确，支持力度不足，影响开发企业决策信心，整体开发速度较慢。

4. 资金补贴落实不到位，拖欠现象严重

目前光伏发电项目补贴的基金仅来源于可再生能源电价附加，按照现有可再生能源电价附加征收标准，难以完全补贴越来越多的可再生能源项目，导致目前资金补贴拖欠现象严重，尤其是对光伏电站项目。相比其他类型新能源，光伏发电度电补贴标准较高，企业对电价补贴的依赖度较高，补贴资金的拖欠对光伏企业带来了严重的资金压力，对光伏发电应用市场扩大带来不利影响。

5. 商业模式缺乏创新，分布式光伏发电项目收益预期不稳定，融资困难

目前分布式光伏采用“优先自用，余电上网，全电量补贴”的运营模式，业主收益来自于用户支付的自用电量电费、电网企业支付的余电上网电量电费和政

府拨付的全部电量补贴等三部分，其中主要是第一部分收益。目前分布式光伏用户多为民营企业，受经济形势和企业经营状况影响，负荷长期稳定性难以保证，分布式光伏业主普遍担心未来存在电费拖欠、用户变更等合同履约风险，作为主要收益部分的自用电量电费预期不稳定，导致总体预期收益不稳定，投资吸引力不足。此外，分布式光伏项目业主多为民营企业，导致银行对项目融资持谨慎态度。

6. 电源电网发展仍须加强统筹协调

电源电网发展仍须加强统筹协调，其主要表现在：一是电源电网规划不统一，缺乏有效衔接。部分项目安排不考虑并网条件，与市场消纳和输电系统规划缺乏衔接；二是光伏发电增速过快，开发规模远超当地消纳能力。未来我国光伏发电将保持快速发展，但电源结构性矛盾突出、系统调峰能力不足、电网建设和光伏发电消纳配套政策仍相对滞后等问题依然存在，随着用电需求增长放缓使消纳市场总量不足，未来光伏发电消纳难度进一步加大。局部地区分布式光伏发电渗透率也较高，对电网带来多方面影响。三是电源电网核准不同步，建设不同期。电源审批权限下放后，电源核准周期更短，加之电网项目前期工作手续相对复杂，核准经常滞后，建设周期长，电源电网建设不同步矛盾更加突出，接网工程前期工作面临更大压力。

7. 光伏和光热发电应用标准体系还需完善

光伏行业技术标准和规范不全面、不完整和不及时。我国已颁布施行的光伏技术标准多为光伏产品的技术指标和并网运行技术要求相关标准，仍缺少光伏发电性能质量、与建筑结合的产品质量等标准。太阳能热发电产业相关的设备制造、设计施工标准体系尚不健全，有待通过项目建设运行积累经验。

18.3.2 “十三五”期间太阳能发电产业发展趋势分析

1. 光伏产品性能持续提升，产业规模持续扩大

光伏产业注重技术进步，技术创新已进入活跃期，普通电池高效化，多晶硅电池效率将继续提升。从全球来看，PERC 技术、IBC 技术、MWT 技术、HIT 技术和双面电池技术继续发展，接近或实现产业化，应用市场占比将迅速提高。随着下游应用市场需求稳步提高，我国新增多晶硅产能投产和复工产能利用率逐步提升，多晶硅产量将持续增大，组件产量也将会进一步增加。

2. 光伏产业兼并重组将不断加快，产业集中度进一步提升

一方面，光伏骨干企业通过研发技术改革持续提升技术能力，凭借资金、规模、品牌等优势进一步提升市场占有率，而部分没有技术研发实力的中小企业仅能通过

接代工订单维持生存。随着未来骨干企业扩产产能的释放，中小企业的生存空间将受到进一步挤压。另一方面，在政府政策引导、金融机构支持下，以及市场“马太效应”的进一步显现，光伏企业兼并重组进程将不断加快。随着市场的良性发展，光伏行业发展将逐渐呈现“大者恒大、弱者愈弱”的“马太效应”，骨干企业将通过兼并重组扩大产能，产业集中度将进一步提升。

3. 未来十年全球市场变化将带动我国光伏和光热发电成本的进一步下降

根据 IRENA 预测，到 2025 年，大型光伏电站的初始投资成本将下降到 1 100 ～ 1 200 美元 / 千瓦（折合人民币为 6 757 ～ 7 371 元 / 千瓦）。在 BoS（balance of system, 平衡系统）组件价格下降到十分具有竞争力的水平下时，屋顶光伏发电系统投资成本将下降到 1 600 ～ 2 000 美元 / 千瓦（折合人民币为 9 828 ～ 12 286 元 / 千瓦）。到 2025 年，光伏发电平均度电成本将下降到 0.06 ～ 0.15 美元 / 千瓦时（折合人民币为 0.37 ～ 0.92 元 / 千瓦时）。根据《中国太阳能发展路线图 2050》预测，光伏发电并网系统价格在 2020、2030 和 2050 年将分别为 0.7 万元 / 千瓦、0.6 万元 / 千瓦，小于 0.5 万元 / 千瓦，按照年等效利用小时数 1 400 计算，度电成本分别为 0.6 万元 / 千瓦、0.5 万元 / 千瓦，小于 0.5 元 / 千瓦时 [11]。

根据 IRENA 预测，到 2025 年，槽式光热发电系统投资成本将下降 20% ～ 45%。塔式光热发电项目下降潜力约为 28%。根据 IEA 光热路线图预测，到 2025 年，投资成本将可能下降到 4 500 ～ 5 000 美元 / 千瓦（折合人民币为 27 643 ～ 30 714 元 / 千瓦）；到 2030 年，配备 6 小时储热系统的光热发电系统投资成本将下降到 3 250 ～ 4 800 美元 / 千瓦（折合人民币为 19 964 ～ 29 485 元 / 千瓦）。其中，太阳能塔式发电技术具有最大的度电成本下降潜力。到 2025 年，塔式太阳能光热电站平均度电成本将下降到 0.11 ～ 0.16 美元 / 千瓦时（折合人民币为 0.68 ～ 0.98 元 / 千瓦时）。根据《中国太阳能发展路线图 2050》预测，2020 年光热发电静态电价达到 0.75 元 / 千瓦时，2030 和 2050 年约为 0.6 元 / 千瓦时和 0.5 元 / 千瓦时 [11]。

4. 光伏发电将保持快速增长，呈现集中开发外送与分布式利用并举的局面；光热发电有望实现突破，建设一批示范项目

实现 2020 年国家非化石能源占比 15% 的要求，以及光伏组件价格的继续下降，光伏发电将保持快速增长。在太阳能资源和土地资源较为丰富的西部地区，集中开发建设大型太阳能光伏电站，通过跨区电网输送，实现在全国范围内优化配置；在太阳能资源较为丰富、经济条件较好的东中部地区，优先利用建筑屋顶建设分布式光伏发电系统，推动光伏发电分布式利用。《能源发展战略行动计划（2014—2020 年）》中提到，2020 年全国太阳能发电总装机将达到 1 亿千瓦。预计“三北”地区太阳能发电装机达到 3 700 万千瓦，占总装机的 37%。就重点地区来看，新疆将达到 850 万千瓦，主要分布在太阳能辐射资源丰富、荒漠地区面积较大的哈密、吐鲁番、

阿克苏、喀什、和田等地区；甘肃将达到850万千瓦。主要分布在酒泉、金昌、武威、白银地区；青海将达到1 000万千瓦，主要集中在海西地区的柴达木盆地。分布式光伏发电具有与负荷曲线吻合、输配电损失小、利于调动用户积极性等特点，随着城镇化的发展，尤其是清洁能源城镇的发展需要，未来将实现规模化发展。因此，要超前做好分布式光伏发电规划，重点做好布局安排。

目前，国家能源局积极推进光热示范项目建设，提出2014～2016年通过示范电价政策扶持完成一批商业化示范项目建设，考虑到光热发电标杆上网电价政策可能出台，中国光热发电有望实现新的突破。总的来看，2015～2020年，主要是工程的试点示范阶段，积累系统集成经验；2020～2030年，开始进入规模化发展阶段；2030年以后，进入大规模发展阶段。考虑太阳法向直射辐射、地形和土地、水资源等影响因素，"十三五"期间发展重点地区主要包括内蒙古西部阿拉善盟和鄂尔多斯地区、甘肃西部河西走廊、青海、西藏及新疆的哈密和吐鲁番地区。

18.4 重点案例——金寨农业生态产业园光伏电站和德令哈太阳能热发电站

18.4.1 安徽金寨150兆瓦农业生态产业园光伏电站

安徽金寨农业生态产业园光伏电站项目是安徽省委、省政府"抓金寨促全省"扶贫开发工程重点支持项目，也是金寨县打造"安徽新能源基地"和创建"全国百分之百非化石能源示范县"的支撑性项目，目前已建成20万平方米光伏智能温室棚和150兆瓦光伏地面电站。

项目的主要特点：一是创造了国内光伏发电项目历史上的"两个之最"，即一次性建成单体最大的光伏电站，建设时限最短（4个月）。项目总占地面积约3 721亩，装机容量为150兆瓦。项目于2014年4月27日动工，2014年9月27日并网发电。二是使用河边滩涂地等附加值较低的土地来发展现代农业和新能源应用。150兆瓦光伏电站项目场地位于金寨县梅山镇史河边，场地较为开阔、平坦，土地性质属于滩涂地，作物较难生长。电站年均发电量超过1.7亿千瓦时，年均可减少二氧化碳排放量约7万吨，并可满足约11万户家庭年度用电量。三是现代农业和光伏发电结合带来社会生态效益。将光伏地面电站与现代农业产业（石斛、花卉、高档水果等）、旅游观光、光伏扶贫和美丽乡村建设有机结合起来，进行综合试验探索，形成了综合开发效益，发挥了较好的示范带动作用。

18.4.2 青海德令哈50兆瓦塔式太阳能热发电站

中控德令哈光热发电站项目规划装机容量为50兆瓦，采用塔式发电技术路线，设计年发电量1.2亿千瓦时。项目场址位于青海省海西蒙古族藏族自治州德令哈市西出口太阳能工业园区，距德令哈市区约4千米，占地面积约3.3平方千米。项目一期装机1万千瓦，工程投资2.1亿元，占地面积40万平方米，2010年10月完成选址，2012年8月顺利产出蒸汽，2013年7月5日成功上网发电，并实现连续、稳定运行。

项目的主要特点：一是项目的投运发电标志着我国自主研发的太阳能光热发电技术向应用化、商业化的运行迈出第一步，填补我国没有商业化运营太阳能热发电的空白，为我国建设并发展大规模应用的商业化太阳能热发电站提供强力的技术支撑与示范引领。二是项目的核心设备实现国产化制造，拥有完全自主知识产权。项目采用模块化设计的基于小面积定日镜集群跟踪控制的塔式太阳能聚光集热发电技术，开发了光热电站专用汽轮发电机组，实现快速启动和频繁启停，并可适应蒸汽参数的频繁波动，实现了全部装备的国产化和产业化。

项目一期工程没有安装储热装置，年利用小时数达到1 600小时，未来加装储热装置将有利于进一步提高发电利用小时数，改善出力特性。目前项目正在开展高温熔盐特性、工艺设计、专项设备的实验和研制工作，并计划在后期利用熔盐作为传热介质进行储热并直接产生过热蒸汽发电，进一步提升发电效率，实现高品质、不间断连续发电，具有较好的电网友好度。

18.5　促进太阳能发电产业发展的政策建议

1. 依托政策引领和支持，推动光伏发电技术创新，加强光热发电关键技术的研发和储备

一是加强光伏发电技术创新。继续注重提升光伏电池转换效率、降低光伏电池生产成本、提升光伏组件效率，争取有所突破，努力实现与环境生态和谐发展。同时，推动数字信息技术和太阳能发电技术的进一步融合，提升智能化水平，如太阳能发电功率预测、更智能的逆变器和基于大数据的电站云管理技术。二是加强光热发电关键技术的研发和储备。加大对聚光镜跟踪控制器技术、光热电站发电控制技术、光热电站设备成套和系统集成技术的研发投入；开展适合我国西部地区的聚光镜和集热器关键技术、高温蓄热技术、高效蓄热传热介质材料和热电转化动力循环系统等关键技术的研究。大力提高关键材料、技术及工艺水平，提高系统整体发电效率，降低成本，使我国逐步成为最重要的太阳能热发电关键产品制造国和太阳能热发电技术应用国。

2. 加强新能源和传统能源发电统一规划，协调互补发展，加大光热发电示范项目建设实施力度

一是强化各类型电源规划衔接和引导。加强国家光伏发电和光热发电之间、光伏电站和分布式光伏发电之间、太阳能发电和新能源整体规划之间、新能源规划与传统电源规划（尤其是调峰电源规划）之间的统筹衔接，增强规划的一致性、协调性、严肃性，引导光伏发电和光热发电均衡、有序发展。二是组织开展光热发电示范项目建设实施工作，快速积累光热电站规划、设计、施工、运营和管理方面的经验，为电价政策研究、产业技术发展、提高国际竞争力和降低成本奠定基础。示范工程可尝试不同的技术路线，寻找出适合中国地理环境和气象条件的最佳方案，积累建设和运行经验，为推广应用打下基础。同时，统筹考虑光热发电系统在电力系统中的应用特点，积极开展太阳能热发电参与多能源互补利用、储能等的综合应用。三是加快推动多种形式储能发展和应用。结合各种类型储能的技术经济特点和技术成熟度，依托科研支持和产业应用政策，进一步推动储能技术发展，加快电、热、空气等多种储能形式和电力系统源-网-荷多环节的应用，实现太阳能发电等新能源发电和储能的协同发展。

3. 做好光伏发电基地和配套送出工程的统一规划，加强网源建设协调

光伏发电基地多在西北部地区，本地市场消纳空间有限，需要外送在更大范围内实现高效消纳。建立光伏发电基地与电网项目同步规划、同步核准、同步投产工作机制。在研究确定光伏发电基地开发建设规划时，同步研究确定配套电力外送通道的建设规划，加强规划的统筹协调。同时，加强网源建设协调，促进电源电网同步投产，提升系统消纳能力。尽早确定年度实施方案，明确具体建设项目，根据电源、电网建设合理工期，统筹安排电源电网项目核准，促进电源电网同步投产。加快推进跨区输电工程，扩大太阳能光伏和光热电站消纳市场。

4. 建立光伏发电补贴政策动态调整机制，加大光热发电政策支持力度

一是优化光伏发电政策，加强运营创新。建立补贴政策动态调整机制。为高效利用有限补贴资金，应参考国际经验，建立"补贴标准逐年降低"机制，根据光伏发电成本变化情况，动态调整补贴标准，激励技术进步和效率提升，逐步提高市场竞争力。努力实现光伏发电年度补贴总额与发展规模的匹配。应根据年度光伏发电补贴总额，合理确定全国光伏发展总规模，防止出现补贴拖欠、支付不及时等问题。鼓励、引导和支持第三方专业服务公司发展，提供项目咨询、设计、融资、建设和运维等阶段的专业化服务，支撑光伏发电快速发展需求。

二是加大光热发电政策支持力度。经济激励政策的缺失已经成为制约太阳能热发电工程建设的关键一环，建议尽快出台太阳能热发电项目的上网电价，早期可以以特许权招标形式开展，随着产业的逐步成熟，明确考虑技术路线、资源条件、储

能配置差异的分类上网电价；国家政策性银行对太阳能热发电工程给予低息贷款，降低工程项目的融资成本。同时，进一步加大对光热发电行业财税支持力度，对于光热发电关键技术攻关、设备制造、新产品开发给予税收减免。

5. 将分布式光伏纳入国家新一轮配网改造计划，做到源–网–用协调发展

分布式电源接入配电网涉及源-网-用三个环节，其中电网是支持服务平台。加强源-网-用的协调规划，推动协调发展，有利于分布式光伏等可再生能源的广泛接入。《配电网建设改造行动计划（2015—2020年）》提出加快建设现代配电网，将“推动智能互联，打造服务平台”作为重点任务，为支持新能源及多元化负荷接入带来机遇。重点推广应用新能源发电功率预测系统、分布式电源“即插即用”并网设备等技术，满足新能源、分布式电源广泛接入的要求；有序建设主动配电网、分布式多能源互补等示范工程，提高分布式电源与配电网的协调能力。

6. 制定“千万屋顶”太阳能计划，建立健全配套政策和管理体系

现有“自用为主、余电上网”运营模式下，在用电电价更高的工商业用户屋顶上建设分布式光伏发电可获得更高的投资回报。与此同时，屋顶资源潜力巨大的城市和农村居民屋顶利用经济性不高，开发比例较低。建议参考美国、日本等，制定“千万屋顶”太阳能计划，明确有针对性、激励性的电价，使居民屋顶项目能在5～10年回收投资。建立健全全过程技术标准和管理规范，在保障电网运行安全和可靠供电的前提下，适应大规模分布式光伏发电接入。鼓励研发家庭式千瓦级的光伏发电成套装置，实现即插即用和“傻瓜式”安装运维，采用“家电式”销售模式，支持“千万屋顶”太阳能计划实施。

7. 因地制宜支持再生能源电气化村、县建设

充分利用可再生能源资源分布广泛、可分布式开发、易转换为电等特点，在可再生能源资源丰富地区，综合太阳能等各种分布式发电，依托财政专项资金、科技支持计划等方式，开展可再生能源电气化村、县建设，建成完善的绿色能源利用体系。出台相关管理文件，以强制和激励相结合的方式，支持新型城镇化建设时，因地制宜发展中小型可再生能源开发利用设施，发挥分布式电源的优势，满足电力需求。

参考文献

[1] 中国光伏行业协会，中国电子信息产业发展研究院．2014—2015年中国光伏产业年度报告，2015．

[2] 李俊峰，王斯成，李琼慧，等．2014中国光伏发展报告，2014．

[3] 申卫华，江浩，亢超群．太阳能光伏发电环境效益研究．电力与能源，2014，35（5）:627-631．

[4] 国家太阳能光热产业技术创新战略联盟．中国太阳能热发电产业政策研究报告，2013.

[5] 谢泽琼，马晓茜，黄泽浩，等．太阳能光伏发电全生命周期评价．环境污染与防治，2013，35（12）:106-110.

[6] IRENA. Renewable power generation costs in 2014，2014.

[7] 水电水利规划设计总院．2014 年度中国太阳能发电建设统计评价报告，2015.

[8] EPIA. Global market outlook for photovoltaics until 2019，2014.

[9] 中国电力企业联合会．2014 年全国电力工业统计快报，2015.

[10] REN21. Renewable 2015 global status report，2015.

[11] 国家发改委能源研究所．中国太阳能发展路线图 2050，2014.

新能源汽车产业篇

第 19 章

新能源汽车

钟志华　万鑫铭　抄佩佩　高金燕　邵　斌　刘　昭

【内容提要】2014 年以来，中国新能源汽车产业无论从产销规模、产品性能、充电设施配套还是商业模式创新等多个方面来看，都取得了较大成绩与进步。2015 年又有多项国家级重大政策出台，逐步完善起中国新能源汽车政策体系，产业体系大步迈向成熟。本章系统分析了中国新能源汽车产业的当前发展现状，重点将新能源汽车的核心关键——动力电池作为案例，分析其在产销量爆发式增长的背景下，出现的供给方占据主动、市场集中度提高、国内外企业联合，以及三元系电池应用提速等新格局、新趋势。最后，总结新能源汽车各技术路线产品的应用方向，以及在轻量化与智能化和网联化方面的发展趋势，提出中国产业发展中存在的问题，并给出解决建议。

19.1　综述

进入 21 世纪以来，中国汽车产销量持续快速增长，成为世界汽车大国。在此背景下，汽车产业内部的增长动力、消费结构、生产模式与竞争格局等都在发生深刻变化，而能源、环境、交通等产业外部因素的制约也日益严峻。新能源汽车作为当前和未来全球汽车产业发展的重要方向，对中国经济、能源、环境、科技、社会等方面都将产生较大影响。

2015 年 5 月，习近平在上海考察时强调，发展新能源汽车是中国从汽车大国迈向汽车强国的必由之路，要加大研发力度，认真研究市场，用好用活政策，开发适应各种需求的产品，使之成为一个强劲的增长点。2015 年 5 月 8 日，国务院发布《中国制造 2025》，将“节能与新能源汽车”作为十大重点发展领域之一，明确了未来发展战略。深刻把握中国新能源汽车发展的机遇和挑战，以汽车强国带动制造强国，提升新能源汽车产业竞争力，积极应对能源与环境等问题，对实现“中国梦”及“两个一百年”的奋斗目标具有重要的现实意义。

19.2 新能源汽车产业发展现状分析

19.2.1 总体情况

1. 产销保持高速增长

2014 年，全球电动汽车市场以更快的速度成长，随着新车型的增多，电动汽车的需求度再上一个台阶。同时，各国政府对电动汽车的扶持政策和激励措施也大力促进了电动汽车的销售，免税和补贴都起到了重要作用。在全球电动汽车发展较好的主要国家中，2014 年美国依旧处于主导地位，中国进步最大位居其次，挪威、日本、法国、德国和英国紧随。2014 年这七国的电动汽车销量较 2013 年同期大幅增长 50% 左右。

从国内产销来看（图 19.1），2015 年 1 ～ 6 月中国新能源汽车生产 76 223 辆，销售 72 711 辆，同比分别增长 2.5 倍和 2.4 倍。上半年，中国新能源汽车销量超过美国，成为全球新能源汽车第一大市场。预计 2015 年全年产销量将达 15 万～ 20 万辆。

2. 市场渗透率逐年提升

从市场渗透率来看（图 19.2），2014 年，中国新能源汽车销量 74 763 辆，占全国汽车整体市场的份额由 2013 年的 0.08% 提高到 0.32%。2015 年上半年中国汽车总销售 1 185.03 万辆，新能源汽车占比进一步提升到 0.61%。虽然所占比例仍然很小，但增幅远超整体市场。随着新能源汽车的增速继续攀升，比例会加速扩大。

3. 乘用车市场进一步打开

从车型分布来看，纯电动乘用车仍是整个新能源汽车市场的主力车型，2015 年上半年生产 36 355 辆，占总体产量的 46%。插电式乘用车次之，生产 20 366 辆，占比为 26%。新能源乘用车整体占比由上年的 65% 提升了 7 百分点，私人市场进一步扩大（图 19.3）。

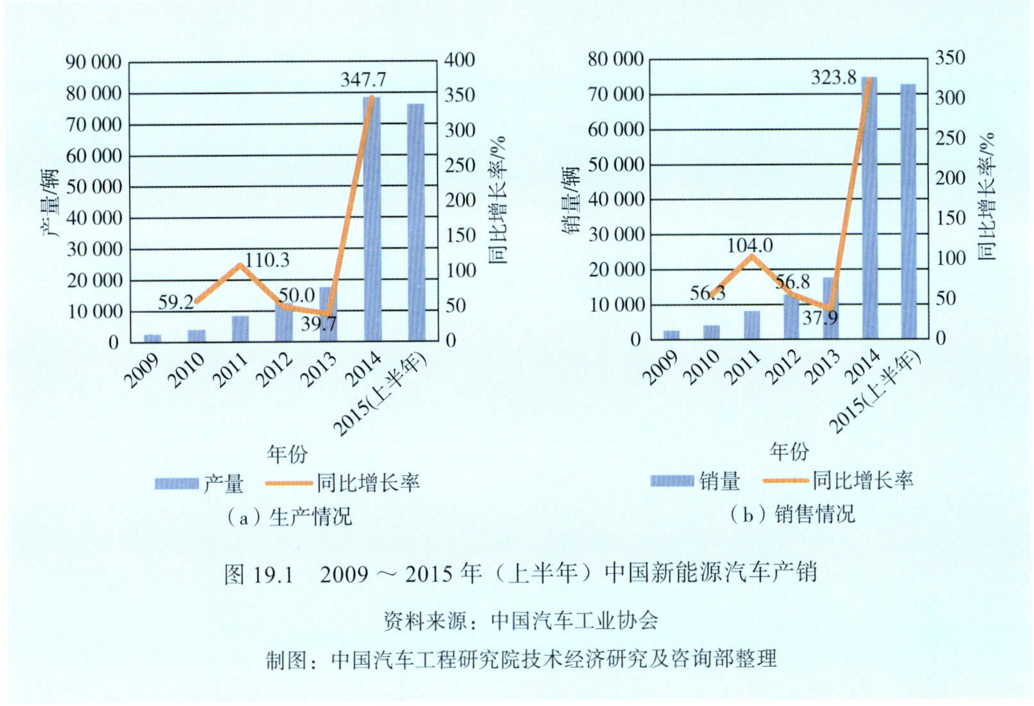

（a）生产情况　　（b）销售情况

图 19.1　2009 ～ 2015 年（上半年）中国新能源汽车产销

资料来源：中国汽车工业协会

制图：中国汽车工程研究院技术经济研究及咨询部整理

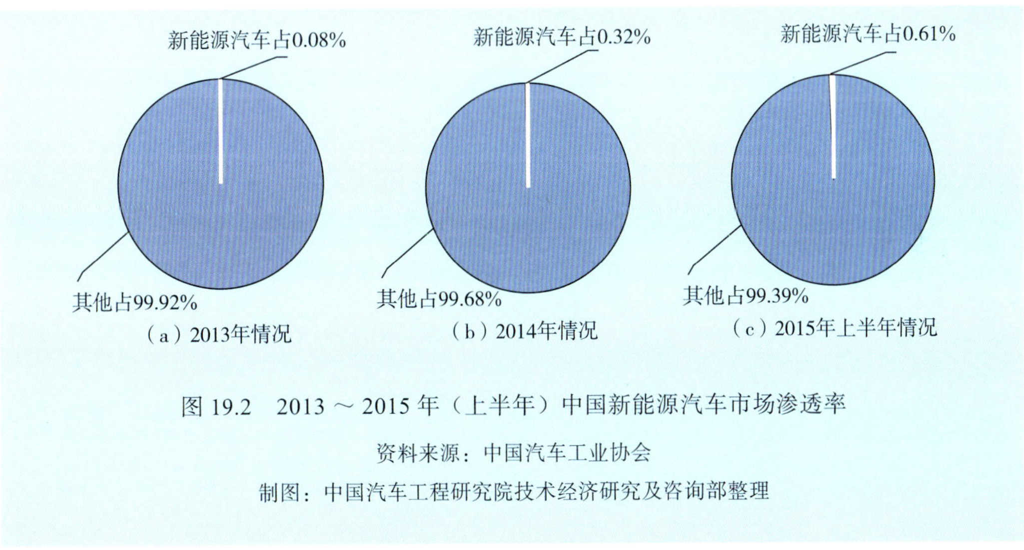

（a）2013年情况　　（b）2014年情况　　（c）2015年上半年情况

图 19.2　2013 ～ 2015 年（上半年）中国新能源汽车市场渗透率

资料来源：中国汽车工业协会

制图：中国汽车工程研究院技术经济研究及咨询部整理

4. 企业加速上下游布局

随着传统车市场的走低及新能源汽车销售量的高速增长，车企对新能源汽车的重视度不断加大。大型生产企业不仅将目光着眼于新能源本身的生产，还在分时租赁、充电桩建设，以及产业链上游关键零部件等都有了深入布局，开始深度挖掘市场潜力。

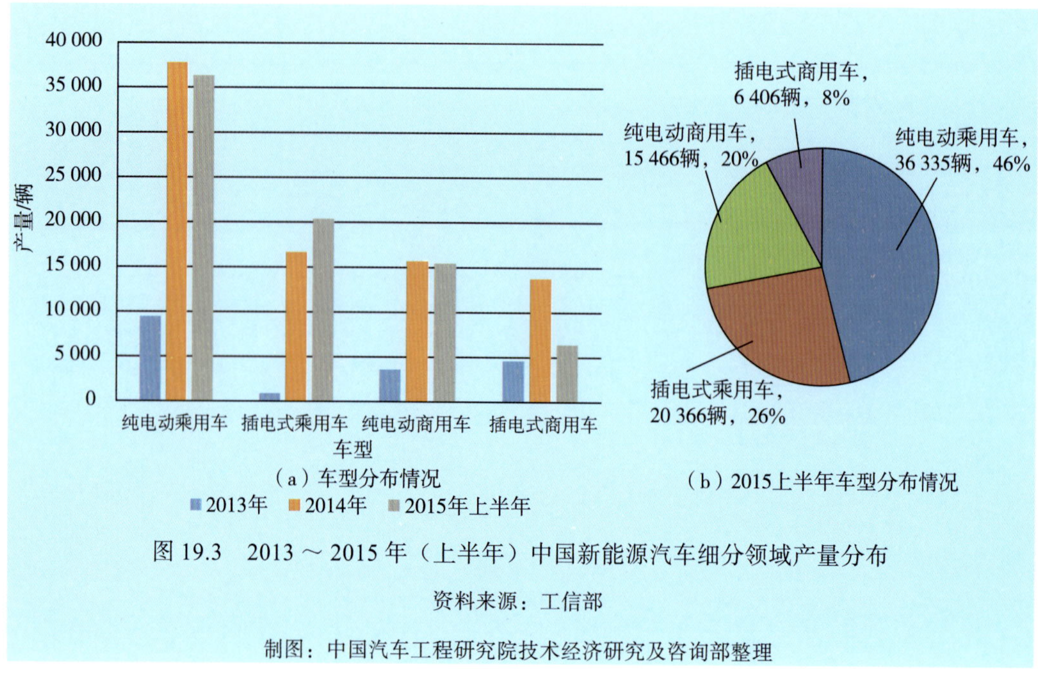

图 19.3　2013 ～ 2015 年（上半年）中国新能源汽车细分领域产量分布

资料来源：工信部

制图：中国汽车工程研究院技术经济研究及咨询部整理

除传统整车生产企业外，零部件企业也纷纷加大投资，通过兼并重组等方式着手进入整车生产领域。中国新能源汽车相关企业近期主要投资事件如表 19.1 所示。

表 19.1　中国新能源汽车相关企业近期主要投资事件

时间	公司	事件	类型
2015 年 4 月	北汽集团	总投资 100 亿元的北汽新能源常州高端产业基地项目正式落户武进国家高新区，达产后可年产新能源汽车 15 万辆	规模扩张
2015 年 5 月	力帆股份	拟募资 52 亿元构建智能新能源汽车产业链	转型
2015 年 6 月	比亚迪	拟定增募资 150 亿元用于磷酸铁锂电池扩产和新能源汽车研发	规模扩张
2015 年 7 月	长城汽车	募集资金总额不超过 168 亿元，主要用于新能源汽车、智能汽车及其零部件的研发、试验及生产	转型
2015 年 7 月	上汽	与万向集团合资成立了一家新能源客车企业，并在杭州建立新能源客车生产基地，公司规划目标为年产新能源客车 5 000 辆	转型
2015 年 7 月	江淮汽车	拟募集资金净额不超过 45 亿元，投向新能源乘用车及核心零部件、高端及纯电动轻卡、高端商用车变速器等三个项目	转型

19.2.2 政策环境

1.政策总览

2015 年以来，国家及地方关于新能源汽车的利好政策频频出台。截至 2015 年 7 月，国家出台八项重大政策（表 19.2），从税费减免、购置补贴、研发支持、生产准入及规范等多个方面保障新能源汽车产业健康快速发展。关键政策的陆续出台，不断提升中国新能源汽车产业政策体系的完善性、预见性和引导性，产业政策环境不断趋好。

表 19.2 2015 年国内新能源汽车国家政策汇总

时间	发布机构	政策名称	主要内容	影响环节
2015 年 3 月	交通运输部	《交通运输部关于加快推进新能源汽车在交通运输行业推广应用的实施意见》	至 2020 年，新能源汽车在交通运输行业的应用初具规模，在城市公交、出租汽车和城市物流配送等领域的总量达到 30 万辆	消费
2015 年 3 月	工信部	《汽车动力蓄电池行业规范条件》	从企业基本要求、生产条件要求、技术能力要求、产品要求、质量保证能力要求、售后服务能力要求、规范管理七个方面对汽车动力蓄电池行业给出规范意见	生产
2015 年 4 月	财政部等四部委	《关于 2016 ～ 2020 年新能源汽车推广应用财政支持政策的通知》	2016 ～ 2020 年补贴范围扩大至全国，而且退坡速度加快，2017 ～ 2018 年的补贴在 2016 年基础上下降 20%，2019 ～ 2020 年在 2016 年基础上下降 40%	消费
2015 年 5 月	财政部、工信部、交通运输部三部委	《关于完善城市公交车成品油价格补助政策加快新能源汽车推广应用的通知》	现行城市公交车成品油价格补助中的涨价补助以 2013 年为基数，2015 ～ 2019 年逐年减少，2020 年以后根据城市公交车用能结构情况另行确定	消费
2015 年 5 月	财政部、工信部、国家税务总局三部委	《关于节约能源使用新能源车船车船税优惠政策的通知》	明确对新能源车船免征车船税，对节能车船减半征收车船税	消费
2015 年 5 月	国务院	《中国制造 2025》	将“节能与新能源汽车”作为九大重点发展领域之一，明确了未来发展战略	研发 / 制造
2015 年 6 月	国家发改委和工信部	《新建纯电动乘用车企业管理规定》	获准入的企业可生产纯电动乘用车，不能生产任何以内燃机为驱动动力的汽车产品	投资 / 生产
2015 年 8 月	工信部	《关于开展节能与新能源汽车推广应用安全隐患排查治理工作的通知》	将在各节能与新能源汽车推广应用城市、节能与新能源汽车生产企业开展安全隐患排查治理工作	生产

地方对新能源汽车发展的配套政策近来主要呈现三大特点。

第一，北、上、深等推广先导城市，配套政策趋于完备。2015 年 1 月，北京市调整新能源汽车准入方式为备案式，对满足条件的纯电动汽车都可以进入北京市销售、上牌，享受财政补贴。5 月 18 日，北京市交通管理局发布通告，自 2015 年 6 月 1 日至 2016 年 4 月 10 日，纯电动小客车不限行。2015 年 2 月上海市规定，新能源车上牌必须有充电桩安装证明，同时还续发免费沪牌。2015 年 4 月起，深圳市燃油出租车同产权更新置换为纯电动出租车可获多项补贴。

第二，其他示范城市政策种类相对较少，正在不断完善中，未出台配套政策的城市也陆续出台实施方案和补贴细则。其中，江苏城市群、江西城市群、广东城市群作为推广城市群，包含的市级地方政府大多出台配套政策，三个城市群总政策数量分别达到 21 项、13 项和 10 项，位居全国前列。重庆、南昌、扬州分别出台了全国首个电动汽车基础设施建设标准、纯电动物流车补贴政策、新能源车停车费标准，对更多的购买领域和使用环节给予规范。但截至目前，仍有 25 个试点城市未能出台配套政策，且仍有部分城市未能出齐推广实施方案和补贴申领办法。

第三，部分非试点省份和城市同样出台配套政策，如山东济南、山西运城、广西南宁、青海，努力推进当地产业发展。其中，南宁市规划，到 2017 年，全市推广新能源公交车 1 500 辆、新能源出租车 2 100 辆，新能源汽车在环卫车辆中的比例不低于 10%。青海省目标在 2016 ～ 2018 年，将海西蒙古族藏族自治州和海东市纳入试点地区，通过三年时间，试点地区推广应用新能源汽车 2 000 辆以上。运城市规划，2015 年起，运城市城区公交车、出租车三年内全部更新为新能源车辆（含甲醇等其他类型），每年更新率 100%。

新能源汽车部分地方配套政策，如表 19.3 所示。

表 19.3 新能源汽车部分地方配套政策

政策趋于完备的试点城市		政策不断完善的试点城市		非试点省份和城市	
北京	1. 从 2015 年 6 月 1 日至 2016 年 4 月 10 日，纯电动汽车不限行 2. 纯电动客车 2015 ～ 2016 年两年最高补贴 50 万元	重庆	出台全国首个电动汽车基础设施建设标准，2015 年 9 月 1 日起实施	山东济南	《关于电动汽车充电设施服务价格的通知》
上海	1. 明确充电服务费最高不超过每千瓦时 1.6 元 2. 续发新能源车免费沪牌，未来或减免停车费和过路费	南昌	出台全国首个纯电动物流车补贴政策，按电池容量每千瓦时补贴 1 400 元	山西运城	《运城市加快推进新能源汽车产业发展和推广应用实施方案》
		扬州	公布国内首个新能源车停车费标准，1 小时免费，之后半价	广西南宁	《南宁市加快新能源汽车产业发展的若干建议》
深圳	1. 燃油出租车置换纯电动车最高补贴 13.58 万元 2. 发布《电动汽车充电站运营服务规范》，充电人员须持证上岗	山东	在国家补贴基础上，10 米（含）以上纯电动城市公交车按 20 万元 / 辆给予补贴	青海	《加快青海省新能源汽车推广应用实施方案》
		东莞	按国家标准 1 ∶ 1 补贴且不退坡		

2. 重点政策解析

1）《关于2016—2020年新能源汽车推广应用财政支持政策的通知》

2015 年 4 月，四部委联合发布《关于 2016 － 2020 年新能源汽车推广应用财政支持政策的通知》，与上一轮相比，新一轮政策在补贴范围、补贴退坡、企业产品要求、资金申报等方面均有所变化，从政策层面降低顾虑，从制度层面提高门槛和行业壁垒，推动行业良性发展（图 19.4）。

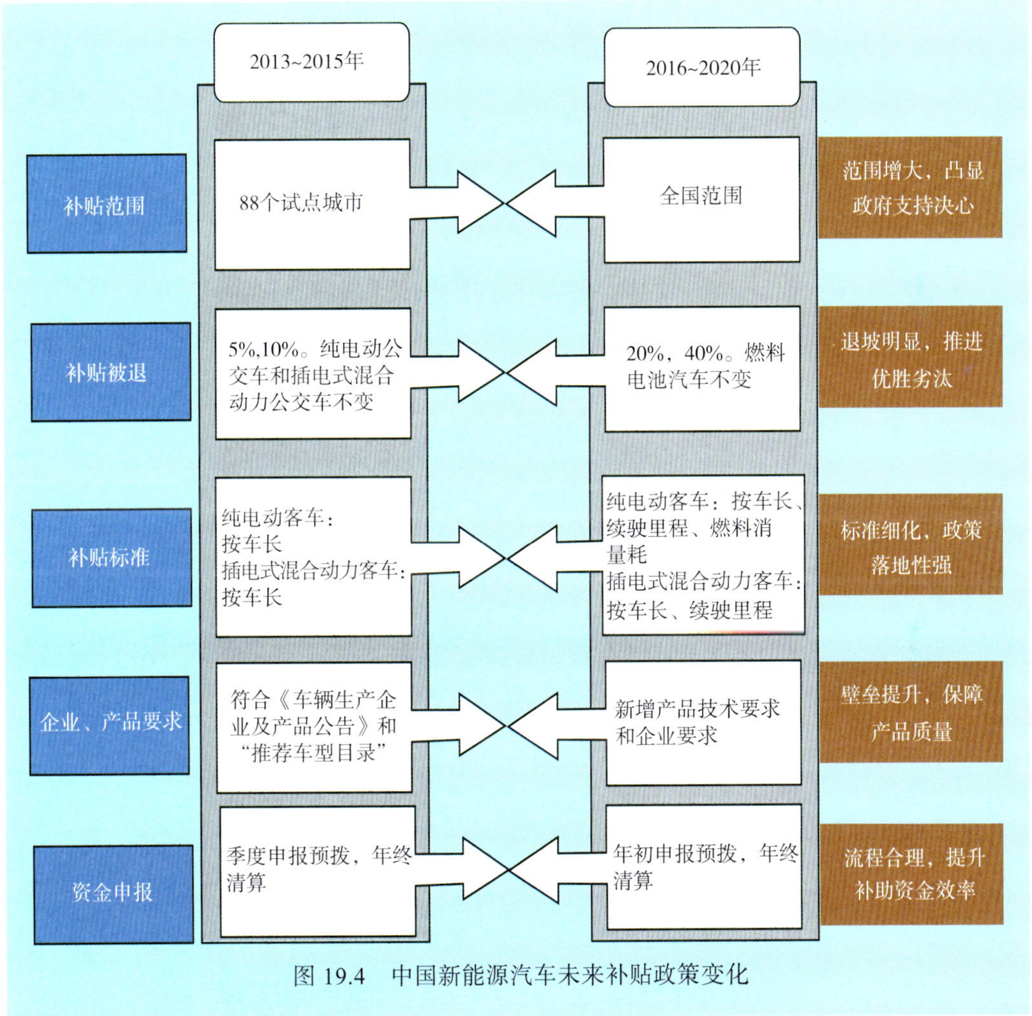

图 19.4 中国新能源汽车未来补贴政策变化

详细分析补贴新政策内容，主要有以下亮点：第一，产业引导作用凸显。燃料电池汽车补贴不退坡，体现路线方向的引导；低续驶里程纯电动车补贴降幅大，鼓励高续驶里程；引入新能源客车单位载质量能量消耗的指标，引导新能源客车向轻量化和空间利用合理化的方向发展。第二，充分发挥优胜劣汰作用。要求新能源汽车生产企业加强关键零部件质量保证；逐年退坡幅度较大；提高行业壁垒，鼓励企业不断提高品质、降低成本。第三，扩大政策影响范围。之前仅对示范城市给予补贴，新政策扩大到全国范围，政府全面打开新能源汽车市场的决心凸显。第四，延续性、透明性强。政策出台前发布《征求意见稿》，透明化程度高；在2016年到来前八个月正式出台政策，增强政策预见性和延续性。

2）《中国制造2025》

2015年5月，国务院发布《中国制造2025》，为国内制造业转型升级指明方向，“节能与新能源汽车”作为九大重点发展领域之一，对其提出如下目标，即继续支持电动汽车、燃料电池汽车发展，掌握汽车低碳化、信息化、智能化核心技术，提升动力电池、驱动电机、高效内燃机、先进变速器、轻量化材料、智能控制等核心技术的工程化和产业化能力，形成从关键零部件到整车的完整工业体系和创新体系，推动自主品牌节能与新能源汽车同国际先进水平接轨。

5月25日，工信部发布“《中国制造2025》规划系列解读之推动节能与新能源汽车发展”，提出纯电动汽车（electric vehicle，EV）和插电式混合动力汽车（plug in hybrid electric vehicle，PHEV）、燃料电池汽车（fuel cell vehicle，FCV）、节能汽车、智能互联汽车是中国汽车产业未来重点发展的方向，并分别设置了2020年、2025年的发展目标。自此，中国在节能与新能源汽车领域已经拥有三项国家级重大规划，形成了时间上从2015年到2020年到2025年，内容上覆盖基础设施、整车生产、出口销售多方面的一系列目标（图19.5）。

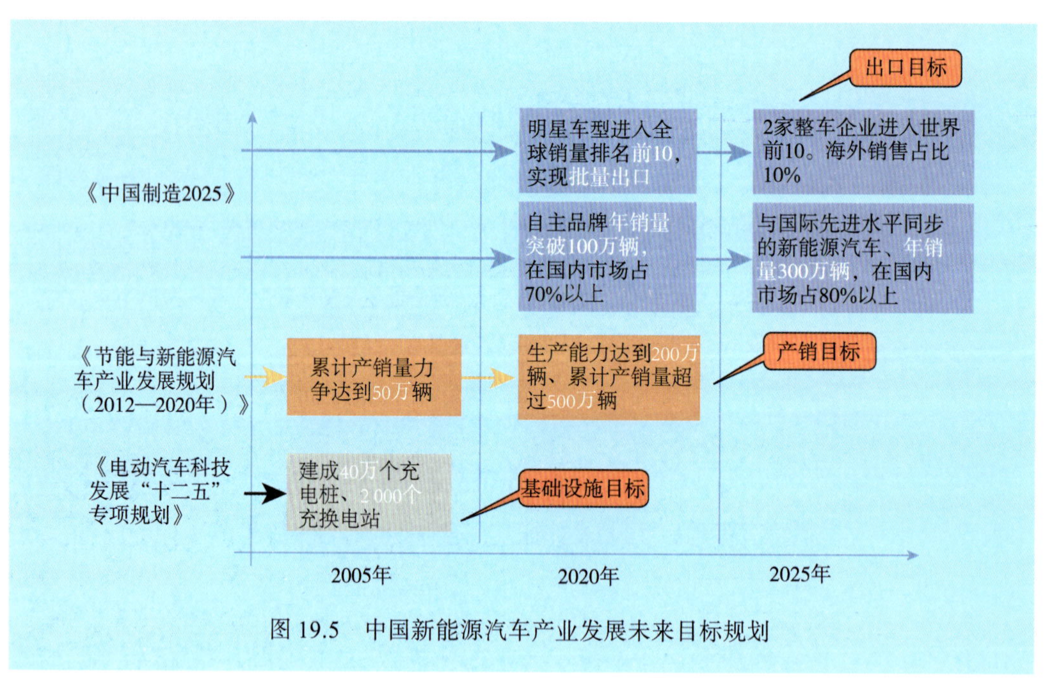

图19.5　中国新能源汽车产业发展未来目标规划

3）《新建纯电动乘用车企业管理规定》

2015年6月，国家发改委和工信部正式发布《新建纯电动乘用车企业管理规定》，自2015年7月10日起施行。《新建纯电动乘用车企业管理规定》明确，新建

企业需具有纯电动乘用车产品研发经历，具备完整的纯电动乘用车样车试制条件，且不能生产任何以内燃机为驱动动力的汽车产品。

相比之前的征求意见稿，正式发布稿做了较大的改动，更加明确地体现了摒弃行业界限，支持优势资源进入的思想。主要改动有：首先，删掉了“具有3年以上纯电动乘用车的研发基础”这一条款，这意味着汽车行业以外的企业申请电动车牌照成为可能。其次，发布稿中明确，新建企业投资项目的投资总额和生产规模不受《汽车产业发展政策》有关最低要求限制，由投资主体自行决定。这将显著降低进入电动车行业的投资壁垒，增加了企业的自主决策权。最后，将征求意见稿中的“新建电动车制造企业的投资主体需具有稳定业绩、收入和融资能力”条款，修改为“具备与项目投资相适应的自有资金规模和融资能力”。这为新兴的创业型企业提供了机会。

可以看出，国家对生产新能源车企资质进行放开，降低了准入范围，支持社会资本和具有技术创新能力的企业参与纯电动乘用车科研生产。虽然范围放宽，但是准入门槛并不低，新建企业需在科研能力、售后担保、产品技术标准、公告相符等多个方面达到要求。对此，相关部门设立了重重审核程序，并对准入条件保持情况进行抽查，对申请时间也设置三年有效期，强力保障优秀的企业资质和能力。

19.2.3 市场应用

1. 推广应用

截至2015年6月底，39个推广应用城市（区域）自2013年启动新一轮示范工程以来，累计推广应用新能源汽车133 245辆。其中，私人领域推广数量不断增加，占比进一步上升到41.6%。公共领域中，公交车仍然为最大主力车型，推广26 459辆，占比为34%。租赁用车次之，得益于分时租赁模式的应用，推广25 238辆，同样占公共领域的较大份额，达18.9%。邮政车及物流车作为2014年下半年以来兴起的推广领域，市场潜力不断被挖掘，分别推广783辆和1 666辆，2015上半年各车企纯电动物流车产量累计达到2 500辆（图19.6）。

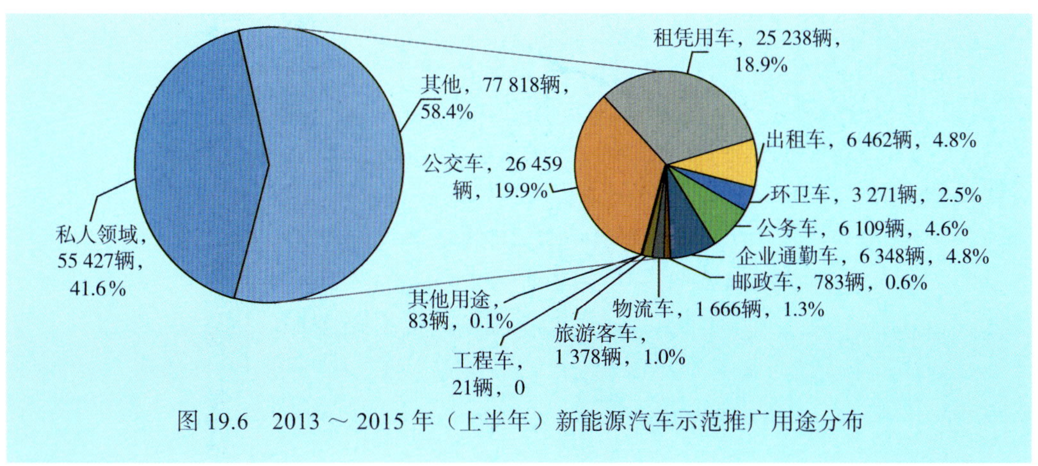

图19.6 2013～2015年（上半年）新能源汽车示范推广用途分布

从区域推广情况来看，推广应用数量超过 10 000 辆的城市（区域）有四个，依次是上海、北京、浙江、江苏，占推广总量的 49.52%；推广应用数量在 3 000 ～ 10 000 辆的城市（区域）有八个，依次是合肥、深圳、广东、湖南、广州、河北、天津、西安，占推广总量的 30.28%。已完成或接近完成计划推广目标的城市有上海、浙江城市群、合肥和长株潭。总体来看，一线城市受较高地方补贴、免费牌照、不限行等各项优惠政策及基础设施配套较好的综合影响，新能源汽车的市场接受度明显高于其他城市，计划完成情况相对较好，而其他城市的市场尚未充分打开，距离完成推广目标还有差距（表 19.4）。

表 19.4　部分城市（区域）新能源汽车推广应用进展情况

城市（区域）	推广目标 / 辆	截至 2015 年 6 月推广量 / 辆	目标完成率 /%
上海	10 000	26 012	260.12
浙江城市群	10 100	14 368	142.26
合肥	5 720	6 471	113.13
长株潭	6 100	5 786	94.85
江苏城市群	18 085	11 062	61.17
广东城市群	10 000	5 882	58.82
广州	10 000	5 105	51.05
郑州	5 500	2 608	47.42
临沂	5 690	2 580	45.34
成都	5 000	2 191	43.82
北京	35 000	14 544	41.55
青岛	5 200	2 073	39.87
西安	11 000	3 536	32.15
大连	5 000	1 565	31.30
天津	12 000	3 574	29.78
芜湖	5 110	1 429	27.96
武汉	10 500	2 775	26.43
河北城市群	15 141	3 729	24.63
太原	5 000	1 096	21.92
江西城市群	5 300	1 146	21.62

2.乘用车市场

2015 年 1 ～ 6 月中国新能源乘用车销量约为 5 万台，基本相当于 2014 年新能源乘用车的全年销量（图 19.7）。纯电动乘用车中全部为轿车产品，以 A0 级及 A00 级车为主，同时销售少量绅宝 B 级车，C 级车及 MPV/SUV 尚无市场表现。插电式混合动力车型几乎全部为 A 级车，比亚迪秦和荣威 550 是主力。随着比亚迪唐的上市，混合动力 SUV 的市场空白得到填补。合资品牌高端车型宝马 5 系作为 C 级插电式混合动力车型，是目前国内市场唯一一款 C 级新能源车。随着越来越多外资及合资中大型插电式混合动力车型的上市，自主产品在该领域的竞争面临较大威胁。

从各品牌车型销量来看，2015 年上半年，比亚迪秦累计销量 16 477 辆，高出第二名近 1.1 万辆，占新能源乘用车市场的 34.7%。北汽 E 系列纯电动车销售 5 800 多辆，

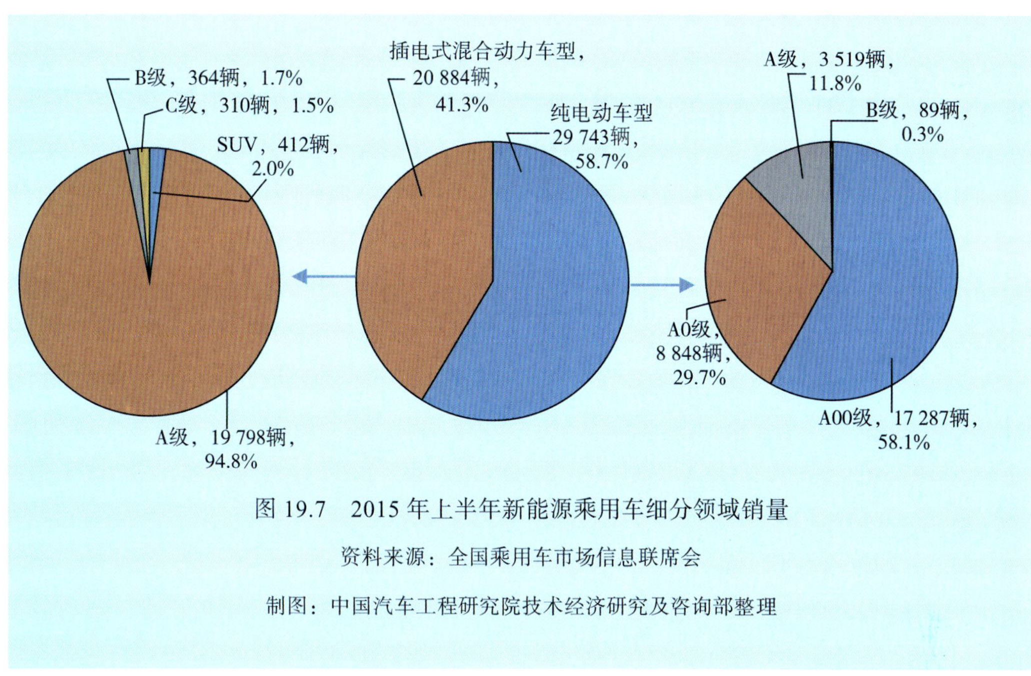

图 19.7 2015 年上半年新能源乘用车细分领域销量

资料来源：全国乘用车市场信息联席会

制图：中国汽车工程研究院技术经济研究及咨询部整理

排名第二位。知豆 E20 累计销量 4 900 多辆，在微型电动车领域销量第一。比亚迪唐，6 月刚刚上市，市场表现较好。腾势、晨风、宝马 530Le、荣威 E50 等中高端新能源车型市场表现相对一般（图 19.8）。

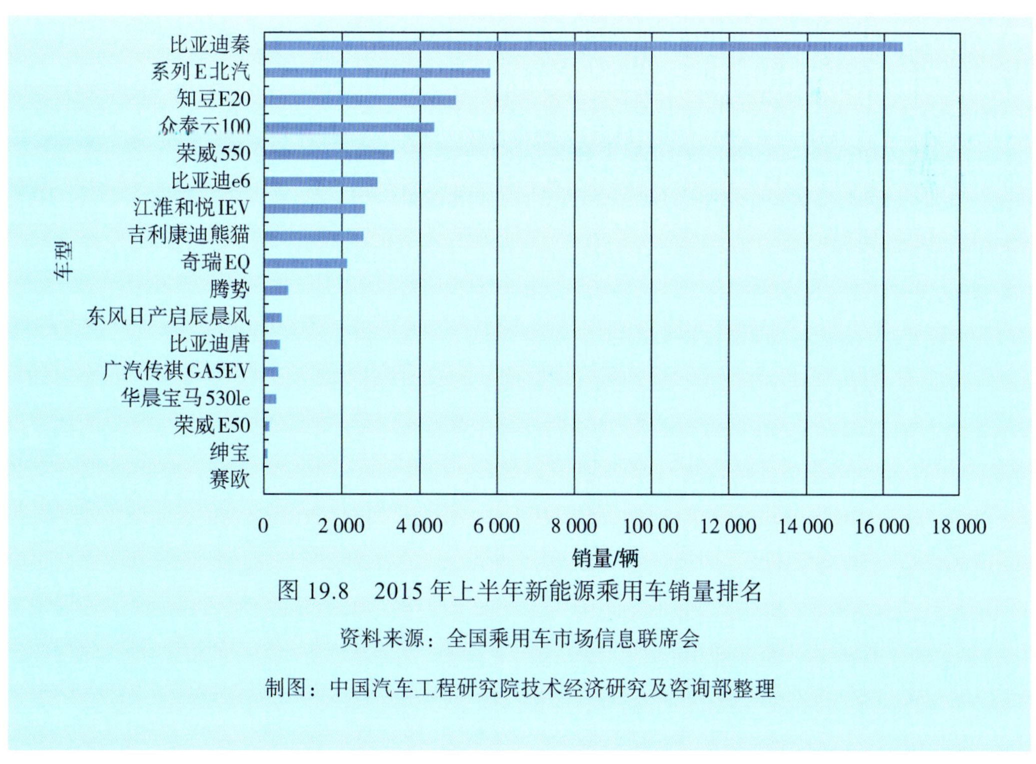

图 19.8 2015 年上半年新能源乘用车销量排名

资料来源：全国乘用车市场信息联席会

制图：中国汽车工程研究院技术经济研究及咨询部整理

从各企业市场竞争来看，2015 年上半年，比亚迪股份有限公司（简称比亚迪）以绝对优势继续领跑国内新能源汽车市场，上半年累计销量近 2 万辆，占乘用车市场的 41.7%，北汽、新大洋众泰（合资）、众泰、上汽成功跻身前五名，市场占比相差不大，竞争较为激烈。上汽荣威上半年市场逐渐回暖，旗下的插电式混合动力车型月销量止跌回升，市场份额上升到 7%，江淮与吉利康迪不相上下，比亚迪戴姆勒、东风日产、广汽、华晨宝马销量占比依然很小（图 19.9）。

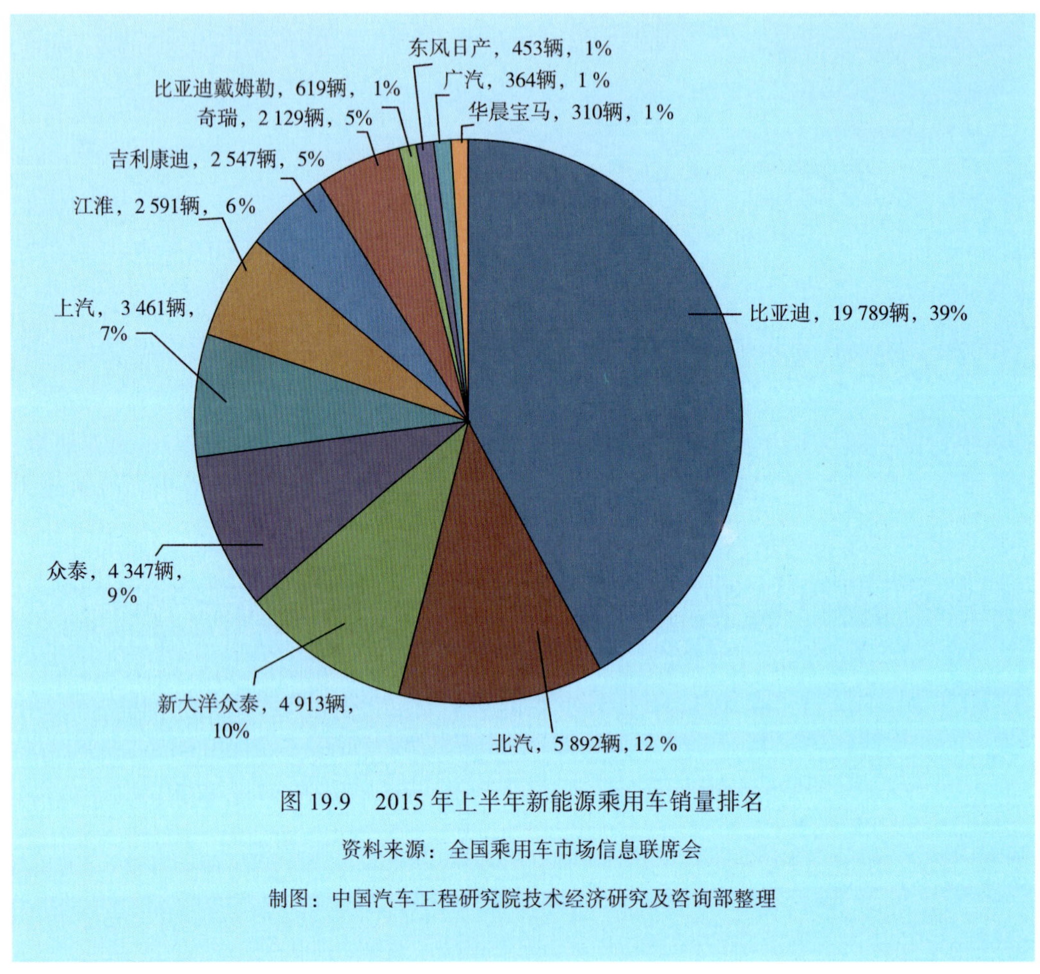

图 19.9　2015 年上半年新能源乘用车销量排名

资料来源：全国乘用车市场信息联席会

制图：中国汽车工程研究院技术经济研究及咨询部整理

未来中国新能源乘用车市场将面临不断的、激烈的竞争，车型及品牌都将不断丰富。首先，虽然目前中国新能源乘用车市场仍以国产产品为主，但随着全球汽车企业在该领域的不断注力，新产品不断被推出，远期必然影响中国市场。其次，现有新能源乘用车企业正在不断提升已有产品的性能或进行大幅更新换代，如日产聆风、奔驰 smart、北汽等，产品性能的竞争正在不断加剧。最后，中国原有 A0 级及 A00 级产品的生产企业部分也开始推出 A 级产品，向更高一级市场拓展，加入主流市场的竞争中。

3. 商用车市场

2015 年 1 ～ 6 月，中国纯电动商用车生产 1.55 万辆，同比增长 5 倍，插电式混合动力商用车生产 6 406 辆，同比增长 74%，商用车领域的增幅远超乘用车。

新能源客车领域，据中客网数据显示（图 19.10），2015 年上半年共销售新能源客车 17 076 辆，同比增长 50.26%。其中，新能源公交车仍然是主力，销售 11 648 辆，占比达到 68.21%，但同比增长幅度由于订单滞后的原因，相对较小，为 7.68%。新能源座位客车在 2015 年迎来大幅市场拓展，1 ～ 6 月销售 5 427 辆，同比增长 893.96%，占比达 31.78%。从市场份额来看，郑州宇通位列第 1，市场占有率在 20% 以上，其次为苏州金龙、中通客车、比亚迪，市场占有率均在 10% ～ 20%，前五家企业占到总市场的 70%，集中度仍然较高。

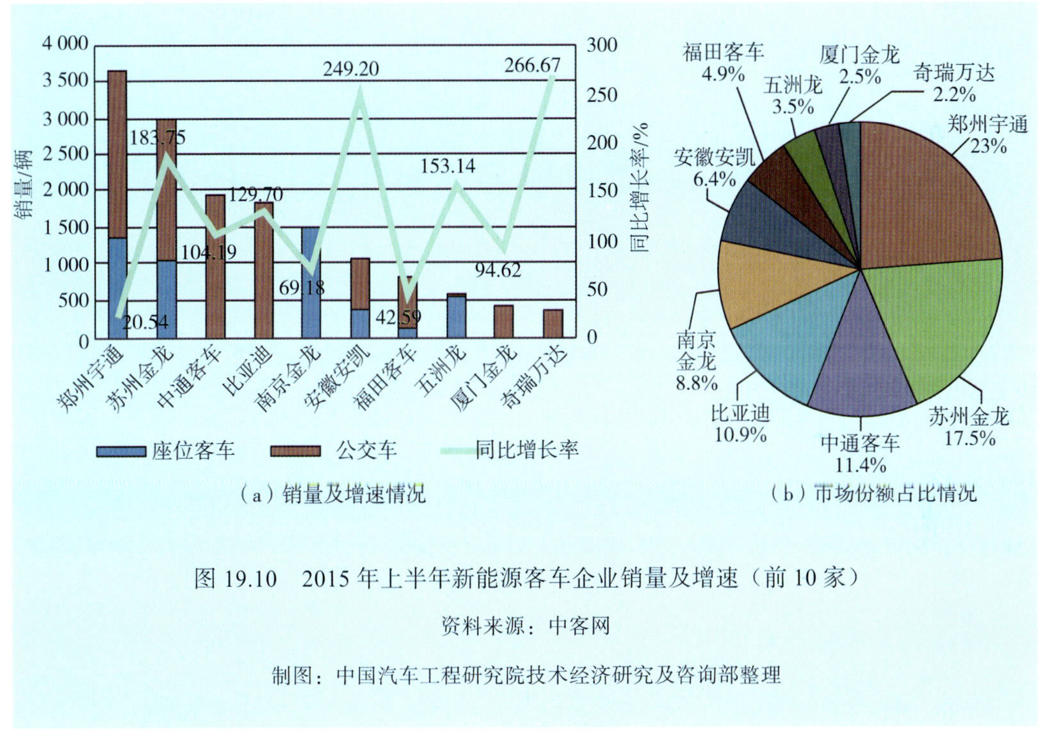

图 19.10 2015 年上半年新能源客车企业销量及增速（前 10 家）

资料来源：中客网

制图：中国汽车工程研究院技术经济研究及咨询部整理

未来新能源客车市场受政策的持续鼓励，将继续保持快速增长，纯电动车型、座位客车、微循环公交等都是未来热点领域。2015 年 3 月，交通运输部分布《交通运输部关于加快推进新能源汽车在交通运输行业推广应用的实施意见》，要求城市新增或更新城市公交车中，新能源汽车比例不低于 30%。7 月，北京市财政局公布《北京市财政局 北京市科学技术委员会 北京市经济和信息化委员会关于购买纯电动客车有关财政政策的通知》，透露北京市 2015 年和 2016 年两年对纯电动客车最高可补助 50 万元。7 月，交通运输部要求对新能源客车进行评定发布，打破了新能源座位客车进入公共领域的瓶颈。另外，微循环公交系统作为城市大交通网络的支线，在公交系统不断完善的过程中得到快速发展，加上 6 ～ 8 米纯电动客车补贴额度较高，客车企业和用户均受益，未来市场潜力较大。

新能源专用车领域，当前主力车型为电动物流车。伴随电子商务的快速发展及城市污染问题的日趋严重，电动物流车市场逐步兴起，2015 年上半年各车企纯电动物流车产量累计达到 2 536 辆，并呈现上升趋势。上半年车企累计产量超过 200 辆的只有 4 家，其中，重庆瑞驰累计产量 720 辆，占上半年总产量的 28%（图 19.11）。此外，从 6 月开始，纯电动物流车车企增至 21 家，相对 5 月新进入车企达到 10 家，物流车行业逐渐吸纳更多的纯电动客车及乘用车车企参与进来，包括苏州金龙、重庆力帆、南京金龙、厦门金旅、上汽商用等。未来伴随纯电动物流车商业模式的不断成熟，该领域市场潜力将继续被发掘。

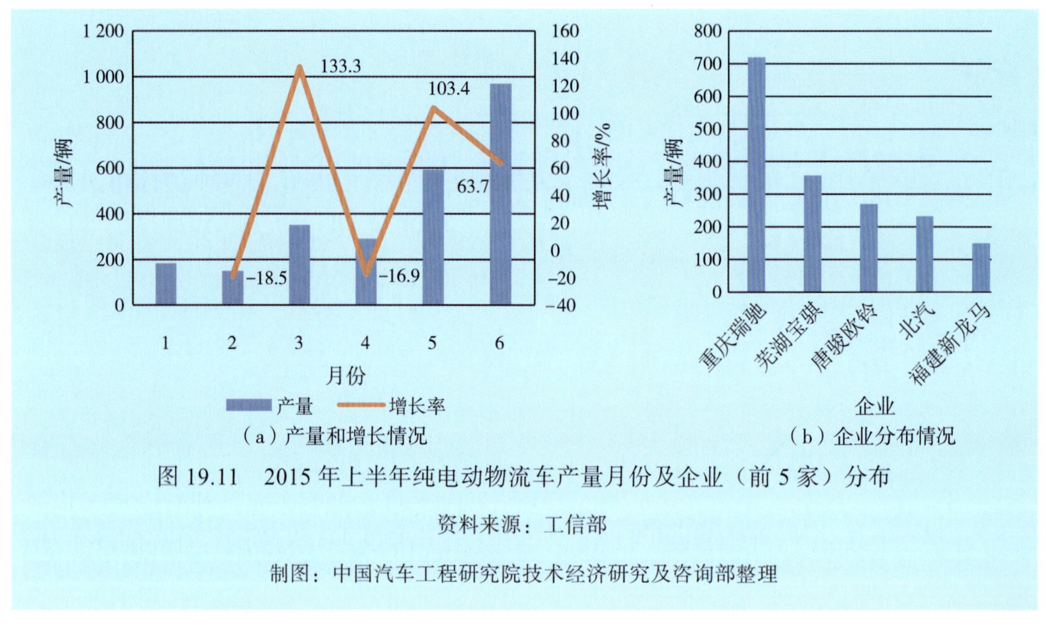

图 19.11　2015 年上半年纯电动物流车产量月份及企业（前 5 家）分布

资料来源：工信部

制图：中国汽车工程研究院技术经济研究及咨询部整理

19.2.4　产品技术

依照《中国制造 2025》的整体部署，节能与新能源汽车被列为十大重点发展领域之一，并推动形成从关键零部件到整车的完整工业体系和创新体系。中国新能源汽车自主化技术水平不断提升，产品性能趋近于国际水准，并初步形成三个层次、九个模块的矩阵式体系（图 19.12）。截至 2015 年 6 月，已有近 190 家汽车生产企业的 2 174 款产品进入工信部《节能与新能源汽车示范推广应用工程推荐车型目录》。其中客车产品 1 412 款（占比 65%），乘用车产品 257 款（占比 12%），其他车型 505 款（占比 23%）。

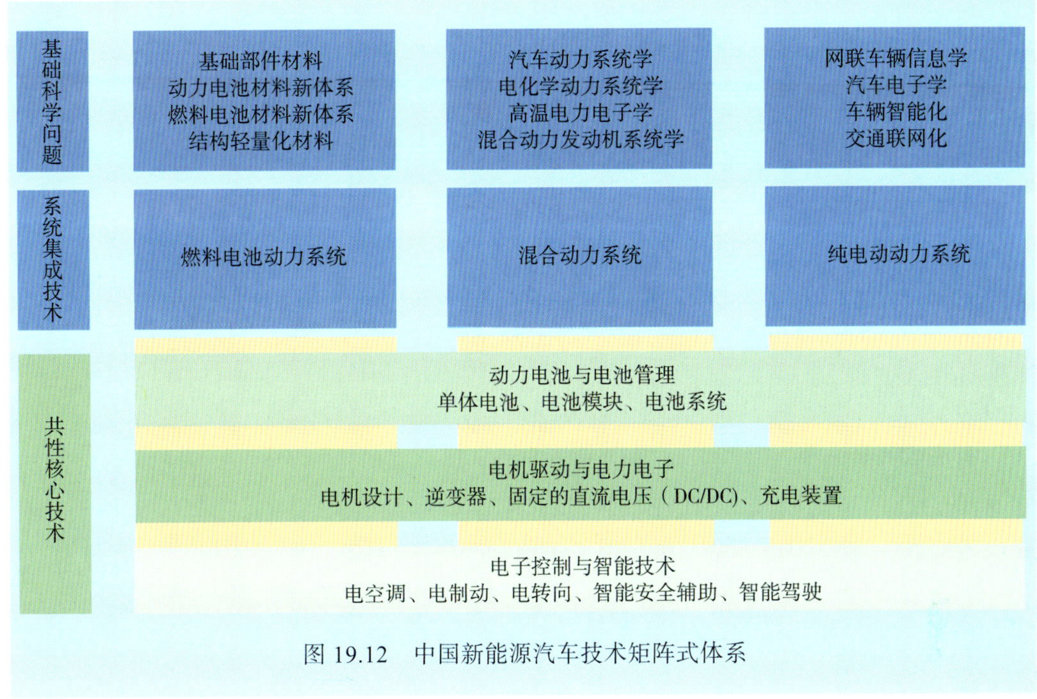

图 19.12 中国新能源汽车技术矩阵式体系

1. 整车分析

1）纯电动汽车

乘用车领域，已基本掌握了整车控制、动力系统匹配与集成设计等关键技术。以动力电池布置为核心，开发整车平台结构，实现动力电池布置空间最大化；整车总布置设计全新开发，大幅提高舒适性、安全性及可靠性；全新车载信息系统与车联网系统开发，实现电池信息、电压、保养信息、故障信息等整车新能源关键信息监控，通过手机软件控制车辆部分功能，包括远程充电、远程电池加热和远程空调启动功能。

产品主要集中在中小型车型，基本性能指标与国外同级别产品处于同一水平，康迪、比亚迪、北汽等产品销量全球领先。2015 年涌现出江淮 iEV5、北汽 EV200、长安逸动 EV 等典型产品，中国纯电动乘用车产品成熟度进一步提升。北汽 EV200 搭载自主研发的高效率永磁同步电机，其体积小、重量轻、可靠性及能量使用效率高，助推 EV200 续航能力处于同级别车型领先地位。江淮 iEV5 拥有正向开发传力纵梁构筑的电池安全舱，同时配备五层电池安全设计，确保电池安全性。长安逸动 EV 基于成熟平台开发，中国新车评价规程（China-New Car Assessment Program，C-NCAP）碰撞达到五星标准，通过了欧洲新车安全评鉴协会（Euro NCAP，E-NCAP）中的 29 千米 / 小时柱碰，安全性较高（表 19.5）。

表 19.5 纯电动乘用车典型产品性能对比

车型	国内					国外		
	小型	中型				小型	中型	大型
	康迪 EV	北汽 EV200	江淮 iEV5	比亚迪 E6	长安逸动	雷诺 ZOE	日产聆风	特斯拉 Model S
上市时间	2014 年	2015 年	2015 年	2014 年	2015 年	2015 年	2015 年	2015 年
长宽高 / 毫米	3 598×1 630×1 595	4 025×1 720×1 503	4 320×1 710×1 515	4 560×1 822×1 645	4 620×1 820×1 515	4 084×1 730×1 562	4 445×1 770×1 545	4 970×2 187×1 445
轴距 / 毫米	2 340	2 500	2 490	2 830	2 600	2 588	2 700	2 960
整备质量 / 千克	1 160	1 295	1 250	2 380	1 610	950	1 520	2 108
电机最大功率 / 千瓦	20	53	50	90	90	65	80	382
电机最大扭矩 /（牛•米）	—	180	200	450	280	220	280	440
0 ～ 100 千米 / 小时加速时间 / 秒	—	—	—	—	10.97	13.5	11.9	5.6
最高车速 /（千米 / 小时）	80	125	120	140	140	135	144	225
百公里耗电 / 千瓦时	—	—	13	19.5	—	—	12	—
最大续驶里程 / 千米	150	245	240	300	200	240	200	502

客车领域，在电子控制空气悬架底盘、轮边驱动桥、轻量化、电磁兼容等电动客车关键技术方面取得进展。产品小型化趋势明显，宇通、福田、安凯等主流客车企业纷纷推出车长 10 米以下中小型电动客车，以满足微公交等细分领域需求（表 19.6）。

表 19.6 纯电动客车（车长 6 ～ 7 米）典型产品性能对比

类别	参数	宇通 ZK6701BEVQ1	福田 ZL8JS4JR01A	安凯 ZL8SB4M402T	东宇 NJL6600BEV4
整车	车长 / 毫米	7 045	6 530	6 400	6 005
	整备质量 / 千克	3 800，4 000	5 800	6 805	2 930
	最高车速 /（千米 / 小时）	69	69	69	100
	续驶里程 / 千米	102	120	120	300
电机	类型	永磁同步电机	永磁同步电机	永磁同步电机	永磁同步电机
	额定功率 / 千瓦	25	115	115	100
	额定转矩 / 牛•米	240	550	550	400
电池	类型	铅酸铁锂离子	多元复合锂电池	多元复合锂电池	混合三元锂离子
	电池电压 / 伏	518.4	575	511	350.4
	电池容量 / 千瓦时	44.5	41.4	41.4	88.3

宇通自主研发的电动汽车控制系统具有智能、成熟、高效的特点，以整车控制器、五合一电机控制器智能化电池管理系统和变频空调控制器为核心，形成宇通独

有的纯电动技术平台，保障车辆稳定高效。恒通产品系统采用发动机、永磁电机、电控机械式自动变速箱（automated mechanical transmission，AMT）同轴连接，结构紧凑、合理，可以实现纯发动机、纯电动和混合动力三种模式运行。五洲龙在电机控制、交流变频技术方面有一定优势，产品采用控制器局域网络（controller area network，CAN）总线控制，驱动电机后桥直驱，产品的设计开发充分体现了安全可靠、长续驶里程、舒适性。

2）插电式混合动力汽车

乘用车领域，中国插电式混合动力乘用车技术研发已取得明显进展，产品成熟度大幅提升，纯电续驶里程领先国外产品，油耗、最高车速等性能指标与国外产品相当。涌现出比亚迪秦、比亚迪唐、荣威 550 Plug-in、奇瑞艾瑞泽 7PHEV 等代表车型。比亚迪在插电式混合动力技术方面处于国内领先地位，其产品秦、唐分别采用独创双擎双模、三擎四驱双模动力系统，其节油性、动力性表现突出，达到业内领先水平。荣威 550 Plug-in 拥有的电驱动单元（electric drive unit，EDU）智能电驱变速箱技术方案成功绕过丰田专利，较好地解决发动机与发电机高效组合问题，实现包括串联行车充电等功能。奇瑞艾瑞泽 7PHEV 搭载自主研发的 P2（单电机 + 双离合器）结构插电式混合动力系统，保证了纯电驱动模式和混合驱动模式之间的自由切换，实现整车快速、平顺起步，无滑摩能量损失。

国外车企以全系混合动力化为近中期目标，积极推出插电式混合动力车型。德系三强宝马、奔驰、大众依托自主发动机、变速箱优势，采用并联式的结构进行模块化生产，以全系混合动力化为最终目标，主推插电式混合动力汽车。日系车企混合动力技术优势明显，丰田将会面向中国市场发布两款混合动力车型——卡罗拉、雷凌混合动力版。中国车企正逐步加快插电式混合动力车型的布局。比亚迪、上汽、奇瑞、长安推出的产品以小型紧凑型为主，SUV 插电式混合动力化渐成趋势，比亚迪即将推出唐、宋、元三款插电式混合动力车型（表 19.7）。

表 19.7　插电式混合动力乘用车典型产品性能对比

车型	国内					国外			
	中小型轿车				SUV	小型轿车	中型轿车	大型轿车	SUV
	比亚迪秦	荣威 550 Plug-in	广汽传祺 GA5	奇瑞艾瑞泽 7PHEV	比亚迪唐	普锐斯插电版	沃尔沃 S60L	宝马 530Le	三菱欧蓝德 PHEV
上市时间	2014 年	2015 年	2015 年	2015 年	2015 年	2013 年	2015 年	2015 年	2014 年
长、宽、高 / 毫米	4 740×1 770×1 489	4 648×1 827×1 479	4 800×1 819×1 484	4 652×1 825×1 483	4 815×1 855×1 720	4 485×1 745×1 510	4 715×1 866×1 481	5 055×1 860×1 481	4 655×1 800×1 680
轴距 / 毫米	2 670	2 705	2 710	2 700	2 720	2 700	2 856	3 180	2 670
整备质量 / 千克	1 720	1 699	1 735	—	—	1 395	1 996	—	1 810
最高车速 /（千米 / 小时）	185	203	150	—	180	180	210	233	170

续表

车型		国内					国外			
		中小型轿车				SUV	小型轿车	中型轿车	大型轿车	SUV
		比亚迪秦	荣威 550 Plug-in	广汽传祺 GA5	奇瑞艾瑞泽 7PHEV	比亚迪唐	普锐斯插电版	沃尔沃 S60L	宝马 530Le	三菱欧蓝德 PHEV
百公里加速时间/秒		5.9	10.5	—	—	4.9	10.7	5.5	7.1	11
纯电续航里程/千米		70	58	80	50	80	23.4	50	58	52
能耗	电耗/千瓦时	15	12	16	—	—	—	—	—	—
	油耗升/100千米	1.6	1.6	2.4	2.2	2	2.6	2	2	1.9
最大爬坡度/%		40	—	—	—	—	—	—	—	26.7

客车领域，产品应用规模及技术水平均处于国际领先水平。开发了拥有完全自主知识产权的集同轴混联构型、发动机智能启停、五合一控制器、复合电源等多项核心技术为一体的双电机同轴插电深混技术平台，突破了专用插电式混合动力客车底盘技术，在全承载技术、双电压复合储能系统技术取得进展。

宇通技术上实现了动力系统的自主研发与生产，开发出集成动力电池/超级电容的复合电源系统，满足多种运营模式的需求。南车时代在电机、电控方面具有一定技术领先优势，采用纯电机驱动插电式整车方案，以高扭矩直驱系统为车辆唯一动力源（表 19.8）。

表 19.8　插电式混合动力客车典型产品性能对比

参数	宇通 ZK6120CHEVPG2	苏州 KLQ6129GQHEV2	安凯 HFF6127G03PHEV-	南车时代 TEG6106EHEV03
长、宽、高/毫米	11 650×2 550×3 075	12 000×2 550×3 250	12 000×2 550×2 960	10 490×2 490×3 420
整备质量/千克	12 000	12 930	13 450	11 300
纯电动续驶里程/千米	65	35	65	35
燃料消耗量/（升/100 千米）	19.6	20	23	17.9
最高车速/（千米/小时）	69	69	69	69
功率/千瓦	177	95	162	137

3）燃料电池汽车

中国燃料电池轿车在动力性、续驶里程等基本性能指标方面与国外的车型基本相当，最高车速基本都在 150 ～ 170 千米/小时，百公里加速时间也基本在 10 ～ 15 秒。从动力系统的基本配置来看，最大的差别在燃料电池发动机的功率输出能力与电机的转矩输出能力上。其中国外燃料电池发动机的功率输出能力基本在 80 ～ 100 千瓦，比国内的 55 千瓦高出很多，而且具有很高的质量功率密度与体积功率密度指标。同等功率输出能力的电机具有更高转矩输出能力，约比国内高 50 ～ 80 牛·米，比例达到 25% ～ 40%（表 19.9）。

表 19.9 燃料电池汽车典型产品性能对比

参数	上汽集团上海牌	上汽荣威 950	DC F-Cell	Honda Clarity	Toyota Mirai	现代 ix35
整备质量 / 千克	1 833	—	1 700	1 625	—	—
0 ～ 100 千米 / 小时加速性能 / 秒	15	15	10	11	10	—
最大时速 /（千米 / 小时）	150	150	170	160	175	160
一次加氢续驶里程 / 千米	300	400	616	570	482	594
燃料电池功率 / 千瓦	55	—	80	100	—	—
储氢压力 / 兆帕	35	70	70	70	70	70
冷启动 /℃	−10	—	−25	−30	—	—
电机功率 / 转矩 /（千瓦 / 牛·米）	90/210	—	100/290	100/260	—	—
氢消耗量 /（千克 /100 千米）	—	1.09	—	—	0.77	0.95

2. 关键零部件分析

1）驱动电机

目前中国驱动电机技术水平提升明显，产业化进程加速，并形成系列化产品结构，基本满足市场需求。依托中国电机产业技术基础及丰富的永磁材料稀土资源，永磁同步电机成为中国驱动电机主流技术路线，2014 年永磁同步电机、异步电机、直流电机配套占比分别为 48%、35%、17%。

在制造工艺、原材料、关键零部件及系统集成技术方面均有所突破。制造工艺上，前期工艺技术改良、后期产品检验测试水平逐步提升，部分企业在拼块式铁心、绕线技术、整体充磁等关键制造工艺技术上取得显著进展；原材料方面，在稀土类永磁同步电机核心材料高耐热性及高磁性能钕铁硼（Nd-Fe-B）永磁体的研制上获得成功，最高工作温度可达 280℃，技术水平与德国和日本接近；关键零部件方面，电机转子位置传感器、功率模块取得了突破，上海赢双电机与上海大学联合开发的旋变转子在一定程度上可以替代国外产品；驱动系统及机电集成部分关键技术取得一定进展，掌握了现代车用电机系统开发及设计的理念方法，开发出的永磁双电机

“负载分配”直驱系统技术可以实现超过 3 000 牛·米、250 千瓦的动力输出，提高系统效率 2% ～ 3%。研发出汽车起动发电一体机（integrated starter and generator，ISG）同轴混联直驱插电、深混合动力系统技术，总转矩超过 3 000 牛·米，总功率达 300 千瓦，节油率近 50%。

产品关键性能指标达到国际水平。自主开发的永磁无刷电机、交流异步电机和开关磁阻电机实现了整车批量配套能力，产品实现了系列化，性能取得明显进步，重量比功率超过 3 300 瓦 / 千克，最高效率超过 93%。电机峰值效率不低于 97%、高效区（不低于 80%）、电机效率不低于 85%，技术指标接近国际先进水平。系列化产品的功率范围覆盖了 200 千瓦以下电动汽车用电机动力的需求。特别是典型产品，如上海电驱动匹配长安 C206 纯电动轿车电机（264TYZ-XS14BA）、华域汽车匹配上汽荣威纯电动汽车电机、安徽巨一匹配江淮纯电动汽车电机系统。

2）电控系统

中国已形成分布式、高容错、强实时控制系统，以及高效、智能、低噪声电动化控制系统技术格局，整车控制器初步形成批量生产能力，控制系统产品功能较为完备，基本满足电动车发展需求。整车控制器方面，建立了整车控制器生产线，实现多款混合动力整车控制器和纯电动整车控制器的开发，形成批量生产能力。整车控制系统方面，构建起汽车电控系统通用技术平台，产品可靠性及安全性获得市场广泛认可。

乘用车电控系统成熟度提高，满足整车发展需求。以一汽、长安、奇瑞为代表的整车企业开发出了适用于多款电动汽车和混合动力企业的通用化整车控制器技术平台，目前长安的整车控制技术已完成在五款混合动力汽车（hybrid electric vehicle，HEV）和六款纯电动汽车上的搭载。

客车电动系统技术发展迅速，处于全球领先地位。自主研发的电动客车控制系统具有智能、成熟、高效的特点，以整车控制器、五合一电机控制器、智能化电池管理系统和变频空调控制器为核心，形成独有的纯电驱动技术平台，保障了车辆的稳定高效。

3）燃料电池

中国在催化剂、质子交换膜、膜电极组等燃料电池关键技术方面有所进展。催化剂已实现小规模生产，铂族金属载量 1.1 克 / 千瓦、0.6 毫克 / 平方厘米，质量比活性为 0.27 安 / 毫克，铂 900 毫伏，3 000 次循环伏安（cycilc voltammetry，CV）后活性衰减 8.6%；在非贵金属燃料电池负极氧化还原催化剂制备上获重要进展，制备了钴卟啉 / 石墨烯复合催化剂，实现了催化活性的最大化，稳定性及抗甲醇中毒性能均得到了很大的改善；已成功开发出复合质子交换膜；膜电极组最高功率密度达 800 瓦 / 平方厘米，成本为 500 ～ 2 000 元 / 千瓦，制造工艺以湿法膜上制备催化剂（catalyst coated membrane，CCM）工艺为主。

在燃料电池系统方面，燃料电池电堆的功率密度、可靠性、寿命、低温性能及环境适应性等性能有所提升。近年来，中国燃料电池发动机性能大幅提升，轿车用燃料电池发动机净输出功率提升到56千瓦，系统功率密度达0.2千瓦/千克；客车用燃料电池发动机输出额定功率80千瓦、过载功率110千瓦，系统最高效率超过61%，系统最大质量比功率0.187千瓦/千克；整机运行可靠性、耐久性和低温启动性能，以及环境适应性有较大提高。目前，中国已成为世界上少数几个掌握车用百千瓦级燃料电池发动机研发、制造和测试技术的国家之一。国内外燃料电池关键性能指标对比见表19.10。

表19.10 国内外燃料电池关键性能指标对比

类别	国内水平	国际水平
铂用量/（克/千瓦）	0.8～1.2	0.3～0.5
电堆比功率/（千瓦/千克）	0.8～1	1.5～2
系统比功率/（千瓦/千克）	0.2～0.3	0.65
低温环境/℃	－10	－30
寿命/小时	2 000～3 000	7 000

资料来源：中国科学院大连化学物理研究所

19.2.5 基础设施

中国充电基础设施行业环境持续改善，市场需求不断增加，促使企业积极参与投资建设运营，充电应用环境取得长足进展。行业环境方面，顶层设计、建设财政奖励、扶持性用电价格等利好政策保驾护航，标准体系不断细化完善。新能源汽车推广数量稳步上升，壮大充电设施市场空间。企业在良好行业环境及持续增大的市场需求刺激下，大胆进行技术变革，无线充电、群充电等充电技术已经进入初步商业化运用阶段，积极探索商业模式寻求盈利空间，涌现出众筹建桩、市政服务结合等创新商业模式。

1.总体数量稳步上升，未来建设步伐将进一步提速

截至2014年年底，全国共建成充换电站723座，交直流充电桩2.8万多个（工信部数据），桩车比达到0.33，充电应用环境得到显著改善。其中国家电网建设数量占比大，充换电站及充电桩累计建设数量分别达618个、2.4万个（图19.13）。国家积极规划布局未来充电设施建设，即将出台的《电动汽车充电基础设施建设规划》将进一步加快中国充电基础设施的建设步伐。

2.政策保障进一步加强，推进充电设施有序发展

形成了国家规划整体布局、中央地方两级政府共同落实建设财政奖励、充电扶持价格的多层次、矩阵式充电基础设施政策体系。《电动汽车充电基础设施指南》和《充电基础设施建设指导意见》出台在即，国家层面整体规划引导充电设施建设有序推进。建设财政奖励方面，四部委联合出台了《关于新能源汽车充电设施建设奖励的通知》，将新能源汽车推广城市或城市群的充电设施建设奖励与推广数量挂钩，同

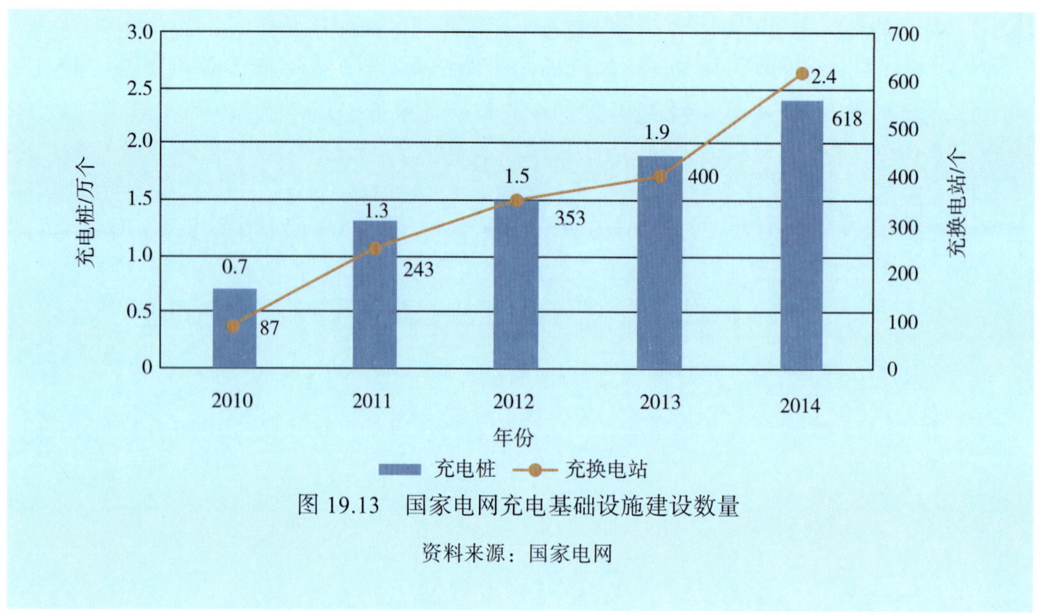

图 19.13　国家电网充电基础设施建设数量

资料来源：国家电网

时各地方政府也颁布地方性充电设施建设补贴政策，降低行业初始投资成本。充换电环节，国家下发《关于电动汽车用电价格政策有关问题的通知》，确定对电动汽车充换电设施用电实行扶持性电价政策，同时各地方出台充换电服务费标准，积极降低电动车用户使用成本（图 19.14）。

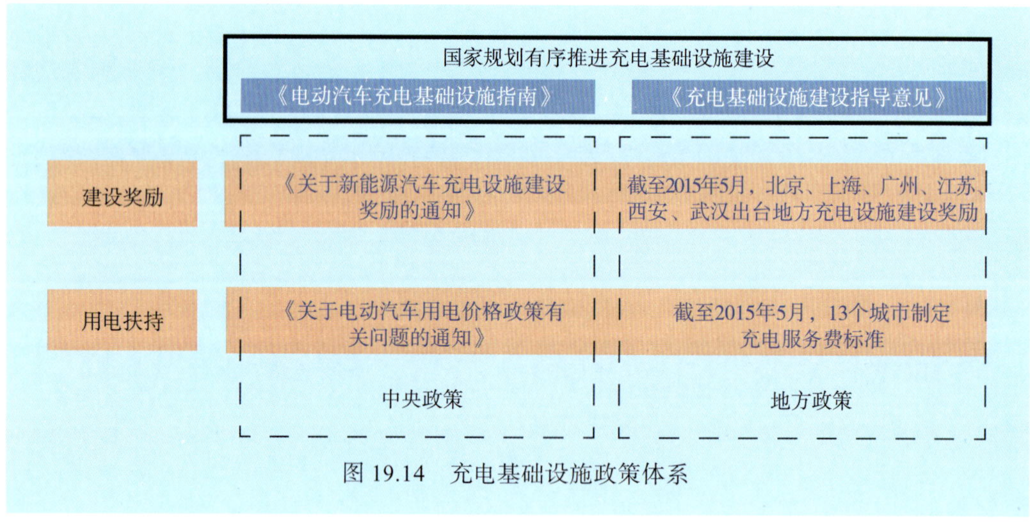

图 19.14　充电基础设施政策体系

3. 多元化商业模式初显，增强充电设施发展动力

形成传统电力公司、石油企业、整车企业、充电设备生产商、互联网公司及地产商等多方主体参与投资建设运营的局面，涌现出众筹充电模式、充电桩 + 市政服务模式、PPP 模式等创新商业模式，提升投资盈利空间激活市场动力，满足不同领

域、不同类型的充电需求，加快充电基础设施建设步伐（表 19.11）。

表 19.11 充电基础设施典型商业模式

模式	描述
众筹充电模式	参与者提供土地，无需承担建设成本，并享受相关利润回馈（获得 50% 充电服务费）；投资方仅需支出建设运营成本，省去高额土地租用费用，最终实现双方互利共赢
充电桩 + 市政服务模式	市政路灯充电桩一体化解决方案，利用已有路灯电力线路资源，解决新建电力线路高成本及充电点土地占用问题，快速实现充电网络扩展
PPP 模式	采取 PPP 模式建设充电基础设施，实现政府和社会资本利益共享、风险分担。一方面，政府引入社会资本参与投资建设运营，激活市场发展动力，降低财政压力和项目风险；另一方面，投资建设方与政府形成利益共同体，享受土地优惠等政策，盈利空间变大
“互联网 +”模式	使用互联网平台提供充电桩定位等服务，整合充电用户资源，凭借大数据等技术提供其他增值服务实现盈利

4. 标准体系趋于完善，兼容性问题有所缓解

截至 2014 年，已经批准发布的重要标准共 26 项，包括充电接口及通讯协议标准、充电设施关键设备标准、充电站建设标准、换电标准、计量及其他运行维护标准五大部分，涵盖充电通用要求、充电站（桩）工程设计规范、充电机（桩）设备制造规范、充电站监控系统设计规范、充电机接口制造规范和详细、可行的通信协议。部分标准已经成为中国充电设施补贴政策依据，标准化体系趋于完善。

5. 国际标准化取得重要突破，初步确立中国标准国际地位

中国直接参与相关国际标准的制定修订工作，参加了 IEC/TC69（电动汽车）、IEC/TC23（电器附件）、ISO/TC22（电动汽车通讯协议）的有关工作组的工作，并成为国际电工委员会（International Electrotechnical Commission，IEC）电动汽车战略组（SG6）成员；与德方组成了中德电动汽车标准化工作组，在充电系统、电动汽车与供电系统之间的通信、车辆安全、与智能电网互动四方面组织专家开展了技术交流和标准研讨工作；积极将中国的技术和标准上升为国际标准。先后开展了直流充电接口、交流充电接口、交流通信协议、直流通信协议、换电国际标准工作；基于中国的直流充电标准，向 IEC 的三项国际标准提出了中国的方案，并取得重要进展（表 19.12）。

表 19.12 中国充电设施主要标准

标准分类	标准名称
充电接口及通讯协议标准	GB/T 20234 三项充电接口系列标准 GB/T 27930 直流充电通讯协议标准
充电设施关键设备标准	电动汽车交流充电桩、直流充电机、车载传导式充电标准 电动汽车充电设备检验试验规范 NB/T 33008 系列
充电站建设标准	《电动汽车充电站通用要求》GB/T 29781-2013 《电动汽车充电站设计规范》GB 50966-2014 《电动汽车充换电设施工程施工和竣工验收规范》NB/T 33004-2013 《居民区充电设施规划技术导则》

续表

标准分类	标准名称
换电标准	《电动汽车电池更换站通用技术要求》GB/T 29772-2013 《电动汽车电池更换用电池箱电连接器通用技术要求》 《电动汽车快速更换电池箱通用要求》 《电动汽车快换电池箱通信协议》
计量及其他运行维护标准	《电动汽车非车载充电机电能计量》GB/T 29318-2012 《电动汽车交流充电桩电能计量》GB/T 28569-2012 《智能充换电服务网络运营管理系统》 《充电设施标志与设置》 《智能车载终端》 《充电用电缆》

19.3 典型案例分析——动力电池

作为新能源汽车的核心支柱，车用动力电池产业的发展直接影响着新能源整车产品的技术水平和应用前景，是决定新能源汽车产业能否实现商业化、市场化的关键因素之一。锂离子动力电池具有能量密度高、放电功率大、自放电小和寿命长等优势，是车用动力电池的一个重要发展方向。目前，全球各大汽车厂商推出的新能源汽车产品多数采用锂离子电池。中国从“十五”开始一直重视动力锂电池的研发应用，截至目前取得了多项突破性进展。

19.3.1 中国动力电池产业发展现状及问题

1. 全球新能源汽车市场快速发展，动力电池出货量不断增长

2014 年全球市场共销售 353 522 辆电动汽车，同比增长 56.78%，仅中国新能源汽车产量在 2014 年就达到了 7.85 万辆，同比增长近 4 倍。在此背景下，给整车企业配套的动力电池企业出货量大幅度增长。据 EV Tank 数据显示，2014 年全球锂动力电池出货量达到 10 012.8 兆瓦时，同比 2013 年增长 109.39%（图 19.15）。

2. 中国锂动力电池企业成长迅速，产业化能力稳步提升

中、日、韩、美、德等国家是目前车用动力电池研发产业化及国际标准化的主要推动者与参与者。其中，中、日、韩三国在消费类电子用小型锂离子电池方面处于技术和市场的主导地位，而目前锂离子动力电池的生产也主要集中在中、日、韩三国。此外，从产业发展角度看，日本在技术方面领先，韩国在产值方面全球占比最大，中国则在产能方面全球占比最大并最具有市场潜力①。

① 参考《中国新能源汽车产业发展报告（2015）》。

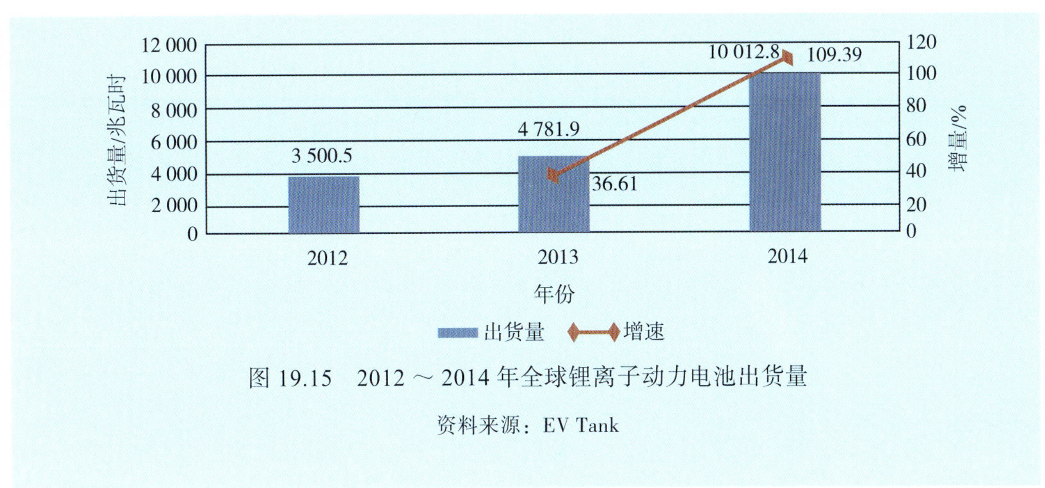

图 19.15 2012 ～ 2014 年全球锂离子动力电池出货量

资料来源：EV Tank

根据 EV Sales Blog 计算，全球十大动力电池生产商的排名，中国动力电池企业进步迅速，有比亚迪、北京普莱德、中航锂电和天能四家企业上榜。比亚迪凭借插电式混合动力轿车秦的销量快速增长，2014 年电池产能增幅达到 290%，市场份额也从 2013 年的 3% 上升到 6%，随着新电池基地的建成及新车型的热销，比亚迪电池产量未来还有较大提升空间（表 19.13）。

表 19.13 2014 年全球主要动力电池制造商产量

排名	动力电池制造商	2014 年产量 / 兆瓦时	2013 年产量 / 兆瓦时	2014 年增幅 /%	2013 年增幅 /%
1	松下	2 726	1 700	38	35
2	AESC	1 620	1 289	23	28
3	LG Chem	886	812	12	18
4	比亚迪	461	117	6	3
5	Lithium Energy Japan	451	293	6	6
6	三星	314	N/A	4	N/A
7	北京普莱德	121	N/A	2	N/A
8	ACCUmotive	103	N/A	1	N/A
9	Air Lithium	102	N/A	1	N/A
10	天能	77	N/A	1	N/A

注：根据电动汽车（乘用车，不计电动客车和插电式混合动力客车）的销售数据和不同插电式汽车的千瓦时利用模型得出

资料来源：EV Sales Blog

3. 中国动力电池企业产量规模不断扩大，行业集中度逐渐提高

2014 年中国动力锂电池产量达到 3 997 兆瓦时，较 2013 年增长 191%。其中，产销排名前四的厂家占据了一半以上的市场份额，市场集中度进一步提升。受益于比亚迪汽车在新能源客车和乘用车市场的全面发力，比亚迪股份有限公司以 27.5%

的份额排名第一，较排名第二的合肥国轩高科动力能源股份公司高出 11.3%。产销排名前十的厂家与 2013 相比变化较大，企业分化加剧（表 19.14）。

表 19.14　2014 年各企业车用动力电池产销情况（前 10 家）

企业	配套车台数 / 台	储电量 / 千瓦时	市场份额 /%
比亚迪股份有限公司	18 229	1 098 693	27.5
合肥国轩高科动力能源股份公司	9 428	648 755	16.2
浙江万向亿能动力电池有限公司	8 364	256 067	6.4
深圳市沃特玛电池有限公司	2 516	225 825	5.6
宁德时代新能源科技有限公司	2 823	184 359	4.6
中聚（天津）新能源投资有限公司	6 639	142 383	3.6
中信国安盟固利动力科技有限公司	3 541	113 292	2.8
天津力神电池股份有限公司	1 747	97 273	2.4
北京普莱德新能源电池科技有限公司	2 339	79 838	2.0
哈尔滨光宇电源股份有限公司	2 481	67 940	1.7

资料来源：节能与新能源汽车网，中国汽车工程研究院整理分析

4.产业资本大规模流入动力电池行业，助推行业快速发展

2015 年 1 ～ 7 月拟进入新能源汽车行业的资本规模近千亿元，仅动力电池行业大约吸引了 400 亿元的资本进入。据国家统计局数据，2015 年上半年，中国锂离子电池制造企业累计完成主营业务收入同比增长 17.4%，实现利润总额同比增长 72.8%。业内人士预计，2015 年中国动力电池投资额将会突破 1 000 亿元。未来随着新能源汽车的销售放量，锂离子电池领域投资额还将持续上涨。

5. 上游原材料基本实现国产化，但高端产品有待突破

在锂动力电池正极材料方面，国内企业研发投入不足，主要集中于生产中低端材料，企业普遍存在工艺控制不好，批次稳定性差等问题，导致电池制造成品率低。真正能满足高端车用动力电池的三元材料、磷酸铁锂和锰酸锂产量较少。日本锰酸锂材料，常温下循环寿命能够达到 2 000 ～ 2 500 次（80%），高温 55℃的循环寿命达到 500 ～ 800 次（80%），而国内的大多数锰酸锂材料，常温循环寿命在 1 200 ～ 1 500 次，高温循环寿命只有 300 ～ 400 次。

负极材料方面，目前仍以石墨类为主，中国为全球天然石墨的主要供应国。石墨经改性后的容量最高可达到 350 毫安时 / 克左右，已至极限，但还需要针对车用动力电池的需求，开发具备大电流充电性能的小粒径石墨负极材料，以及满足混合动力汽车和插电式混合动力汽车电池需求的硬碳类负极材料，目前中国的改性石墨负极产品性能与国外还存在差距。

电解液方面，国产电解液产品质量已与国际先进水平相媲美，成为日韩电池厂的主力供应商，室温（25℃）电导率不低于 10 毫西门子 / 厘米，水分含量不超过 10 毫克 / 升，氢氟酸（HF）含量不超过 30 毫克 / 升。同时关键材料六氟磷酸锂（$LiPF_6$）

也逐步国产化，电解液锂盐制备六氟磷酸锂的技术也已经成熟，带动了电解液成本的大幅度下降。中国电解液产量已占全球的60%以上，同时已成为部分功能添加剂如碳酸亚乙烯酯（VC）和氟化碳酸乙烯酯（FEC）的主要生产国。

隔膜方面，国内采用干法工艺生产隔膜的厂家较多，产能近10亿平方米，世界第一。湿法工艺聚乙烯（PE）隔膜目前也已实现量产，一部分厂家的产品质量逐步稳定，部分开始出口，但三层PP/PE/PP（其中，PP为聚丙烯）复合膜国内仍然不能生产。目前中国在车用电池隔膜技术方面的差距主要在于厚度、强度、孔隙率等各项性能指标得不到整体兼顾，且量产批次稳定性较差，不适用于对一致性要求极高的高端产品。

19.3.2 中国动力电池产业发展新局势

1. 磷酸铁锂能量密度理论上限相对较低，三元系锂离子电池技术趋于成熟

目前，国内常见的锂离子动力电池技术路线主要有三元系和磷酸铁锂两种。磷酸铁锂电池因较好的循环稳定性和安全性一度成为市场主流，但随着电动汽车的性能需求不断升级，磷酸铁锂电池在能量密度等方面的瓶颈日渐显露。三元系与磷酸铁锂电池相比虽然造价偏高，但能量密度高、低温性能好。同时，采用陶瓷隔膜在电池内部短路时隔开短路源，可一定程度提高三元锂电池的安全性能。从全球范围来看，各国对三元系的研发生产都在不断推进，材料性能大幅提升，应用领域也一再拓展。日、韩企业是三元系电池研发的佼佼者。

国内三元系研究及生产较晚，产品技术水平还有待提高。2015年2月，科学技术部发布《国家重点研发计划新能源汽车重点专项实施方案（征求意见稿）》，要求轿车动力电池的单体比能量在2015年年底达到200瓦时／千克，2020年达到300瓦时／千克。而磷酸铁锂电池的理论极限能量密度在150瓦时／千克左右，无法满足这一要求，未来还需加速三元系的研究。

2. 国内最新推出的乘用车车型多采用三元系锂离子电池

2014年以来，北汽新能源、江淮、奇瑞等企业都开始在新车型上应用三元系锂离子电池，一直使用磷酸铁锂的比亚迪，新车型也计划应用三元锂离子电池。预计未来一段时间内，中国电动乘用车领域磷酸铁锂、三元系并行的电池路线可能会向三元系路线倾斜。据高工产研锂电研究所（GGII）数据，2015年上半年中国汽车动力锂电池产值为112亿元，其中三元系电池占比由2014年的10%，大幅上升至21%（表19.15）。

表 19.15　2014 年后国内部分新能源整车企业推出车型动力电池情况

车型名称	电池类型	电池容量 / 千瓦时	工况续航里程 / 千米
北汽 EV150 二代	三元系	30	200
北汽 EV200	三元系	30.4	200
北汽 ES210	三元系	38	175
奇瑞 eQ	三元系	22.3	170
奇瑞艾瑞泽 3EV	三元系	—	260
江淮 iEV4	磷酸铁锂	19.2	160
江淮 iEV5	三元系	23	170
上汽 E50	磷酸铁锂	18	120
比亚迪 e6 2015 款	磷酸铁锰锂	63.4	300
腾势 2014 款	磷酸铁锂	47.5	250
吉利知豆	三元系	15.3	150
启辰晨风	锰酸锂	24	175
长安逸动 EV	三元系	—	200
众泰芝麻 E30	三元系	—	150
众泰云 100	三元系	18	150

资料来源：中国汽车工程研究院技术经济研究及咨询部整理

3. 国外电池企业加快国内产能布局，国内企业面临压力

经历国内 2014 年下半年的“供不应求”，国内动力电池企业的产能利用率从 2011 年的 20.4% 提升到 60.2%。然而，随着几大动力电池企业产能扩张计划的落地，加之韩国三大电池企业三星 SDI、LG 化学和 SKI 落户中国，并于 2015 年形成规模产能，2015 年国内动力电池企业的产能利用率将可能回落至 49%，面临较大竞争压力。

目前，LG 化学已与中国六家自主车企进行合作，位于南京的电池工厂将从 2015 年年底投产，产量可满足十多万辆电动车的需求。三星 SDI 汽车动力电池生产基地落户陕西西安，预计 2015 年 10 月竣工，2016 年正式投产，产量将达到一年 4 万台以上。北汽与 SKI 公司拟发挥各自优势，在北京建设技术水平国内领先国际一流的动力电池项目，研发和制造性能优越的基于三元体系的动力电池和电池包（表 19.16）。

表 19.16　国外动力电池企业在中国合作及建厂情况

动力电池企业	主要技术路线	国内合作伙伴	国内计划或已有生产基地
LG 化学	三元系	长城、上汽、观致、长安、一汽、东风柳汽等	南京，计划到 2020 年销售额达到 61 亿元左右
三星 SDI	三元系	—	西安，计划产量达到一年 4 万台以上
SKI	三元系	北汽新能源	—
波士顿	三元系	北汽新能源、东风小康、苏州金龙、安凯、五洲龙、新大洋、众泰、康迪	溧阳、天津、常州、兰州
A123	磷酸铁锂	上汽、广汽、长安、众泰、奇瑞	杭州、常州

资料来源：中国汽车工程研究院技术经济研究及咨询部整理

4. 中国动力电池标准体系趋于完善，为动力电池发展营造良好环境

2015年3月，工信部发布《汽车动力蓄电池行业规范条件》，指明国家鼓励汽车动力蓄电池企业做优做强，建立产品生产规范和质量保证体系，加强技术和管理创新，提高产品研发和制造水平，提升产品性能和质量，满足新能源汽车产业发展的需求。

与此相对应，中国在新能源汽车动力电池的标准制定和行业规范管理方面的工作已经大面积展开。目前已在性能要求、安全要求、循环寿命、试验方法、蓄电池包和系统等方面有了相应的国家推荐标准。未来中国对动力电池的测评，将从整车集成出发，将性能良好的电池通过集成技术的叠加，进一步提升安全性和综合性能，以推动动力电池产业的健康快速发展。

19.3.3 中国动力电池产业发展趋势

1. 国内动力电池产业格局将发生较大变化，兼并重组或成发展主旋律

截至2014年12月，《车辆生产企业及产品公告》内涉及的新能源汽车动力蓄电池配套生产企业有177家。但实际上，能进入整车供应链的企业却仅有比亚迪、天津力神电池股份有限公司（简称天津力神）、深圳比克、合肥国轩高科动力能源股份有限公司及万向亿能等少数企业。据《动力电池相关问题研究》（中国电动汽车百人会专项课题）报告显示，中国电池行业生产企业数量多、规模小，在技术创新能力、盈利能力上与国外的动力电池企业相比差距很大。目前市场上60%～70%的高端动力电池供应来自外资或合资企业，国内企业的高端产品多依靠技术收购和产权转让等进行生产。

2015年3月，工信部发布《汽车动力蓄电池行业规范条件》，要求锂离子动力蓄电池单体企业年产能力不得低于2亿瓦时，金属氢化物镍动力蓄电池单体企业年产能力不得低于1千万瓦时，系统企业年产能力不得低于10 000套或2亿瓦时。根据规定，众多动力电池生产企业中，完全符合工信部产业技术标准和生产条件的只有十几家企业，80%的企业目前不能达到工信部标准。在未来，无资金、无技术优势的小型动力电池企业生存空间将不断被压缩，兼并重组将成为未来行业发展主旋律。这也利于整合行业资源，提高产品技术水平，缓解中国企业高端优质产品供不应求的问题。

2. 新能源汽车发展提速，未来国内动力电池发展将迎来扩产爆发期

2015年1～7月，中国车用动力电池配套量达3 593兆瓦时，接近2014全年3 997兆瓦时的配套量。2015年5月，国务院发布《中国制造2025》规划，提出至2020年，中国自主品牌新能源汽车产销量突破100万辆的目标，未来新能源汽车产销量仍有很大上涨空间。上海、北京、深圳等地区给予的多项地方优惠政策，也进一步促进新能源汽车的销售。根据高工产研锂电研究所预测，未来中国动力锂电池将迎来扩产爆发

期，产能将扩张至现在的 3 ～ 5 倍，2016 年产能有望突破 30 吉瓦时（图 19.16）。

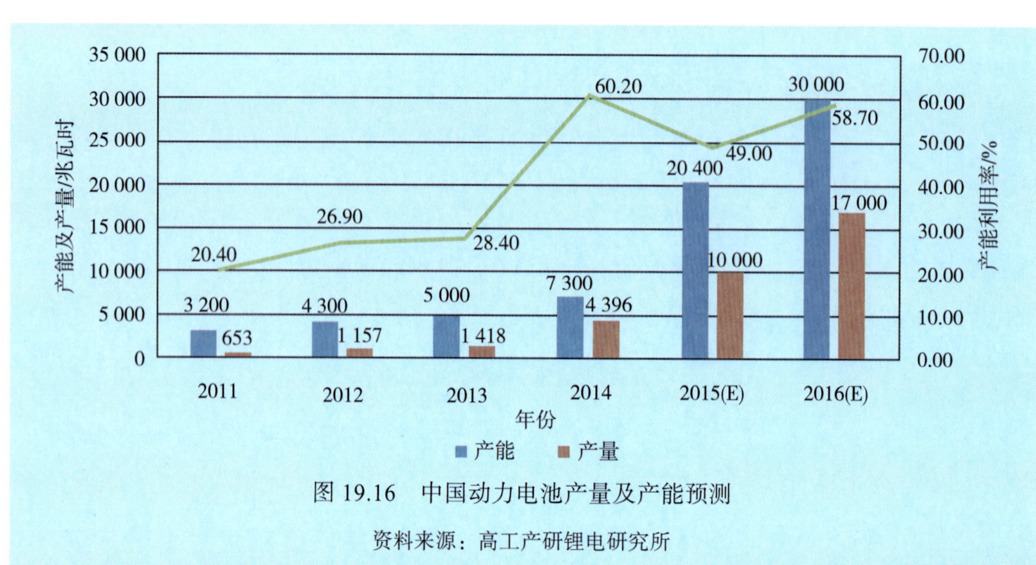

图 19.16　中国动力电池产量及产能预测

资料来源：高工产研锂电研究所

3. 随着新能源汽车产业链逐渐成熟，整车与动力电池企业合作将加深

目前，中国新能源整车企业主要通过自建自给、参股或合资电池企业、直接对外采购三种方式进行动力电池配套。由于新能源汽车市场还不成熟，产品技术更新换代较快、生产检测设备投入较大，目前国内只有比亚迪选择自建动力电池厂。北汽、上汽通过入股或合资的方式，掌握动力电池核心技术，保证其动力电池产品质量及供应。其余企业则选择 2 ～ 3 家供应商进行直接采购。由于电池与整车的匹配需要多重验证，对外采购使整车的稳定性和一致性面临更大的管理成本。随着市场及技术不断成熟和清晰，将会有越来越多整车企业选择自建或者合资合作建造动力电池厂。

4. 动力电池发展技术路径尚不清晰，未来发展路径仍存在多种可能

在动力电池的技术路径上，业内存在诸多分歧，至今尚未有一种电池技术能真正完全满足车用技术要求。目前，多项新型电池技术不断在实验室中诞生，并朝产业化方向发展，如富锂锰基电池、锂硫电池、锂空气电池等，都拥有一定的发展潜力。此外，以丰田汽车、现代汽车等为代表的国际大汽车公司，已经从汽车应用的角度，解决燃料电池的产业化问题，技术上已实现突破，量产车型已上市。

19.4 产业发展问题及趋势分析

19.4.1 新能源汽车产业发展的问题

1. 技术研发及投入

基础前沿技术积累相对薄弱。《中国制造 2025》提出工业制造的转型升级必须从“四基”环节突破，新能源汽车领域同样面临着基础科研技术薄弱的问题。应用于电池及电机等三元、磷酸铁锂、钕铁硼磁体等核心材料的发现、新型动力系统的解决方案，以及仿真模型等大多由国外提出、完成，从而形成技术壁垒。基础技术持续积累及突破能量薄弱，导致中国新能源汽车短期内无法摆脱对国外技术模仿组装，国外再创新，我们再模仿的恶性循环。

核心技术关键环节有待突破。“续航里程、车辆成本、充电便利性”依然是纯电动车的三大难题。目前以锰酸系、三元系、磷酸系为主的锂电池存在理论瓶颈，而锂硫、锂空气等新材料及新储能系统短期内难以实现产业化突破。燃料电池汽车同样面临触媒催化剂改良、氢气制备与传输储存成本高、规模化生产等问题。

研发投入精准化程度不高。现有研发投入较为分散，对新能源汽车及其周边技术等研发投入，需要从综合技术前瞻性布局及市场应用两个角度安排优先次序。对产业技术创新链上的关键核心技术研发的聚焦度不够，缺失急缺核心技术与基础原创技术的重要性分类，以及金额分配标准。此外，对新能源汽车与可再生电力、智能电网、氢能源等新型能源技术融合研发引导不足。

2. 产业基础及市场

传统基础工业支撑力不强。从整车制造到电池、电极、电控等关键零部件，再追溯至正负极、永磁体、芯片等主要元器件，新能源汽车及其核心零部件的制造生产是以化工、电子、材料、机械等传统工业为基础。在技术研发及产品开发领先全球的博世、LG、三菱等企业均是在积淀深厚的传统工业产品谱系上延伸新能源产品。同时，通过借鉴传统工业产品的制造及管理经验，保障产品的可靠性、一致性及安全性。中国新能源汽车关键零部件企业，大部分属于新兴企业，缺乏制造经验，传统工业与新能源汽车产业融合度不高。

零部件企业需要进一步规范。截至 2014 年 12 月，《车辆生产企业及产品公告》内有 153 家节能与新能源汽车生产企业生产 1 538 款产品，动力蓄电池配套生产企业接近 200 家，而多数零部件企业实力不强。目前新能源汽车处于市场化初级阶段，无法在时间上对产品进行真正检验的情况下，部分整车企业配备低价、低质的零部件，拉低生产成本。

小规模生产限制产品成本及可靠一致性提升。2014 年，新能源汽车销量为 7.85

万辆，而产量最大的产品依然不足2万辆。新能源汽车未实现规模化生产及销售，其运行及产品使用数据积累不足，导致可靠性、一致性难以提升，价格成本难以降低。

地方保护藩篱依然存在。某些地方政府把推广新能源汽车与本地产业及企业利益直接挂钩，如补贴倾向本地生产企业，要求车企进行本地化零部件采购等，妨碍市场化竞争及产品优胜劣汰，导致出现大量的投机性新能源汽车企业及产品，无法进行资源有效配置及以市场选择为手段的产品迭代提质。

3. 标准体系及基础设施

新能源汽车标准体系不完善。中国新能源汽车标准制定取得一定进展，但在电池规格尺寸统一、新能源汽车车辆碰撞测试、售后质保维修、电池梯次利用及回收等方面需要进一步完善及补充。此外，标准制定上，过度参照发达国家现有标准，一定程度上脱离中国实际。例如，新能源汽车续航里程测试等方面依然采用欧洲工况，不符合中国城市路况实际及驾驶习惯，直接影响新能源汽车节能减排的评价效果。

“规范性、标准化、盈利模式”阻碍充电设施建设。截至2014年，中国已建成充电站723座，充电桩2.8万个，车桩比仅为4∶1。充电基础设施的建设涉及建筑规划、电网扩容、安全管理、电价等各方面问题，而规划、消防，以及工商部门未对充电设施进行单列管理，物业管理不愿对充电桩负责，使充电基础设施建设前期推进难度较大。民资进入充电设施建议审批流程复杂，需要土地权属机构、供电、消防及国家发改委、国土资源等各门部的多头审批。充电接口及通讯协议的标准不统一（预计2015年下半年出台）、能够形成快速推广的运营模式的不确定性同样阻碍充电站建设。

19.4.2 新能源汽车产业发展趋势

目前，各技术路线的新能源汽车应用趋势逐步明朗，轻量化技术将成为提升新能源汽车续航里程重要途径，智能化和网联化在车辆综合效率、能源利用率、安全保障及商业模式扩展等方面将发挥更为积极的作用。

1. 应用趋势逐步明朗化

插电式混合动力汽车向中大车型扩展。插电式混合动力汽车融合传统混合动力及纯电动两方优势，同样直接受益锂动力电池技术改进及规模化生产带来的性能及成本优势。如图19.17所示，插电式混合动力汽车为各大企业产品打造的重点，产品布局从紧凑型扩展到大型，以及SUV及跑车车型。纯电模式下的插电式混合动力企业可以应对近距离城市固定区域活动，混合动力模式可以延伸至城市近郊及城市外。

锂动力电池纯电动汽车聚焦微小型及紧凑型。兼顾高能量密度、快充、高安全性及长寿命的革命性锂动力电池技术，短期内可能难以实现产业化。现有锂动力电池的技术改进及规模化带来的成本优势，首先受益的将是整车质量相对较低的微小型及紧凑型车型。从各企业新产品开发的趋势来看，也印证这一观点。锂动力电池

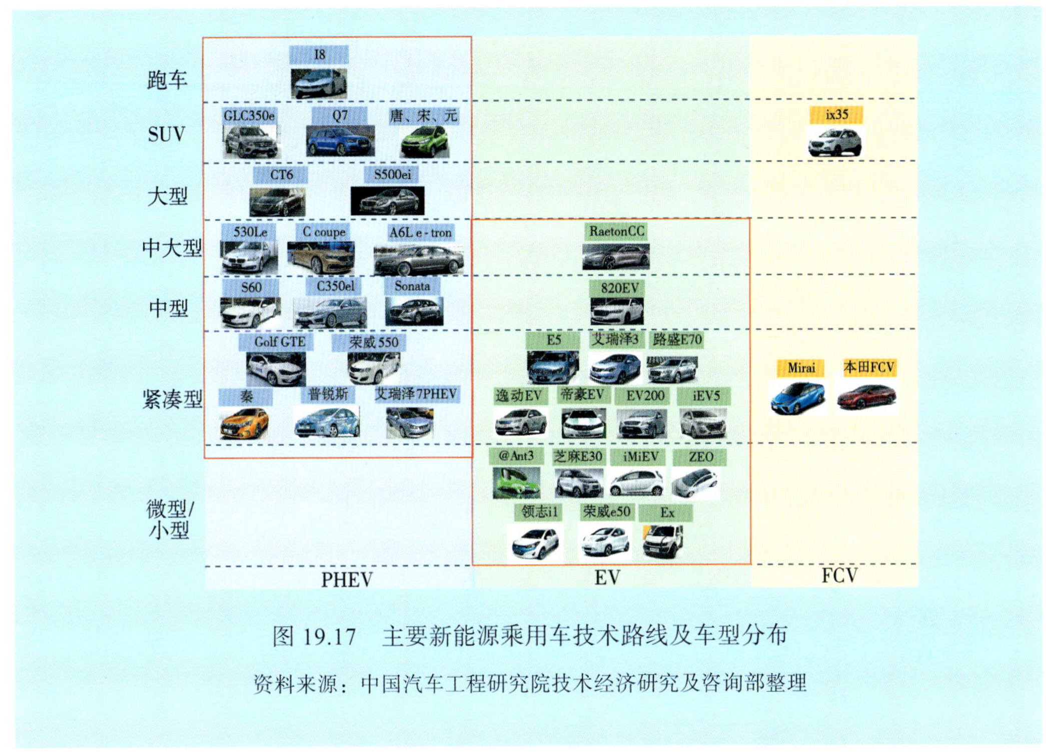

图 19.17　主要新能源乘用车技术路线及车型分布

资料来源：中国汽车工程研究院技术经济研究及咨询部整理

纯电动汽车主要应用领域在近距离的城市固定区域。

燃料电池汽车有望快速进入规模量产。燃料电池续航里程约为500千米，加氢时间3分钟，在续航里程及充电时间上锂动力电池纯电动汽车难以匹敌。丰田汽车公司、本田技研株式会社及现代汽车公司的燃料电池汽车已经进入市场。如果锂动力电池技术无法实现技术突破，燃料电池进步减低铂金在催化剂中使用量，以及解决氢气制备及储存运输的成本问题，燃料电池可能迅速进入规模化应用。燃料电池汽车一次续航可以延伸至中长距离的城市郊区（图19.18）。

综上所述，新能源汽车的电动化趋势，从国际来看，是由插电式混合动力的大面积普及向锂动力电池为动力源的纯电汽车逐步过渡，并兼顾燃料电池汽车市场化。锂动力电池纯电汽车与燃料电池汽车在国外应该是并行发展，取决于技术突破的进程。从国内来看，锂动力电池纯电汽车依然是近期新能源汽车的发展重点，插电式乘用车是近期国内厂商技术及产业化突破的重点，燃料电池汽车发展较为缓慢。

2. 轻量化技术成为提高续航里程的重要途径

据测算，电动汽车车重降低10%，续航里程增加5.5%，而使用替代材料和新技术所增加的成本，可以通过减少电池用量或提升续航里程来摊销。

汽车轻量化化技术可以分为结构设计、材料制备及制造成型三个领域。

结构优化技术在满足车辆结构强度、刚度、稳定性要求下，从车辆的拓扑结构、形状、尺寸进行改进，降低材料使用量及优化材料分布。

图 19.18　各类新能源汽车行驶范围

资料来源：中国汽车工程研究院研技术经济研究及咨询部整理

轻量化材料包括高强度钢、铝合金、镁合金、碳纤维及工程塑料等，通过替代可应用的零部件材料的减重效果如下：高强度钢降低 10%；铝合金降低 10%；镁合金降低 40%；碳纤维降低 40%。在动力电池中，超薄铝膜、铜膜在外包装，以及集电板陆续开始应用，超薄有机隔膜的应用开始进一步减少电池内部体积（图 19.19）。

轻量化材料在刚性、强度及密度等物理特性上具备优势，但依然存在制造成本、连接方式、成型方法等挑战。

3. 智能化和网联化提升效率保障安全

改善新能源汽车综合效率及能量利用率。智能匹配电机、电池，以及发动机的传动路径及高效功率区间提升驱动效率，依据道路行驶路况进行智能能量回收，智能驾驶系统辅助驾驶者决策更为经济的驾驶行为，智能规划行驶路线降低能量损失。此外，与电网嫁接的智能充电系统不仅可以根据周边车辆使用情况合理规划充电时段、电流等，并能与电网进行双向能量管理，合理利用清洁能源。

提高新能源汽车安全性。电池管理系统、整车控制系统与充电桩，以及车联网系统连接，在电池过充过放、温度过高等情况下，智能预警并主动切断能量输出及输入系统；利用车车互联、车人互联，以及周边环境监测，避免碰撞，并及时进行救援。

智能和网联技术加速新能源汽车的推广应用。充电设施与新能源车辆控制系统的云端连接，获取车辆运行及驾驶行为数据，为汽车研究咨询机构及整车生产厂商提供增值服务，从投资建站演变至免费建站及维护。电动化的新能源汽车智能和网

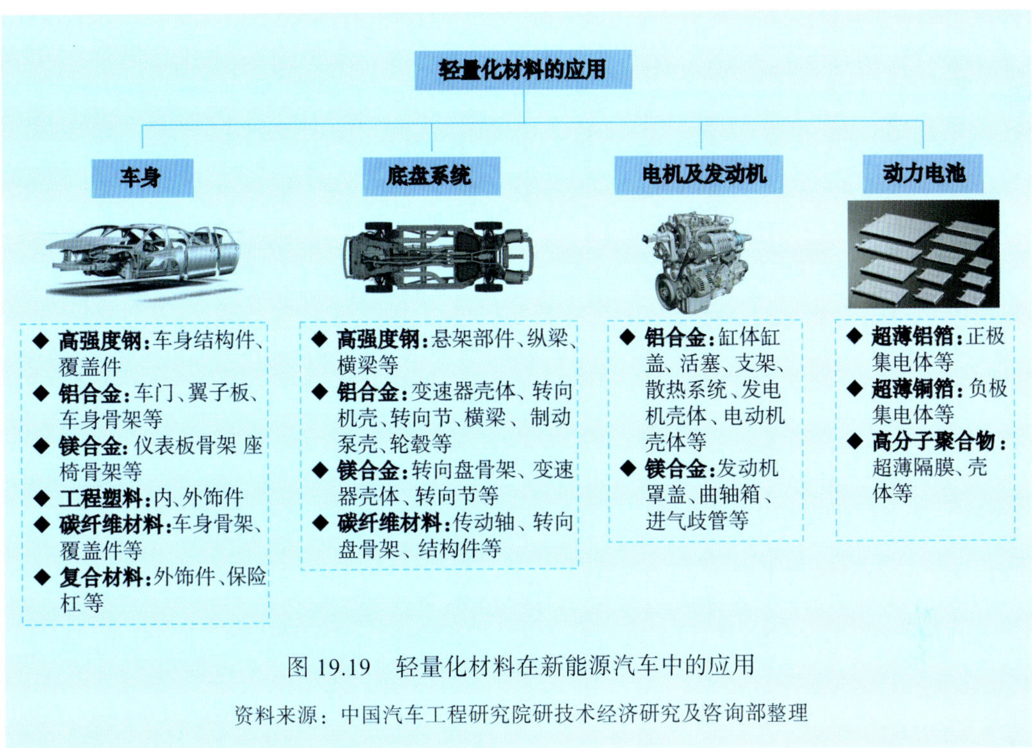

图 19.19　轻量化材料在新能源汽车中的应用

资料来源：中国汽车工程研究院研技术经济研究及咨询部整理

联平台通过嫁接汽车销售、维修、保险、餐饮等后端服务商，收取服务费，可以进一步降低车辆价格。目前、乐视网、阿里巴巴、华为等网络公司与汽车集团展开战略合作，联合开拓新能源汽车市场（图 19.20）。

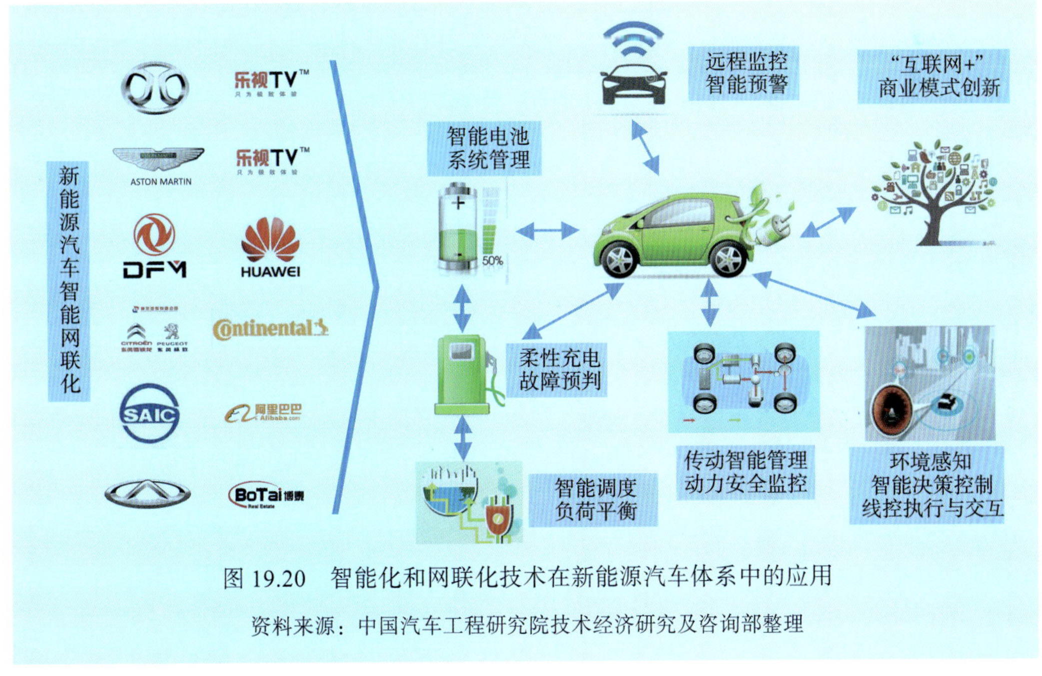

图 19.20　智能化和网联化技术在新能源汽车体系中的应用

资料来源：中国汽车工程研究院技术经济研究及咨询部整理

19.5 政策建议

1. 完善研发投入机制，合理精准配置资金

研发投入偏向核心及基础前沿技术，强化研发谱系及路径制定。针对新能源汽车关键技术瓶颈及基础前沿技术，制定理论机理、基础材料、制备加工等细分技术领域的研发谱系及路径，指引资源的精准投入。持续开展技术动态的跟踪研究，对现有技术研发谱系、路径及投入方向实时修正。同时，加强对可再生能源、机械制造、电力电子、轻量化材料、互联网等与新能源汽车关联领域的特定技术的投入。

产业化技术投入以引导为主，发挥财政杠杆效应。以产品产出为最终目的产业化技术，充分利用无息贷款、产业基金投入等方式，放大激励引导作用，提高资金使用效益。探索有偿资助方式，全面撬动银行、保险、证券、股权基金等社会资金，全方位营造综合创新生态体系。

完善立项及评审制度，合理进行资金分配。对申请立项的项目，要求提供一定程度的基础科研成果及数据，在充分判断可行性及发展性的基础上，合理进行资金分配，并建立评审专家资格认定制度。对中后期评审，尤其是重大项目，酌情采取公开研讨会等形式，展示部分成果，接受同行及业内人士监督。

2. 引导规模化发展，打造良性化市场体系

构建协同创新机制，促进企业联合发展。鼓励创新型新能源企业与传统工业老牌企业采取股权合资、兼并整合等方式合资合作，鼓励互联网等企业与实体制造企业联合发展。一方面制造经验与创新模式互补，促进企业产品延伸开发，另一方面分担资金投入，迅速扩大市场占有率。

扶持重点企业，打造明星产品。根据市场销量变动，制定及更新富有创新潜力、具备一定产量规模的整业及大型零部件配套企业目录，进行重点培育，发挥其龙头引领作用。支持其开发生产世界一流水平的纯电动汽车及动力电池系统。

破除地方壁垒，构建良性竞争市场。严查地方准入门槛设定，杜绝投资企业进行零部件本地配套等附加条款，本地公共交通、政府用车等实施面向全国公开招标，并监督招标流程。

完善检测体系，建立连带责任制。在全国范围内建立多个第三方新能源产品检测机构，构建公平、透明具有竞争性的检测体系。推行检测产品机构的追责制度，形成零部件企业、整车企业，以及检测机构的连带责任制，对新能汽车市场化发展，形成有效保障。

3. 完善标准体系，保障基础设施建设

完善标准体系，指引中国新能源汽车发展。尽快出台电池规格统一化标准、新能源汽车车辆专用碰撞测试及保险标准，明确售后质保维修主体、电池梯次利用及回收等流程及标准体系。标准制定上，避免盲目跟从国际标准，充分考量中国企业发展现状及趋势，通过标准对本土企业发展进行指引。强化与美欧日在标准制定的国际化合作，防止中国新能源产品打造及市场被外方“牵着走”。

快速出台基础设施配套政策，鼓励新兴商业模式推广。从新能源汽车基础设施建设的顶层规划层面，快速出台与智能电网建设、交通枢纽规划、区域经济规划通讯网络、住建城市规划和消防等互相融合的政策及规范。对于有意愿进入充电基础设施建设与扩展服务领域的民营企业，考虑采取特许经营权招标等方式，提升企业积极性。鼓励众筹众建、群充电等新兴商业模式市场化拓展，适当简化项目审批流程。

新材料产业篇

材料是人类赖以生存和发展的物质基础，也是人类社会发展的先导。新材料是指新出现的具有优异性能和特殊功能的材料，以及传统材料成分、工艺改进后性能明显提高或具有新功能的材料。融入了当代众多学科先进成果的新材料产业在新一轮科技革命和产业变革中扮演着重要角色，同时也是新一代信息技术、生物、高端装备制造、新能源汽车等其他战略性新兴产业发展的基础。

改革开发以来，在国家政策积极引导和产业内在发展动力的推动下，我国新材料产业不断发展壮大，在体系建设、技术进步和产业规模等方面取得显著成就，2014 年中国新材料产业规模约达到 1.5 万亿元。当前随着国民经济的持续增长及战略性新兴产业的快速发展，对新材料的需求急剧增加，迎来了我国新材料产业正处于发展的黄金时期。为此，我国加大了对新材料产业的支持力度，2015 年 5 月公布的《中国制造 2025》提出以特种金属功能材料、高性能结构材料、功能性高分子材料、特种无机非金属材料和先进复合材料为发展重点，加快研发先进熔炼、凝固成型、气相沉积、型材加工、高效合成等新材料制备关键技术和装备，加强基础研究和体系建设，突破产业化制备瓶颈；积极发展军民共用特种新材料，加快技术双向转移转化，促进新材料产业军民融合发展；高度关注颠覆性新材料对传统材料的影响，做好超导材料、纳米材料、石墨烯、生物基材料等战略前沿材料提前布局和研制；加快基础材料升级换代。2015 年 5 月印发的《培育发展战略性新兴产业 2015 年工作安排》，将“制定促进新材料产业健康发展的指导意见”列入了年度重点工作，同时开展相关编制工作，可以预见，我国新材料产业将步入一个发展的新阶段。

《战略新兴产业发展报告 2013》和《战略性新兴产业发展研究报告 2014》的新材料产业篇分别系统地对我国信息功能材料、新能源材料、特种功能材料、稀土及功能陶瓷材料、生物医用材料等功能材料产业和先进钢铁材料、高端轻质合金材料、高性能复合材料、特种结构材料等结构材料材料进行分析，提出了相应的建议。《战略性新兴产业发展研究报告 2015》对海洋工程材料产业、半导体照明材料产业、生物医用材料产业和高温合金材料产业等细分领域进行了论述。

《战略性新兴产业发展研究报告 2016》的新材料产业篇选取了稀土永磁材料产业、高性能高分子及复合材料产业、高性能轻合金材料产业、先进电池材料产业，阐述了发展现状，分析了存在的突出问题，并提出了发展重点及政策建议。

当前，我国新材料研究与开发均取得了重要进展，新材料产业发展正处于由大向强转变的关键时期，希望本书能给读者提供有益的参考作用。

第 20 章

稀土永磁材料产业

朱明刚　李　卫　胡伯平　黄小卫　屠海令

【内容提要】稀土永磁材料是航空航天、高档数控机床和机器人、先进轨道交通装备、节能与新能源汽车、现代武器装备等高技术领域不可缺少的重要基础材料。稀土永磁材料产业已成为稀土产业的核心，是带动整个稀土产业持续发展的火车头。2014 年，中国烧结 Nd-Fe-B 毛坯产量为 13.5 万吨，占全球份额的 85%以上，形成了相对完整的产业链。现阶段稀土永磁材料产业发展面临的主要挑战是核心技术创新能力不足、高端应用市场的占有率偏低，新的应用领域拓展滞后于产能增长，市场不规范。中国未来需继续提高稀土永磁材料的综合磁性能，在降低成本的同时，重点开发高丰度稀土在永磁材料中的应用技术，加强科研成果向产业发展转化，推动产业转型和技术升级，通过保障“中国制造 2025”“互联网 +”等国家战略实施，加快做强、做优，打造世界一流稀土永磁材料产业。

20.1　稀土永磁材料产业的概念及范畴

永磁材料（又称硬磁材料）是具有高矫顽力、高剩磁，一经磁化即能保持恒定磁性的材料。稀土永磁材料是指稀土元素与过渡金属元素结合所组成的永磁材料。稀土永磁材料广泛地应用于国民经济和国防建设的各个领域，显示出极强的技术变革推动力，同时也与人们的生活息息相关，小到手表、照相机、计算机硬盘，大到载人航天、探月工程、通讯导航、大数据存储、舰船、新能源汽车、高铁、医疗仪器、风力发电及节能家电等，稀土永磁材料无所不在。目前，稀土永磁材料已形成了一个庞大的产业体系，包括制造装备、生产技术和应用产品三个方面，其中的分支与分类方法很多，通常有如下几种：①按材料体系可分为钐钴（Sm-Co）永磁材料、Nd-Fe-B永磁材料、钐铁氮（Sm-Fe-N）永磁材料、钕铁氮（Nd-Fe-N）永磁材料、铈（Ce）永磁材料和混合稀土永磁材料产业等；②按材料的制备方法可分为烧结稀土永磁材料、粘结稀土永磁材料、热压稀土永磁材料产业等。烧结稀土永磁材料是指采用粉末冶金工艺，永磁合金经过制粉、成型、烧结和热处理工艺制备的永磁体。粘结稀土永磁材料是指将一定量的具有永磁性能的磁粉与一定比例的粘结剂混合，按一定的成型工艺制成的一种永磁体。热压稀土永磁材料是指稀土永磁合金粉经热压形成一定密度的块体，然后，经过热流变工艺制备成的永磁体。③按材料的产品体系可分为稀土永磁速凝铸片、稀土永磁磁粉、稀土永磁毛坯、稀土永磁器件等。④按材料的性能可分为高磁能积[$(BH)_{max}$]永磁体、高矫顽力永磁体、低温度系数永磁体、高强韧性永磁体、耐高温永磁体、低失重永磁体、高电阻率永磁体、耐蚀永磁体等。

稀土永磁材料已成为稀土产业的核心，最具发展活力、可带动整个稀土产业持续发展，也是支撑“中国制造2025”“互联网+”等国家战略实施，以及相关战略性新兴产业发展的重要基础材料。

20.2　稀土永磁材料产业发展现状分析

20.2.1　发展现状分析

1. 烧结Nd-Fe-B材料

随着烧结Nd-Fe-B磁体在风力发电、混合动力汽车/纯电动汽车和节能家电及等低碳经济领域中的应用，双高磁性能[高磁能积和高内禀矫顽力（H_{cj}）]磁体、耐高温永磁体、耐蚀永磁体及低成本永磁体等成为各国研究的主要目标。2014年，由中国钢研科技集团有限公司牵头，北京中科三环高技术股份有限公司（简称中科三环）、宁波韵升股份有限公司、烟台正海磁性材料股份有限公司、中国科学院宁波材料技术与工程研究所（简称宁波材料所）参加的“稀土永磁产业技术升级与集成创新”项目，获国家科学技术进步奖二等奖，该项目获得28项发明专利技术，实现了综合磁性能$(BH)_{max}+H_{jc} \geqslant 71$的一系列Nd-Fe-B磁体商品化生产，并在Ce永磁体制备技术方面取得重大创新和突破，为实现高丰度稀土的平衡利用，奠定了产业化基础。目前，稀土永磁材料产业已成为中国稀土应用领域中最为成功，也是所占权重最大（>40%）的产业，成为在国际市场上反映中国稀土产业状况的晴雨表[1]。

近十多年来，在中国的带动下，全球烧结Nd-Fe-B毛坯磁体产量持续增长，如

图 20.1 所示。2011 年，稀土价格波动较大、涨幅过高，虽然稀土高价格对稀土永磁材料及其下游应用造成了一定的影响，但旺盛的市场需求惯性使中国烧结 Nd-Fe-B 磁体毛坯产量仍然保持了小幅振荡向上的格局。2014 年，中国烧结 Nd-Fe-B 毛坯产量为 13.5 万吨①，比 2013 年增长 19%；全球烧结 Nd-Fe-B 毛坯产量超过 15 万吨，中国占全球份额的 88%。2004 ~ 2014 年十年，全球年均增长率为 12.3%，中国年均增长率为 14.0%。预计 2015 年中国烧结 Nd-Fe-B 毛坯产量将超过 15 万吨 [1,2]。

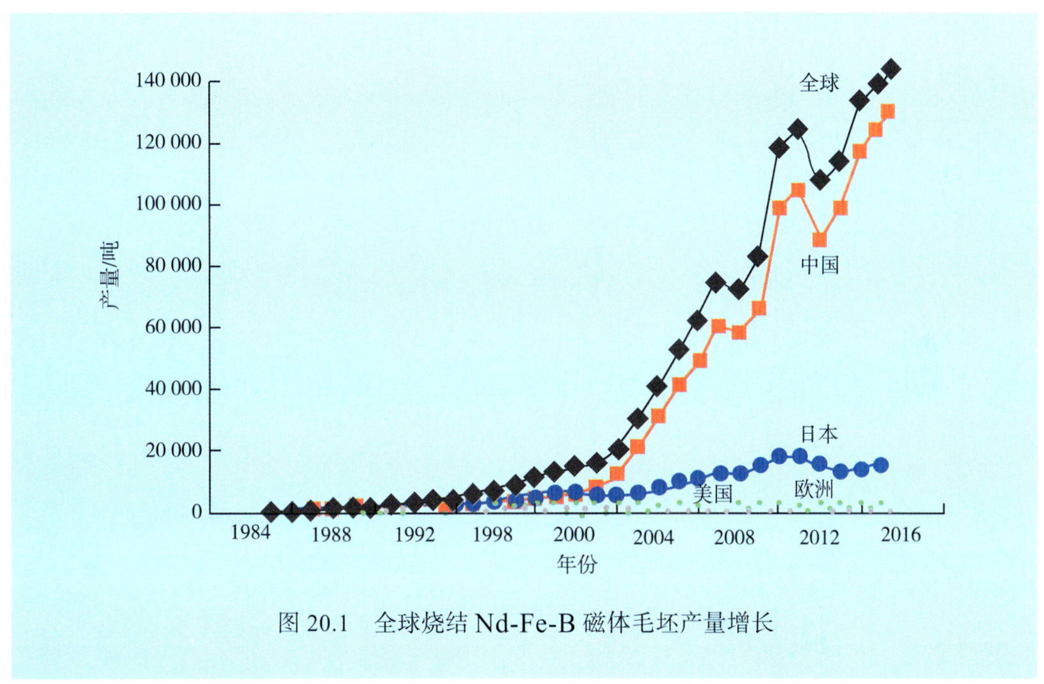

图 20.1 全球烧结 Nd-Fe-B 磁体毛坯产量增长

近年来，国外稀土永磁材料产业也在不断整合和调整，目前仅存四家大的 Nd-Fe-B 企业。欧洲的一家是德国的真空熔炼公司（VAC），其生产工厂在两个地方，一个在德国哈瑙（Hanau，VAC 总部），另一个在芬兰 Pori（Neorem 公司）。日本有三家，分别是日立金属株式会社（简称日立金属）、东京电气化学工业株式会社（TDK）和日本信越化学工业公司。2012 年 3 月，日本信越化学工业公司，注册资本以 15 亿日元在福建省龙岩市长汀设立独资公司信越（长汀）科技有限公司，主要生产 Nd-Fe-B 速凝（strip casting，SC）薄片和磁体。2013 年 5 月，广晟有色、TDK 和东海贸易以注册资本 3 300 万美元，股权结构广晟有色占 37%，TDK 占 59%，东海贸易占 4%，共同投资设立广东东电化广晟稀土高新材料有限公司，建设 1 500 吨 / 年的混合动力车用高性能磁体生产线。2015 年 6 月，中科三环与日立金属签署了《合资合同》，双方拟投资 10 亿元（总额），设立日立金属三环磁材（南通）有限公司，股权结构日立金属占 51%，中科三环占 49%。上述事件反映欧洲和日本的企业正逐步在中国布局稀土永磁材料产业。

① 选取全国稀土协作网和中国稀土行业协会所报数据的平均值。

中国现有稀土永磁材料生产企业为200家左右，主要分布在沪浙地区、京津地区和山西包头地区。由于Nd-Fe-B应用日益广泛，市场前景广阔，近年来又有不少投资进入Nd-Fe-B产业。两大稀土原料产地包头和赣州，还有山东显得尤为突出，已经形成相当的产业规模。2014年年底统计表明，年产3 000吨以上的Nd-Fe-B企业已近十家，年产1 000～3 000吨的企业超过30家[3]。

最近几年，全球经济持续低迷，在稀土永磁材料用量没有显著增加的情况下，稀土永磁材料产业高端产品依然匮乏。因此，全球有实力的稀土永磁材料企业，都在调整自身发展规划、专利布局和产品市场。2012年8月17日，全球稀土专利巨头日立金属，向美国国际贸易委员会（United States International Trade Commission，USITC）就四项烧结Nd-Fe-B的工艺专利提起“337调查”申请（案件号：337-TA-855），被告包括中国企业在内有29家公司。由此，在全球引发了针对专利权限和时效的司法纠纷。美国的“337调查”得名于美国《1930年关税法》第337条款，根据该条款，美国国际贸易委员会有权调查有关专利和注册商标侵权的申诉。如果涉案企业被裁定违反了第337条款，美国国际贸易委员会将发布相关产品的排除令和禁止进口令，这意味着涉案产品将无法进入美国市场。涉及诉讼的三家中国企业，即烟台正海磁性材料股份有限公司、宁波金鸡强磁股份有限公司和安徽大地熊新材料股份有限公司于2013年5月14日与日立金属达成谅解，并同时获得了日立金属专利授权。与此同时，原先的五家企业又全部同日立金属签署了新的专利许可协议，使中国获得专利许可企业达到八家，专利覆盖地区包括北美、欧洲、亚洲等大多数国家和地区。

针对全球稀土永磁材料产业的发展和经济形势的变化，国内知名企业也开始了自身的产业发展规划和产品布局调整。2015年7月28日，中科三环关联方特瑞达斯公司与公司签署了《采购合同》，合同金额约为5 000万美元，此次合同签订后，中科三环生产的烧结Nd-Fe-B磁体将通过特瑞达斯公司应用在美国最著名的汽车制造商生产的新能源汽车。

另据产业在线报道，宁波韵升于2015年7月29日晚间公告，公司拟以19.88元/股向汇源香港发行1 510万股，收购磁体元件、高科磁业各25%的权益，购买盛磁科技70%的股权。磁体元件和高科磁业的Nd-Fe-B材料主要用于音圈马达（voice coil motor，VCM）、汽车、空调和医疗等领域；盛磁科技的Nd-Fe-B产品是空心杯永磁微电机的重要材料，在办公自动化设备、飞行器驱动、机床伺服电机等领域有广泛应用。此次交易完成后，宁波韵升将进一步拓展在Nd-Fe-B永磁材料下游应用领域的版图。

2015年年初，安泰科技股份有限公司新能源汽车用高性能稀土永磁制品500吨/年项目竣工投产，增强了高端市场的竞争实力。2015年7月28日，烟台正海磁性材料股份有限公司所属上海大郡动力控制技术有限公司，与卧龙电气集团股份有限公司、绍兴澳特彼电机有限公司共同签署了《关于设立浙江卧龙大郡新能源电机有限公司的合资协议》，初步实现了在新能源汽车电机驱动系统领域的布局。

2. 粘结稀土永磁体

粘结稀土永磁材料具有精度高、形状复杂、一致性好、原料利用率高等优点，成为烧结稀土永磁材料的一个重要补充。主导各向同性粘结稀土永磁体的磁粉是麦格昆磁（Magnequench）公司的快淬 Nd-Fe-B 磁粉，或称 MQ 磁粉。麦格昆磁不仅依赖强大的专利垄断占据 80% 以上的市场份额，而且以成熟的技术控制着高性能磁粉的供应。2013 年 MQ 磁粉的产量为 5 884 吨，2014 年为 5 748 吨，比上年减少 2.3%。MQ 磁粉的五分之四用于粘结磁体，五分之一用于热压 / 热流变磁体。由于国内粘结磁体市场的需求带动，近年来国内 MQ 磁粉生产能力已超过 1 000 吨，代表性厂家有浙江朝日科磁业有限公司、夹江县园通稀土永磁厂、绵阳西磁新材料有限公司和沈阳新橡树磁性材料有限公司等。东芝、大同公司等开发了具有铽铜 1 ： 7 型合金（$TbCu_7$）结构的各向同性 Sm-Fe-N 磁粉，虽然综合性能较好，但批量稳定生产还不理想。

各向异性粘结稀土永磁体是一个亟待开发的重要分支，备受人们关注，但尚未形成所期望的市场规模。爱知采用钕铜铝（Nd-CuAl）晶界扩散技术，结合粉末表面包覆处理，制备高性能 d-HDDR（室温吸氢后“氢化—歧化—脱氢—再复合”）磁粉；住友金属矿山采用还原扩散法生产的单晶 Sm-Fe-N 磁粉已经市场化。国内，经北京科技大学、吉林汇圣、大连凯翔的努力，N36、N36H 和 N40 牌号的 d-HDDR 磁粉已进入批量生产。北京大学开发了单晶 Sm-Fe-N 磁粉批量生产工艺，磁粉磁能积达到 35 ～ 40MGOe（兆高 • 奥）。

虽然粘结 Nd-Fe-B 产业与烧结 Nd-Fe-B 产业同时起步，但相比而言发展较为缓慢。从产量上看，粘结 Nd-Fe-B 磁体的产量只有烧结 Nd-Fe-B 磁体产量的二十分之一。主要原因有两个：一是多年来麦格昆磁独家拥有 Nd-Fe-B 磁快淬磁粉专利垄断；二是粘结 Nd-Fe-B 磁体的磁性能和机械强度较低，使用受到较大制约，应用范围没有烧结 Nd-Fe-B 磁体广泛。2012 年 3 月，麦格昆磁被美国最大稀土企业钼公司（Molycorp）收购；2015 年 6 月，钼公司申请破产保护，但不包括欧洲和亚洲业务，中国的麦格昆磁工厂仍然正常运营。

粘结 Nd-Fe-B 的磁体制造方面，全球的生产能力大部分集中在中国大陆、中国台湾、日本，代表性企业有中国的上海三环磁性材料有限公司、成都银河、台湾天越和安泰科技下属的深圳海美格等，以及日本大同、日本美培亚等。在硬盘驱动器（hard disk drive，HDD）的主轴电机应用方面，磁体主要由上海爱普生、日本大同和成都银河三家企业生产。光盘驱动器（optical disk driver，ODD）的主轴电机磁体主要由成都银河、上海爱普生和台湾天越公司生产。2004 ～ 2014 年全球粘结 Nd-Fe-B 磁体产量年均增长率为 3.1%，中国年均增长率为 7.7%；中国的粘结 Nd-Fe-B 磁体产量从占全球产量的 42% 增加到 66%。2011 年，中国粘结 Nd-Fe-B 产量创历史新高，达 4 400 吨。近三年，中国粘结 Nd-Fe-B 产量保持在 4 000 吨左右（参见图 20.2）[2,4]。

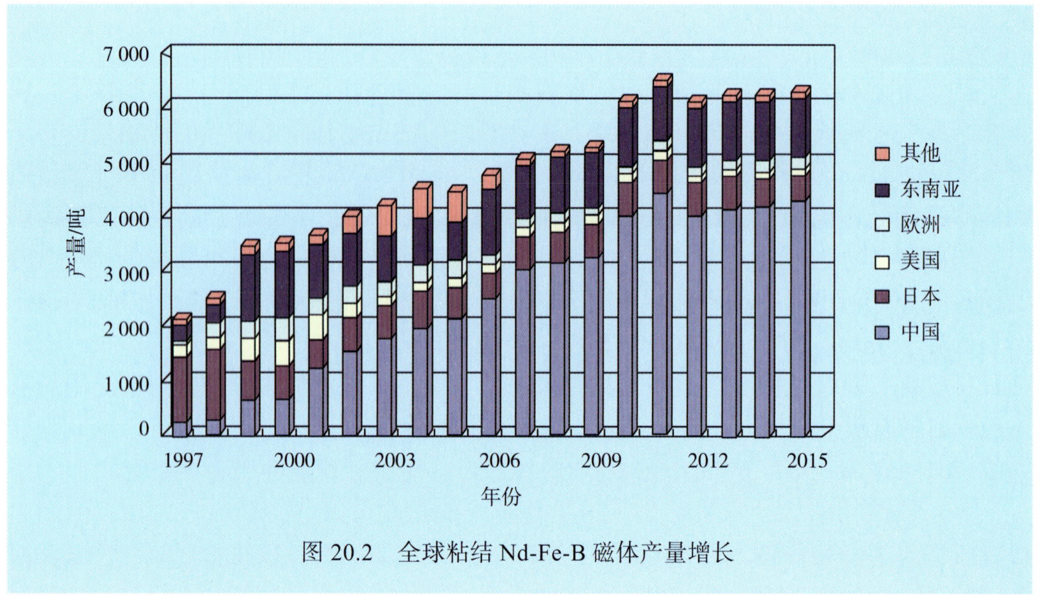

图 20.2　全球粘结 Nd-Fe-B 磁体产量增长

3. 热压–热流变Nd-Fe-B

由热压工艺制备的高密度各向同性磁体，以及热压–热流变工艺制备的高密度各向异性磁体，是稀土永磁材料产业的一个重要分支。Nd-Fe-B 快淬磁粉可以通过缓慢而大幅度的热压变形诱发类似的晶体择优取向，制成全密度各向异性磁体，而且很适合制造辐射取向薄壁磁环。目前热压–热流变 Nd-Fe-B 磁体的生产通常采用 MQ 磁粉，磁体具有纳米晶（微晶）织构，在不含铽（Tb）、镝（Dy）或少含 Tb、Dy 的情况下仍有较高的矫顽力。因此，在 Tb、Dy 价格较高的情况下，对于性能相同的高性能磁体，热压–热流变 Nd-Fe-B 磁体在成本上比烧结 Nd-Fe-B 磁体具有一定优势。

早在 2009 年，钢铁研究总院与麦格昆磁合作，通过实验优化成分配方，开发并改进了 MQ- Ⅲ磁粉；在国家 863 项目的支持下，与宁波材料所、宁波金鸡强磁股份有限公司一起，深入开展了高性能热压–热流变磁体的研究，并成功开发出三代真空热压装置。在热压–热流变 Nd-Fe-B 磁体产业方面，日本大同生产的 MQ- Ⅲ磁环主要应用于汽车电动助力转向（electric power steering，EPS）电机，2014 年产量为 1 200 吨左右。宁波金鸡强磁股份有限公司与宁波材料所合作，已经建立了相应的试验生产线。成都银河于 2012 年 3 月开始实施 MQ- Ⅲ项目，拟建立 300 吨 / 年热压 Nd-Fe-B 磁体生产及后加工项目，原计划预计在 2013 年年底投产，但目前尚未有批量产品在市场上出现。钢铁研究总院已形成自己的小批量、多品种热压磁体生产线，2014 年制备出磁能积超过 53.9MGOe 的片状磁体和磁能积为 42MGOe 的辐射取向环，获得了高剩磁 [B_r>13.4kGs（千高斯）] 和高矫顽力 [H_{cj}>20 kOe（千奥）] 两类产品。

4. 烧结Sm-Co

Sm-Co永磁体（2 ∶ 17型Sm-Co为主）因具有工作温度高、温度系数小、抗腐蚀性强等独特的优势，在军工、航空航天等方面仍占据牢固的地位。由于Sm-Co磁体的温度系数远低于Nd-Fe-B磁体，对于高温工作环境，Sm-Co磁体表磁现往往优于Nd-Fe-B磁体。当前市场上的2 ∶ 17型烧结Sm-Co主要包括高温Sm-Co永磁体和超低温度系数Sm-Co磁体。钢铁研究总院和北京航空航天大学开展了高温烧结Sm-Co永磁体的研究，经过多年的努力，钢铁研究总院可以制得工作温度超过500℃、磁能积超过10.3MGOe的高温永磁体，这种磁体主要是在高矫顽力Sm（Co，Cu，Fe，Zr）$_z$（其中，Sm为钐；Co为钴；Cu为铜；Fe为铁；Zr为锆）的基础上对其成分进行适当的调控，如适当降低Fe含量、增加Cu含量、调整z值，或者通过优化热处理工艺来提高磁体的矫顽力，从而提高磁体的使用温度。通常用重稀土钬（Ho）、钆（Gd）、Dy和铒（Er）部分取代Sm，利用重稀土制备的金属化合物的磁化强度在一定温度范围内随温度升高而升高，使之具有正温度系数。在Sm-Co磁体中部分用重稀土替代轻稀土Sm或镨（Pr），可以使磁体在一定温度范围内保持磁化强度不变，或者温度变化系数绝对值非常小。

国外生产Sm-Co永磁材料企业主要有TDK、美国电子能源公司（EEC）、美国阿诺公司（Arnold），德国真空熔炼公司和俄罗斯托尼公司等。中国的企业有宁波宁港、杭州永磁集团、成都航天、绵阳西磁和钢铁研究总院等。

Sm-Co永磁材料的应用还与Tb、Dy价格密切相关。近年来Tb、Dy价格大幅上涨，高矫顽力烧结Nd-Fe-B磁体在成本上同Sm-Co永磁体相比失去优势，致使Sm-Co永磁体的产量增加，应用范围扩大。目前，全球烧结Sm-Co磁体的产量在1 000吨左右，其中中国的产量占比超过70%。

20.2.2 产业应用预测

1. 汽车产业应用

1) 电子转向助力汽车应用

据中科三环预测中国EPS行业到2014年需求量将达到3 548吨，每个EPS需0.25～0.6千克高性能Nd-Fe-B永磁材料，推测中国使用高端Nd-Fe-B EPS占整个市场的约38%计算。

预计2015年，中国汽车年产量为2 276万辆，EPS汽车产量为864.8万辆，Nd-Fe-B磁体用量为3 675吨，2020年，汽车年产量为2 902万辆，EPS汽车产量为1 102万辆，Nd-Fe-B磁体用量为4 686吨（表20.1）。

表 20.1　汽车及电子转向助力用永磁体用量预测 [1]

项目	2015 年	2016 年	2017 年	2018 年	2019 年	2020 年
汽车产量 / 万吨	2 276	2 389	2 508	2 633	2 764	2 902
Nd-Fe-B 用量 / 吨	3 675	3 858	4 050	4 250	4 462	4 686
使用高端 Nd-Fe-B 的 EPS 汽车产量 / 万辆	850	900	950	1 000	1 050	1 100

2) 新能源汽车应用

根据“十二五”规划，预计 2015 年，中国新能源汽车年产量为 50 万辆，按照每辆 60 千瓦新能源汽车需要 2.0 ～ 3.0 千克 Ne-Fe-B 磁体，对高性能 Ne-Fe-B 磁体的需求量约为 1 500 吨，2020 年，新能源汽车年产量为 86.17 万辆，Ne-Fe-B 磁体年用量为 2 585 吨。新能源汽车累计产量为 400 万辆，Ne-Fe-B 磁体累计用量为 12 000 吨（表 20.2）。

表 20.2　国内新能源汽车产量及永磁体用量预测 [1]

项目	2012 年	2015 年	2016 年	2017 年	2018 年	2019 年	2020 年
新能源汽车 / 万辆	1.25	50	55.7	62.16	69.31	77.28	86.17
Ne-Fe-B 用量 / 吨	37.6	1 500	1 671	1 864.8	2 079.3	2 318.4	2 585.1

2011 ～ 2015 年期间，全球累计新增新能源汽车将超过 800 万辆。以丰田普锐斯混合动力汽车为例，每辆车使用 2.0 ～ 3.0 千克 Ne-Fe-B 磁体计算。预计 2015 年，全球新能源汽车年产量为 400 万辆，Nd-Fe-B 磁体用量为 12 006 吨，2020 年，新能源汽车年产量为 1 017 万辆，Ne-Fe-B 磁体用量为 30 502 吨（图 20.3）。

2. 变频家电产业应用

随着人民生活水平的提高，洗衣机、洗碗机、电冰箱、空调等家电走入千家万户，也成为每个家庭耗电的主体。变频家电节能环保，具有极大的发展空间，是未来发展的重要方向。以家用空调为例，2012 年，家用空调压缩机产量为 1.2 亿台，其中 Ne-Fe-B 变频空调压缩机占 25%。预计 2015 年，变频空调产量为 3 727 万台，每台空调使用 Ne-Fe-B 磁体 100 克计算，Ne-Fe-B 磁体用量为 3 727 吨，2020 年，变频空调产量为 5 349 万台，Ne-Fe-B 磁体用量为 5 349 吨（图 20.4）。

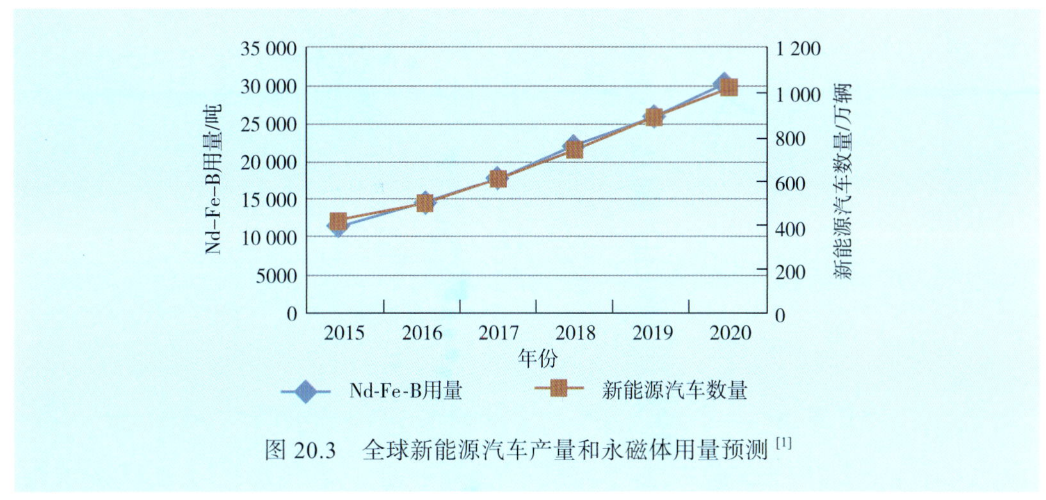

图 20.3 全球新能源汽车产量和永磁体用量预测 [1]

图 20.4 变频空调永磁体用量预测

3. 风电产业应用

2012 年，中国新增装机容量 1 296 万千瓦，而中国在 2012 年的新增装机容量占世界新增装机容量的 28.9%。2013 年中国风电累计装机容量为 91 412.89 兆瓦，2014 年，全球风电新增装机容量达到 51 477 兆瓦，年增长 44%；中国风电新增装机容量达到 23 351 兆瓦，年增长 45%。中国风电新增装机容量占全球的 45%。如果直驱风力发电机的装机容量占新增装机容量的 26.6%左右，2014 年全球在风力发电机上使用烧结 Nd-Fe-B 磁体在 9 200 吨左右，其中绝大部分由中国烧结 Nd-Fe-B 厂家提供。

以 2012 年世界风电总装机量作为基数，取近年的平均增长率 13.7% 为预测 2015 ～ 2020 年中国和世界风电总装机量年均增长率，则到 2020 年，世界风电总装机容量将达到 9.49 亿万千瓦（表 20.3）。根据世界装机的实际情况，假设稀土永磁直驱型风力发电机的市场占有率为 20%，则世界 2020 年对 Nd-Fe-B 的总需求将达到约 1.74 万吨。

表 20.3　世界风电新增装机量预测 [1]

项目	2015 年	2016 年	2017 年	2018 年	2019 年	2020 年
新增装机容量 / 亿万千瓦	0.66	0.75	0.85	0.97	1.10	1.25
累计装机容量 / 亿万千瓦	4.57	5.32	6.17	7.14	8.24	9.49
Nd-Fe-B 消耗量 / 万吨	0.92	1.04	1.18	1.35	1.53	1.74

20.3　中国稀土永磁材料产业发展问题及趋势分析

第三代稀土永磁材料自诞生以来，一直保持着快速发展态势。尤其是进入 21 世纪后，以烧结 Nd-Fe-B 磁体为代表的全球稀土永磁材料产量进入高速增长时期。近年来，国外稀土永磁材料产业发展不同程度放缓，但由于中国稀土永磁材料产业的超常发展，全球稀土烧结 Nd-Fe-B 永磁产业依然保持了迅猛增长的态势。

20.3.1　发展面临的问题

最近几年，世界主要科技强国（如日本、美国等）均调整并加快了高性能和新型稀土永磁材料的研究进度。日本东芝公司在 2012 年 8 月 18 日发布的新闻公报中宣称要研发一种发动机用高铁浓度 Sm-Co 磁体，该磁体完全不含重稀土元素 Dy，但磁力比现在广泛应用的耐热型 Nd-Fe-B 磁体强，以替代目前普遍用于对耐热性能要求较高的汽车和铁路车辆发动机的 Nd-Fe-B 磁体。该 Sm-Co 磁体将 Fe 的重量从 15% 提高到 20% ～ 25%，并通过工艺控制实现了在 100℃以上环境中超越耐热性 Nd-Fe-B 磁体的磁性能。

2013 年 1 月 9 日美国能源部宣布由下属的艾姆斯（Ames）实验室领导一项 1.2 亿美元的“关键材料研究”平台建设项目，针对新能源应用，重点研究新型稀土永磁材料和无稀土永磁材料，为美国稀土材料产业的可持续发展提供可靠保障。

中国在稀土永磁材料关键核心技术研究及产业发展方面所面临的突出问题如下：①虽然目前国内龙头企业的稀土永磁产品已经可以覆盖现有的高端牌号，但产品在一致性及服役特性上仍与国外产品存在一定差距，需要对影响稀土永磁材料性能的精细结构、磁交换耦合作用、微磁结构及退磁机理进行深入研究。②虽然大部分涉及稀土永磁材料的核心专利即将到期，但目前稀土永磁材料先进的制备工艺、装备等仍受国外专利制约。应抓住有利契机，对稀土永磁材料制备的新工艺、新装备，以及新型稀土永磁材料开发和下游产业应用提早进行知识产权战略布局。③稀土永磁材料主要涉及 Nd、Pr、Sm，以及 Dy、Tb 等重稀土，中国拥有宝贵的重稀土资源，应发挥资源优势，充分高效利用。目前，对于高丰度稀土如钇（Y）、镧（La）、Ce 等的开发利用不够，应积极开发稀土的综合利用技术及稀土永磁产品的二次回收利用，形成绿色循环经济。④稀土永磁材料的成本构成中，稀土原材料的价格占有举足轻重的地位，相对稳定的稀土原材料价格对于稀土永磁材料产业的健康发展极为重要。为防止稀土原材料价格波动对稀土永磁生产企业及下游应用产业造成冲击影响，严重制约产业发展，需要建立相对完善的稀土原材料供应市场和国家稀土收储体系，保障行业的持续健康发展。

20.3.2 “十三五”期间发展趋势

稀土永磁作为重要的高端材料，已经广泛应用于电子信息、汽车工业、医疗设备、能源交通等众多领域。随着技术的持续进步，稀土永磁材料的低碳、绿色、可再生循环等环境友好特性备受关注。中国将在 2020 年实现单位 GDP 二氧化碳排放量比 2005 年下降 40% ～ 50% [5]，因此时发展再生能源、提高效率、节能减排、倡导低碳生活等方面提出了新的要求。国家有关加快培育和发展节能环保、新一代信息技术、高端装备制造、新能源和新能源汽车等新兴产业，实施“中国制造 2025”的战略构想，需要稀土永磁材料产业提供支撑和保障。随着新能源汽车的高速发展，稀土永磁为电机最关键的材料，市场需求量将显著增长；中国稀土原材料和永磁材料工业，已出现与下游产业发展不同步、产能过剩的苗头，现应避免稀土永磁行业过于依赖风电、电梯、智能手机等固有领域，不断地开拓新的应用领域。目前，工信部和财政部出台了《国家物联网发展及稀土产业补助资金管理办法》，将对稀土共性关键技术与标准研发、稀土高端应用技术研发与产业化和公共技术服务平台建设等五个方面进行支持。这表明，中国稀土材料的战略重点已从注重单纯减少开采向抢占稀土的应用技术高点转变，大力发展稀土永磁新材料产业，加快稀土产业的转型和技术升级已成为必然趋势。

20.4 稀土永磁材料产业发展重点案例

1. 微特电机、伺服电机产业

稀土永磁电机最显著的性能特点是轻型化、高性能化、高效节能，其与电力电子技术和微电子控制技术相结合，可以制造出各种性能优异的机电一体化产品。同时，稀土永磁电机也是许多高新技术产业的基础，正在不断扩大在各个行业的应用。

随着“中国制造 2025”发展战略的实施，国产稀土永磁电机迎来大发展的黄金时代。中国稀土资源丰富，稀土永磁材料在国内的飞速发展，相关的产品质量不断提高、成本价格不断降低，为制造更高水平的稀土永磁电机奠定了坚实基础，中国开发出的稀土永磁电机在国内外市场已具备强大的竞争优势。据尚普咨询产业投资决策网（www.cu-market.com.cn；微信：spzx-bj）发布的《2015—2020 年中国稀土永磁材料行业深度研究及前景预测报告》显示，2013 年，中国稀土永磁电机行业的产量达到了0.51亿台，同比增加了18.6%，截至2014年8月底，中国稀土永磁电机行业产量达到了0.44亿台，同比增加了16.2%。

目前中国中小型电机的年产量约为7 000千瓦，行业骨干企业的产量正以每年30%的速度递增。在良好的宏观经济政策拉动下，未来几年，市场需求形势持续火爆，全国中小型电机产量曲线仍将维持上升趋势。

尽管国内的稀土永磁电机普及程度已经相当高了，各个厂家在稀土永磁电机的研发工艺方面都有投入，但是让稀土永磁电机全面走出国门的时机还不成熟。国内稀土永磁电机跟国外的对比，直观上差距较大，最大的问题是品牌意识不足。

随着永磁材料技术的提升，其热稳定性、耐腐性进一步改善，材料的价格也逐步降低，加上电力、电子器件技术的进一步提高，相信国内稀土永磁电机的开发和应用将进入一个新的阶段。

2. 硬磁盘驱动器产业

硬盘和光盘主轴电机是稀土磁体主要应用领域之一，但随着固态硬盘价格的大幅下降及平板电脑和智能手机的迅猛增长，硬盘和光盘市场受到极大冲击，特别是光盘市场衰减了近一半。尽管如此，2012年出货量为5.96亿个，预测每年下滑4%，按每个硬磁盘驱动器用10克Nd-Fe-B材料计算，2015年产量在5.37亿个左右，Nd-Fe-B磁体用量为5 368吨，预计到2020年，硬磁盘驱动器产量为4.38亿个，Nd-Fe-B磁体用量为4 378吨[1]。未来，海量存储服务器和大容量便携硬盘仍离不开磁性硬盘，但对硬盘驱动器磁体的性能、精度、温度耐受性等重要指标提出了更高的要求。

3. 永磁磁共振仪产业

永磁磁共振仪是稀土永磁材料应用的成功范例，仅2012年销量就达到850台，总装机量达到4 100台。按发达国家每百万人50台的配置标准，市场尚有6万台缺口。中国现有21 000家医院，其中二级以下医院有19 000家，永磁磁共振市场增长率在20%左右，2015年，永磁磁共振仪产量在1 469台左右，以单台永磁磁共振仪使用高等级Nd-Fe-B磁性材料3～5吨计算，Nd-Fe-B磁体用量为5 876吨，预计2020年，永磁磁共振仪产量为3 564台，Nd-Fe-B磁体用量在14 616吨左右[1]。

20.5 促进稀土永磁材料产业发展的目标、重点及政策建议

20.5.1 战略目标

2013年9月12日，国务院发布了《大气污染防治行动计划》（简称《计划》）。《计划》提出，到2017年，全国地级及以上城市可吸入颗粒物的浓度比2012年下降

10%以上，优良天数逐年提高[5]。要实现这一计划，就要加快调整长期以煤炭为主的能源结构，增加清洁能源供应，大力发展风力发电、新能源汽车、节能家电、工业电机等新兴节能、低碳经济领域。稀土永磁材料在这些新兴领域已经显示出极强的发展前景和巨大的市场潜力。中国的稀土永磁材料产业应以国家重大需求为导向，以提高自主创新能力、加快推动产业结构调整为主线，充分利用中国稀土资源优势，突破产业的前沿技术，缩小在稀土永磁材料产业和应用上与发达国家的差距，促进产业可持续发展。

目前的中国稀土永磁材料产业是繁荣、稳定的，在国家相关部门、稀土协会和产业联盟的共同努力下，中国稀土永磁材料行业完全有能力、有条件保持长期持续健康发展。经过近十年的技术进步和积累，中国稀土永磁材料产业已经进入中高速增长阶段，产能达到世界产量的85%，已成为全球最大的稀土永磁材料生产基地和研发中心。目前，中国稀土永磁材料产业的格局和技术水平正处在转型升级的关键阶段，产业发展的基本面是好的，企业经营状况总体平稳；但也表现出产能与国家经济发展水平不协调的问题和产能过剩的苗头，急需采用市场经济的杠杆适当调整，使问题得到控制。

稀土永磁材料产业的总体战略为重点开发新型Ce永磁材料、双（永磁）主相永磁材料、低Nd低重稀土永磁材料等，使其在更大范围内达到或接近世界先进水平。通过自主创新，突破稀土永磁材料及制备的核心专利和应用关键技术，继续推进稀土永磁材料产业结构调整和技术升级，建立中国稀土永磁产业的技术创新平台，继续保持中国在部分方向的领先地位，扩大优势领域，确保稀土永磁材料产业可持续发展，真正获得稀土永磁材料产业的国际话语权。技术发展战略具体目标如下。

（1）开发超高性能稀土Nb-Fe基永磁材料，磁能积加矫顽力大于75，开发宽稀土含量的合金速凝带等生产技术。力争到2016年，高性能稀土及稀土永磁功能材料生产技术迈上新台阶，在高新技术产业领域推广应用达到65%以上。提高中国稀土永磁材料的技术含量和档次，大幅度增加产品附加值，提高全球范围内稀土永磁材料行业的准入门槛，巩固中国稀土永磁材料产业已有优势地位。

（2）开发稀土永磁材料的新应用，面向稀土永磁材料的新应用领域开发新材料制备设备及研发手段，突破核心专利，获得自主知识产权。大力开展稀土的应用研究及应用器件的开发，扩大Ce、La、Y、Sm等高丰度稀土元素的应用，开发新型Sm-Fe基永磁材料、Ce-Fe基永磁等材料及其产业化制备与应用技术。开发新型双（硬磁）主相或多（硬磁）主相永磁材料、Ce永磁材料。到2016年，Ce占稀土总量的20%以上，开发出综合磁性能$(\mathrm{BH})_{\max}+H_{\mathrm{cj}} \geqslant 63$的磁体，最大磁能积$(\mathrm{BH})_{\max}$大于42MGOe。

（3）研发稀土永磁材料的服役特性及表面防腐技术、材料与应用器件的一体化技术，满足高端应用器件对材料的要求。针对稀土永磁材料的特殊结构与功能，建立从制备方法、结构调控，到性能与机理的成熟的理论体系，探索从母合金制备到最终产品的全流程自动化生产体系。

（4）加强人才与基地建设，建立先进稀土永磁材料研发的产学研创新平台及工程化、产业化基地，构建知识产权分析评价与预警平台、技术和产品评价体系、标准化体系框架。

20.5.2 重点发展方向

1. 重点发展方向一：稀土永磁材料的原始创新

以提高原始性创新能力和获取自主知识产权为目标，探索新型超强稀土永磁材料；研发新型高磁能积热压-热流变、粘结稀土永磁材料和新一代稀土永磁材料，研发各向异性 Sm-Fe-N 磁粉和各向同性 Sm-Fe-N 磁粉等，有效利用 Sm 资源，缓解稀土资源应用不平衡问题。

2. 重点发展方向二：稀土永磁材料产业化的关键技术创新

以国家战略需求为导向，解决事关国家长远发展和国家安全的战略性、前沿性和前瞻性稀土永磁材料关键技术问题，培育新的产业增长点引领和支撑稀土及下游应用产业的跨越式发展。重点研究方向如下。

1）超高性能稀土永磁材料可控制备及应用技术

研发高磁能积、高矫顽力、高服役稳定性的烧结 Nd-Fe-B 永磁材料的可控制备与应用技术；研发高稳定性稀土 Co 基永磁材料、特高温 Sm-Co 永磁材料、混合稀土永磁材料、高性能粘结稀土永磁材料和新型热压稀土永磁材料制备、表面防腐及应用技术。重点研发工程化制备过程中的一致性和稳定性问题，以及连续化生产的关键技术、生产装备。

2）富Ce和Ce永磁材料制备及应用技术

在富 Ce 和 Ce 永磁材料、高温磁体、高稳定性磁体等研究和应用方面掌握核心技术，与国际先进水平同步。开展混合稀土应用研究，开发符合中国资源状况、具有中国特色的稀土永磁材料制备和应用技术，在稀土平衡利用方面达到世界先进水平。

3）稀土永磁材料产业自动化、智能化、标准化工程技术

实现稀土永磁材料产业自动化、智能化和标准化，是保证稀土永磁产品的一致性、均匀性和可靠性的关键。开展稀土永磁材料科学、制备技术与生产自动化、智能化和标准化的关联研究，协调发展不同牌号的稀土永磁材料设计与生产控制程序软件工具包，力争在新材料生产技术和装备方面达到世界领先水平。

3. 重点发展方向三：稀土永磁材料产业化开发及示范工程

通过高技术的集成应用和产业化示范，能进一步提升产业竞争力，培育新兴产业生长点，扩大产业优势，形成一批环境友好、资源节约、集约式、创新型的现代化大规模稀土永磁材料生产企业集群，引导重点、优势产业升级，提升在全球稀土

行业的竞争优势和战略地位，满足全球化背景下低碳经济产业的巨大市场需求，发挥对中国经济增长的支撑和引领作用。主要战略发展方向如下。

1）低重稀土、高矫顽力、耐高温烧结稀土永磁材料产业化

研发新能源汽车、风力发电、计算机等高端产业应用的低重稀土、高矫顽力、耐高温烧结永磁材料及其关键应用技术，获得大规模稳定生产技术。将低重稀土研究成果迅速转化，带动产业发展和升级，减少重稀土消耗10%，在骨干企业建成多条低重稀土磁体生产示范线，产能比重达到国内高性能磁体的30%以上。建成独具特色的Ce永磁材料和混合稀土永磁材料示范生产线，年产规模达到1万吨以上。

2）低成本、高性能稀土粘结永磁材料产业化

解决高磁能积稀土粘结永磁材料大规模制备过程中的一致性和稳定性问题，以及连续化生产的关键技术，满足汽车、计算机等高端应用器件对材料的要求。有效利用Sm资源，促进稀土资源的平衡利用和可持续发展。

3）稀土永磁材料高效清洁制备与可循环利用技术的产业化

开发稀土高效清洁冶炼分离产业化技术，实现稀土及主要伴生元素（包括钍，Th）的高质化和高值化；开发高纯稀土金属及合金节能环保产业化制备技术和装备。实现制备过程中化工材料的循环利用，解决稀土冶金过程三废污染问题，降低能耗，提高资源综合回收利用水平。

4.重点发展方向四：稀土永磁材料服役评价与安全控制技术

随着稀土功能材料的性能不断提高及材料应用领域的拓展，大功率永磁电机（如用于清洁能源用风力发电的直驱永磁式风电机组，环保节能汽车如混合动力汽车、电动汽车用永磁电机，核潜艇用高速永磁发电机等）对稀土功能材料的服役性能，包括抗冲击振动性能、耐温性能、耐蚀性能等方面都提出了很高的要求。发展稀土功能材料的服役评价与安全控制技术，建立稀土功能材料服役行为的评价、表征和模拟技术方法，制定相关标准，对拓展稀土功能材料在这些重大工程中的应用具有重要意义。

20.5.3 政策建议

目前中国稀土永磁材料行业仍处于蓬勃发展的新时期，在资源优势、产业规模优势的带动下，中国稀土永磁材料的基础研究与科技创新正在与世界前沿接轨，已成为世界稀土永磁材料研究开发的主要力量，并形成了一支高水平的工程和应用技术研究队伍。但中国稀土永磁材料产业仍面临着一些亟待解决的问题和严峻挑战，首先是稀土永磁材料应用技术与发达国家相比，存在一定的差距，产品性能难以完全满足新能源汽车、高铁等新兴产业的技术需求。其次是缺少核心技术专利，劳动成本持续上升，产能过剩矛盾加剧，传统产品投资空间变小等。因此，提出以下几

方面建议。

（1）强化基础研究，增强自主创新能力，提高核心竞争力。

按照建设创新型国家和“自主创新、重点跨越、支撑发展、引领未来”科技发展方针的总要求。首先要重视科学基础研究和应用研究相结合，要着力提升稀土永磁材料的原始创新能力、工程化和成果转化能力，形成更多具有自主知识产权的创新技术。将稀土永磁材料产业发展与“中国制造2025”“互联网+”等国家战略及经济社会发展目标紧密结合，着力突破关键技术和共性技术，提高产业的核心竞争力。

（2）制定产业规划和完善政策引导，从制度上保障稀土永磁材料科技与产业健康可持续发展。

在国家“十三五”发展时期，加强稀土永磁材料产业发展规划，完善技术开发和风险投资机制和企业的环保措施和管理体制，引导行业发展方向，培育具有国际竞争力的稀土永磁材料生产企业。建立稳定的稀土永磁材料开发与应用技术专项基金，加大对稀土永磁材料与器件产业化关键技术的支持力度，促进稀土永磁材料科研成果向生产力的转化。

（3）加强材料到器件、装置、装备及仪器的系统研究，扩大稀土永磁材料在国民经济中的应用，促进稀土资源的高效平衡利用。

进一步拓展稀土永磁材料的应用领域，扩大和培育其在节能减排、清洁能源、航空航天等重大领域的应用市场。大力开发利用高丰度稀土、中重稀土元素的减量化应用技术以及废弃稀土永磁材料及器件回收利用技术，促进稀土永磁材料行业健康可持续发展。

（4）加强知识产权保护工作，建立和完善知识产权及标准保障体系，推动技术创新，形成核心技术专利，实现关键技术突破。

抓住稀土永磁材料产业和技术发展的战略机遇期，科学制定战略，建立知识产权整体战略布局，鼓励申请国外专利，抢占技术制高点；摆脱“技术跟踪模仿、产权受制于人、产业大而不强”的被动局面。组建稀土永磁行业专利联盟，建立稀土行业专利信息服务平台，培育和提升行业、企事业单位技术创新及知识产权保护的能力和水平。

（5）加强人才队伍建设，建立共性关键技术研发、材料检测评价基地或平台，强化上下游合作，全面提升行业整体竞争力。

建议在加大海外高层次人才引进力度的同时，更加注重国内人才的培养使用。建设具有国际先进水平的稀土永磁材料中试基地或共性关键技术研发基地；建立稀土永磁材料和产业技术创新体系和联合创新机制，形成产学研用相结合、领域交叉、上下游行业联合体制，防止研发与市场脱节，促进研发成果及时转化为现实生产力。

参考文献

[1] 中国工程院咨询研究报告．稀土资源可持续开发利用战略研究．北京：冶金工业出版社，2015.

[2] 李卫．稀土永磁最新技术进展.2015 中国稀土永磁论坛论文集，成都，2015.

[3] 胡伯平．中国稀土永磁行业状况.2015 中国稀土永磁论坛论文集，成都，2015.

[4] 朱明刚．中国稀土永磁及产业装备发展现状与存在问题 // 中国科协学会学术部．稀土资源绿色高校高值化利用．北京：中国科学技术出版社，2013.

[5] 工信部原材料工业司．中国新材料产业年度发展报告．北京：电子工业出版社，2013.

第 21 章

高性能高分子及复合材料产业

包建文　徐樑华　王锦艳　彭　涛　祖　群

【内容提要】高分子及复合材料在国民经济和国防工业的各个领域得到广泛应用，但其是国防及高科技制造业的材料基础。本章阐述了高性能高分子及复合材料产业的国内外现状与趋势、产业发展的基本情况与重点技术等，“十三五”期间中国在高性能高分子及复合材料产业领域重点发展工程塑料、高性能有机纤维、碳纤维，以及树脂基复合材料等，逐步实现高性能高分子及复合材料行业的产业化、规模化发展，形成优化、完整的产业结构。

21.1　高性能高分子及复合材料产业的概念与范畴

高性能高分子材料是指具有高耐热、高力学性能和具有阻燃、耐磨和光电等特殊功能的高分子材料，高性能树脂基复合材料主要指比强度比模量高于铝合金的树脂复合材料。高分子及复合材料在国民经济和国防工业的各个领域得到广泛应用，是国家经济和科技发展的基础材料产业。本章重点论述高性能高分子材料及复合材料，包括工程塑料、高性能有机纤维、高性能碳纤维、高性能玻璃纤维，以及高性能树脂基复合材料等。

21.2 高性能高分子及复合材料产业发展现状

21.2.1 总体现状

高分子及复合材料产业品种齐备，产业链日趋完备，但利润空间不断下降，逐步向高性能化、多功能化、高附加值化和低成本、低能耗的产业结构转型。高性能高分子复合材料虽然只占据高分子材料市场极小的市场份额，其产量只占不到5%，但是其价格是通用高分子材料的数倍乃至数十倍，具有显著的高附加值特点。发达国家的高性能高分子及复合材料的技术体系基本形成，并不断发展完善，产业规模化。中国高性能高分子材料及复合材料在生产中的比例明显低于发达国家，技术和产品缺乏，综合盈利水平低下，工程化和产业化能力不足。

21.2.2 高性能高分子材料产业

1. 工程塑料

1）国际现状

工程塑料可分为通用工程塑料和特种工程塑料。2013 年世界工程塑料产量已达 1 100 万吨左右，并以平均每年 4.6% 的速度递增，预计 2018 年需求量将增加至 1 270 万吨，产值将超过 550 亿美元。产业格局更加全球化、专业化、多元化。通用工程塑料品种规格形成体系，产业实现规模化[1]。工程塑料市场虽然规模小，但价格和利润率均相对较高。通用工程塑料品种牌号多样化，市场结构更加精细化。特种工程塑料技术日趋成熟，产业进入高速发展期，产业规模化扩张迅速。特种工程塑料自 20 世纪 60 年代以来发展迅猛，在航空航天、先进电子设备等高技术行业的牵引下，其年增长率已超过 20%。特种工程塑料的生产主要集中在欧、美、日等发达国家和地区，已工业化的特种工程塑料主要包括聚醚砜（PES）、聚苯硫醚（PPS）、聚醚酰亚胺（PEI）、聚醚醚酮（PEEK）等。

2）国内发展水平

中国工程塑料需求快速增长，逐步形成了工程塑料的完整产业链，是全球通用工程塑料需求增长最快的国家，需求居世界第二，2013 年中国工程塑料消费量达到 340 万吨左右，2015 年将超过 400 万吨。通用工程塑料从中低档逐步向高端产品迈进，PPS、PEEK、PES、聚酰亚胺（PI）和聚砜（PSF）等特种工程塑料已经实现产业化生产。特种工程塑料总体水平与国外存在较大的差距，原创性成果较少，工程化技术缺乏，应用需求脱节，产业化投入严重不足，产业化进程缓慢。

3）关键产品分析

通用工程塑料主要包括尼龙、聚碳酸酯、聚苯醚、聚酯、聚甲醛，主要应用于电子电气、机械、建筑、汽车、建材等。特种工程塑料在航空航天兵器等国防军工领域和电子电气、石油化工、精密机械等工业领域应用广泛，包括PEEK、PES、PPSU、PEI、PPS、PI，以及新型杂环可溶性特种工程塑料。

4）产业链及产业环境

工程塑料是航空航天、电子电气、交通运输、机械等高端制造业的上游产业，其产业链包括聚合物单体、塑料、塑料制品及塑料加工相关的设备制造等。工程塑料在国防军工和国民经济中占据着重要的地位，中国经济仍然保持快速增长，中国经济的转型转轨和高端制造业发展快速，工程塑料的需求发展更快；国际石油市场的波动将对塑料市场造成一定的冲击，但对以高技术为特点的工程塑料影响很小。

5）重点技术分析

在“十三五”期间，针对中国工程塑料品种不具规模化、附加值低、原创技术少等问题，未来重点发展塑料产业以下技术：①工程塑料低成本化生产技术；②在国家重大需求牵引下，研发具有自主知识产权的特种工程塑料制备及其产业化技术；③特种工程塑料的关键原材料技术；④特种工程塑料产品的加工与制造装备技术。

2. 高性能有机纤维

1）国际现状

在高性能有机纤维产业领域，芳纶纤维是最主要的产品，国外芳纶生产现状见表21.1[2, 3]。超高分子量聚乙烯全球总产能约为1.8万吨/年，主要生产商包括帝斯曼、霍尼韦尔和东洋纺。PI纤维主要是指赢创纤维公司的P84纤维，总产能约为2 000吨/年。日本东洋纺聚对苯撑苯并二噁唑（PBO）纤维产能为300吨/年。

表21.1　国外芳纶生产现状　　单位：万吨

产品	日本	美国	韩国	俄罗斯	合计
芳纶1313	1	3	0.2	—	4.2
芳纶1414	3.5	3.5	0.5	—	7.5
芳杂环纤维	—	—	—	0.2	0.2

2）国内发展水平

中国高性能有机纤维产业起步较晚，产业化水平较低。芳纶1313总产能约为1.3万吨，烟台泰和和苏州圣欧各有约8 000吨/年和5 000吨/年。芳纶1414国内总产能约为6 000吨/年，中蓝晨光、烟台泰和和苏州兆达在产能和产品性能方面处于国内前列[4]。PI纤维国内总产能约为2 000吨/年，长春高琦和江苏奥神各达千吨级。超高分子质量聚乙烯国内总产能已接近2万吨/年，主要厂家包括山东爱地、宁波大成、北京同益中和湖南中泰。国内PBO纤维处于工程化开发阶段，还未建成产业化生产装置。

3）关键产品分析

高性能有机纤维关键产品包括各种类别的芳纶纤维、超高分子量聚乙烯纤维、PI纤维、PBO纤维和PPS纤维等，以及其相关的纤维制品，如防弹制品、绳缆、织物等。

4）产业链及产业环境

合成纤维产业链包括聚合物单体化工、聚合物合成、聚合物纺丝、纤维制品加工、合成纤维生产装备和纤维终端消费等环节。目前国内合成纤维的产业链基本完整，大部分原材料已实现国产化，但大部分高性能有机纤维制造关键装备仍然依赖进口。但是在国家创新发展的驱动下，尤其高性能有机纤维的主要用途是先进复合材料、防务装备和工业领域，作为国家重点支持和快速发展的领域，高性能有机纤维仍有很大发展空间。

5）重点技术分析

“十三五”期间应重点突破高性能有机纤维的规模化制备技术和产业集成技术，提升相关品种的供应能力和产业集中度，降低制造成本，提升市场竞争力。重点技术包括：①特种有机纤维的规模化和低成本化制备技术；②高端产品和差别化产品的批量制备及应用技术；③纤维应用开发和复合材料表界面设计-构筑技术；④纤维制品成型技术及应用评价技术。

21.2.3 高性能树脂基复合材料产业

1. 高性能碳纤维

1）国际现状

2013年全球碳纤维产能已达10.77万吨，预计到2020年世界碳纤维需求将达到每年14万吨[5]。以日、美为代表的国际先进碳纤维已经形成了高强、高强中模、高模和高模高强四个系列碳纤维产品，并已进入成熟的产业发展模式，处于全球产业的垄断地位。日本企业的产能占据世界碳纤维70%左右的产能，日、美和欧盟则控制着80%左右的市场。为适应不断扩展的复合材料应用需求，低成本的干湿法纺丝技术和大丝束产品制造越来越受到重视。

2）国内发展水平

经过多年发展，初步形成了从实验室研制到产业化的国产碳纤维研发与生产平台，形成了约19 000吨/年的名义产能，普通高强碳纤维基本满足了国防建设对第一代碳纤维复合材料的需要[5]。百吨级国产T800级碳纤维工程化技术取得突破，突破了高强高模碳纤维制备关键技术，高性能碳纤维技术产品系列化、规格多元化格局正在逐步形成。但受多种因素影响，中国碳纤维产业尚处于发展的幼稚期，高端产品缺乏，生产成本居高不下。

3）关键产品分析

高性能聚丙烯腈碳纤维是碳纤维产业的关键产品，包括普通高强、高强中模、高模、高强高模等产品系列及其织物，以碳纤维为增强体的先进复合材料是引领结构材料革命的典型代表，是世界各国国防工业不可替代的关键材料，也是海洋、河流苛刻环境下的建筑工程，输电、核电、风电等能源建设，交通运输轻量化等领域不可或缺的基础材料，是一个国家为确保国家安全和支撑国民经济发展必须自主保障的关键战略材料。

4）产业链及产业环境

高性能聚丙烯腈碳纤维制备包括原丝制备、碳纤维制备、纺丝油剂和碳纤维上浆剂等辅料助剂制备、专业装备的设计制造、纤维结构性能评价表征、纤维应用设计等技术链，由技术链组合形成碳纤维产业链。

国际上成熟的碳纤维产业链结构，使碳纤维产业得到快速发展，并瞄准世界经济发展对装备要求的提升，不断拓展应用领域，通过纤维技术推进和复合材料应用牵引，实现碳纤维制备与应用的协同发展。中国尚处于碳纤维产业发展的幼稚期，技术创新能力、产业链结构的认知程度、装备制造能力和纤维应用设计能力等方面存在的问题都是中国碳纤维产业发展需要解决的问题。国际成熟碳纤维产业推行的高端技术与产品禁运、普通产品低价销售策略，对中国碳纤维产业发展的影响不容忽视。

5）重点技术分析

碳纤维是先进复合材料的核心增强材料，未来相当长一段时间内仍将重点发展以下技术：①普通高强碳纤维高效低成本制造技术，结合产业规模集成度的提高，全面提升国产碳纤维产业的技术成熟度；②高强中模碳纤维产业化技术，开展装备设计、纤维制备与应用技术研究，快速实现高强中模碳纤维产业化技术突破，实现不同等级高强中模型碳纤维产品的系列化制备；③碳纤维制备前沿技术，包括高强高模碳纤维、高抗压缩高强中模碳纤维等高性能化制备技术、适应市场需要的碳纤维新品种制备的新技术新工艺等。

2. 高性能玻璃纤维

1）国际现状

美国 AGY 公司是国际上 S 玻璃纤维（S-2®）最大制造商，通过优化 R 玻璃纤维成分，先后推出了 S-1®HM 高强高模玻璃纤维，并进一步开发更高模量的 S-3 玻璃纤维，纤维的模量达到 99 兆帕。美国欧文斯科宁公司在 2006 年推出了 HiPer-tex® 高强高模玻璃纤维，经过多个领域应用考核，量产后供不应求。美国 PPG 公司结合风叶复合材料设计要求，开发了 Hybon® 直接纱浸润剂技术，使普通无碱玻璃纤维性能得到更好的发挥，随后在 R 玻璃纤维成分优化基础上推出 Innofiber® XM 玻璃纤维 [6]。

多样化的高性能玻璃纤维伴随着玻璃表面处理技术、纤维制品深加工技术的发展，结合产品的应用，高性能玻璃纤维制品的可设计性越来越强。国外公司针对纤维制品加工、复合材料成型工艺及终端产品设计要求，就某一具体应用领域或特定产品，将不同种类高性能玻璃纤维及其制品的性能与成本优势进行细分，形成系列化产品。

2）国内发展水平

2011 年以来，中国的玻璃纤维产业进入了从产能扩张到产业升级的转型阶段，高性能玻璃纤维产业则呈现快速增长趋势（图 21.1），高性能玻璃纤维在玻纤纱中的占比由 2010 年的 12% 提高至 2014 年的 49%。但是高性能玻璃纤维组分与性能优化设计、浸润剂及专用成膜剂、纤维制品深加工等核心技术相对薄弱，制约了中国高性能玻璃纤维在先进复合材料领域的应用，更制约了玻璃纤维向高品质方向发展。高性能特种玻璃纤维规模化程度仍低于国外，需求量仅是美国的 40%。

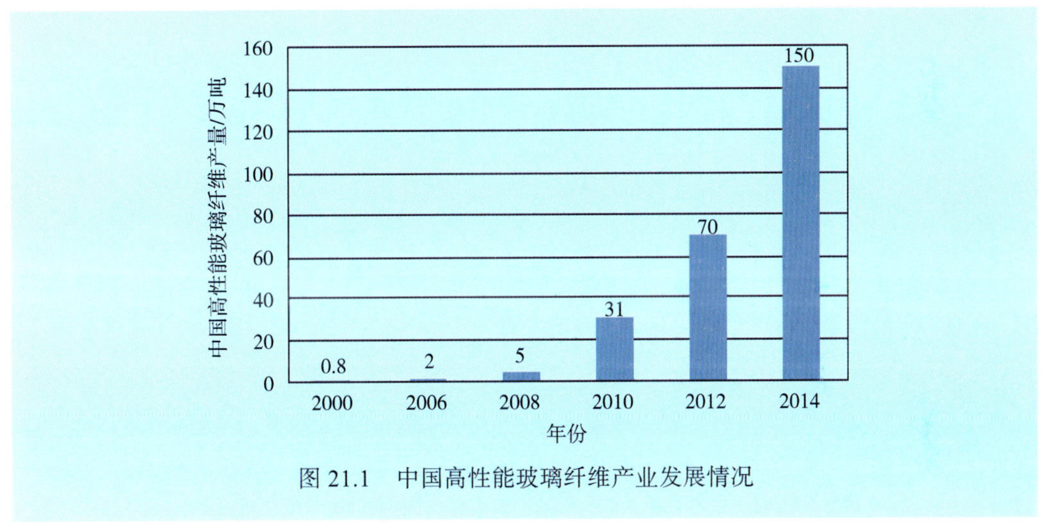

图 21.1 中国高性能玻璃纤维产业发展情况

3）关键产品分析

在结构功能一体化复合材料、电子信息、节能环保、健康医疗行业等快速发展带动下，高性能玻璃纤维发展的关键产品包括 S 级高强度、石英、低介电透波、高硅氧等高性能特种玻璃纤维，如美国欧文斯科宁公司开发的 S 玻璃纤维，AGY 公司的超高模量玻璃纤维，PPG 公司开发的新型低介电玻璃纤维等 [7]。

4）产业链及产业环境

高性能玻璃纤维产业链主要包括高性能玻璃纤维原材料生产（如高性能石英纤维所需的高纯度石英砂）、玻璃纤维原丝或纱的制造和玻璃纤维织物或毡的加工，以及玻璃纤维产品的应用。

高性能特种玻璃纤维规模还比较小，即便是 S 高强玻璃纤维最大的制造商 AGY

公司，其单线规模也只是传统玻璃纤维池窑的千分之一。国内高性能特种玻璃纤维产业面临国外同类产品及国内低端产品的模仿和概念产品的挤压。国外一些公司的部分高性能玻璃纤维制造技术和生产基地在向国内迁移，直接参与国内高性能特种玻璃纤维竞争。

5）重点技术分析

与其他高性能纤维相比，高性能特种玻璃纤维材料以其规模化和低成本优势，在应用领域仍将作为复合材料的增强体[8]，其产业技术发展与下游产业发展密切相关，重点技术包括如下几个方面。

（1）直接法生产高强玻璃纤维技术。

（2）高纯度石英纤维的低成本制造技术。

（3）超高模量玻璃纤维 / 高介电玻璃纤维等新型高性能玻璃纤维制造技术。

（4）高性能玻璃纤维节能绿色生产技术。

3. 高性能树脂基复合材料

1）国际现状

全球碳纤维需求发展平稳，基本形成了平稳发展的需求态势，2015 年需求量在 60 000 ～ 68 000 吨，预计 2020 年将可能达到 120 000 吨左右。以纤维需求为基础的碳纤维复合材料市场，2015 年将达到 10 万吨，产值将达到 150 亿美元左右。在民用运输机的巨大需求和复合材料高使用比例，以及未来新能源汽车和新能源等产业的牵引下，未来数年碳纤维复合材料将以 13% ～ 17% 的速度持续增长，碳纤维复合材料市场将达到 250 亿～ 300 亿美元。再加上 30% 左右的玻璃纤维和高性能有机纤维市场，复合材料市场总额将超过 400 亿美元[9]。

国际高性能树脂基复合材料产业目前呈现了以下特点：①复合材料树脂基体不断发展，形成了涵盖环氧、双马、氰酸酯和 PI 等系列化材料体系；②高性能树脂基复合材料构件自动化、数字化、整体化和低成本制造技术成熟；③高性能树脂基复合材料综合考核充分，设计技术成熟，应用领域不断拓展；④高性能树脂基复合材料的技术进步带动了其在新能源、交通运输、建筑及基础设施等工业领域的规模应用，产业化规模不断扩大；⑤结构吸波、结构透波、结构抗弹一体化、结构防热、结构阻燃和结构导电等树脂基功能复合材料渐成体系，并逐步在航空航天等国防领域推广应用。

2）国内发展水平

目前国内对碳纤维的需求约为 10 000 吨，主要集中在文体休闲产业，约占总需求的 60%，航空航天兵器等高端领域约占 5% 以下。在航空航天兵器等高端领域，碳纤维复合材料的综合产值约为 50 亿元，高性能有机纤维和玻璃纤维树脂基复合材料的综合产值约为 10 亿元，尚未形成真正意义的产业，但对国内复合材料产业的发展具有巨大的引导和技术推动作用。

国内树脂基复合材料及其制造技术体系基本形成，产业雏形建立，具有以下特点：①复合材料树脂基体和增韧技术渐成体系，与国外的差距逐步缩小；②建立了复合材料构件研发平台和制造基地，初步形成了军用复合材料研制和生产为基础的骨干制造技术体系；③树脂基结构复合材料进入主承力结构，应用领域和产业迅速扩张，国内航空航天兵器领域复合材料已经开始较大规模应用；④在民用复合材料领域，产业规模不断扩大，但产业技术水平低下，集成度低；⑤结构吸波、结构透波、结构抗弹和结构防热等树脂基功能复合材料技术体系逐渐形成。

3）关键产品分析

从工艺流程和材料形态分析，包括纤维增强体和树脂基体等基础材料和预浸料、蜂窝、泡沫等中间材料关键产品，复合材料一旦成型也就成为最终复合材料结构产品。从材料类别分析，纤维增强体包括碳纤维、玻璃纤维和高性能有机纤维及它们的纺织增强体等产品，高性能树脂基体包括环氧树脂、双马来酰亚胺树脂、氰酸酯树脂和 PI 树脂[10]等产品，复合材料关键产品包括航空航天结构、兵器与船舶结构、文体休闲、汽车与轨道交通运输、风电叶片和建筑等，甚至包括建筑补强等带服务性质的产品。

4）产业链及产业环境

高性能树脂基复合材料产业链包括增强材料、化工树脂原材料、配方树脂及预浸料、复合材料成型工艺、复合材料应用与使用维护等，也包括高性能树脂基复合材料制造中全产业链中各阶段相关的专用设备。目前，中国除了传统的航空航天兵器等国防行业对复合材料的需求不断增长外，中国大型民机发展规划、通用航空发展规划的实施将大大促进航空复合材料产业的发展，全球新能源、新能源汽车和海洋工程等迅猛发展也对复合材料提出了巨大的需求。随着居民生活水平的提高，体育休闲产业高性能树脂基复合材料也将持续高速增长。各种快速增长的需求将大大推动中国高性能树脂基复合材料产业的快速发展。

5）重点技术分析

在增强纤维等基础原材料具备的前提下，目前国内复合材料产业应重点关注以下技术：①复合材料树脂基体高性能化技术，包括高韧化、高温化、结构功能一体化等；②复合材料自动化制造技术，包括复合材料自动铺放技术、缠绕技术、拉挤技术和自动机械辊压成型等不断创新的自动化制造技术；③复合材料低成本制造技术，包括液态成型、预浸料真空袋成型和复合材料快速固化成型等技术；④复合材料设计与考核验证技术，在航空航天领域相对比较成熟，其他行业对复合材料设计尚缺乏系统考虑，不利于充分发挥复合材料的性能特点和复合材料的使用效能。

21.3 中国高性能高分子及复合材料产业发展面临的问题及趋势分析

21.3.1 中国高性能高分子及复合材料产业发展面临的问题

（1）特种工程塑料、高性能有机纤维和民用复合材料等材料产业集成度低，小型企业所占比例高，企业规模小，产品性能及稳定性有待提高，产业环境中受到发达国家高技术创新和发展中国家低人力成本的双重压制。

（2）自主创新投入不足，以跟踪仿制为主，市场竞争力差；高端原材料的保障能力和自给率有待提高；技术和产品同质化严重，低水平重复建设情况和低价恶性竞争严重。

（3）在高性能高分子及复合材料领域，科研成果层出不穷，但成果转化的机制不健全、科研与产业之间转化环节缺失，导致转化为产业的科研成果产业转化率低。

（4）高性能高分子及复合材料的“系列化”、“标准化”和“通用化”程度不高，很多新产品、新技术没有从技术上升为标准，检测评价方法及标准落后。

（5）先进复合材料关键原材料，尤其是增强材料（如碳纤维），产业集成度低，没有形成规模效应，碳纤维制备工艺技术同质化现象严重，缺乏与国外先进企业的竞争力。T800级碳纤维等高性能纤维的工程化研制刚刚开始，超高刚度和高导热碳纤维研究尚处于起步阶段，高性能纤维尚不能完全自主保障。

（6）国内高性能树脂基复合材料应用水平低，复合材料设计、分析与可靠性评估技术落后，复合材料制造自动化水平低，高性能、低成本复合材料和大型复合材料构件应用考核不足，复合材料关键工艺装备的自主研发能力较弱，严重影响复合材料的使用效率，制约复合材料产业的发展。

21.3.2 中国高性能高分子及复合材料产业发展趋势分析

（1）低成本化、高性能化是工程塑料发展的主要趋势，通过耐高温、耐磨、导电、电磁屏蔽功能性塑料产品创新，不断提高全球市场占有率，拓展新市场，替代金属材料的市场，汽车、电子电气、家电、建筑和基础设施等领域将成为工程塑料有增长潜力的市场。

（2）高性能化、系列化和差别化是芳纶纤维等高性能有机纤维发展的主要趋势，根据市场需求不断丰富产品规格，形成系列化产品，大力推进自主创新、突破技术瓶颈，做大做强的同时关注品牌战略，用技术引领发展，形成规模化经济产能，实现高性能有机纤维跨越式发展。

（3）中国碳纤维处于产业发展期，针对国内外应用需求，中国碳纤维产业重点要实现高性能碳纤维的产业化、通用碳纤维低成本化，通过技术进步提升产业技术的成熟度，高效释放碳纤维产能，通过新技术的不断突破支撑碳纤维产业的持续发展。

（4）高性能玻璃纤维产业在航空航天、电子信息、节能环保、健康医疗行业等的快速发展带动下，重点发展S级高强度、石英、低介电透波、高硅氧等高性能特种玻璃纤维规模化生产技术。规模化和节能绿色生产、延伸产业链仍是高性能玻璃纤维，特别是高性能特种玻璃纤维技术发展的重点。

（5）高性能树脂基复合材料的高性能化、低成本化、结构功能一体化和制造自动化是复合材料学科和产业发展的主要方向，并通过复合材料设计与考核验证技术的不断优化，提升复合材料应用效率。在碳纤维复合材料应用领域，将从体育休闲用品为主，逐渐提高航天航空、工业领域的应用份额，最终实现在工业领域应用体现“量”、航天航空等国防领域应用体现“质”的高性能碳纤维复合材料应用格局。

21.4 中国高性能高分子及复合材料产业发展重点案例

21.4.1 政府主导与需求牵引共同推动国产T300级碳纤维的产业化

中国碳纤维研制起步于“七五”计划，开展了二十余年的研究。虽然日本对中国碳纤维一直实施禁运封锁，中国碳纤维复合材料研制早期用量很小，可以不断从各种渠道获得进口碳纤维满足高性能碳纤维复合材料的研制研究需求，国内复合材料行业对碳纤维没有形成真正意义的“需求”，这也导致国产碳纤维长期仅仅处于研究阶段，没有步入产业化的轨道。2000年之后，国际市场碳纤维需求紧张，中国对碳纤维的需求也快速增加，同时日美企业碳纤维禁运加紧，少量非正常渠道获得的“天价”碳纤维已无法满足装备研制与生产的迫切需求。在此形势下，在政府部门的组织下，面对武器装备对T300级碳纤维的迫切需求，相关企业紧急启动了国产T300级碳纤维的产业化研制，经过三年不懈努力，基本实现了国产T300级碳纤维的自主保障和产业化，并为更高性能的碳纤维研制与产业化奠定了基础。

21.4.2 自主创新促进特种工程塑料产业化

为了进一步提高高性能工程塑料的耐热性和可制造性，大连理工大学自主开发了杂萘联苯结构聚芳醚砜、聚芳醚酮、聚芳醚砜酮（PPESK）和聚芳醚腈砜系列高性能工程塑料，该系列产品兼具耐高温和可溶解的性能优势，可通过注塑、挤出、模压和溶液铺膜等多种方式加工成型，可用于制备复合材料、绝缘材料、耐高温高效分离膜、燃料电池用质子交换膜和漆包线等。杂萘联苯结构聚芳醚树脂具有低成本、高性能的优势，高温力学性能保持率显著高于PEEK树脂。与PI相比，PPESK具有价格低、耐湿热性能好的优势。含杂萘联苯结构聚芳醚系列树脂的合成及加工应用技术已基本成熟，正在逐步实现产业化。

21.5 促进高性能高分子及复合材料产业发展的政策建议

（1）加强政府引导，强化政府的监管与组织保障职能，避免低端重复建设，整合中央、地方、企业和国际资源，合理布局、统筹发展，推进技术和产业快速健康发展。

（2）加强对高性能纤维产业的科研投入和政策扶持力度。高性能纤维是高性能复合材料的关键原材料，建议国家优先安排高性能纤维的低成本产业化和高性能化技术、复合材料工程化应用攻关和核心装备国产化等科技攻关。并通过融资和国家税收杠杆，切实拓宽企业和平台的资金筹措渠道，有力推动高性能纤维产业化技术发展。

（3）针对国家重大科技工程急需，建立高性能高分子材料及复合材料国家级研究基地。建议国家有计划地组建一批高水平国家级先进高分子材料开发及生产加工基地，支持国家级研究基地重点开展原创性的研发，重视先进的制造技术、纳米技术、生物技术、信息技术等新技术在高分子材料行业的应用，提升中国低成本、高性能化高分子及复合材料产业的整体技术水平。

（4）鼓励并推动高性能工程塑料及其复合材料产业的军民融合。建议优选一批具有较好产业基础的平台进行重点支持，从重点产业领域鼓励和发展一批管理先进、机制灵活的产学研用一体化产业平台，积极整合国内现有的技术和人力资源，提高产业化水平和市场竞争力，并实现中国先进复合材料产业军民融合式发展。

（5）加强高分子及复合材料学科建设、人才培养和国际合作。加强先进复合材料学科建设，大力推进科技计划与人才培养的联动，促进人才在高校院所和企业之间的充分流动，鼓励科技人才与企业家的结合，依托复合材料国家重点实验室等国家级研究基地着力培养一批复合材料结构设计人才和有经验的制造工艺人才，培养中青年科技创新领军人才，打造产学研用结合的创新型人才团队。

（6）加强对关键原材料和关键装备研制的支持。加大复合材料关键原材料自主保障研究和关键装备自主研制的投入力度，积极推进国产高性能树脂基复合材料的适航论证，牵引复合材料产业链的发展和形成，促进国产高性能树脂基复合材料发展融入和支撑国家重大工程。

参考文献

[1] PlasticsEurope.Plastics-the facts 2014（An analysis of European plastics production，demand and waste data），2014.

[2] 李群生，张武龙，翟佳秀，等 . 国内外芳纶的制备、产业现状及市场前景 . 合成纤维，2014，（6）：19-23.

[3] 丁海兵 . 对位芳纶国内外市场需求与产业化现状 . 合成纤维，2013，（4）：49-51.

[4] 彭涛 . 我国对位芳纶产业现状剖析及其建议 . 高科技纤维与应用，2013，（5）：8-10.

[5] 林刚，申屠年 . 对中国碳纤维及其复合材料产业链发展现状的反思 . 高科技纤维与应用，2012，37（4）：1-17.
[6] 张炎，祖群 . 航空领域用特种玻璃纤维材料 . 航空制造技术，2014，（15）：130-131.
[7] 祖群 . 高性能玻璃纤维发展历程与方向 . 玻璃钢复合材料，2014，（9）：19-23.
[8] 姜肇中 . 来自产业链的机遇——玻纤在复合材料产业链的五个发展点 . 中国纺织报，2012-05-17.
[9] Witten E，Kraus T，Kuhnel M.Market developments，trends，challenges and opportunities. Composites Market Report，2014.
[10] 包建文，陈祥宝 . 航空聚酰亚胺复合材料研究与应用现状 . 航空材料学报，2012，（6）：1-8.

审稿：屠海令

第 22 章

高性能轻合金材料产业

米绪军　李志辉　张　奎　叶文君

【内容提要】高性能轻合金材料包括为追求更高的强度/韧性/耐蚀性能/抗疲劳性能等综合性能而研制生产的新一代铝、钛、镁合金材料，以及为满足新的应用需求而开发生产的特殊品种规格的轻合金材料。高性能轻合金是高端制造的基础，更是各产业自主创新发展节能减排、减重增效技术的材料技术支撑。我国作为世界轻合金生产和消费大国，近年来在高强高韧铝合金、大规格镁合金和钛合金加工材等轻合金材料的研制和产业化技术领域取得了很大进展，为满足我国国防建设、国民经济和高技术产业发展做出了重大贡献。随着产业规模的扩大，我国轻合金材料产业仍存在技术基础与创新能力较为薄弱、国产新材料应用推广困难、产能利用率低等诸多发展问题，亟须通过建立以企业为中心的技术创新体系、坚持以市场导向和问题导向布局新材料研发和产业技术攻关计划、推广高性能轻合金材料应用等措施推动我国轻合金材料产业的科学发展。

22.1　概述

高性能轻合金材料是指为满足现代重大工程和装备制造研制开发的轻质高强合金材料，包括高性能铝合金、镁合金和钛合金材料等。高性能轻合金包括两个方面的范畴：一是为追求更高的强度/韧性/耐蚀性能/抗疲劳性能等综合性能而研制生

产的新一代合金材料，如 7085、7095、7136 铝合金等第五代高强韧铝合金，EW75 等新型超高强稀土镁合金，以及 TC18、TC21 高强韧钛合金等；二是为满足新的应用需求而开发生产的特殊品种规格的轻合金材料，如铝合金预拉伸厚板、大规格锻件 / 型材，大型复杂截面镁合金型材 / 锻件，钛合金大规格棒材、大型锻件和精密型管线材等。

高性能轻合金的不可替代性使其成为国民经济广泛需求的基础材料，更是国家重大工程和国家安全不可或缺的支撑材料，广泛应用于航空、航天、机械、电力、化工、建筑、能源、水资源、轨道交通、汽车、舰船、信息、家电、国防军工等领域，在我国国民经济发展中占有极其重要的地位。我国正在向高端制造迈进，自主创新正在成为支撑我国国民经济各产业持续发展的主旋律，高性能轻合金是高端制造的基础，更是各产业自主创新发展节能减排、减重增效技术的材料技术支撑。随着经济实力的增强和制造业的快速发展，我国已成为轻合金的主要生产和消费国，铝、镁、钛等轻合金的生产量和消费量均居世界首位。近年来，我国在高强高韧铝合金、大规格镁合金和钛合金加工材等轻合金材料的研制和产业化技术领域取得了很大进展，为满足我国国防建设、国民经济和高技术产业发展做出了重大贡献。

22.2 高性能轻合金产业发展现状分析

22.2.1 高性能轻合金产业发展总体现状分析

由于轻合金在发展高技术、改造和升级传统产业，以及增强综合国力和国防实力方面起着重要的作用，世界各先进国家都非常重视轻合金材料的研究发展及产业化技术开发工作。随着我国轻合金产业生产规模的迅速扩大，我国有色金属行业的生产装备水平得到大幅度提升，大型骨干企业的生产装备水平普遍已进入世界先进行列，部分企业甚至达到世界领先水平。

在生产规模迅速扩大、装备水平大幅提升的同时，我国在有色金属行业技术进步方面也取得了显著的成就，在一些重大领域与世界先进水平的差距已大幅度缩小，如我国电解铝工业的电耗指标达到了国际先进水平；高精度铝箔、铝合金大型挤压型材和工业管材等多种产品由完全依赖进口转向批量出口；在 2000 系和 7000 系高强铝合金材料制备方面也取得了一系列核心关键技术的突破，初步满足了航空航天制造业快速发展的需求；镁合金压铸件已经批量用于 3C 壳体等一些非主承力结构件，新开发研制的高强镁合金型材和板材也开始用于新型高技术装备的研制批产；钛合金大直径棒材、大型锻件和特殊性能钛合金等领域取得重要进展，产品基本满足我国航空航天和其他制造业的发展需要。

22.2.2 重点方向一：先进铝合金材料产业

1. 产业国际现状及我国发展水平[1，2]

航空航天和交通运输是国际先进铝合金材料研发和产业化技术发展的主要推动力和应用市场。在航空航天用先进铝合金材料方面，21 世纪以来以 2139、2023、7085、7081、7136、7056、7095 铝合金等为代表的第五代合金材料为主要发展趋势；与此同时，伴随着结构件大型化和整体化的发展趋势，已完整地掌握了最大厚度 300 毫米 / 最大重量 3 900 千克的模锻件、最大厚度超过 200 毫米的预拉伸板、最大长度近 30 米的大断面复杂截面型材的加工制造技术与相关成套装备，以及系统成套的强韧化热处理技术，如 7000 系铝合金的 T6、T73、T76、T74、T77、T79 热处理制度等。合金制品在空客 A380 和波音 B787 等大型客机、F22 和 F35 等先进战斗机，以及先进航天飞行器上得到了大量的应用。交通运输工具制造用铝材方面，随着地铁 / 轻轨列车和高速轨道交通工具行驶速度的不断提升，目前的 6005、7005、7N01 等合金已不能完全满足车辆发展的性能要求，为此，国际上正在进一步发展具有更高屈服强度、更优异耐损伤性能的新一代 6000 和 7000 铝合金材料。汽车领域可能是进入 21 世纪以来高端铝合金最具应用前景、最具创新空间的领域之一。在西方发达国家，出于车体减重、节能减排的需要，轿车中的铝材平均用量已超过 100 千克 / 辆。但受铝合金车身板生产成本较高、性能尚显不足的限制，其在汽车制造界中的应用仍受到很大的制约，高性能铝合金材料的研制已成为制约轻量化铝合金车身汽车制造的瓶颈。

“十二五”期间，我国铝工业新材料产业蓬勃发展，截至 2014 年，在我国高铁、城市轨道交通等重点领域高速发展的有力带动下，以大规格复杂截面铝合金型材为代表的高端工业型材产业迅猛发展，形成了年产超过 1 000 万吨工业型材的产业规模，工业型材在所有铝型材中占比大幅度提升；航空航天用先进铝材产业方面，新型高强高韧铝合金超大规格预拉伸厚板、锻件关键制造技术取得重要突破，建成了国内首台 120MN 拉伸机、高精三级时效热处理炉等国际一流装备，产业化关键技术和装备水平得到显著提升，一批具有国际先进水平的关键铝材解决了国内有无问题，有力地支撑了国产大飞机等重点型号工程的研制与发展；汽车轻量化用变形铝合金材料产业发展方面，国内针对汽车覆盖件制造用铝合金薄板等关键产品开展了跟踪研仿和自主创新研究，积累了一定的研发基础，同时，一些骨干企业瞄准汽车轻量化用铝材未来的巨大应用市场，相继启动了铝合金车身板专用线的建设项目。2015 年，轨道交通领域用高端铝材产业保持高速发展，大断面工业型材、板材等高端产品应用范围不断扩大，产量持续高速增长；航空铝材产业技术、装备和管理水平继续提升，一批先进铝材开始在重点型号中进行批量应用；多家骨干企业新建的汽车覆盖件制造用铝合金薄板专用生产线相继建成投产，奠定了未来国内汽车覆盖件制造用铝合金新材料产业发展的装备基础，规模化产业初具雏形。

在航空航天用高强韧铝合金材料方面，我国从 20 世纪 60 年代就开始了 2000 系和 7000 系铝合金各类产品的跟踪研仿工作，目前已仿制成功了大部分美国牌号和俄罗斯牌号的现用主要合金，形成了系列化的国产合金产品，包括薄板产品、预拉伸板产品、挤压型材产品、锻件产品等，并初步形成了国内 2000 系和 7000 系铝合金的材料牌号和状态体系。目前，虽已能初步提供部分规格、状态的产品，但仍存在着产品性能不稳定、一致性差、生产过程中的成品率低、成本和价格高昂等问题；材料的各项性能虽然基本达到技术标准要求，但距国外同类产品的实物水平还有一定的差距。此外，我国近年来立项开展的攻关研究多为跟踪研究性质，具有自主知识产权的创新性研究工作较为缺乏，在最新一代航空航天用高性能铝合金材料研究开发方面与欧美等发达国家和地区仍存在较大差距。

在交通工具用铝合金材料方面，我国近年来在地铁 / 轻轨列车和高速轨道交通工具制造用大断面复杂截面铝合金型材的发展上取得了重要突破，并由此带动了我国大型（重型）挤压机生产线的建设。但在汽车用铝合金覆盖件材料、铝合金框架材料的技术发展和应用方面，我国仍然严重滞后于国外。迄今为止，国内铝加工企业在汽车用铝合金覆盖件材料、铝合金框架材料的生产方面仍然处于空白阶段，受国内现有技术水平和综合成本等因素影响，目前国内汽车制造企业对选用铝合金覆盖件、铝合金框架的积极性明显不如西方国家。

2. 产业的关键产品分析

1）汽车覆盖件制造用6000系铝合金薄板产品

近年来，铝合金在汽车制造中的用量呈稳步上升趋势，欧洲、北美汽车制造平均用铝量均高于 160 千克 / 辆，奥迪（Audi）A8、捷豹（Jaguar）XJ、览胜（Range Rover）等高端轿车的单车用铝量均已超过 500 千克。国内各类汽车制造平均铝合金用量低于发达国家，约为 100 千克 / 辆。在汽车用铝中，铸造铝合金在汽车工业中的应用已经进入成熟阶段，占当前全世界汽车用铝合金总量的 97% 以上；而变形铝合金在汽车中的应用仍处于初级发展阶段，其占全世界汽车用铝合金总量低于 3%，可见未来相当长的一个时期内，全世界的汽车工业若要增加铝合金在汽车制造中的总用量，除了现已被广泛接受并被大规模采用的铝合金铸造件之外，关键将取决于各种变形铝合金，尤其是以 6000 系铝合金薄板为代表的大宗产品在汽车中的推广与应用增长情况。

2）航空航天用大规格高性能铝合金预拉伸厚板/锻件/型材产品

先进铝合金一直是全世界航空制造业中不可缺少的关键结构材料——在各种民用飞机和军用飞机的制造中，铝合金结构件的重量一般要占到机体结构重量的 60% ～ 80%，应用的主要产品类型包括预拉伸厚板、锻件、型材、薄板、丝材等。当前，以国产大飞机为代表的重大型号装备对铝合金材料技术提出了新的要求，随着对飞行器的综合服役性能、服役寿命、环境适应性等方面所提出的要求越来越苛刻，传统铝合金正面临来自具有更佳比强度、比刚度、耐损伤性能、耐腐蚀性能的树脂基复合材料的严峻挑战，如何在保持铝合金易加工、低成本等优势的前提下，通过发展具有更优异综合性能的新一代铝合金材料（制品），以有效应对与树脂基复合材料的应用竞争，是目前铝合金材料领域发展必须重点面对的问题。

3. 产业的产业链及产业环境[3~5]

在经济和技术的推动下，目前全球铝工业已经形成了“铝土矿—氧化铝—电解铝—铝加工—铝应用—再生铝”的完整的产业系统，以预拉伸板、薄板、锻件、型材为代表的高性能铝合金加工材产品属于铝加工范畴，处于整个铝产业系统的下游，是当前全球特别是我国化解原铝过剩产能、扩大铝下游产业链的核心目标领域。然而，不幸的是，当前全球特别是我国产能过剩问题已开始显现，目前我国铝及铝合金加工材产能利用率均不足75%，产能同质化现象严重，产品结构不合理、以低端为主，整个铝加工行业整体处于“微利时代”。

“十三五”期间，如何化解铝加工产能过剩问题，提高行业高端产品的占比，发展铝材深加工产业，扩大铝材的应用范围，支撑我国航空航天、地面交通运输、海洋工程等装备轻量化制造和节能减排需要，成为整个行业发展亟待解决的重要问题。

4. 产业重点技术分析

（1）汽车覆盖件制造用新型快速时效响应型6000系铝合金薄板制造与应用技术。围绕国内汽车轻量化的总体发展趋势，以及轻量化汽车设计制造对变形铝合金材料应用的紧迫需求，选择国内自主品牌新型汽车平台的铝合金四门和前后罩盖制造为具体应用背景，突破汽车覆盖件制造用高性价比新型铝合金薄板材的工业化制造技术，实现大规模工业化生产和应用，率先抢占该技术领域和产品方向的制高点。在此基础上，将该项目产品大力推广至国内的合资企业生产的中高档车型，并同步拓展国外汽车市场。该项材料技术主要来源于国内相关单位自主研发，其合金成分设计及其核心关键技术属于国内原创，申请了国际专利合作协定（Patent Cooperation Treaty，PCT）和国内专利，为下一步继续突破新产品的工业规模全流程制造及工程化应用技术奠定了基础。

（2）新一代航空航天用高性能铝合金材料工业化制造技术。重点围绕航空制造业的需求及发展趋势，开展新一代高强高韧铝合金材料的研制及产业化工作，重点突破新一代7000系铝合金的成分设计技术，进一步完善相关的各种制备加工和强韧化热处理技术，自主研制出与国内现有高强高韧铝合金相比，具有更高强度级别、更优异的综合性能平衡的新一代7000系铝合金大规格预拉伸板、锻件、型材产品；同时，解决新一代高强高韧铝合金材料产业化关键技术问题，提升材料质量稳定性和一致性水平，降低材料生产成本，使其真正成为目前广泛使用的7050、7150、7055等合金的升级换代产品，为我国航空航天工业、交通运输业、高端制造业的发展提供最先进的核心材料支撑。该技术原型来源于国内相关单位自主研发，前期国内已对国际上最新同类合金材料开展了跟踪研究，并以此为基础开展了实验室阶段的合金优化设计与试制工作，为下一步开展工程化及产业化工作奠定了良好基础。

22.2.3 重点方向二：先进镁合金材料产业

1. 产业国际现状及我国发展水平[6]

镁及镁合金作为一种轻金属材料，具有比强度高，比刚度高，电磁屏蔽性、阻尼减振性好，以及抗辐射能力强等诸多优异性能，美国、日本等许多发达国家均将其作为战略性原材料，全球原镁消费量总体呈持续上涨的态势。

近年来，国际镁合金结构材料表现出以下发展趋势：一是我国替代西方国家成为原镁主要生产国。2000 年之前，电解法是世界主要的原镁生产工艺，世界原镁产能大国有美国、加拿大、挪威和法国等国家。随着低成本硅热法在我国的大规模推广和使用，国外原镁生产逐步萎缩。到 2011 年，国外仅有以色列、哈萨克斯坦、俄罗斯、巴西和美国五个国家仍在生产原镁，总产量为 13.5 万吨，占世界总产量的 17%左右。二是压铸镁合金在汽车和 3C 产品制造中的应用取得突破，欧美国家、日本分别是汽车、3C 行业开发的领先者，其高端零部件的主要消费市场也在欧美国家。三是高性能变形镁合金的研发和应用成为重大关键装备，特别是航空航天装备减重增效的重要手段，如卫星及宇宙探测器的卫星角架、支架、轴套、横梁、T 形架、支架、管件，卫星天线结构、航天站镜架等结构件。

2000 年至今，我国镁合金和镁加工行业发展迅速。原镁产量居世界第一，但产能过剩、国内消费不足，与产业结构设置有很大关系。追溯至 1995 年，国内原镁产业突然进入了快车道。2000 年，我国原镁产能 31 万吨，产量为 19.5 万吨。2011 年，我国原镁总产能接近 160 万吨，占世界总产能的比例为 85%，产量约为 66 万吨。但原镁产能超过需求，产能利用率较低，并呈降低趋势。2011 年，原镁利用率仅为 42%。

21 世纪以来，我国镁合金结构材料的研发和应用取得了较快发展，特别是科技进步在推动我国镁产业的形成、发展与结构升级方面起到了决定性作用，其中镁合金压铸装备与表面处理等核心关键技术的突破对我国镁合金压铸产业链的形成起到了重要牵引作用，使中国在短短五年内就实现了镁产业结构升级和整体技术水平的提高。

我国镁合金材料发展表现出以下趋势：一是发展高性能低成本镁合金材料技术，特别是解决镁合金材料存在的绝对强度与钢铁和部分铝合金相比较低、密排六方晶体结构使其室温塑性和成型性较差、化学性质活泼使其耐腐蚀性较差、熔铸时冶金质量相对较低等基本技术问题；二是加强上下游联动，通过镁合金产品和技术的标准化、产品的系列化和稳定品质，以及先进的产品设计与开发应用平台带动镁产品应用的快速增长。

2. 重点方向产业的关键产品分析

1）汽车用镁合金产品[7]

汽车对于轻量化的需求迫在眉睫，镁作为轻量绿色材料是汽车应用的理想材料。当前镁合金主要替代品是铝合金，铝镁价格比率一直以来是一个衡量镁性价比的重要参数。业内普遍认为，铝镁价格比率低于1.3时，镁性价比显现。2010～2013年，我国的这一比率一直在0.9～1.2窄幅震荡，有利于镁的推广和发展。我国采用铸造技术加工镁合金已有三十多年的历史，但在汽车工业上应用起步较晚，目前约有二十家企业从事镁合金压铸件的生产和研究。近年来，在各汽车企业共同努力下，我国已开发出了上百个汽车镁合金零部件，若将其相加，总量可达100千克。我国汽车工业特别是汽车零部件产业逐步融入全球采购体系，利用国内镁资源优势所形成的价格优势，有望成为世界有影响力的镁合金零部件生产基地。欧洲汽车生产商正逐渐把亚洲尤其是我国作为采购便宜汽车零部件的重要地区。

2）航空航天武器装备用镁合金产品[8]

航空航天武器装备用镁合金产品的研究开发一直处于各个国家发展的保密环节，关于其相关的报道也仅限于多年前的已经解密的或者已经换代的武器型号，正在研发的各类装备，大多没有相关的具体资料。近年来，除在军用和民用飞机及航空发动机上继续大量采用镁合金材料外。在轻武器中，美国已将镁合金用于携式火器支架，单兵用通讯器材壳体；美国制造的净速枪（racegun）扳机等零件采用镁合金；美军的理想单兵综合作战系统壳体构件采用镁合金，质量从8.17千克降到6.37千克。在火炮及弹药中，德国采用了镁合金制造AMX-30的CN105F1型线膛炮的身管热护套；英国120毫米BATL6Wombat无后坐力反坦克炮采用了镁合金，大大减轻了质量；以色列已将镁合金用于次口径脱壳弹弹壳、穿甲弹弹托；我国采用EW75镁合金用做某型号导弹的弹翼，实现了整体减重7千克，是目前国内首个批量应用的高强耐热镁合金。航空航天也是我国高性能镁合金发展的主要需求牵引。近年来我国以镁合金大规格复杂铸件、高性能变形镁合金为主的镁合金产品已批量应用于航空航天装备制造，并由此带动了高强韧、超高强稀土镁合金的系列开发和大规格镁合金型材、板材和锻件产业化技术的发展。

3）3C用镁合金产品[9]

使用镁合金可以显著地减小3C产品的壳体材料壁厚，降低质量。镁合金的高比强度、高比刚度和高比阻尼容量可以减少外界振动对内部精密电子、光学元件的干扰。在环保意识高涨的环境下，镁合金与无法回收的加碳铁粉/金属粉的塑料，或者与含有毒阻燃剂的阻燃塑料相比，具有很大的优势。只要花费相当于新材料价格4%的费用，就可以回收利用。目前镁合金在3C产品中的应用主要集中在笔记本电脑、数码摄像机、数码视听设备和手机等产品上。据统计，在2006年全球出货的3 000万台笔记本电脑中，外壳材料采用镁合金的比例为25%；2006年全球手机出货量为4.15

亿部，其中采用镁合金机壳的比例为10%～11%，总数约为5 000万件；2006年采用镁合金的数码相机为200万～300万台。

3. 产业的产业链及产业环境分析

丰富的镁矿资源为我国镁产业的可持续发展提供了最可靠的资源保障。镁的性价比较高，与铝的价格之比维持在1.02～1.15，大大低于专家公认的1.3的水平，而随着镁合金领域关键技术取得突破，这种价格优势带来的经济和社会效益将得到更大释放。发展镁合金产业，有利于发挥我国的资源优势。

目前，产业链上下游企业对镁合金应用的认知有差异，前瞻性不够，行业之间缺乏有效协同和协调，难以启动和实施大的推广项目，镁合金产品标准体系不完善，汽车能效和轻量化标准门槛还有待提高，导致镁合金应用一直处于徘徊局面。同时，镁合金产业化及应用开发的投入不足，特别是以民营中小企业为主的投资主体科技创新的实力不强，难以推动镁材料的替代应用。随着镁出口限制和全球经济放缓，出口量出现下降，目前全国镁企业产能利用率不足50%，镁及镁加工企业普遍效益不佳，镁及镁合金企业举步维艰。

4. 产业重点技术分析——新一代镁合金材料产业化制备技术

使用镁合金结构材料使汽车和轨道交通工具轻量化已成为重要发展趋势。研究表明，每使用1千克镁，可使轿车寿命期减少30千克尾气排放。与钢铁和铝相比，使用镁合金零部件产生的轻量化效果更加显著。研究表明，以刚度为设计准则的材料，在等弯曲刚度条件下，采用镁代替钢可减重61%；在等弯曲强度条件下，镁代替钢可减重74%，代替铝可减重30%以上。目前，北美汽车生产厂家每辆汽车用镁量为1.5～3.5千克，某些车型已超过20千克。随着科技进步，镁合金在汽车上的用量将继续增加，预计在未来5～10年，单车用镁量可达到100千克以上。

在重大装备领域，大飞机、载人航天、探月工程、轨道交通等国家重大工程和军事领域对轻量化和减重提出了非常苛刻的要求，具有质轻、比强度高、比刚度高、阻尼减振性好、电磁屏蔽性好，以及优异的铸造、切削加工性能和易回收等优点的镁合金材料发挥着越来越关键的作用，是实现轻量化的理想材料。高性能镁合金在飞机发动机附件机匣、进气机匣、反推力叶栅，直升机传动系统机匣，导弹舱体、导弹弹翼、卫星舱体、战斗机驾驶舱框架、月球车机械臂、发动机部件、轮毂、框架、卫星部件等领域应用潜力巨大。

我国已初步形成从研发、工程化到最终应用的创新技术体系，拥有国家镁合金材料工程技术研究中心、国家级企业技术中心、国家级检测中心等国家级研发平台、拥有大型镁合金材料制备与产业化加工示范基地，已具备满足重大工程需求的研发和生产能力。前期工作已实现了镁合金少数零部件在航空航天、轨道交通、武器等领域的成功应用，已积累了相关的研发和产业化基础。镁合金材料及制品已列入我国国家中长期科技发展规划，发展和应用潜力巨大。发展高性能镁合金材料和工程化技术、大规模推广应用镁合金对减缓我国矿产资源危机、降低能源消耗、减少污染和保障国家安全等都有极其重大的意义。

22.2.4 重点方向三：先进钛合金材料产业

1. 产业国际现状及我国发展水平[10~13]

国际钛合金材料产业依然延续了2008年金融危机后持续低迷的格局，主要表现为国际市场海绵钛出现严重的供大于求，钛合金加工材的价格也处于低位，钛合金材料供应商的并购重组频繁出现。各国钛合金材料供应商通过加大回收主要客户的钛合金废料加以利用以降低成本。世界各国钛合金材料供应商的效益普遍不佳。由于美国钛合金材料生产成本较高，美国民用和军用飞机及其他重要工业中，钛合金材料的自给率只有21%左右，其余全部依赖进口。钛合金材料供应商的并购重组日益频繁，华昌公司早已被ATI公司收购，RTI公司以15亿美元被美国铝业公司收购，目前美国只剩TIMET公司一家独立的钛合金材料供应商。国际钛合金材料供应商开始积极拓展产业链，除提供传统的钛合金棒材、板材及管材等材料外，积极研发钛合金的成品零件，如高速多轴加工的飞机翼肋、舱壁和机身零部件，挤压的超长、薄壁轨道和吊架等零部件，直接提供给飞机制造商，以及海洋石油工程用的大规格钛合金石油钻杆和套管，3D打印及快速成型的复杂零部件。

2003～2012年是我国海绵钛及钛加工材产能迅速扩展的十年，各路资本相继涌入海绵钛及钛加工材的生产，重复建设现象严重，特别是海绵钛的产能扩张一度失控。经过十年的产能扩充，我国海绵钛及钛加工材的产能和产量稳居世界第一。国内钛合金材料生产大企业的装备水平已经居于世界前列，也生产了大量的钛合金材料满足了国民经济各行业发展的需求，某些企业的产品也实现了出口。近年来，随着国内和国际市场需求的不足，我国海绵钛及钛合金材料加工产业产能出现严重过剩，重复建设的恶果开始显现。国内钛合金材料加工产业的集中度非常低，大多数小企业的年产量只有100吨左右，产品严重趋同，主要定位于低端，竞争激烈。从行业用量来看，2014年我国化工、冶金及电力等行业用钛量占比达到了67%，而航空航天用量只占11%。这也反映出国内生产钛合金材料的品种结构仍需调整，整个行业还未实现由依赖规模扩张的粗犷式增长向提升产品质量和技术推动的增长模式的转变。

2. 产业的关键产品分析

先进钛合金产业的关键产品主要有作为原材料的海绵钛，作为初级产品的钛合金铸锭，作为其他行业原材料的各种形式的加工材产品如棒材、板材、管材、带材、型材、丝材等，作为深加工产品的铸件、锻件、粉末冶金制品及3D打印钛合金产品等。

3. 产业的产业链及产业环境分析

我国钛合金产业自1956年开始建设初期即注重全产业链的建设，目前我国也是世界上少数几个拥有海绵钛至钛合金加工材完整产业链的国家之一。钛合金材料产业具有显著的周期特征，尽管需求有周期波动但整体用量是逐渐增加的。钛合金材料用量的提高主要受限于其成本，近期海绵钛的价格处于历史低位，钛合金加工材的价格也比2006～2009年显著降低，各行业用钛的积极性普遍提高。另外，行业内普遍认为随着下一代民用和军用飞机用钛量的增加，以及海洋石油用钛量的拓展，世界范围内钛合金材料的用量即将迎来约10%的年增长。因此，尽管目前钛合金材料整个产业的经济效益普遍不好，但是产业发展的外部环境还是非常有利的。

4. 产业重点技术分析

国内钛合金材料产业要从依赖规模扩张的粗犷式增长向提升产品质量和技术推动的增长模式转变，面向世界市场的竞争必须突破钛及钛合金返回炉料回收利用工程化技术，使其既可以实现资源循环利用，也可以降低钛及钛合金加工材的成本，增强企业产品的竞争力；面向航空领域高可靠性钛合金材料的需求，突破关键钛合金材料产品的一致性和稳定性控制工艺技术；面向海洋石油领域用钛合金材料的需求，突破钛带及大直径钛合金管材的共性制备工艺技术。

22.3 我国高性能轻合金产业发展问题及趋势分析

22.3.1 我国高性能轻合金产业发展面临的问题分析

1. 先进铝合金材料产业

（1）技术基础与创新能力较为薄弱。我国的铝加工业从20世纪50年代起步，无论是装备、生产制造技术，还是合金成分等，长期以来均是完全模仿国外，自主知识产权技术和产品极为匮乏，客观上造成了整个行业当前面临的“研发一代、落后一代”的不利局面。迄今为止，在国际铝业协会现已注册公布的近千个铝合金牌号中，我国仅有广东的铝加工企业近年来注册过1～2个与建筑铝型材相关的新合金牌号；而在国际铝业协会现已注册公布的数百种热处理制度中，尚未发现由我国企业或研究单位独立发明注册的热处理制度。

（2）企业在新常态下面临较大经营压力。“十五”期间，伴随着我国低端铝加工材生产能力的迅速扩大、乃至过剩，产品的市场销售价格迅速下降、附加值空间已被压缩至极限，国内的一些大型企业本着“高投入、高端装备与技术、产品高附加值与高回报”的预期，纷纷把目光投向当时生产附加值相对较高的高端铝加工材产品。“十一五”以来，伴随着大量先进大型装备和生产线的巨资投入，我国许多大型铝加工企业追赶国外的步伐大幅度加快，与国外的技术差距迅速缩小，但是最终却发现，原先国际市场上公认的许多高附加值产品，在我国一旦掌握了技术、先进生产线投入运转、同类产品进入市场以后，国外相关企业的销售价格会迅速下降，这种现象在航空航天预拉伸板及锻件、高精度铝及铝合金板带等高端铝材产品发展进程中得到充分体现。可见，我国铝加工业发展所面临的问题正在从过去的“低投入、低端装备与技术、产品低附加值与低回报”，逐步转向“高投入、高端装备与技术、产品低附加值与低回报”。

（3）工业化和信息化融合进程缓慢。我国先进铝合金材料工业两化融合深度与国际先进水平相比还存在很大差距，企业重视程度不够、信息化投资不足、关键核心软件装备受制于人、复合型人才缺乏、公共服务平台缺失、政策标准建设滞后等问题仍比较突出。

（4）国产材料应用推广形势困难加大。虽然我国先进铝合金材料产业将进入快速发展新阶段，但国产材料的应用推广仍面临较大困难。一是研发创新基础仍较为薄弱，制造技术及管理水平偏低，产品的质量及价格竞争力与国外产品仍有较大差距。二是当前国外产品已占据国内民用航空、高端轿车等领域的绝大多数市场份额，国内用户的产品使用习惯很难更改，加之这些应用领域的应用技术门槛偏高，工程化应用技术投入和积累不足，导致国内企业的发展空间有限。

2. 先进镁合金材料产业

（1）镁合金牌号和状态很少。成熟的变形合金和铸造合金只有二十几个牌号，主要有欧美的镁铝锌（Mg-Al-Zn）系列、镁铝锆（Mg-Al-Zr）系列和镁铼（Mg-Re ）系列和俄罗斯的 MA 系列、BM17 及 BM65 等，远不能满足镁合金大规模推广应用的需求，急需发展成批的高性能镁合金新材料。

（2）缺乏低成本、低能耗原镁生产技术；缺乏大尺寸、超薄和复杂镁合金零部件生产成套技术，低成本先进加工技术和高性能低成本表面防护技术。

（3）镁合金产业的集中度不高，规模化企业少，无序竞争和资源浪费现象非常严重，国有企业参与度过低。

（4）缺乏先进的产品设计与开发平台，镁及其合金的产品和技术标准明显滞后，镁合金产品应用范围还不够宽，镁产品应用量增长速度较慢。

3. 先进钛合金材料产业

（1）产能过剩严重，产品结构不合理。2011 ～ 2014 年海绵钛生成企业的产能利用率均不足 50%，实际钛合金加工材的产量也不足铸锭产能的 50%。部分海绵钛生产企业建成后未正式生产即倒闭，骨干钛合金加工材生产企业也因产能利用率严重不足而限产。大多数企业的产品均集中在化工制盐行业应用的耐蚀钛合金管材及板材等中低端产品，产品趋同严重，竞争异常激烈，产品几乎没有利润。另外，航空航天及医疗等领域所需的高附加值钛合金材料还需进口。

（2）产品的品种、规格有待进一步完善，部分产品制备加工共性关键技术亟待突破。与美国、俄罗斯相比，国内钛合金材料的品种、规格仍不完善，仍存在不能稳定生产的钛合金材料品种，如钛合金型材。部分产品制备加工共性关键技术亟待突破，对于可靠性要求非常高的民用客机用钛合金材料的质量批次稳定性及一致性亟待提高。

（3）钛合金材料的研制生产以跟踪仿制为主，基础性、系统性的研究不够。长期以来，国内跟踪仿制了美国、俄罗斯及英国等西方国家几乎所有牌号的钛合金，但是实际获得广泛应用的钛合金牌号还是集中在国际上常用的钛合金。这种现象造成国内对钛合金材料的基础性问题研究不透，研究的系统性不完整，材料的相关基础数据积累不充分，不利于推广应用。

22.3.2 “十三五”期间高性能轻合金产业发展趋势分析

1. 先进铝合金材料产业

将重点围绕乘用车、轨道交通、民用航空、船舶等工业对先进铝合金材料的应用需求，重点研究新型高性能铝合金材料的核心基础理论、重大关键技术、工程化应用技术等内容，着力发展一批乘用车覆盖件制造用铝合金板材、航空用大规格高强高韧铝合金预拉伸板 / 锻件 / 型材、海洋工程用铝合金板材 / 管材等大宗高端产品，并实现大规模应用；支撑“十三五”期间我国高端制造业的应用及节能减排需求，同时带动铝加工行业的产品结构向高技术含量、高附加值方向发展，创造显著的经济和社会效益。

2. 先进镁合金材料产业

着力在全行业科学规划、产业转型与调结构综合设计、转变发展方式、破解提升整个金属镁产业链科技水平和市场规模的工业化生产及国民经济应用结构等深层次问题和难点上开拓奋进、争取更大进展，确保我国镁行业保持适当快速发展，为最终迈进国际镁行业中高端阶段切实做好基础准备工作。

“十三五”时期，面临着国家战略转型，同时也伴随着新一代航空航天及武器装备的研制生产、汽车工业的大步前行、3C 领域的蓬勃发展，以及结构功能一体化材料的需求，高端镁合金产品产业的发展面临巨大的机遇，推进新一代镁合金材料的研制开发及产业化，将是未来五年镁合金发展的重要议题。

3. 先进钛合金材料产业

民用客机及海洋石油工程用钛是未来钛合金材料用量的主要增量，国内的钛合金材料行业处于一个良好的产业发展外部环境。钛合金材料的市场已经是充分竞争的国际市场，国内的钛合金材料产业已经具备了先进的装备，通过加强钛合金材料典型规格产品制备加工共性技术的研究，完善产品品种和规格，提高产品质量的稳定性及一致性，积极参与国际市场的竞争。大力推广钛合金返回料综合利用技术以切实降低钛合金材料成本。针对新兴应用领域用钛的需求，开发钛合金材料的下游深加工产品和快速成型技术的研发，积极拓展钛合金材料在各个领域的应用。

22.4 高性能轻合金材料产业发展重点案例——汽车覆盖件制造用新一代6000系铝合金薄板制造技术

伴随着汽车轻量化发展的紧迫要求、整车轻量化设计水平的不断提高，工业界已经发展形成了多类替代材料，包括屈服强度更高的新型汽车钢材料、树脂基复合材料、轻合金材料等。多年以来轻合金材料的应用实践表明，与传统的汽车钢材料相比，以铝合金为代表的轻合金材料成本仍相对较高、结构件成型加工工艺控制难度相对较大、维护维修技术相对复杂，导致当其在汽车中的用量达到一定比例后，出现明显的发展瓶颈。理论上，在汽车覆盖件制造中，即使铝合金薄板仅仅取代钢板10%的市场份额，全世界也应该有近百万吨的市场用量，但截至目前，汽车覆盖件用铝合金薄板的用量尚不足十万吨，而且主要应用于高档车或中高档车，中低档车从使用成本上难以承受。鉴于此，研制开发具有更高性价比的汽车覆盖件用新型铝合金薄板成为提高铝板对钢板的竞争力、不断扩大应用范围的主要技术途径，即要求所开发的新材料在保持铝合金薄板预时效（固溶淬火 + 短时人工时效 + 自然时效，简称T4P）状态成型性能不降低的前提下，能够提高其烤漆时效硬化后的屈服强度值，从而支持设计师进一步减小汽车铝合金覆盖件的设计厚度，达到减重量、少用材、降成本的目的。针对该重大技术方向，“十二五”期间，北京有色金属研究总院通过对合金进行强化相组成和对成分进行优化计算设计，结合采用合理的成套制备加工技术，在研发方面取得重要进展，成功开发了一种新型6000系专利铝合金薄板材料，该材料在T4P状态下，有着与国际上6016、6111、6022等主流商业合金薄板类似的成型性能，更重要的是，经过短暂的烤漆硬化处理后，新型合金覆盖件的屈服强度至少提高了20%。未来汽车企业若采用该新型合金材料，将允许汽车铝合金覆盖件设计厚度减少10%～15%，减重效果进一步提高，同时材料成本可进一步降低，大大地提高了铝合金覆盖件的性价比和竞争力。目前，汽车覆盖件制造用新型6000系铝合金薄板已经在中铝西南铝、南山铝业公司等大型骨干企业开展工业化试制，从间断法（片式法）工业规模试制所得到的结果看，基本达到了既定的研发设计目标；近期，还将利用生产企业最新建成的连续化专用线开展新一轮的工业化规模试制，并将正式产品推向汽车制造企业开展综合验证考核，力争率先在一些自主品牌车型中进行典型应用，为汽车覆盖件制造用新型铝合金薄板材料产业规模化发展奠定基础。

22.5 促进高性能轻合金材料产业发展的政策建议

1. 建立以企业为中心的技术创新体系，积极引导企业创新发展

创新和优化政策环境，做好国家层面的规划布局和战略研究，大力支持以汽车轻量化、航空航天、轨道交通、海洋工程等领域用高性能轻合金的工程化研究、应用开发、生产技改和科研生产装备的提升；加强企业转型研究，鼓励和支持企业重视技术与产品研发，将产品和技术实力提升作为发展动力，提高研发起点，做到超前布局，力争率先满足市场需求，避免现有跟踪研仿国外模式所带来的新产品“研发一代、落后一代”的被动局面；鼓励企业兼并重组或资源整合，通过并购、入股等方式强化自身业务体系，培育一体化、集成化创新能力，加快项产业链价值中高端延伸，增强核心竞争力。

2. 坚持以市场导向和问题导向布局新材料研发和产业攻关计划

新材料研发和产业攻关计划要围绕产品、产业发展开展有巨大市场需求的新材料、新技术研发和应用研究。特别重视针对长期依赖进口的高性能轻合金材料品种规格，以及国家重点工程和重大装备产业急需的新材料重点布局，从材料研发、工程化研究、产业化技术到应用研究的“一条龙”式系统科研任务，大幅提升成果实用化水平和转化效益；重视产业化技术攻关，着力解决国产新一代轻合金材料的质量一致性和稳定性问题，实现关键产品“从有到好”的跨越，推动企业建立完善的新材料产业技术管理体系，提升国产高性能轻合金材料的品质及市场竞争力。

3. 鼓励和推广高性能轻合金材料应用，带动轻合金产业做大做强

梳理“十五”以来我国轻合金材料研发和产业化成果，组织国内优势企业整理汇总各材料品种的工程化性能数据，在此基础上编制轻合金材料设计选型手册；结合“中国制造 2025”等新趋势的要求，针对高性能轻合金产品的大流程生产制造工艺，加强工业化和信息化的深度融合，推进制造工业大数据应用示范；推动联合攻关平台建设及在航空航天、汽车轻量化等重点领域的应用示范，建设“集成计算材料工程”产业共性技术服务平台，提升新材料产业技术支撑能力；通过科技支持和财税政策鼓励新材料产业和应用领域骨干企业联动，推进新材料、新装备标准体系建设，以节能减排、减重增效的高性能轻合金材料广泛应用推动社会的科技转型。

参考文献

[1] 曹春晓．一代材料技术，一代大型飞机．航空学报，2008，29：701-706.

[2] 熊柏青．我国铝加工业之现状及未来发展．新材料产业，2010，（8）：12-16.

[3] 国家发改委．产业结构调整指导目录（2011 年本），2011.

[4] 国务院．国务院关于加快培育和发展战略性新兴产业的决定，2010.

[5] 工信部．有色金属工业“十二五”发展规划，2011.

[6] 刘芳．镁产业发展现状及发展趋势分析．热加工工艺，2014，43（12）：21-28.

[7] 唐全波，黄少东，伍太宾．镁合金在武器装备中的应用分析．兵器材料科学与工程，2007，30（2）：69-71.

[8] 刘冬博．汽车用镁迎来新机遇．中国有色金属，2015，3：42-43.

[9] 李铁，程培元，华林．镁合金在汽车工业和 3C 产品中的应用．江西有色金属，2007，21（2）：30-33.

[10] Putin Puts U.S. Titanium at risk.http：//www.wallstreetdaily.com/2015/03/10/u-s-titanium-supply-russia/，2015-03-11.

[11] Alcoa.Alcoa to Acquire RTI international metals，boosting value-add，multi-material aerospace portfolio.http：//www.alcoa.com/global/en/news/news_detail.asp?pageID=20150309000263en&newsYear=2015，2015-03-11.

[12] ВСМПО-Ависма выпустила продукцию на сумму более $1,5 млрд .http：//www.kommersant.ru/doc/2660535，2015-06-30.

[13] 中国有色金属工业协会钛锆铪分会 .2014 年中国钛工业发展报告．钛工业进展，2015，32（2）：1-6.

审稿：左铁镛

第 23 章

先进电池材料产业

卢世刚　吴　峰　蒋利军

【内容提要】先进电池材料产业是中国新能源产业中的重要基础和支撑。目前国家相关政策支持不断，积极推动产业的快速发展，高校及大学研究院的研发水平也与国际同步，企业开发产品技术不断提升，整体市场逐步趋向成熟。本章重点阐述了先进电池材料产业的国内外现状、存在问题及发展的趋势、产业发展需要突破的重点技术等。总体来看，中国先进电池材料产业实现了关键产品的国产化，部分产品技术接近或达到国际先进水平，正在逐步形成完整的产业化结构。

23.1　概述

先进电池材料是指支撑新能源发展、具有能量存储转换功能，起到节能减排功能的材料。本章涉及的先进电池材料包括太阳能电池材料、锂离子动力电池材料和燃料电池材料。其中，太阳能电池材料主要包括多晶硅、硅片、薄膜电池材料等；锂离子动力电池材料主要包括正极材料 [锂镍钴锰氧化物（$LiNi_xCo_yMn_{1-x-y}O_2$）] 和磷酸铁锂等)、负极材料（石墨和硬碳等)、隔膜和电解液等；燃料电池材料主要包括储氢材料、质子交换膜、催化剂，以及固体氧化物燃料电池用相关材料等。

23.2 先进电池材料产业发展现状分析

23.2.1 先进电池材料产业发展总体现状分析

“十二五”以来，国家陆续发布了《新材料产业“十二五”发展规划》《节能与新能源汽车产业发展规划（2012—2020年）》《太阳能光伏产业“十二五”发展规划》等一系列政策措施，有关部委出台了税收优惠、鼓励和引导发展新型产业等一批具有针对性的政策，实施了“十城千辆”“电动汽车进社区”“发挥价格杠杆作用催进光伏产业健康发展”“节能绿色建筑材料开发与集成应用示范”等应用示范工程。各地方政府也纷纷出台实施意见、“十二五”发展规划，中国新能源产业各个领域快速健康发展，规模持续稳定增长，产业技术不断提升，政策环境不断完善，市场逐步成熟，正逐渐成为调结构、转方式、惠民生的重要力量。但是先进电池材料产业发展过程中也存在着一些问题，如企业研发力量和自主创新能力不强，先进制造装备和生产能力弱，产业宏观调控有待加强，材料数据库、研发设计、试验验证、检测分析体系的支撑不足等。

23.2.2 太阳能电池材料产业

1. 国际现状及中国发展水平

国际上太阳能电池用多晶硅材料的生产仍以美、德、韩三国为主，在政府政策鼓励和大量财政援助下，依靠自备电厂或优惠电价条件，大量扩产并大幅倾销中国。德国Wacker、美国Hemlock、REC、韩国OCI等公司产能分别从2～3万吨扩产到5万吨。总体来看，2014年全球光伏产业发展情况是新增装机市场达到43吉瓦，同比增长近19%，其中日本、美国和德国的装机量分别达到8.5吉瓦、7吉瓦和2.3吉瓦，欧洲地区市场需求连续三年下滑。材料方面，全球多晶硅产量稳中有升，达到28万吨，同比增长12.9%[1]。

中国太阳能产业从2011年起，在欧美光伏“双反”与多晶硅倾销的打压与淘汰后，原有的近50家多晶硅企业迅速减少，产业发展困难。2013年发展形势有所好转，欧盟对中国光伏“双反”案达成初步解决方案，中国对美韩多晶硅“双反”作出终裁，外部环境进一步改善。国内企业经营状况不断趋好，截至2013年年底，在产多晶硅企业由年初的7家增至15家，多数电池骨干企业扭亏为盈，多晶硅有效产能14.4万吨，主要企业第四季度毛利率超过15%，部分企业全年净利转正[2]。2014年中国太阳能光伏电池进出口总额达182.8亿美元，同比增长15.09%。其中，出口额为144.1亿美元，同比增长17.27%；进口额为38.7亿美元，同比增长7.62%①。欧洲的出口份额降幅较大，而亚洲、拉美等新兴市场的增幅则很明显。全年光伏发电累计并网装机容

① 孙广彬在2015年中国国际太阳能行业博览会（Intersolar China）上的介绍。

量达 2 805 万千瓦，同比增长 60%，其中，光伏电站为 2 338 万千瓦，分布式为 467 万千瓦。光伏年发电量约为 250 亿千瓦时，同比增长超过 200%。材料方面，2014 年国内多晶硅产量为 13.6 万吨，较 2013 年的 8.46 万吨增长 60.7%。光伏电池组件总产量超过 3 300 万千瓦，同比增长 17%，出口占比约为 68%，多数企业产能利用率提高，前十位企业的平均产能利用率在 87% 以上。多晶硅生产平均综合能耗下降至 110 千瓦时 / 千克，部分企业甚至已低于 70 千瓦时 / 千克，成本降至 15 美元 / 千克[3]。2015 年上半年中国光伏产业保持快速发展的势头。依据工信部报告，2015 年上半年中国光伏行业增长约为 30%，行业耗能及制造成本整体水平下降、转换效率有所提升，但仍有大部分光伏企业没有达到国务院推进产业发展相关意见的要求水平。根据国家能源局报告，2015 年上半年中国新增装机约为 773 万千瓦，约增长 150%，其中分布式新增 104 万千瓦，上半年累计光伏发电量达到 190 亿千瓦时。根据中国光伏行业协会报告，2015 年上半年中国多晶硅产量约为 7.4 万吨，同比增长 15.6%；硅片和电池片产量分别为 43 亿片和 18.2 吉瓦；组件产量约为 19.6 吉瓦，同比增长 26.4%① 。

2. 关键产品分析

截至 2013 年，中国骨干企业已掌握万吨级多晶硅及晶硅电池全套工艺，光伏设备本土化率不断提高。2010 年至今，每千吨多晶硅投资下降 47%，每千克多晶硅综合能耗下降 35%，多晶硅企业人均年产量上升 165%，骨干企业副产物综合利用率达 99% 以上；每兆瓦晶硅电池投资下降超过 55%，每瓦电池耗硅量下降 25%，骨干企业单晶、多晶及硅基薄膜电池转换效率分别由 16.5%、16%、6% 增至 19%、17.5%、10%；光伏发电系统投资由 25 元 / 瓦降至 8 元 / 瓦。多晶硅价格从 300 万元 / 吨降低到 12 万元 / 吨，光伏发电系统安装成本从 50 元 / 瓦降低到 9 元 / 瓦以下，光伏发电成本从 4 元 / 千瓦时降低到 0.6 ～ 0.9 元 / 千瓦时，核心竞争力显著增强，为商业化运行创造良好条件[2]。

1）多晶硅

2015 年上半年 16 家主要多晶硅企业产能 17.2 万吨，产量 7.4 万吨，徐州中能、新疆特变、洛阳中硅、新疆大全四家企业产量进入世界前十位，四家累计产量占中国总产量的 70% 以上，产能快速集中，其能耗指标和成本已达全球领先水平。但总体来看，中国多晶硅产品仍需大量进口，且进口总量仍在增大，但占比下降，产品价格下滑，多数企业仍在盈亏平衡点。

2）硅片

2015 年上半年中国硅片产量约为 43 亿片。硅片产业集中度较高，其中单晶拉棒逐步往西北地区转移，产业集中度不断提升。单晶生产的单位能耗降至 40 千瓦时 / 千克以下，多晶降至近 8 千瓦时 / 千克。出口额约为 12 亿美元，出口地主要集中于

① 2015 年上半年光伏产业发展与下半年展望 . 中国光伏行业协会，北京，2015-07-22.

中国台湾、韩国和马来西亚。其中，单晶硅片出口主要集中在隆基、中环、卡姆丹克，多晶硅片出口主要集中在协鑫、赛维 LDK、宇骏等几家企业。

3）电池片

2015 年上半年中国电池片产量约为 18.2 吉瓦。其中多晶仍为主流，单晶占比在提升；高效电池技改或扩产在加速；电池生产线全球布局趋势明显；上半年出口额近 4 亿元，主要出口区域为韩国、印度、日本等。

4）组件

2015 年上半年中国组件产量约为 18.5 吉瓦，晶硅电池仍为主流；产能利用率分化趋势明显；大企业盈利水平明显改观，中小企业仍在盈亏平衡点；出口额达到 61 亿美元，日本、美国仍是中国主要出口区域，洪都拉斯、智利等新兴国家的光伏市场快速扩大。

5）薄膜电池

基本上没有大规模生产。

3. 产业链及产业环境

国家能源局、工信部、国家电网等多部门联动研究制定促进中国光伏产业发展的相关措施，随着可再生能源发展“十二五”规划、金太阳工程、分布式发电、上网电价补贴等一系列光伏应用补贴政策的出台，“十二五”期间国内市场大幅增长，2013 年、2014 年安装总量分别为 12.9 吉瓦、10.6 吉瓦，居世界首位，拉动中国电池组件需求，缓解出口受阻带来的压力，国内市场将占到国内光伏电池生产量的 30% ～ 50%。国家发改委发布《国家发展改革委关于发挥价格杠杆作用促进光伏产业健康发展的通知》，确定了分区光伏上网电价和分布式光伏补贴标准，《国家能源局关于开展分布式光伏发电示范区建设的通知》核准 18 个示范区，积极培育太阳能市场，以促进光伏产业健康发展。

1）国内外光伏市场需求旺盛

根据全球主要资讯机构数据，全球光伏市场将保持快速增长，增速在 20% 以上。增长动力主要来自中国、日本、美国等体量较大市场，以及英国、印度、智利等新兴市场。国家能源局 2015 年光伏建设规模为 17.8 吉瓦，加上领跑者计划指标，2015 年总装机容量预计在 20 吉瓦以上。根据能源局最新统计数据，2015 年上半年国内并网光伏容量在 7 ～ 8 吉瓦，因此下半年装机量在 12 ～ 13 吉瓦，超过 2014 年光伏全年并网量。

2）供需趋紧，制造企业利润率提升

预计国内下游应用市场扩大，光伏产业规模持续扩大，全球光伏产量增速减缓，组件产量预计将超过 35 吉瓦；下半年由于中国光伏市场需求量大增，但企业扩产相对理性，供需关系将趋紧，预计光伏组件价格在 2015 年四季度将有小幅上升，制造企业利润率提高；骨干企业凭借技术规模品牌优势，将进一步提升市场占有率，部分小企业生存空间进一步被挤压，企业兼并重组加快，产业集中度不断提升；随着企业技术进步及新技术突破，生产成本仍有下降空间。

4. 重点技术分析

1）高性能大尺寸晶硅、超薄型硅片及其低成本电池制备技术和装备

如何提升硅片制造工艺、有效控制硅片的含氧量，将直接影响太阳能电池光电转换率。低氧单晶硅片能有效抑制光衰减，提高下游电池片及组件的转化率，无疑具有很强的市场竞争力，市场前景非常被看好。目前，国内外厂家降低含氧量技术上可行的方法有采用更高的高纯硅料，采用区熔法和采用外加磁场直拉（magnetic-field-applied Czochralski，MCZ）技术。由于前两种方法将大大增加制备成本，因此对太阳能级硅最有效的途径是对单晶炉外加 MCZ 磁场，引入带磁场直拉技术。发展高性能大尺寸晶硅、超薄型硅片及其低成本电池制备技术和装备，完善晶体硅太阳能电池辅助材料产业体系。

2）叠层聚光薄膜太阳能电池产业化制备技术

叠层设计是目前发展最好的可通过聚光系统或降低成本或从优化薄膜设计增加效率等方面改进从而降低每瓦成本的技术，然而该技术的稳定性不是很好。中间带和上下转换太阳电池的应用还为时尚早，但它们在利用薄膜材料增加转换效率和提高光谱稳定性方面具有很大潜力。作为一项新兴技术，随着生产规模的扩大、电池片效率的提高、跟踪系统、聚光模块和冷却模块设计的改进、生产技术的进步等，其成本有着巨大的下降空间。

3）高效率、低成本、透明/半透明钙钛矿类有机–无机电池制备技术

钙钛矿太阳能电池所采用的这种具有钙钛矿结构的有机–金属卤化物光吸收体具有良好的光吸收、光电转换特性，以及优异的光生载流子输运特性，其电子与空穴扩散长度均可超过 1 000 纳米。目前认证的实验室样品光电转换效率已高达 20.1%。

4）新型薄膜电池大规模化制备技术和装备

薄膜电池代表性的有碲化镉、铜铟镓硒和铜锌锡硫等。晶硅、薄膜技术特性的不同，决定了它们完全服务于不同市场。薄膜也具有独特的优势，它具有更好的弱光性（光照不足时仍可发电）、温度不敏感性（对温度的变化不敏感，温度提高时电池效能下降较小）。所以，在实际发电量上，薄膜优势则更为突出，且更适于实现建筑一体化。目前碲化镉、铜铟镓硒的实验室效率已经达到 21%，超过了多晶硅的 20.4% 的效率。但由于生产工艺复杂，组件的效率只有 13% 左右。铜锌锡硫虽然目前效率较低但其具有无毒、元素含量丰富、制备工艺简单的优点，具有良好的发展前景。

23.2.3 锂离子动力电池材料产业

1. 国际现状及中国发展水平

2014 年，全球锂离子电池产业规模达到 249 亿美元，同比增长 12%；市场规模达到 53.6 吉瓦时，同比增长 21%[4]。2013 年中国锂离子电池行业（包括锂离子电池、设备、材料）在 2013 年规模持续扩大，全行业销售收入超过 860 亿元[5]。2014 年中国的锂离子电池电芯产量约为 400 亿瓦时，相比于 2013 年的 337 亿瓦时增长 12%；锂离子电池累计完成产量约为 52.9 亿支，相比于 2013 年的 47.68 亿支增长 10.95%；实现销售收入约 700 亿元，相比于 2013 年的 650 亿元增长 10%。若考虑正负极材料、电解液、隔膜和关键制造设备整个产业链，2014 年锂离子电池全行业总产值约为 950 亿元①。

材料方面，2014 年中国电解液出货 4.25 万吨（含企业自产），同比增长 33%，产值 18.9 亿元（含税），同比增长 16%。隔膜产量 4.2 亿平方米，同比增长 62%，产值 15.4 亿元，同比增长 18%。2014 年上半年中国锂电正极材料总产量为 3.22 万吨，同比增长 18.6%；负极材料总产量为 2.13 万吨，同比增长 25.3%。隔膜总产量为 1.64 亿平方米，同比增长 41%；电解液总产量为 2.05 万吨，同比增长 32%[6]。总体来看，2014 年上半年，中国锂离子电池行业（包括电池、正负极材料、隔膜、电解液及专用设备等）保持稳定发展，全行业总产值接近 400 亿元，产业格局和新技术应用出现亮点[7]。

2. 关键产品分析

中国的锂离子电池关键材料的国产化水平不断提高，形成了具有一定竞争实力的企业和一大批中小型企业构成的产业结构。

1）关键材料方面

中国锂离子电池的正极材料、负极材料、电解液、隔膜基本实现了国产化，近年来稳步推进在动力电池中应用，以降低动力电池生产成本。

2）单体电池方面

目前中国商业化的动力电池以磷酸铁锂为正极材料、石墨为负极材料，比能量达到了 130 瓦时 / 千克，正在积极推进以三元材料为正极锂离子动力电池的普及应用，比能量达到 180 瓦时 / 千克，与国外同类产品目前的先进水平（200 瓦时 / 千克）存在一定的差距。

3）电池系统方面

中国新能源汽车大多采用国产的动力电池系统产品，系统寿命达到了 5 ～ 8 年、

① 工信部刁石京司长出席 2015 中国锂电池产业与技术高峰论坛并致辞。

成本下降至 2 ～ 3 元 / 瓦时，产品在安全性、可靠性方面尚不能完全满足整车需求，与国外先进水平也存在一定差距。

3. 产业链及产业环境分析

产业政策方面，2014 年 7 月 21 日国务院出台《国务院办公厅关于加快新能源汽车推广应用的指导意见》，并相继出台十余项具体政策措施，推动新能源汽车产业发展和推广应用。2014 年锂离子电池产业规模在国际和国内都实现不同程度的增长，主要得益于电动汽车市场。

产业链及产业环境方面，中国在关键材料、生产装备、关键部件等方面形成了较为完善的产业体系，其中正极材料和负极材料具有一定优势。中国锂离子电池正极材料生产企业分布较广，比较集中地分布在环渤海区域、长江三角洲区域、珠江三角洲区域、河南区域、湖南区域等，主要生产企业有北大先行、当升科技、巴莫科技、中国国安盟固利、深圳天骄等。在锂离子电池负极材料方面，中国天然石墨资源丰富，约占全球的 73%，一些负极材料企业正在往上游走，尝试介入石墨原料及资源领域，通过与石墨材料企业合作或是直接介入球形石墨等原料生产。锂离子电池负极材料生产企业主要有贝特瑞、杉杉科技等。下游市场增长带动、地方政府支持增大，以及电动汽车应用提速等因素，激发锂离子电池生产企业投资扩产，带动锂离子电池生产设备需求增长。2013 年，锂离子电池设备销售收入达 40 亿元，同比增长超过 30%。但是自主生产设备水平较低，距离日韩和中国台湾制造的设备有一定差距，制造高品质的电池和材料时，仍需依赖日韩和中国台湾的进口设备[8]。

总体来看，2014 年全球及中国锂离子电池和相关材料产业规模都实现不同程度的增长，主要得益于电动汽车的发展带动锂离子动力电池迅猛增长。

4. 重点技术分析

1）高容量、高电压类正极材料

高容量正极材料以高镍三元材料（如 $LiNi_{0.8}Co_{0.1}Al_{0.1}O_2$、$LiNi_{0.8}Mn_{0.1}Co_{0.1}O_2$）为代表，比容量达到 180 ～ 200 毫安时 / 克，热稳定性和循环寿命需要进一步提高，目前主要技术措施是表面包覆。

高电压正极材料以磷酸锂锰（$LiMnPO_4$）和 $LiNi_{0.5}Mn_{1.5}O_4$ 为代表，嵌脱锂电位达到了 5 伏。对于磷酸盐系材料，解决其导电性差和锂离子扩散系数小的问题；对于尖晶石类材料，主要研究其在电解液中稳定性的问题；此外，通过材料计算，积极探索其他高电压材料。

2）高容量负极材料

高容量负极材料（硅、锡等）都可以提升单体电池容量和电池能量密度持续提升，带动整个电池体系创新发展，特别是高容量硅碳负极材料，已具备批量生产的规模。

3） 高压电解液/阻燃电解液及电解液添加剂

高电压类正极材料需要安全的高电压电解液才能发挥出性能，高压电解液以采用氟代碳酸脂类有机溶剂和其他耐高压有机溶剂，研究新型添加剂，研究富锂锰基正极材料、高电压尖晶石材料在电解液中界面形成与稳定性。锂离子电池的安全问题很大一部分原因是采用可燃性的有机电解液，开发阻燃电解液及其添加剂是解决目前锂离子电池体系安全性的重要途径。

4）新型低成本安全隔膜材料

隔膜材料以提高电池安全性为目标，包括表面覆层隔膜材料，中国纳米无机涂层隔膜材料基本实现了商业化，进一步发展方向是有机涂层隔膜、有机无机复合涂层隔膜，以提高电池安全性和循环性。高熔点隔膜材料包括高熔点有机隔膜材料和有机无机复合隔膜材料，进一步研究材料工程制造过程，加强材料在电池中应用研究。

5） 高比能锂离子动力电池

高比能锂离子动力电池综合采用高容量正负极材料及高压电解液，提高电池的能量密度，是提升电动汽车续航里程的关键因素之一。现采用三元材料的电池产品能量密度已经达到 200 瓦时 / 千克，预计未来将提高至 250 瓦时 / 千克。提升高比能锂离子动力电池的产品一致性和安全性是首要解决的问题。

23.2.4 燃料电池材料产业

1. 国际现状及中国发展水平

国际上美国、日本、韩国、欧盟等对于燃料电池材料方面的研究处于世界领先地位，市场主要集中在北美、亚洲、欧洲。各国家和地区推进燃料电池研究与商业化的终极目标也有所不同：①美国追求的是全球技术制高点，产业化更侧重于大型商用固定式电站和叉车等更加成熟的领域；②日本追求的是能源节约和效率提升，产业化方面乘用车和小型固定式电站占据主导地位；③欧洲追求的是减少排放与环境清洁。

目前，作为燃料电池的主要应用之一的氢燃料电池汽车的发展已从技术突破推进到目前的“降成本”阶段。目前氢燃料电池生产技术已经成熟，2016 ～ 2020 年将是氢燃料电池汽车的市场导入期，2020 年以后，氢燃料电池汽车将完全商业化。近两年来，国际上氢燃料电池技术突破很快，主要体现在以下几个方面：①寿命，主流产品都可以免维护运行 5 000 小时；②低温性能，已有氢燃料电池汽车完成了北极测试；③材料体系，催化剂用量大幅减少，极板已经从第一代碳板发展到第二代超薄超轻不锈钢板，储氢装置的安全性、加氢高压枪、氢气纯度等问题已经获得突破[①]。

中国从“十五”开始，科学技术部通过“973 计划”、“863 计划”和“科技支撑

① 侯中军（大连新源动力股份有限公司）在 2014 年北京车展上的报告。

计划”三大计划持续对氢能与燃料电池领域进行支持，形成了以大学研究院所为主，涵盖制氢、储氢、输氢、氢安全及燃料电池技术的初步的技术研发体系。近十多年的持续研发培育了若干从事氢能、燃料电池及相关零部件开发和生产的小微型企业，燃料电池产业链已具雏形，燃料电池汽车、通信基站用燃料电池备用电源进展较大。

关键材料方面，由于中国在稀土金属方面的优势，储氢合金粉的年产量已达 20 000 吨左右，居世界第一位。中国实现了高压气态储氢的产业化，20 兆帕以下钢质气瓶产量占到世界的 70% 以上；45 兆帕钢质大容积储氢瓶和 35 兆帕碳纤维缠绕复合储氢瓶也进入小批量产业化阶段。石墨双极板材料基本满足燃料电池的需要，在材料制备及加工方面都取得了长足的进步，国内已有多家石墨双极板加工生产厂家。并且，耐腐蚀金属双极板已能满足燃料电池基本需要。但作为低温燃料电池两大关键基础材料的纳米催化剂和质子交换膜材料基本都采用进口原材料，国产材料只在小范围应用。新型的纳米催化剂只限于实验室开发。

2. 关键产品分析

1）全氟磺酸质子膜

山东东岳集团与上海交通大学密切合作，研发出一系列特殊结构的全氟磺酸质子膜，形成了年产 5 000 平方米的中试工艺装置。

2）双极板

浙江神通氢燃料电池科技有限公司开发出 1.6 毫米、1.3 毫米、1.0 毫米、0.8 毫米的模压石墨双极板，并从小试顺利进入中试。中国神奇电碳集团下属公司为国内主要的燃料电池企业供应石墨双极板，也在开发模压石墨双极板。上汽集团、上海交通大学及大连新源动力三方合作研究金属双极板，计划 2015 年燃料电池汽车采用金属双极板，并达到千辆级的产量规模。

3）固态储氢系统

北京有色金属研究总院完成了与 60 千瓦燃料电池匹配的固态储氢系统研制，研制的与 5 千瓦燃料电池匹配储氢系统完成了环境运行试验。

4）膜电极

武汉理工大学主要研究多孔聚四氟乙烯（PTFE）复合膜，并专注于膜电极制备技术，其膜电极已向北美及国内销售。

3. 产业链及产业环境分析

产业政策方面，中国制定的“863 计划”“新能源汽车振兴规划”“新能源新车补贴”“十城千辆”等政策中包含了对燃料电池汽车的支持，在北京奥运会、上海世界博览会开展了燃料电池汽车示范运行，诸多政策支持燃料电池技术的发展。

“十一五”期间国家新材料技术领域“863”项目开展“5kW 级燃料电池关键材料

和系统集成技术开发”重点项目，项目经费为 1 800 万元，拟通过质子交换膜燃料电池关键材料（质子交换膜、电催化剂、碳纤维纸、双极板），以及关键组件（膜电极、单电池等）的研究，开发高可靠性、高稳定性、长寿命、低成本关键材料的批量化制备技术，实现关键材料及组件的国产化。“十二五”期间，国家“863 计划”设立电动汽车前沿关键技术项目，研究低铂高性能车用燃料电池电堆技术，在原材料方面，重点研究高活性和稳定性、低铂含量的合金或核壳催化剂及其制备工艺，开发低成本膜电极和双极板关键技术及其工艺装备。

中国也在积极制定燃料电池相关标准。2008 年成立了全国燃料电池及液流电池标准化技术委员会（SAC/TC 342），对口国际电工委员会燃料电池标准化技术委员会（IEC/TC 105），积极参与国际燃料电池相关标准的制定，专门讨论制定与燃料电池相关的国家标准。

4. 重点技术分析

1）低铂及非铂催化剂材料及其制备技术

催化剂的成本占低温燃料电池成本的 30% ～ 45%。虽然用做低温燃料电池催化剂的最好活性组分是贵金属铂，用其他材料取代铂时，催化剂的活性及稳定性则远远难以与铂催化剂相媲美。但是铂是稀有的贵金属材料，资源匮乏，价格昂贵。因此，要想实现燃料电池的大规模商业化应用，除了提高铂催化剂的性能和降低其使用量外，研制低铂及非帕催化剂也是非常有价值的工作，特别是将这类催化剂用于氧的还原过程。

2）长寿命/低成本质子交换膜大规模制备技术

质子交换膜燃料电池在过去的数十年里最大的技术进步在于研制出超薄增强型质子交换膜，将膜厚度从几百微米减小到十几微米，降低了电池内阻，同时，由于阴极法拉第（Faraday）水更快速的反向渗透使膜处于充分的水化状态，从而极大地提升了燃料电池发电性能。因此，提高膜性能及降低膜成本还是今后的发展重点。

23.3　中国先进电池材料产业发展问题及趋势分析

23.3.1　中国先进电池材料产业发展面临的问题分析

经过近三十年的发展，特别是近十年以来，中国先进电池材料的研发和产业化取得了较大的成就，初步建成了较为完整的产业链，锂离子电池电极材料、太阳能电池硅材料等能够满足使用品质要求，但供应量只能满足市场需求的 50%。总体

来看，中国先进电池材料与世界先进水平相比仍有较大差距，在发展过程中存在不少问题，主要体现在以下几个方面。

1. 企业研发力量弱，缺乏核心知识产权，生产技术水平落后

中国先进电池材料的研发主要以跟踪国外先进技术为主，具有自主知识产权的技术和产品少，产品的竞争力主要体现在一定的成本优势上，已经对中国先进电池材料产业发展产生影响。中国材料产业缺乏具有国际竞争力的企业，研发投入较少，人才队伍不稳定，新产品的研发力度不够，缺乏前瞻性和基础性的研究，部分产品技术落后于国外先进水平，高端产品受控于国外企业。例如，太阳能电池方面，多晶硅产业的突破来源于自主研发技术的产业化，但发展过程大起大落：市场好时，大批引进技术与装备，低水平复制，基础研究少；市场不好时，无财力、无技术力量，目前多数停产或倒闭企业基本如此，高端产品电子级多晶硅依然有99%依赖进口；银浆、封装用乙烯-醋酸乙烯共聚物（EVA）材料虽有国产化，但核心材料与技术自主研发和创新能力有待提高。

2. 先进制造装备及其生产能力弱，产业技术水平有待进一步提升

中国锂离子电池形成了较大规模产业，但是装备主要是跟踪日本技术，自主创新技术少。与此形成对照，韩国企业通过引进日本先进装备、消化吸收再创新，装备水平已经接近，甚至超过日本的水平，形成了明显的竞争优势，2011年其锂离子电池产业规模超过日本，位居世界第一。中国锂离子电池产业技术装备已落后于日本和韩国，亟待提升。近几年来，中国多晶硅产业发展迅猛，产品质量稳定性需进一步加强，成本需进一步降低，而超高纯的多晶硅的生产技术仍需进一步开发。

3. 顶层设计和宏观调控有待加强

中国对先进电池材料缺乏统一规划和宏观调控措施，材料企业数量多、规模小，生产装备、技术和产品的同质化现象严重，相互之间可替代性很强，没有形成龙头企业和具有国际影响力的企业。

中国先进电池材料与下游电池产业、装备产业及相关应用产业没有形成协调发展的机制，在技术研发、产业发展、技术标准等方面协同性严重不足。

4. 数据库和研发设计、试验验证、检测分析体系的支撑不足

一方面，中国先进电池材料的研发、生产和应用各个环节结合不紧密，研发成果不能有效转化为现实生产力。另一方面，中国还没有建立完善的先进电池材料的数据库，特别是锂离子电池、太阳能电池涉及的材料数量大，不能有效支持产品研发设计、工程设计，对产业发展形成了严重制约。中国应参考“材料基因组计划”

建立先进电池材料的完整数据库。

国外大力推进标准体系建设，如氢标准体系[9]，中国先进电池标准体系不健全，产品标准不能满足先进电池材料发展要求，耐久性、环境适应性、可靠性、安全性等方面通用标准较为欠缺，规范性认证标准有待进一步完善。

中国第三方检测平台较少，技术研发能力、装备水平、试验检测能力与国外相比较存在较大差距。例如，燃料电池方面，中国尚无具有第三方公正地位的国家级氢能检验检测中心，基础数据匮乏，还没有一项关于储氢材料及系统的国家标准，现有的氢气安全使用标准不适合氢能燃料电池发展的需要，氢能燃料电池使用及市场准入标准偏少，严重限制了氢能燃料电池的推广。中国应积极参与国际标准的制定，并迅速制定相应的国内标准，以便在未来的竞争中获得先发优势。

23.3.2 “十三五”期间先进电池材料产业发展趋势分析

1. 太阳能电池材料产业

1）主材料多晶硅产业

（1）提高多晶硅产品质量：开展稳定提高多晶硅产品品质的关键技术和设备研发与产业化，缩小与国外同行在产品质量方面的差距并替代国外产品，提供高纯电子级多晶硅产品，替代进口。

（2）节能降耗技术：利用计算机模拟优化技术，结合已有改良西门子工艺生产基础，改变还原炉底盘硅棒布局方式，增加辐射热利用率，改变进出气方式，优化热场与流场，降低还原电耗和物耗，使多晶硅还原电耗由 60 千瓦时 / 千克硅降低至 45 千瓦时 / 千克硅以下，综合电耗从 120 千瓦时 / 千克硅降低至 75 千瓦时 / 千克硅以下，降低电耗的 37.5%，按照全国年产 10 万吨产量测算，年节省电耗 45 亿千瓦时，发挥技术优势，削弱电价高企地区（中原地区、东部地区）电费所占成本比例，提升企业长久竞争力。

（3）新工艺研究：以现有改良西门子工艺为基础，延伸研究硅烷流化床制备粒状多晶硅工艺技术与装备，适时推进产业化，以寻求进一步降低多晶硅能耗、降低生产成本的技术，特别是应以赶超世界先进水平的勇气对具有颠覆性的多晶硅技术的工业化示范提供支持。

（4）清洁环保技术：加强全流程清洁环保新技术的研发，减少外排量；开展三废处理新工艺及设备研发，使三废综合处理技术先进性和可靠性进一步提升，多晶硅企业清洁生产达到国际先进水平。

2）太阳能辅助材料

（1）晶硅电池技术趋势：硅片减薄及银耗量下降，减少硅和银消耗量，有效降低成本。

（2）铸锭 / 切片技术趋势：增加铸锭尺寸和金刚线切片，降低铸锭能耗，减少切

削硅的损失，降低成本。

（3）晶硅组件技术趋势：玻璃减薄及透光量增加，减少组件材料消耗，增加透光量，提高转化率。

（4）有效利用硅片切割固态副产物：大约 50% 的多晶硅损耗在硅片切割过程中，与不能回收的小颗粒磨料一起作为固废被排除，造成巨大浪费，应将其转化为生产多晶硅的原料，使多晶硅生产成本进一步降低。

2. 锂离子动力电池材料

锂离子电池以成为新能源汽车动力电池为主要发展方向，预计 2020 年锂离子电池的比能量将达到 300 瓦时 / 千克，其中关键材料包括高容量 / 高电压正极材料、高容量负极材料、高电压电解液和高安全性隔膜材料；进一步提高电池比能量将采用新体系电池，材料的发展主要包括金属锂电极材料、锂硫电池碳硫复合正极材料、锂空气电池氧电极催化材料、全固态电池电解质材料等。

3. 燃料电池材料

燃料电池催化剂发展严重滞后已经成为制约中国燃料电池产业发展的瓶颈。开发低成本高效率长寿命的新型纳米催化剂材料是摆脱国外技术壁垒，支撑中国燃料电池行业健康发展和实现中国汽车行业可持续发展的重要保障。针对车载储氢技术而言，其重量储氢密度低是制约其应用的主要瓶颈。开发轻质、高效的固态储氢材料是促进车载储氢技术发展的重要途径。

23.4 先进电池材料产业发展重点案例

1. 太阳能电池产业“量大技贫”的启示

目前中国光伏产业规模持续扩大，行业发展总体趋好。2014 年，中国多晶硅产量达到 13.2 万吨，同比增长 57%；硅片产量达到 38 吉瓦，同比增长 28%；电池片产量达到 33 吉瓦，同比增长 32%；组件产量达到 35 吉瓦，同比增长 27.2%。骨干企业毛利率多数回到两位数，企业经营状况得到明显好转。产业链各个环节均有中国企业进入全球前十名，如多晶硅（4 家）、硅片（8 家）、电池片（5 ～ 6 家）、组件（5 ～ 6 家），并且第一名均为中国企业 [10]。

中国光伏产品进出口情况总体保持平稳增长，发展态势良好，技术水平不断提升，毛利明显回升。但是，中国光伏产业仍存在以下主要问题。

（1）技术发展任重道远：产品同质性较高，在一些高效电池、新型电池的研发方面与国外仍有一定差距，高端装备仍依赖进口，如钝化发射极背面接触（passivated emitter rear contact，PERC）电池技术所需装备等。

（2）标准检测认证体系亟待健全：随着资本市场对光伏电站关注度增加，光伏电站质量越来越受到关注，亟待完善标准认证检测体系，通过引进第三方保险、敦促供应商提升服务质量等方式保障产品质量问题。

上述现状与问题也反映出中国新能源领域的普遍问题，即产品“增量不增利”“同质化严重”“高端产品及技术专利缺失”“缺乏市场定价权”，因此整个产业应集中力量提升产品技术水平和质量。

2. 创新平台建立和全产业链发展模式促进锂动力电池快速发展

中国锂动力电池企业积极推进系列产品的开发平台，形成完整的产品研发、工程验证体系。天津力神具有9亿安时锂离子电池的年生产能力，产品囊括了圆形、方形、聚合物电池、动力电池、光伏、超级电容器六大系列几百个型号，产能居国内第一。2012年开始，天津力神重点启动动力电池五大技术平台的建设，包括电池产品技术开发平台、系统集成及应用开发平台、工艺技术开发平台、装备技术开发平台、标准及检测与认证平台。2013年由天津力神申报在天津兴建的国家锂离子动力电池工程技术研究中心已获科学技术部立项批准。

中国也在积极推进动力电池-新能源汽车产业链的协同创新平台建设。国联汽车动力电池研究院是在工信部、科学技术部等部委指导下，在中国汽车工业协会具体推进下，由一汽、上汽、东风、长安、北汽、华晨、广汽七家整车生产企业、北京有色金属研究总院、天津力神共同发起设计的。国联汽车动力电池研究院是中国汽车动力电池首个协同创新平台，以下一代动力电池的研发和为产业服务为目标，推动中国动力电池发展。

此外，中国锂动力电池企业积极与国内外上下游企业合作，形成完整的产业链。作为国内规模和技术领先的动力和储能电池企业，宁德时代新能源科技有限公司目前已拥有电池研发、制造能力，以及材料、电芯、电池系统、电池回收的全产业链核心技术。宁德时代新能源科技有限公司通过实行“走出去再回来”策略，先和全球一线品牌车企合作，定位做出好的产品，并且将每一个步骤都研究透彻并进行验证，形成规范和流程。在此基础上，再与国内客户合作，从而帮助国内企业节省时间及研发投入、提升技术水平，也能弥补整个行业在标准、合理流程制定上的缺陷。宁德时代新能源科技有限公司认为锂电行业的竞争不是单个企业之间的较量，而将会成为供应链体系的竞争，需要材料和设备制造企业的共同合作。

23.5 促进先进电池材料产业发展的政策建议

（1）加快建设先进电池材料产业体系，培育大型企业集团。加快建设先进太阳能电池材料、锂离子动力电池及其关键材料、燃料电池材料等产业体系，培育大型

企业，加强国家级研发机构、检测与评价机构的建设，提高自主创新能力，支撑产业发展。

（2）加大科技投入，加快关键核心技术和前沿技术的研发。引导政府、社会资源和高校、科研机构加大科技投入，产学研相结合，提升产业技术水平；支持高校、科研机构联合企业，开展新材料、新技术前瞻性和先导性的研究，形成自主知识产权。

（3）加强产业规划与协调，把先进电池材料产业放在优先发展的位置。带动原材料产业的发展，促进新能源产业的壮大；进一步完善国家标准、技术规范及行业准入政策，引导产业围绕绿色节能健康发展。

（4）做好政策制定及其落实工作。政策制定考虑国内外企业竞争的平等性，政策落实要做到地方特殊情况与国家战略规划合拍。

参考文献

[1] 中国电子信息产业发展研究院赛迪智库．光伏产业发展白皮书（2015 版），2015.

[2] 工信部．2013 年我国光伏产业运行情况，2014.

[3] 国家能源局 .2014 年光伏产业发展情况，2015.

[4] 中国电子信息产业发展研究院赛迪智库．锂离子电池产业发展白皮书（2015 版），2015.

[5] 工信部 .2013 年我国锂离子电池行业运行情况，2014.

[6] 高工产研锂电研究所．锂电池四大核心材料企业云集 2014 高工锂电展．高工锂电，http://www.gg-lb.com/asdisp2-65b095fb-15316-.html，2014-09-09.

[7] 工信部 .2014 上半年我国锂离子电池行业运行情况，2014.

[8] 新材料产业发展战略研究课题组．“十三五”新材料产业发展战略研究报告．中国工程院咨询研究项目，2014.

[9] JHFC.Status Report on Fuel Cell Electric Vehicle Performance，2010.

[10] 王勃华．我国光伏产业 2014 年回顾与 2015 年展望，2014.

审稿：屠海令　陈立泉

政策篇

“十二五”期间，中国战略性新兴产业取得了重大发展，政策环境不断完善。中央和地方陆续发布了一系列支持政策，通过推进重点领域专项规划，建立专项资金支持，实施税收优惠政策，创新金融支持，建立产业投资基金方式等支持方式，为战略性新兴产业的发展提供了良好的政策环境。

当前，中国战略性新兴产业的发展面临新环境及新形势。经济发展步入新常态，新兴产业和传统产业正处在发展的接续关键期。而这一重大宏观经济环境的具体表现之一，是中国的人口结构包括年龄结构、教育结构、收入结构正发生前所未有的变化，并进一步引致人口消费需求的变化，这是战略性新兴产业发展最需直接面对的市场需求变化情况。第 24 章重点对战略性新兴产业发展中的人口变化及其消费政策进行研究，指出必须结合战略性新兴产业发展的特点，创新人口政策和消费政策，为战略性新兴产业的发展提供更科学、更有效、更持续的支撑体系。

以互联网技术为代表的新技术发展是战略性新兴产业发展的重要环境，也为其发展模式创新提供重要支撑，更服务于人类社会发展的智能化和低碳化趋势。中国战略性新兴产业的培育和发展中，出现诸多与这一新环境紧密相关的发展模式，本篇选择共享模式、智能制造模式和绿色制造模式展开分析。第 25 章基于“互联网 +”时代，着重以新能源汽车共享模式为例，对中国战略性新兴产业共享模式的要素及障碍进行阐述；第 26 章以工业机器人为例，指出“智能制造”是先进制造发展的最新形态，并以典型地区的智能制造为例分析其发展模式的主要特征；第 27 章理论和案例相结合，对绿色制造发展模式存在的问题和思路进行分析。

此外，良好的创新系统是提高创新能力的关键，战略性新兴产业的发展需要不断完善创新生态系统，提高自主创新能力。本篇从创新生态系统、技术创新联盟和技术创新扩散论述了创新体系建设的三个关键问题。第 28 章从系统层面论述了创新生态系统的内涵、要素、运行机制，以及战略性新兴产业创新生态系统等问题。另两章则对当前较受关注的创新问题展开分析；第 29 章分析了产业技术联盟的概念、特征，以及在战略性新兴产业技术创新联盟等问题；第 30 章深入阐述了技术创新扩散的一般性理论及技术创新扩散的影响因素等。

基于新环境、新模式和新体系，第 31 章提出了“十三五”期间发展战略性新兴产业的政策建议。指出战略性新兴产业培育和发展政策，要坚持政策集成化、市场导向性、企业主体化、产业协调性、发展国际化等基本政策范式，释放科技和市场的活力，建立竞争公平、金融支撑、需求升级三个支撑环境，促进中国战略性新兴产业健康快速发展。

第 24 章

战略性新兴产业发展中的人口与消费政策创新研究

薛　澜　沙　勇　周　源

【内容提要】人才和消费是战略性新兴产业发展的“双引擎”，制定和实施科学的人口与消费政策是促进战略性新兴产业发展的战略举措和重要基点。本章在论述人口与消费政策对中国战略性新兴产业发展作用影响的基础上，分析了中国在战略性新兴产业发展过程中人口与消费政策的现状及存在的问题，指出必须结合中国战略性新兴产业发展的特点，创新完善顶层设计，强化人口政策的支撑作用；建立长效机制，增强消费需求的拉动作用。

当前，战略性新兴产业的培育与发展同时伴随着“新矛盾”、“新问题”和“潜在风险”，人口、消费与经济的关系发生了重大变化，战略性新兴产业发展迫切需要制定和实施科学的人口与消费政策。中共十八届三中全会提出“启动实施一方为独生子女的夫妇可生育两个孩子的政策”。这是顺应发展需求调整中国人口与生育政策迈出的重要一步。同时，中国经济增长引擎从外需转向内需的拐点已经出现，扩大内需成为发展经济的中长期战略，也蕴藏着发展战略性新兴产业的巨大潜力。当前，世界各国都在纷纷集中力量抢抓新兴产业的发展机遇期，制定合适的促进战略性新兴产业发展的人口与消费政策，谋求新一轮经济增长。相对而言，作为人口与消费大国，中国在战略性新兴产业的人口与消费政策方面，尚难以满足战略性新兴产业快速发展的需要，迫切需要进一步加强人口与消费政策创新，为推动战略性新兴产业的培育与发展提供更科学、更有效、更持续的人口和消费的支撑体系。

24.1 人口、消费政策在战略性新兴产业发展中的作用分析

1.人口红利是中国作为人口大国经济长期高速增长的重要原因

人口红利是指一种工作年龄人口在经济体中所占比重较高的人口结构。一般来说，在人口红利下，年轻人比例较高，劳动力供给充足，劳动力配置效率较好，能促进经济快速增长。中国经济自改革开放以来之所以取得三十多年的高速增长，一个非常重要的原因就是人口红利的释放。柯布-道格拉斯生产函数表明经济发展主要依赖劳动力、技术和资本三个因素。其中，劳动力是经济发展的决定因素，科学有效的人口政策对经济发展，特别是对人才、高素质劳动力需求度高的战略性新兴产业的发展能够起到重要支撑作用。人口规模经济效应对战略性新兴产业发展的作用具体表现在以下几个方面：一是人口规模扩大了市场容量，有利于推动专业化生产，加速人力资本积累，从而促进在战略性新兴产业内部形成比较利益和规模效应；二是人口密度提高有助于形成集约化经济社会组织，能发挥战略性新兴产业的产业链条长、带动系数大的优势，使战略性新兴产业可以向更高的组织化程度方向发展；三是人口规模的扩大有利于增加战略性新兴产业人才，从而提高战略性新兴产业技术进步的速度。

2.人力资本是促进战略性新兴产业发展的关键因素

战略性新兴产业具有知识技术密集的特点，大力培育人力资本是发展战略性新兴产业的关键举措。国内外相关研究表明，拥有专业化人力资本的人才队伍是促进新兴产业发展的真正动力。当今世界，经济发达国家一般都拥有先进的科技实力，归根到底是因为都有着一支庞大的人才队伍作为保障。近年来，诺贝尔奖得主就主要产生在这些发达国家。人才的拥有与否和是否能够有效使用，是一个国家能否在激烈竞争中处于优势地位的关键因素。如果没有强大的人才队伍的有效支撑，就根本谈不上战略性新兴产业的发展。强化人力资本增值，提高人口素质，充分开发各年龄层次的人力资源，可以为战略性新兴产业的发展提供持续的人口动力。

3.消费需求是战略性新兴产业发展的内在要求

消费需求是拉动经济增长的“三驾马车”中最为稳定的因素，是经济增长的最终需求。消费政策是整个经济政策的重要组成部分，对战略性新兴产业的发展具有较强的导向作用。战略性新兴产业发展不能过多地依赖政府的投资支撑，否则就会影响其内在驱动力和市场效率。从宏观的角度看，如果消费需求规模大，战略性新兴产业发展的市场容量约束就小。同时，通过消费拉动投资，增加利润以致消费增加，从而拉动投资再增加，如此循环不断，可以促进形成战略性新兴产业的自主增长机制。从微观层面来看，战略性新兴产业的企业实现利润最大化的前提是它所生产的产品能被市

场接受，只要有消费需求，企业就会进行投资和生产。可见，消费需求对战略性新兴产业的投资、生产具有明显的导向作用。

4.消费增长是战略性新兴产业持续发展的根本动力

消费需求对战略性新兴产业发展具有较强拉动作用，消费需求的增长会带动投资的增长，缺少消费需求支撑的投资是难以持续的。当前，中国政府在推进战略性新兴产业发展上出现一个明显的转变，就是将着眼点从研发和供给端转移到需求端，注重从拓展市场、培育需求的角度来促进战略性新兴产业的培育与发展。随着中国消费结构的优化和升级，战略性新兴产业的消费增长会直接推动消费性供给的增长，而消费性供给的增长又会扩大生产性需求，从而推动战略性新兴产业的持续发展。因而，必须通过制定和实施科学的消费政策，激发消费潜力，使消费需求能在推动战略性新兴产业的发展中更好地发挥基础性的引导作用。

24.2 战略性新兴产业发展中的人口与消费政策的现状及问题

24.2.1 战略性新兴产业发展中的人口与消费政策的现状

中国经济从高速增长向中高速增长转变的一个主要根源和基本特征就是人口形势的变化。根据国家统计局公布的人口数据，从 2012 年起，中国工作年龄人口连续三年都成百万级减少，2012 年第一次减少 345 万人，2013 年继续减少 244 万人，2014 年减少 371 万人。长期以来，中国生育率的持续低迷和工作年龄人口供给的减少，使中国进入超低生育率状态 [1]。针对严峻的人口形势，2013 年 11 月，中共十八届三中全会决定启动实施“单独二孩”政策，标志着中国生育政策的调整迈出了实质性的一步。然而，该项政策实行的结果显示，中国人口生育政策的调整已经相对滞后，通过实施“单独二孩”政策并未达到预期目标。严重的劳动力锐减和老龄化形势，对中国经济与社会发展已经产生重要影响。近年来的民工荒、劳动力工资的快速上涨、外资企业撤离中国等现象无一不与中国严峻的人口老龄化形势密切相关，这也必然会影响到中国战略性新兴产业的培育与发展。

中国经济增长引擎已经从外需转变为内需，如何摆脱原有的投资和出口驱动的增长方式，重新构筑持续发展的增长新动力成为当前需要研究的重点，也是发展战略性新兴产业的迫切要求。当前，中国最终消费率和居民消费率已经连续十几年出现下降趋势，模仿型排浪式消费阶段已经基本结束，多样化、个性化消费逐渐成为主流，越来越需要通过供给来激活需求。近年来，中国政府非常重视扶持消费领域的战略性新兴产业发展。2014 年 10 月，李克强总理主持召开国务院常务会议，出台了三大推进消费扩大和升级的措施：一要增加收入，让群众“能”消费；二要健全社会保障体系，让群众“敢”消费；三要改善消费环境，让群众“愿”消费，重点推进信息消费、绿色消费等六大领域消费。在一系列促进消费发展政策的推动下，中国 2014 ～ 2015 年两年消费对增长的贡献率有所提高，但消费对经济增长的拉动作用并未有效释放，尤其是对战略性新兴产业的拉动还不够明显。因此，制定科学的消费政策，推进增长动力由供给推动向扩大内需为主的“消费驱动”转换，促进中国战略性新兴产业发展，仍是目前亟须关注的重点。

24.2.2 当前战略性新兴产业发展中的人口和消费政策存在的问题

进入新的经济发展阶段后，中国的人口、消费与经济关系已经发生重大变化，迫切需要制定和实施科学的人口和消费政策，以促进战略性新兴产业的持续、快速发展。

1.人口负债逐渐成为中国人口与经济关系的常态化问题

随着人口红利的消失，中国开始进入人口负债期，严重的劳动力短缺和老龄化形势推动中国经济进入新常态。根据易富贤和苏剑撰写的一份关于中国 2015 ～ 2080 年的人口展望报告估计，中国的工作年龄人口在 2015 年到达峰值 9.24 亿人，2080 年将降到 3.39 亿人。65 年时间，工作年龄人口将减少近 6 亿人。以“两降”（降低生育率和降低死亡率）为主要特点的人口格局将过渡到如何应对长期低生育率、长期低死亡率的后人口转变时期[2]。人口格局这种重大转折，必然会对经济增长、社会保障体系、城乡基本公共服务体系等都带来深刻影响，也会深刻影响战略性新兴产业的发展，迫切需要适应新的人口形势，制定和实施新的人口发展战略和新的人口政策体系。

2.人口老龄化对战略性新兴产业发展的影响日益增加

联合国预测到 2022 年，印度人口将会超过中国，成为世界第一人口大国。但是由于中国在“十三五”期间老龄化程度会出现快速“起飞式”的提高，将使中国成为世界上老年人人口最多的国家，并将长期进入老年化社会[2]。快速老龄化是中国发展所面临的巨大挑战，必将对战略性新兴产业的发展产生巨大影响。一是挑战劳动力的供给结构。人口老龄化将带来劳动力老龄化，而老年劳动力虽然工作经验丰富，但接受新事物的能力一般低于青壮年，从而影响新技术的推广和使用，进而会影响战略性新兴产业发展；二是挑战消费产业的调整能力。人口老龄化的出现，使老年人市场快速扩大，需要社会在短时间内完成产业结构的调整和转变。三是经济发展面临的消费需求不足。老年人的消费受社会供给能力、自身消费习惯、收入水平等的制约，往往使社会消费需求不足，从而对战略性新兴产业发展的拉动不足。

3.战略性新兴产业人才培育集聚的能力有待加强

战略性新兴产业是知识型和创新型的经济形式，从要素驱动转变为创新驱动是其重要特点，这对提高人口素质的需求更加强烈。当前中国劳动力成本较快上升，劳动适龄人口数量和比重明显下降，劳动力资源短缺已逐渐上升为主导性的人口问题。同时，在通常情况下，只有少数人才能掌握战略性新兴产业的高端技术和核心技术，该产业人才的缺乏更为明显。一方面是高端技术人才的匮乏。这类人才通常既具有国内扎实的基础教育，又学习了发达国家先进的创新技术。在引进这类人才过程中，部分不愿意放弃国外先进的研究基础与技术环境，同时国内尚不成熟的资本市场、融资环境、创业文化也会成为他们的"拦路虎"，所以吸引这类高端人才的集聚往往要通过政府的引导而非市场行为。另一方面是技能人才的缺乏。虽然国家已经制订了战略性新兴产业技能人才培育计划，并依行业目录在高校开设相关专业与课程，但仅处于起步阶段，人才的培育尚需时日[3]。

4.消费政策对战略性新兴产业发展的引导作用不够明显

近年来，国家采取了一系列政策刺激消费，也取得了一定成效，但消费政策对战略性新兴产业发展的引导作用还不够明显。一是消费政策发挥作用的体制环境不够完善。目前，中国正处于体制转轨过程中，市场经济体制的建设还需要进一步完善，导致各种间接调控手段难以充分发挥作用，从而降低了消费政策调控能力。二是消费政策调控手段比较单一。西方国家在进行消费调控时，一般既有对宏观消费结构的引导和调整，又有对微观消费主体的调节和控制，能综合运用财政、货币、价格、消费引导等多种政策工具。相比而言，中国消费政策的调控手段则显得比较单调和僵化。三是消费者主权有待进一步彰显。西方发达国家在制定促进新兴产业发展的消费政策时，都十分强调保护消费者利益。而中国的消费政策多数站在政府和企业的立场上，偏离消费者主权原则，无法准确预测社会消费变动的趋势，以及把握消费者心理，影响了消费政策的实施效果。

24.3 战略性新兴产业发展中的人口与消费政策创新

24.3.1 完善顶层设计，强化人口政策的支撑作用

面对中国严峻的人口和劳动力形势，迫切需要对人口发展战略和相关政策进行创新调整，在研究世界人口变化规律的基础上，制定适合国情的人口政策，增加生育数量，提高人口质量，改善人口结构，通过人力资本红利促进战略性新兴产业的培育与发展。

1.调整计划生育政策，逐步转向鼓励生育

调整和改革中国现行人口发展政策，当务之急是使生育政策回归常态。应该加快调整计划生育政策，并逐渐转变为鼓励生育。如果担心立即彻底放开二胎会导致

人口爆炸，可以对人口政策采取小步快走的方式进行调整，先试点后推广。也可以按照育龄妇女的年龄设计政策，如对30岁以上的妇女先放开。目前，通过“单独二孩”政策的实施，可以发现中国新的生育文化和观念已经形成，极低的生育率很可能是老百姓的自然选择。总之，迫切需要根本改变20世纪70年代以来（特别是20世纪80年代以来）的生育政策，实现长远的人口和发展均衡，使生育率水平能够对经济内需和战略性新兴产业的发展提供有效的支撑。

2.提高人口素质，发挥人力资本红利作用

把大力提高人口素质作为实施人口发展战略，促进战略性新兴产业发展的关键环节，推动中国由人口大国向人才强国转变。新人口发展战略的核心是使人口红利转化为人力资本红利，通过人力资本的规模、质量和结构的全面提升，实现战略性新兴产业增长效率和发展质量的提高。构建新的人才战略，必须强调人才是第一资源的观念：一是通过人才集聚来推动战略性新兴产业发展进入人力资本规模经济效应阶段；二是通过构建人才结构与产业结构的动态互动机制来提高战略性新兴产业的人才供给效率；三是通过构建产学研创新联盟来吸收知识和技术溢出、提高战略性新兴产业专业人才素质。

3.以市场为导向，宏观调控人才分布

首先，按照发展战略性新兴产业对劳动力的需求，进一步完善劳动力市场体系，推进劳动力市场的信息化、网络化、体系化和法制化；其次，进一步规范战略性新兴产业人才市场秩序，创造公平竞争的就业环境，促进人才合理流动和有效配置；最后，制订多层次的人才培养计划，加强对劳动力职业生涯规划的宏观调控，保证将具备条件的劳动力转换为最大的人力资本，来保证劳动力供给，保持劳动力竞争优势，达到为促进战略性新兴产业发展提供更有效和更可持续的人口源泉的目的。

24.3.2 建立长效机制，增强消费需求的拉动作用

遵循战略性、先导性及带动性原则，紧扣国家战略性新兴产业发展战略部署，制定具有区域特色和优势的战略性新兴产业消费政策，建立健全消费观念、消费环境、消费结构、消费水平等一系列政策，形成完整配套的拉动战略性新兴产业持续发展的消费政策体系。

1.适应战略性新兴产业发展需要，培养新的消费热点

建议政府设立专门机构，在充分调查论证的基础上，通过加强舆论引导、政策支持等多种途径，积极培育与战略性新兴产业相关的消费热点。通过优先发展某些消费热点产业，让消费者对这些战略性新兴产业产品“能”消费、“敢”消费、“愿”消费。同时发挥消费热点所具有的强大示范效应，带动其他相关产业的健康快速发展，形成新的消费热点和新的经济增长点，推动战略性新兴产业的发展，促进形成

消费需求与战略性新兴产业发展之间的良性循环。

2.增强鼓励消费的政策力度，创造和引导需求

转变管理观念，着眼于战略性新兴产业潜力市场的培育，调整消费政策，促进战略性新兴产业的消费升级，提升战略性新兴产业的新产品、新技术的市场认可度，引导形成强大的市场份额。除了要通过政策引导开展战略性新兴产业的商业模式创新，提升市场运行能力以外，还需要做到以下几个方面：一是清理和取消限制战略性新兴产业消费的政策和行为，鼓励发展新的消费方式，大力促进消费结构的升级；二是完善社会保障制度，增强居民对未来生活的安全感，改善居民的支出预期；三是积极创造需求和引导需求，将对战略性新兴产业的潜在消费需求转化为现实购买力；三是继续整顿市场经济秩序，改善战略性新兴产业的消费环境，增强消费信心。

3.发展消费信贷和信用体系，促进消费升级

全面规划和精准发展战略性新兴产业的消费信贷，尤其是发展能起到较大带动作用的消费热点的信贷消费，以刺激战略性新兴产业的相关消费，把居民的自我积累型滞后消费转化为有信用支持的适度超前消费。同时，建立健全信用体系，促进居民储蓄向消费转化，以及居民相关消费的快速升级，充分发挥消费对战略性新兴产业发展的拉动作用。

24.3.3 基于国家战略层面大力发展老年健康产业

老年健康产业作为典型的朝阳产业，主要指那些为老年人提供有利于其身心健康的产品和服务的新兴产业。随着中国人口老龄化的不断严重，为顺应老龄化社会对健康产业的发展需要，将老年健康产业作为战略性新兴产业来发展具有极强的必要性。

1.从国家层面确立老年健康产业为战略性新兴产业

从国家层面确立老年健康产业为战略性新兴产业重点关联产业加以扶持和引导，以有效应对老龄化困境。首先，老年健康产业具有战略性新兴产业的一般特点，包括很强的产业关联性、产业辐射性和战略性引导等。其次，稳定和持久的需求收益为老年健康产业发展提供持续的动力支撑。据推算，中国老年人口消费规模到2020年将接近4.3万亿元，到2030年将升至13万亿元[4]。最后，国际经验也为中国将老年健康产业发展成为战略性新兴产业提供了借鉴。从世界主要发达国家长期发展战略来看，无论是提倡“银色革命”还是“积极老龄化”“健康老龄化”，老年健康产业都被置于重要的战略地位，有些国家（如日本）已直接将老年健康产业列为国家战略性新兴产业。

2.将老年健康产业纳入国民经济规划，加强财税政策倾斜

做好老年健康产业规划，制定老龄产业中长期发展规划，确定近期、中期和长期老龄产业发展的优先领域，引导财政资金向老年健康产业领域流动，充分利用价格、税收、利率、工资等经济杠杆，在科技创新转化、市场准入、基础设施等方面提供优惠和便利。同时，坚持创新驱动，以核心产业和技术为支点，加大研发，推动老年健康产业不断向高端、高效、高辐射方向发展，并注重完善科技资源共享利用机制，在不断加大对中小企业创新发展的扶持力度的同时，促进企业联合和培育龙头企业。

3.完善产业政策法律调控机制，规范老年健康产业市场运作

首先，以前瞻性、战略性视野规范老年健康产业市场化运作，把握产业发展方向，避免政策临时性和碎片化缺陷；其次，完善监督机制，明确监管部门职责，依法规范从业机构行为和标准，强化政策落实环节的效益评估和市场监管；最后，积极推进老年健康产业相关立法进程，以法律形式明确产业定位，规范老年健康产业企业宣传、生产、加工、销售、服务行为，提高老年健康产业标准化水平，确保老年健康市场良性运转和老龄产业的持续发展[5]。

参考文献

[1] 苏剑．“经济新常态”与中国人口政策的调整．人口与社会，2015，(2)：15-18.

[2] 易富贤，苏剑．从单独二孩实践看生育意愿和人口政策：2015—2080年中国人口形势展望．中国发展观察，2014，(12)：60-76.

[3] 张正玉．中国战略性新兴产业发展的主要障碍及政策建议．当代经济，2015，(13)：18-21.

[4] 张再生，邵辉．老年健康产业发展的思路与对策．中国卫生政策研究，2014，(3)：1-5.

[5] 王礼恒，等．战略性新兴产业培育与发展战略研究综合报告．北京：科学出版社，2015.

审稿：薛　澜

第 25 章

“互联网+”时代战略性新兴产业共享模式创新分析

薛 澜 洪志生 周 源

【内容提要】“互联网 +”时代呈现了互联性、分布式、盈余性、信息与能源融合、人本主义等特征，战略性新兴产业商业模式创新可以充分借助移动互联网、物联网、3D 打印、云计算和虚拟货币五个支撑点。共享模式是人类社会经济发展的必然趋势，由于互联网技术的成熟和当前部分社会问题的驱动，正逐渐普及开来。本章从共享模式的概念、分类和要素等方面对共享模式进行初步阐释，并结合电动汽车租赁共享案例，分析了共享模式运行的机制、价值及相关障碍。

新的产业环境，赋予了战略性新兴产业发展的新模式，尤其是带来了商业模式创新。当前，伴随着互联网技术的推广、社交网络生态的日益成熟、经济危机的加剧，以及环境污染问题的恶化，“共享经济”这个全新的商业潮流已初露端倪，众多的共享网站也像雨后春笋般涌现，如国外的房屋租赁分享经济空中食宿（air bed and breakfast，Airbnb）、劳务分享经济跑腿服务（TaskRabbit），优步（Uber）专车、国内的小猪短租、滴滴快的专车等。共享经济的商业模式已经融入了企业生产和居民生活的绝大多数领域，还带动了 IT 软硬件生产商、无线网络、信息终端等产业的发展。据预测，当前美国整个“共享经济”的产值达 1 100 亿美元[1]。2011 年，美国《时代》周刊把“共享经济”列为“十大改变世界的创意”之一。“互联网 +”时代中，战略性新兴产业的新能源汽车、生物信息、信息服务、环保服务等产业，充分应用共享模式进行商业模式创新，将具有重要的战略价值。

25.1 “互联网 +” 时代商业模式创新的背景

25.1.1 “互联网 +” 的提出及特征

2015 年全国两会上，李克强总理在政府工作报告中提出“互联网 +”行动计划。旨在推动互联网、大数据、云计算、物联网等与传统行业的结合，把互联网上升到国家战略层面，实现各个行业的升级。

当前，对“互联网 +”的理解还处于见仁见智的阶段。例如，马化腾认为“互联网 +”是一种继蒸汽动力和电力之后的信息新能源，是一种与大数据、云计算密不可分的、能促进包括传统行业在内的各行各业和互联网不断融合发展、创造新生态的能力；有的则认为“互联网 +”是指以互联网为主的一整套信息技术（包括移动互联网、云计算、大数据技术等）在经济社会各个部门、各个领域的应用方式[2]；还有的认为“互联网 +”代表一种新的形态，是互联网发展的新形态、新业态，是知识社会创新 2.0 驱动下的互联网形态演进。

由于互联网具有开放性、平等性、协作性、交互性、全球性等特征，“互联网 +”时代呈现了互联性、分布式、盈余性、信息与能源融合、人本主义等特征。

一是互联性。“互联网 +”时代，信息技术使万物之间随时随地连接在一起，虽然连接是有层次和差异的，连接的价值相差很大，但连接一切是这个时代的目标。基于连接性，该时代处于开放性，传统的社会结构、经济结构、地缘结构、文化结构将被打破，原有制约创新的信息孤岛或信息不对称困境将被化解。

二是分布式。由于互联性特征，连接的“节点”越多，社会网络的力量越强。在“互联网 +”时代，社会化网络工具促进个人和群体的高度链接和快速交互，使跨时空跨产业的互联网协作成为可能。这一方面带来了生产组织方式的创新，另一方面则带来了企业组织结构的变化，传统的产消分开向产消融和发展，客户消费转化为用户投资、用户参与创新等多种方式，利用广大廉价认知盈余的网络创新社区不断发展。

三是盈余性。“互联网 +”时代，互联网，尤其是移动互联网的迅速普及，使人们能够廉价地使用智能网络终端。借助这一终端，人们不仅能从中获得有价值的信息，更能随时随地进行有价值的分享和贡献，包括新闻、地图、知识，甚至智力等方面。在智能互联终端广为普及的情况下，受到一定教育的人，为了某种成就感或者单纯的乐趣，会充分利用碎片化的时间和精力，把自己现有的知识和才华，廉价或者免费地融入互联网世界中，供有需求的人借鉴和使用。可以说，数以万计终端客户的碎片参与和认知盈余可聚合成为网络社会里取之不竭的资产。

四是信息与能源融合。人类文明发展史，其实是信息与能源的发展史。在历次工业革命中，信息与能源的融合不断加强。在"互联网+"时代，这一融合更为突出，以能源互联网最为典型。能源互联网应用智慧能源标准，将电、水、气等能源数据化，利用互联网协议（Internet Protocol Version 6，IPv6）、大数据、云计算等互联网技术，将能源产业互联网化，动态管理能源生产、传输和消费，达到提高效率、节能减排等作用。利用信息通信技术，对能源产业进行互联网化，将能源赋予新的数据属性，达到能源的经济性、高效性及环保性。

五是人本主义。人性的光辉是推动科技进步、经济增长、社会进步、文化繁荣最根本的力量，"互联网+"时代，借助互联网信息技术，一方面可以让人类尽可能多地接触各类所需信息，从烦琐的事务中摆脱出来，另一方面则降低人类的社交成本，优化满足人类的社交需求。因此，"互联网+"时代，相关创新可以实现对人性的最大限度的尊重、对人体验的敬畏，以及对人的创造性发挥的重视。

25.1.2 "互联网+"时代战略性新兴产业商业模式创新支撑点

中国未来新一代信息技术产业的重点发展方向将包括移动互联网和社会网络服务、云计算、大数据、物联网、下一代互联网、高端集成电路、新型平板显示、新兴软件等产业方向。"十三五"期间，战略性新兴产业的重要特征之一是信息网络技术在新兴产业发展中持续保持重要突出地位。"互联网+"时代战略性新兴产业商业模式创新，需要考虑新一代信息技术产业发展为其带来的特殊商业环境的变化。总体上来说，未来战略性新兴产业商业模式创新需要立足"三个端口两个转换"，即两信息端口（人和物）、两信息转换平台（价值和信息）和一个分布式价值创造端口，如图 25.1 所示。

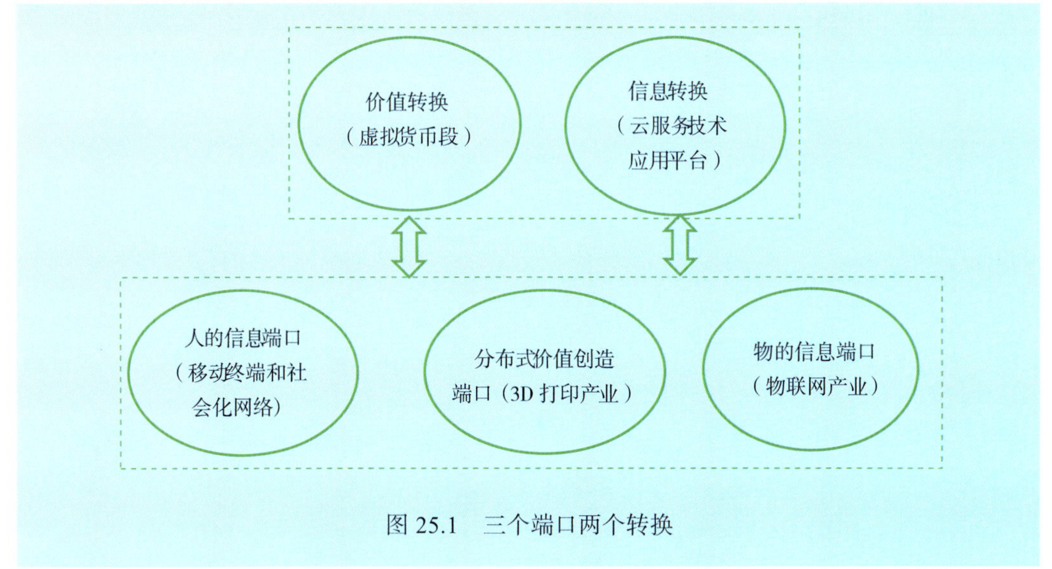

图 25.1　三个端口两个转换

移动互联网是移动通信和互联网融合的产物，人们通过使用无线智能终端 [手机、掌上电脑（personal digital assistant，PDA）、平板电脑、车载 GPS、智能手表等]，可以实现任何时候、任何地点、以任何方式获取并处理信息需求，是人的信息输入的重要端口。物联网是指通过智能感知技术、网络通信技术、数据融合技术，按约定的协议，将某一单位（区域内或行业内）的物品进行信息编码并输入全域互联网系统，从而实现各相关物品的信息链接和融通 [3]，是物的信息的重要输入端口，与云计算平台相互链接。3D 打印通过现场试验（site aueptanle test，SAT）和制造技术的融合，将设计好的物体转化为三维设计图，采用分层加工、叠加成型的方式逐层增加材料来打印真实物体，也称为增材制造。3D 打印的推广得分布式小规模生产成为可能，3D 打印设备成为分布式价值创造的重要端口。云计算是一种基于互联网的 IT 服务模式，指利用分布式计算和虚拟资源管理等技术，通过网络将分散的资源（包括计算与存储、应用运行平台、软件等）集中起来形成共享的资源池，并以动态按需和可度量的方式向用户提供服务 [4]，是信息转换的重要方式，可以与信息及分布式价值创造三个输入端口有效融合。虚拟货币也称为数字化货币，是指能够流通于网络与现实社会之间的、具有现实兑换能力、社区协同性、去中心化等特点的货币 [5]，是“互联网 +”时代线上之间或者线上线下之间价值交换的重要媒介。

25.2 共享模式的内涵

1968 年，迦勒特 • 哈丁提出了公共地悲剧理论，认为共享模式容易导致低效率。该理论虽然经典，但忽略了共享中最显著的因素，即成员约定的自我调节，以及相应的惩罚措施。若有相关的技术和管理保障，公共地悲剧便不一定发生。互联网技术的进步及互联网社区的发展，使成员约定的自我调节成为可能，公共地悲剧可以避免，共享模式得以推广。

25.2.1 共享模式的驱动力

人类社会的进一步发展必然带来共享模式的流行。资本主义社会体系的本质是追逐利润。然而，当竞争市场固有的活力不断推进技术创新，使生产和交易成本不断下降，以至于越来越多的商品和服务无穷趋近免费，基于市场供求关系力量的“交换经济”便渐渐地转向基于分享和非稀缺商品的“协同经济”或者“共享经济”。此外，在人类本性深处，人们往往偏好信任，希望有更大的主动权和信息透明度，规避不确定性和模糊性。共享模式比交换模式更能营造信任的氛围，能使消费者在消费过程中充分发挥自我掌控能力。此外，随着消费需求的升级，人们对社交性和成就感的需求越来越多，也渐渐认识到他们所需要的并非事物本身，而只是事物所带来的使用价值。于是，汽车、房子、玩具、创意、信息，甚至技能，都成为共享的目标物。“占有”不再是人们最看重的一个价值指标，其重要性让位于环境质量、社会关系等幸福指数。因此，使用权胜过了所有权，可持续性取代了消费主义，合作压倒了竞争，资本主义市场中部分“交换价值”正被协同共享中的“共享价值”取代[6]。

在互联网技术进步的推动下，社交网络生态的日益成熟也赋予了“共享经济”崛起的通道。信息技术和网络社会的普及，为人类生活带来了极大的便利，同时伴随着生活方式的创新，社交网络从最初鼓励人们共享日志、视频等虚拟内容，到之后共享线下实物，当移动互联网把交易成本问题逐渐解决之后，共享经济的浪潮便到来，并开始渗透到各行各业中。例如，租车平台，出行人只要通过手机软件发送请求，车主就会在收到提醒后进行交易。网络支付方式，基于云端的网络搜索、识别核实、移动定位等网络技术的不断流行，也大大降低了人们进行共享的交易成本。物联网的分布式、协同式特点和横向规模结构，与3D打印技术的结合，使数以百万的人聚集在巨大的协同共享体系中共同生产并分享其成果。

当前部分社会发展问题也驱动了共享模式的流行。人口增长及需求的增加，加剧了地球资源环境供给的压力，充分发挥产品使用价值的共享模式符合可持续发展潮流。据联合国预测数据，至2050年，发展中国家将有64.1%的人口、发达国家将有85.9%的人口成为城市人口[7]。不过，高密度的居住人口也为共享资源和服务提供了更多机会。此外，全球危机的增多，金融危机、信任危机、收入不平等危机、源源不断的自然灾害（如地震、海啸、飓风），也使互助服务的“共享经济”日益受欢迎。

25.2.2 共享模式的概念及分类

共享模式，也称为“共享经济”或分享经济。“共享经济”一词最早出现在1978年的《美国行为科学家》杂志上，那时学者就已经对汽车共享进行了研究。2010年，雷切尔•布茨曼在其专著《我的就是你的：协同消费的崛起》中，把共享模式称为“协同消费”，强调其商业逻辑在于，我们需要的是产品的使用价值，而非产品本身。

共享模式的本质，归根到底是资源的优化配置，是指能够让商品、服务、数据，以及智慧拥有共享渠道的商业运营模式。在“互联网+”时代，共享模式主要以移动互联网为载体，利用对等网络（peer to peer，P2P）技术来促进信息的高效流通，减弱信息的不对称性，从而使使用价值的获取更为廉价，也更为方便快捷。共享的对象可以包括汽车、房子、办公室或闲置设备等有形资产，也可以包括信息、能源、资金等无形资产。

基于该概念，共享模式具有典型的特征。首先，一般借助网络技术搭建共享平台。通过信息平台的构建，形成一个由消费者、产业链合作商在内的“合作供应者”（co-suppliers）构成的生态系统，以及轻资产的资源供给体系，并且利用智能终端、索罗门（social local mobile，SoLoMo）技术、移动互联网技术、云计算技术提升平台的使用效率，依托社交、点评、O2O等方式实现平台黏性。其次，以闲置资源使用权的转移（或共享）为核心内容。共享模式主要倡导使用权的占有，无关乎所有权，使用者主要目的是占有使用价值，所以其成本相对较低，甚至接近零成本。最后，共享模式与信任紧密相连，如果个体成员相对小范围，熟人关系是信任的基础；

如果参与成员的范畴较广，则需构建一定的信任保障机制，如信誉评级、准入机制审核等的应用。

在互联网时代共享方式分为若干阶段：首先表现在代码的共享（如 Linux）；其次是生活的共享（如脸谱），以及内容的共享（如 YouTube）；最后是现实世界各种离线资产的共享。目前，共享在网络及现实生活中皆非常普遍，从文字、图片到视频、软件，再到房子、车子等消费实体。总体上，根据共享对象特征，共享模式包括两类：①基于产品使用时受排他性影响的共享模式，这实际上是在同一所有者掌控下的特定物品在不同需求者之间实现使用权移转。包括商对客电子商务（business to customer，B2C）模式和 P2P 模式，如拼车网、房屋交换网、Zipcar 汽车共享网都属于 B2C 模式；而 Uber 专车和流动空间（Liquid Space）公司都属于 P2P 模式，Liquid Space 在外出差者在当地寻找和共享最佳办公空间，并通过基于地点的移动应用将信息呈现给用户。②基于产品使用时不受排他性影响的共享服务，一类是产品使用权转移过程也伴随所有权移转，一般是二手产品的回收和转让，如 ThredUP 旧衣服回收网；另一类是产品本身使用过程具有非排他性特征，如信息服务等。

25.3 共享模式运行机制

25.3.1 共享模式的构成要素

共享模式具有独特的基本元素、工作平台和文化。基本元素包括出租者、购用者、第三方及其提供的网络信息平台、标的物、相关媒体、政府监管者等。交易主体包括出租者和租借者在内的交易方，可能是个体，也可能是企业或组织机构。个体层面，以受过一定教育的，安全感较强的网络用户群体为主，并且年轻人居多，其对网络平台的信息较为信任。共享网站是共享模式的支撑性平台，主要在于提供租借，而非买卖。作为中介枢纽，处于第三方的共享网站将规定一系列交易规则、进行参与者背景审查、发布供需信息、发挥协调功能，降低参与者之间的交易成本。交易标的物指具有使用价值的物品。该类标的物或者价值额度大，购置成本高；或者受时空限制，难以远距离随身携用，如汽车和房产；或者是技能和知识等依附于特定人格的无形资产。该类物品使用过程中，其使用权可以分割，或者不具有排他性。并且，此类物品供给者经常闲置，而需求者购置新物品成本太高或者没多大必要[3]。

此外，在共享平台的运营中，应借助管理方式和技术手段建立起相关的机制：①基于管理方式的供给机制。共享产品的供给方式除了上述借助网络平台的 B2C 和 P2P 模式之外，还可以采用俱乐部形式，即每个成员都捐献一份财物，便可共享所有集体财物。②基于技术支撑的市场交换机制。通过采用一定信息技术，可以使共享更为低成本和便捷化，如网站信息平台为供求双方提供结对机会，可以直接将出租者与租用者连接起来；以带有 GPS 定位功能的智能手机和平板电脑为代表的信息终端可以让需求者了解最近标的物。③基于技术支撑的安全保障机制。例如，社交网络平台提供了查看他人信息并建立信任的途径；第三方支付确保资金网络的安全；ThredUP 网站的信誉评级（包括服装质量、时尚、准时）系统可以确保平台成员所寄送衣物符合质量标准；信誉服务网站（如 Trustcloud）可以评估人们在网站上留下的良性行为和交易数据，并把该信息转化为一个可以在“共享经济”时代随时使用的便携式“诚信指数”。

25.3.2 共享模式的规则

共享模式的文化基础是分享、合作、互助，但需要有一定的规则保障这一文化。有效共享的设计原则包括如下几个方面[6]：第一，要对一种共享模式进行有效管理，就需要“清晰界定范围”，即哪些人被允许从共享中获得使用权，哪些人则无此权限。第二，必须建立限制时间、地点、技术，以及资源质量的使用权获取制度，同时建立一套有关劳动力、物资和资金数量的规则，使之合理地分配使用权。第三，共享平台里违反规则的成员都应该受到一定的制裁，但需防止过度惩罚，避免受罚者未来消极地参加共享活动，或者产生反感情绪。第四，共享平台应该建立低成本、私下调节的快速应对机制，以便迅速解决发生在所有者之间，以及所有者和管理者之间的冲突。第五，至关重要的是，共享团队内部的规则应该合法，需要受到相关政府部门的认可。另外，还要加强平台成员之间的交流，加强团队联系的紧密性。

25.4 共享模式的价值及障碍

25.4.1 共享模式的价值

共享模式不仅影响人们的出行方式，还将改变人们的社交和生活，甚至包括思想和人生。随着共享模式的兴起，个别的、细微的消费行为变化经过集聚整合最终将会带来巨大的商业变革和社会变革。

首先，共享模式满足人的全面发展的需求。人的发展是社会发展的最终目的，而人的发展需要全面发展，除了物质生活水平的提高，还需要人际关系的发展和自我价值的实现。基于网络平台的共享模式一方面通过供求双方分享各自拥有的物品，增加可选择的交易对象，减少信息不对称，降低交易成本，整体上促进双方福利的增加；另一方面则会颠覆企业所有与个人消费分开的产业模式，每个人可以同时成为消费者和生产者，每个人都是分享者，人们可以自由选择其感兴趣和擅长的工作及时间安排，自由度得到提升，人际关系扩宽，信任感增强，自我价值实现的成就感得到满足，这些都极其利于人的全面发展。

其次，共享模式提升产业的创新能力。共享模式的网络平台提高了消费者的组织化程度，可以将每个消费者的消费需求变得更加精确，“柔性生产”和“准时供给”更可能实现。特别的，共享模式的去工业化和去中心化使每个人都可以从被动的消费者转变为创造者，社会成员成为自由职业者和兼职人员的混合体，全社会渐渐成为一个合约型社会[8]，个体创造力得到极大的释放。目前，数以百万计的产消者可以在社会共享中免费进行相互协作，创造新的信息技术和软件、新形式的娱乐、新的学习工具、新的媒体、新的绿色能源、新的3D打印成品，使用开源法律协议，从知识产权的束缚中解脱出来，其结果是产业创造力，甚至社会创造力的激增。

最后，共享模式满足可持续发展的需求。共享模式强调使用权而非所有权，实现个人闲置物品的最大化利用，这意味着更多的人在协同共享上分享更少的东西，大大减少了新产品的销售量，从而减少了资源消耗，减少交通拥堵，进而减少排放到大气中的温室气体。例如，每辆共享车平均可替代20辆普通汽车，同时减少了因购车后边际成本降低而诱增的无效出行，具有显著的环境效益[9]。换句话说，共享模式实现了消费模式从“扔掉型”转变为“再利用型”，通过社会存量资产的调整，实现了商品价值的最大限度利用，并在协同共享上以接近免费的方式分享绿色能源和一系列基本商品和服务，这是最具生态效益的模式，也是切实可行的可持续发展模式。

25.4.2 共享模式的障碍

共享模式具有显著的价值，也存在明显的障碍。首先，共享模式作为一种商业模式创新，可能会因为侵犯既得利益者的利益而受到管制。例如，专车共享模式触碰了传统出租车行业的利益，从而受到了管制和排挤。其次，共享模式的应用会颠覆传统的生产消费模式，并要求产消一体化，现有的产业链环境一定程度上未能满足其发展需求，如汽车共享中的风险规避问题，现有保险制度仍然难以解决共享过程中的汽车保险问题。最后，共享的本质精神是分享与合作，人与人之间的信任非常重要，虽然很多技术有利于消除信任困境，但信任问题仍然是共享进一步发展的首要障碍。此外，共享的事物若涉及个人隐私和价格排斥，那么将激起人们的强烈抵制。例如，小米的MIUI Wi-Fi分享功能由于拥有了32万个公共场所的Wi-Fi密码，侵害了网络安全和他人财产，在启动不久之后便被叫停；车位短租产品MonkeyParking通过竞拍分享车位，在一定程度上造成低收入者进入门槛，从而被法律叫停。

为了克服这些障碍，共享服务提供商需要充分应用现有技术和产业配套，建立相关保障机制。以宝驾租车为例，借助电子钥匙技术，私家车主便可以利用短信实现提车。在该环节中，租客在线办完手续后，可以直接通过宝驾应用程序（application，App）里的电子钥匙功能完成汽车的鸣笛、开车门和锁车等功能。宝驾租车还通过软件监控，核算出出行油费，免去租客加油取车、加油还车的步骤，简化流程。此外，私家车主在宝驾租车的App上录入其车辆信息后，后台也与机动车驾驶的信息系统接通，车主的真实信息均可查询，并且借助人脸识别技术加强安全保障。为了进一步考察租车人与出租人之间的信用状况，宝驾租车与中国目前最大的民间个人征信体系方闪银合作，这是一家扎根于中国 P2P 网贷的企业，累积了大量的个人信用数据。由于中国相关法律规定，私家车在外租期间，出现的剐蹭、事故等均由私家车主承担，宝驾租车则通过引进保险公司，开发一款险种来承担汽车外借期间发生事故的责任，这笔保险由租客来承担，当租客要租车时，便会以租金的 10% 来购买保险。

25.5 电动汽车分时租赁

根据上述对共享模式的内涵及特征分析，战略性新兴产业中，云服务、环保服务、生物信息、高成本高端装备、新能源汽车产业等，适合应用共享模式。本节以电动汽车的分时租赁为例，进一步理解共享模式的应用。

25.5.1 电动汽车分时租赁的模式设计

电动汽车分时租赁，是租赁商以小时为单位向消费者提供电动汽车租赁服务的经营方式。从本质上说，电动汽车分时租赁是新兴产业在新产品使用环节的一种商业模式创新。电动汽车分时租赁模式的应用，可包括如下内容[10]。

（1）基于大数据分析的产品设计。分时租赁向客户提供了更小的时间单位选择，让产品更具有差异化。由于可出租的时间缩小到分钟，因此可以通过对车辆使用的高低峰时段统计和车辆流向的统计，加上车型组合，设计出不同价格的产品，吸引不同的客户群。汽车租赁公司通过差异化的产品设计，可以让客户以远低于传统租赁的价格享受汽车租赁服务，做到在不同时段吸引不同的客户，在提升车辆利用率的同时提升整体收入，不断提高盈利能力。

（2）基于大数据技术的网点设置。分时租赁所谓的网点就是停车场地，且必须为停车位配置充电设备，这就会降低汽车租赁公司对网点选择的自由度。在网点的具体位置选择方面，可以通过大数据的分析尽可能地靠近客户，并且由于只是停车位，即使需要调整位置或数量，也不会引发沉没成本的发生。这将极大方便汽车租赁公司的网点设置，真正体现以客户为中心的服务理念。

（3）基于定位技术和智能终端的车辆预定。分时租赁对客户来说，最大的特点就是便捷性，这个便捷性从预订车辆开始。利用 LBS 技术，可以快速定位客户的位置，从而提示在其周围不同半径区域内的可用车辆。客户利用智能手机下载汽车租赁公司的 App 客户端，就可以查询周围的可用车辆，根据自己的需求选择相应的车型和使用时间，完成预订。其中选择使用时间可以让汽车租赁公司预测车辆可被再次使用的时间，当车辆资源紧缺时，可以提示客户在多长时间后将有可用车辆。

（4）基于 GPS 定位跟踪的车辆使用及取还车。完成预订后，系统可以向客户的手机发送用于打开车门的二维码，同时 App 还可以提供让客户快速找到车辆的导航服务。客户找到车辆后，让车辆扫描手机上的二维码，打开车门，找到车钥匙。还车时，需要客户将车辆归还到汽车租赁公司指定的停车位。汽车租赁公司通过 GPS 系统定位到车辆已停入指定区域，才能确认还车。在取车和还车时，需要客户对车辆外观录像，并通过 App 上传系统。后台可以通过图像比对技术，判断车辆损坏情况。

（5）基于第三方支付平台的费用结算。费用结算分为两个环节：在预订环节，需提示客户所选产品的单价及预计费用，并收取客户的车辆使用押金；在还车环节，需根据客户实际使用的时间计算租金，同时通过后台监控的车辆损坏情况和燃油消耗情况计算客户所需承担的费用。费用的支付可以通过第三方支付平台完成，发票可以通过邮寄或快递送达客户，当电子发票推广后，就可以在支付完成后直接生成。

（6）基于信任保障技术支撑的运营保障。分时租赁呈现给客户的是自助式服务，但在其后台需建立完整的支持系统和支持团队保障客户的自助服务。运营保障分为三个方面，即车辆资源的维护（如可用车辆计算、车辆充电、违章处理、车辆故障修理等）、车辆使用状况的跟踪（如行驶千米数、使用时间、行驶区域等）、意外情况的响应（如事故处理、违规停放等）。

25.5.2 临沂市城市电动汽车共享

临沂市推行的“城市电动汽车共享”借鉴了欧美发达国家探索实行的“汽车共享”模式，利用互联网和智能平台，用户可通过智能手机终端或电动车租赁卡完成分时租赁业务，实现租车、用车、还车、结算快捷化、智能化和低费用，有效解决城市交通最后一千米的出行需要和减少汽车尾气排放、缓解城市交通拥堵，营造全新的绿色出行模式。

从 2014 年 12 月开始，沂南县先行试水，在城区设置了 20 个租赁点，提供 100 辆电动汽车供市民租用。这种电动汽车充电一次续航里程约为 160 千米，能满足城区居民出行需要。市民租用后，每分钟租金为 0.3 元，超过一小时每小时按 15 元计算，如果租用超过一天每天租金为 60 元。市民使用手机微信就能查到附近可供租赁的电动汽车，租完后使用手机就能还车。

根据国外经验，一辆共享汽车大约可替代 20 辆私家车的使用量；而这种电动汽车百千米耗电仅约 8 千瓦时，一辆车每年能减少排放尾气 300 千克以上；由于按分钟计费，市民租用后一年大约可以节省 70% 的出行成本。

25.5.3 上海 EVCARD 电动汽车分时租赁

2015 年 1 月 19 日启动商业运营的 EVCARD 电动汽车分时租赁业务，在上海各城区已有 54 个电动汽车借还车热点投入运营，它们分布在嘉定、松江、杨浦及浦东新区，其中，在安亭已有汽车城大厦、国际汽车城发展公司、嘉亭荟、文体活动中心、上海汽车博物馆、同济大学嘉定校区、上海汽车会展中心、唐朝酒店、嘉实生活广场、颖奕皇冠假日酒店、安亭新镇、上赛场卡丁车世界和游客中心 13 个租赁热点。投入运营的荣威 E50 满电状态下续航里程为 180 千米，且只需一卡在手，通过手机 App 操作即可实现租还车业务。电动汽车分时租赁成为短途出行代步的新选择。

一般情况下，用户可以登陆EVCARD官网按提示进行注册登记，提供真实的身份信息、手机号码，上传驾照正副本照片等，工作人员审核通过后会将制作好的会员卡邮寄至登记地址。拿到会员卡后，用户可以登录官网或手机客户端成功激活成为正式会员，选择银联预授权或储值押金方式，便可开启电动汽车分时租赁旅程。

预约车辆时，打开EVCARD客户端，就能通过定位功能清晰地看到附近借还车网点的地址与车辆续航里程等情况，拖动地图，还能看到周边网点的车辆信息。选定网点车辆，点击预订后，需在约定的时间到达相应网点，同时将会员卡置于驾驶室前方、挡风玻璃内侧的感应器上，即可刷卡开车门。在检查车辆完好后，会员拿到方向盘右侧下方的车钥匙点火启动开车。无论是中途下车，还是到达目的地还车，都需刷卡锁车。如需还车，可以在锁车后打开手机App，点击“还车”按钮，根据提示步骤结算费用，支付成功后，结束行程。

有别于传统燃油车租赁按天计算，EVCARD电动汽车分时租赁精确到分钟，前30分钟15元，超过30分钟后每分钟0.5元，每24小时最高封顶180元，相当于6小时的费用，没有其他任何税费、保险等附加费用，具有收费透明、价格合理、实时结算、使用便捷等优点。

参考文献

[1] 管克江．“共享经济”悄然改变消费模式．人民日报，2013-03-28.

[2] 张兆安．实施“互联网+”战略推动传统产业升级．宏观经济管理，2015,（4）：24-25.

[3] 刘建军．物联网产业技术创新路径研究．合肥工业大学硕士学位论文，2012.

[4] 汪鸿昌，肖静华，谢永勤．基于企业视角的云计算研究述评与未来展望．外国经济与管理，2013,（6）：13-22.

[5] 姜海，邹欣．数字化货币及其在数字出版与经营中的应用探析．出版发行研究，2014,（4）：49-53.

[6] 里夫金J. 零边际成本社会．赛迪研究院专家组译．北京：中信出版社，2014.

[7] 褚国飞．“共享经济”或颠覆传统消费模式．http：//www.chinadaily.com.cn/hqcj/xfly/2014-08-26/content_12268121.html，2014-08-26.

[8] 阮晓东．共享经济时代来临．新经济导刊，2015,（4）：54-59.

[9]Shaheen S A，Cano L A，Camel M L.Electric vehicle carsharing in a senior adult community in the San Francisco Bay Area. Transportation Research Board 92nd Annual Meeting，2013,（13-4491）.

[10] 李明．分时租赁：汽车租赁的发展方向．2015,（3）：51-56.

审稿：薛　澜

第 26 章

产业发展模式：智能制造发展模式创新及典型案例

刘　朋　孔德婧

【内容提要】“智能制造”是先进制造发展的最新形态，是中国制造业转型升级的新方向、新趋势，在《中国制造2025》中占有重要地位。智能制造集成了技术创新、模式创新和组织方式创新，是集成制造、精益生产、敏捷制造、虚拟制造、网络化制造等多种先进制造系统和模式的综合。而工业机器人是智能制造的系统和模式中必不可少的一环，习近平总书记曾在讲话中交工业机器人称为“制造业皇冠顶端的明珠”，其研发、制造、应用是衡量一个国家科技创新和高端制造业水平的重要标志。

26.1　工业机器人产业可持续发展的内涵

实现产业的可持续发展是落实科学发展观的主要内容。可持续发展不仅是关注一个产业的产值高低，以及能够提供什么产品，或者局限于强调环境保护和节能减排，而是解决并协调好经济、生态环境和社会三方面的关系，把产业的经济效益、生态效益、社会效益、技术进步和创新能力放在全球化的市场环境中结合国情的综合思考和评价。可持续发展是对中长期发展愿景和规划的描绘，目的是提高并长期保持国家的综合竞争力。

世界各国都针对制造业的可持续发展出台了一系列政策。金融危机以来，全球各国和地区越来越重视实体经济尤其是制造业的发展，以巩固其在技术、产业方面

的领先优势，积极抢占未来先进制造的制高点。美国加快推进“再工业化”，奥巴马政府先后发布一系列国家层面的先进制造发展战略，并在多个项目中强调创新和人才培养的重要性，以期维持并提高创新生态系统水平。其公司同时在积极推动相关战略实施。美国通用电气倡议建设“工业互联网”，并得到来自全球超过50家企业的响应。“工业互联网”的目的是通过智能机器之间的连接最终将人机连接，结合软件和大数据分析，突破物理和材料科学的限制，升级关键的工业领域、重构全球工业、激发生产率、提高能效和效率。德国“工业4.0”则提出构建虚拟网络-实体物理融合系统，将虚拟世界和现实世界联系起来创建一个真实的网络世界，以进一步提高生产效率，维持德国在全球市场的领导地位，确保其装备制造业在全球范围内的竞争优势。

在产业发展战略上，不论是“工业互联网”还是“工业4.0”，都将整合机器、机组和智能设备、智能网络和智能决策，建立一个虚拟网络-实体物理相融合的系统作为主要任务，以完成通过确定和识别工厂中每个工作单元的活动，配置合理的选项和生产条件，自主地为工厂提供最优化的生产过程。这个最优化的生产过程将满足人类对经济效益、生态效益和社会效益的需求，然而系统的完善必须依靠创新发展和技术进步。虚拟网络-实体物理融合系统的基础在于单机智能设备的互联，不同类型和功能的智能单机设备的互联组成智能生产线，不同的智能生产线之间的互联组成智能车间，智能车间的互联组成智能工厂，不同地域、行业、企业的智能工厂的互联组成一个制造能力无所不在的智能制造系统。

机器人是一种能够半自主或全自主工作的智能机器，具有感知、决策、执行等基本特征，可以辅助，甚至替代人类完成危险、繁重、复杂的工作，提高工作效率与质量，服务人类生活，扩大或延伸人的活动及能力范围。而工业机器人是指在制造业的工厂中，主要使用的单机智能生产设备。其在生产过程中，通过智能网络互连，可以做到优化资源配置，从而达到节约能源的目的。工业机器人带来的经济效益、生态效益和社会效益是毋庸置疑的。中国工业机器人发展起步较晚，整个科学工程界创新能力不足，从而制约了工业机器人的可持续发展。然而，要实现制造强国，中国工业机器人的可持续发展刻不容缓。工业机器人的可持续发展不仅在于工业机器人行业经济效益的提升，还有其为生态和社会带来好处，更加依靠的是中国工业机器人创新水平的提升，以及创新带来的自身技术进步[1]。

26.2 工业机器人产业发展现状

1954年美国戴沃尔最早提出了工业机器人的概念，戴沃尔通过伺服技术控制机器人的关节，利用人手对机器人进行动作示教，实现机器人的动作的记录和再现。该专利的要点是借助。而这种示教再现的控制方式依然是目前工业机器人的主流。

最早的实用工业机器人机型（示教再现）是1962年美国AMF公司和Consolided

Control 公司推出的“UNIMATE”。这些机器人的控制方式与数控机床大致相似，但外形特征迥异，主要由类似人的手和臂组成。1965 年，麻省理工学院（Massachusetts Institute of Technology，MIT）的 Roborts 演示了第一个具有视觉传感器的、能识别与定位简单积木的机器人系统。1967 年日本成立了人工手研究会（现更名为仿生机构研究会），同年召开了日本首届机器人学术会。1970 年第一届国际工业机器人学术会议于美国召开。1970 年以后，机器人的研究迅速普及。1973 年，辛辛那提米拉克隆公司的理查德•豪恩制造了第一台由小型计算机控制的工业机器人，由液压驱动，能提升的有效负载达 45 千克。1980 年被称为日本的“机器人元年”，因为工业机器人在这一年真正在日本开始普及[2]。在这之后，智能机器人被定义为具有感觉思考、决策和动作能力的系统，而随着机器人的技术（如传感技术、智能技术、控制技术等）扩散和渗透到制造业的各个领域，各式各样的新型工业机器人随之形成。

纵观机器人的发展历史，其发展过程可以分为以下三个阶段：第一代机器人为目前工业中大量使用的示教再现机器人，通过示教存储信息，工作是读取这些信息，向执行机构发出指令，执行机构按指令再现示教的操作，广泛应用于焊接、上下料、喷漆和搬运等；第二代机器人是有感觉的机器人，机器人带有视觉、触觉等功能，可以完成检测、装配、环境探测等作业；第三代机器人即智能机器人，它不仅具备感觉功能，而且能根据人的命令，按所处环境自行决策，规划出行动。目前，在工业上运行的 90% 以上的机器人不具备智能，在柔性制造系统中目前应用的为第一代机器人和第二代机器人。

而放眼世界各国工业机器人发展格局，美国的机器人技术在国际一直处于领先地位，并拥有一批具备国际影响力的工业机器人供应商，如爱德普（Adept Technology）、ARC（American Robot Corporation）、爱默生（Emerson Industrial Automation）等，其技术全面、先进，适应性极强。日本作为最佳跟随者，1976 年从美国引进第一台机器人之后，随着微电子的快速发展和市场需求急剧增加，日本当时劳动力显著不足，机器人产业获得快速发展，日本成为著名的“机器人王国”。德国引入机器人的时间较英国和瑞典晚了五六年，然而由于战争导致的劳动力短缺，国民的技术水平较高等社会环境，为工业机器人的发展、应用提供了有利条件。此外，德国规定，对于一些危险、有毒、有害的工作岗位，必须以机器人替代普通人的劳动，这推动了工业机器人技术的发展，使其成为仅次于韩国、日本的工业机器人保有量大国，其智能机器人的研究和应用在世界上处于领先地位。法国政府通过大力支持机器人技术的一系列研究计划，建立了一个完整的科学技术体系，法国机器人的发展因而比较顺利，从而在国际工业机器人界拥有一席之地。英国由 20 世纪 70 年代末开始推行并实施了一系列措施以支持机器人的发展，英国工业机器人取得了早期的辉煌，然而这个时候英国政府对工业机器人实行了限制发展的错误，最终导致英国的机器人工业在西欧几乎处于末位。近年来，意大利、瑞典、西班牙、芬兰、丹麦等国家由于自身国内机器人市场的大量需求，其发展速度也非常迅速。

目前，国际上的工业机器人公司主要分为日系和欧系。日系主要有安川电机、发那科（FANUC）、瑞典的ABB、德国的库卡（KUKA）等。安川电机的核心产品有点焊和弧焊机器人、油漆和处理机器人、液晶显示器（liquid crystal display，LCD）玻璃板传输机器人和半导体晶片传输机器人等，其新型液晶玻璃板搬运机器人受到市场欢迎；FANUC的前身致力于数控设备和伺服电机系统的研制和生产，1972年从日本富士通公司的计算机控制部门独立出来，其主要业务为工业机器人和工厂自动化，近年来研发成功了具有独特的视觉和压力传感器、可以将随意堆放的工件捡起并完成装配的多功能智能机器人，并获得市场好评。ABB公司的工业机器人广泛应用于焊接、装配铸造、密封涂胶、材料处理、包装、喷漆、水切割等领域；KUKA生产的机器人广泛应用在仪器、汽车、航天、食品、制造、医学、铸造、塑料等工业，主要用于材料处理、机床装备、包装、堆垛、焊接、表面修整等领域。而随着近年来智能制造获得越来越多的重视，工业机器人向智能化发展的趋势也越见明显，FANUC近期研发完成了价值链增值远高于本体的具有柔性化特点的3D视觉识别技术，ABB研发完成了YuMi双臂机器人，KUKA研发完成了LBR iiwa的七轴柔性机器人。

作为近年来最具潜力的工业机器人新兴市场，中国工业机器人起步于20世纪80年代“七五”科技攻关，经过近40年的发展，目前已经基本掌握了机器人操作机的优化设计制造技术，解决了工业机器人控制、驱动系统的设计技术，机器人软件的设计和编程等关键技术，还掌握了弧焊、点焊及大型机器人自动生产线（工作站）与周边配套设备的开发和制造技术，掌握了运动学和轨迹规划技术中存在的问题，生产了部分机器人关键与器件，开发出喷漆、弧焊、点焊、装配、搬运等机器人。目前，中国工业机器人公司主要有中国新松机器自动化股份有限公司、山东鲁能智能技术有限公司和常州铭赛机器人科技有限公司等。

根据国际机器人联合会（Internatonal Federation of Robotics，IFR）统计，2011～2014年，全球机器人销量年均增速为13%。2014年全球工业机器人销量创下新高，达到22.5万台，同比增长27%，详细数据如图26.1所示。2014年全球工业机器人市场分布的统计如图26.2所示，中国已经成为世界上最大的工业机器人市场。

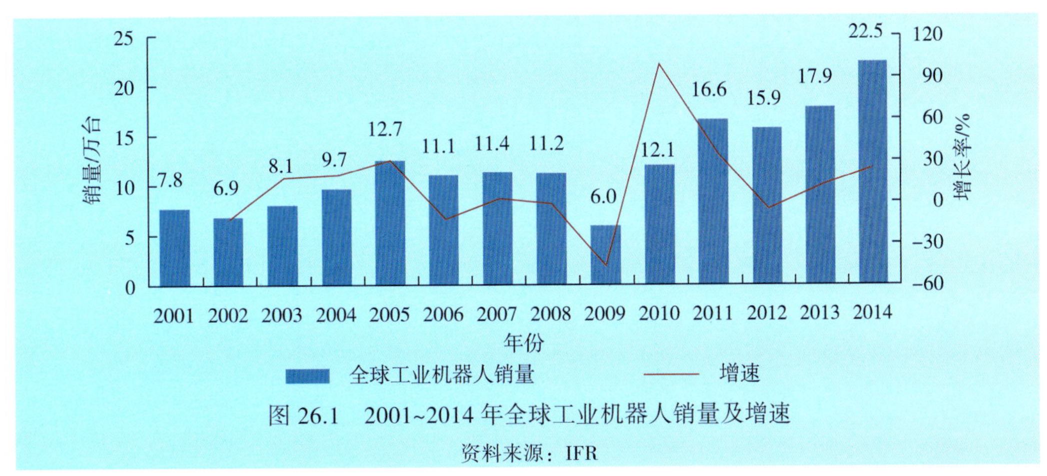

图26.1 2001~2014年全球工业机器人销量及增速

资料来源：IFR

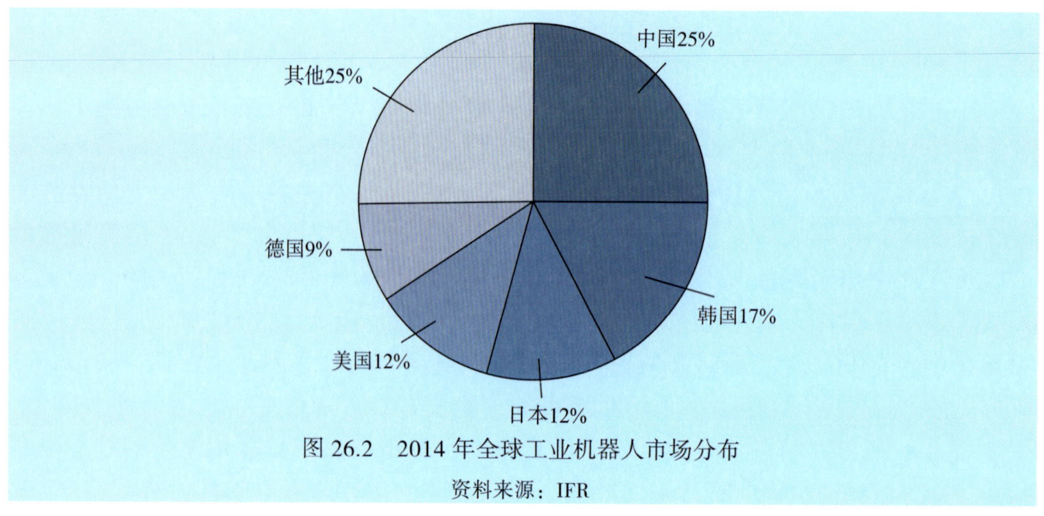

图 26.2　2014 年全球工业机器人市场分布

资料来源：IFR

如图 26.3 所示，IFR 的统计数据表明，2014 年中、韩、日、美、德五国的工业机器人销量约占全球工业机器人总销量的 3/4，亚洲机器人市场的快速增长成为全球机器人产业发展的主要动力。

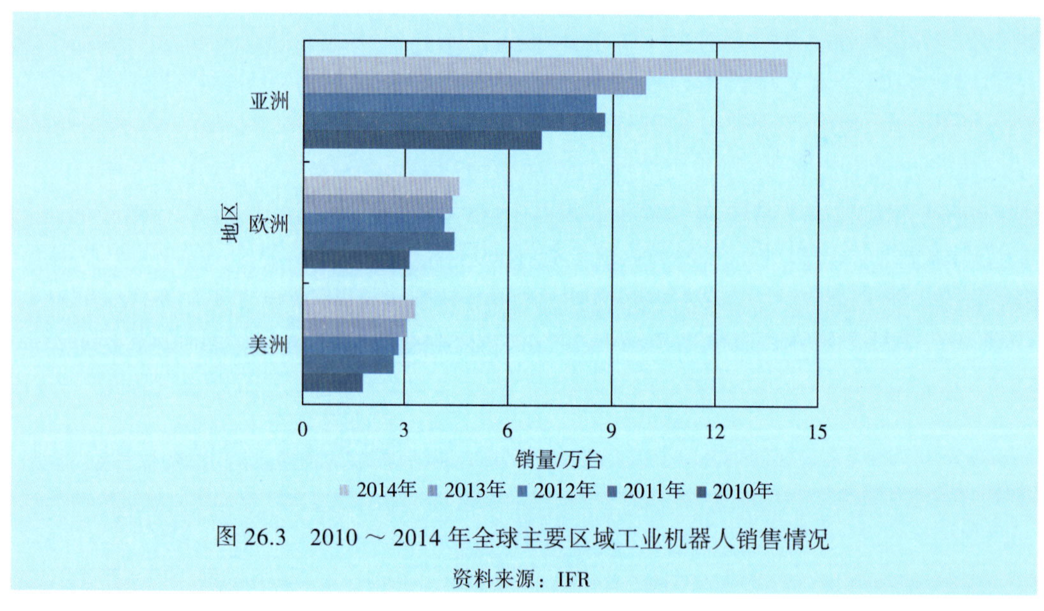

图 26.3　2010 ～ 2014 年全球主要区域工业机器人销售情况

资料来源：IFR

图 26.4 和图 26.5 是对 2009 ～ 2014 年中国工业机器人销售量和保有量的统计，根据 IFR 和中国机器人产业联盟（China Robot Industry Alliance，CRIA）的统计，2009 ～ 2014 年中国工业机器人市场销量以年均 59.5% 的速度增长。2013 年中国大陆工业机器人进口 3.7 万台，超越日本成为全球第一大市场。2014 年其销量达到 5.7 万台，约占全球总销量的 1/4，再次成为全球第一大工业机器人市场。

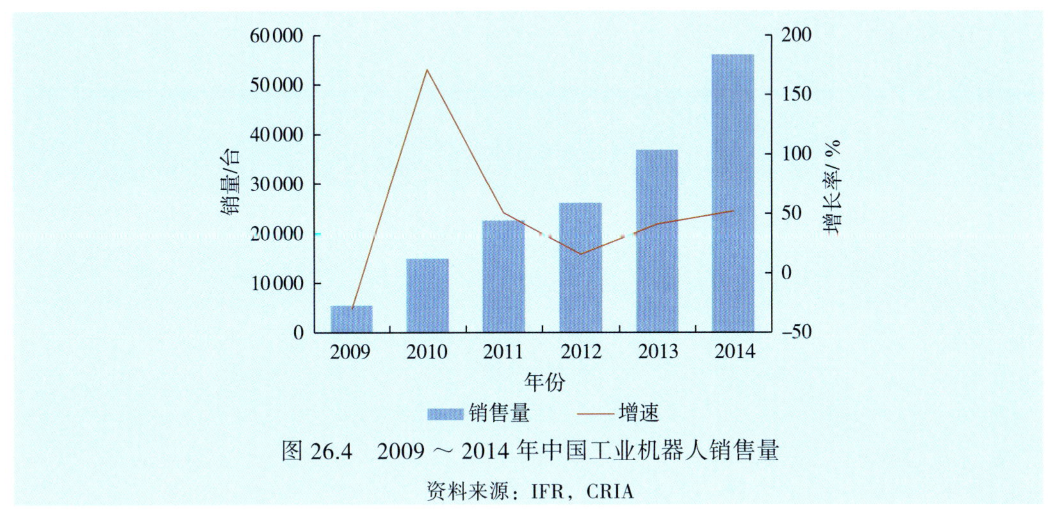

图 26.4 2009 ～ 2014 年中国工业机器人销售量

资料来源：IFR，CRIA

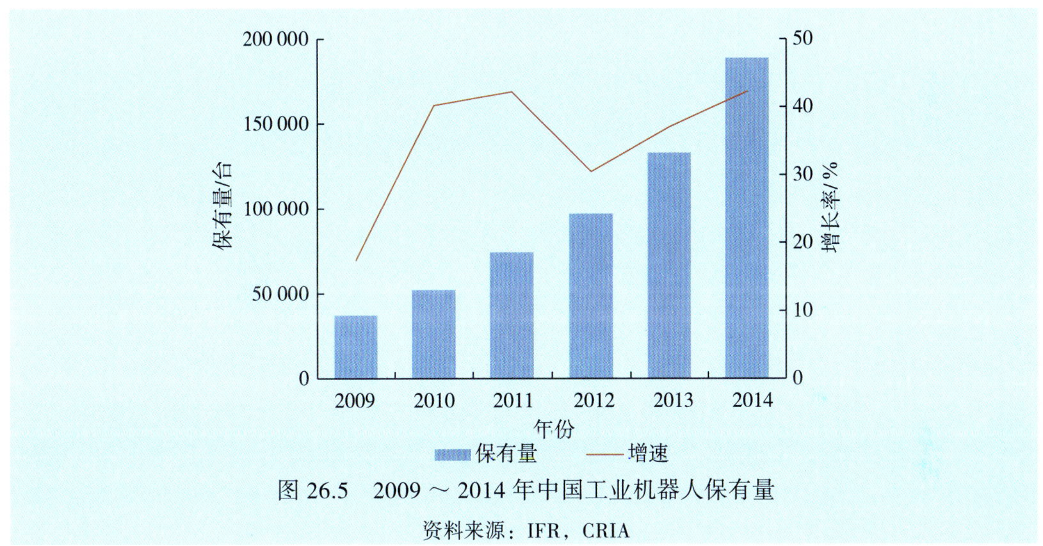

图 26.5 2009 ～ 2014 年中国工业机器人保有量

资料来源：IFR，CRIA

图 26.6 通过每万人拥有的工业机器人数量描述 2013 年全球主要国家和地区工业机器人密度。2013 年，中国制造业中每万人工业机器人拥有量仅为 30 台，低于世界平均的每万人 62 台，与德（282 台 / 万人）、日（323 台 / 万人）、韩（437 台 / 万人）等国相比，国产机器人密度更是偏低。中国大陆机器人密度还存在较大的提升空间，市场潜力巨大。

图 26.7 是对 2014 年内外资品牌工业机器人在不同应用行业销量占比情况的统计。外资品牌工业机器人在中国汽车制造领域占有绝对优势，不过在塑料及化工用品、食品等量大面广的一般制造领域，国产品牌占比较高，发展机会较大。

从工业机器人功能来看，国产工业机器人中，用于搬运及上下料盒涂层与胶封的工业机器人占比接近 50%。外资品牌工业机器人在焊接和钎焊、装配及拆卸领域占有绝对优势，占比分别达到 84% 和 92%。具体占情况如图 26.8 所示。

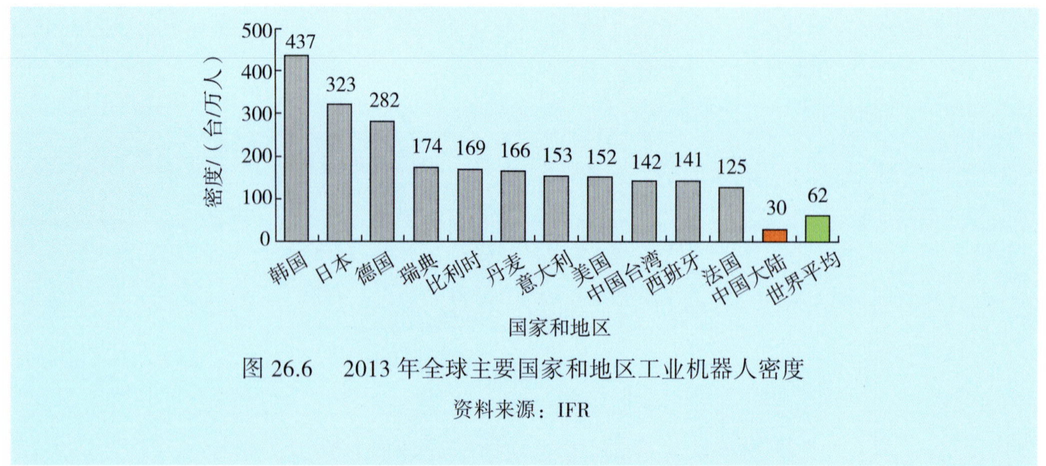

图 26.6　2013 年全球主要国家和地区工业机器人密度

资料来源：IFR

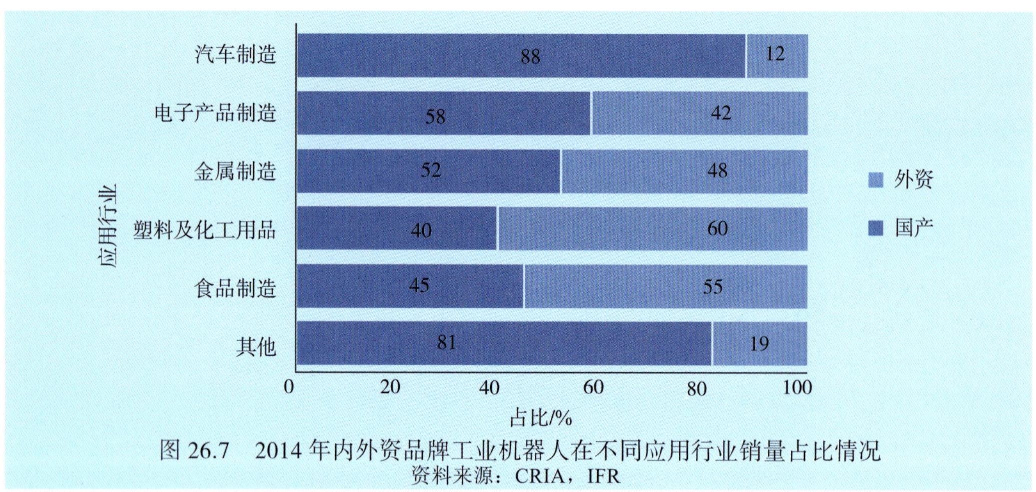

图 26.7　2014 年内外资品牌工业机器人在不同应用行业销量占比情况

资料来源：CRIA，IFR

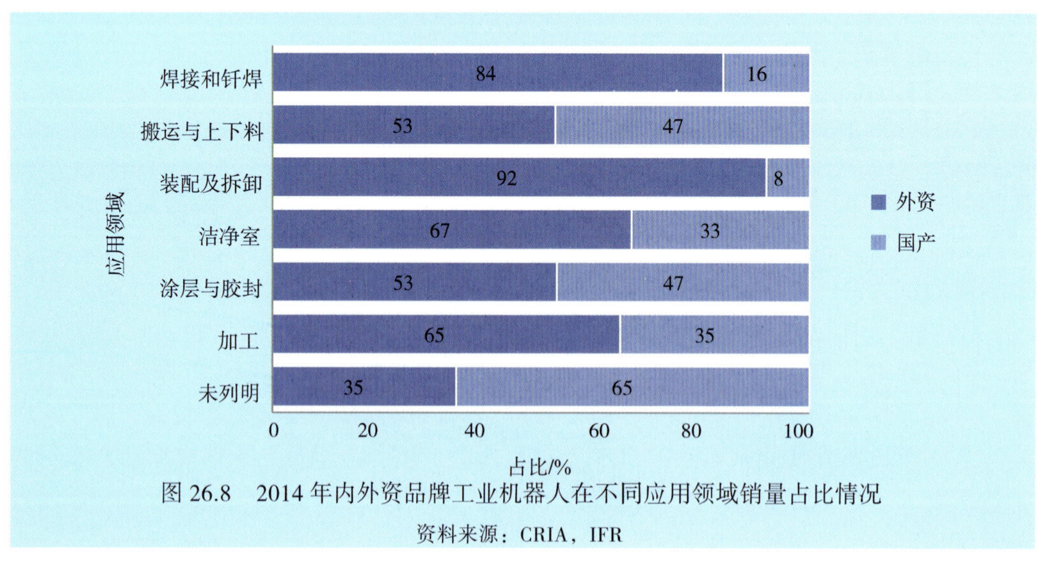

图 26.8　2014 年内外资品牌工业机器人在不同应用领域销量占比情况

资料来源：CRIA，IFR

26.3 中国工业机器人产业可持续发展面临的问题及趋势分析

以安川电机、FANUC、ABB、KUKA 为代表的国外机器人巨头纷纷进入中国市场，设立生产基地，占据了中国工业机器人 85% 的市场份额，为了进一步抢占市场份额，外资和合资企业甚至展开了“价格战”，向量大面广的制造业领域渗透。中国自主品牌生产企业的市场空间被大大压缩，成长机会被剥夺，造成企业规模普遍较小，产业化程度较低，难以形成规模效应，使企业人力、研发和营销成本居高不下，整体竞争力不强。

2010 年以后，中国机器人装机量逐年递增，开始发展机器人全产业链，在此期间中国政府陆续出台了若干鼓励机器人产业发展的政策措施，支持的力度逐年加大，成效也越发显著，促进了中国机器人产业的快速发展。虽然中国工业机器人已经具备一定的发展基础，不过由于核心及关键技术薄弱、产品附加值低、自主品牌机器人市场份额和品牌知名度不高等问题导致中国距发达国家还有相当的差距，运动控制器、伺服电机及驱动器、精密减速器等关键部件大量依赖进口，加之各地仓促上马的机器人项目导致低端产品产能过剩，产业发展存在多重风险。这一局面如不尽快打破，中国机器人产业将面临产业空心化风险。由于缺乏足够的竞争优势，国产高端机器人供应能力明显不足，严重制约了国内机器人产业的快速发展。2013 年，国产六轴及以上工业机器人的销量占全国工业机器人总销量的比重只有 6%，而外资品牌的同类产品占比则高达 62%。

总体来看，中国的本土工业机器人产品与外资产品技术差距在十年以上。国内机器人生产企业同国外机器人公司相比，市场份额相对较小，个体企业普遍存在规模较小，创新能力薄弱等问题。在关键零部件技术方面，目前中国虽然已有部分企业在减速器、伺服电机和控制器等工业机器人关键零部件研制方面取得进展，但是技术方面与国外仍然存在差距，中外在关键零部件环节的技术差距见表 26.1。其中精密减速器是目前中国工业机器人关键零部件中最薄弱的环节。其制造技术难度大，致使其产品质量稳定性较差、精度较低且使用寿命较短，造成该类产品没有真正实现国产化的批量生产，成为制约中国工业机器人发展的主要瓶颈。

表 26.1 中外在关键零部件环节的技术差距

关键零部件	国外供应商	国内供应商	技术差距	其他
伺服电机和驱动	力士乐、安川电机、贝加莱、KEBA、倍福、三菱、西门子、FANUC、三洋等	埃斯顿、广数、汇川技术、英威腾等	体积大，输出功率偏小	伺服电机国外供应商的可选择项比较多
控制器	FANUC、松下、三菱、那智、安川电机、贝加莱、KEBA、倍福、KUKA、ABB 等	固高、众为兴、新时达、广数、埃斯顿、新松等	差距相对较小	大部分机器人企业有自己的数控系统
精密减速器	纳博、Harmonic、SPINEA、住友等	南通振康、苏州绿的、山东帅克、浙江恒丰泰等	精度差，寿命短，质量不稳定	全球减速机大都由纳博和 Harmonic 制造并销售

资料来源：CRIA

目前中国工业机器人生产企业规模普遍较小，即便是龙头企业规模也仅仅在20亿元左右，难以形成规模效应，使企业人力、研发和营销成本居高不下。加之关键零部件大量依赖进口，导致国产企业的生产成本比国外企业的生产成本高出很多。例如，国内企业购买减速器、运动控制器的价格是国外企业价格的将近4倍，伺服驱动器的价格是将近2倍。这种情况就导致同等质量的工业机器人，国内企业可获得的利润空间较小。以165千克六轴关节机器人为例，国产品牌的生产成本比国外品牌要高出44%，导致中国机器人生产企业与外资品牌在价格竞争中处于不利地位。

过去十年，外资机器人公司通过在中国市场的飞速发展已经建立起遍布全国的庞大营销网络，以及本土化的生存基地。以ABB、安川电机为代表的全球工业机器人巨头企业在汽车行业等高端应用领域的优势地位非常显著，且仍在积极拓展中国市场。而当前国内机器人需求中近一半的企业来自对设备品质要求最高的汽车及汽车零部件制造业，这些下游企业已经习惯使用外国品牌，缺乏项目经验的本土品牌需要更长的验证期，导致已经形成技术突破的零部件和本体不能尽快被市场接纳，即便有优秀的产品也难以实现规模化应用。

综上所述，中国工业机器人发展急需解决的三大问题有：①部分关键零部件依赖进口；②企业规模偏小，成本压力大；③品牌说服力差距过大，内资尚缺乏验证期[3]。

不过，当前全球制造业正处于全新的变革时期，未来制造方式会彻底改变，个性化产品将以高效率、一定批量化的柔性制造方式生产，机器人必将在新的制造模式下发挥不可替代的作用。目前传统工业机器人所能完成的工作范围有限，无法适应未来的制造方式，新一代机器人更智能、更灵活、更易合作、更具有适应能力等特征将为未来工厂带来巨大变化，甚至改变全球竞争格局。

随着中国劳动力成本快速上涨，人口红利优势丧失，这种陈旧的制造模式受到了巨大冲击，采用机器人替代劳动力已成为中国新的大趋势。机器人已从“备选”成为“必选”，倒逼中国加速产业发展，成为实现制造业转型升级、提升制造业竞争力的重要路径。

传统机器人工作于静态、结构化、确定性的无人环境中，以固定时序完成重复性作业，这种机器人的工作特点在于空间相对隔离、与人非接触、预编程或示教再现控制、需要外部安全保障。全球化的细分市场、产品用户定制化生产模式的回归，使小批量、多品种、短周期、个性化成为新兴制造业的显著特点，这种生产模式也成为未来制造业的主要生产模式。柔性制造、个性化制造等新兴制造模式需要可与产业工人合作作业的“工友型”、可完成类人的技能作业机器人。这些新的巨大需求是传统机器人技术不具备的。

美国在2013年公布的机器人路线图中提出了“机器人伙伴”（Robotic Partner），欧盟在2014年公布的“地平线2020计划”提出了“合作者”（Co-Worker），其均为下一代智能机器人勾画出发展前景。而美国Rethink公司研制的Baxter、德国宇航中心的Justin、KUKA-DLR研制的LWR-Ⅳ机器人、ABB公司的YuMi等则展示出下一代智能机器人的原型。中国在下一代智能机器人关键技术的研究上取得了一些初步成果，但这些研究都是分散的、自发的，一无顶层设计，二无强大资金支持，目前尚无科技专项计划系统性支持。而下一代智能机器人在发达国家刚刚开始研发，中国与国外的差距并不大。这无疑给中国带来千载难逢的机遇。如果中国能够抓住这个机遇，从顶层开始规划，那么中国在下一代智能机器人技术及产业方面有望快速达到，甚至赶超发达国家的技术水平 [4]。

26.4 工业机器人产业可持续发展案例——马萨诸塞州机器人产业集群发展 [5]

美国机器人产业起步最早、技术基础雄厚，主要优势在于专业服务机器人，尤其是军事工业机器人方面。波士顿、匹斯堡和硅谷是美国机器人产业最集中的三个区域，其中以波士顿所在的马萨诸塞州产业集群形成时间最早、规模最大、生态最好、竞争力最强，可谓名副其实的“机器人之都”。

马萨诸塞州机器人产业集群始于 20 世纪 60 年代，是随着 MIT 人工智能研究小组的成立而诞生的，当时主要是由美国国防部高级研究计划局资助。许多突破性的研究成果都是在早期完成的。例如，John MaCarthy 教授于 1960 年发明了计算机语言 LISP，明斯克手臂于 1974 年被发明。20 世纪 90 年代，随着 iROBOT 和波士顿动力公司从 MIT 分拆出来，波士顿的机器人第一次从研发实现了企业生成。又过了十多年，这些机器人企业及其生成的产品越来越多，波士顿的机器人产业集群逐渐形成规模。直到科娃系统公司、波士顿动力公司分别于 2012 年被亚马逊公司、2013 年被谷歌公司以高价收购，马萨诸塞州机器人产业集群的发展迎来了一个新的里程碑。

为了提升其机器人产业的知名度和影响力，吸引更多的资金和资源，进一步加强该产业利益相关者的联合和互动，马萨诸塞州著名的高科技组织——马萨诸塞州技术领导者理事会于 2005 年成立的马萨诸塞州机器人产业集群组织，把马萨诸塞州与机器人相关的大学、科研机构、企业、政府和个人组织起来。根据该组织的统计，截至 2015 年，马萨诸塞州拥有 150 多家机器人相关企业，业务范围涵盖工业、医疗、海洋、消费者、娱乐、企业商业、军事、公共安全、农业、教育，以及交通 11 个专业市场。其于 2013 年发布的《马萨诸塞州机器人的革命》报告指出，2011 年马萨诸塞州机器人企业销售额达到 19 亿美元（不含总部不在马萨诸塞州的 ABB 马萨诸塞州分公司等企业分支机构销售收入的 15 亿美元），比 2008 年的 13 亿美元增长了 45%；雇员总数达到 3 200 人（现已超过 4 000 人），比 2008 年的 2 300 人增长了 39%；2007 ~ 2011 年共吸引风险投资超过 2 亿美元。马萨诸塞州 60% 的机器人企业成立时间在十年以下，这些年轻企业成长迅猛，影响力正在逐步凸显，2011 年其销售额比 2008 年增长了 93%，占全州机器人销售额的比例已从 2008 年的 3% 增长到 2011 年的 8%，且有望得到进一步的快速增长。

马萨诸塞州的机器人产业集群处于蓄势待发、喷薄欲出的快速成长期，其竞争力正在迅速提升，生产的灵活性和专业性极强，企业间协同效应在中间发挥着稳定的作用，创新能力和品牌效应特点明显。

26.5 促进工业机器人产业可持续发展的政策建议

随着劳动力成本的快速上涨，以及对工业产品质量要求的提高，中国工业机器人需求呈井喷之势，成为全球最大的工业机器人需求市场，对工业机器人的投资热情空前高涨。中国虽然在传统工业机器人技术研发及产业化方面取得了初步进展，但在信息网络技术与机器人技术结合方面仍然十分滞后，互联网企业在发展机器人技术方面意识不强，这势必存在中国机器人发展水平与国外的差距被进一步拉大的风险[6]。为了避免风险并转变劣势，工业机器人产业的可持续发展变得尤为重要。

一是，需要加强核心竞争力。核心竞争力的来源主要有创新、科研机构的群聚效应、跨学科机器人的研发、高科技人才资源、创新型机器人公司、金融支持、完善的支持系统和配套产业。由于中国创新传统不明晰，因此更应重视创新激励政策的完善和实施。

二是，可持续发展应该以工业机器人企业为主体，采取政策推动，科技推动等措施，建立官产学研互利共赢的公私伙伴关系。在加强工业机器人的核心竞争力和发挥官产学研互利共赢的伙伴关系基础上，政府需要起到积极的引导和扶持作用。

三是，加强顶层设计与前瞻布局。在核心竞争力加强的基础上，加强对国际机器人技术的跟踪研究，把握信息网络技术条件下机器人的发展趋势，在未来 5 ～ 10 年，尽快研究出台符合中国实际情况的“机器人技术路线图”，明确技术发展的步骤、重点突破的关键核心技术、工艺与零部件，以及产业化发展路径，为中国工业机器人产业的发展提供宏观指导。

四是，加大对研发及产业化的政策支持力度。从国家层面来看，利用国家重大科研专项或重大工程，搭建创新应用平台，重点加强关键技术和核心技术突破、关键零部件联合攻关，促进关键零部件、整车、材料、工艺同步研发和协同配套。发挥政府财政的引导作用，加大投入力度，吸引社会资本参与，探索设立机器人产业发展基金，以优势企业为核心，引导和支持企业整合，拓宽工业机器人的应用渠道。

五是，加强新一代工业机器人研发及产业化应用。中国从 2012 年开始已经进入人口老龄化快速发展期，到 2015 年将出现第一个老年人口增长高峰，60 岁以上老人将由 1.78 亿人增加到 2.21 亿人，老年人口比例由 13.3% 增加到 16%，这将导致劳动力的紧缺。为此，中国需要对发展新一代工业机器人加大投入力度，加强其研发及产业化应用，并积极开展区域示范推广。

参考文献

[1] 中国电子学会 . 迈向机器人时代的中国选择 . 北京：中国科学技术出版社，2015.

[2] 董静 . 你应该知道的机器人发展史 . 机器人产业，2015，(1)：108-114.

[3] 宋晓刚，姚之驹 . 中国工业机器人跨越式发展下的三大困难 . 机器人产业，2015，(1)：40-45.

[4] 赵杰 . 对下一代工业机器人的思考 . 机器人产业，2015，(2)：12-16.

[5] 付克飞 . 区域创新的典范——马萨诸塞州机器人产业集群发展概况及分析 // 中国电子学会 . 迈向机器人时代的中国选择 . 北京：中国科学技术出版社，2015：77-86.

[6] 马楠 . 如何发展中国工业机器人产业 . 机器人产业，2015，(1)：58-63.

审稿：薛　澜

第 27 章

绿色制造的发展模式创新及典型案例

刘 朋 孔德婧

【内容提要】在全球碳排放量激增、全球气候加速变暖的背景下，发展“绿色经济”已成为全球热点。中国也明确将发展绿色低碳经济列为国家战略。在这样的大背景下，通过技术创新、制度创新促使经济结构调整，从而减少高碳能源消耗，尽快实现环境保护和经济发展并进的目标已经成为国家共识。国民经济中，制造业是国民经济的支柱产业，它的发展直接关系到国家命脉，作为经济主要载体的制造业是否具有“绿色基因”，尤为重要。

27.1 绿色制造工程建设背景和环境

哥本哈根气候会议之后，低碳经济成为全球关注的焦点，各国对创建节能环保的良好社会形态的要求与日俱增，绿色制造因其对资源需求的降低、对制造效益的提升而逐步成为一种先进的生产制造工艺，受到各国的重视。对于整个社会而言，绿色制造可缓解全球能源日益枯竭的现状，能更好地利用有效的资源，减少资源的消耗和浪费，降低环境污染，为创建和谐社会、推动可持续发展提供保障。

1996 年国际环境管理体系标准 ISO4001 和 ISO4004 相续颁布，其将环境管理的强制性和改善生态环境及人类生活居住环境的自愿性有机地结合在一起，有利于国际社会找到经济和环境协调发展的依据和正确途径，保证 21 世纪经济的健康可持续

发展。国际环境管理标准，是企业发展绿色制造行业的准则，对企业而言，绿色制造的基本理念也是降成本增效益的重要手段和方法。

绿色制造理念在中国的制造业的提出和应用是贯彻落实科学发展观的必然趋势，而中国绿色制造理念的应用还处在初步发展阶段，需要在今后的应用中不断地创新和开发，以使绿色制造更好地为机械制造业服务，为中国现代化建设节约能源，加快中国机械制造业的国际化进程。绿色制造不但已经成为全球各国家和地区的共识，而且已经在许多地区被践行，被列为许多国家（地区）的经济发展战略。

国家主席习近平在博鳌亚洲论坛 2015 年年会上强调，中国的绿色发展机遇在扩大，我们要走绿色发展道路，让资源节约、环境友好成为主流的生产生活方式。我们正在推进能源生产和消费革命，优化能源结构，落实节能优先方针，推动重点领域节能。这充分说明了绿色制造将是中国未来的发展重点领域，具有重要的战略意义。

低碳经济概念最先于 2003 年由英国在其能源白皮书《我们能源的未来：创建一个低碳经济》中提出。低碳经济是一种以低能耗、低污染、低排放和高能效、高收益、高效益为主要特征，以较少的温室气体排放获得较大产出的新型经济发展模式。

可以说，低碳经济是绿色制造的基本诉求，绿色制造的一个重要目标则是打造低碳经济。两者既有前后关系，又同为可持续发展理念的主要构成。

从概念上看，低碳经济是在可持续发展理念指导下，通过技术创新、制度创新、产业转型等多种手段，尽可能地减少高碳能源消耗，减少温室气体排放，达到经济社会发展与生态环境保护双赢的一种经济发展形态。这其中就需要用到许多绿色制造、智能制造和先进制造的基本工具及流程。所以，在低碳经济的视阈下探讨绿色制造具有更加明确的目标定位[1]。

27.2 中国绿色制造战略规划的布局与实施

改革开放三十多年来，中国制造业的总量和整体水平不断提高，对资源的需求也与日俱增，粗放式的制造水平已经不能适应新时期的需求，绿色制造正是基于这一理念诞生的。21 世纪初，中国就开始通过加强规划引导，完善扶持政策，将绿色经济、低碳经济发展理念和相关发展目标纳入各个“五年”规划和相关产业发展规划中。例如，通过制定《节能环保产业发展规划》《新兴能源产业发展规划》《发展低碳经济指导意见》《关于加快推行合同能源管理促进节能服务业发展的意见》等，制定促进绿色经济、低碳经济发展的财税、金融、价格等激励政策。

27. 2.1 国家战略:《中国制造 2025》的全局谋划

《中国制造 2025》经李克强总理签批，由国务院于 2015 年 5 月 8 日公布，有学者称其为中国版的“工业 4.0”规划。规划提出了中国制造强国建设三个十年的“三步走”战略，是第一个十年的行动纲领。《中国制造 2025》指出，中国仍处于工业化进程中，与先进国家相比还有较大差距，但是目前中国关键核心技术与高端装备对外依存度高，以企业为主体的制造业创新体系不完善，而且最为关键的是资源能源利用率低，环境污染问题较为突出。因此，对绿色制造的关注度不言而喻。

《中国制造 2025》将“绿色发展”定为四大原则之一，提出要坚持把可持续发展作为建设制造强国的重要着力点，加强节能环保技术、工艺、装备推广应用，全面推行清洁生产，要发展循环经济，提高资源回收利用效率，构建绿色制造体系，走生态文明的发展道路。

同时提出，到 2025 年的目标是（表 27.1）制造业整体素质大幅提升，创新能力显著增强，重点行业单位工业增加值能耗、物耗及污染物排放达到世界先进水平。形成一批具有较强国际竞争力的跨国公司和产业集群，在全球产业分工和价值链中的地位明显提升。

表 27.1 《中国制造 2025》中对绿色发展的指标

指标类别	具体指标	2013 年	2015 年	2020 年	2025 年
绿色发展	规模以上单位工业增加值能耗下降幅度	—	—	比 2015 年下降 18%	比 2015 年下降 34%
	单位工业增加值二氧化碳排放量下降幅度	—	—	比 2015 年下降 22%	比 2015 年下降 40%
	单位工业增加值用水量下降幅度	—	—	比 2015 年下降 23%	比 2015 年下降 41%
	工业固体废物综合利用率 /%	62	65	73	79

为实现上述目标，《中国制造 2025》在全面推行绿色制造方面进行以下部署。

一是加大先进节能环保技术、工艺和装备的研发力度，加快制造业绿色改造升级；积极推行低碳化、循环化和集约化，提高制造业资源利用率；强化产品全生命周期绿色管理，努力构建高效、清洁、低碳、循环的绿色制造体系。

二是加快制造业绿色改造升级。全面推进钢铁、有色、化工、建材、轻工、印染等传统制造业绿色改造，大力研发推广余热余压回收、水循环利用、重金属污染减量化、有毒有害原料替代、废渣资源化、脱硫脱硝除尘等绿色工艺技术装备，加快应用清洁高效铸造、锻压、焊接、表面处理、切削等加工工艺，实现绿色生产。加强绿色产品研发应用，推广轻量化、低功耗、易回收等的技术工艺，持续提升电机、锅炉、内燃机及电器等终端用能产品能效水平，加快淘汰落后机电产品和技术。积极引领新兴产业高起点绿色发展，大幅降低电子信息产品生产、使用能耗及限用物质含量，建设绿色数据中心和绿色基站，大力促进新材料、新能源、高端装备、生物产业绿色低碳发展。

三是推进资源高效循环利用。支持企业强化技术创新和管理，增强绿色精益制造能力，大幅降低能耗、物耗和水耗水平。持续提高绿色低碳能源使用比率，开展工业园区和企业分布式绿色智能微电网建设，控制和削减化石能源消耗量。全面推行循环生产方式，促进企业、园区、行业之间链接共生、原料互供、资源共享。推进资源再生利用产业规范化、规模化发展，强化技术装备支撑，提高大宗工业固体废弃物、废旧金属、废弃电器电子产品等综合利用水平。大力发展再制造产业，实施高端再制造、智能再制造、在役再制造，推进产品认定，促进再制造产业持续健康发展。

四是积极构建绿色制造体系。支持企业开发绿色产品，推行生态设计，显著提升产品节能环保低碳水平，引导绿色生产和绿色消费。建设绿色工厂，实现厂房集约化、原料无害化、生产洁净化、废物资源化、能源低碳化。发展绿色园区，推进工业园区产业耦合，实现近零排放。打造绿色供应链，加快建立以资源节约、环境友好为导向的采购、生产、营销、回收及物流体系，落实生产者责任延伸制度。壮大绿色企业，支持企业实施绿色战略、绿色标准、绿色管理和绿色生产。强化绿色监管，健全节能环保法规、标准体系，加强节能环保监察，推行企业社会责任报告制度，开展绿色评价。

27.2.2 各地方政府在发展绿色制造方面的典型做法

1.以杭州、连云港等为代表的技术研发类鼓励政策

全面推行绿色制造，推进工业转型升级，实现绿色循环低碳发展，技术进步和创新仍将是决定性因素之一。技术研发类鼓励政策就是通过突破绿色设计、节能减排工艺、绿色回收资源化与再制造、绿色制造技术标准等关键共性技术，实现技术、标准、产业协同发展，进而推动制造业绿色发展。《绿色制造科技发展“十二五”专项规划》[2] 提出，要面向汽车、机械、家电、流程工业等国民经济支柱产业，以及废旧家电与电子产品拆解与资源化、装备再制造等循环经济新兴产业需求，开展绿色制造基础理论和共性技术研究、典型绿色新产品、新工艺、新装备研制。《中国制造2025》也强调，全面推进钢铁、有色、化工、建材、造纸、印染等传统制造业绿色化改造，需加快新一代可循环流程工艺技术研发，大力开发推广具备能源高效利用、污染减量化、废弃物资源化利用和无害化处理等功能的工艺技术。

杭州在全面推行绿色制造时，坚持以绿色技术研发为突破口。《杭州市人民政府关于加快推进杭州市智能制造促进产业转型发展的指导意见》就指出，全面推行绿色制造，要加大先进节能环保技术、工艺和装备的研发力度，加快制造业绿色改造升级。江苏围绕开发固体废弃物智能化分拣、智能化除尘、大气污染防治、污水处理等节能环保装备，通过重点推动企业技术中心、工程技术（研究）中心等研发机构建设，推动有条件的企业海外研发机构的建设，积极搭建绿色智能制造平台，发展绿色制造技术。连云港在发展绿色制造技术时，坚持“军民结合，寓军于民”的原则，充分发挥军工企业技术优势，加强与民用技术的转移对接，推进军民结合型产业发展。

2.以无锡、成都、天津等为代表的技术改造类鼓励政策

通过技术改造鼓励地方企业进行绿色制造是实施绿色制造工程的有效措施。工信部等部门在加快推进传统制造业转型升级，以技术改造建立高效、清洁、低碳、循环的绿色制造体系方面开展了大量工作，如在全国全面推广具备能源高效利用、污染减量化、废弃物资源化利用和无害化处理等功能的工艺技术，积极采用高效电

机、锅炉等先进设备，用高效绿色生产工艺技术装备改造传统制造流程等。《中国制造 2025》也对利用技术改造推动绿色制造提供了思路，如积极采用高效电机、锅炉等先进设备，用高效绿色生产工艺技术装备改造传统制造流程，加快实现重点行业绿色升级；广泛应用清洁高效铸造、锻压、焊接、表面处理、切削等加工工艺，实现绿色生产；推广轻量化、低功耗、易回收等的技术工艺，持续提升电机、锅炉、内燃机及电器等终端用能产品能效水平；大力发展再制造产业，针对航空发动机、燃气轮机、盾构机、重型矿用载重车等大型成套设备及关键零部件实施高端再制造，利用信息化技术对传统机电产品，以及通用型复印机、打印机实施智能再制造，对老旧和性能低下、故障频发、技术落后的在役机电装备实施在役再制造等。

在各地的做法中，无锡通过合同能源管理助力企业节能减排的模式值得借鉴。2015 年无锡针对全市 329 家重点用能企业开展中央空调、工业窑炉、余热余压、绿色照明、电机五大节能改造潜力进行深入调研，从而梳理出重点合同能源管理项目，通过以减少的能源费用支付节能项目全部成本的节能业务方式，推动企业实施绿色生产。例如，无锡军创能源科技有限公司是一家专门帮助企业实施节能改造的公司，其为绿点科技无锡工厂制订的节能计划中，将照明设备改为发光二极管（light emitting diode，LED）灯、将中央空调进行改造，为企业节省了大量的资金成本，仅对中央空调系统实施节能改造，就使节能率接近 30%，每年至少节省用电 1 600 万千瓦时。

成都通过一系列财政补助政策，在推动企业技术改造、清洁生产方面取得了良好的效果。围绕成都工业“1313”发展战略，电子信息、轨道交通、汽车等行业将得到优先支持，航空航天、生物医药、新能源、新材料、节能环保产业，以及冶金、食品、建材、轻工产业将优化发展。为大力推进清洁生产、提高绿色发展水平，企业技术改造最高可获千万补助，成都企业技术改造部分补助措施如表 27.2 所示。

表 27.2 成都企业技术改造部分补助措施

序号	补助内容
1	对符合产业发展规划且固定资产投入达到 1 000 万元（含 1 000 万元）至 2 亿元的技术改造项目，按项目投入的 5% 给予最高 300 万元的补助；对固定资产投入达到 10 亿元以上（含 10 亿元）的技术改造项目，按项目投入的 5% 给予最高 1 000 万元的补助
2	支持企业实施燃煤工业锅炉（窑炉）、余热余压利用、电机系统节能、能量系统优化等节能改造，对节能量超过 200 吨标准煤的项目，节能量每增加 100 吨标准煤，将给予 15 万元奖励，单个项目奖励最高为 200 万元
3	在鼓励淘汰落后产能、推进清洁生产方面，对通过清洁生产审核并达到行业标准的企业，给予 20 万元的一次性补助。对完成清洁生产中高费方案且固定资产投入达到 100 万元以上的企业，按实际投入的 5% 给予最高 200 万元的补助
4	支持企业提高安全生产能力。对通过采用安全生产先进技术和安全生产专用设施设备夯实安全生产基础，并取得安全生产标准化达标认定的企业，按照企业安全生产相关投入的 10% 给予最高 100 万元的补贴

江苏把重点行业、重点领域的技术改造作为企业绿色化改造的主要抓手。大力实施节能技术改造，围绕火电、钢铁、建材、石化、纺织等重点行业和重点耗能企业，推动实施重点用能装备节能改造；全面开展电机系统节能、能量系统优化、余热余压利用、绿色照明等节能改造，提高能源利用效率；推进企业能源管理中心建

设，对能源的购入存储、加工转换、输送分配、最终使用和回收处理等环节实施动态监控和优化管理，加快能耗在线监测系统建设。实施环保技术改造，鼓励企业加快源头减量、减毒、减排，以及过程控制等绿色智能装备的改造升级，推进清洁生产。加快推进重点行业脱硫、脱硝、除尘提标改造，推进电力行业采用超低排放技术设备改造燃煤机组。

天津通过重点企业、重点领域的试点与示范，逐步推广技术改造。例如，通过积极开展静电除尘、布袋除尘试点，大型炼化企业率先完成炼化装置脱硫改造；重点钢铁企业完成烧结机脱硫除尘改造；水泥等企业完成生产型脱硝治理。又如，在钢铁行业大力推广中温低压发电技术，在企业开展试点基础上，逐步在全行业推广；加快构建循环型工业体系，在化工、钢铁、建材行业建立一批工业循环经济示范工程，构建物质能力充分循环利用的生态工业系统，建立循环经济链条，降低废水、废气和固体废弃物的排放水平；积极发展再制造产业，以汽车零部件、工程机械、机床、大型工业设备、电机等产品及关键零部件为重点，建设一批再制造示范工程和示范基地，促进再制造产业规模化发展。

3.以长沙、昆明等为代表的集群绿色发展类鼓励政策

随着绿色制造进一步落地实施，国内许多省市已经根据自身实际制定了更加具体的政策，这些地方型政策的重点都包括了引导产业集群发展。集群绿色发展类鼓励政策有两层含义：一是制定有效的企业绿色发展引导措施，推动园区企业绿色技术、工艺、设备的研发与应用，达到清洁生产、绿色发展的目的；二是发展绿色园区，推进工业园区（集聚区）按照生态设计理念、清洁生产要求、产业耦合链接方式，加强园区规划设计、产业布局、基础设施建设和运营管理，建设“零”排放的绿色工业园区。

在推动园区或集聚区企业开展绿色制造方面，做得比较成功的是长沙经济开发区。长沙经济开发区管委会对获得各类环保认证的园区企业，都将参照相关标准享受奖励政策，目的是通过鼓励企业的集聚，形成绿色制造的产业集群，带动整个绿色制造工程的全面实施。例如，上海大众长沙工厂获得国家绿色建筑设计标识（green building desing logo，GBDL）三星认证，且工厂的节能环保设施已完成并投入使用后，长沙经济开发区参照生态文明建设的相关政策，按该工厂节能环保设施和设备总投资的 5%，给予企业 1 800 万元的补贴。

昆明和广东通过开展循环经济建设，来推动重点园区绿色发展。昆明大力推进工业园区发展循环经济，推进生态化改造，推进绿色制造和低碳技术的运用，通过工业循环经济工作，加强资源的节约使用和循环利用，助力资源节约型和环境友好型企业建设。广东每年从省节能循环经济专项资金中安排一定的专项资金，支持重点工业园区（包括依法设立的各类开发区、高新区、省产业转移工业园、产业聚集区等），通过建立完善资源消耗和回收资源再生利用统计制度，以及加快推广应用循环经济新技术、新工艺、新设备等，建立循环经济试点，并提出到 2015 年培育 20

个省循环经济工业园、30个循环经济产业基地（包括“城市矿产”示范基地、再制造试点单位等）。

4.以江苏、云南等为代表的绿色制造体系构建类鼓励政策

依照《中国制造2025》，全面推行绿色制造必须构建“4+2”绿色制造体系。其中，“4”主要指开发绿色产品、建设绿色工厂、发展绿色园区、打造绿色供应链；“2”主要指壮大绿色企业和强化绿色监管。在这方面，江苏和广东均有一些好的做法。

江苏构建绿色制造体系主要有以下几个方面：一是通过在重点行业采用绿色技术和设备，形成重点示范工程。例如，实施节能改造示范工程，支持钢铁、建材、化工、电力等重点耗能行业，综合采用节能技术及高效节能系统，实施节能改造；实施减排改造示范工程，在钢铁、电力、化工、建材等重点行业，支持企业采用低氮燃烧技术、烟尘排放在10毫克/立方米以下的工业炉窑除尘技术、1 000兆瓦等级及以上机组电袋复合/湿式静电除尘技术、重金属超磁分离处理一体化技术、活性炭吸附–电解技术等，实施减排改造，减少工业PM2.5、氮氧化物、废水等污染物排放；实施再制造示范工程，支持企业开展汽车发动机、变速箱、发电机等零部件再制造和工程机械、工业电机设备、机床、矿采机械、铁路机车装备、船舶及办公信息设备等再制造。二是加大财政支持力度和实施税收优惠政策。例如，对符合智能化、绿色化改造鼓励方向的项目，免征相关建设类行政事业性收费、政府性基金等；落实资源综合利用企业及产品免征或即征即退增值税、合同能源管理减免税、节能节水环保设备投资抵免税、节能减排技术改造“三免三减半”等各种税收优惠政策。三是实行差别化资源价格政策。对超过产品能耗（电耗）限额标准的企业和产品，实行惩罚性电价政策；对使用国家明令淘汰的电机、风机、水泵、空压机、变压器等落后用能设备的企业实施淘汰类差别电价政策；对电解铝企业、水泥熟料生产企业实行差别化电价政策，并逐步扩大到其他高耗能行业和产能过剩行业。

云南构建绿色制造体系的亮点在于通过示范项目带动，全面推进各行业各领域绿色制造和低碳发展。例如，以冶金、建材、化工、电力等行业为重点，加快推进工业工程节能；重点支持企业实施节能技术改造，在全省滚动实施100项节能示范项目，以形成200万吨标准煤的节能能力；全面推进建筑、交通、商业、农村、公共机构等重点领域节能降耗，推动太阳能屋顶计划和“金太阳”太阳能发电示范项目建设；加快形成节能管理、执行监管和节能服务三位一体的节能管理体系；加大淘汰落后产能工作力度等。

27.3 东莞市绿色制造模式创新典型案例

《关于实施“东莞制造2025”战略的意见》[3]将“绿色制造工程”作为大力实施“东莞制造2025”战略的“六大工程”之一，并提出了东莞市实施绿色制造工程，实

现制造业发展与资源环境的和谐统一的重点内容和大体路径。同时结合《中共东莞市委 东莞市人民政府关于实施创新驱动发展战略走在前列的意见》[4]、《东莞市万台注塑机伺服节能改造试点实施方案》[5]、《东莞市电机能效提升补贴实施细则》、《东莞市高污染燃料禁燃区内锅炉淘汰或改造项目财政补助实施方案》和《东莞市电子信息产业发展战略规划》等指导性或具体落实政策可总结分析出东莞市绿色制造工程的现行办法和创新政策体系。在东莞市为电机能效提升而建立的政策体系中，最重要的一项政策创新是为推动合同能源管理项目而建立的节能服务公司、金融机构和工业企业“三融合”模式，目的是加强合同能源管理的诚信监管体系。一方面消除节能服务公司对用能单位能否如期分享节能效益的顾虑，另一方面消除用能单位对节能服务机构的技术能力，以及项目改造效果的疑虑。2014 年 11 月 27 日，东莞市发布《东莞市关于促进节能服务与金融产业融合加快推进节能减排典型示范项目建设工作方案》，构建了引入银行作为第三方担保的节能改造新模式。新模式提出的主要措施有以下几个方面。

（1）设立专项资金，引导金融机构对电机能效提升及注塑机伺服节能改造的合同能源管理项目开立支付保函，解决节能服务公司收款难的问题。东莞市财政在节能与循环经济发展专项资金中安排 600 万元合同能源管理项目开立保函补贴专项资金，对电机能效提升及注塑机伺服节能改造的合同能源管理项目开立保函的金融机构，按合同能源管理项目担保金额的 3% 予以补贴，单个项目补贴额最高不超过 100 万元。

东莞市政府还在“节能减排财政政策综合示范城市”国家预拨奖励资金中，累计安排 2 000 万元作为合同能源管理项目风险补偿专项资金，按金融机构执行合作计划及完成情况，分期以定期存款方式存入试点金融机构专户。试点金融机构按照不低于风险补偿资金池 10 倍的规模进行信贷放大，对电机能效提升及注塑机伺服节能改造的合同能源管理项目提供金融支持。因实施合同能源管理项目开立支付保函发生风险损失的，东莞市财政在不超过各金融机构实际开出保函总额的 10% 的限额内，给予风险损失补偿；风险损失总额超过 10% 的限额的部分，由相应金融机构自行承担。

（2）通过公开甄选，委托第三方机构开展核查，解决节能效果认定问题，消除用能单位对于节能服务机构的技术能力，以及项目改造效果的疑虑。东莞市经济和信息化局将通过招标的方式，公开甄选专业的第三方节能量审核机构，并委托第三方节能量审核机构对合同能源管理项目节能效果进行评价，出具专业核查报告，并作为评定项目节能效果的主要依据。在项目实施完工、节能效果满足合同约定的条件下，金融机构才向节能技术服务单位提供不可撤销的支付保函。东莞市经济和信息化局负责第三方核查机构的审核工作，并对其进行监管。

（3）以注塑机伺服节能改造为切入点，坚持“试点先行，逐步推广”的原则，逐步扩展到电机能效提升领域和整个节能技术改造领域。在金融创新合同能源管理模式推进电机系统节能改造方面，东莞市已有成熟技术和典型应用案例。东莞市金融创新合同能源管理模式推进电机系统节能改造项目见表 27.3。

表 27.3　东莞市金融创新合同能源管理模式推进电机系统节能改造项目

序号	项目实施单位	节能服务机构	金融机构	项目内容	担保 / 融资额 / 万元	担保 / 融资方式
1	茂瑞电子（东莞）有限公司	东莞华数节能服务有限公司	浦发银行	注塑机伺服节能改造 46 台，总功率 1 400 千瓦	84	开立保函
2	东莞顺裕纸业有限公司	广东汇嵘节能有限公司		电机系统改造 320 台，改造电机总功率 15 000 千瓦	250	
3	东莞龙昌数码科技有限公司			注塑机伺服节能改造 15 台，总功率 2 136 千瓦	50	
4	东莞华宝鞋业有限公司	东莞四合节能有限公司		注塑机伺服节能改造 53 台，总功率 975 千瓦	198	
5	东莞市三联热电有限公司	东莞高森节能有限公司		电机系统改造 99 台，改造功率 4 985.5 千瓦	151	
6	东莞糖厂			电机系统改造 114 台，改造总功率 1980 千瓦	63	
7	东莞普能塑料科技实业有限公司	东莞振博节能环保有限公司		电机系统改造 70 台，改造功率 2 543 千瓦，总投资额为 129 万元	58	
8	玖龙纸业（控股）有限公司	—	广东融通融资租赁有限公司	电机系统改造 1 400 台，改造功率 130 000 千瓦，总投资额为 5 000 万元	5 000	融资租赁

参考文献

[1] 吴小平．低碳经济视角下战略性新兴产业发展策略思考——以江苏省镇江市为例．时代金融，2013，(3)：33.

[2] 科学技术部 . 关于印发绿色制造科技发展“十二五”专项规划的通知，2012.

[3] 东莞市人民政府 . 关于实施“东莞制造 2025”战略的意见（东府〔2015〕1 号），2015.

[4] 中共东莞市委，东莞市人民政府 . 中共东莞市委东莞市人民政府关于实施创新驱动发展战略走在前列的意见，2015.

[5] 东莞市人民政府 . 东莞市万台注塑机伺服节能改造试点实施方案，2013.

审稿：薛　澜

第 28 章

创新生态系统：产业健康持续发展的重要支撑

许冠南　季桓永　王佳堃

【内容提出】当今技术创新日益呈现出网络化、生态化趋势。创新生态系统是面向客户需求，以技术标准为纽带，基于配套技术而形成的共存共生、共同进化的创新体系，具有多样性、平衡性、动态演化性、竞争性、协同进化性等特征。优化创新生态系统对于支撑产业的健康持续发展至关重要。本章系统化论述了创新生态系统的内涵、要素及运行机制，并为构建、完善战略性新兴产业创新生态系统提供了政策建议和理论支撑。

伴随着经济一体化发展，当今的技术创新呈现出新网络化、生态化的趋势。构建技术创新网络与生态系统成为促进产业创新发展的重要抓手。基于对美国学术界、商界、政界百余名对创新有卓越贡献人士的访谈研究表明，为了在全球经济中获得长期成功，需要重新燃起创新的火花；而创新来自交互作用的研究、开发和应用所驱动的创新生态系统。为什么有些产业拥有先进的产品和技术，也拥有广阔的市场应用前景，却没有取得最终成功？其中一个关键原因便是其创新生态系统方面的缺陷。以高清电视产业为例，优质的高清电视机原本早在 20 世纪 90 年代初期即可大量投产，但是由于其产业链相关的演播产品设备、信号压缩技术和播放标准迟迟未能问世，以致高清电视机制造商不得不苦等互补品创新的出现，因而错失了产业发展的良机。与过去的线性创新活动不同，创新生态系统是一个复杂网络，需要生产商、服务商、消费者等大量相关行为主体互动共生，形成合力，协同发展。仅仅关注某个环节的创新活动，而忽视其赖以生存的整个生态系统，往往会导致创新的失败 [1]。可见，优化创新生态系统对于支撑产业的健康持续发展至关重要。

28.1 创新生态系统的内涵

生态系统的概念由英国生态学家坦斯利（A.G.Tansley，1871 ～ 1955 年）在 1935 年提出，指在一定的空间和时间范围内，在各种生物之间，以及生物群落与其无机环境之间，通过能量流动和物质循环而相互作用的一个统一整体。随着对生态系统及社会组织结构认识的不断深入，人们发现，人类社会的组织、运转和生物学意义上的生态系统极为类似，并将“生态系统”这一概念大量引入社会科学领域。

20 世纪 80 年代纳尔逊和温特出版了《经济变迁的进化论》，隐喻以生态学视角研究经济的时代即将到来。1996 年，美国著名经济学家 Moore 在《哈佛商业评论》上首次提出了“商业生态系统”概念。商业生态系统是以组织和个人相互作用为支撑的经济联合体 [2]。在商业生态系统中，共同进化、动态交互和跨组织都强调了人的参与，这为研究现阶段商业环境中存在的难题提供了一个新的方法。在企业实践中，商业生态系统已经被像惠普和 IBM 大公司广泛应用于战略制定过程 [3]。

根据 Moore 提出的商业生态系统框架（七维分析模式），可以将商业生态系统的要素概括为 4P3S，即顾客（people）、市场（place）、产品或服务（product）、过程（process）、结构（structure）、风险承担者（shareowner）和社会环境（society）[4]。商业生态系统是由这七种要素构成的以生产商品和提供服务为中心组成的系统。它们在一个商业生态系统中担当着不同的功能，各司其职，但又形成互赖、互依、共生的生态系统。在这一商业生态系统中，虽有不同的利益驱动，但身在其中的组织和个人互利共存，资源共享，注重社会、经济、环境综合效益，共同维持系统的延续和发展。商业生态系统对于企业而言可以为其提供不竭的创新动力，这包含两个方面：一是生态系统内各成员企业的信息交流和知识共享；二是生态系统内各成员企业可以成为直接获取技术的来源。这两方面的动力都致力于为企业内部的创新行为提供能源。

伴随着经济社会全球化、网络化发展和企业、产业边界开放，竞争由单个企业扩展到创新系统。20 世纪 90 年代以来，随着产业生态学的理论研究与实践应用进入蓬勃发展的阶段，理论界开始关注创新的生态系统特征。借鉴商业生态系统等研究，创新生态系统研究将创新要素之间动态的复杂交互型的关系组合看做一个生态系统，认为其具有多样性和平衡性、动态演化性、竞争性、协同进化性、自控能力有限性等自然生态系统的特征，可以借助种群、环境、能量流动、协同进化等生态学概念和思想来解构创新系统。

创新生态系统面向客户需求，以技术标准为纽带，基于配套技术，由高科技企业在全球范围内形成的共存共生、共同进化的创新体系，具有类似自然系统一般（普通的）生态关系特征[5]。区别于以往对创新中技术因素的强调，创新生态系统更着力考虑整个环境内各要素之间的关系。类比生态学的研究，将生态学的概念和现象与企业、产业的发展形成一个参照性的对比，可以更有效地明确企业在市场中的角色，为企业的战略决策提供依据，同时基于系统的运作机理，也可以促进产业健康可持续发展。

28.2 创新生态系统的要素

现代生态学强调应正确、全面看待人在生态系统、在整个生物圈中的地位和作用，应当通过协调人类既是栖居者又是操作者的关系，达到人类生活在经济生活和环境保护之间协调的发展。同理，创新生态系统强调的是正确全面地看待企业在整个竞争市场中的地位和作用，协调企业上下游之间的关系，处理好供求关系，满足消费者需求的同时提高对供应方的讨价还价能力，使企业在整个市场中收获一定的经济收益，同时通过其产品改善消费者的生活，促进企业长远协调可持续发展。

以类比生态学对象的研究方法，根据生态系统要素中包括的生产者、消费者、分解者、非生物的物质与能量等，这些要素在创新生态系统中也有体现（表 28.1），这种方法可以用来更好地理解与研究创新生态系统。

表 28.1　生态系统与创新生态系统的要素对照

生态系统	定义	创新生态系统	定义
物种	有机体（生物）	创新组织	创新主体，如企业、大学和研究组织
种群	同种物种的聚集体	创新人群	具有相同资源和能力的创新实体集合
群落	不同种群的聚集体	创新共同体	不同创新人群的聚集体
生产者	利用无机物制造有机物者	创新主体	利用资源来进行技术创新的企业和机构
分解者	将动植物残体、排泄物等所含的有机物转换为简单的无机物	供应商	原料供应方
消费者	消费生产者制造的有机物者	创新消费者	使用新技术（产品）者
食物链	物质和能量流的网络关系	创新链 / 创新网络	基于创新效益的创新组织关系
环境	生物有机体和种群生物生活的地方	创新环境	创新环境，如生存环境、基础设施环境和政策环境
信息流动	生态系统中的信息传送	知识流动	创新知识的产生、扩散
互利共生	相互以对方的存在发展为前提	创新联盟	技术创新主体之间的联合体
协同共进	物种通过互补而共同进化	系统协调	各创新子系统的协调发展
进化	发展变化满足新环境的机制	改进型创新	现有技术的渐进、连续创新
突变	超越常规进程的变化	根本型创新	技术上的重大突破
生态系统	群落与环境相互作用的系统	技术创新生态系统	创新综合体与环境相互作用的系统

资料来源：基于黄鲁成[6]和 Guo 等[7]的研究整理

28.3 创新生态系统运行机制

创新生态系统具有互惠共生、结网群居、协同竞争、领域共占等特征，是由产业内各企业、科研机构、高等学校、各类中间组织，甚至政府、个人等创新主体，以及产业发展的技术条件、科技政策等众多要素密切配合、协调互动的综合系统。各组成要素之间相互作用、相互依赖，构成具有相对稳定结构和有机联系的产业技术创新生态整体[8]。

创新生态系统从创生到不断演进，实际上是一个开放的耗散结构不断演化、自组织的过程。专业化分工、竞争合作、交易成本降低等是创新生态系统演化的内在动力。创新生态系统的演化遵循着惯例的遗传（扩散）、惯例的变异（创新）、惯例的被选择（市场检验和适应）的规律[9]。

处于创新生态系统中的企业往往分别嵌入知识生态系统和商业生态系统中。其中，知识生态系统是指以区域创新产业集群为主体，以大学、科研院所为核心，以人才流动性强和知识外溢程度高为主要特征的知识创新体系，而商业生态系统则是指以大企业为核心搭建的企业共生系统[10]。在创新生态系统的运作中，需要知识生态系统与商业生态系统的协同发展。

影响知识生态系统中企业发展的关键要素主要有三点，即组织多样性、关键客户，以及跨领域合作机制。组织多样性拓展了知识生态系统中的价值链，从而能确保系统对新技术具有足够的吸收能力和抗风险能力。例如，风险投资，天使投资的存在就大大提高了新创企业的存活率；关键客户可促使知识生态系统的产出成果迅速商业化以为系统中企业提供现金流，供其成长；跨领域合作机制则加速了系统中企业的创新产出[11]。

创新生态系统是核心创新企业与上游供应商、下游销售商、同行业竞争对手及产品服务的其他相关配套提供主体所构成的相互依赖的合作伙伴关系，是实现协同创新的重要途径。在创新生态系统在运行过程中，由于企业组织相互依赖的非对称性、技术配套的专用性、集体行动的“搭便车”行为，以及技术学习能力的差异性等原因，很容易滋生机会主义行为。因此，要建立、完善创新生态系统的治理机制，包括协商机制、声誉机制、信息披露和平台开放机制及信任机制等，通过几种治理机制的综合运用可以达到克服机会主义行为、提高知识共享意愿的治理目标[12]。

28.4 战略性新兴产业与创新生态系统

随着全球化与信息化的加深，创新生态系统从出现至今，其应用的频率越来越高、应用的范围也越来越广泛。对硅谷的一些研究著作中曾指出，“硅谷的最大特点是作为‘高科技术创业精神’的栖息地，‘要从生态学的角度来思考’才能解释硅谷的难以复制性”[13]。而在克林顿政府1994年发布的总统报告《科学与国家利益》中也提出了“今天的科学和技术事业更像一个生态系统，而不是一条生产线”。美国总统科技顾问委员会（President’s Council of Advisorson Science and Technology，PCAST）2003年开展的一项研究正式将创新生态系统概念作为总括性核心概念。创新生态系统的研究将随着对其增加的重视程度，逐步加深，而深入的创新生态系统的研究也将为企业，甚至国家的战略制定和未来发展提供更好的理论依据。

特别是对于新兴产业而言，由于各种技术交叉融合发展，以及存在较多的不确定性风险，企业必须嵌入所处的生态网络中，与其他主体深度互动合作。若忽视创新环境的培育及与其他主体的协同，不顾相关支撑技术、互补创新环节发展程度，就存在新兴产业畸形发展的危险。以风电产业为例，从2005年开始，中国累计装机容量连续五年实现翻番，至2010年已跃居世界首位。然而，由于缺乏科学引导，产业主体要素之间缺乏有效联动，产业链下游的电网设备相对落后、风电并网技术规范缺失，曾导致全国近1/3的风电机组处于闲置状态，呈现出“结构性过剩”，产业后续发展面临瓶颈。因此，为抢占新一轮经济和科技发展制高点，中国培育发展战略性新兴产业必须科学构筑创新生态系统，统筹布局，联动协同。

培育发展战略性新兴产业，要重点推进完善中国产业创新政策支撑体系，转变政府职能，使政府的角色由过去主要从事计划管理，更多转向加强战略导向和营造政策环境，充分运用规划、政策法规、公共服务等手段，加大对产业创新的统筹协调力度，加快推进形成完备的产业创新生态系统，为各类创新主体的创新活动营造更加良好的环境。

培育发展战略性新兴产业，要加强政产学研用的协同与合作，充分发挥创新生态系统中各主体的作用。通过增强创新主体之间的互动与联系，弥补企业创新能力的不足，并在合作中不断增强企业创新能力，进而提升产业创新生态系统整体效能。

培育发展战略性新兴产业，要注重配套互补产业技术、设备、材料、标准、基础设施等的协同发展，完善产业创新链条，创建战略性新兴产业发展的创新生态。只有在发展新兴产业的同时，注重发展与其相关的已有的互补性产业，才能够真正有助于新兴产业降低利基技术的风险与不确定性，以及推动新技术的扩散。

参考文献

[1] Adner R. The Wide Lens：A New Strategy for Innovation. New York：Portfolio，2012.

[2] Moore J.The Death of Competition：Ieadership and Strategy in the Age of Business Ecosystems. New York：Harper Business，1996.

[3] Peltoniemi M，Vuori E，Laihonen H. Business ecosystem as a tool for the conceptualisation of the external diversity of an organisation. Proceedings of the Complexity，Science and Society Conference（CSS2005），Liverpool，Great Britain，2005.

[4] 王兴元 . 商业生态系统理论及其研究意义 . 科技进步与对策，2005，22（2）：175-177.

[5] 张利飞．高科技企业创新生态系统运行机制研究．中国科技论坛，2009，(4)：57-61.

[6] 黄鲁成．区域技术创新生态系统的特征．中国科技论坛，2003，(1)：23-26.

[7] Guo W D.Research on innovation ecosystem in IT industry.Control and Decision Conference，2009.

[8] 陈宝明．产业技术创新生态系统．经济日报，2013-10-31.

[9] 朱学彦，吴颖颖．创新生态系统：动因、内涵与演化机制 // 中国科学学与科技政策研究会．第十届中国科技政策与管理学术年会论文集——分 4：创新与创业（Ⅰ）．中国科学学与科技政策研究会，2014：8.

[10] Clarysse B，Wright M，Bruneel J，et al. Creating value in ecosystems：crossing the chasm between knowledge and business ecosystems. Research Policy，2014，43（7）：1164-1176.

[11] Powell W W，Packalen K，Whittington K. The Emergence of Organizations and Markets. Princeton：Princeton University Press，2012.

[12] 吴绍波．战略性新兴产业创新生态系统协同创新的治理机制研究．中国科技论坛，2013，10：5-9.

[13] Miller W F，Hancock M G，Rowen H S，et al.The Silicon Valley Edge：A Habitat for Innovation and Entrepreneurship. Palo Alto：Stanford University Press，2000.

审稿：薛　澜

第 29 章

战略性新兴产业技术创新联盟构建战略的国际比较——以新能源汽车产业为例

王燕妮

【内容提要】产业技术创新联盟在战略性新兴产业发展中发挥着重要作用。本章在明确产业技术创新联盟概念及特征的基础上，分析了在战略性新兴产业发展中采用产业技术创新联盟组织模式的必要性。通过案例分析法，对美国、日本、中国新能源汽车产业技术创新联盟进行比较和分析，总结出中国新能源汽车产业技术创新联盟的问题和不足，旨在对中国战略性新兴产业技术创新联盟的发展提供参考和建议。

29.1 产业技术创新联盟的概念及特征

产业技术创新联盟在推动产业发展中发挥着重要作用。其概念以战略联盟概念为基础，从产业技术发展层面提出。例如，Dam 和 Nicolosi[1] 认为，产业技术创新联盟是具有类似产业背景的企业基于某一产业创新技术研发及推广全过程的共同目标，选择合适的组织模式，联合起来建立具有相应运行机制的一种产业组织形式。蒋樟生等[2] 认为，产业技术创新联盟是以产业技术进步为目标，由产业内两个或两个以上技术创新主体形成的联合致力于技术创新活动的中间组织。胡枭峰[3] 认为，产业技术创新联盟是政府引导具有相关性的企业和具有科研实力的高校及科研所所形成的创新组织，通过签订具有法律约束和保护的契约，以形成长期稳定的三方合作关系。张敬文和谢翔[4]则指出，产业技术创新联盟不仅是企业、高校与科研机构之间缔结的技术联盟，而且是一种聚焦产业重大关键共性技术，聚焦国家或区域经济发展急需的支撑性产业技术创新，满足产业发展和区域经济发展需要的新型战略联盟。本章在前人对技术创新联盟界定的基础上，认为产业技术创新联盟是在政府的支持和引导下，以推动产业共性关键技术为目标，由产业内具有研发能力的企业，以及具有研发能力的高校和科研院所通过签订具有法律约束和保护的契约所形成的战略联盟。

基于上述概念，不难看出，产业技术创新联盟具有以下特征：首先，产业技术创新联盟能够体现国家和区域发展目标，政府在技术创新联盟的组建过程中起着非常重要的发起和支持作用；其次，产业技术创新联盟建立在联盟成员技术创新需要的基础上，重点解决产业发展的共性技术问题和重大关键技术问题；再次，产业技术创新联盟的成员在行业内的技术优势明显，技术创新能力较强；最后，产业技术创新联盟是战略联盟，成员之间的合作关系通过具有法律效力的联盟协议来进行约束和保护，形成产学研长期稳定的战略联盟，实现共同的战略性创新目标。

29.2　战略性新兴产业发展中运用产业技术创新联盟组织模式的必要性分析

众所周知，发展和培育战略性新兴产业已成为后金融危机时期世界各国和地区竞相角逐的重点，战略性新兴产业正成为世界各国和地区实现经济持续增长的先导产业。而战略性新兴产业发展的前提是重大科技的突破，只有共性、关键和前瞻性技术实现突破，才能在激烈的竞争中占得先机和主动，促进区域经济的可持续发展。持续高效地突破共性、关键和前瞻性技术是目前各界关注的热点问题，学界也给出了一些路径参考。其中，产业技术创新联盟是一条有效的路径，其通过企业内外部科技资源的集中配置，促进产业共性技术研发方面形成具有自主知识产权的核心技术和行业标准。产业技术创新联盟对战略性新兴产业发展的必要性总结为以下几个方面。

首先，战略性新兴产业发展的初期阶段，需要建立产业技术创新联盟。目前，中国战略性新兴产业还处于发展初期，创新主体多而分散，但是个体的力量比较薄弱，大多需要国家的政策倾斜和支持，并且创新的方向不够统一，进而创新效率低下，一定程度上造成资源浪费。此时，就需要政府引导，明确产业发展的技术路线，集中产业的核心创新主体组建产业技术创新联盟，进行集中创新，提高创新效率，节省创新资源，这有利于从国家的战略目标出发，形成合力与国外战略性新兴产业进行竞争。

其次，战略性新兴产业创新技术的多学科、多领域性，需要建立产业技术联盟。不同于传统产业技术，战略性新兴产业技术大多是多学科、多领域相互渗透和融合的技术群，依靠单个企业难以组织各学科、领域的优势资源进行协同创新，因而需要政府组织和推动，通过建立产业技术创新联盟，集中各学科和领域的最优资源，提高创新质量和效率。

再次，战略性新兴产业共性、关键技术的复杂性和原始创新性，需要建立战略性新兴产业。鉴于战略性新兴产业处于产业生命周期的初期，其关键核心技术还处于萌芽期，多数需要原始创新才能获得，且技术的风险性和不确定性较高，加之前沿技术的复杂性，单个企业难以依靠自身财力、物力和人才在短时期内抢占技术制高点，进而个体原始创新的积极性和主动性难以确保，因而需要国家作为推动者，通过建立产业技术联盟，集合创新资源优势，集中投资，激发各主体的主动性和积极性，科学分工，合理共享，才能尽快抢占技术制高点，提高在国际上的产业竞争优势。

最后，战略性新兴产业竞争的激烈性，需要建立产业技术创新联盟。相对传统产业而言，各国在战略性新兴产业的差距不是很大，但其在各国经济中举足轻重，也是未来经济发展的必然支柱。因而各国在跟时间赛跑，积极进行战略性新兴产业发展布局，竞相争夺产业技术的主动权。其中，研发质量和研发周期在激烈竞争中发挥着核心的作用，创新质量高、周期短成为竞争的核心。所以，单靠企业的研发投入已远远不能满足市场对技术创新在速度、层次上的要求，产业界必须借助高校，以及研究机构的力量共同开发核心技术，需要集中产业中的核心创新主体，优势互补，发挥“1+1>2”的创新效应优势，缩短创新周期，提高创新质量，增强竞争优势。

29.3 国内外新能源汽车技术创新联盟的现状描述

29.3.1 美国新能源汽车产业技术创新联盟现状分析

美国新能源汽车的发展可以追溯到20世纪80年代，是在石油危机、环境压力加大，以及日本汽车企业竞争激烈的背景下提出的[5]。迄今，美国新能源汽车在世界新能源汽车发展中处于领先地位，这与美国政府的高度重视和大力支持紧密相连。其中，通过政府引导和支持的产业技术创新联盟对新能源汽车的发展起着重要的推进作用。政府制定相应的新能源汽车发展战略，联合汽车产业巨头和高校及科研机构组成产业技术创新联盟，大力推动新能源汽车相关技术的研发，促使美国新能源汽车发展一直走在世界前列。其产业技术创新联盟的具体发展历程分析如下。

为了应对日本汽车企业的强劲挑战，在1991年，美国汽车产业的三巨头（通用、福特和克莱斯勒）成立了“先进电池联盟”（United States Advanced Battery Consortium, USABC），目标是共同研究开发新一代电动汽车所需要的高储能电池，并与美国能源部门签署协议，美国能源部在1991～1995年投资2.26亿美元，资助电动汽车高能电池研究，且鼓励电动汽车电池和零部件制造商、大学和国家实验室参与到先进储能技术项目中。在美国能源部的引导和大力支持下，该联盟以三巨头为核心，集电池、零部件制造商、大学和科研机构于一体，形成合力，在美国新能源汽车电池共性、关键技术研发中起到至关重要的作用，推动了多个重大电池项目的发展。例如，1992 年开始，在美国能源部和 USABC 的共同组织下，美国国家实验室和工业界的能源企业也开始联合开发碳材料的双电层超级电容器；2007 年，美国能源部斥资 2 000 万美元增强对插入式混合动力汽车的研发，其中与 USABC 一起对五个插电式混合动力汽车电池研发项目合作投资 1 720 万美元，并为密歇根大学提供近 200 万美元的插电式混合动力汽车研究经费，加上 USABC 配套资金，项目总经费达到 3 800 万美元[①]。在美国能源部的大力支持和配合下，USABC 成为推进美国电池基础技术、共性技术研发的核心联盟，在美国，甚至全球具有较大的权威性。

为了进一步应对日本汽车企业宣布发展新能源汽车的挑战，顺应美国国家能源发展战略，摆脱石油依赖，美国三大汽车企业于 1992 年成立了“美国汽车研究理事会”（United States Consortiun for Automotive Research，USCAR）。其目标是通过合作研发和发展进一步加强美国汽车工业的技术基础，推动汽车前沿技术进步。该协会负责促进、监督和发展美国三大汽车厂之间具有潜在竞争性的联合研究和开发项目，承担着组织协调角色，管理多个产业联盟，其中，USABC 隶属于该理事会，参与了美国“新一代汽车伙伴计划”（Partnership for New Generation of Vehicles，PNGV）和“自由车计划”（Freedom Cooperative Automotive Research，Freedom CAR）。

美国政府将汽车技术革命上升到国家战略层面，1993 年，USCAR 与克林顿政府发布联合声明，美国联邦政府机构将与三大巨头联合开展一项推动汽车技术革命的计划，即 PNGV 计划，该计划目标是开发新技术以增加乘用车的燃油经济性并减少排放，并研发出一系列高性能的新型电动 / 混合动力汽车，加强美国汽车工业在汽车前沿技术方面的领先地位。基于该计划形成产业联盟，产业联盟包括美国商务部、能源部、内务部、国防部、交通部、环保部、国家航空航天局、国家科学基金会 8 个联邦机构及相关大学 51 所和美国国家实验室 21 个，以及三大汽车巨头和有关协作厂商，涉及美国 38 个州 453 家单位。该产业联盟成立了研究子课题 758 项，每年预算约为 12.5 亿美元，其中 10 亿美元来自产业界，其余由政府资助。其中政府资助侧重于前期研究，企业投资侧重于商业化的前期阶段。通过该联盟的成功运行，十年之后，美国能源部和汽车工业界一致认为 PNGV 计划在基本实现其研发目标，三大汽车企业都拿出样车，燃油经济性大幅提高。

PNGV 计划实施十年，虽已基本达到研发目标，但是燃油经济性目标的实现需要付出较高的成本，技术在短期内难以实现产业化。所以美国能源部和汽车产业界认为应该改变合作研发的方向，继而在 2002 年，USCAR、三大汽车巨头和布什政府联合发布 Freedom CAR 计划，其目标是发展氢燃料电池汽车技术及相应的氢基础设施，降低美国对外部石油的依赖性，增强美国汽车工业的国际竞争力。基于该计划的联盟组

① http://www.most.gov.cn/gnwkjdt/200710/t20071018_55739.htm.

织除了计划的参与者之外，还加入了燃料供应商。该计划和 PNGV 计划一样，是由美国政府和私人企业联合赞助，集中了美国能源部、国家实验室、工业界和大学研究机构的最优资源，涉及全产业链的各个环节。在这些年发展中，积累了多项技术，推动了从基础材料、电池技术、控制系统、工艺技术等方面的研发和开发。

金融危机之后，各国大力发展战略性新兴产业，奥巴马政府致力于电动汽车的发展，特别是插电式混合动力汽车的发展，并制订相应的发展计划，给以强大政策支持。目前实施的插电式混合动力汽车发展政府计划，主要借助联盟加以实施，政府资金也重点支持联盟，力图通过提高组织化程度实现超越日本的目标。其中，2010 年，由美国宇航环境公司、NRG 能源公司、太平洋燃气和电力公司、雷诺、江森自控、A123 电池系统公司、联邦快递、明亮汽车公司等十多家企业巨头共同发起并宣布成立美国电动汽车联盟（Electrification Coalition[1]，EC）。该联盟涵盖能源、汽车、运输、化工等行业，其目标是从政策和行动上推动大规模实施电动汽车计划，最终改变美国经济、环境和对化石能源严重依赖的现状，实现美国电动汽车运输的革命性变化。

在美国国家战略联盟如火如荼地进行中，美国地方政府也在积极推动新能源汽车产业技术创新联盟。1999 年，美国加州燃料电池合作联盟（California Fuel Cell Partnership，CaFCP）成立，其目的是促进燃料电池技术的产业化和公众推广，具体目标明确。该联盟由美国加州空气资源管理局和加州能源委员会联合巴拉德动力系统、戴姆勒-克莱斯勒、福特、BP、壳牌氢源，以及雪佛龙德士古六家工业领域公司成立，现已发展成为拥有三十多个成员的合作组织。该联盟包括整车企业、能源公司、燃料电池研发机构、州政府有关部门，成员分工协作，围绕同一目标开展有组织有协调的研发活动。通过这些年的发展，CaFCP 已成为全球促进燃料电池技术产业化的领导机构。

除了全产业链的产业技术创新联盟，也有针对具体环节和核心组件的产业联盟。例如，2008 年 12 月，14 家美国电池和先进材料公司组建的高级运输用电池制造联盟（National Alliance for Advanced Transportation Battery Cell Manufacture，NAATBCM），采用美国半导体制造技术产业联盟（Semiconductor Manufacturing Technology，SEMATECH）的组织方式，以期在锂离子电池方面获得突破，改变美国在标准制定方面落后于日本和欧洲国家的被动局面。2009 年 4 月，美国能源部下属国家实验室及电池制造业联盟在肯塔基州设立研发和制造中心，以为插电式混合动力汽车提供高性能的锂电池组；2010 年 3 月，由施奈德电气、罗格朗公司和司坎公司组建的电动车充电技术联盟（EV Plug Alliance），其目标就是促进充电设施，以及解决方案的标准化。

美国主要新能源汽车产业技术创新联盟如表 29.1 所示。

---

① http://www.most.gov.cn/gnwkjdt/201003/t20100329_76487.htm.

表 29.1　美国主要新能源汽车产业技术创新联盟

年份	联盟名称	成员单位
1991	USABC	通用、福特、克莱斯勒，以及电池、零部件制造商、大学和科研机构，得到能源部大力支持
1992	USCAR（USABC 隶属于该理事会）	通用、福特、克莱斯勒
1993	PNGV 计划	美国商务部、能源部、内务部、国防部、交通部、环保部、国家航空航天局、国家科学基金会 8 个联邦机构及相关大学 51 所和美国国家实验室 21 个，以及三大汽车巨头和有关协作厂商，涉及美国 38 个州 453 家单位
1999	CaFCP	由美国加州空气资源管理局和加州能源委员会联合巴拉德动力系统、戴姆勒克莱斯勒、福特、BP、壳牌氢源，以及雪佛龙德士古六家工业领域公司发起成立
2002	Freedom CAR 计划	除了 PNGV 计划的参与者，加入了燃料供应商
2008	NAATBCM	14 家美国电池和先进材料公司
2010	EV Plug Alliance	施奈德电气、罗格朗公司和司坎公司
2010	EC	美国宇航环境公司、NRG 能源公司、太平洋燃气和电力公司、雷诺、江森自控、A123 电池系统公司、联邦快递、明亮汽车公司等十多家企业

29.3.2　日本新能源汽车产业技术创新联盟现状分析

鉴于日本是一个能源资源极为匮乏的国家，大部分能源依靠进口，因而日本长期坚持确保能源安全战略和提高产业竞争力的双重战略。日本新能源汽车的发展可以追溯到 1965 年，日本在 1965 年启动电动车研制，并将电动车列入国家项目。日本政府高度重视新能源汽车技术创新，通过制定一系列政策引导和促进新能源汽车发展。在日本国家政策的引导下，日本新能源汽车走在了世界的前列，混合动力、燃料电池和纯电动汽车技术、标准和产业化大都处于行业的绝对领先地位。其中，日本政府非常重视通过产业技术联盟引导和推动新能源汽车技术和产业的发展，其在新能源汽车技术发展中发挥了重要作用。日本主要的产业技术创新联盟如下。

1974 年，日本提出新能源技术开发计划，此后又分别于 1978 年和 1989 年提出“节能技术开发计划”和“环保技术开发计划”。1993 年，日本政府将上述三个计划合并为规模庞大的“新阳光计划”。“新阳光计划”的主要目的是在日本政府领导下，采取政府、企业和大学三方联合的模式，共同攻关，克服在能源开发方面遇到的各种难题。为保证“新阳光计划”的顺利实施，日本政府每年要为该计划拨款 570 多亿日元，其中约 362 亿日元用于新能源技术研发。

由于蓄电池一直是影响电动车发展的关键。日本政府为了突破电动车用蓄电池的落后局面，攻克电动车技术的主要难关，1992 年年底，在其政府统一协调下，制订了一项为期十年的锂电池研究计划，全日本各有关厂家积极参与，集中了全日本 12 家公司的力量联合攻关，其中包括电装、日立、三菱电器等蓄电池生产主导厂家。与此同时，还确立了一个为期四年的聚合燃料电池方面的研究课题。该课题由日本新能源产业技术综合开发机构（The New Energy and Industrial Technology Development

Organization，简称 NEDO）负责，也有十家公司参加合作。此外，还明确了一个太阳能非晶体电池的基础研究项目，由日立、三洋电机及夏普等多家大公司联合攻关。其中，锂电池研究课题总投资为 11 200 万美元，聚合燃料电池研究项目的预算资金为 800 万美元。这些资金都具有明确方案，得到了准确落实。

为了推广燃料电池实用化，日本经济产业省牵头，联合多家机构，实施了日本氢能与燃料电池实证规划（Japan Hydrogen & Fuel Cell Demonstration，JHFC）。该项目于 2002 年开始实施，是由日本经济产业省资助的一个国家级别项目，主要包含燃料电池汽车示范研究，汽车研究所负责；加氢站示范研究，宫城振兴协会负责；固定燃料电池示范研究，新能源基金会负责。同时，八家整车企业也参与其中。该实证规划分两阶段进行，分别是 2002 ～ 2005 年、2005 ～ 2010 年，每阶段目标明确。对促进加氢站的建设、政府政策的制定及燃料电池的推广起到了积极的推动作用。

日本政府为了电动汽车的充电过程便捷化，2008 年 12 月，日本政府联合美国乐土（Better Place）公司，以及斯巴鲁、三菱等日本汽车厂商，共同参与由日本环境省实施的电动车试验项目——“新一代汽车导入促进业务”。在试验中，三菱、斯巴鲁等汽车制造商向指定城市均提供 50 辆电动车，包括三菱 i-MiEV 电动车、斯巴鲁插电式 Stella 电动车等。而乐土公司则主要负责建设电池更换站，进行电池更换试验。这一项目的主要目的是测试电动车及其电池更换站的可行性。

为进一步攻克电池方面的关键性技术，2009 年，日本政府建立了开发高性能电动汽车动力蓄电池的最大的新能源汽车产业联盟，共同实施“革新型蓄电池尖端科学基础研究专项”新项目。该联盟包括丰田、日产等汽车企业，三洋电机等电机、电池生产企业，以及京都大学等著名学府及研究机构，共 22 家成员单位。该联盟单位每家提供 50 名以上专业人员从事合作研究，开发企业需要的共性基础技术。日本政府计划七年内对此项目投入 210 亿日元，通过开发高性能电动汽车动力蓄电池，在 2020 年前，将日本电动车一次充电的续驶里程增加 3 倍以上，并以 2030 年以前投入使用为目标。

2010 年 3 月，日本成立了名为“CHAdeMO”的电动汽车快速充电器协会，该协会是一个推动电动汽车快速充电器实现国际标准化的组织，截至 2010 年 8 月 19 日，包括全球著名汽车制造商丰田、日产在内，已经有超过 270 家的来自世界各地的汽车制造商、充电器制造商等企事业团体加入成为其会员。CHAdeMO 的目标有两个：一是将 CHAdeMO 协议作为快速充电标准广泛传播；二是加强普通 / 快速充电基础设施的技术分析以提高电动汽车使用的便利性。围绕这两个目标，CHAdeMO 还制订了一系列具体行动计划，主要包括制定快速充电器和电动汽车之间的通信标准并解决技术障碍、通过向制定标准的国际组织提供信息以实现 CHAdeMO 标准的国际化、为安装正常 / 快速充电基础设施提供技术支持并且促进其扩散。

日本主要新能源汽车产业技术创新联盟如表 29.2 所示。

表 29.2　日本主要新能源汽车产业技术创新联盟

年份	联盟主体	联盟成员
1992	锂电池研究计划	全日本各有关厂家积极参与，集中了全日本 12 家公司的力量联合攻关，其中包括电装、日立、三菱电器等蓄电池生产主导厂家
1992	聚合燃料电池的研究课题	由 NEDO 负责，也有 10 家公司参加合作
1992	太阳能非晶体电池的基础研究项目	日立、三洋电机及夏普等多家大公司联合攻关
1993	“新阳光计划”	由日本政府、企业和大学三方组成
2002	日本氢能与燃料电池实证规划	日本经济产业省、日本汽车研究所、宫城振兴协会、8 家公司的燃料电池车（丰田 FCHV 、戴姆勒-克莱斯勒 F-Cell 、日产 X-Trail 、本田 FCX 、铃木 WagonRFCV 、三菱 FCX 、通用氢动三号、丰田 / 日野 FCHV 大客车）参与
2008	“新一代汽车导入促进业务”	日本政府联合美国乐土公司，以及斯巴鲁、三菱等日本汽车厂商
2009	“革新型蓄电池尖端科学基础研究专项”	丰田、日产、本田、三菱等汽车企业，三洋电机、东芝、新神户电机、GS YUASA 、日立和三菱重工等机电与电池企业，京都大学、东北大学、东京工业大学和产业技术综合研究所等大学和产业技术研发机构等 22 家单位
2010	CHAdeMO	包括全球著名汽车制造商丰田、日产在内，已经有多家来自世界各地的汽车制造商、充电器制造商等企事业团体加入成为其会员

29.3.3　中国新能源汽车产业技术创新联盟现状分析

中国早在“八五”（1991 ～ 1995 年）期间就启动了电动汽车的研究和开发工作，到了“十五”（2001 ～ 2005 年）期间，新能源汽车技术的发展已经上升到国家战略高度，科学技术部提出了中国发展新能源汽车的实施方案。自此通过政府新能源汽车发展规划引导、相关政策支持，以及一些企业的积极创新，中国新能源汽车产业取得一定成就，得到一定的发展。其中，新能源汽车产业技术创新联盟也迅速发展。

2009 年 7 月 11 日，中国汽车工业协会（简称中汽协会）发起组建电动汽车产业联盟，即汽车行业前十大企业组成的联盟，包括上汽、一汽、东风、长安、广汽、北汽、华晨、奇瑞、重汽和江淮，其销量占市场额的 80% 以上，是中国汽车行业的最强者，此联盟是一个开放组织，每三年更换一次名单。每年会定期召开 T10 会议，以便中汽协会更了解行业所面临的共同问题和建议，使汽车行业更好地发展。电动车 T10 联盟内拥有电动车领导小组、电动车工作组、电动车标准工作组。

2010 年 8 月 18 日，国资委召集 16 家汽车央企成立“新能源汽车央企大联盟”，旨在建立推动电动车产业整体发展的开放技术平台，通过统一产业技术标准，共同研发电动车新技术，共享技术成果。同时联盟还初步确定了技术、产品的发展方向，锁定了纯电动汽车及相关核心零部件技术。在参与企业的合作方式上，联盟计划通过建立平台，对电动汽车的共性技术进行交流、探讨和研发。

2014 年 5 月 5 日，由来自政府部门、研究机构、产业界等的官员、学者、企业家共同发起的中国电动汽车百人会（简称百人会）在北京宣布成立，百人会力求打破行业、学科、所有制和部门局限，进一步促进中国电动汽车产业的发展。百人会定位为中国电动汽车领域跨学科、行业、部门、所有制的，非官方和非营利性的政策和学术研究机构，国家在电动汽车领域的第三方智库。主要任务是开展电动汽车行业发展的重大课题研究，促进不同产业、部门、企业之间的交流和互动，最终形成研究成果为政府部门提供决策参考。百人会首批理事会成员由来自汽车、能源、信息、交通领域等的相关企业家，以及政府、高校的官员、学者等组成（表29.3）。

表29.3　中国主要国家新能源汽车产业技术创新联盟

时间	联盟名称	成员单位
2009年7月11日	电动汽车产业联盟	上汽、一汽、东风、广汽、北汽、长安、重汽、华晨、奇瑞、江淮
2010年8月18日	新能源汽车央企大联盟	中国第一汽车集团公司、中国兵器装备集团公司、东风汽车公司、中国东方电气集团有限公司和中国南车集团公司；电池领域的中国海洋石油总公司、北京有色金属研究总院、中国航天科技集团公司、中国航天科工集团公司和中国航空工业集团公司；充电与服务领域的国家电网公司、中国普天信息产业集团公司、中国石油天然气集团公司、中国石油化工集团公司、中国南方电网有限责任公司和中国保利集团公司
2014年5月15日	中国电动汽车百人会	来自汽车、能源、信息、交通领域等的相关企业家，以及政府、高校的官员、学者等组成，要求申请者在此专业领域具有较强影响力或有较强研究能力和重要研究成果

除了国家层面的新能源汽车产业技术创新联盟，地方政府也纷纷促使区域新能源汽车产业技术创新联盟成立。2009年3月13日，北京成立了中国第一个新能源汽车产业联盟——北京新能源汽车产业联盟成立。该联盟整合了国内新能源汽车领域的优势资源，包括整车企业、零部件企业、科研单位，以及终端用户等。北京新能源汽车产业联盟由北汽控股公司、北京公交集团、北京理工大学等单位共同发起，美国伊顿公司、ZF传动技术有限公司、中信国安盟固利公司等五十余家企业，以及清华大学、复旦大学、同济大学等多家院校成为联盟理事单位。北京新能源汽车产业联盟将在技术合作、信息共享、科研攻关、政策争取等多个方面为联盟企业创造机会。此后，重庆、广东、上东、吉林、河南、黑龙江、成都、江苏、安徽、武汉等区域纷纷成立新能源汽车技术创新联盟（详见表29.4）。

表29.4　中国主要地方新能源汽车产业技术创新联盟

时间	联盟名称	成员单位
2009年3月13日	北京新能源汽车产业	北汽控股公司、北京公交集团、北京理工大学等单位共同发起，美国伊顿公司、中信国安盟固利公司、ZF传动技术有限公司等五十余家企业，以及清华大学、复旦大学、同济大学等多家院校
2009年6月2日	重庆市节能与新能源汽车产业联盟	长安汽车、中国汽车工程研究院有限公司、重庆恒通客车有限公司，以及重庆市能源投资有限公司等企业、科研院校等

续表

时间	联盟名称	成员单位
2009 年 9 月 25 日	山东省新能源汽车产业技术创新联盟	大学院校、优势企业和科研机构等
2009 年 12 月	吉林省新能源汽车产业联盟	一汽集团、吉林大学、长春锂源新能源科技有限公司、启明信息技术股份有限公司等 23 家科研、生产单位
2010 年 1 月 25 日	河南省电动汽车产业联盟	共有 48 家，涉及宇通等整车企业 7 家、河南环宇集团等零部件企业 29 家、郑州大学等高校及科研院所 6 家、郑州市公交公司等终端用户 6 家
2010 年 4 月	黑龙江省高纬度地区新能源汽车产业技术创新战略联盟	哈尔滨冠拓电源设备有限公司、阿城继电器股份有限公司、哈尔滨工业大学、黑龙江省电力科技研究院、哈尔滨理工大学、哈尔滨巨容能源有限公司、哈尔滨安泽科技有限公司院校企 7 家单位
2010 年 6 月 8 日	成都市新能源汽车产业技术创新联盟	四川汽车、成都客车、东方电机、电子科技大学等 10 家成员单位
2010 年 6 月 27 日	江苏新能源汽车产业联盟	87 家主要汽车及零部件生产企业、高等院校和科研院所
2010 年 8 月 20 日	安徽新能源汽车技术创新战略联盟	安凯汽车股份有限公司、江淮汽车股份有限公司、奇瑞新能源技术有限公司、华菱汽车股份有限公司、芜湖奇瑞科技有限公司、合肥国轩高科动力能源有限公司、安徽皖南电机股份有限公司、中国科学技术大学、合肥工业大学、安徽大学、中国建设银行安徽分行、安徽省创投资本基金有限公司、安徽省科技成果转化服务中心等
2011 年 7 月 12 日	武汉新能源汽车技术创新战略联盟	东风汽车公司、武汉中原电子集团有限公司、东风扬子江汽车（武汉）有限责任公司、武汉理工大学、武汉元丰汽车零部件有限公司、武汉供电公司、武汉电动汽车示范运营有限公司

29.4 新能源汽车产业技术创新联盟的国际比较

依据上述美国、日本、中国新能源汽车产业技术创新联盟发展的具体描述，本节将从产业技术创新联盟的战略层次及政府投入力度、战略目标及产出绩效、核心成员及组织管理、关键零部件联盟及全产业链各环节联盟涉足程度等方面比较分析美国、日本和中国新能源汽车产业技术创新联盟的构成战略。

29.4.1 战略层次及政府投入力度

通过组建联盟推动新能源汽车相关技术的研发和产业化已经成为发达国家政府和主要企业的共同选择。日本政府和美国政府，以及核心企业深知产业技术创新联盟在推动新能源汽车产业中的重要意义。进而其政府都将新能源汽车产业技术创新联盟上升到国家战略核心层面，政府为引导新能源汽车产业发展、解决基础研究、关键共性问题，从大局着眼，在其组织和利益协调下，较早地成立了国家层面的新能源汽车产业技术创新联盟，进而解决每个核心企业面临的共性技术不成熟、难以承担高额度、高风险、具有较强外部性的前期研发投入等困境。例如，在美国政府支持下，1991年成立的USABC、1993年的PNGV计划等（详见表29.1）；在日本政府支持下，1992年的为期十年的锂电池研究计划、为期四年的聚合燃料电池方面的研究课题、太阳能非晶体电池的基础研究项目等（详见表29.2）。这些联盟在政府的支持下成立，同时在此后的运营中，也得到了政府相关部门的大力支持，如USABC从成立至今，其研究经费的一半由美国能源部承担。

从表29.3和表29.4中可看出，中国新能源汽车产业技术创新联盟也上升到国家战略，有中汽协会发起组建的电动车T10联盟、有国资委召集16家汽车央企成立的“新能源汽车央企大联盟”。但是不难察觉，相对于新能源汽车的发展历史，其产业技术创新联盟成立较晚，并且第一个发起的创新联盟并不是从全产业发展层面的国家级联盟，而是地方区域级创新联盟。同时可以发现，政府相关公共部门在促使联盟成立之后，并没有很好地起到组织和协调作用，在配套资金后续投入上也较为滞后，力度不足。

29.4.2 战略目标及产出绩效

从上述美国、日本每个新能源汽车产业技术创新联盟的描述中，不难发现，每个联盟的目标比较明确、具体和有限，同时根据实际情况的变化，进行动态调整。例如，USABC在成立之初，就制定了中长期电池开发的主要及次要目标，其远期目标是于2000年左右成功研究能量密度达到200瓦时/千克、每千瓦时成本低于100美元的电池。目前，USABC调整后的目标是进一步研制每千瓦时成本低于20美元、寿命大于15年的高性能电池。CHAdeMO提出两个明确的目标，并且制订了具体的行动计划。这些联盟也取得了较好的成绩。例如，USABC参与的PNGV计划，其目标基本实现，三大汽车企业都拿出样车，并且燃油性大幅提高；CHAdeMO截止到2011年10月13日，已经有超过400个来自世界各地的汽车制造商、充电设备制造商、研究机构等企事业团体成为其会员，达到标准传播目标。

而中国主要新能源汽车产业技术创新联盟中，中央企业电动车产业联盟的战略目标较为具体，但大部分联盟战略目标较为模糊，重点不够突出。例如，电动车T10联盟在成立之初仅仅提出“积极引领，联合行动，突出重点，创新发展”的行业发展战略，在共同签署的《电动汽车发展共同行动纲要》中，其发表仅仅提出销售目标，未涉及研发和创新目标。区域产业技术创新联盟中，大都以本地区新能源汽车的发展为目标进行设计和组建，将产业链上的外区域企业排除在外，因而目标较为狭隘。这些联盟运行的效果不是太佳，大多联盟只是处于形式，成为简单的信息交流平台。例如，电动车T10联盟已经举行了几次会议，仅仅为中国电动汽车产业的发展方向提出了一些建设性意见，但在研发合作上并没有付出实践，正如一位参加联盟的整车企业业内人士所言：联盟并没有实质性的联合，在技术研发、推广等方面，平时交流都很少，更不要说合作和技术共享了；中央企业电动车产业联盟所取得的成果也不尽如人意，甚至有媒体分析这些企业联合只为赚取财政补贴[①]。

29.4.3 核心成员及组织管理

从美国和日本的主要新能源汽车产业技术创新联盟中，可以发现，大部分联盟核心成员都由该国企业组成，都集聚了此领域内研发能力最强的企业，强调横纵结合，具有开放性。例如，日本具有影响力的“革新型蓄电池尖端科学基础研究专项”，其联盟成员不仅包括研发实力领头的三洋电机、东芝、新神户电机、GS YUASA、日立和三菱重工等电机、电池企业，还包括研发实力较强的丰田、日产、本田、三菱这样的整车企业。这些联盟能够有效运转，是因为配合以合理、高效的联盟内部组织管理和利益分配机制，联盟成员权利和义务明确。政府除组织协调、投入资金和必要的监督之外，并不过多参与联盟的实际运作。主要由企业组成的各种类型的执行委员会才是联盟的实际决策机构。

中国的国家级别新能源汽车产业技术创新联盟中，虽然也强调纵横联合，但是其核心成员组成并不具有开放性，并不是以研发实力为核心标准选取相关企业。例如，国家支持力度较大的中央企业电动车产业联盟，其选取的标准是央企，并非根据企业的实际研发实力进行选取，进而一些在电动车领域研发实力、技术实力更强强的民营企业，如比亚迪、奇瑞等被拒之门外，这对整个新能源汽车产业的发展较为不利。同时，这些联盟并没有很好的运行和管理机制，权利义务不明确，如电动车 T10 联盟，并且一些联盟中，政府的干预过多，也造成了联盟的运行不善，如中央企业电动车产业联盟。区域新能源汽车产业技术创新联盟更是如此。

29.4.4 关键零部件联盟及全产业链各环节涉足程度

毋庸置疑，新能源汽车技术的关键核心技术是电池技术，从美国、日本的新能源汽车产业技术创新联盟列表中，容易发现，其关于电池的联盟较多，特别是日本，所有联盟基本都是关于电池技术开发的联盟。这说明日本政府会集结所有核心资源解决最为核心和关键技术问题。同时，也可发现，它们的联盟基本涉足了全产业链的上、中、下游及标准制定。不仅在基础材料、电池技术、控制系统、工艺技术等方面有合作研发和开发，同时在电池技术的产业化推广和标准化制定等方面也有组建相应的联盟进行推动。例如，美国的 CaFCP 注重推动电池技术的产业化，电动车充电技术联盟注重锂离子电池标准的制定和推行；日本的“新一代汽车导入促进业务”主要是技术的产业化，CHAdeMO 主要是快速充电技术的标准化和全球推进。

而中国新能源汽车产业技术创新联盟大都是以整车为核心的联盟、较为宏观的产业联盟，具体涉及关键零部件的专门产业联盟目前涉足极少。同时在全产业链各环节涉足的产业联盟也较少，特别是在上游的基础材料、工艺技术、控制系统、标准化等方面。

---

① http://auto.qq.com/a/20110702/000063.htm.

29.5 研究启示

通过上述新能源汽车产业技术创新联盟的国际比较，可发现中国新能源汽车产业在发展过程中对产业技术创新联盟的重视程度不够，新能源汽车产业技术创新联盟在发展中的问题较多，如目标模糊、组织涣散、成员选择不开放等。导致产业技术创新联盟在新能源汽车产业发展中的作用甚微。这样的问题可能在战略型新兴产业的其他产业中也存在，进而这里提出研究启示以供战略性新兴产业的其他产业借鉴和参考，具体如下。

首先，在战略性新兴产业发展初期，就应该以政府为引导组建具有战略高度的产业技术创新联盟，特别是最为核心零部件产业技术创新联盟，进行集中投资，集中突破，政府应该长期进行大力支持和支助。其次，联盟的目标应该具体明确，并且根据时代背景变化动态调整。同时应该具有合理到位的组织管理框架和利益分配机制，权利义务明确，政府除组织协调、资金支持和必要的监督外，不应过多参与。再次，联盟中核心成员的选择应该具有开放性，应该把行业内技术研发实力最强的企业聚集在一起进行合作开发共性关键技术，而不是以某一标准将一些技术研发能力较强的行业巨头排除在外。最后，产业技术创新联盟应该涉足全产业链各环节，不能忽视上游的研发和开发，标准化的制定也不能落后，如新能源汽车中基础材料、工艺技术的开发，充电设施标准的制定。

参考文献

[1] Dam E，Nicolosi M. An overview of strategic alliances between universities and corporations. Journal of Workplace Learning，2005，(17)：115-129.

[2] 蒋樟生，胡珑瑛，田也壮 . 基于知识转移价值的产业技术创新联盟稳定性研究 . 科学学研究，2009，26 (2)：506-511.

[3] 胡枭峰 . 产业技术创新战略联盟研究评述 . 商场现代化，2010，(20)：8-9.

[4] 张敬文，谢翔 . 战略性新兴产业技术创新联盟研究述评 . 江西师范大学学报（哲学社会科学版），2014，47 (2)：30-34.

[5] 陈芳，眭纪刚 . 新兴产业协同创新与演化研究：新能源汽车为例 . 科研管理，2015，36 (1)：26-33.

审稿：薛　澜

第 30 章

技术创新扩散影响因素研究——以新能源汽车为例

韦结余　薛　澜

【内容提要】近年来，技术创新扩散（technological innovation diffusion）已成为国内外研究的热点之一，影响技术创新扩散速度的因素众多，扩散过程极其复杂，如何利用创新扩散的理论来找出影响创新扩散的主要因素，加快我国创新的步伐，使创新扩散更加高效和快捷，提升我国创新扩散的效率，是本章研究的主要内容。本章在总结国内外学者已有研究成果的基础上，分析了技术创新扩散的一般性理论和技术创新扩散的影响因素，主要从技术创新本身、扩散主体和扩散环境等方面分析其影响因素。并通过对新能源汽车的实证分析，对上述理论作进一步的说明，最后提出促进我国技术创新扩散的政策建议。

30.1　技术创新扩散理论

30.1.1　创新扩散的概念

技术创新扩散是技术创新过程中的一个后续子过程，但同时它又是一个完整的、

独立的技术与经济相结合的运动过程。一般来说，技术创新的扩散过程开始于技术发明或技术成果的首次商业化应用之时，经过大力推广，普遍采用，直至最后因落后而被淘汰。

对于技术创新扩散的概念，目前国内外尚无统一的定义。熊彼特[1]把技术创新的大面积或大规模的“模仿”视为技术创新扩散。美国经济学家斯通曼[2]将一项新技术的广泛应用和推广称为技术扩散。清华大学傅家骥[3]教授认为，技术创新扩散是技术创新通过一定渠道在潜在使用者之间传播、采用的过程，并将技术创新扩散理解为“由创新观点扩散、研究与开发技术扩散和技术实施扩散三部分组成”。武春友[4]教授把技术创新扩散理解为“商品化了的技术创新成果，通过生产规模的扩展、成果有偿与无偿地转移等途径，使技术创新得以再应用或多次再应用，最终达到技术创新对社会经济发展产生相应影响的过程”。

本章认为，技术创新扩散是指商业化的技术创新成果，通过一定的渠道和途径，在潜在采用者之间进行传播、采用和推广，通过采用者之间的扩散、采用者内部的扩散和由两者叠加的扩散，技术创新得以再应用和多次应用，最终达到促进社会经济发展的过程。

30.1.2 创新扩散的主体

技术创新扩散，可以看成是技术创新成果从输入到输出、从输出再到输入这样循环的一个市场过程。在此过程中，技术成果的输出首先是由技术创新者提供的，技术创新成果的输入是由创新成果的采用者实现的，而且在创新成果的供给者与采用者之间存在着一定的传播途径或媒介。因此，技术创新扩散行为的主体应该包含供给主体、需求主体和扩散中介。

1. 供给主体

一般地，技术创新扩散的供给主体可能是企业也可能是科研院所或大专院校，不同的供给主体由于其利益要求、约束条件及自身能力的差异会表现出不同的供给特性。

2. 需求主体

需求主体是技术创新成果的接受方，也可称为潜在采用者。它主要是指企业，但也可以是除企业之外的其他主体，如政府机关、事业单位等。

3. 扩散中介

在实际扩散过程中，存在着各类扩散中介，包括技术中介服务机构及技术市场等。这些扩散中介具有传递信息、促进技术创新主体和采用主体双方接触和联络的作用，并协助他们谈判、最终成交，从而实现技术创新成果的转移。

30.1.3 创新扩散的过程

技术创新扩散过程是指技术创新通过一定渠道，供给主体向需求主体扩散的过程。扩散始于供给者，也就是向外提供技术创新的主体。随着扩散过程的进行，创新技术逐渐被需求者采用，新的采用者变为潜在的技术创新提供者，供给者数量不断扩大。而潜在采用者中未采用技术创新的主体不断减少，直到这项技术创新因落后而淘汰。在创新扩散的过程中，中介渠道起着连接扩散源和潜在采用者的作用，是扩散过程必不可少的环节。

30.1.4 创新扩散模型分析

随着创新扩散研究的深化，扩散模型的研究日益成为学者关注的焦点，这不仅因为扩散的最终目的是对企业技术创新未来扩散情况进行预测，从而为企业制定技术创新营销策略提供决策支持，还在于对扩散模型的研究为人们展现广阔的研究前景。

根据研究对象及研究方法的不同，扩散模型主要可以分为两类，即基于潜在采纳者总体统计行为的宏观数学模型和基于潜在采纳者个体采纳决策行为的微观仿真模型。宏观数学模型的参数可以依靠宏观统计数据来确定，微观仿真模型的参数需要微观层面的企业行为数据的支持。目前，针对多类技术扩散的数学模型主要有两类，即 Bass 模型扩展形式和生物学中的 Lotka-Volterra 模型。

30.2 技术创新扩散的影响因素分析[5]

从技术创新扩散的运行过程来看，其主要受技术创新本身、扩散主体及扩散环境的制约，它们共同作用，影响着技术创新的扩散速度。

30.2.1 技术创新本身的影响

新技术的本身属性对技术创新扩散速度会产生很大的影响。本节在总结前人研究的基础上，认为影响技术创新扩散的主要有以下几个一般的技术特性。

1. 相对优越性

技术创新扩散实际上是新技术不断取代老技术的过程。相对优越性是指一项新技术取代老技术表现出的优势程度，一般可以用可获利性、低成本等来表示。相对优越性也包括采用者对创新技术的认识程度，在某些情况下，一个确实属于创新的技术若不被采用者认识便失去了其相对优越性。

2. 不确定性

不确定性突出表现为技术的不确定性和经济的不确定性。一项技术能否按预期

的目标实现应达到的功能，在研制之前和研制过程中是不确定的，即使一项技术已经成功地研制、开发、生产，但对其效果的测定也是事先难以确定的。

经济的不确定性主要是由市场的风险性因素引起的。一般来说，渐进型创新的不确定性较小，突变型创新的不确定性较大。但创新扩散的过程也是不确定性逐渐减少的过程，当不确定性不断减少时，风险也相应减少，就有越来越多的采用者采用创新技术。

3. 复杂性

复杂性是指创新技术或产品被采用者理解和采用的困难程度。复杂的新技术往往需要较长的学习过程，若采用者难以把握某种创新技术，其扩散速度必然受到影响。一般来说，复杂性越大的技术采用速度就越慢，复杂性越小的技术采用速度就越快。

4. 协调性

协调性是指一个新技术与潜在采用者的现有价值观、过去经验和需求的一致程度，又称适应性。一项新技术要在一个区域内部具有较快的扩散速度，还必须与区域内的资源、环境相适应。

因此，如果一项创新技术协调性较强，与采用者的技术系统、现有资源、价值观相适应或较为接近时，就可以降低采用者采用新技术的风险，较为容易被迅速采用，扩散速度就快。否则，扩散速度就慢。

30.2.2 扩散主体对创新扩散的影响

1. 需求主体对技术创新扩散的影响

从时空上来看，技术创新的扩散是由基本扩散过程组成的一个连续传播的过程，在基本的扩散过程中，需求主体的一些因素会对扩散的速度或效率产生较大的影响。一项技术创新出现之后，在供给主体愿意转让创新的前提下，需求主体是否采用或能否及时采用是与其本身的技术基础、规模、人才素质、经营状况等紧密联系的。

2. 供给主体对技术创新扩散的影响

一般来说，技术创新的供给主体可以分为科研院所或大专院校的科研单位和企业两种。不同的供给主体由于其利益要求、约束条件及自身能力的差异会表现出不同的供给特性，对技术创新扩散的影响也不相同。

3. 扩散中介对技术创新扩散的影响

扩散中介的存在本身就是为了使技术创新扩散得以顺利进行，从这个意义上来说，中介机构对技术创新扩散具有正面的影响，主要表现在两个方面：第一，迅速准确地传递创新信息，实现创新信息的扩散。第二，提供各种服务，为创新技术扩散提供良好的软环境。除了为技术创新提供科学准确的创新扩散信息外，中介机构还可以直接促成创新技术的扩散。

30.2.3　扩散环境对创新扩散的影响

技术创新扩散的环境主要由扩散主体所在区域内的经济环境、政策法规组成，它们共同作用，影响着技术创新扩散的速度与进程。经济环境影响因素如下所示。

1. 经济体制影响因素

经济体制决定了一国经济的决策结构、信息结构和动力结构，从而决定了各经济组织的经营模式和其所面临的市场、政策等外部环境。我们从计划经济和市场经济这两种经济体制对技术创新扩散的影响加以分析。在计划经济体制下，政府作为技术创新扩散的主体，对技术创新扩散方面干预过多，直接影响技术创新扩散。这些因素很大程度上制约了技术创新及时、顺利地扩散。在市场经济体制下，由于明晰了企业产权，作为自主经营、自负盈亏的经济实体，其技术创新扩散运行得较为顺畅。

2. 市场结构的影响

一般来说，在完全竞争的市场中，各企业面临着同样的环境，具有同等的机会，因此更容易感受到竞争者采用创新所带来的压力，于是竞相模仿或采用创新技术来降低成本，这样创新扩散的速度就会加快。

在垄断的市场中，一方面，垄断者比起完全竞争者具有一系列优势，超额利润能够提供较多的资源用于创新的采用，故更易于开发和采用创新；另一方面，超额利润也可以用来维持原有技术的生存，或是利用垄断势力采取一系列手段来阻止竞争者模仿创新，同时，垄断也会导致自满自足和创新活动减少，从而影响创新的扩散。尽管市场结构对技术创新扩散有着一定的影响，但对于市场结构对技术创新扩散的影响作用大小还没有形成统一的认识，研究者普遍认为：创新扩散活动在市场结构介于完全竞争和完全垄断市场之间的企业中最活跃。

3. 经济发展状况对技术创新扩散的影响

技术创新和技术创新扩散是经济发展的重要源泉，同时技术创新和技术创新扩散也受经济发展状况的制约。不同的经济发展阶段和生产力水平，其技术创新扩散的表现形式和速度是不同的。经济发展水平较低的国家或地区技术创新的扩散速度比较慢，经济发展水平较高的国家或地区技术创新的扩散速度比较快。

30.3 新能源汽车的技术创新扩散影响因素研究[6]

近几年来，我国新能源汽车销售量迅速增长。2014年，各类插电式、纯电动乘用车年销量超过5.5万辆，我国新能源客车技术产业化规模居世界第一位，新能源轿车技术产业化水平居世界第二位，并且进入快速发展阶段，有望在2015年跃居第一位。2015年，纯电动汽车和插电式混合动力汽车累计销量预计达到50万辆，2020年预计超过500万辆。

目前，我国新能源汽车的发展状况是多类新能源汽车技术并存且均处于发展初期，相互之间具有竞争关系，其扩散过程微观上表现为相关生产企业对市场中多类技术创新通过评价从而进行技术的选择采纳，在宏观上表现为多项技术创新技术在消费者市场上被采纳，技术的扩散速度和扩散程度不尽相同。

30.3.1 新能源汽车的扩散因素分析

1. 全生命周期理论

生命周期（life cycle）的概念应用很广泛，特别是在政治、经济、环境、技术、社会等诸多领域经常出现，对于某个产品而言，就是从自然中来回到自然中去的全过程，也就是既包括制造产品所需要的原材料的采集、加工等生产过程，也包括产品储存、运输等流通过程，还包括产品的使用过程，以及产品报废或处置等回到自然的过程，这个过程构成了一个完整的产品生命周期。产品全生命周期是指一个产品从市场调查开始，到产品概念形成、设计开发、制造生产、经营销售、使用维护、淘汰处理的全过程。

新能源汽车的发展也同样会经历研发生产阶段、销售阶段和使用阶段的全生命周期，本节将从全生命周期的角度诠释影响新能源汽车市场扩散的重要因素。在不同的生命周期阶段，主要的对象不同，因而其所承担的作用也不同。

2. 研发生产阶段新能源汽车市场扩散的影响因素分析

在新能源汽车的研发阶段，影响新能源汽车市场扩散的主要因素如下。

1）技术水平对新能源汽车市场扩散的影响作用

由于新能源汽车技术种类较多，发展状况参差不齐，可以从比较宏观的角度通过对新能源汽车技术相对优势、相容性和可体验性三个方面的考察，确定该技术的目前发展状况。

首先，新能源汽车技术的相对优势可以通过三个指标体系来进行测量，分别是新能源汽车技术的环境友好性优势、节约能源解决能源危机的优势和未来前景发展优势。其次，新能源汽车技术的相容性也主要从三个方面考察，即该技术是否与国家环保节能的战略目标一致、是否与企业追求最大利润的目标一致和是否与使用者对汽车的使用要求一致。随着新能源汽车技术水平的提高，该技术应与这三大目标逐渐趋于一致，才能保证其良好的发展前景。最后，新能源汽车技术的可体验性主要对技术现状进行分析，从三个层面出发，分别考察新能源汽车技术能否与现有技术有效融合、该技术是否便于开展试用计划和测试效果如何。该指标体系设计的初衷是针对国家“十城千辆”等试运行计划的推广难度和推广效果进行考察，从而反映现有的技术水平。

2）企业创新行为对新能源汽车市场扩散的影响作用

本章中的企业创新行为，即企业参与新技术、新产品研发、生产的行为。对于企业创新行为的测量主要从企业创新动力和企业创新能力两方面考察，企业创新行为受企业创新动力和创新能力的影响。

首先，对新能源汽车技术进行分析研究，主要从三个方面考察企业的创新动力，即该技术的发展潜力、上下游企业的竞争压力及政府支持力度的影响。其次，企业创新能力主要是指企业进行技术创新行为所需要的多方面要求，本章主要从三个方面考察企业创新能力，即企业科研人员所占比例、企业研发资金投入比例及企业发明或使用新型实用专利的状况。最后，新能源汽车在研发阶段的扩散效果最终取决于企业是否采纳新能源汽车技术，新能源汽车生产企业自身因素对新能源汽车市场扩散的影响十分重要。

3）政府扶持政策对新能源汽车市场扩散的影响作用

在新能源汽车的发展过程中，特别是发展初期，政府的作用是主导性的。没有政府强有力的支持和推动，很难实现新能源汽车技术的突破，更谈不上产业化。鼓励新能源汽车的具体政策主要包括激励性的财税政策、强制性的技术法规、综合性的交通管理措施、基础研究及运行实验的扶持和资助。

3. 销售阶段新能源汽车市场扩散的影响因素分析

1）全生命周期新能源汽车消费者的持有成本

一般来说，汽车全生命周期成本主要包括两个方面：第一，汽车购置成本；第二，汽车使用成本。在本章中，汽车的使用成本主要包括两大部分，即燃油使用费用和整车维修费用；而购买成本即为购买车辆时的价格，该理论来源于“消费者持有成本”，分析模型结构如图 30.1 所示。

2）新能源汽车的环境友好性

当前阶段我国经济可持续发展不仅面临着能源过度消耗及利用效率不高的难题，在环境问题上同样面临着巨大挑战。对于汽车工业来说，节能减排是发展的一个重要方向，绿色经济、低碳发展将是汽车工业发展的总要求，发展新能源汽车将是实现汽车工业可持续协调发展的必由之路。可以以汽车生命周期分析为基础，综合考虑车辆和燃料在整个生命周期中对环境的影响，量化每款车型的环境影响，评价出

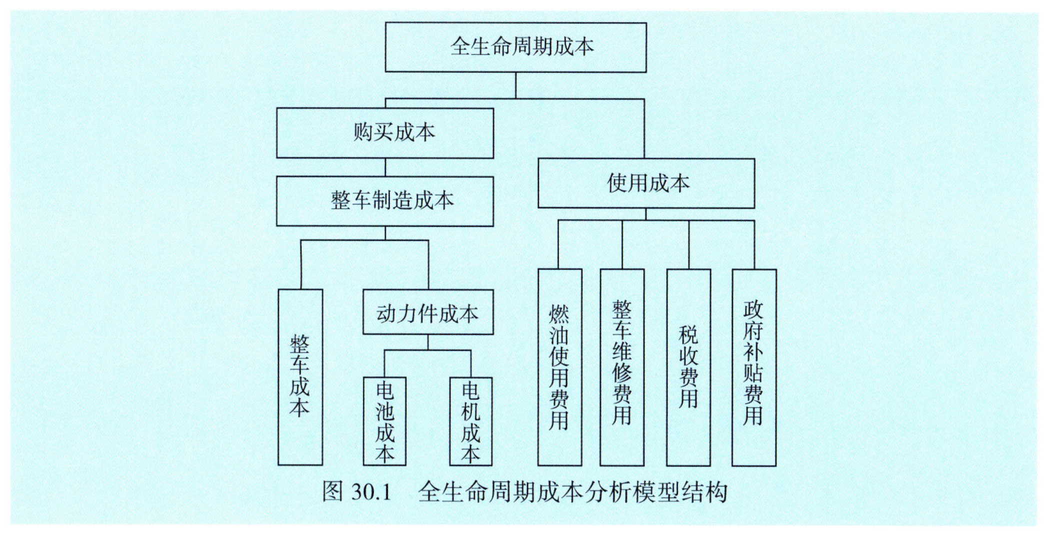

图 30.1　全生命周期成本分析模型结构

环境影响指数，用以比较车辆和车用燃料在整个生命周期中对环境的影响。

3）政府的财政税收政策

新能源汽车昂贵的价格是阻碍其扩散的重要因素之一，发达国家在新能源汽车发展初期大都会采取多种补贴措施，降低消费者成本，建立健全政策支撑体系，明确发展战略和发展规划，特别是加强财税金融激励手段，促进新能源汽车市场的形成。

4. 使用阶段新能源汽车市场扩散的影响因素分析

1）新能源汽车使用的便利性

第　，使用优惠权。　定的优惠信息或者政策在很大程度上会推动消费者对产品的消费欲望，促进其购买。第二，基础设施完善程度。实现新能源汽车的有效使用，基础设施的建设至关重要。基础设施的完善程度将在很大程度上影响新能源汽车的市场扩散，成为影响消费者接受新能源汽车的重要因素之一。

2）政府税收优惠政策

2014 年，国务院及有关部门先后发布多项加快新能源汽车发展的政策措施，包括多项税收优惠政策，新能源汽车市场发展出现快速增长的良好势头。这些优惠政策的出台，降低了消费者的购买成本，促进了新能源汽车的使用及进一步消费。

5. 新能源汽车市场扩散的理论模型

本章从新能源汽车全生命周期的研发生产阶段、销售阶段和使用阶段出发，分析影响其市场扩散的重要因素，进而总结归纳出该新能源汽车市场扩散发展系统的要素及其关系。

新能源汽车市场扩散被作为一个系统时，首先需要确定该系统的扩散动力要素及各个要素的判断标准。新能源汽车市场扩散的动力要素来源于需求的拉动、技术创新的驱动及政府的推动。市场需求是拉动新能源汽车市场扩散发展的根本动力；汽车技术自身的发展与创新是驱动新能源汽车市场扩散的内在动力；政府的引导可以弥补需求与技术创新供给的不足，是可控的因素，因而是新能源汽车市场扩散发展重要的环境推动力。但是，要成功实现新能源汽车的市场扩散，还必须具有经济活动中不可缺少的条件，即人力资源、资金、配套基础设施等要素。这些要素的缺乏会对市场扩散产生制约作用，因而我们将其看做新能源汽车市场扩散发展动力系统的支撑因素。本节构建了一个新能源汽车市场扩散动力模型，如图 30.2 所示。

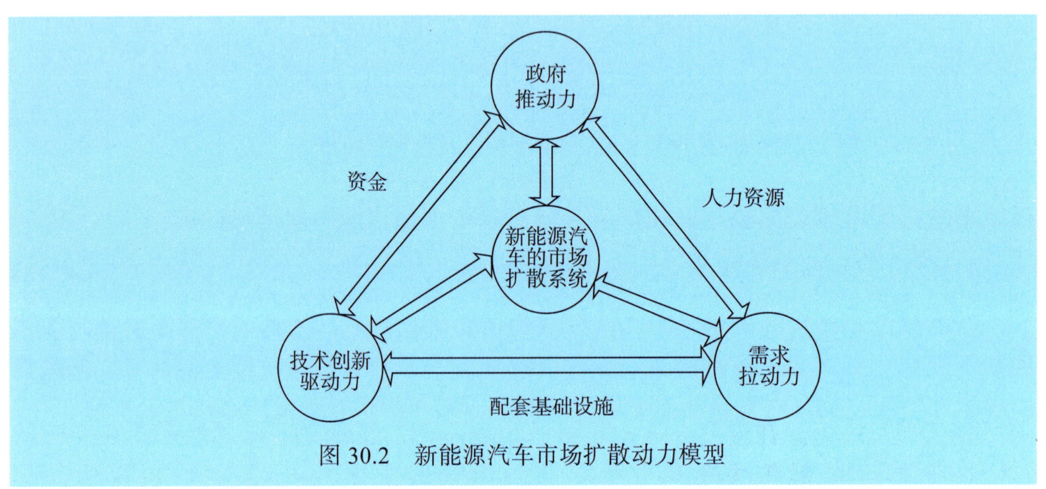

图 30.2　新能源汽车市场扩散动力模型

通过以上的理论分析，结合新能源汽车三个生命周期阶段中的影响因素，我们可以得出，为实现新能源汽车的市场扩散，必须有效满足新能源汽车的供需平衡，不断促进新能源汽车生产企业进行生产研发，同时不断提高新能源汽车消费者对其的接受度。

30.3.2　促进新能源汽车扩散的政策建议

尽管我国新能源汽车的发展处于初级阶段，但是其未来的前景十分广阔，为此，我们提出如下建议。

第一，政府相关部门应该积极出台相应的政策，积极规范国内整体市场环境，不断加大对新能源汽车相关生产企业的投资资金力度和对消费者的补贴优惠政策，进而促进对新能源汽车的研发和生产，使其尽快成功地实现市场扩散。

第二，对于企业来讲，首先应该提高自身的创新能力和技术水平，实现技术的突破，提高新能源汽车的整体性能，降低生产成本，提高企业的核心竞争力。其次，企业应该以市场需求为导向，研发生产出更多能满足消费者需求的新能源汽车，实现企业利润的不断增加。

30.4 促进我国技术创新扩散的对策建议

通过前面的分析我们可知，影响技术创新扩散的因素主要有技术创新属性、扩散主体属性和扩散环境属性。技术创新属性是技术创新本身的特征，由技术创新决定，是扩散过程中的不可控因素。而扩散主体属性和扩散环境属性具有相对可控性。因此，我们结合目前我国技术创新扩散中存在的问题，从这两个方面提出促进技术创新扩散速度和效率的对策。

30.4.1 提高扩散主体质量

1. 形成科研与生产结合的技术供求机制

从供给主体来看，要采取有效措施调动科研单位的积极性，不断开发适应市场需求的技术创新成果。通过法律手段，保护其技术产权，确保技术创新供给者的利益，从技术创新的供给源头上形成有效供给。

2. 提高中介主体的科技服务水平

充分发挥科学技术第一生产力的作用，必须完善中介服务体系，加速科技成果向现实生产力转化。在这一过程中，由于市场机制发育不成熟，政府在中介机构发展中的宏观管理、政策法规体系建设、市场培育、规范运行等方面，还必须发挥重要的推动和引导作用。

3. 提高创新需求者的质量

第一，提高自身人员的素质。对于企业来说，工程技术人员、技术工人和管理人员是其采用技术创新的中坚力量。企业应当通过培训等形式帮助员工学习新知识，提高员工的技术水平。同时，企业还应该通过高薪、高福利和股权激励等优惠政策来吸引和留住人才。

第二，改善资金紧缺状况。要解决这一问题，需要政府、企业和金融机构的共同努力。政府可通过贴息资金、税收政策、建立风险投资机制等多种手段，鼓励和引导社会资金投向技术创新和扩散领域；金融机构应该搞活金融，完善资金市场，加大对企业技术创新扩散的扶持力度；企业应该大力增强自身的经济实力，积极做好项目和产品推荐工作，主动开拓筹资渠道，保证在技术创新扩散中有足够的资金投入。

第三，加强对引进技术的消化吸收能力。我国企业应吸收以前的经验和教训，不再走单纯引进、盲目引进、重复引进的老路，应该把引进的技术真正据为己有，形成自己的优势，走上“引进—消化—吸收—再创新—扩散”的道路。

30.4.2 改善扩散环境

改善技术创新扩散的环境与政府行为是密不可分的，政府要通过各种政策法规来影响技术创新扩散中的环境因素。因此，必须发挥政府作用，把宏观调控与市场作用结合起来，通过相应的政策法规来改善技术创新扩散环境。

1. 为创新单位自主转让技术创新创造一个良好的环境

政府应该鼓励创新单位自主转让技术创新，这不仅是提高全社会技术创新扩散速度的需要，也是提高转让单位积极性、改进扩散质量的需要。因此，要做好知识产权的保护工作，这是创新单位转让技术创新的前提条件。

2. 为企业自主采用创新技术创造一个良好的环境

主要应该解决四个问题：第一，采用企业的动力问题。政府应运用经济杠杆对企业采用技术创新的各种活动给予补偿和优惠，形成企业竞相采用创新的环境。第二，要大力发展、完善和充实技术经济情报系统，建立一批既做经济技术评价，又做技术开发服务的综合型高水平的中介扩散机构。第三，调节银行信贷问题，保证企业自主采用技术创新能得到必要的物质和资金支持。第四，在国家产业的发展问题上，要通过各种政策对企业进行宏观调控和指导，使企业自主采用技术创新与国家产业政策相协调。

3. 政府要投身于技术创新扩散中

第一，政府要合理安排扩散计划，要更多地安排技术上相对复杂的技术创新的扩散。对于技术复杂程度高的创新，企业很难直接掌握、评判，应由政府进行集中扩散。对于技术相对简单的创新，企业可以自主决定转让与采用。

第二，一些公益性技术创新的扩散，如基础设施、环境保护等，由于投资回收期较长，要垫付相当数量的人力、财力、物力，因此企业缺乏自主采用的积极性，这需要政府进行宏观调节。

第三，要为一些小企业和边远地区特别是偏远农村地区进行专门的技术推广。小企业和偏远农村地区往往信息不灵、技术基础薄弱、管理水平低、风险承担能力小，但其对采用创新技术往往有着更强烈的内在需求。技术创新向小企业扩散十分缓慢，偏远农村地区农业科技发展滞后，所以，需要为一些小企业和偏远农村地区进行专门的技术推广，提高整个国家的科技水平。

参考文献

[1] 熊彼特 J. 经济发展理论 . 何畏，等译 . 北京：商务印书馆，1990.

[2] 斯通曼 P. 技术变革的经济分析 . 北京技术经济和管理现代化研究会技术经济学组译 . 北京：机械工业出版社，1989.

[3] 傅家骥 . 技术创新——中国企业发展之路 . 北京：企业管理出版社，1992.
[4] 武春友，戴大双，苏敬勤 . 技术创新扩散 . 北京：中国化学工业出版社，1997.
[5] 闰振宇 . 技术创新扩散及其影响因素研究 . 华南师范大学硕士学位论文，2007.
[6] 周琴 . 全生命周期视角下新能源汽车市场扩散的系统动力学仿真研究 . 华东理工大学硕士学位论文，2012.

审稿：薛　澜

第 31 章

“十三五”期间发展战略性新兴产业的政策建议

薛　澜　周　源　洪志生　王秀芹

【内容提要】“十三五”期间，战略性新兴产业培育和发展政策要以“促进战略性新兴产业发展服务重大经济社会发展需求、对接整体运行机制建设”为目标，坚持政策集成化、市场导向性、企业主体化、产业协调性、发展国际化等基本政策范式，释放科技和市场的活力，建立竞争公平、金融支撑、需求升级三个支撑环境。

31.1　政策目标

1. 促进战略性新兴产业发展更好地服务于“十三五”期间重大经济社会发展需求

培育和发展政策，需要能够正确引导战略性新兴产业的发展方向，使其利于促进传统产业转型升级、符合新型城镇化发展、满足生态文明建设和民生幸福的需求。

2. 应主动对接整体经济运行机制的建设

战略性新兴产业培育与发展政策体系的制定需要立足“十三五”期间整体政策环境，以促进创新与改革为出发点，以共同发挥市场决定性作用和政府服务型作用为引导，以促进技术研发突破和快速商业化应用、创新产业生态体系、培育公平开放的市场环境为着力点，以实现各要素低成本流动为目标，包括科技要素、资本要素、人才要素和国内外资源。特别地，政策体系构建及政策执行需明确政府在产业发展中的服务性角色，服务创新、服务市场、服务环境。

31.2 基本政策范式

1. 强调政策集成化，尽量避免政策碎片化现象

在新的政策范式下制定并推行战略性新兴产业发展政策，避免“旧政策打补丁”现象。此外，强调不同政策类别的集成性，各项政策之间需要相互联系、相互影响、相互配合，如新兴产业创新生态与传统产业发展政策的集成、市场培育和发展与中央–地方协调机制的集成、资金扶持与科技中介体系构建政策的集成，以及开放与自主创新及保护政策的平衡。

2. 强调市场导向与需求导向，从政府干预转向政府服务

政策要发挥市场的决定性作用和市场需求导向，转变政府推动的企业被动申请制度，同时通过经济手段培育与构建新兴产业的市场。

3. 确立以企业作为创新主体的政策导向

围绕企业构建创新体系，同时建立完善的中介服务体系。而政府则应当明确权责，适当进行干预（初期的资金支持），消除市场失灵，侧重于营造健康良好的制度环境与机制，确保战略性新兴产业的健康发展。

4. 注重战略性新兴产业各领域发展的协调性

协同发展新兴产业与传统产业，重视新兴产业的创新生态的建设，不过分强调单一产业的发展，加强跨领域产业链的培育。

5. 考虑国际化背景的融合发展

立足全球化视野，在全球市场及技术环境下制定我国战略性新兴产业培育和发展政策，实现国际要素在我国战略性新兴产业发展中的自由流动。一方面应考虑国

际市场，以及跨国产业链构建；另一方面需注重充分利用国际科研资源，牢牢把握产业发展的前沿性。

31.3 健全完善战略性新兴产业培育与发展政策建议

根据“十二五”期间战略性新兴产业发展存在的问题及“十三五”期间发展趋势和整体环境，除了根据各领域的最新发展情况适度扩大战略性新兴产业的外延（如新能源产业可调整为“新一代能源技术产业”）之外，战略性新兴产业培育和发展政策可在基本政策范式的指导下围绕“释放两个活力，构建三个环境”展开，具体如下。

31.3.1 释放科技要素活力，提升关键技术水平，增强科研转化能力

1. 有效聚焦战略性新兴产业的基础研发

首先，基于产业和技术发展趋势的预测，紧跟国际前沿重大技术突破与创新，发挥中央财政集中精力办大事的优势，适度超前，重点支持一批基础性、战略性、前沿性科学研究。其次，在《关于深化中央财政科技计划（专项、基金等）管理改革的方案》框架下，创新中央财政支持基础研发的方式，改善支持效率。推进国家重点研发计划，从基础前沿、重大共性关键技术到应用示范进行全链条设计，加速基础前沿最新成果对创新下游的渗透和引领。此外，鉴于对基础研究滞后性的考虑，分别制定符合应用研究和基础研究特点的考评机制。

2. 多元创新战略性新兴产业技术发展

整合科技规划和资源，通过设立技术创新引导专项（基金），积极引导银行、保险、风险投资等金融资本支持企业研发，着力提升原始创新能力，努力建立以企业为主体、市场为导向、政府引导带动、社会金融资本相结合的多元化科技创新投入体系。大力增强集成创新和引进消化吸收再创新能力，特别是重点关注引进消化吸收再创新后续环节的政策需求，使国内企业在二次创新中形成更多具有自主知识产权的创新技术，提高新兴产业发展的技术储备能力。

3. 加强产业共性技术平台建设

着眼于解决产业面临的共性技术问题，围绕关键核心技术的研发和系统集成，充分发挥企业、科研院所的作用，运用市场化运作机制，建立符合各个战略性新兴产业标准的设计、制造、评价共享数据库，建设若干资源共享、优势互补的国家级共性技术平台，完善国家重大科研基础设施共享机制，并鼓励地方政府搭建战略性

新兴产业公共服务平台。加强共性技术平台的专业化和市场化运行，把公共财政投资形成的国家重大科研基础设施和大型科研仪器向社会开放，发展科技服务业，为产业发展提供技术供给、产品设计、分析测试、验证试验、特殊装备使用、科技咨询乃至一些面向“颠覆性创新”“突破性创新”的科研金融支持。此外，考虑建立战略性新兴产业公共研究平台，鼓励和促进民营企业与科研院所的基础性联合研究。

4. 完善产学研合作和技术转移机制

在“深化中央级事业单位科技成果使用、处置和收益管理改革试点”的背景下，科学确定收益标准，完善科技成果转化机制，加强政府引导与公共资源的支撑。构建政府规划决定战略方向，企业为主体，教育科研机构为支撑，创新性金融机构为辅助的产学研创新体系，使科技成为在战略性新兴产业市场上自由流动的要素。

首先，构建产学研协同创新机制。加强企业与高校、科研机构的联系，确保最新科研成果能够和市场需求及应用有机联系起来。主要是通过建立产学研合作的直接支持性政策，对产学研在合作中的责权利归属进行明确界定，促成优势互补、分工明确、成果共享、风险共担的开放式合作模式。促进产学研合作从短期、松散、单项技术的合作逐步转向在知识生成、技术研发、产业示范与商业化中的紧密稳固的合作关系，如进一步建设与战略性新兴产业相关的高校科技创业园区，积极吸引科技人才或团队入园创业。

其次，发展多层次的技术（产权）交易市场体系。大力推进技术转让中心的建设，创新专利经营的模式，落实专利的转化实施，加快创新成果的产出和转化应用。并且可在某些示范地区建立区域科技市场，甚至构建全国性的技术转让网络，探索基于互联网的在线技术交易模式，使科技能够和资本自由转换。

最后，改革科研成果所有权制度。将技术成果的产权下放，使科技成果转化，“谁转化，谁受益”，同时要求成果转化的收益继续投资新一轮技术研发，激励科研人员研发更加具有应用价值的技术；并考虑在高校及科研机构推行学术休假，鼓励其以自主科研成果为核心进行技术创业；甚至进行试点将部分院所改制为公司，探索推动科研要素向市场流动的机制，激活整个科技创新的活力。

31.3.2 转变职能，完善机制，释放战略性新兴产业发展的市场活力

1. 明确政府的宏观调控和服务型角色

首先，健全和完善宏观调控职能，提升政府对处于发展初级阶段的战略性新兴产业的科学引导作用。鼓励相关智库立足全局建立战略性新兴产业发展的评价体系与方法，客观反映战略性新兴产业的发展现状，预测未来发展趋势，为政府和企业进一步选择、培育与发展具有优势的产业方向提供参考。另外，建立和健全战略性新兴产业的政策实施体系及综合协调机制，如可以考虑设立一个统筹各部门各利益群体的战略性新兴产业委员会，或者加强目前战略性新兴产业部级联席会议的宏观协调职能。其

次，加强中央政府和地方政府的协调性，强调产业区域布局发展的差异性，鼓励各地根据地域资源特色和产业基础选择培育具有区域特色和区位优势的战略性新兴产业，通过地方政府政绩考核指标体系构建等方式，避免重复建设在战略性新兴产业发展中的出现。例如，以国家高技术产业基地、国家高新技术产业开发区、特色产业园区等为基础，按照《国家发展改革委 财政部关于推进区域战略性新兴产业集聚发展试点工作的指导意见（试行）》的要求，加快推动相关省市的试点工作，加快建设一批特色鲜明、引领示范作用显著的战略性新兴产业集聚发展基地。最后，发挥政府对战略性新兴产业培育与发展的服务型作用，完善相关立法，进行相应的体制机制调整，培育和发展第三方服务机构，推进战略性新兴产业行业协会的发展，进一步推动经济决策权归还给市场主体，确保战略性新兴产业持续健康发展。

2. 深化行政审批制度改革

进一步简政放权，改革行政审批管理制度，规范管理、提高效率。减少政府对资源的直接配置，对于市场机制能有效调节的活动，取消行政审批。例如，对于生物医药产业，最主要的是改革国家医药和医疗器械的评估与审批体系，编制科学、详细、高质量的新药申报指南，减少低水平重复新药申报的数量；制定定价收费标准，加强质量的安全评价与监督管理体系建设，形成简化准入、加强质量监管的工作模式；建立快速审批机制和特批机制，使我国生物医药的产业化进程能迅速赶上全球进度。对于节能环保领域，改革环评审批制度，包括下放环评审批权限、取消环境影响评价工程师审批登记制度、改革环境影响评价单位资质认定与管理方式、建立环评终身责任追究制。

3. 进一步确立企业在战略性新兴产业发展中的主体地位

首先，进一步放宽民营资本进入战略性新兴产业的投资限制，通过冲破一些不合理的行业准入限制，让新来者倒逼新产品的发展。在战略性新兴产业七大领域的部分环节，尽快打破行业垄断，尽可能多地允许民营资本参与投资，也可采取PPP模式，鼓励传统产业有实力的民营企业进入战略性新兴产业领域。例如，在新能源领域，鼓励民营资本投资建设新能源电站及相关配套设施建设；在节能环保领域，鼓励民营资本以独资、控股、参股等方式投资建设污水、垃圾处理等市政公用设施；在新能源汽车领域，允许互联网企业、智能终端制造企业等跨行业进入汽车领域，推进新能源汽车与互联网技术、新能源汽车与智能终端技术的融合。其次，加大对创新型中小企业的支持力度。构建中小企业投融资体系和中介服务平台，探索中小企业与高校、科研机构的协同创新机制，适时适度培育具有一定引领性的创新型骨干企业，发展相应的配套企业，打造一批上规模的重大战略性新兴产业链。例如，在节能环保领域，着力扶持中小型节能环保企业的专业化发展，进一步发挥碧水源科技、桑德环境、首创股份等龙头企业的带动作用。最后，明晰政府和企业的角色分工，发挥政府在技术开发、人员需求、产业用地及其他市场失灵方面的服务作用，避免政府越位和寻租现象，实现从政府确定项目到产业提出项目的模式转变。

4. 完善市场准入制度、价格机制和退出机制

首先，针对不同战略性新兴产业，在产业内实行统一的市场准入制度，通过制定资源、能耗、安全、环保等标准，建立市场准入的技术门槛。完善生物医药、生物育种等行业准入制度，强化药品集中采购、药品注册、转基因农产品等相关管理制度，细化并严格执行节能环保法规标准，推动形成与国际接轨的市场准入制度。其次，加快资源型产品价格形成机制改革，建立反映稀缺性和环境要素影响的资源价格和税收体系，利用市场机制推动和引导企业创新。例如，加快节能环保产品及节能审计、节能评估、环境监测、环境评估、机动车排气检测等服务定价的制度化，推动节能和环保服务专业化、产业化发展；推动确立新能源产品价格形成机制。最后，健全优胜劣汰的市场化退出机制，完善企业破产制度，发挥市场在优胜劣汰中不可替代的积极作用。

5. 适时调整阻碍新兴产业发展的监管体制

首先，政府应站在战略性新兴产业发展的大局上，识别竞争性管制，对于那些传统产业利益代言者力图通过某些合法法规阻碍新兴产业创新的行为，应予以制止，确保新兴产业发展的零阻力。其次，政府应密切跟踪产业发展，在简政放权的大背景下，对于某些滞后的可能对新兴产业运营模式创新带来阻力的陈规旧制进行适当的清理，如可探索在传统交通管制框架下创新电动自行车的市场准入管制，在文化监管的前提下创新互联网电视盒的技术创新和产业应用。最后，跳出地方局部利益，通过一定的体制机制改革，取消地方保护主义性质的部分管制条例，确保战略性新兴产业发展能够在一个统一开发、公平有序的市场环境下进行。

31.3.3 推进国际化，创新生态，建立公平竞争环境

1. 提升战略性新兴产业企业的国际化水平

首先，搭建国际交流合作平台，鼓励企业拓展与国际先进地区合作的领域和范围。一是鼓励重点企业与国际先进企业共同开创全球标准，加快国内外优质资源的相互流动，促使新兴产业内的企业积极嵌入全球产业链。二是创新广泛的国际合作通道，鼓励企业、专家、科研机构、高校等创新主体“走出去”“引进来”，为多渠道、低成本引入国际先进技术创造灵活机制。例如，国家留学基金管理委员会等的各类奖学金，在人员派出中可偏向于与战略性新兴产业相关的专业，利于人才回国后的技术引进及技术研发合作；或者鼓励国内重点企业并购国外战略性新兴产业核心领域的企业。其次，积极拓展国际资源，帮助企业开拓国际市场。例如，通过友好城市、项目共建等多种形式，加强对外宣传，提升知名度；充分利用驻外使馆、国外华商会等资源，帮助企业获取商业信息和交易机会；依托“一带一路”战略，通过项目互换、公共项目支援等形式，支持战略性新兴产业领域重点企业签订国际订单。

2. 打造利于战略性新兴产业创新生态的第三方服务体系

战略性新兴产业培育与发展政策的制定应立足全产业链建设，需考虑相关配套产业、新兴产业与传统产业融合，新兴产业之间的技术交叉及产业融合，大力发展第三方机构，完善产业链，创建战略性新兴产业发展的创新生态。首先，发展第三方管理机构，加快培育建立第三方专业检验检测和认证机构，加强关键设备和产品的检验验证。例如，可在新一代信息技术产业探索以联盟作为第三方项目管理机构的创新机制。其次，培育和发展科技及服务中介机构。一方面，发展财务咨询、管理咨询、产业对接、介绍融资渠道等中介服务，培育科技创新服务业形成产业化和规模化；另一方面，引导提升科技中小型企业的科技中介服务需求。最后，构建战略性新兴产业创新发展的相关支撑平台，如建设可再生资源回收体系和废弃物逆向物流交易平台，以及再制造旧件回收、产品营销、溯源等信息化管理系统。

3. 创建利于商业模式创新的知识产权保护体系

首先，相关部门应保持对重点发展领域中关键技术知识产权的高度关注，鼓励新技术研发中的原始创新与集成创新，逐步形成自主知识产权体系；还可将部分专利保护与对外贸易政策相联系，将专利保护作为贸易谈判的非关税壁垒的重要一环。其次，营造鼓励冒险、容忍失败、尊重企业家及其创新成果和知识产权的文化氛围。再次，加强专利审查员的培训，加大普及知识产权法律制度，提高知识产权认证和执法水平，从而为技术创新创造良好的制度大环境。最后，积极推行商业模式创新知识产权保护制度，在我国知识产权强国战略框架下，加强服务创新的知识产权保护力度，且通过一定的评选机制，对商业模式创新的企业给予鉴定及宣传，发挥示范作用，推进商业模式专利保护工作。

4. 营造公平竞争的市场环境

营造有利于新兴产业公平竞争、高效率的市场环境：科学建立示范推广考核机制，完善产品技术标准体系；加强对中央培育战略性新兴产业的政策解读，指导地方制定适应性推广政策，避免地方保护主义、竞争性管制；在定价、标准制定、政府采购招标制度、准入门槛等方面兼顾各类企业的权益；修正部分不合理的通过行政手段实现的培育市场措施，采取多样化的经济手段。

31.4 创新多层次多元化的金融支撑环境

1. 构建立体式的战略性新兴产业资金扶持政策

首先，需要考虑财税扶持的阶段性和层次性。对于处于发展初期的战略性新兴产业，可以采取专项基金、税收优惠等财政支持政策；对于发展到一定程度的战略性新兴产业，考虑减少，甚至取消政府扶持，这需要设定政府资金扶持政策的退出点，匹配评估与退出机制。其次，强调多元化的投资渠道，通过政府的正确引导，撬动民间资本进入战略性新兴产业，打通民营资本投资新兴产业的通道。可行的方法有设立和发展产业公共引导基金，使用政府与民营资本的共同投资，一方面降低民营资本的投资风险，另一方面防止政府的“投资碎片化”。最后，政府应当提供良好的产业发展投资环境，设立明确的配套政策。例如，对民营资本投资，应明确股权，保障民间投资者的利益，营造公平自由的融资与投资环境，设立有效的科技风险投资的退出机制与渠道；对政府资本投资，应遵循“谁投资、谁负责”的原则，加强对国有资本投资回报率的监管。

2. 建立多层次担保体系

通过多层次担保体系，尤其是中小企业信用担保体系的建设，引导金融机构贷款向战略性新兴产业创新倾斜。发挥商业银行的主体作用，通过构建商业银行和政府、科技园区、科技小额贷款公司、创业投资公司等的合作机制，建立包括财政出资和社会资金投入在内的多层次担保体系；在市场准入、税收等方面提供必要的便利政策，鼓励民间投资，促进商业性担保机构的发展，建立中小企业互助担保基金，多渠道发展融资担保机构；加强对担保行业的监管和对担保市场风险的防范，降低信用担保的违约风险。

3. 加快多层次资本市场体系建设

进一步发展主板市场，完善新三板市场的法规体制，争取建立真正的创业板市场，发展场外交易市场，实现各级资本市场间的无缝连接。此外，在金融体系框架下加强技术产权交易市场建设，该类市场内交易的品种主要包括科技成果、技术外参股权、不希望在公开资本市场上市的和暂不满足证券市场公开上市条件的企业产权（股权）等。

4. 推进科技金融服务创新

加强科技、财政、税收、金融等政策的协调，实现科技创新与金融创新的相互促进，推动产业政策与金融政策更加紧密配合。进一步扩大专项产业基金的建立，在行业低谷时作为资本市场融资的补充，为新项目资本金提供保障，并鼓励政策性银行设立专项基金，引导商业性金融机构为中小企业战略性新兴产业项目提供融资服务。创新科技金融服务模式，为科技企业提供全周期、全方位、专业化、定制化投融资解决方案；探索并创新运用创业投资、风险分担、保费补贴、担保补助、贷款贴息等多种金融服务，如借鉴国内外比较成熟的信贷制度实践，建立针对企业新型商业模式推广试验期内的抵押担保贷款机制，通过合理运用金融衍生品来实现风险分散。

31.5 着力终端，加强配套设施建设，促进市场需求升级的拉动作用

1. 注重需求侧的政策支持

在战略性新兴产业的发展初期，部分产品与传统产业相比并不具有成本优势，政策支持方式应由拉动企业生产能力转变为拉动最终用户消费能力，通过培育、拓展战略性新兴产业的消费市场，以需求带动发展。加强对以最终用户为支点的市场拉动政策的设计，一方面可以在各个产业内建立有公信力的权威机构，进而建立相应产品认证体系，颁布权威的产品标准，并将达到标准的产品纳入引导公众消费的体系；另一方面通过价格补贴、消费税减免、消费券、消费贷款贴息等方式，补贴终端用户消费和购买达到标准的新兴产业产品，降低用户购置成本。直接补贴终端用户也可切实地令战略性新兴产业的成果惠及普通民众，保障民生需求。例如，对于可再生能源、节能灯具、电动汽车等，政府可提供相应的购买价格补贴、消费税减免、消费贷款贴息，将补贴对象由企业转变为最终用户，降低用户对民生产品的购置成本。

2. 完善支撑新兴产业需求的政府采购制度

完善政府强制采购和优先采购制度，在涉及国民经济安全的重要领域，制定强制应用自主创新产品的政策标准。采取多元化政府采购机制和模式，明确将信息、节能环保、生物、新能源、新材料、智能制造与装备等新兴领域的新型产品和新型服务模式纳入国家、地方政府采购目录清单。特别地，加快研究和制定政府采购协议（agreement of government procurement，GPA）下政府采购优先购买和必须购买国内产品的目录：对非 GPA 目录下的战略性新兴产业产品或服务，应明确必须购买本国产品；对 GPA 目录下的战略性新兴产业产品或服务，应优先购买本国产品。采购目录清单应该动态适时调整，如高端制造装备未实现国产化突破时，考虑到我国高端制造业的需求，应该允许，甚至鼓励进口高档机床，但当我们已经完成开发的高端机床需要市场支持时，仍然不改变这种鼓励政策，则变成对战略性新兴产业的一种阻力，此时应该适时变鼓励进口为限制进口，甚至在涉及军工的行业，必须采取信息安全的一票否定采购制度，以保障国防安全。

3. 扩大公共事业领域对新兴产业产品的需求

在交通、学校、医院、环卫等公共事业领域，通过政府的公共项目规划创造社会需求。可参照目前国外经验，实施战略性新兴产业重大工程建设，通过加强相关基础设施建设，培育战略性新兴产业的下游市场。例如，延续“十二五”期间的做法，在城市市区的环卫领域、大型社区和风景名胜区的公共交通领域推行电动汽车

或混合动力汽车；在学校、医院、公路等公共事业领域广泛推广使用LED照明产品等，扩大政府采购节能环保产品范围，推进北斗卫星导航系统在涉及国家经济和社会安全的重要领域普遍应用，促进节能环保、新能源等新兴产业的发展。在国家补助的医疗机构采购高端医疗器械时，可规定其必须购买国家科技攻关的新兴产业产品和服务。

4. 进一步完善重点行业和重点领域的应用示范政策

应用示范工程作为一种能够拉动市场需求的政策工具，得到了世界各主要国家政府部门的青睐。在我国，“十城千辆”“十城万盏”“金太阳”等应用示范工程的实施，有效地促进了新能源等战略性新兴产业的发展。接下来主要是针对前期执行反馈进一步完善示范政策，扩大应用示范工程在战略性新兴产业中的实施范围，加强对应用示范工程的监管力度，防范企业通过示范工程骗取财政补贴、地方政府过度保护本地企业等问题的出现。

5. 加快支撑战略性新兴产业产品消费的配套设施建设

加强战略性新兴产业基础设施建设的总体规划，加大资金投入，增加网点铺设，统筹基础设施建设和运营等，以满足用户需求的快速增长。加快国家宽带网络建设和设备产品的更新换代，更好地适应未来大数据、云计算时代的通信需求。尽快出台新能源汽车国家基础设施建设总体规划，制定充电设施设计和建设规范，推进标准化。支持探索具有商业可行性的充电设施建设和运营模式。鼓励多元化投资主体进入，加快充电服务网络等基础配套建设，建议国家对地方建设充电站、换电站、充电柱、充电桩及节能与新能源汽车维修服务网点等配套设施进行补贴。此外，还需考虑产业融合所需的配套设备、材料、标准、维护、软件、运营的基础设施建设。

审稿：薛　澜

方法篇

第 32 章

产业成熟度评价理论与方法介绍

王崑声　葛宏志　赵　滟　袁建华　胡良元　夏倩雯

【内容提要】本章在研究新兴产业发展成熟规律的基础上，结合产业经济学理论、管理决策方法和系统工程方法，提出了产业成熟度评价理论与方法。通过运用产业成熟度评价理论，以统一、规范、量化的方法评价技术、制造、产品、市场和产业的发展状态，综合集成得出产业发展状况的综合评价结果，并对产业方向在“十三五”期末（2020 年）的发展趋势进行预测，最终提出有针对性的培育与发展建议。在介绍评价理论及评价方法的基础上，以材料领域的锂离子电池及材料为例，对产业成熟度评价过程进行具体说明。产业成熟度是分析和评价产业发展状态的有效工具，具有重要的理论意义和实用价值。

32.1　产业成熟度概念与内涵

产业是提供相近商品和服务，在相同或相关价值链上活动的企业的集合[1]，是介于宏观经济与微观经济之间的中观经济[2]。“成熟”的本意，是指植物果实成长到可以收获的程度，后引申为事物的完善程度，是对一个人或事物发展、成长的综合性描述和度量[3]。产业成熟度（industry maturity levels，IML）是指产业发展的完善程度，是评价和度量产业从诞生到成熟发展过程的量化标准[4]。

产业的形成与发展遵从一定的演化规律。处于早期形成阶段的产业称为新兴产业，当新兴产业经过初始阶段和增长阶段，一直发展到成熟阶段时就被称为成熟的产业。剑桥大学技术管理中心通过对 25 个产业形成过程的分析，总结出了从科学发现到新兴产业形成的共性过程框架，其中描述了在新兴产业的形成过程中，科学（science）、技术（technology）、应用（application）与市场（market）等主导因素如何交替变迁，刻画出新兴产业演化的共性规律，也被称为新兴产业形成的 S-T-A-M 过程框架[5]，如图 32.1 所示。

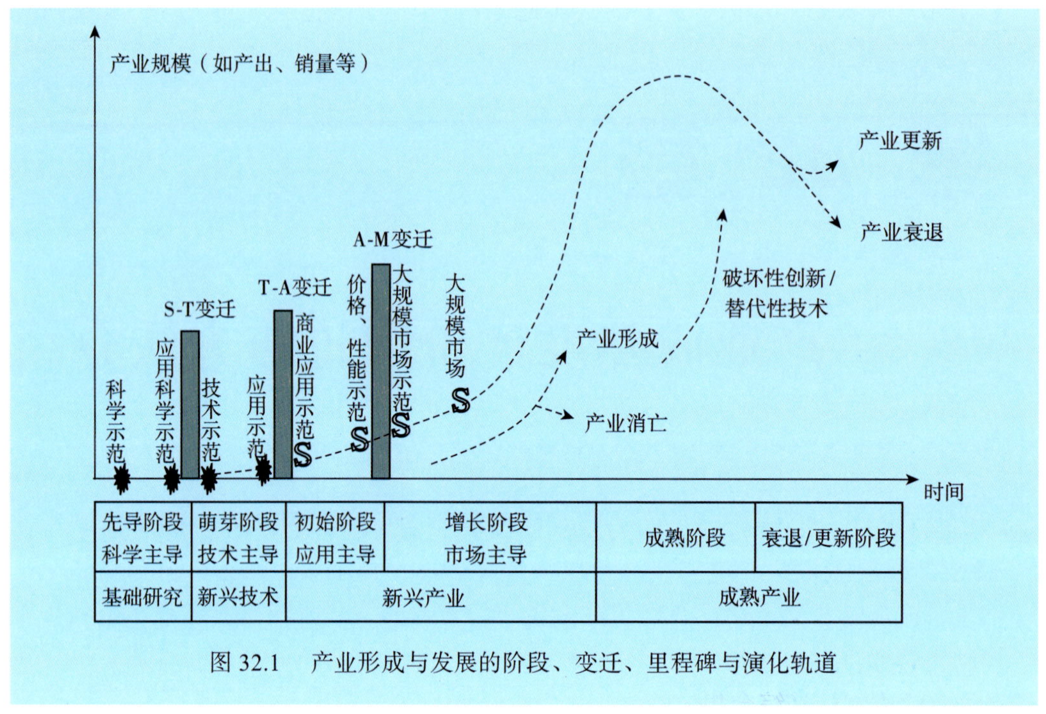

图 32.1　产业形成与发展的阶段、变迁、里程碑与演化轨道

根据以上关于产业演化的相关分析，笔者认为可以将产业的成熟过程看做由产品成熟逐步发展到市场成熟的过程。只有产品首先实现了稳定成熟的技术性能，才有可能创造出新的市场需求或是满足已有的市场需求，并最终实现产品的最大价值和产业的持续发展。因此，笔者将产业成熟度划分为四个阶段（等级）①，即萌芽阶段（IML 1）、培育阶段（IML 2）、发展阶段（IML 3）和成熟阶段（IML 4）[6]。

萌芽阶段：以技术研发为主导的产业萌芽阶段。该阶段的主要活动是开展技术的基础研究和研发，在此过程中产业发展所需的关键核心技术不断成熟，形成由科学到技术、由技术到应用的转移，形成可供市场推广应用的产品；这些处于研发中的技术拥有以往没有的功能和性能，具有十分巨大的潜在竞争力。

培育阶段：以技术应用为主导的产业培育阶段。该阶段开始的标志是产业的产品或服务取得了商业化应用示范的成功，且随着商业化应用的推广，产品或服务在性能、成本方面的优势得到了确认。

发展阶段：以市场为主导的产业快速发展阶段。该阶段开始的标志是大规模市场推广示范取得成功，产品或服务的销售量在一段时间内可以保持较高增长率；产品或服务的边际成本逐步降低，技术、商业模式和管理模式等更加成熟，产业平均利润率可观，吸引大量竞争者进入市场。

① 本章研究产业从萌芽到成熟的规律，不考虑之后的衰退过程。

成熟阶段：以产业链为主导的产业发展成熟阶段。该阶段标志着产业链基本形成，行业标准得到应用，产业链向着逐步完善的方向发展。随着产品或服务的供给接近饱和状态，销售量增长率逐步趋缓；产业内的企业之间进行大规模兼并重组，激烈的竞争不断挤压行业平均利润，产业集中度不断提高，领先企业脱颖而出。

32.2 产业成熟度评价方法

32.2.1 产业成熟度评价模型

基于产业成熟度概念与内涵，本节构建了产业成熟度评价模型，如图 32.2 所示。根据该评价模型，首先分别开展技术成熟度（technolgy readiness levels，TRL）和制造成熟度（manufacturing readiness levels，MRL）评价，并对两者的评价结果进行综合集成，得出产品成熟度（product readiness levels，PRL）；其次从市场规模、市场结构和市场潜力出发，对市场成熟度（market maturity levels，MML）进行评价；最后对产品成熟度和市场成熟度的评价结果进行综合集成，得到产业成熟度。在这个评价模型中，技术成熟度、制造成熟度和市场成熟度有明确的评价准则，产品成熟度和产业成熟度是综合集成的结果[7]。

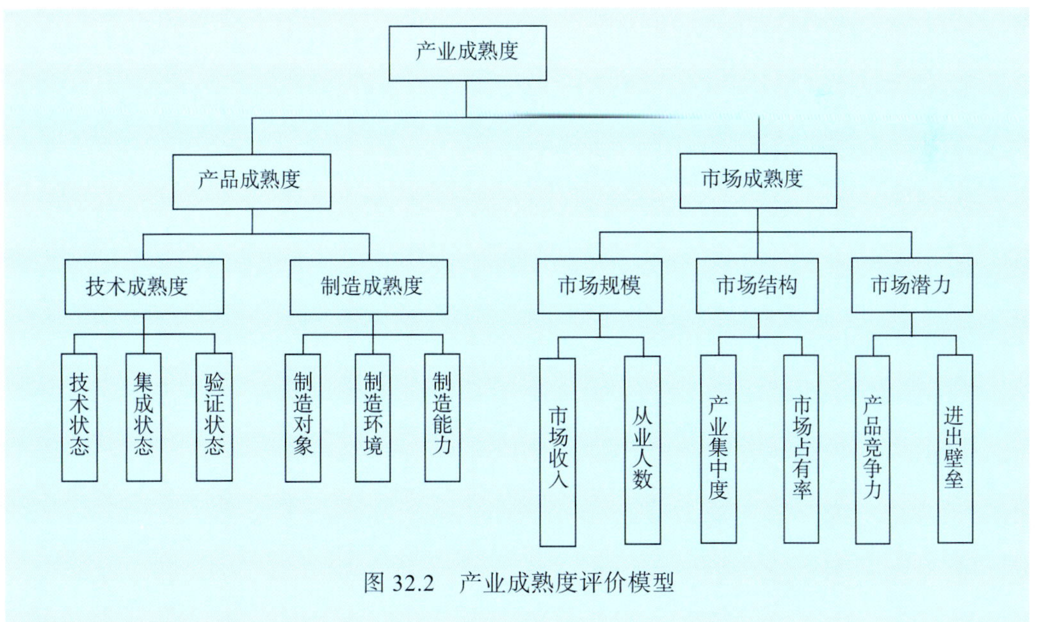

图 32.2 产业成熟度评价模型

32.2.2 技术成熟度评价准则

技术成熟度是指技术相对某个具体系统或项目所处的发展状态，它反映了技术对于项目预期目标的满足程度。技术成熟度等级是指对技术成熟程度进行度量和评测的一种标准，可用于特定技术的成熟度，以及判断不同技术对同一项目目标的满足程度[8]。

技术成熟度概念起源于美国国家航空航天局，后来美国国防部、欧洲太空局也分别制定了技术成熟度定义。图 32.2 的模型中使用的技术成熟度评价准则是在严格遵照国外技术成熟度基本定义的前提下，采用中国工程技术术语制定的客户化的技术成熟度定义。该评价准则将技术发展成熟过程划分为 9 个级别，其中 TRL 1 级最低，TRL 9 级最高，符合技术成熟过程循序渐进的发展规律，如表 32.1 所示。

表 32.1 技术成熟度评价准则

TRL	定义
1	观察到基本原理或看到基本原理的报道
2	提出将基本原理应用于系统中的设想
3	关键功能和特性通过可行性验证
4	原理样机通过实验室环境验证
5	演示样机通过模拟使用环境验证
6	分系统或系统级原型样机通过模拟使用环境验证
7	系统级工程样机通过典型使用环境验证
8	系统级产品通过测试和鉴定试验
9	系统级产品通过成功执行任务得到验证

32.2.3 制造成熟度评价准则

制造成熟度用来表示关键制造能力的成熟程度，它量化反映了技术转化为产品或系统过程中制造能力对生产目标的满足程度[9]。在产品研制过程中开展制造成熟度评价，可实现对产品研制生产过程的优化管理与控制，降低制造风险，提升产品的制造能力，缩短生产周期、有效控制成本[7]。

制造成熟度由美国国防部研究提出。2003 年，美国国防部发布制造成熟度等级定义；2010 年，美国国防部发布《制造成熟度手册》正式版[10]。制造成熟度划分为 10 个等级，涵盖了从提出制造概念到形成批量生产和精益化生产能力的全过程，体现了从研制到生产的一般发展过程，其中 MRL 1 级最低，MRL 10 级最高[6]。美国国防部对制造成熟度的各级定义见表 32.2。

表 32.2 美国国防部对制造成熟度的各级定义

MRL	定义
1	识别出制造的基本内涵（确定制造内涵）
2	识别出制造的概念（确定制造方案）
3	制造方案的可行性得到验证
4	具备在实验室环境下制造技术原理样件的能力

续表

MRL	定义
5	具备在相关生产环境下制造原型部件的能力
6	具备在相关生产环境下制造原型系统或分系统的能力
7	具备在典型生产环境下制造系统、分系统或部件的能力
8	试生产线能力得到验证，准备开始低速率生产
9	低速率生产能力得到验证，准备开始全速率生产
10	全速率生产得到验证，转向精益化生产

32.2.4 市场成熟度评价准则

市场成熟度是用来表示新兴商品或服务市场的成熟程度，它量化反映了新兴商品或服务被市场接纳的程度。市场成熟度的主要属性有市场规模、市场结构及市场潜力，这些属性是反映市场成熟状况的显性指标[11]。

1）市场规模

市场规模，即商品市场的量，包括市场收入、从业人数。

市场收入：由产品或服务销售所带来的收益。

从业人数：新兴技术研发、生产与销售等环节的人员数量。

2）市场结构

市场结构是指市场内现有的卖方之间、买方之间、买卖双方，以及正在进入或可能进入该市场的买卖双方之间的关系，包括产业集中度、市场占有率。

产业集中度：对特定产业而言的集中度，销售产品（或服务）的企业垄断程度，衡量产业竞争性和垄断性的重要指标。

市场占有率：新产品在市场同类产品中所占的比重。

3）市场潜力

市场潜力是指市场发展的潜在生命力。主要体现在产品竞争力和进出壁垒两个方面。

产品竞争力：突破性的技术使产品本身符合市场需求，且技术及产品性能方面具有竞争优势。

进出壁垒：进入市场或退出市场的障碍。

市场成熟度评价准则见表32.3。

表 32.3 市场成熟度评价准则

市场成熟属性		MML 1	MML 2	MML 3
市场规模	市场收入	前期投入大，市场收入规模低	收入规模增加，实现盈利	收入和利润规模稳定
	从业人数	以研发人员为主，但生产和销售人员开始增加	以生产和销售人员为主，生产销售人员大幅增加	从业人员数量和结构趋于稳定

续表

市场成熟属性		MML 1	MML 2	MML 3
市场结构	产业集中度	产品处于导入阶段，产品生产销售只集中在少数企业	从事产品生产销售的企业数量大幅增加，产业集中度较低	产业经过并购整合调整，形成了以少数规模大实力强的企业为龙头的完整的产业链
	市场占有率	产品商业应用示范，占有率较低	大规模商业化应用，占有率快速增长	市场供需平衡，占有率高且趋于平稳
市场潜力	产品竞争力	产品预期具有较强的竞争力	产品竞争力优势显现	产品竞争力优势明显
	进出壁垒	少数企业掌握核心技术，技术壁垒高	核心技术大规模应用，技术壁垒降低	产业规模经济效应显现，进入壁垒高

32.2.5 产业成熟度综合集成

1. 产品成熟度综合集成

产品是向市场提供的能够满足用户需求的物品或服务。从工程角度讲，产品是一项研发与制造过程的结果[12]。产品成熟度是从技术研发、制造两方面来集成评价产品的量化方法，它反映了产品满足应用目标的程度。产品研发过程划分为五个不同的阶段，从概念层面的虚拟产品到精益化的市场产品，每个阶段表示产品成熟的不同状态[6]。产品成熟度综合集成见表 32.4。

表 32.4 产品成熟度综合集成

产品成熟度		技术成熟度	制造成熟度
PRL 1	概念产品	TRL 1	MRL 1
		TRL 2	MRL 2
		TRL 3	MRL 3
PRL 2	实验室产品	TRL 4	MRL 4
		TRL 5	MRL 5
		TRL 6	MRL 6
PRL 3	工程化产品	TRL 7	MRL 7
			MRL 8
PRL 4	小批量市场化产品	TRL 8	MRL 9
PRL 5	大批量精益化市场产品或高质量细分市场产品	TRL 9	MRL 10

2. 产业成熟度综合集成

产业成熟度评价结果反映了产品和市场的成熟度情况，是二者综合集成的结果。产业从萌芽到发展成熟的过程划分为四个阶段（等级），分别是萌芽阶段、培育阶段、发展阶段和成熟阶段。技术、制造、产品、市场及产业的综合集成关系，即产业成熟度综合集成，如表 32.5 所示。

<table>
<caption>表 32.5　产业成熟度综合集成</caption>
<tr><th>技术成熟度</th><th>制造成熟度</th><th>产品成熟度</th><th>市场成熟度</th><th colspan="2">产业成熟度</th></tr>
<tr><td>TRL 1</td><td>MRL 1</td><td rowspan="3">PRL 1</td><td rowspan="6">MML 1</td><td rowspan="6">IML 1</td><td rowspan="6">萌芽阶段</td></tr>
<tr><td>TRL 2</td><td>MRL 2</td></tr>
<tr><td>TRL 3</td><td>MRL 3</td></tr>
<tr><td>TRL 4</td><td>MRL 4</td><td rowspan="3">PRL 2</td></tr>
<tr><td>TRL 5</td><td>MRL 5</td></tr>
<tr><td>TRL 6</td><td>MRL 6</td></tr>
<tr><td rowspan="2">TRL 7</td><td>MRL 7</td><td rowspan="2">PRL 3</td><td>MML 2</td><td rowspan="2">IML 2</td><td rowspan="2">培育阶段</td></tr>
<tr><td>MRL 8</td><td>MML 3</td></tr>
<tr><td>TRL 8</td><td>MRL 9</td><td>PRL 4</td><td>MML 4</td><td>IML 3</td><td>发展阶段</td></tr>
<tr><td>TRL 9</td><td>MRL10</td><td>PRL 5</td><td>MML 5</td><td>IML 4</td><td>成熟阶段</td></tr>
</table>

32.2.6　产业成熟度评价信息表

产业成熟度评价信息表是收集评价数据和开展评价的载体。该信息表采集技术、制造和市场三个方面当前发展状态的信息，并对照评价准则开展技术、制造和市场成熟度评价，为进一步综合集成出产业成熟度的结果提供数据，见表 32.6。

<table>
<caption>表 32.6　产业成熟度评价信息表</caption>
<tr><td colspan="2">重点产业方向名称</td><td colspan="2"></td></tr>
<tr><td colspan="2">重大突破性技术名称</td><td colspan="2"></td></tr>
<tr><td colspan="2">所属产业领域</td><td colspan="2">□节能环保　□新一代信息技术　□生物　□高端装备制造
□新能源　□新材料　□节能与新能源汽车</td></tr>
<tr><td colspan="2">重点产业发展方向简介</td><td colspan="2">简要说明该重点产业发展方向的内涵和发展现状。其中，内涵重点说明该产业发展方向的核心产品及其相关的重大突破性技术；发展现状重点说明目前该产业发展方向的整体发展水平（400 字左右）</td></tr>
<tr><td rowspan="2">技术成熟度评价</td><td>重大突破性技术的技术现状</td><td colspan="2">作为技术成熟度评价依据，简要说明该重大突破性技术的技术现状，包括该项技术研制的技术产品、达到的功能和性能指标，以及试验验证的环境等（200 字左右）</td></tr>
<tr><td>当前技术成熟度级别</td><td colspan="2">根据技术成熟度评价参考准则，评价该项重大突破性技术的技术成熟度级别（1～9 级）TRL__</td></tr>
<tr><td rowspan="2">制造成熟度评价</td><td>重大突破性技术的制造现状</td><td colspan="2">作为制造成熟度评价依据，简要说明该重大突破性技术的制造现状，包括已经形成的产品状况、已实现的制造能力、制造环境等（200 字左右）</td></tr>
<tr><td>当前制造成熟度级别</td><td colspan="2">根据制造成熟度评价参考准则，评价该项重大突破性技术的制造成熟度级别（1～10 级）MRL__</td></tr>
<tr><td rowspan="4">市场成熟度评价</td><td>市场现状</td><td colspan="2">简要说明该重大突破性技术所形成产品的市场现状，包括市场规模、市场结构、市场潜力等（200 字左右）</td></tr>
<tr><td rowspan="2">市场规模</td><td>市场收入</td><td>□前期投入大，市场收入规模低（MML 1）
□收入规模增加，实现盈利（MML 2）
□收入和利润规模稳定（MML 3）</td></tr>
<tr><td>从业人员</td><td>□以研发人员为主，但生产和销售人员开始增加（MML 1）
□以生产和销售人员为主，生产销售人员大幅增加（MML 2）
□从业人员数量和结构趋于稳定（MML 3）</td></tr>
<tr><td>市场结构</td><td>产业集中度</td><td>□产品处于导入阶段，产品生产销售只集中在少数企业（MML 1）
□从事产品生产销售的企业数量大幅增加，产业集中度较低（MML 2）
□产业经过并购整合调整，形成了以少数规模大实力强的企业为龙头的完整的产业链（MML 3）</td></tr>
</table>

续表

重点产业方向名称			
市场成熟度评价	市场结构	市场占有率	□产品商业应用示范，占有率较低（MML 1） □大规模商业化应用，占有率快速增长（MML 2） □市场供需平衡，占有率高且趋于平稳（MML 3）
	市场潜力	产品竞争力	□产品预期具有较强的竞争力（MML 1） □产品竞争力优势显现（MML 2） □产品竞争力优势明显（MML 3）
		进出壁垒	□少数企业掌握核心技术，技术壁垒高（MML 1） □核心技术大规模应用，技术壁垒降低（MML 2） □产业规模经济效应显现，进入壁垒高（MML 3）
时序预测/年	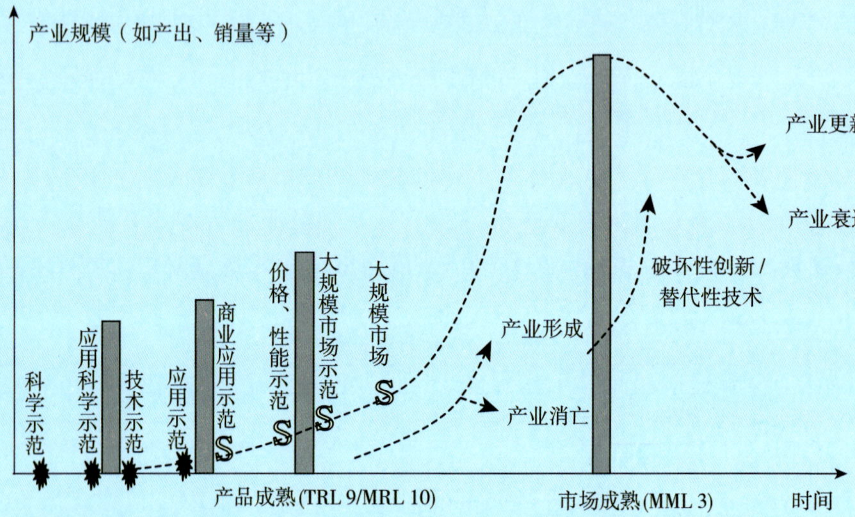 产业规模（如产出、销量等） 产业更新 产业衰退 破坏性创新/替代性技术 产业形成 产业消亡 科学示范 应用科学示范 技术示范 应用示范 商业应用示范 价格、性能示范 大规模市场示范 大规模市场 产品成熟(TRL 9/MRL 10) 市场成熟(MML 3) 时间 1. 请预测“十三五”期末（2020 年）技术、制造、市场的成熟等级 技术成熟度（TRL 1～9）：______ 制造成熟度（MRL 1～10）：______ 市场成熟度（MML 1～3）：______ 2. 请预测技术、制造、市场完全成熟的时间点 技术完全成熟（TRL 9）：______年 制造完全成熟（MRL 10）：______年 市场完全成熟（MML 3）：______年			
培育与发展建议	针对技术到产业发展的各个层面，提出有益于自身发展的培育与发展建议（200 字左右）		
填报单位			
填报人		联系电话	

32.3 产业成熟度评价组织结构与评价工作流程

32.3.1 评价组织结构

建立合理的评价组织结构是顺利实施产业成熟度评价工作的组织保障，产业成

熟度评价工作的行为主体一般包括评价方、领域专家、第三方评审专家组、产业成熟度评价支撑人员。

（1）评价方是指被授权开展评价工作的管理部门或机构。

（2）领域专家是指各领域（突破性技术为基础的）产业方向的专家或指定的对该产业方向熟悉的专家。

（3）第三方评审专家组，由来自研究机构、大学、企业、行业管理机构等熟悉相关领域技术、制造、市场和产业的专家组成。

（4）产业成熟度评价支撑人员是指产业成熟度评价方法研究与应用人员，支撑领域组专家和评审专家开展工作。

32.3.2 产业成熟度评价工作流程

产业成熟度评价过程分为两个阶段：第一阶段，领域自评价阶段；第二阶段，综合评价阶段，如图 32.3 所示。

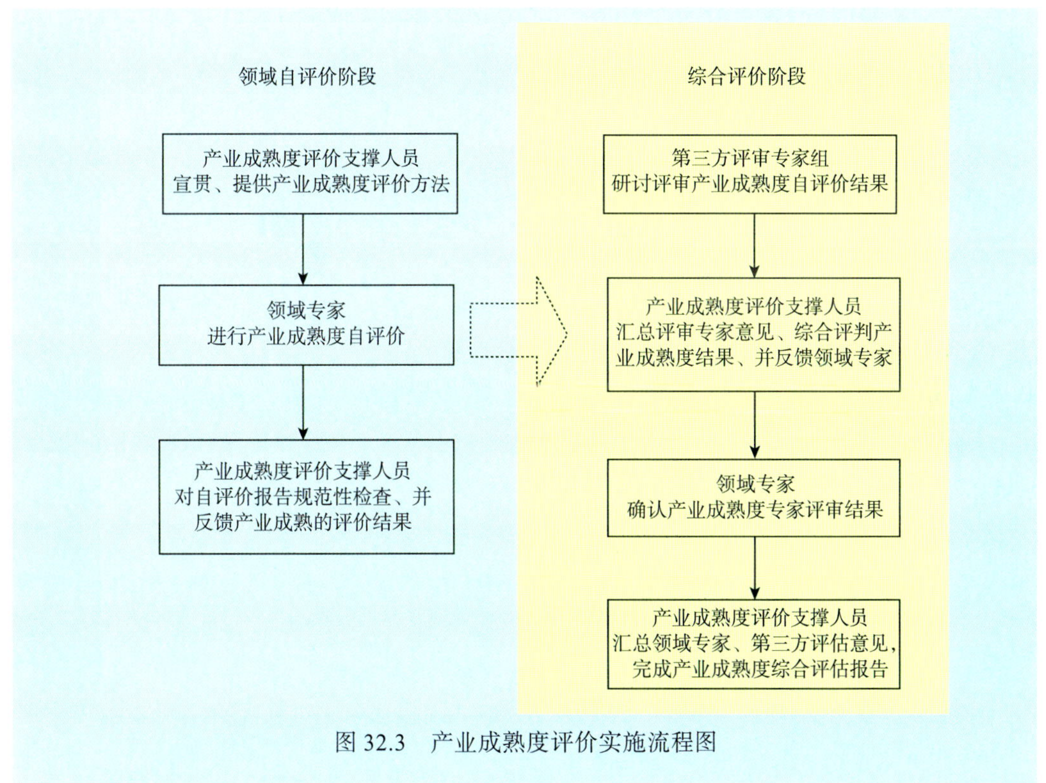

图 32.3 产业成熟度评价实施流程图

领域自评价阶段，由领域专家和产业成熟度评价支撑人员协同工作，其分工如下。

（1）领域专家确定待评价的重点产业方向。

（2）领域专家和产业成熟度评价支撑人员召开产业成熟度评价方法交流会，产业成熟度评价支撑人员宣贯产业成熟度评价方法。

（3）领域专家按照“产业成熟度评价信息表”分析技术、制造和市场现状信息，开展成熟度评价，完成时序预测；产业成熟度评价支撑人员协助完成自评价初报告。

（4）产业成熟度评价支撑人员对自评价报告进行规范性检查，并基于技术、制造和市场成熟度自评价结果，完成产业成熟度评价，向领域专家反馈。

（5）领域专家确认产业成熟度反馈意见，完善自评价报告。

综合评价阶段，由第三方评审专家组、领域专家和产业成熟度评价支撑人员协同工作，其分工如下。

（1）评价方确定第三方评审专家组人员构成。

（2）评价方组织召开评审会，第三方评审专家组评审产业成熟度自评价报告。

（3）产业成熟度评价支撑人员汇总评审专家组意见，更新产业成熟度评价结果，并反馈领域专家。

（4）领域专家确认第三方评审专家组意见，完善自评价报告。

（5）产业成熟度评价支撑人员根据评审意见和领域专家的修改意见，最终完成产业成熟度评价咨询报告。

32.4 锂离子电池及材料产业成熟度评价案例

新材料产业是《“十二五”国家战略性新兴产业发展规划》中提出需要培育和发展的战略性新兴产业之一，本节以新材料产业中具有代表性的“锂离子电池及材料”产业方向为例，运用产业成熟度方法评价产业方向当前所处阶段，预测“十三五”的发展状态，明确产业方向发展重点。并针对评估中反映的制约产业方向发展的因素，提出具体建议，为国家发改委进一步制定“十三五”规划提供支撑。

32.4.1 产业成熟度评价

首先，由“锂离子电池及材料”相关领域专家对照技术成熟度、制造成熟度和市场成熟度的评价准则，填写产业成熟度评价信息表，见表32.7。

表 32.7 锂离子电池及材料产业成熟度评价信息表

重点产业方向名称	锂离子电池及材料产业
重大突破性技术名称	高性能、高安全性锂离子动力电池的制造
所属产业领域	□节能环保 □新一代信息技术 □生物 □高端装备制造 □新能源 ■新材料 □节能与新能源汽车
重点产业发展方向简介	锂离子电池作为新一代的动力电池得到了广泛的关注。影响锂离子电池比能量的主要因素是电极材料的性能，目前锂离子动力电池多采用磷酸铁锂或三元材料为正极材料，石墨为负极材料。这些体系的锂离子电池装备的电动汽车续驶里程为100～200千米，不及传统汽油车的1/3。当前，需重点发展方向： 1. 突破锂离子动力电池用新一代高比容（≥155毫安时/克）的磷酸盐系、三元系（≥165毫安时/克）正极材料等关键材料的产业化工艺与装备技术，进一步提升材料性能和寿命，提高可靠性和稳定性，降低成本 2. 突破高比容量、高电压类正极材料和硅基复合负极材料的关键技术，开发高安全性电解质和隔膜材料，形成高比能锂离子动力电池的材料体系

续表

重点产业方向名称			锂离子电池及材料产业
技术成熟度评价	重大突破性技术的技术现状		目前，我国锂离子电池用四大关键材料国产化技术水平不断提高，然而，锂离子电池制造技术和电池成组技术还需提升，目前产品一致性较差，电池成组技术落后，制造设备主要依靠进口。更重要的是，锂离子电池关键材料制造技术往往由国外公司掌握核心专利，对我国产业发展造成了一定的威胁
	当前技术成熟度级别		根据技术成熟度评价参考准则（参见表 32.1），评价该项重大突破性技术的技术成熟度级别（1 ～ 9 级）TRL 8
制造成熟度评价	重大突破性技术的制造现状		锂离子电池四大关键材料国产化比例不断提高。2013 年，我国锂离子电池正极材料产量 4.5 万吨，同比增长 25%，形成了以京津地区、华中地区和华南地区为三大聚集地的锂电正极材料产业集群，并分别以北京、天津、湖南、广东为发展中心；负极材料产量 3.5 万吨，同比增长 20%；电解液产量 2.9 万吨，同比增长 20%；隔膜产量 2.65 亿平方米。然而，锂离子电池制造技术还需提升，目前产品一致性较差，从而造成电池成组技术落后，使电池组的循环寿命不能满足要求。并且，先进制造设备主要依靠进口
	当前制造成熟度级别		根据制造成熟度评价参考准则（参见表 32.2），评价该项重大突破性技术的制造成熟度级别（1 ～ 10 级）MRL 8
市场成熟度评价	市场现状		2013 年，我国锂离子电池的产业规模持续扩大，总产量达 337 亿瓦时，同比增长 14%；销售收入超过 650 亿元，同比增长 5%。其中，动力型锂离子电池市场增长 30%，销售收入达 40 亿元。在全球锂离子电池及其材料市场的带动下，我国锂离子电池及其材料销量也有较大的增长，且超过了全球增幅，在国际市场所占的比重有所提高，从 2012 年的 26.9% 上升至 2013 年的 30%。然而国内锂离子电池尚未能实现自给自足
	市场规模	市场收入	□前期投入大，市场收入规模低（MML 1） ■收入规模增加，实现盈利（MML 2） □收入和利润规模稳定（MML 3）
		从业人员	■以研发人员为主，但生产和销售人员开始增加（MML 1） □以生产和销售人员为主，生产销售人员大幅增加（MML 2） □从业人员数量和结构趋于稳定（MML 3）
	市场结构	产业集中度	□产品处于导入阶段，产品生产销售只集中在少数企业（MML 1） ■从事产品生产销售的企业数量大幅增加，产业集中度较低（MML 2） □产业经过并购整合调整，形成了以少数规模大实力强的企业为龙头的完整的产业链（MML 3）
		市场占有率	□产品商业应用示范，占有率较低（MML 1） ■大规模商业化应用，占有率快速增长（MML 2） □市场供需平衡，占有率高且趋于平稳（MML 3）
	市场潜力	产品竞争力	□产品预期具有较强的竞争力（MML 1） □产品竞争力优势显现（MML 2） ■产品竞争力优势明显（MML 3）
		进出壁垒	■少数企业掌握核心技术，技术壁垒高（MML 1） □核心技术大规模应用，技术壁垒降低（MML 2） □产业规模经济效应显现，进入壁垒高（MML 3）
时序预测 / 年			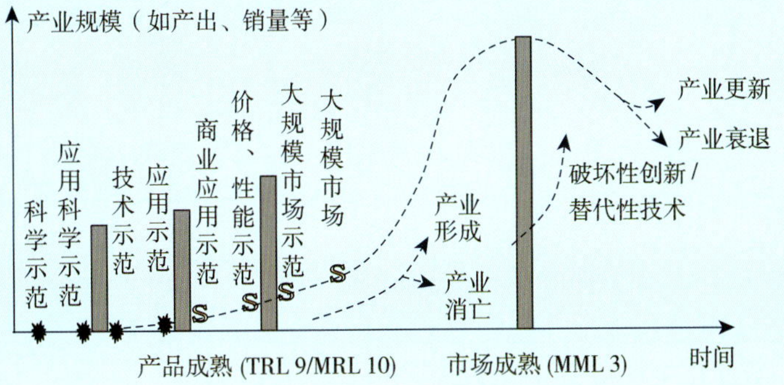 产业规模（如产出、销量等） 科学示范 应用科学示范 技术示范 应用示范 商业应用示范 价格、性能示范 大规模市场示范 大规模市场 产业形成 产业消亡 产业更新 产业衰退 破坏性创新 / 替代性技术 产品成熟 (TRL 9/MRL 10) 市场成熟 (MML 3) 时间

续表

重点产业方向名称	锂离子电池及材料产业
时序预测 / 年	1. 请预测“十三五”期末（2020 年）技术、制造、市场的成熟等级 技术成熟度（TRL 1 ～ 9）：___9___ 制造成熟度（MRL 1 ～ 10）：___10___ 市场成熟度（MML 1 ～ 3）：___3___ 2. 请预测技术、制造、市场完全成熟的时间点 技术完全成熟（TRL 9）：___5___年 制造完全成熟（MRL 10）：___10___年 市场完全成熟（MML 3）：___10___年
培育与发展建议	1. 加快建设锂离子动力电池及其关键材料产业体系，加强国家级研发机构、检测与评价机构的建设，培育大型企业，提高自主创新能力，支撑产业发展 2. 加大科技投人，加快关键核心技术和前沿技术的研发。引导政府、社会资源和高校、科研机构加大科技投人，产学研相结合，提升产业技术水平 3. 加强产业规划与协调，把锂离子电池产业放在优先发展的位置；完善国家标准、技术规范及行业准入政策 4. 实施专业人才培养战略，加大创新型人才的培养力度，鼓励引进海外工程技术人才 5. 开展广泛的国际合作。加强引进技术的消化吸收与再创新，加强材料的国产化

其次，由评价支撑人员根据自评价结果进行综合集成，得出产业成熟度评价结果，见表 32.8。

表 32.8　产业成熟度评价结果

评价结果产业方向	锂离子电池及材料产业
技术成熟度级别	TRL8
制造成熟度级别	MRL8
市场成熟度级别	MML2
产业成熟度级别	IML2

32.4.2　基于产业成熟度的产业发展预测

通过分析“锂离子电池及材料”方向的产业成熟度评价结果，预测了“十三五”期末（2020 年）其产业发展状态，完全成熟所需的时间（年）和产业规模等，具体结果见表 32.9。

表 32.9　锂离子电池及材料产业成熟度预测结果

产业发展方向	锂离子电池及材料
“十三五”期末（2020 年）产业成熟度预测	产业成熟度：IML 4
产业完全成熟所需时间 / 年	产业完全成熟：10 年
产业当前所处阶段	培育阶段
“十三五”产业方向的产业及其规模增长预测	产业增幅：两个级别
	产业预期规模：100 亿～ 200 亿千瓦时动力电池及配套材料，100 亿～ 300 亿元产值

锂离子电池及材料产业方向是“十三五”时期产业成熟度提高两个级别，从发展阶段跨越到成熟阶段，达到 IML 4，完全成熟需要十年。到 2020 年产业规模预期 100 亿～ 200 亿千瓦时动力电池及配套材料，年均有 100 亿～ 300 亿元产值。

32.4.3 “十三五”培育与发展建议

通过产业成熟度评价，明确了当前“锂离子电池及材料”方向的技术、制造、产品、市场和产业发展阶段、未来发展过程中亟须解决的主要问题、制约其发展的微观或宏观主要因素，进而为该产业方向“量身定做”以下五点培育与发展建议，能够为领域专家和管理机关做出决策提供有参考价值的依据。

（1）加快建设锂离子动力电池及其关键材料产业体系，加强国家级研发机构、检测与评价机构的建设，培育大型企业，提高自主创新能力，支撑产业发展。

（2）加大科技投入，加快关键核心技术和前沿技术的研发。引导政府、社会资源和高校、科研机构加大科技投入，产学研相结合，提升产业技术水平。

（3）加强产业规划与协调，把锂离子电池产业放在优先发展的位置；完善国家标准、技术规范及行业准入政策。

（4）实施专业人才培养战略，加大创新型人才的培养力度，鼓励引进海外工程技术人才。

（5）开展广泛的国际合作。加强引进技术的消化吸收与再创新，加强材料的国产化。

参考文献

[1] 杨公朴 . 产业经济学 . 上海：复旦大学出版社，2009.

[2] 苏东水 . 产业经济学 . 北京：高等教育出版社，2010.

[3] 朱航 . 中国保险市场成熟度指数研究 . 保险研究，2013，（6）：35-42.

[4] 葛宏志 . 中国航天战略性新兴产业重要发展方向评价方法研究 . 中国航天系统科学与工程研究院，2013.

[5] Phaal R，O' Sullivan E， Routley M，et al. A framework for mapping industrial emergence. Technology Forecasting & Social Change，2011，78：217-230.

[6] 包鸣宇 . 我国节能服务业的产业成熟度分析 . 华东电力，2012，10（40）：1705-1708.

[7] 王礼恒，等 . 战略性新兴产业培育与发展战略研究综合报告 . 北京：科学出版社，2015.

[8] 吴燕生，王崑声，许胜 . 技术成熟度及其评价方法 . 北京：国防工业出版社，2012.

[9] Bilbro J. Status of the development of an International Standards Organization（ISO）definition of the technology readiness levels（TRL）and their criteria of assessment. JB Consulting International，USA，2011.

[10] U.S. Department of Defense. Manufacturing readiness level（MRL）deskbook，2010.

[11] 高红阳 . 外在技术预见与国家科技发展战略研究 . 吉林大学博士学位论文，2005.

[12] 袁家军 . 航天产品工程 . 北京：中国宇航出版社，2011.

附录1　中英先进制造业研讨会概要介绍

魏　峰

21世纪以来，全球范围内出现了两个具有重大影响力的动向，一是金融和经济危机，二是新的技术和产业革命。如果前者意味着挑战，则后者便意味着机遇。先进制造业是制造业体系中的高端环节，是生产高品质、高附加值产品的基础，也是经济结构调整、产业转型升级的重要支撑。在成功举办了两届学术研讨会的基础上，由中国工程院和英国皇家工程院联合举办的“中英先进制造业学术研讨会”于2015年3月2日至3月6日在北京隆重召开，来自中英两国政府部门、行业协会、科研机构及相关企业等各方面人士，共同探讨先进制造业的发展趋势，推动两国先进制造业领域深层次的合作，协同面对新一轮产业变革的到来。

一、先进制造业的发展现状和未来愿景

（一）先进制造业的发展现状

21世纪以来，以信息网络、智能制造、新能源和新材料为代表的新一轮技术创新浪潮推动整个制造业的升级进程。世界各国纷纷实施各种措施促进传统制造业向先进制造业转型升级，以提高本国产业的国际竞争力。先进制造业是传统制造业不断吸收并融合信息、计算机、机械、材料等方面的高新技术成果，同时将这些技术综合应用于制造业的产品研发设计、生产制造、在线检测、营销服务和管理的全过程，实现信息化、网络化、智能化、柔性化、绿色化生产，取得更好的经济社会和市场效果的制造业的总称。

先进制造业大致可以分为两个部分：一是传统制造业在吸纳、融入其他高新技术尤其是新一代信息技术的基础上提升为先进制造业，如数控机床、电力装备、航天装备、航空装备等；二是新兴技术成果产业化后形成的带有基础性和引领性的新产业，如增材制造、生物制造、微纳制造等。

（二）先进制造业发展的未来愿景

1. 中国制造2025

中国工程院院士柳百成介绍了当时正在规划中的《中国制造 2025》。目前中国的制造业大而不强，作为国家工程科技领域的最高智库，中国工程院自 2013 年年初开始了“制造强国战略研究”咨询项目，2014 年年初提出了启动《中国制造 2025》纲领性文件的建议，获得了国务院的赞同，并由工信部负责正式制定。

中国制造业目前面临很多问题。首先，缺乏创新能力、核心制造技术薄弱、污染和浪费严重。其次，中国又面临很多新挑战和机遇，包括发达国家纷纷启动再工业化战略，以及大数据、新材料、新能源、生物技术的兴起和应用。针对这些问题，工信部主持起草的《中国制造 2025》提出了五次指导思想，即驱动创新、质量为先、绿色发展、结构优化、人才为本。基于这些原则，进一步制定了相应的战略任务和重点：加强国家制造创新能力；强化工业基础能力；加强质量品牌建设；全面推行绿色制造；大力推动重点领域的突破；积极发展现代生产性服务业；深入推进制造业产业结构调整，提高创新能力。

2. 英国制造业预见研究的重要发现和应用

作为剑桥大学制造工程学院的负责人，Michael Gregory 教授是英国政府制造业分析研究组的成员，其所在的小组开展了未来先进制造业的预见研究。

目前英国制造业呈现更积极的贴近消费者的趋势。消费者可以根据个人喜好定制物品，出现了个性化生产的特征。为了实现科研成果向生产转化，英国计划建立技术成果知识转化中心，成为连接科研机构及制造业企业的桥梁。英国非常重视制造业中的服务价值，很多大公司都在销售产品的同时提供有偿服务。

人才培养至关重要。英国拥有大量科研机构和高产出智力资源，十分重视优秀技能工人的培训，以及多领域知识融合人才的培养，并希望吸引优秀青年参与到制造业的发展中，通过制造业的转型，带动金融和其他行业的发展。

Michael Gregory 教授认为将产品和服务结合起来非常重要，希望通过销售服务更好地进行高附加值生产。

3. 英国制造业预见研究的原理和过程

Steve Evans 教授来自剑桥大学工业可持续中心，从事制造项目的前景研究。他是英国政府制造业报告的联合撰稿人，为政府未来决策做出前瞻性的智力支撑，同时也帮助企业发展。英国政府官员关注如何利用创造实现价值，如何区别制造产品和创造价值，如何合理计算经济附加值，如何产生最大的经济附加值，并希望惠及产品与技术使用者和技术方。

Steve Evans 教授及其他撰稿人的报告以价值导向为分析基础，在预测前景的研究过程中考虑人的健康，未来城市面貌等制造业一直需要面对的问题。他们共同搜集证据，分析数据，花费两年时间进行研究得出结论，并撰写报告指导制造业发展。他们来自不同领域、部门和具有政策影响力的组织，并跟很多国家合作。Steve Evans 教授希望将这些信息传递给政策制定者，并不断提醒他们关注在制造业发展过程中的几支主要力量。

Steve Evans 教授强调，政策和技术是整个产业变革的重要力量，需要深刻理解新型制造业的内涵，从而制定更合适的政策。

二．中英智能制造领域进展

（一）中国工业互联网和数字化制造

中国工程院邬贺铨院士回顾了互联网的发展历程。随着云计算、大数据、物联网等新一代信息技术的发展，互联网应用从最初的学术研究和面向消费者开始转为面向产业。

为了应对新的变革，德国提出“工业 4.0”概念，旨在在企业内部实现生产环节垂直的集成，在产品全生命周期价值链上下游企业之间实现合作水平的集成，以及从供应链到客户端的集成。美国通用、电话电报公司、思科、IBM 等产业巨头发起成立了工业互联网联盟，更强调软件、物联网和大数据的作用，利用智能机器、先进的分析工具和人机接口，通过互联网实现工业生产过程中计算、通信和控制的结合。

国外有企业家认为，“未来产品的价值会有三大变化趋势，一是产品的价值可以从硬件转到软件，二是网络连接的价值会转到云端，三是企业和商业模式的价值会从产品转到服务”。报告以一些例子说明大数据在制造领域的应用，数字化技术实现了个性化定制和制造，以及线上和线下的结合。此外，数字化制造为互联网公司跨界进入传统制造业生产环节提供了很好的切入点。

邬院士认为产业互联网对于正处在发展方式转变的中国是难得的机遇，企业的核心价值和发展战略需要进行重新思考和调整来迎接新时代。

（二）英国智能制造

来自诺丁汉大学先进制造研究所的 Svetan Ratchev 教授重点讨论了英国智能制造的发展趋势。近年来英国制造业正在发生快速变化，因此有必要提高能源和资源的使用效率，并缩短产品从工厂到市场的时间，提高制造的灵活性，提供个性化生产。

云计算、物联网、众包、大数据等信息型和驱动型的新概念影响着英国制造业的发展。特别是云计算提供了极大的分享能力，调动了广泛的资源，是整个产业规则的改变者，拥有巨大的促进创新的潜力。现在英国也制订了一个五年计划，其基本概念是基于云制造建立全新的平台，提供更强有力和规模化、成本更低、更具有知识密集型的分布式制造业生产能力，并将遍布于现代制造业的设计、生产、使用、维护及回收的整个生命周期中。

Svetan Ratchev 教授认为现在跨学科、跨领域的理论方法越来越多地运用到制造业中，包括制造系统科学，生产和加工系统进化，以及如何使用复杂系统，如何使用物联网技术进行数据挖掘等方面的理论和方法。

（三）中国智慧云制造技术的最新进展

中国工程院院士李伯虎介绍了中国智慧云制造技术的最新进展。基于中国制造业信息化技术与应用发展的需求与成果，李院士队于 2009 年提出了“云制造”的理念，并开始了云制造 1.0 的研究。经过近几年的实践，随着有关技术的发展，特别是大数据、云计算、移动互联网、高性能计算、仿真、网络安全、智能终端等新兴信息技术智慧化和增材制造、智能化机器人、智能制造装备等新兴制造技术智慧化的快速发展，为加强云制造的智慧化提供了技术支撑，因此，李院士团队于 2012 年提出并开始了“智慧云制造”（云制造 2.0）的研究与探索。

智慧云制造基于泛在网络，以用户为中心，借助新兴制造技术、新兴信息技术、智能科学技术及制造应用领域技术四类技术深度融合的数字化、网络化、智能化技术手段，将智慧制造资源与能力构成智慧服务云（网），使用户通过智慧终端及智慧云制造服务平台便能随时随地按需获取智慧制造资源与能力，对制造全系统、全生命周期活动（产业链）中的人、机、物、环境、信息进行自主智慧地感知、互联、协同、学习、分析、预测、决策、控制与执行，使制造全系统及全生命周期活动中的人 / 组织、经营管理、技术 / 设备（三要素）及信息流、物流、资金流、知识流、服务流（五流）集成优化；进而高效、优质、低耗、柔性地制造产品和服务用户，提高企业（或集团）的市场竞争能力。

由上述智慧云制造内涵组成的系统称为智慧云制造系统。它有三个部分：一是智慧制造的软件、硬件资源和能力，智慧服务云池及制造全周期的活动；二是智慧制造服务提供者、服务使用者和制造云运营者；三是智慧制造云的支撑平台。智慧云制造系统是具有数字化、物联化、虚拟化、服务化、协同化、定制化、柔性化、智能化主要技术特征的人机融合系统。

李院士团队正在为航空航天领域提供云技术支持，通过建立私有制造云，提供包括资源层、平台层和应用层的服务体系。该团队还搭建了中国第一个公共云系统——天智网，提供“众智、众包、众扶、众筹”空间，实现用户按需、动态、敏捷、柔性地开放 / 共享智慧创新能力与智慧制造资源。

三、中英增材制造产业发展

（一）中国激光增材制造技术的进展

北京航空航天大学王华明教授探讨了激光技术在高端制造业的应用和挑战。该团队关注于大型金属构件的增材制造领域，主要研究耐磨涂层的激光熔覆技术。他们应用激光增材制造技术进行近终形大型复杂整体构件的成型制造，通过该技术制作航空、航天等领域重要装备中钛合金、超高强度钢等高性能主承力构件。

在先进飞机、高推比航空发动机、大型客机等先进工业重大装备中广泛使用钛合金、高强钢、高温合金等高性能大型整体关键金属构件，随着结构设计向追求高结构效率及结构功能一体化发展，上述关键金属构件日趋整体化、复杂化，采用激光熔化沉积增材制造技术可以实现高性能材料制备与构件成形的一体化，相比传统减材制造方法，可节省大量时间和原材料，同时减轻重量，具有较多独特优势。

大型金属构件的激光增材制造需要克服热应力控制、内部质量控制、大型成套装备的研发和技术标准规范等问题。王教授团队在国家科技计划和型号工程的长期支持下，产学研紧密结合，围绕上述问题，经多年持续研究，全面突破了力学性能控制、变形 / 开裂预防、大型成套装备和标准规范体系等关键技术，建立了“工艺-装备-质量-标准”大型金属构件激光增材制造技术体系，实现了目前世界最大的增材制造钛合金构件的激光成型制造。

采用激光增材制造技术，可为大型复杂整体高性能关键承力金属构件的制造提供一条短周期、低成本、数字化、高度柔性的制造新途径。王教授认为，该技术最大的潜力在于完成复杂整体高效结构增材制造的同时实现高性能新材料的制备，故特别适合于高性能难加工材料、新型梯度功能材料及昂贵材料的大型复杂整体构件的制造，在航空、航天、航海、能源、核工业等先进工业领域具有非常广阔的应用前景。

（二）英国 3D 打印技术进展介绍

英国诺丁汉大学工程和自然科学研究委员会（Engineering and Physical Sciences Research Council，EPSRC）智能创新制造中心 Phil Dickens 教授介绍了英国 3D 打印技术的进展。英国将于 2016 年制定添加制造业的发展战略。在此过程中，Phil Dickens 教授及团队撰写了有立场导向性的论文，探讨了未来需要完成的任务，目前 3D 打印速度还不够快，很多人正在努力发展微观纳米技术。

Phil Dickens 教授从 1997 年起开发 3D 打印的样机，很多产品在生产过程中都会有 3D 打印技术的介入。在他们跟英国公司合作的过程中，需要设计柴油设备，中间会有特别的工艺，需要保证油出入的通畅，该工艺流程并不简单，利用 3D 打印技术采用创新的方式进行思考，所设计的模型减少了 40% 的重量。如果在飞机上应用这些零部件，可以节省大量燃油消耗。

目前除了单一材料，他们还关注多种材料。在制作工业零部件时，因为存在很多传感器及各种导线，需要对其位置结构进行布局，保证路径的最优化，可以通过计算机辅助设计技术，进行最优化的几何设计。他们为此付出了一些努力，在制作纳米级物件时，尺寸级别微小导致难度巨大，加工过程很容易毁坏物件，采用多光子照准制图技术可以规范加工过程，保证物件不受到破坏。

四、中英绿色制造产业发展

（一）中国制造业的绿色和低碳处理

来自钢铁研究总院的张春霞教授介绍了中国绿色和低碳加工制造领域的进展。据统计，中国2012年钢铁、有色、石化、化工、建筑和造纸六大产业能源消耗占工业的六成多，六大产业的碳排放值也占到了极大比例。

必须依靠工程科技的进步减少能耗和污染。由于技术的提升，从2000年到2012年12年工业能效明显提升，然而废水、温室气体、二氧化硫的排放量分别增加了1.2倍、4.3倍和1.3倍。因此未来在重工业领域，整体能耗和环境容量限制将对中国提出严峻要求，亟须向绿色发展进行转变。

张教授做了峰值分析，近年来中国积极淘汰过剩产能，不断加强环保领域的立法和执法力度，完善制度保障。据估算，钢铁、建材和造纸能源消耗的峰值会出现在2015年，有色、石化和化工三大行业的能源消耗峰值在2025～2030年。

在生态方面，需要积极将产业发展和生态保护联系起来，将工业发展和社会发展联系起来。未来生态链技术在各大产业中会不断发展，实现新突破，产业设备和环保设备的技术和操作级别将不断提升，工程科技的最新知识将得到应用。

张教授希望落实相关绿色政策，不断调整产业结构，优化布局，不断加强科技创新，将研发成果产业化，改善能源和环境监测，并且建立有效可靠的统计系统。她强调监控监管方式尤为重要，人们也需要进一步关注绿色消费的概念。

（二）英国低碳绿色制造

英国剑桥大学工业可持续发展中心Steve Evans教授首先分析了日益严重的环境污染问题，建议将各国的技术专长融合在一起进行国际合作。近年来人类使用了大量材料，因此需要寻求绿色、低碳、可持续的发展方式，研发并制造出优化的设备以控制污染。Steve Evans教授之前分析过气候变化和极端气候条件对制造业的影响。温度缓慢上升引发了很多自然灾害，过去二三十年发生了很多不可预测的极端气候事件，因此制造业的各个领域需要控制能源用量，保护水资源，提高环境恢复能力，以及人们的抗灾害能力。

Steve Evans 教授认为智能技术、智能制造会改变人类使用信息、使用计算机的方式，同时也会改变工厂的运作模式。他认为未来拥有更全面顾客信息的企业将具有更强的竞争力，得到更多的商业合同。

很多公司重点关注资源效率、能源效率、工作流程效率和产品质量的提高，其中重要方式是通过购买先进技术，建立先进体系，从而实现低成本收益。Steve Evans 教授正在尝试以新的行为方式与企业合作，实现价值探索，让人们明白将产品的工艺流程和管理过程逐渐升级，从技术的升级换代中受益。他希望从工厂排放出来的空气更加清洁，并通过本地生产减少运输成本，实现优化制造。

五、中英先进制造业政策体系

（一）中国制造业政策的发展

中国国家发改委高技术产业司任志武副司长介绍了中国制造业政策近年来的变化。因为中国的能源消耗占全球的比重远远超过 GDP 的占比，因此从 2009 年开始实施战略性新兴产业的发展战略。

中国政府已经采取强制性措施实施节能减排，化解产能严重过剩，并大力实施创新驱动战略。新一轮科技体制改革、科研经费改革、创新驱动发展顶层设计和创新驱动工作正在加速实施，有关部门正在制定更有力的推进措施，释放创新要素的积极性，发挥企业的市场主体作用，加速科技成果转化。

现阶段将重点培育七个新兴产业，包括节能环保、新一代信息技术、生物产业、高端制造装备、新能源、新材料和新能源汽车，并针对金融、成果转化等一系列配套措施进行详尽制定。

中国政府培育战略性新兴产业的政策有一些新的特点和趋势：一是由过去的直接投资转变为间接投资，发挥市场的主体作用；二是从支持供给侧发展转向支持供给侧和需求侧双向发展，积极培育消费市场；三是由支持单个项目向支持产业集群发展的转变趋势更加明显；四是大幅度减少行政审批，减少新兴产业市场领域所形成的固有障碍或壁垒；五是积极推进国际化发展。

（二）英国制造业政策的发展

英国创新科学部的 Chris Carr 先生介绍了英国制造业政策的最新进展。英国政府制定了一系列包括财政货币方面的政策和措施来促进制造业发展，同时关注重点产业领域，审视经济增长的障碍和机遇，制定了一系列工业战略。

英国政府跟企业紧密合作以提高企业的创新能力，为企业投资注入信心，并制定一系列原则规范企业行为及合作模式。英国政府提供产业采购方面的途径，帮助企业寻找商机。同时打造了一系列包括先进制造供应链计划的项目，并通过顾问服务提供专业支持。英国政府不断思考制造业的前进方向，从 2011 年开始建立了七个高附加值制造业促进中心，通过这一机制投资了很多制造业公司，希望通过高价值的促进中心把英国制造业的优势展现出来。

发展高技能工作队伍，关系到制造业的整体情况。英国正在尝试新的措施，让更多中小企业参与到制造业发展的进程中，并吸引更多人加入制造业，同时开展了很多实习和学徒计划，促进青年学子获得各种学习机会实现稳定就业。英国政府在资金层面对制造业进行配套支持。在 2014 年的预算中有能源成本补贴措施，旨在帮助中小型企业降低能源费用。另外，政府不断增加对中小企业减税的力度，企业的研发费用可以由国内税务抵扣。

Chris Carr 先生强调，英国产业界对未来英国制造业的政策信心饱满。现在工党和保守党对于制造业的复兴都非常支持，鼓励相关部门制定长期的政策规划。英国不断整合各领域技术，包括多层次制造业，“工业 4.0”计划和智能工厂计划，在机器人、智能化系统、ICT 技术、大数据、物联网等方面开展大量工作。

六、讨论

（一）增材制造

中英两国在发展增材制造方面有各自的理念和经验。Phil Dickens 教授认为中英都非常关注未来制造业的前进方向和 3D 打印技术的应用领域，希望可以就器官打印和移植技术及其产业的发展进行讨论，提出宝贵的建议。此外，将 3D 打印技术加入生产的各个环节，用现有最好的工艺流程和最智慧的设计水平发展制造业、提升制造能力非常重要。现在所使用的材料范围比较有限，需要进一步了解每种材料的功能，分析相关特性，在加工过程中将不同材料复合应用。3D 打印在机器制造方面大有可为，有很好的前景，在航空航天和飞机制造方面，得到很好的应用，因此需要新的设计、新的理念、新的哲学指导观点以获得更好的表现。柳百成院士认为现阶段增材制造不能完全替代大规模生产。3D 打印应该同先进设计集成在一起，如果设计不合理，产品也就失去价值。王华明教授认为，高性能大型整体金属构件的增材制造是激光增材制造技术的发展方向。传统“铸锻 + 机械”加工工艺流程中存在需要大型模具、重型装备、材料利用率低、加工周期长等问题，采用激光成形增材制造技术可以解决上述问题，通过对内部质量和变形开裂的有效控制，可以保障增材制造大型金属构件的力学性能及质量的一致性。着眼于未来，激光增材制造技术尤其适合于按照结构不同部位的不同功能需求制造具有功能梯度新特性的材料。Steve Evans 教授等认为应该清楚产品的需求领域，然后可以更深刻地理解所需技术的内涵和相关构件的细分或深层次应用，了解其是否具有更高的附加值。

（二）智能制造

Svetan Ratchev 教授认为在向智能制造的转型中，需要技术高超的操作人员和管理人员，需要大力发展自动化技术，还要提高环境意识。在此过程中大数据和物联网将扮演重要角色，工厂需要更好地适应环境的变化，满足产品的个性化需求。从而实施相应的措施和政策，在提高产量的同时提高质量，真正把资源集中到前沿科技。此外，对产业进行长期规划至关重要，需要进行前瞻性的研究。Steve Evans 教授认为工业互联网及信息技术对于中英两国都是一次机遇，可以让制造业更好地对人们的需求进行响应和反馈，从而为工厂正确的价值流动做出安排和设计。周济院士认为先进制造业的发展对于中国至关重要，可以让中国制造业的发展由大变强。中国制造业在过去三十多年中取得了巨大的成就和进展，但现在正面临一系列困难和挑战，如何进一步发展制造业是下一步需要思考的问题。《中国制造 2025》的核心是创新，通过发展制造业驱动中国经济增长，技术创新涉及很多信息技术的发展，先进的技术是驱动中国制造业发展实现产业结构升级的关键。Jane Jiang 提到计算机辅助设计对工厂的优化可以带来新的突破，传感器能够改变整个工厂的运作流程，采用大数据处理技术是关键。Michael Gregory 教授认为需要评估企业对各种技术的接受程度，从而促使企业跟上技术变革的步伐，如劳斯莱斯公司很早就对航班中的机载计算机网络进行研究。他同时强调需要重点关注支持未来制造业可持续发展的关键技术。Chris Carr 先生希望业界专家对政府积极建言，政府和商界都需要对产业的发展问题进行调查和研究。张春霞教授认为智能制造的流程非常重要，需要经验丰富的工程师设计软件，将技术同信息结合在一起，让信息技术渗透到各个研究领域，将经验和知识应用到产业发展中。在此过程中，数据测量很重要，需要大数据和网络技术的帮助，同时还要考虑信息安全问题。柳百成院士建议每个企业应当在其现有基础上思考未来发展的路径，把未来的方向和现状结合起来，绘制出路线图。

（三）绿色制造

Steve Evans 教授希望使用传感器、互联网和大数据等方式进一步提高现有的生产效率和资源利用效率，实现绿色可持续生产。张春霞教授希望未来制造业能够实现提高效率、节约能源、回收利用废物等理念，希望基于这些理念发展新的技术，同时调整现有的一些管理方式。Roger Xie 认为一些生产中所需的原材料非常宝贵，储量有限，需要大力发展先进的回收技术，帮助未来实现原材料的循环使用。

（四）政府的作用和角色

关于政府的作用和角色，Steve Evans 教授认为政府应该重点关注技能和技术驱动，这样更有益于先进制造业的发展，中英面临同样的技术问题，以技术为驱动，需要大企业来推动供应链的合理运作，中国的经验值得英国学习。Chris Carr 先生认为英国政府的作用就是让市场发挥正确的作用，政府需要创造良好的市场运行环境，为技术的发展铺平道路。Peter Brewin 认为政府需要在适当的环境下，提供基础设施和技能培训机会。

（五）重点支持的企业类型

关于重点支持的企业类型，Chris Carr 先生认为不应由政府而应让市场来做决定，或者由地方政府根据企业的表现情况来做决策。如果起步方向正确，小企业的年收益率很多时候要超越大型企业，正确的选择对于小企业发展非常重要。政府需要帮助小企业从大型企业中汲取管理和技能的经验。

（六）欠发达地区工业发展的战略

关于欠发达地区工业发展的战略，Steve Evans 教授认为在把制造业转移到欠发达地区的同时需要将技术、知识和先进的管理技能一起转移。要以当地环境和优势为主要考虑因素，真正实现跨越式发展。

（七）产学研用合作

关于产学研用合作，Steve Evans 教授认为需要利用方方面面的知识，集众家之智慧来解决和回答促进产学研用合作的问题。柳百成院士认为在科研成果向产业化转变的过程中，政府有时扮演非常重要的角色，近年来美国建立了一批制造创新研究院，关注将技术研究成果实现商业化，中国需要在基础研究和技术商业化之间架起一座桥梁。

（八）国际合作

关于国际合作，Steve Evans 教授认为合作和竞争是孪生兄弟，是困扰全世界的问题，各国之间实现可持续性的合作就是未来的出路。Tracey Zhang 来自航空领域，他表示非常愿意同国外公司、科研院所和大学开展合作，也愿意为中国民航业做出贡献，不仅是技术，还包括管理，愿意为中国政府提供支持。Roger Xie 认为增材制造业非常重要，中英都有非常优秀的研究人员，下一步需要考虑合作事宜。尽管研发活动有很高风险，不一定能产生丰硕成果，但必须要进行下去。王华明教授表达了希望同 Sevtan Ratchev 教授合作的愿望，先进材料对于飞机制造非常重要，王教授和空客、伯明翰大学等都有紧密合作。Sevtan Ratchev 教授希望在云制造领域有更多的国际合作，这样可以汇集更多的国家。Steve Evans 教授认为在合作的过程中需要有各个年龄层次的人参与，因为不同年龄的人有着不同的想法和认识。Yufeng Zhang 教授认为没有员工技能的进步就无法推动整个制造业的发展，无法推进相关产品和服务。他们参与了中英大学之间的校际合作，不断探讨未来制造业的变化趋势。在此过程中，他们并非针对某一具体技术进行讨论，而是系统地谈论整个制造业的演进变革。Jane Jiang 介绍英国皇家工程院启动了牛顿奖学金项目，培养青年科学家，建议中国工程院可以加入此项目中，扩大在增材、航空、汽车和 3D 打印等领域的交往。柳百成院士介绍近年来中英有很多年轻人互派到对方机构交流学习，彼此获益良多，未来可以举办更多的研讨会促进彼此交流。康金城教授认为中英有两个渠道可以进行合作，一个是政府层面，现在要做的是让政府之间的合作变得更加可执行。另一个是两国工程院之间的合作，随着双边研讨会机制不断发展，将有更多、更新、更好的方式涌现出来。

（九）员工的技能培训

关于员工技能的培训，Peter Brewin 认为这是很复杂的问题，政府有责任找到最佳方式为员工提供专业技能的培训，同时也鼓励企业进行技能提升方面的培训，当然都存在成本的付出和利益驱动的因素。Phil Dickens 教授介绍在 20 世纪 70 年代，撒切尔夫人建立了工程政策委员会指导英国工程界的发展，出台了学徒发展计划，很多企业投入大量资源培训员工，当时的经验值得借鉴。

（十）未来制造业的比重

英国的工业化始于 18 世纪末，开始进入后工业化社会，服务业占主导，制造业占整个经济的比值从最高的 30% 降到近年来的 10% 左右。对比英国制造业现状，朱高峰院士询问未来英国制造业在国民经济中的比重变化。

Michael Gregory 教授认为制造业在整个国民经济中所占比重的多少并不重要，让制造业发挥出对经济贡献的最大潜力，创造最大价值才是关键。比例只是最终的结果，而不是预先可以设定的数值。从长远来看，随着技术不断进展，劳动生产率不断提升，直接从事生产的人数会越来越少，制造业在整个国民经济中所占的比重及创造的就业机会将越来越少，制造业需要更好地与其他产业相结合。Steve Evans 教授认为服务业的发展会提升对制造业产品的需求，因为服务业需要制造业提供支持。制造业所创造的价值会不断上升，应该促进制造业不断升级，而不是人为设定目标去衡量它所占的百分比。Chris Carr 先生认为制造业会不断同其他产业结合，由于整个产业链的延长所创造出来的工作机会越来越多，政府需要把握未来整个制造业的发展战略和前进方向。英国不可能做所有的制造业，要智慧地生产适应国家人力资源的产品。提供技能培训机会，既是政府的责任，也是员工雇佣公司的义务。

七、总结

当今世界正在发生深刻复杂的剧变，全球产业形态和制造模式都在产生重要的变化。以信息技术与制造业的深度融合为主线，以物联网、大数据、云计算技术为基础，同时结合新能源、新材料、生物技术等领域的突破，给世界范围内的产业发展带来深刻变革。培育和发展先进制造业，是促进发展方式转变、推动产业结构调整的战略性举措，也是中英两国共同需要面对的问题。中英两国面临着许多共同的机遇和挑战，相互之间的联系和依存越来越紧密，此次学术研讨会的召开必将促进双方共同前进，为两国先进制造业的发展做出重要贡献。

附录 2　缩略词表

磁能积：magnetic energy product
高磁能积：high magnetic energy product
矫顽力：coercivity
粘结：bonded
钕铁硼永磁材料：Nd-Fe-B permanent material
热压：hot-pressed
烧结：sintered
剩磁：remanent magnetic induction
剩磁温度系数：temperature coefficient of remanent flux density
铈永磁材料：Ce-permanent material
稀土永磁材料：rare earth permanent material
永磁材料：permanent magnetic material
C 频段：频率范围为 3.7 ～ 4.2GHz 的频段
Ka 频段：频率范围为 22.5 ～ 23.0 GHz 的频段
Ku 频段：频率范围为 11.7 ～ 12.2 GHz 的频段
S 频段：频率范围为 1.55 ～ 3.4GHz 的频段
Sm-Co 永磁材料：Sm-Co permanent material
BDS：Beidou navigation satellite system，即中国北斗卫星导航系统
CHARTER：国际减灾宪章机制
Galilec：欧洲伽利略导航卫星系统
GIS：geographic information system，即地理信息系统
GLONASS：俄罗斯全球导航卫星系统（“格洛纳斯”）
GPS：global position system，即全球定位导航系统
NASA：National Aeronautics and Space Administration，即美国国家航空航天局
SIA：Satellite Industry Association，即美国卫星产业协会
SP JSat 公司：日本天空完美卫星通信公司
SpaceX 公司：美国太空探索技术公司
UCS：Union of Concerned Scientists，即忧思科学家联盟
VSAT：very small aperture terminal，即甚小口径终端

后　记

当前，新一轮科技革命和产业变革正在全球范围内孕育兴起，以互联网技术为核心，包括节能环保、生物、智能制造、新能源、新材料等技术的突破，不断涌现新的经济增长点，进而引发多个领域的颠覆性创新，重构世界产业格局。新兴产业迅速发展，正在成为引导未来经济社会发展的重要力量。发展战略性新兴产业已成为世界主要国家抢占新一轮经济和科技发展制高点的重大战略选择。

机遇与挑战并存，合作与竞争同在。纵观国内外经济发展形势，一方面，发达国家正在以战略性新兴产业为突破口，不断寻求技术突破，加速产业变革，努力扩大竞争优势，把握科技发展前沿和产业制高点。美国实施再工业化战略，欧盟提出地平线 2020 计划，日本发布新增长战略。另一方面，我国正处在新兴产业和传统产业的接续关键期，经济下行压力依然较大，能否抓住这次发展机遇，将成为我国能否实现产业成功转型升级、经济可持续发展和国际竞争力提升的关键之所在。

“十二五”期间，在党和国家的高度重视与推动下，中央和地方颁布和实施了一系列促进战略性新兴产业发展的政策措施。2012 年国务院颁布《“十二五”国家战略性新兴产业发展规划》，明确了战略性新兴产业的发展目标、发展方向、主要任务、重大工程和政策措施。在该规划的指导下，中央和地方纷纷出台了各领域的发展规划和支持政策，充分运用示范工程、财政扶持、金融创新、机制创新等多种政策工具，从技术研发、市场环境、市场需求、金融政策、国际合作等方面对战略性新兴产业进行政策支持，我国战略性新兴产业取得了长足的发展。战略性新兴产业七大领域呈现跨越式增长态势，增长率普遍超过传统行业，关键技术取得突破，区域集群态势也初步呈现，市场逐步成熟，逐渐成为调结构、转方式、惠民生的重要力量，对经济社会全局和长远发展产生了重大的引领带动作用。

“十三五”是我国全面建设小康社会的关键时期，也是我国加快发展战略性新兴产业的重大机遇期。为了更好地促进战略性新兴产业发展，提升科学决策的水平，2010 年，国家发改委委托中国工程院，开展了“战略性新兴产业发展战略研究”系列咨询项目。2014 年，国家发改委委托中国工程院和中国科学院，开展了“‘十三五’战略性新兴产业培育与发展规划咨询研究”项目，进一步为国家制定“十三五”战略性新兴产业规划提供决策支撑。同时，为了更好地反映我国战略性新兴产业发展的总体情况及各领域发展态势，介绍国内外相关技术和产业的前沿热点与最新动向，宣传国家政策和引导社会投资，中国工程科技发展战略研究院以科技和产业发展为核心，围绕年度热点，已经连续三年（2013 ～ 2015 年）出版了《中国战略性新兴产业发展报告》。

《中国战略性新兴产业发展报告2016》在前三个年度报告的基础上，总结了“十二五”期间我国战略性新兴产业的发展经验和存在的问题，分析了各领域的重点技术发展趋势和产业战略布局，介绍了我国战略性新兴产业的区域发展、模式创新、产业成长、政策环境及政策体系等最新情况，展望“十三五”期间战略性新兴产业发展趋势。本报告分为四大部分，共计32章，按照综合篇、产业篇、政策篇、方法篇依次展开。第一部分为综合篇，介绍当前战略性新兴产业发展情况与政策取向，分析战略性新兴产业对经济发展的引领带动作用。第二部分为产业篇，围绕战略性新兴产业七大领域若干重点方向的发展现状、战略布局、重点案例等进行介绍。第三部分为政策篇，重点对“十二五”以来的产业政策、商业模式、创新系统等进行理论和实践分析。第四部分为方法篇，介绍产业成熟度方法，使读者可以学习到研究战略性新兴产业的相关理论、方法并加以应用。

本报告的编写工作得到了中国工程院、国家发改委、国家开发银行、清华大学、国家信息中心等单位和部门的大力支持，得到了徐匡迪、周济、潘云鹤、林念修、干勇、邱勇、陈清泰、朱高峰、杜祥琬、胡怀邦等同志的亲切关怀与悉心指导，在此表示衷心的感谢。

感谢本书的撰稿人和审稿人、众多的院士和专家为本书各章节的编写付出的辛勤劳动。感谢中国工程科技发展战略研究院的刘晓龙、孙立、杨榕、王秀芹、康静、夏孟雁、王娇等同志，他们搜集了大量的资料，承担了组织联络工作，确保了本报告撰写工作的顺利进行。感谢科学出版社的大力支持，尤其感谢编辑马跃先生和刘文娟女士，是他们辛勤、细心、负责的工作确保了本报告能如期与读者见面。

除了上述名字，诸多机构和个人在本报告编写过程中参加了各类实地调研、座谈会、研讨会和工作会，分享了宝贵的经验和独到的见解，对于所有对本报告给予贡献和支持的机构和个人，一并致以诚挚的谢意！

编委会

2015年10月